Pascal Basten

# Eingriffsrecht der Polizei in Nordrhein-Westfalen

**Band 1:**
**Grundlagen des polizeilichen Eingriffsrechts**

ISBN 978-3-86676-656-3

Pascal Basten

# Eingriffsrecht der Polizei in Nordrhein-Westfalen

## Band 1: Grundlagen des polizeilichen Eingriffsrechts

Verlag für Polizeiwissenschaft
Prof. Dr. Clemens Lorei

ISBN 978-3-86676-656-3

Bibliografische Information der Deutschen Nationalbibliothek
Die Deutsche Nationalbibliothek verzeichnet diese Publikation in der Deutschen Nationalbibliografie; detaillierte bibliografische Daten sind im Internet über http://dnb.d-nb.de abrufbar.



Verlag für Polizeiwissenschaft, Prof. Dr. Clemens Lorei
Eschersheimer Landstraße 508 • 60433 Frankfurt
Telefon/Telefax 0 69/51 37 54 • verlag@polizeiwissenschaft.de
www.polizeiwissenschaft.de

Printed in Germany

# Inhaltsverzeichnis

## Buch 1: Grundlagen des polizeilichen Eingriffsrechts

# Vorwort

Eingriffsrecht der Polizei ist Recht der Polizei zu Maßnahmen mit möglichen Grundrechtseingriffen; es ist – entsprechend den Grundrechtsfunktionen von Abwehr, Schutz und Mitwirkung sowie Teilhabe – nicht nur Eingriffsrecht, sondern auch Erhaltungsrecht und Ermöglichungsrecht.

Eingriffsrecht der Polizei ist eine besondere Disziplin mit höherer Vielschichtigkeit an Rechtsquellen und Rechtserkenntnisquellen zu Rechten und Rechtsgütern aus mehreren Rechtsgebieten, die mehr als andere der umfassenderen (Rechts-)Ordnung und einem strukturierteren (Rechts-)System bedürfen – gemeinsam präzise ausgerichtet insbesondere an wesentlichen Begriffen, Formen, Inhalten der:

- Rechtsgesetze;
- Denkgesetze und Erfahrungsgesetze;
- Naturgesetze.

Für Eingriffsrecht sollte alles einheitlich strukturiert in einem Werk sein – wie insbesondere:

- Grundlagen und Gesetze;
- Rechtsnormen und Rechtsgebiete;
- Rechtsquellen und Rechtserkenntnisquellen.

Dieses Werk befasst sich mit wesentlichen Begriffen, Formen, Inhalten des Eingriffsrechts der Polizei; beinhaltet also insbesondere:

- polizeirelevante Grundlagen des Rechts und Rechtsgrundlagen;
- polizeilich relevantes Grundgesetz-Recht (Verfassungsrecht, Staatsrecht, Grundrechte);
- Polizei- und Ordnungsrecht der Polizei (NRW);
- formelles Strafrecht und Ordnungswidrigkeitenrecht der Polizei;

und zwar für alle Rechtsanwender aus und für „Theorie, Training, Praxis".

Die Darstellungs-Gliederung dieses Werks richtet sich grundsätzlich nach

- hergebrachter rechtlicher Gliederung und großen Hauptgesetzen;
- umfassender Fallbearbeitungs-Schematik mit allen möglichen Punkten;
- Plänen an der Hochschule für Polizei und öffentliche Verwaltung Nordrhein-Westfalen (HSPV NRW) im Fachbereich Polizei.

Dementsprechend besteht dieses Werk aus 3 Bänden:

- Band 1: Grundlagen;
- Band 2: Grundstudium;
- Band 3: Hauptstudium.

Des Weiteren besteht dieses Werk insbesondere aus 5 Büchern:

- Erstes Buch: Grundlagen des polizeilichen Eingriffsrechts;

- Zweites Buch: Grundstudium;
- Drittes Buch: Hauptstudium 1;
- Viertes Buch: Hauptstudium 2;
- Fünftes Buch: Hauptstudium 3.

Für dieses Werk in 3 Bänden und 5 Büchern gibt es ein einheitliches Vorwort, ein einheitliches Quellenverzeichnis und ein einheitliches Abkürzungsverzeichnis in allen 3 Bänden sowie ein für jeden Band spezifisches Sachwortregister.

Alle Abschnitte/Module/Maßnahmen sind aktuell und umfassend – mit vielen Originalquellen und Originaltexten.

Alle Teile (z.B. einzelne Maßnahmen) können selbständig und unabhängig voneinander oder quer und nebeneinander gelesen werden, insbesondere

- als eine Art Begleiter, Checkliste, Kompendium für Studium, Training, Dienstpraxis;
- als eine Art Lexikon bezüglich Begriffen, Fachsprache, Stichworten („Grammatik des Eingriffsrechts" – mit Argumenten, Topoi und Vokabular des Eingriffsrechts);
- als eine Art Nachschlagewerk bezüglich Formen, Inhalten, Quellen.

Es gibt übersichtlich und jeweils an relevanten Stellen:

- Begriffe und (Legal-)Definitionen;
- Subsumtions-Formulierungen und sonstige Formulierungen (Argumente, Topoi und Vokabular des Eingriffsrechts);
- Fallbeispiele und Quellen (Gesetzesquellen, Rechtsprechungsquellen, Schrifttumsquellen);
- weitere Sachregister und Übersichten.

Abbildungen, Bilder, Graphiken unterstützen einfach den Inhalt.

Es erfolgt im Maßnahmenteil jederzeit eine eindeutige, klare Fallbearbeitungs-Strukturierung in hergebrachter rechtlicher Gliederung mit Schema und sogenannten Fallbearbeitungsmarkern zu Voraussetzungen (VOR), Definitionen (DEF), Subsumtionen (SUB), Ergebnissen (ERG).

Punkte und Formulierungen sind für jede Maßnahme so gewählt, dass sie grundsätzlich in Fallbearbeitungen oder sonstigen Darstellungen eingesetzt werden können.

Alles ist immer wieder an entscheidenden Stellen aufbereitet – mit vielen Wiederholungen zum sofortigen Finden an relevanter Stelle und zum besseren Verinnerlichen.

Alle Rechtsvorschriften und Gesetze sind im Haupttext und im Abkürzungsverzeichnis recherchierbar genannt und benannt, damit alle Rechtsvorschriften für ein richtiges Studium wiederholt, mindestens bei jedem Unterkommen, nachgelesen, nachgedacht, nachvollzogen werden können.

Wesentliche Anhaltspunkte, Eckpunkte, Leitpunkte stehen im Haupttext. Weitere Anmerkungen, Beispiele, Quellen stehen direkt beim Haupttext im Fußnotenapparat. Haupttext und Fußnoten sind extra an jeweils gleicher Stelle so aufgeteilt, dass man mit dem Haupttext jederzeit in der Hauptstruktur bleibt und dass man in den Fußnoten weiter nachlesen kann, aber nicht jederzeit muss.

Wichtige Aussagen sind lese- und zitierfertig möglichst im Original abgedruckt. Die Quellen können mit vielen originalen Vollzitierungen besonders gut nachvollzogen, wiedergefunden und wiederverwendet werden.

Aussagen und Begriffe sind ausgewählt und durch weitere Anmerkungen weiter auf den Punkt gebracht. Wesentliche Begriffe stehen noch schneller recherchierbar im Fettdruck. Auslassungen zwecks Auswahl sind im Orginaltext etwa durch Klammervermerke angegeben.

Zitierte Rechtsquellen und Rechtserkenntnisquellen stammen aus relevantem Verfassungsrecht einschließlich internationalem Recht, dem Bundesrecht und dem Landesrecht, hauptsächlich dem des Landes NRW, und zwar mit Vergleichen zu weiterem Landesrecht beziehungsweise möglichst so, dass daraus sich ergebender Inhalt in ganz Deutschland brauchbar ist.

Fachlich-inhaltlicher Austausch anlässlich des vorliegenden Werks zur allseitigen Weiterentwicklung ist willkommen. Einstweilen wünsche ich Anregungen, Erfolg, Erkenntnis, Freude und weiteren Nutzen.

# BUCH 1:

# GRUNDLAGEN DES POLIZEILICHEN EINGRIFFSRECHTS

**Eingriffsrecht der Polizei** ist Recht der Polizei[1] zu Maßnahmen mit möglichen Grundrechtseingriffen; es ist – entsprechend den Grundrechtsfunktionen von Abwehr, Schutz und Mitwirkung sowie Teilhabe – nicht nur Eingriffsrecht, sondern auch Erhaltungsrecht und Ermöglichungsrecht.[2]

**Recht** bedeutet Recht im objektiven, subjektiven, fachlichen Sinne, wobei Recht alle diese Rechtsebenen umfasst und Recht im objektiven Sinne alles Recht im subjektiven Sinne und alles Recht im fachlichen Sinne umfasst.

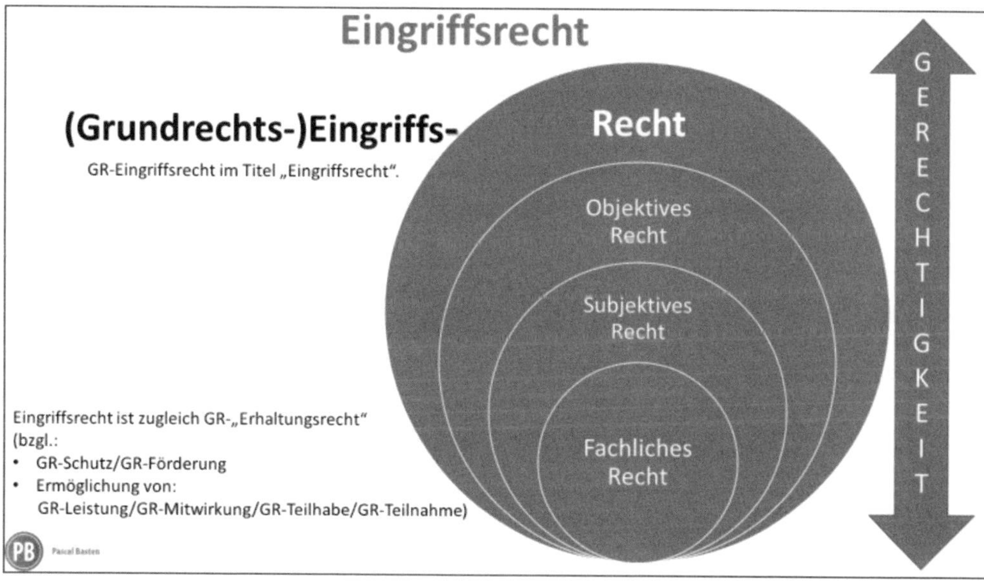


---

[1] **„Recht der Polizei"** im Sinne von Genitivus subiectivus und Genitivus obiectivus.

[2] Zu **Eingriffsrecht** als Erhaltungsrecht und Ermöglichungsrecht mehr etwa bei: Buch 1, Abschnitt 2, Unterabschnitt 3, am Ende. Eine metaphorischere Beschreibung zu den faszinierend vielschichtigen Konstellationen des polizeilichen „Eingriffsrechts" (als das Recht der Polizei, nicht nur als „Polizeirecht") ist wie folgt: Eingriffsrecht ist von oben betrachtet ein „Zweistromland", ein „Land zwischen den Flüssen", das kultiviert wird von weiten Teilen des Rechts der Gesamtrechtsordnung, durch die mehrere Strömungen aus verschiedenen Gebieten in das Eingriffsrecht einfließen, mit vielen Nebenarmen und zwei Hauptströmungen Gefahrenabwehr und Strafrechtspflege, welches umwölbt wie umgrenzt wird vom allgemeinen Verwaltungsrecht sowie nationalen, internationalen, supranationalen Verfassungsrecht – in Anlehnung an *Basten*, Recht der Polizei, S. 27.

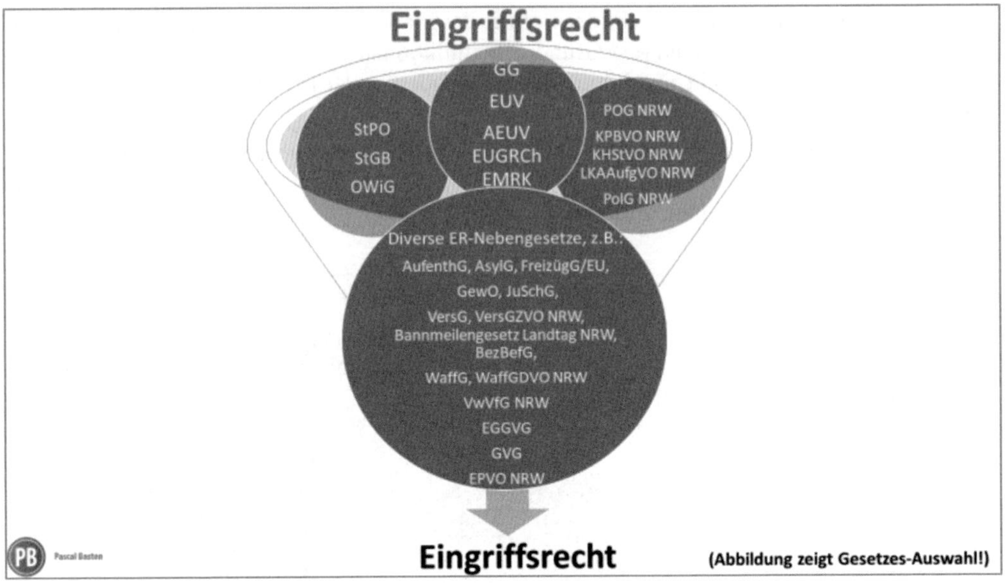
Eingriffsrecht
GG
EUV
AEUV
EUGRCh
EMRK
StPO
StGB
OWiG
POG NRW
KPBVO NRW
KHStVO NRW
LKAAufgVO NRW
PolG NRW
Diverse ER-Nebengesetze, z.B.:
AufenthG, AsylG, FreizügG/EU,
GewO, JuSchG,
VersG, VersGZVO NRW,
Bannmeilengesetz Landtag NRW,
BezBefG,
WaffG, WaffGDVO NRW
VwVfG NRW
EGGVG
GVG
EPVO NRW
Eingriffsrecht
(Abbildung zeigt Gesetzes-Auswahl!)
Pascal Basten

# ABSCHNITT 1:

# RECHT IM OBJEKTIVEN SINNE

**Objektives**[3] **Recht**[4] ist

- eine menschliche[5] Ordnung[6]
- von Normen[7]
- auf bestimmten Gebieten[8]
- mit durch Förmlichkeit und Zwangspotential verdeutlichtem Anspruch[9]

---

[3] **Objekt**-Etymologie: Vom Lateinischen obiectum: Entgegengeworfenes, Gegenüberliegendes, Gegenstand (etwa von Verhalten, Denken, Handeln, Zustand).

[4] **Gerechtigkeit** ist grundsätzliche Leitidee des Rechts, aus der quasi von oben in Deduktion eine (menschengemachte) Emanation des Rechts erfolgt, und von der aus quasi von unten in Induktion über die Rechtsnormen eine (menschengemachte) Emergenz des Rechts erfolgt, vgl. auch Redewendungen vom Recht als **ethisches Minimum** oder vom Recht als **ethisches Maximum**; vgl. auch BVerfGE 133, 168, 198 (Verständigungsgesetz) = BVerfG, Urteil des Zweiten Senats vom 19.03.2013 – 2 BvR 2628, 2883/10, 2155/11 – B. I. 1. b): „Das **Rechtsstaatsprinzip** umfasst als eine der Leitideen des Grundgesetzes auch die Forderung nach materieller **Gerechtigkeit** (vgl. BVerfGE 7, 89 [92]; 7, 194 [196]; 45, 187 [246]; 74, 129 [152]; 122, 248 [272]) und schließt den Grundsatz der **Rechtsgleichheit** als eines der grundlegenden Gerechtigkeitspostulate ein (vgl. BVerfGE 84, 90 [121]).“.

[5] (Bloße) Menschlichkeit / Menschengemachtheit der Ordnung im wertneutralen Sinne als möglicher Unterscheidungsansatz jedenfalls teilweise zu: Mitgeschöpfen (Tiere), „Naturgesetze“, Religionsgesetze.

[6] **Ordnung** als möglicher Unterscheidungsansatz jedenfalls teilweise zu: „Anarchie“, „Chaos“.

[7] Umschreibung von Rechtsnormen auch als „Atome des Rechts“.

[8] Raumgebiete (Territorien: Welt, Weltteile, Erde, Erdteile, Weltraum, Weltraumteile), Rechtsgebiete, Fachgebiete.

[9] **Förmlichkeit** und **Zwangspotential** als mögliche Unterscheidungsansätze jedenfalls teilweise zu: **Sozialnormen**, **Meinung**, **Moral**, **Sitte**.

- von Gleichmäßigkeit und Regelmäßigkeit[10] sowie Verbindlichkeit[11]
- ohne Ausdruck von extremem Unrecht[12]

---

[10] Vgl. Digesten 1.1.0. De iustitia et iure. Digesten 1.1.1. Ulpianus libro primo institutionum pr.: „Iuri operam daturum prius nosse oportet, unde nomen iuris descendat. Est autem iustitia appellatum: nam, ut eleganter celsus definit, ius est ars boni et aequi.“ **Digesten** (vom Lateinischen digesta, zu Deutsch: Geordnetes), auch Pandekten (vom Lateinischen pandectae oder Griechischen pandectai, zu Deutsch: Allumfassendes) sind eine auf Veranlassung des oströmischen Kaisers Iustinianus unter Leitung des Quaestor sacri palatii („Justizminister“) Tribonianus von sogenannten Kompilatoren in 50 Büchern durchgeführte, aus ca. 2000 Büchern („libri“) exzerpierend-kompilierende Zusammenstellung von Literatur römischen Rechts aus der Zeit 1. Jahrhundert vor unserer Zeitrechnung bis 3. Jahrhundert nach unserer Zeitrechnung – promulgiert, also verkündet und in Kraft getreten 533 nach unserer Zeitrechnung – als Teil des später sogenannten Corpus iuris civilis (Lateinisch, zu Deutsch: „Bestand des zivilen Rechts“), zu dem folgende Teile gehörten: Codex Iustinianus (Kaisererlasse seit dem 14. römischen Kaiser Hadrianus, 76-138, mit gültiger Gesetzeskraft ab 2. Auflage vom 30.12.533), Digesta, Institutiones Iustiniani (quasi ein Einführungslehrbuch im Gegensatz zu den Digesten für Fortgeschrittene), und nachträglich die Novellae (Nachtragsgesetze ab 534, je nach Anzahl entweder als Athenticum 134 Novellen oder 168 Novellen). Eine Digestenstelle ohne Eingangspassus zitiert man heute nach Ziffern (Z) wie folgt: „Digesten/Digesta, Buch/liber (Z), Titel/titulus (Z), Fragment/lex (Z), Abschnitt/Paragraph (Z)“, ausformulierbar auch wie folgt: „Paragraph/Abschnitt (Z) des Fragments/der lex (Z) im Titel/titulus (Z) des Buches/des liber (Z) der Digesten/digesta“. D. 1.1.1pr. ist der Eingangspassus einer lex/eines Fragments, auf den Paragraph 1 erst noch folgt. Diese Eingangspassus-Digestenstelle zitiert man wie folgt: Buch 1, Titel 1, lex/Fragment 1 principium. D. 1.1.0 lautet zu Deutsch: „Von Gerechtigkeit und Recht“. D. 1.1.1pr. lautet zu Deutsch: [Ulpian im ersten Buch der Institutionen]: „Wer das Recht studieren will, muss erst einmal wissen, woher der Name des Rechts kommt. Es wird nach der **Gerechtigkeit** so genannt, denn das Recht ist – wie Celsus treffend definiert – die Kunst des Guten und Gleichen.“ Das Wort „aequi“ (vom Lateinischen aequus) aus D. 1.1.1pr. wird unterschiedlich übersetzt, zum Beispiel wie folgt: **„Gleichen“**, **„Billigen“**, **„Gerechten“**, **„Angemessenen“**. Im „Gleichen“ kommen zum Ausdruck: die **Gleichmäßigkeit** und **Regelmäßigkeit** des Rechts (in D. 1.1.1pr.: „ius“) sowie die Konkretisierung des Begriffs der Gerechtigkeit, die selbst im ersten Halbsatz von D. 1.1.1pr. genannt wird („iustitia“). Vgl. auch Digesten 50.17.32 Ulpianus libro 43 ad Sabinum: „[…] omnes homines aequales sunt.“, zu Deutsch: „Alle Menschen sind gleich“. Publius Iuventius Celus (voller Name in D. 5.3.20.6) und Domitius Ulpianus lebten ca. Ende 1. Jahrhundert, Anfang 2. Jahrhundert und waren römische Juristen und hohe Staatsbedienstete. Der Corpus iuris civilis prägt seit seiner Entstehung direkt oder indirekt das Recht. Weiteres zur gesamten Rechtshistorie bei: *Wesel*, Geschichte des Rechts.

[11] **Verbindlichkeit** als möglicher Unterscheidungsansatz jedenfalls teilweise zu: **Sozialnormen**, **Meinung**, **Moral**, **Sitte**.

[12] *Alexy*, Begriff und Geltung des Rechts, S. 201; *Radbruch*: Gesetzliches Unrecht und übergesetzliches Recht, SJZ 1946, S. 105, 107, mit Zusammendenken von materialer Gerechtigkeit und formaler Gleichheitsgerechtigkeit: „Der Konflikt zwischen der **Gerechtigkeit** und der **Rechtssicherheit** dürfte dahin zu lösen sein, daß das positive, durch Satzung und Macht gesicherte Recht auch dann den Vorrang hat, wenn es inhaltlich ungerecht und unzweckmäßig ist, es sei denn, daß der Widerspruch des positiven Gesetzes zur Gerechtigkeit ein so unerträgliches Maß erreicht, daß das Gesetz als ‚**unrichtiges Recht**‘ der Gerechtigkeit zu weichen hat. […] wo Gerechtigkeit nicht einmal erstrebt wird, wo die Gleichheit, die den Kern der Gerechtigkeit ausmacht, bei der Setzung positiven Rechts bewußt verleugnet wurde, da ist das Gesetz nicht etwa nur ‚unrichtiges‘ Recht, vielmehr entbehrt es überhaupt der **Rechtsnatur**. Denn man kann Recht, auch **positives Recht**, gar nicht anders definieren als eine Ordnung und Satzung, die ihrem Sinne nach bestimmt ist, der **Gerechtigkeit** zu dienen.“; diese vorstehende **Radbruchsche Formel** teilweise ausdrücklich verwendet in: BVerfGE 95, 96, Ls. 3 und S. 133-135 (Mauerschützen) = BVerfG, Beschluss des Zweiten Senats vom 24.10.1996 - 2 BvR 1851, 1853, 1875, 1852/94, Ls. 3 und C. II. 1. b) cc) (1), Rn. 140 (2), Rn. 142; BGHSt 39, 1, 16; BGHSt 40, 241, 244; vgl. auch *Klein*, Demokratisches Denken bei Gustav Radbruch; *Reichel*, Gesetz und Richterspruch, S. 142: „Der **Richter** ist kraft seines Amtes verpflichtet, von einer gesetzlichen Vorschrift bewußt abzuweichen dann, wenn jene Vorschrift mit dem

- mit allem Inhalt aus Rechtsquellen
- einschließlich **positivem Recht**[13] und **überpositivem Recht**[14]
- einschließlich subjektiver Rechte und Rechtsgüter[15]
- mit Einwirkungen von Rechtserkenntnisquellen.

Beispiele für objektives Recht: **Rechtsordnung** („Deutsches Recht"; „Bundesrecht"[16]; „Landesrecht"[17]; „Europäisches Recht"; „EU-Recht"[18]; „Internationales Recht"); **Rechtsgebiet**

sittlichen Empfinden der Allgemeinheit dergestalt in Widerspruch steht, daß durch Einhaltung derselben die Autorität von Recht und Gesetz erheblich ärger gefährdet sein würde als durch deren Außerachtsetzung."

[13] **Gesetztes Recht**: Gesetzesrecht, und ggf. Gewohnheitsrecht, teilweise mit Richterrecht.

[14] Vgl. Art. 20 Abs. 3 GG: „verfassungsmäßige Ordnung", „Gesetz und Recht", dazu auch: BVerfGE 34, 269, 286 f. (Soraya) = BVerfG, Beschluss des Ersten Senats vom 14.02.1973 - 1 BvR 112/65, C IV. 1., Rn. 39: „Die traditionelle Bindung des Richters an das Gesetz, ein tragender Bestandteil des **Gewaltentrennungsgrundsatzes** und damit der **Rechtsstaatlichkeit**, ist im Grundgesetz jedenfalls der Formulierung nach dahin abgewandelt, daß die Rechtsprechung an "**Gesetz und Recht**" gebunden ist (Art. 20 Abs. 3). Damit wird nach allgemeiner Meinung ein enger **Gesetzespositivismus** abgelehnt. Die Formel hält das Bewußtsein aufrecht, daß sich Gesetz und Recht zwar faktisch im allgemeinen, aber nicht notwendig und immer decken. Das **Recht** ist nicht mit der Gesamtheit der geschriebenen Gesetze identisch. Gegenüber den positiven Satzungen der Staatsgewalt kann unter Umständen ein Mehr an Recht bestehen, das seine Quelle in der verfassungsmäßigen Rechtsordnung als einem Sinnganzen besitzt und dem geschriebenen Gesetz gegenüber als Korrektiv zu wirken vermag; es zu finden und in Entscheidungen zu verwirklichen, ist Aufgabe der **Rechtsprechung**. Der **Richter** ist nach dem Grundgesetz nicht darauf verwiesen, gesetzgeberische Weisungen in den Grenzen des möglichen Wortsinns auf den Einzelfall anzuwenden. Eine solche Auffassung würde die grundsätzliche **Lückenlosigkeit** der positiven staatlichen **Rechtsordnung** voraussetzen, ein Zustand, der als prinzipielles Postulat der **Rechtssicherheit** vertretbar, aber praktisch unerreichbar ist.".

[15] Vgl. auch die Umschreibung des Rechts von: *Kant*, Metaphysik der Sitten. Erster Teil. Metaphysische Anfangsgründe der Rechtslehre, S. 230: „Das Recht ist also der Inbegriff der **Bedingungen**, unter denen die **Willkür** des einen mit der Willkür des andern nach einem allgemeinen Gesetze der Freiheit zusammen vereinigt werden kann.".

[16] **Bundesrecht-Zugang** über: https://www.gesetze-im-internet.de/; spezielle für Eingriffsrecht auch: *Basten/Klein*, Eingriffsrecht der Polizei in Nordrhein-Westfalen – Gesetze.

[17] **Landesrecht-NRW-Zugang** über: https://recht.nrw.de/lmi/owa/br_start; speziell für Eingriffsrecht auch: *Basten/Klein*, Eingriffsrecht der Polizei in Nordrhein-Westfalen – Gesetze.

[18] **EU-Recht-Zugang** über: https://eur-lex.europa.eu/homepage.html; speziell für Eingriffsrecht auch: *Basten/Klein*, Eingriffsrecht der Polizei in Nordrhein-Westfalen – Gesetze.

(„Öffentliches Recht"; „Privatrecht"; „Polizeirecht"; „Strafprozessrecht"); **„freiheitliche demokratische Grundordnung"** – fdGO[19].[20]

---

[19] Zur freiheitlichen demokratischen Grundordnung (fdGO): BVerfGE 144, 20 (NPD-**Parteiverbotsverfahren** II 2013-2017 [NPD-Verbotsverfahren I 2001-2003: BVerfGE 107, 339 = BVerfG, Beschluss des Zweiten Senats vom 18.03.2003 - 2 BvB 1, 2, 3/01]) = BVerfG, Urteil des Zweiten Senats vom 17.01.2017 - 2 BvB 1/13 – Ls. 3, C. Maßstab Begründetheit, ab Rn. 510 II. Tatbestand, ab Rn. 528, 1. „**Freiheitliche demokratische Grundordnung**", Rn. 529, a) Bisherige verfassungsrechtliche Rechtsprechung, Rn. 530, aa) SRP-Urteil (BVerfGE 2, 1), Rn. 530, bb) KPD-Urteil (BVerfGE 5, 85), Rn. 532, cc) Ergänzung der Elemente der freiheitlichen demokratischen Grundordnung, Rn. 533, dd) Kritik des Schrifttums, Rn. 534, b) Verhältnis zu Art. 79 Abs. 3 GG, Rn. 535, aa) Konzentration auf zentrale Grundprinzipien, Rn. 535, bb) Kein Rückgriff auf Art. 79 Abs. 3 GG, Rn. 536, c) Menschenwürde, Rn. 538, aa) Subjektqualität, Rn. 539, bb) Egalität, Rn. 541, d) Demokratieprinzip, Rn. 542, aa) Gleichberechtigte Teilnahme an der politischen Willensbildung, Rn. 543, bb) Rückbindung der Staatsgewalt an das Volk, Rn. 545, cc) Parlamentarisch-repräsentative Demokratie, Rn. 546, e) Rechtsstaatlichkeit Rn. 547.

Vgl. zur **fdGO** auch: § 4 Abs. 2 BVerfSchG, § 3 Abs. 6 VSG NRW.

BVerfGE 144, 20 (NPD-Verbotsverfahren II), Ls. 3 = BVerfG, Urteil des Zweiten Senats vom 17.01.2017 – 2 BvB 1/13, Ls. 3: „Der Begriff der **freiheitlichen demokratischen Grundordnung** im Sinne von Art. 21 Abs. 2 GG umfasst nur jene zentralen Grundprinzipien, die für den freiheitlichen Verfassungsstaat schlechthin unentbehrlich sind. a) Ihren Ausgangspunkt findet die freiheitliche demokratische Grundordnung in der **Würde des Menschen** (Art. 1 Abs. 1 GG). Die Garantie der **Menschenwürde** umfasst insbesondere die Wahrung personaler Individualität, Identität und Integrität sowie die elementare **Rechtsgleichheit**. [Vgl. auch: *Basten*, Die Menschenwürde des Grundgesetzes auf dem Prüfstand, P. B.]

b) Ferner ist das **Demokratieprinzip** konstitutiver Bestandteil der freiheitlichen demokratischen Grundordnung. Unverzichtbar für ein demokratisches System sind die Möglichkeit gleichberechtigter Teilnahme aller Bürgerinnen und Bürger am Prozess der politischen Willensbildung und die Rückbindung der Ausübung der **Staatsgewalt** an das Volk (Art. 20 Abs. 1 und 2 GG).

c) Für den Begriff der **freiheitlichen demokratischen Grundordnung** sind schließlich die im **Rechtsstaatsprinzip** wurzelnde **Rechtsbindung der öffentlichen Gewalt** (Art. 20 Abs. 3 GG) und die Kontrolle dieser Bindung durch unabhängige Gerichte bestimmend. Zugleich erfordert die verfassungsrechtlich garantierte Freiheit des Einzelnen, dass die Anwendung physischer Gewalt den gebundenen und gerichtlicher Kontrolle unterliegenden staatlichen Organen vorbehalten ist [**Gewaltmonopol** des Staates, P. B.]."

BVerfGE 144, 20, 203 (NPD-Verbotsverfahren II) = BVerfG, Urteil des Zweiten Senats vom 17.01.2017 – 2 BvB 1/13, C. II. 1. a) aa), Rn. 531: „Freiheitliche demokratische Grundordnung und **verfassungsmäßige Ordnung** sind mithin zu unterscheiden. Die **freiheitliche demokratische Grundordnung** beschränkt sich auf diejenigen Prinzipien, die unter Ausschluss jeglicher Gewalt- und Willkürherrschaft eine rechtsstaatliche Herrschaftsordnung auf der Grundlage der Selbstbestimmung des Volkes nach dem Willen der jeweiligen Mehrheit und der Freiheit und Gleichheit gewährleisten (vgl. BVerfGE 2, 1 <12 f.>). Davon ausgehend hat das Bundesverfassungsgericht dieser Ordnung aus einer Gesamtinterpretation des Grundgesetzes und seiner Einordnung in die moderne Verfassungsgeschichte (vgl. BVerfGE 5, 85 <112>) zunächst folgende acht Elemente zugeordnet: die Achtung vor den im Grundgesetz konkretisierten **Menschenrechten**, vor allem vor dem Recht der Persönlichkeit auf **Leben** und **freie Entfaltung**, die **Volkssouveränität**, die **Gewaltenteilung**, die **Verantwortlichkeit der Regierung**, die **Gesetzmäßigkeit der Verwaltung**, die **Unabhängigkeit der Gerichte**, das **Mehrparteienprinzip** und die **Chancengleichheit für alle politischen Parteien** mit dem **Recht auf verfassungsmäßige Bildung und Ausübung einer Opposition** (BVerfGE 2, 1 <13>)."

BVerfGE 144, 20, 204 f. (NPD-Verbotsverfahren II) = BVerfG, Urteil des Zweiten Senats vom 17.01.2017 – 2 BvB 1/13, C. II. 1. a) cc), dd) Rn. 533 f.: „In der Folgezeit hat das Bundesverfassungsgericht seine Rechtsprechung bestätigt (BVerfGE 44, 125 <145>) und den Katalog der Elemente, die die **freiheitliche demokratische Grundordnung** bilden, um das Grundrecht auf freie **Meinungsäußerung** (vgl. BVerfGE 7, 198 <208>), den freien und offenen Prozess der **Meinungs- und Willensbildung des Volkes** (vgl. BVerfGE 44, 125 <139>; siehe auch BVerfGE 20, 56 <97>; 107, 339 <360>), die **Rundfunk-, Presse-**

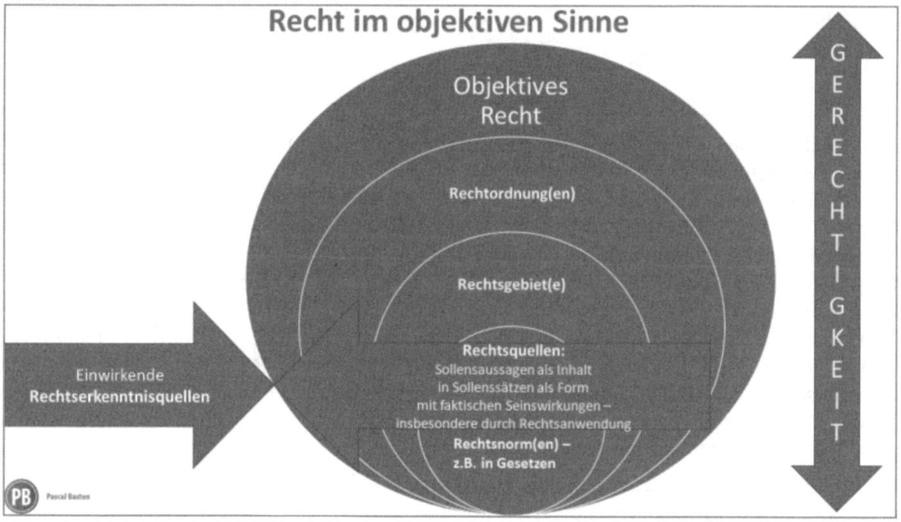


**und Informationsfreiheit** (zusammenfassend BVerfGE 77, 65 <74> m.w.N.), das Bekenntnis zu **religiöser und weltanschaulicher Neutralität** (vgl. BVerfGE 27, 195 <201>) und die **Religionsfreiheit** (vgl. BVerfGE 137, 273 <303 Rn. 83>) ergänzt. Auch in diesem Zusammenhang hat es immer wieder auf die elementare Bedeutung des Art. 1 Abs. 1 GG hingewiesen (vgl. BVerfGE 12, 45 <53>; 27, 1 <6>; 35, 202 <225>; 45, 187 <229>; 49, 286 <298>; 87, 209 <228>). Die mit der Beschreibung des Begriffs der freiheitlichen demokratischen Grundordnung verbundene katalogartige Aufzählung einzelner Rechtsinstitute wird im Schrifttum unter den Gesichtspunkten der Unvollständigkeit, Beliebigkeit, Unbestimmtheit, Missbrauchsanfälligkeit und fehlender Systematik teilweise kritisiert [Quellenangaben]. Dabei wird verkannt, dass zwischen den Kernelementen der freiheitlichen demokratischen Grundordnung und den sich daraus ergebenden (fallbezogenen) Ableitungen zu unterscheiden ist.“.

BVerfGE 144, 20, 206 (NPD-Verbotsverfahren II) = BVerfG, Urteil des Zweiten Senats vom 17.01.2017 – 2 BvB 1/13, C. II. 1. b) bb), dd) Rn. 537: „Der Regelungsgehalt des Art. 79 Abs. 3 GG [**Ewigkeitsklausel**, P. B.] geht über den für einen freiheitlichen demokratischen Verfassungsstaat unverzichtbaren Mindestgehalt hinaus. Zur freiheitlichen demokratischen Grundordnung zählen insbesondere nicht die von Art. 79 Abs. 3 GG umfassten Prinzipien der **Republik** und des **Bundesstaats**, da auch konstitutionelle Monarchien und Zentralstaaten dem Leitbild einer freiheitlichen Demokratie entsprechen können [Quellenangaben].“.

[20] Vgl. auch Redewendungen bezüglich objektiven Rechts wie folgende: „Recht und Gerechtigkeit.“ „Recht und Ordnung.“ „Recht oder Unrecht.“ „Das ist (das) Recht.“ „Das ist recht und billig.“.

# Unterabschnitt 1: Rechtsordnung

**Rechtsordnung** ist ein hierarchisierendes System von interagierenden Rechtsnormen, Gesetzen, Rechtsgebieten.

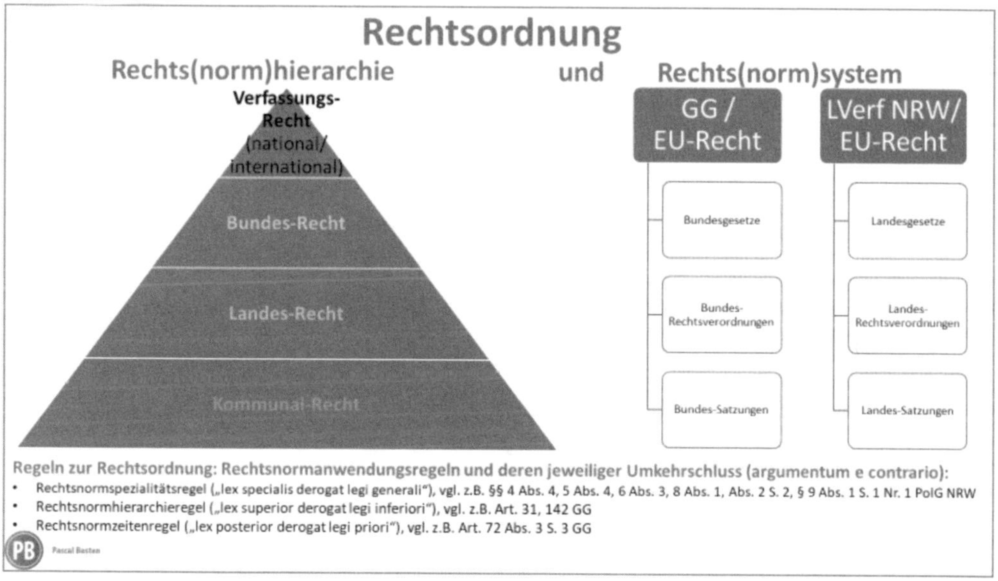

# Unterabschnitt 2: Rechtsgebiet

**Rechtsgebiet** ist Rechtsordnungsteil als Gesetzes- bzw. Rechtsnormenzusammenstellung, wobei Rechtsnormen Gesetze, Gesetze Rechtsgebiete, und die Rechtsgebiete die Rechtsordnung als deren Teile bilden.[21]

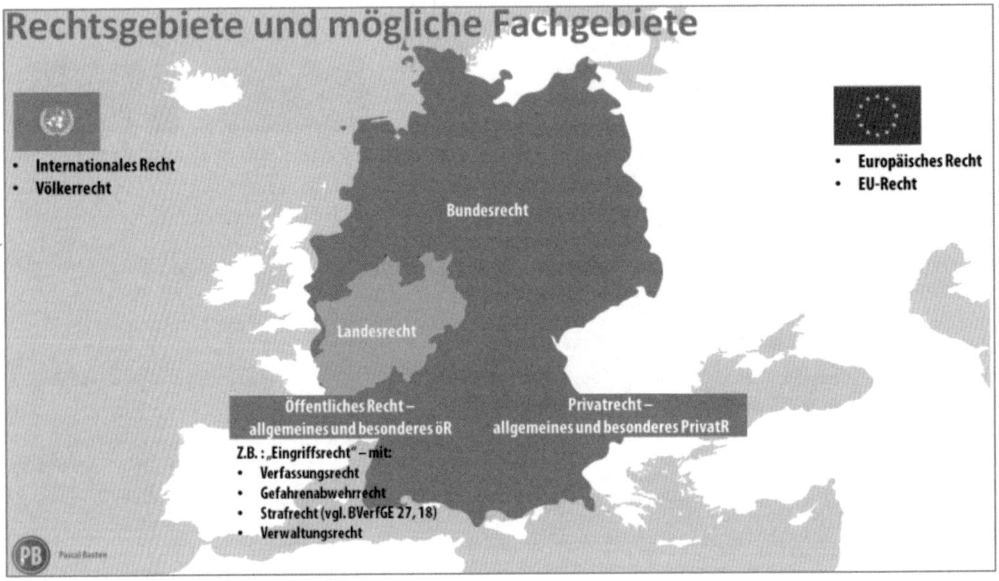


---

[21] Vgl. Artt. 72 Abs. 2, 3 GG, Art. 74 Abs. 1 GG, Art. 91a Abs. 1 GG, Art. 91e Abs. 1 GG, Art. 95 Abs. 1 GG, § 23 Abs. 1 S. 1 EGGVG; § 35 S. 1 VwVfG / § 35 S. 1 VwVfG NRW; § 40 Abs. 1 S. 2 VwGO. „**Rechtsgebiet**" kann auch bedeuten und ist deshalb die Rechtsordnung(en) umso erfassender: Territorium mit bestimmtem geltendem objektivem Recht (z.B. Deutschland, Land Nordrhein-Westfalen), vgl. auch Redewendungen wie die vom „Herrschaftsgebiet", „Machtbereich", „Regelungsbereich", vom „Stehen auf dem Boden des Grundgesetzes", „Stehen auf dem Boden des Gesetzes", oder wie die vom „Bereich des Gesetzes". Vgl. auch die Rechts- und Gesetzessprache wie folgt: „**Hoheitsgebiet**"; „**Raum der Freiheit, der Sicherheit und des Rechts**" (Schengen-Raum); „**Währungsgebiet**"; „**Zollgebiet**".

## Rechtsgebiete und mögliche Fachgebiete mit Haupt-Gesetzen – Teil 1

### Privatrecht – Gegenstände allgemein

- **Rechtsbeziehungen zwischen Privatrechtssubjekten als solchen untereinander**
- **Fiskalische Tätigkeit** (Auftragsvergabe, Erwerbswirtschaft, sonstige Hilfsgeschäfte durch öffentliche Verwaltung)
- **Verwaltungsprivatrecht** (Aufgabenwahrnehmung durch öffentliche Verwaltung in privatrechtlicher Organisation/in privatrechtlichem Rechtsverhältnis bei Grundrechtsbindung, vgl. Art. 1 Abs. 3 GG)

### Allgemeines Privatrecht

- **EGBGB, BGB** (Bürgerliches Recht/Zivilrecht)
- **EGBGB, EuGVO, UN-Kaufrecht** (IPR)
- **Gleichbehandlungsrecht** (AGG)
- **Lebenspartnerschaftsrecht** (LPartG)
- **Produkthaftungsrecht** (ProdHaftG)
- **Verkehrsprivatrecht** (StVG)
- **ZPO/InsO/ZVG/ErbbauRG/GBO/WEG/FamFG/BeurkG/HintIO/KostO/RPflG/RDG/RVG** (Zivilprozessrecht/Grundstücksrecht/Vollstreckungsrecht)
- **GewSchG/GewO** (weitere Nebengesetze)

### Sonderprivatrecht

- **Arbeitsrecht** (AEntG, AltTZG, ArbGG, ArbnEgRi, ArbPlSchG, ArbSchG, ArbStättV, ArbZG, AÜG, BBiG, BEEG, BetrVG, BildscharbV, BKV, BUrlG, DrittelbG, EfzG, FPflZG, GewO, HGB, JArbSchG, KSchG, MitbestG, MontanmitbestG, MuSchG, NachwG, PflegeZG, SchwarzArbG, SGB IV, SGB VIII, TVG, TzbfG)
- **Gesellschaftsrecht** (AktG, GenG, GmbHG, OHG, PartGG, UmwG)
- **Handelsrecht** (HGB)
- **Markenrecht** (MarkenG)
- **Urheberrecht** (KUrhG, UrhG)
- **Wertpapierrecht** (WpHG, WpPG, KAGB, VermAnlG)

PB Pascal Basten

## Rechtsgebiete und mögliche Fachgebiete mit Haupt-Gesetzen – Teil 2

### Öffentliches Recht – Gegenstände allgemein

- **Staatsorganisation**
- **Rechtsbeziehungen zwischen Staat / Hoheitsträgern und Privatrechtssubjekten mit Berechtigung oder Verpflichtung eines Hoheitsträgers als solchem**
- **Rechtsbeziehungen von Hoheitsträgern als solchen untereinander**
- **Verwaltungsprivatrecht** (Aufgabenwahrnehmung durch öffentliche Verwaltung in privatrechtlicher Organisation/in privatrechtlichem Rechtsverhältnis bei Grundrechtsbindung, vgl. Art. 1 Abs. 3 GG)

### Allgemeines öffentliches Recht

- **GG, EUV, AEUV, EUGRCh, IPbpR, IPwskR, WÜD, WÜK**
- **allgemeines Verwaltungsrecht**: VwVfG/VwVfG NRW, VwVG/VwVG NRW, VO VwVG NRW, VwzG/LZG NRW, EuZVO, VwGO, AGVwGO, JustizG NRW

PB Pascal Basten

Weitere Rechtsgebiete/Fachgebiete(-Bezeichnungen) sind möglich, z.B. „**Sicherheitsrecht**"[22] oder „**Recht der inneren Sicherheit / Recht der Inneren Sicherheit**"[23].

[22] Vgl. z.B. BVerfGE 141, 220, 271, 287, 289, 330, 336, 347 (BKAG) = BVerfG, Urteil des Ersten Senats vom 20.04.2016 – 1 BvR 966/09, Rn. 111, 153, 158, 159, 292, 312, 343, 345 („allgemeines Sicherheitsrecht").

[23] Vgl. z.B. *Roggan/Kutscha*, Handbuch zum Recht der Inneren Sicherheit.

# Unterabschnitt 3: Rechtsquellen und Rechtserkenntnisquellen

**Rechtsquelle** ist eine Quelle von Recht selbst, von Rechtsnormen, mit unmittelbarer Rechtsnormwirkung.

Beispiele für Rechtsquellen:

- **Gesetz**: Sollenssatz oder Sollenssätze als Form für Rechtsinhalt, als:
  - Rechtsnormenzusammenfassung[24];
  - Rechtsnormaufstellung[25];
  - Rechtsnormenzusammenstellung[26];
- **Rechtsnorm**: Rechtsinhalt für rechtliche Sollensaussagen, z.B. in Sollenssatzformen von Gesetzen;
- **(Justiz-)Verwaltungsakt**[27]:
  - Verwaltungsakt als **Einzelverfügung**: bestimmte konkret-individuelle (bestimmter Fall, bestimmter Betroffener) Rechtsquelle/Rechtsnorm im weiteren Sinne (z.B.: Anordnung, aus der folgt: ein rechtliches Gebot oder ein rechtliches Verbot);
  - Verwaltungsakt als **Allgemeinverfügung**: bestimmte konkret-generelle (bestimmter Fall und unbestimmte, jedoch bestimmbare Betroffene) Rechtsquelle/Rechtsnorm im weiteren Sinne (z.B. Verkehrszeichen, aus dem folgt: ein rechtliches Gebot [Gebots-VZ] oder ein rechtliches Verbot [Verbots-VZ][28], nicht: Verkehrszeichen, aus denen folgt: bloßer Hinweis / bloße Warnung [Hinweis-VZ/Warn-VZ]);
- **Rechtsprechung** in Fällen wie einer **Bundesverfassungsgerichtsentscheidung** nach Art. 94 Abs. 2 S. 1 GG i.V.m. § 31 BVerfGG[29] oder einer **Oberverwaltungsgerichtsentscheidung** nach § 47 VwGO;

---

[24] **Gesetz** als Rechtsnormenzusammenfassung kann ergeben: Rechtsgebiet. Dieses Rechtsgebiet kann u.a. sein kann: Gegenstand eines Fachgebiets, zum Beispiel: „Eingriffsrecht".

[25] Vgl zum **Gesetz** als Rechtsnormaufstellung (auch nur einer einzigen Rechtsnorm) die Formulierung: „Das ist Gesetz."; vgl. auch Art. 2 EGBGB: **Gesetz** im Sinne des Bürgerlichen Gesetzbuchs und dieses Gesetzes ist jede Rechtsnorm.

[26] Vgl zum Gesetz als Rechtsnormenzusammenstellung (von mehreren Rechtsnormen) die Formulierung: „Das steht im Gesetz." oder „Das steht in Gesetzen.".

[27] **Verwaltungsakt**: § 35 VwVfG NRW / **Justiz-Verwaltungsakt**: § 23 Abs. 1 S. 1 EGGVG.

[28] § 35 S. 2 Var. 3 VwVfG NRW

[29] Zur **Bundesverfassungsgerichtszuständigkeit** vgl. Art. 93, 94 GG i.V.m. §§ 13, 14, 15a, 16 BVerfGG; für buchstäbliche „**Verfassungsbeschwerden**" im Sinne von Art. 93 Abs. 1 Nr. 4a und 4b GG, § 13 Nr. 8a GG auch i.V.m. § 90 BVerfGG, § 91 BVerfGG, §§ 92-95 BVerfGG. BVerfG, Beschluss des Ersten Senats vom 27.05.2020 – 1 BvR 1873/13 – (Bestandsdatenauskunft II), Rn. 263: „Die Feststellung der **Verfassungswidrigkeit gesetzlicher Vorschriften** führt grundsätzlich zu ihrer **Nichtigkeit** [Unwirksamkeit, P. B.]. Allerdings kann sich das Bundesverfassungsgericht, wie sich aus § 31 Abs. 2 Satz 2 und 3 BVerfGG ergibt, auch darauf beschränken, eine verfassungswidrige Norm nur für mit dem Grundgesetz unvereinbar zu erklären (vgl. BVerfGE 109, 190 <235>) [**Unvereinbarkeit**, P. B.]. Es verbleibt dann bei einer bloßen Beanstandung der Verfassungswidrigkeit ohne den Ausspruch der Nichtigkeit. Die kann das Bundesverfassungsgericht zugleich mit der Anordnung einer befristeten Fortgeltung der verfassungswidrigen Regelung verbinden [**Fortgeltungsbefristung**]. Dies kommt in Betracht, wenn die sofortige

- **Gewohnheitsrecht**[30] durch Rechtsüberzeugungen (opinio iuris/necessitatis) und Rechtsübungen (longa consuetudo), gegebenenfalls als **Observanz** (örtlich begrenztes/gebundenes Gewohnheitsrecht).

**Rechtserkenntnisquelle** ist eine Quelle von Erkenntnis über das Recht ohne Rechtseigenschaft selbst, mit höchstens mittelbarer Rechtsnormwirkung.

Beispiele für Rechtserkenntnisquellen:

- **Rechtsprechung** bis auf Fälle wie aus Art. 94 Abs. 2 S. 1 GG i.V.m. § 31 BVerfGG oder aus § 47 VwGO;
- **Verwaltungsvorschrift (VV)**[31] – bis zur Grenze von (Außen-)Rechtsnormwirkung, diese höchstens über:
    - gesetzliche Inbezugnahme;
    - historisch-genetische Auslegung bezüglich der Vorstellungen und des Willens der am Rechtssetzungsverfahren mit Verwaltungsvorschriften Beteiligten, etwa mit VV als Ausdruck des „Willens des Gesetzgebers“ wegen Provenienz von VV aus gesetzesvorbereitender Verwaltung (z.B. Rechtsreferat eines Ministeriums);
    - (Willkürfrei unter Umständen nach Übergangszeitraum veränderbare) VV-Anwendung nach außen und damit **Verwaltungsselbstbindung** insbesondere über folgende Rechte:

---

Ungültigkeit der zu beanstandenden Norm dem Schutz überragender Güter des Gemeinwohls die Grundlage entziehen würde und eine Abwägung mit den betroffenen Grundrechten ergibt, dass der Eingriff für eine Übergangszeit hinzunehmen ist (BVerfGE 150, 244 <306 Rn. 168> m.w.N.; stRspr). Für die Übergangszeit kann das Bundesverfassungsgericht vorläufige Anordnungen treffen, um die Befugnisse der Behörden bis zur Herstellung eines verfassungsmäßigen Zustandes durch den Gesetzgeber auf das zu reduzieren, was nach Maßgabe dieser Abwägung geboten ist (BVerfGE 141, 220 <351 Rn. 355> m.w.N.) [auch sogenannter „**Chaosgedanke**“, P. B.].“.

[30] BVerfGE 22, 114, 121 (Verteidigungsbefugnis) = BVerfG, Beschluss des Zweiten Senats vom 28.06.1967 – 2 BvR 143/61 –, B. III. 3., Rn. 27; BVerfGE 28, 21, 28-33 (Robenstreit) = BVerfG, Beschluss des Ersten Senats vom 18.02.1970 – 1 BvR 226/69 –, B. I., Rn. 22-39.

[31] BVerfGE 100, 249, 258 (Allgemeine Verwaltungsvorschriften) = BVerfG, Beschluss des Zweiten Senats vom 02.03.1999 – 2 BvF 1/94 –, C. I., 1., Rn. 32: „Das Grundgesetz stellt der vollziehenden Gewalt weder einen abschließenden Katalog bestimmter Handlungsformen zur Verfügung noch werden ausdrücklich erwähnte Handlungsformen inhaltlich im einzelnen definiert. Zu einer abschließenden Definition, was als allgemeine Verwaltungsvorschriften im Sinne des Art. 85 Abs. 2 Satz 1 GG zu verstehen sei, besteht im vorliegenden Verfahren kein Anlaß. Vielmehr ist der Inhalt dieses Gesetzesbegriffs anhand allgemein anerkannter Kriterien festzustellen. Danach sind als allgemeine **Verwaltungsvorschriften** im Sinne der Norm nur solche Regelungen zu verstehen, die für eine abstrakte Vielheit von Sachverhalten des Verwaltungsgeschehens verbindliche Aussagen treffen, ohne auf eine unmittelbare Rechtswirkung nach außen gerichtet zu sein [Schrifttumsquellenangabe].“. **Verwaltungsvorschriften**-Beispiele: VVPolG; Erlass; MiStra; RiStBV; RiVASt, AVVAufenthG (nach Art. 84 Abs. 2 GG), WaffVwV (nach Art. 84 Abs. 2 GG); Dienstanweisung für den Polizeivollzugsdienst der Polizei beim Deutschen Bundestag (DA-PVD), vgl. BVerfG, Beschluss des Zweiten Senats vom 09.06.2020 – 2 BvE 2/19 (Polizeiliches Betreten von Abgeordnetenraum beim Deutschen Bundestag zur Gefahrenabwehr als Verletzung des Art. 38 Abs. 1 S. 2 GG im konkreten Fall) –, C. II. 1., Rn. 43: „Obwohl die DA-PVD kein formelles Gesetz ist [Schrifttum-Quellenangaben, P. B.], zielen die darin enthaltenen Regelungen darauf ab, die Polizei beim Deutschen Bundestag zu binden. Damit kommt der DA-PVD der Charakter einer ermessenslenkenden Verwaltungsvorschrift zu [Schrifttum-Quellenangabe, P. B.].“.

    - Art. 20 Abs. 3 GG (Rechtssicherheit; Rechtsstaatlicher Vertrauensschutz bezüglich bekannter Verfahrensweise nach Verwaltungsvorschrift oder bloß bekannter Verwaltungsvorschrift);
    - Art. 3 GG (Anspruch auf Gleichbehandlung im Vergleich zu Verwaltungsvorschrift oder im Vergleich zu nach Verwaltungsvorschrift Behandelten – als originärer oder derivativer Leistungsanspruch);
- **Rechtsliteratur/Rechtsschrifttum**: Aufsätze, Artikel, Bücher, Lehrbücher, Kommentare, Monographien;
- **Gewohnheiten**, **Gebräuche** (Usancen), Hilfsmittel (vgl. **Schema** / **Fallbearbeitungsschema**), Lebensumstände, **Meinungen**, **Moralen**, Routinen, **Sitten**, **Sozialnormen** – eben bis zur Grenze des Rechtsverbindlichen (vgl. **Gewohnheitsrecht**).

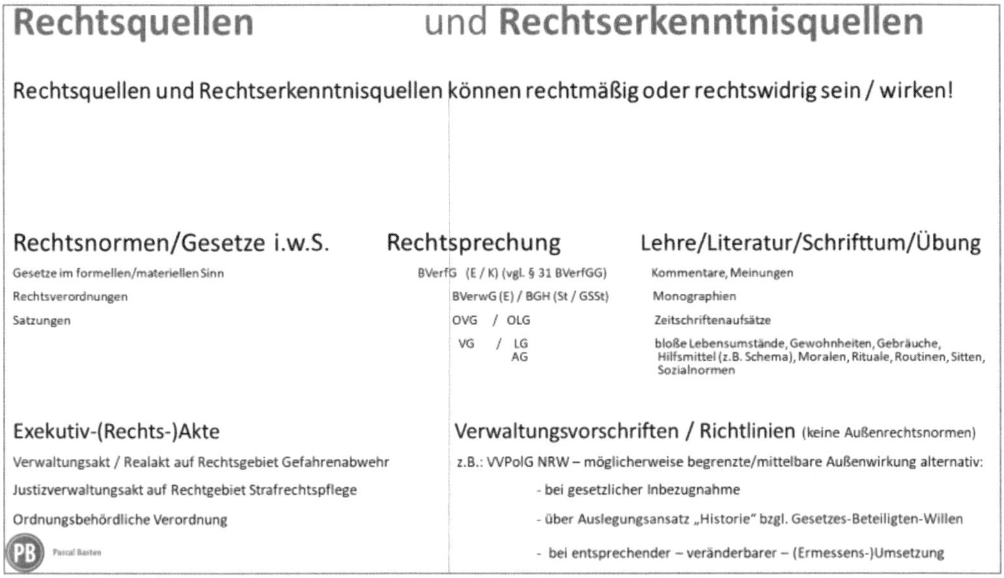

# *Titel 1: Gesetze*

**Gesetz** ist eine gesetzte (positive) Rechtsnormenquelle, kurz: Rechtsquelle als in Rechtssatzform erfolgende Rechtsnormaufstellung[32] oder Rechtsnormenzusammenstellung.

**Gesetzesinhalt** sind grundsätzlich abstrakt-generelle Rechtsnormen.

**Rechtsnormabstraktheit / Abstrakteit der Rechtsnorm** bedeutet, dass die Rechtsnorm grundsätzlich unbestimmt viele Anwendungsfälle hat.

**Rechtsnormgeneralität / Generelles der Rechtsnorm** bedeutet, dass die Rechtsnorm grundsätzlich gegenüber unbestimmt vielen Rechtsnormadressaten anwendbar ist.

Dem Grundsatz des Abstrakt-generellen von Rechtsnormen entspricht ein grundsätzliches **Einzelfallgesetzverbot**, Art. 19 Abs. 1 S. 1 GG. **Einzelfallgesetz** beinhaltet eine konkret-individuelle (bestimmter Fall und Betroffener) Außenrechtsnorm, vgl. Art. 19 Abs. 1 S. 1 GG. **Maßnahmegesetz** ist ein bloßer Abgrenzungsbegriff zum Einzelfallgesetz zwecks Vermeidung von Verwechslungen und beinhaltet zulässige konkret-generelle (bestimmter Fall und mehrere, zunächst unbestimmte Betroffene) Außenrechtsnormen, vgl. Art. 14 Abs. 3 S. 2 GG, Art. 87 Abs. 1 S. 2 GG, Art. 87 Abs. 3 S. 1 GG, Art. 110 Abs. 2 S. 1 GG[33].

Das **Grundgesetz** (GG)[34] ist das grundlegende Gesetz[35] in der BRD und materiell die **Verfassung** mit der objektiv-rechtlichen Grundordnung der BRD und den subjektiven Grundrechten.

**Landesverfassung** ist die Verfassung eines (Bundes-)Landes in der BRD, vgl. z.B. die Verfassung für das Land Nordrhein-Westfalen (Verfassung NRW)[36].

Das **Grundgesetz- und Landesverfassungsverhältnis** ist geregelt in Art. 142 GG und z.B. Art. 4 Verfassung NRW.[37]

---

[32] Vgl. z.B. § 4 AO: „**Gesetz** ist jede **Rechtsnorm**.“; Art. 2 EGBGB: „Gesetz im Sinne des Bürgerlichen Gesetzbuchs und dieses Gesetzes ist jede Rechtsnorm.“.

[33] Vgl. auch BVerfGE 10, 234 (Platow-Amnestie) = BVerfG, Beschluss des Ersten Senats vom 15.12.1959 – 1 BvL 10/55, dort in BVerfGE 10, 234, 244 zum Begriff „getarntes **Individualgesetz**“: „Von einem solchen kann nur dann gesprochen werden, wenn der Gesetzgeber ausschließlich einen bestimmten Einzelfall oder eine bestimmte Gruppe von Einzelfällen regeln will und zur Verdeckung dieser Absicht generell formulierte Tatbestandsmerkmale dergestalt in einer Norm zusammenfaßt, daß diese nur auf jene konkreten Sachverhalte Anwendung finden kann, die dem Gesetzgeber vorschwebten und auf die die Norm zugeschnitten ist. Es muß also zunächst die Feststellung gerechtfertigt sein, daß der Sache nach ein Individualgesetz vorliegt; erst dann ist für die weitere Prüfung Raum, ob der Gesetzgeber einer Norm absichtlich eine Formulierung gegeben hat, die deren Individualcharakter verbergen soll.“; BVerfGE 25, 371 (lex Rheinstahl) = BVerfG, Urteil des Zweiten Senats vom 07.05.1969 – 2 BvL 15/67, Ls. 1: „Der Begriff des **Maßnahmegesetzes** ist verfassungsrechtlich irrelevant.“; BVerfGE 95, 1 (Südumfahrung Stendhal) = BVerfG, Beschluss des Zweiten Senats vom 17.07.1996 – 2 BvF 2/93 –.

[34] BGBl. S. 1, GG-Erlass am 23.05.1949, GG-Inkrafttreten am 24.05.1949.

[35] Grundgesetz-Wortlaut-Historie: Vom Lateinischen: lex fundamentalis; Motiv für die Benennung der Verfassung als „**Grundgesetz**“ war zur GG-Erlass-Zeit die Ansicht damaliger Nichtvollendung der Einheit und Freiheit Deutschlands für das gesamte deutsche Volk und die Ansicht des GG als ein Provisorium bis zum Inkrafttreten einer Verfassung, die von dem deutschen Volke in freier Entscheidung beschlossen worden ist, vgl. Art. 146 GG.

[36] GV. NW. (für aktuelle Rechtsquellen: SGV. NRW.) S. 127, Verfassung-NRW-Erlass am 28.06.1950, Verfassung-NRW-Inkrafttreten am 11.07.1950.

[37] **Verfassung-NRW- und GG-Entsprechung** ist thematisch in Artikeln etwa wie folgt zuordenbar (vgl. auch Art. 142 GG):

- Art. 1 Verf NRW: Art. 20 Abs. 1 GG
- Art. 2, 3 Verf NRW: Art. 20 Abs. 2 S. 2 GG
- Art. 4 Abs. 1 Verf NRW: Art. 1 Abs. 3 GG
- Art. 4 Abs. 2, 77a Verf NRW: Art. 2 Abs. 1 GG
- Art. 5, 6, 7 Verf NRW: Art. 6 GG
- Art. 8, 9, 10, 11, 12, 13, 14, 15, 89 Verf NRW: Art. 7 GG
- Art. 16, 17, 18 Verf NRW: Art. 5 Abs. 3 S. 1 GG
- Art. 19, 20, 21, 22, 23 Verf NRW: Art. 4, 140 GG
- Art. 25 Verf NRW: Art. 4, 12 GG
- Art. 24, 26, 27, 28 Verf NRW: Art. 9, 12, 14 GG
- Art. 29 Verf NRW: Art. 14 GG
- Art. 29a Verf NRW: Art. 20a GG
- Art. 31, 32 Verf NRW: Art. 9, 18, 38 GG
- Art. 33 Verf NRW: Art. 41 GG
- Art. 34, 36, 37, 92 Verf NRW: Art. 39 GG
- Art. 35 Verf NRW: Art. 68, 81 GG
- Art. 38, 39 Verf NRW: Art. 40 GG
- Art. 40 Verf NRW: Art. 23, 32, 45, 45a, 45b, 59 Abs. 2 GG
- Art. 41 Verf NRW: Art. 44 GG
- Art. 41a Verf NRW: Art. 17, 45c GG
- Art. 42 Verf NRW: Art. 42 GG
- Art. 43 Verf NRW: Art. 42 Abs. 3 GG
- Art. 44 Verf NRW: Art. 42 Abs. 2 GG
- Art. 45 Verf NRW: Art. 43 GG
- Art. 46, 50 Verf NRW: Art. 48 GG
- Art. 47, 48 Verf NRW: Art. 46 GG
- Art. 49 Verf NRW: Art. 47 GG
- Art. 51-54 Verf NRW: 54-63 GG
- Art. 55 Verf NRW: Art. 65 GG
- Art. 57 Verf NRW: Art. 50 53, 59 Abs. 2 GG
- Art. 58, 80 Verf NRW: Art. 33, 34, 36 GG
- Art. 59 Verf NRW: Art. 60 Abs. 2 GG
- Art. 60 Verf NRW: Art. 80, 115k, 119 GG
- Art. 61 Verf NRW: Art. 67 GG
- Art. 62 Verf NRW: Art. 58 GG
- Art. 64 Verf NRW: Art. 55 Abs. 2, 66 GG
- Art. 65, 66, 71 Verf NRW: Art. 76-78 GG
- Art. 67, 68 Verf NRW: Art. 20 Abs. 2 S. 2 GG
- Art. 69 Verf NRW: Art. 79 GG

Die **verfassungsmäßige (Grund-)Ordnung** in der BRD, vgl. Art. 20 Abs. 3 GG, ist gegeben insbesondere mit folgenden **Staatsprinzipien**[38] (i.V.m. Staatsprinzipien aus Landesverfassungen wie Art. 5-29a Verfassung NRW):

- Weltfriedensdienerschaft und Völkerrechtsaufnahme („Völkerrechtsfreundlichkeit"), vgl. Präambel GG, Art. 1 Abs. 2 GG, Art. 23 GG, Art. 24 GG, Art. 25 GG, Art. 26 GG, Art. 79 Abs. 1 S. 2 GG sowie Europavereinigungsmitwirkung, vgl. Präambel GG, Art. 23 GG, Art. 79 Abs. 1 S. 2 GG[39];
- Achtung und Schutz der **Würde des Menschen**, vgl. Art. 1 Abs. 1 GG, Art. 79 Abs. 3 GG;
- **Grundrechtsbindung**, vgl. Art. 1 Abs. 3 GG[40]; Art. 1-19 GG;

---

- Art. 70 Verf NRW: Art. 80 GG
- Art. 72-76, 93 Verf NRW: Art. 92-104 GG
- Art. 77 Verf NRW: Art. 23 Abs. 5, 35, 84-86 GG
- Art. 78 Verf NRW: Art. 28 GG
- Art. 79 Verf NRW: Art. 29, 37 GG
- Art. 81-88 Verf NRW: Art. 104a-115 GG
- Art. 90 Verf NRW: Präambel, Art. 20, 146 GG.

[38] Teilweise Begrifflichkeiten – jeweils verkürzend im Verhältnis zum Begriff „Staatsprinzipien" und erst recht zum Begriff „verfassungsmäßige Ordnung" – auch: **„Staatsstrukturprinzipien"**, **„Staatszielbestimmungen"**, **„Staatsformmerkmale"**.

[39] BVerfG, Urteil des Ersten Senats vom 19.05.2020 – 1 BvR 2835/17 – (Ausland-Ausland-Fernmeldeaufklärung nach BNDG), E. IV. 1. a), Rn. 246: „Mit der Präambel, Art. 1 Abs. 2, Art. 9 Abs. 2, Art. 16 Abs. 2, Art. 23 bis 26 und Art. 59 Abs. 2 GG bindet das Grundgesetz die Bundesrepublik umfassend in die internationale Gemeinschaft ein und hat es die deutsche öffentliche Gewalt programmatisch auf **internationale Zusammenarbeit** ausgerichtet (vgl. BVerfGE 141, 220 <341 f. Rn. 325> m.w.N.). Dies gilt auch für die Gewährleistung der Sicherheit. Das Bundesverfassungsgericht hat hervorgehoben, dass eine möglichst effektive Zusammenarbeit mit den Sicherheitsbehörden anderer Staaten hierfür von besonderer Bedeutung sein kann. Ein funktionierender Informationsaustausch kann im Interesse des verfassungsrechtlich gebotenen Schutzes der Menschen eine Übermittlung von im Inland erhobenen Erkenntnissen voraussetzen und im Gegenzug auf Unterrichtungen durch ausländische Stellen angewiesen sein (vgl. BVerfGE 141, 220 <268 Rn. 102>).".

[40] BVerfG, Urteil des Ersten Senats vom 19.05.2020 – 1 BvR 2835/17 – (Ausland-Ausland-Fernmeldeaufklärung nach BNDG), Ls. 1: „Die **Bindung der deutschen Staatsgewalt an die Grundrechte** nach Art. 1 Abs. 3 GG ist nicht auf das deutsche Staatsgebiet begrenzt. Der **Schutz der einzelnen Grundrecht**e kann sich im Inland und Ausland unterscheiden. Jedenfalls der Schutz des Art. 10 Abs. 1 und des Art. 5 Abs. 1 Satz 2 GG als Abwehrrechte gegenüber einer Telekommunikationsüberwachung erstreckt sich auch auf **Ausländer im Ausland**.", Rn. 89: „Nach Art. 1 Abs. 3 GG binden die Grundrechte Gesetzgebung, vollziehende Gewalt und Rechtsprechung als unmittelbar geltendes Recht. Eine Beschränkung auf das **Staatsgebiet** enthält die Vorschrift nicht., Rn. 90: „Die Bindung an die Grundrechte nach Art. 1 Abs. 3 GG als **individuelle Abwehrrechte** beschränkt sich auch nicht auf Konstellationen, in denen der Staat den Betroffenen als mit dem Gewaltmonopol versehene Hoheitsmacht gegenübertritt [Quellenangaben]. [...] Eine Beschränkung der Grundrechtsbindung auf Entscheidungen, die die Exekutive auch mit Hoheitsbefugnissen durchsetzen könnte, liegt hierin nicht.", Rn. 91: **„Die Grundrechte binden die staatliche Gewalt vielmehr umfassend und insgesamt, unabhängig von bestimmten Funktionen, Handlungsformen oder Gegenständen staatlicher Aufgabenwahrnehmung** [Quellenangabe]. Das Verständnis der **staatlichen Gewalt** ist dabei weit zu fassen und erstreckt sich nicht nur auf imperative Maßnahmen oder solche, die durch Hoheitsbefugnisse unterlegt sind. Alle **Entscheidungen**, die auf den jeweiligen staatlichen Entscheidungsebenen den Anspruch erheben können, **autorisiert im Namen aller Bürgerinnen und Bürger** getroffen zu werden, sind von der Grundrechtsbindung erfasst. Eingeschlossen sind hiervon Maßnahmen, Äußerungen und Handlungen hoheitlicher wie nicht hoheitlicher Art.

---

**Grundrechtsgebundene staatliche Gewalt** im Sinne des Art. 1 Abs. 3 GG ist danach jedes Handeln staatlicher Organe oder Organisationen, weil es in Wahrnehmung ihres dem Gemeinwohl verpflichteten Auftrags erfolgt (BVerfGE 128, 226 <244>). Die Bindung an die Grundrechte und die politische Entscheidungsverantwortung sind unhintergehbar miteinander verknüpft (vgl. BVerfG, Beschluss des Ersten Senats vom 6. November 2019 - 1 BvR 16/13 -, Rn. 42 – Recht auf Vergessen I).“, Rn. 92: „Die **Grundrechtsbindung** der deutschen Staatsgewalt beschränkt sich dabei auch im Ausland nicht auf eine bloß **objektivrechtliche Verpflichtung** [Quellenangaben]. Sie korrespondiert vielmehr mit einer Grundrechtsberechtigung derjenigen, die durch die jeweiligen Grundrechtsgarantien als geschützte Grundrechtsträger ausgewiesen sind. Eine **Grundrechtsbindung zugunsten individueller Grundrechtsträger**, der dann aber keinerlei **subjektivrechtliche Entsprechung** gegenübersteht, sieht das Grundgesetz nicht vor. Der Charakter als **Individualrecht** gehört zum zentralen Gehalt des grundgesetzlichen Grundrechtsschutzes.“, Rn. 93: „Die **Grundrechtsbindung** der deutschen Staatsgewalt auch bei einem Handeln gegenüber Ausländern im Ausland entspricht zugleich der **Einbindung der Bundesrepublik in die internationale Staatengemeinschaft**.“ […] Demgegenüber gewährleistet die Anknüpfung der Grundrechtsbindung an den **Staat** als politisch legitimiertes und rückgebundenes Handlungssubjekt, dass der Grundrechtsschutz auch einer internationalen Ausweitung staatlicher Aktivitäten folgt.“, Rn. 100: „Der **Grundrechtsbindung** der deutschen Staatsgewalt im Ausland steht auch nicht entgegen, dass hier eine Abgrenzung zu anderen Staaten und Rechtsordnungen oder eine Abstimmung mit diesen erforderlich wäre, wie es das Bundesverfassungsgericht als – einzigen – möglichen Grund für einen Ausschluss der Bindung an Art. 10 GG bei Auslandssachverhalten erwogen und offengelassen hatte (vgl. BVerfGE 100, 313 <362 ff.>).“, Rn. 101: „Die **Bindung an die deutschen Grundrechte** begründet nur eine **Verantwortlichkeit und Verantwortung deutscher Staatsorgane**. Sie flankiert allein autonome politische Entscheidungen der Bundesrepublik Deutschland und begrenzt ausschließlich eigene Handlungsspielräume. Entsprechend wirken die Grundrechte als **Abwehrrechte** auch im Ausland nur gegenüber der deutschen Staatsgewalt und laufen damit parallel zu den durch das **völkerrechtliche Interventionsverbot** begründeten Beschränkungen. In der **Grundrechtsbindung** liegt damit weder ein Verstoß gegen das völkerrechtliche Interventionsverbot, noch beschränkt sie die **Handlungs- oder Rechtsetzungsmacht anderer Staaten**. Sie bewirkt weder einen Oktroi eigenen Rechts noch eine Verdrängung ausländischer Grundrechte. Insbesondere erweitert die **Grundrechtsbindung** nicht staatliche Befugnisse im Ausland, sondern beschränkt nur potentiell von der deutschen Staatsgewalt in Anspruch genommene Handlungsmöglichkeiten.“, Rn. 102: „Dementsprechend wirkt die Geltung der Grundrechte (hier des Art. 10 Abs. 1 GG) nicht auf die **Rechtsordnung anderer Staaten** ein und entfalten auch hieran anknüpfende Eingriffsermächtigungen für Überwachungsmaßnahmen für deren interne Rechtsordnung keine normative Wirkung. Aus der **Geltung der Grundrechte** und dem **Gesetzesvorbehalt** folgen lediglich, dass für deutsche Stellen entsprechende Rechtsgrundlagen geschaffen werden müssen, sofern Überwachungsmaßnahmen auch auf **Ausländer im Ausland** bezogen werden sollen. Ob und wieweit solche **Befugnisse** tatsächlich geschaffen werden und von ihnen Gebrauch gemacht wird, ist damit nicht vorgegeben. Insoweit ist auch über die **Rechtfertigung von Einzelmaßnahmen** aufgrund solcher Befugnisse hinsichtlich ihrer Außenwirkung gegenüber dem jeweiligen Zielstaat nichts gesagt.“, Rn. 104: „Die umfassende **Bindung der deutschen Staatsgewalt an die Grundrechte** lässt unberührt, dass sich die aus den Grundrechten konkret folgenden **Schutzwirkungen** danach unterscheiden können, unter welchen Umständen sie zur Anwendung kommen. Das gilt – wie schon für die verschiedenen **Wirkungsdimensionen** der Grundrechte im Inland – auch für die Reichweite ihrer Schutzwirkung im Ausland. So mögen schon hinsichtlich des **persönlichen und sachlichen Schutzbereichs** einzelne Gewährleistungen im Inland und Ausland in unterschiedlichem Umfang Geltung beanspruchen (unten Rn. 196). Ebenso kann zwischen verschiedenen **Grundrechtsdimensionen**, etwa der Wirkung der Grundrechte als **Abwehrrechte**, als **Leistungsrechte**, als verfassungsrechtliche **Wertentscheidungen** oder als Grundlage von **Schutzpflichten** zu unterscheiden sein. Soweit die Grundrechte auf Konkretisierungen des Gesetzgebers angewiesen sind, kann auch insoweit den besonderen Bedingungen im Ausland Rechnung zu tragen sein (vgl. BVerfGE 92, 26 <41 ff.>; dazu auch BVerfGE 100, 313 <363>). Erst recht ist der **Einbindung staatlichen Handelns in ein ausländisches Umfeld** bei der Bestimmung von Anforderungen an die Rechtfertigung von Grundrechtseingriffen – insbesondere im Rahmen der Verhältnismäßigkeit – Rechnung zu tragen.“.

- **Demokratie**[41], vgl. Art. 20 Abs. 1, Abs. 2 S. 1 GG, Art. 21 Abs. 1 S. 3 GG, Art. 28 Abs. 1 S. 1, Abs. 2 GG, Art. 79 Abs. 3 GG[42];

---

[41] Vom Altgriechischen δημοκρατία, zu Deutsch: Staatsvolkherrschaft; vom Griechischen: δῆμος/dēmos, zu Deutsch: Staatsvolk (im Sinne von Staatsbürgervolk im status activus), und vom Griechischen κράτος/krátos, zu Deutsch: Gewalt, Macht, Herrschaft.

Vgl. BVerfGE 83, 37, Ls. 2-5 und 51 (Ausländerwahlrecht I) = BVerfG, Urteil des Zweiten Senats vom 31.10.1990 – 2 BvF 2, 6/89 –, Ls. 2-5 und C. I. 2., Rn. 53-55.

Vgl. auch BVerfG, Beschluss des Zweiten Senats vom 14.01.2020 – 2 BvR 1333/17 –, Rn. 87: „**Staat** als Heimstatt aller **Staatsbürger**".

Vgl. auch Art. 116 GG (**Deutscher / Statusdeutscher / Staatsangehörigkeit**), §§ 1, 3, 17 StAG (**Staatsangehörigkeit**), vgl. auch § 2 Abs. 1 AufenthG („**Ausländer**"), § 3b Abs. 1 Nr. 3 AsylG („**Nationalität**"), § 28 BeschV („**Deutsche Volkszugehörige**"), § 6 BVFG („**Volkszugehörigkeit**").

Vgl. Art. 9 S. 2, 3 EUV, Art. 20 Abs. 1 S. 2, 3 AEUV (**Unionsbürger**); Art. 9 S. 1 EUV („Die Union achtet in ihrem gesamten Handeln den **Grundsatz der Gleichheit ihrer Bürgerinnen und Bürger**, denen ein gleiches Maß an Aufmerksamkeit seitens der Organe, Einrichtungen und sonstigen Stellen der Union zuteil wird."); Titel III (Art. 20-26) EU-GR-Charta („Gleichheit"), insbesondere auch: Art. 20, 21, 23, 25, 26, 34, 35 EU-GR-Charta; Art. 21 EU-GR-Charta (allgemeines **EU-Diskriminierungsverbot**); Art. 18 AEUV i.V.m. Art. 21 EU-GR-Charta (**EU-Staatsangehörigkeits-Diskriminierungsverbot**: Verbot der Diskriminierung aus Gründen der Staatsangehörigkeit im Anwendungsbereich der EU-Verträge unbeschadet besonderer Bestimmungen).

Vgl. § 21 Abs. 1 GO NRW: „**Einwohner** ist, wer in der Gemeinde wohnt. § 21 Abs. 2 GO NRW: „**Bürger** ist, wer zu den Gemeindewahlen wahlberechtigt ist.".

Vgl. Art. 38 GG; Art. 2, 3, 30, 31 Verfassung NRW; Titel V (Art. 39-46) EU-GR-Charta (**Bürgerrechte**); Art. 20 Abs. 2b und Art. 22 Abs. 2 AEUV i.V.m. Art. 39 EU-GR-Charta (Aktives und passives **Wahlrecht** bei den Wahlen zum Europäischen Parlament): „Unionsbürgerinnen und Unionsbürger"; Art. 20 Abs. 2b und Art. 22 Abs. 1 AEUV i.V.m. Art. 40 EU-GR-Charta (Aktives und passives **Wahlrecht** bei den Kommunalwahlen): „Unionsbürgerinnen und Unionsbürger", § 12 BWahlG (**Wahlberechtigung**), § 15 BWahlG (**Wählbarkeit**), § 1 Landeswahlgesetz NRW (**Wahlberechtigung**), § 4 Landeswahlgesetz NRW (**Wählbarkeit**), § 7 Kommunalwahlgesetz NRW (**Wahlberechtigung**), § 12 Kommunalwahlgesetz NRW (**Wählbarkeit**).

[42] BVerfGE 144, 20, 208 f. (NPD-Parteiverbotsverfahren II 2013-2017 [NPD-Verbotsverfahren I 2001-2003: BVerfGE 107, 339 = BVerfG, Beschluss des Zweiten Senats vom 18.03.2003 - 2 BvB 1, 2, 3/01]) = BVerfG, Urteil des Zweiten Senats vom 17.01.2017 - 2 BvB 1/13 –, C. II. 1. d), Rn. 542-544: „Das **Demokratieprinzip** ist konstitutiver Bestandteil der freiheitlichen demokratischen Grundordnung. **Demokratie** ist die Herrschaftsform der Freien und Gleichen. Sie beruht auf der Idee der freien Selbstbestimmung aller **Bürger** (vgl. BVerfGE 44, 125 <142>). Das Grundgesetz geht insoweit vom Eigenwert und der Würde des zur Freiheit befähigten Menschen aus und verbürgt im Recht der **Bürger**, in Freiheit und Gleichheit durch Wahlen und Abstimmungen die sie betreffende öffentliche Gewalt personell und sachlich zu bestimmen, zugleich den menschenrechtlichen Kern des **Demokratieprinzips** (vgl. BVerfGE 123, 267 <341>; 129, 124 <169>; 135, 317 <386 Rn. 125>; BVerfG, Urteil vom 21. Juni 2016 – 2 BvR 2728/13 u.a. –, juris, Rn. 124 [Schrittumsquellenangaben]. Unverzichtbar für ein **demokratisches System** sind die Möglichkeit gleichberechtigter Teilnahme aller Bürgerinnen und Bürger am Prozess der politischen Willensbildung und die Rückbindung der Ausübung der Staatsgewalt an das Volk (Art. 20 Abs. 1 und 2 GG). Wie diesen Anforderungen entsprochen wird, ist für die Frage der Vereinbarkeit eines politischen Konzepts mit der freiheitlichen demokratischen Grundordnung nicht entscheidend. So vermag die Ablehnung des **Parlamentarismus**, wenn sie mit der Forderung nach dessen Ersetzung durch ein plebiszitäres System verbunden ist, den Vorwurf der Missachtung der **freiheitlichen demokratischen Grundordnung** nicht zu begründen. Anders verhält es sich jedoch im Fall eines Verächtlichmachens des Parlaments mit dem Ziel, ein Einparteiensystem zu etablieren. In der Demokratie erfolgt die politische Willensbildung vom Volk zu den Staatsorganen und nicht umgekehrt (vgl. BVerfGE 44, 125 [140]; 69, 315 [346]; 107, 339 [361]). Die **demokratischen Postulate** der **Freiheit** und **Gleichheit** erfordern

- **Republik**, vgl. Art. 20 Abs. 1 GG, Art. 54 GG, Art. 79 Abs. 3 GG;
- **Rechtsstaat**, vgl. Art. 1 Abs. 3 GG, Art. 19 Abs. 4 GG, Art. 20 Abs. 3 GG, Art. 23 Abs. 1 S. 1 GG, Art. 28 Abs. 1 S. 1 GG, Art. 79 Abs. 3 GG;
- **Sozialstaat**, vgl. Art. 20 Abs. 1 GG, Art. 23 Abs. 1 S. 1 GG, Art. 28 Abs. 1 S. 1 GG, Art. 79 Abs. 3 GG);
- **Bundesstaat**, vgl. Art. 20 Abs. 1 GG, Art. 28 Abs. 1 S. 1 GG, Überschrift II. Abschnitt GG, Art. 70 ff. GG, Art. 83 ff. GG, Art. 92 ff. GG, Art. 104a ff., Art. 79 Abs. 3 GG;
- **Schutz der natürlichen Lebensgrundlagen und der Tiere**, vgl. Art. 20a GG.

**Gesetzgeber** im Sinne von Präambel GG und Art. 146 GG ist der verfassungsgebende Gesetzgeber; **Gesetzgeber** im Sinne von Art. 20 Abs. 3 GG und Art. 79 GG / Art. 69 Verfassung NRW ist der verfassungsändernde Gesetzgeber.[43]

„**Gesetz**" im Sinne des Art. 20 Abs. 3 GG ist als Komplementärbegriff zum „**Recht**" im Sinne des Art. 20 Abs. 3 GG alles gesetzte (positive) Recht (Gesetzesrecht, Gewohnheitsrecht, teilweise mit Richterrecht), für welches das Recht im Sinne des Art. 20 Abs. 3 GG unter Umständen als Korrektiv wirkt, zum Beispiel durch Auslegung (von Wortlaut/Grammatik, Systematik, Genese/Historie, Teleologie) über den Gesetzeswortlaut hinaus.[44]

**Gesetzesarten** im deutschen Recht werden wie folgt unterteilt:

- **(Nur-)Formelles Gesetz/Gesetz im (nur-)formellen Sinn**: In der Regel und regelmäßig durch Legislative erlassene Rechtsquelle für abstrakt-generelle (unbestimmte Fälle und Betroffene) Innenrechtsnorm.
  Beispiele: **Haushaltsplan** im Sinne des Art. 110 Abs. 2 GG oder **Zustimmungsgesetz** in Fällen von Art. 59 Abs. 2 GG.
- **(Nur-)Materielles Gesetz/Gesetz im (nur-)materiellen Sinn**: In der Regel und regelmäßig durch Exekutive erlassene Rechtsquelle für abstrakt-generelle (unbestimmte Fälle und Betroffene) Außenrechtsnorm.
  Beispiele: **Rechtsverordnung** (wie StVO, vgl. Art. 80 GG, § 6 StVG oder BauNVO), **Satzung** (Bebauungsplan, vgl. § 10 BauGB), ordnungsbehördliche Verordnung im Sinne des § 25 OBG NRW.

---

gleichberechtigte Mitwirkungsmöglichkeiten aller Bürger. Nur dann ist dem Erfordernis der Offenheit des Prozesses der politischen Willensbildung genügt. Damit sind Konzepte des dauerhaften oder vorübergehenden willkürlichen Ausschlusses Einzelner aus diesem Prozess nicht vereinbar. Die Instrumente zur Sicherung der Offenheit des Prozesses der politischen Willensbildung (**Mehrparteiensystem**, **Chancengleichheit der Parteien**, Recht auf Bildung und Ausübung einer **Opposition**) sind demgegenüber nachrangig.".

[43] **Verfassungsgebungs- und -Verfassungsänderungs-Abgrenzung**: Begriffsprägend zum Unterschied von pouvoir constituant (**verfassende Gewalt**=verfassungsgebender Gesetzgeber) und pouvoir constitué (**verfasste Gewalt**=verfassungsändernder Gesetzgeber): *Sieyès*, Qu'est ce que le tiers état?, Chapitre 5: „Dans chaque partie, la constitution n'est pas l'ouvrage du pouvoir constitué, mais du pouvoir constituant." – zu Deutsch: „In jedem ihrer Teile ist die Verfassung nicht das Werk der verfassten Gewalt, sondern der verfassenden Gewalt."; vgl. auch BVerfGE 1, 14, Ls. 21 (Südweststaat) = BVerfG, Urteil des Zweiten Senats vom 23.10.1951 – 2 BvG 1/51 –, Ls. 21.

[44] Vgl. BVerfGE 34, 269, 286 f. (Soraya) = BVerfG, Beschluss des Ersten Senats vom 14.02.1973 – 1 BvR 112/65, C IV. 1., Rn. 39.

**Rechtsverordnungen** sind Rechtsvorschriften, die aufgrund einer Ermächtigungsgrundlage der Legislative im Sinne von Art. 80 GG oder Art. 70 Verfassung NRW durch eine dazu ermächtigte Exekutive-Stelle erlassen (gegeben) werden.[45]
**Satzungen** sind Rechtsvorschriften, die von einer dem Staat eingeordneten juristischen Person des öffentlichen Rechts im Rahmen der ihr gesetzlich verliehenen Autonomie[46] mit Wirksamkeit für die ihr angehörigen und unterworfenen Personen erlassen werden.[47]

- **Formell-materielles Gesetz/Gesetz im formell-materiellen Sinn**: In der Regel und regelmäßig durch Legislative erlassene Rechtsquelle für abstrakt-generelle (unbestimmte Fälle und Betroffene) Außenrechtsnorm.
  Beispiele: PolG NRW, StPO, OWiG.

**Gesetz** i.S.d. Art. 76 ff. GG / i.S.d. Art. 65 ff. Verfassung NRW ist im Unterschied zu **Rechtsverordnungen** oder **Satzungen**, vgl. Art. 80 GG / Art. 70 Verfassung NRW, nur ein im formalen Gesetzgebungsverfahren nach GG / Verfassung NRW zustandegekommenes, dann sogenanntes förmliches Gesetz.

---

[45] BVerfGE 18, 407, Ls. (Rechtsverordnungen als Landesrecht) = BVerfG, Beschluss des Zweiten Senats vom 23.03.1965 – 2 BvN 1/62 –, Ls.: „Rechtsverordnungen von Landesorganen, die auf einer bundesgesetzlichen Ermächtigung gemäß Art. 80 Abs. 1 Satz 1 GG beruhen, sind Landesrecht.".

[46] **Autonomie**-Etymologie: Vom Altgriechischen αὐτονομία – autonomía, zu Deutsch: Eigengesetzlichkeit, zusammengesetzt aus dem Griechischen αὐτός – autós, zu Deutsch: selbst, und aus dem Griechischen νόμος – nómos, zu Deutsch: Gesetz. Autonomie-Beispiel: gemeindliche Selbstverwaltungsgarantie / Selbstverwaltungsgarantie für die Gemeinden im Sinne des Art. 28 Abs. 2 GG. Autonomie-Gegenteil: **Heteronomie** (Fremdgesetzlichkeit).

[47] BVerfGE 33, 125, 156 f. (Teilweise, nicht „statusbildende" Regelung des Facharztwesens durch Satzungen der Ärztekammern [Facharztordnungen]) = BVerfG, Beschluss des Ersten Senats vom 09.051972 – 1 BvR 518/62 und 308/64 –, C. II. 2.; Rn. 118: „Die Verleihung von Satzungsautonomie hat ihren guten Sinn darin, gesellschaftliche Kräfte zu aktivieren, den entsprechenden gesellschaftlichen Gruppen die Regelung solcher Angelegenheiten, die sie selbst betreffen und die sie in überschaubaren Bereichen am sachkundigsten beurteilen können, eigenverantwortlich zu überlassen und dadurch den Abstand zwischen Normgeber und Normadressat zu verringern. Zugleich wird der Gesetzgeber davon entlastet, sachliche und örtliche Verschiedenheiten berücksichtigen zu müssen, die für ihn oft schwer erkennbar sind und auf deren Veränderungen er nicht rasch genug reagieren könnte. Das Bundesverfassungsgericht hat niemals in Zweifel gezogen, daß sich der Autonomiegedanke sinnvoll in das System der grundgesetzlichen Ordnung einfügt (vgl. BVerfGE 1, 91 [94]; 10, 89 [102 ff.]; 12, 319 [321 ff.]; 15, 235 [240]).".

## *Titel 2: Rechtsnormen*

**Rechtsnorm** ist eine rechtliche Norm, Rechtsinhalt für rechtliche Sollensaussagen dazu, was unter bestimmten Umständen sein oder gelten oder getan oder geduldet oder unterlassen werden soll, mit durch Förmlichkeits- und Zwangspotential verdeutlichtem Anspruch auf Gleichmäßigkeit, Regelmäßigkeit, Verbindlichkeit. **Norm** ist allgemein Maßstab, Regel, Richtschnur, Vorschrift, also Inhalt zu einem Sollen. **Sollensaussage** ist Inhalt dazu, was unter bestimmten Umständen sein oder gelten oder getan oder geduldet oder unterlassen werden soll – mit rechtlichem Gültigkeits-, Richtigkeits-, oder Wahrheitswertpotential. **Sozialnorm** ist Sozialinhalt für Sollensaussagen in einer bestimmten Gesellschaft. Rechtsnormen und sonstige Normen können teilweise oder gänzlich voneinander abweichen oder sich teilweise oder gänzlich entsprechen. **Rechtsnormkonkretisierungsnormen** können Normen sein wie: **Verwaltungsvorschriften** (**VV**), **DIN-Normen** vom Deutschen Institut für Normung[48], **EU-Normen** von einem europäischen Normungsgremium[49], **ISO-Normen** von der Internationalen Organisation für Normung, **Bedingungsordnungen** (z.B. VOB/B), **Technische Anleitungen** (TA); sie können Konkretisierungen sein bzgl. Maßstäben und Pflichten etwa nach §§ 243 Abs. 1, 276 BGB oder §§ 222, 229 StGB.

[48] **DIN-Normen** sind eben nicht: Rechtsnormen, vgl. BGHZ 139, 16 = BGH, Urteil vom 14.05.1998 – VII ZR 184/97: „Die DIN-Normen sind keine Rechtsnormen, sondern private technische [oder sonstige, P.B.] Regelungen mit Empfehlungscharakter. Sie können die anerkannten Regeln der Technik [oder sonstiger Bereiche, P.B.] wiedergeben oder hinter diesen zurückbleiben.“.

[49] **EU-Normen** von einem Normungsgremium sind solche **EU-Normungen** i.S.d. Verordnung (EU) Nr. 1025/2012 zur europäischen Normung – und eben nicht: **EU-Rechtsnormen** i.S.d. Art. 288 AEUV.

## Untertitel 1: Rechtsnormen und Sozialnormen

**Rechtsnorm- und Sozialnormunterschied** ist gegeben insbesondere durch die grundsätzlich förmliche erzwingbare Verbindlichkeit von Rechtsnormen. **Rechtsnorm- und Sozialrechtsnormverhältnisse** können wie folgt gegeben sein:

- völlige Entsprechung (z.B. bei völliger Rechtsnormierung / Verrechtlichung von bestimmten Sozialnormen);
- teilweise Entsprechung / teilweise Nichtentsprechung (z.B. bei fragmentarischer / teilweiser Rechtsnormierung / Verrechtlichung von bestimmten Sozialnormen);
- völlige Nichtentsprechung (bei völligem Fehlen von Rechtsnormierung bestimmter Sozialnormen).

Beispiel für Rechtsnorm- und Sozialrechtsnormverhältnisse sind die grundlegenden Normen von Friedlichkeit und Wahrhaftigkeit unter bestimmten Umständen.

Entsprechung von Rechtsnormen und Sozialnormen zur Friedlichkeit ist gegeben bei ähnlichem Begriff von Friedlichkeit – mit folgenden Rechtsgrundsätzen / Rechtsprinzipien:

- **Gewaltmonopol** beim Staat (Zentralisierung der rechtsimmanenten **Zwangspotentiale**, damit
- **Friedenspflicht** und **Selbstjustizverbot**[50].

Jedenfalls teilweise Entsprechung von Rechtsnormen und Sozialnormen zur Wahrhaftigkeit ist gegeben bei fragmentarischer Rechtsnormierung von Sozialnormen, zum Beispiel von falschen Aussagen wie etwa Lügen, vgl. §§ 48-71 StPO; § 136 StPO; § 145d StGB; §§ 153-162 StGB.

---

[50] Vgl. §§ 227-231, 859 f., 904 BGB, §§ 32-35 StGB, §§ 50, 51 Abs. 1 Nr. 3, 58 PolG NRW; Art. 19 Abs. 4 GG; **Justiz** ist in Gesetzen insbesondere wie folgt normiert**: Verfassungsgerichtsbarkeit**(BVerfG nach Art. 93, 94, 99, 100 GG und BVerfGG; VGH NRW nach Art. 75, 76 Verfassung NRW und VGHG); **Ordentliche Gerichtsbarkeit** nach Art. 95, 96 GG (Zivilgerichte und Strafgerichte sowie Staatsanwaltschaften nach EGGVG, GVG, ZPO, StPO); **Verwaltungsgerichtsbarkeit** (Verwaltungsgerichte nach VwGO); **Arbeitsgerichtsbarkeit** (Arbeitsgerichte nach ArbGG); **Finanzgerichtsbarkeit** (Finanzgerichte nach FGO); **Sozialgerichtsbarkeit** (Sozialgerichte nach SGG); **Anwaltschaften** (außer Staatsanwaltschaften) unterfallen zusätzlich speziellen Berufsrechtsnormierungen insbesondere aus: BRAO, BORA, RVG.

## Untertitel 2: Rechtsnormarten

**Rechtsnormarten** nach der Rechtsnormhauptfunktion gibt es im Eingriffsrecht der Polizei insbesondere folgende:

- **Rechtsgrundlage – RGL:** (positiv) gesetzte/geschriebene und nicht (positiv) gesetzte/ungeschriebene rechtliche Grundlage potentiell mit formell-rechtlichen und materiell-rechtlichen Rechtmäßigkeitsvoraussetzungen aller Art.[51]
- **Rechtsvorschrift – RVS**: (positiv) gesetzte/geschriebene Rechtsgrundlage potentiell mit formell-rechtlichen und materiell-rechtlichen Rechtmäßigkeitsvoraussetzungen aller Art.[52]
- **Befugnisnorm / Befugnisrechtsnorm – BRN**: Hauptsächliche Rechtsgrundlage für materiell-rechtliche Befugnis (im Sinne eines Einzelakts aufgrund Gesetzes/Maßnahme/materiell-rechtliche Rechtsfolge/Mittel zur Aufgabenwahrnehmung im Gegensatz zur Aufgabe selbst).[53]
- **Ermächtigungsgrundlage / Ermächtigungsrechtsgrundlage – E(R)GL**: Hauptsächliche Rechtsgrundlage für eine Ermächtigung, also Rechtsgrundlage vom (für formell-materielle Gesetze zuständigen) Gesetzgeber/Legislative für (Delegation von)

---

[51] **Rechtsgrundlage** als maßgeblicher Gesetzes-Terminus. Vgl. nur z.B.: § 22b Abs. 1 S. 2 PolG NRW: (irgendeine bestmögliche) „Rechtsgrundlage der Datenerhebung"; § 48 Abs. 1 Hs. 2 PolG NRW: irgendeine bestmögliche „Rechtsgrundlage der Maßnahme"; allgemeine Rechtsgrundlagen-Beispiele: § 8 Abs. 1 PolG NRW; § 163 Abs. 1 S. 2 StPO; aber eben auch im weiteren, buchstäblichen Sinne z.B.: Art. 1 Abs. 1 S. 1, 2 GG; § 1 PolG NRW; § 163 Abs. 1 S. 1 StPO. Weitere Rechtsgrundlagen für das Rechtsergebnis einer Maßnahmenprüfung können etwa sein: Rechtsnormen zur Zuständigkeit (vgl. § 1 PolG NRW, §§ 7-9 POG NRW, § 11 POG NRW, § 8 Abs. 1 Wort 2 PolG NRW), zum Verfahren (vgl. §§ 28, 39 VwVfG NRW bei Verwaltungsakten, vgl. §§ 9, 35 VwVfG NRW), zur Form (vgl. § 37 Abs. 2-6 VwVfG NRW bei Verwaltungsakten), zum Adressaten (vgl. §§ 4-6 PolG NRW) der Maßnahme.

[52] **(Rechts)vorschrift** als maßgeblicher Gesetzes-Terminus. Vgl. nur z.B.: GG (Beispiele statt vieler: § 5 Abs. 2 GG: „Vorschriften der allgemeinen Gesetze"; Art. 29 Abs. 8 S. 1 GG: „Vorschriften der Absätze 2 bis 7"; Art. 44 Abs. 2 S. 1 GG: „[…] Vorschriften über den Strafprozeß […]"; Art. 70 Abs. 2 GG: „[…] Vorschriften dieses Grundgesetzes […]"; Art. 80a Abs. 1 S. 2 GG: „[…] daß Rechtsvorschriften nur nach Maßgabe dieses Artikels angewandt werden dürfen […]"; StPO (Beispiel statt vieler: Überschrift Erstes Buch StPO: „Allgemeine Vorschriften"; § 163 Abs. 1 S. 2 StPO: „Vorschriften") und vgl. PolG NRW (Beispiel statt vieler: Überschrift Zweiter Abschnitt PolG NRW: „Befugnisse der Polizei", Überschrift Zweiter Abschnitt Erster Unterabschnitt PolG NRW und Überschrift § 8 PolG NRW: „Allgemeine Befugnisse" dazu im Vgl. Überschrift Erster Abschnitt: „Aufgaben und allgemeine Vorschriften"); vgl. auch: § 8 Abs. 2 PolG NRW mit differenzierendem Bezug zu „Gesetz", „Rechtsvorschriften", „Aufgaben", „Befugnisse", usw. im Verlauf des PolG NRW. **Vorschrift** (vgl. Rechtsnorm und Norm) ist ein gesetzlicher Oberbegriff, der beide Begriffe des Wortes „Rechtsnorm" als Inhalt (das materielle, präskriptive der Rechtsnorm i.S.v. „Vor"-Gabe) und Form (das formale, deskriptive des Rechtssatzes i.S.v. „Schrift") erfasst.

[53] **Befugnis / Rechtsbefugnis** und **Befugnisrechtsnorm** als maßgeblicher Gesetzes-Terminus. Vgl. nur z.B.: Überschrift 2. Abschnitt PolG NRW: „Befugnisse der Polizei"; Überschrift 2. Abschnitt 1. Unterabschnitt PolG NRW: „Allgemeine Befugnisse"; Überschrift § 8 PolG NRW: „Allgemeine Befugnisse"; § 8 Abs. 1, letzter Hs. PolG NRW: „[…] die Befugnisse der Polizei […]"; § 8 Abs. 2 PolG NRW: „Befugnisse"; **Befugnis- und Befugnisrechtsnorm-Unterschied**: **Befugnis** ist die sich aus einer Befugnisrechtsnorm ergebende Erlaubnis, nicht die Befugnisrechtsnorm selbst. **Befugnisrechtsnorm-Beispiele**: § 8 Abs. 1 PolG NRW; § 163 Abs. 1 S. 2 StPO.

Rechtssetzungsbefugnis an die vollziehende Gewalt/Verwaltung/Exekutive (bzgl. Gesetzen im materiellen Sinne).[54]

- **Zuständigkeits(rechts)norm**: Hauptsächliche Rechtsgrundlage für eine Aufgabenwahrnehmungserlaubnis.[55]

---

[54] **Ermächtigung** und **Ermächtigungsgrundlage** als maßgeblicher Gesetzes-Terminus: Vgl. Art. 80 GG; Art. 70 Verfassung NRW; § 37 Abs. 4 PolG NRW. **Ermächtigung** ist im öffentlichen Recht qua Gesetz und Recht in der Regel und regelmäßig nur zweierlei: Erstens (im öffentlichen Verfassungs- und Verwaltungsrecht) **Gesetzgebungszuständigkeitsübertragung** von der Legislative an die Exekutive, von einem Legislativorgan wie einem Parlament an ein Exekutivorgan wie die Bundes- oder Landesregierung oder zweitens (im öffentlichen Strafrecht) eine solche im Sinne von § 77e StGB, §§ 27, 32, 131 Abs. 2 OWiG. Zur „Ermächtigung" als Gesetzgebungszuständigkeitsübertragung vgl. z.B. die Ermächtigungs(rechts)grundlagen (=**Exekutivgesetzgebungs-RGL**) : Art. 71 GG; Art. 80 GG; Art. 119 Abs. 1 S. 2 GG; Art. 2 DiplBezÜbkG; Art. 2 KonsÜbkG; § 23a Abs. 2 AufenthG; § 42 AufenthG; § 56a Abs. 3 S. 3, 4 AufenthG; § 99 AufenthG; § 29a AsylG; § 40 AZRG; § 20 BKAG; § 152 Abs. 2 GVG i.V.m. EPVO NRW; § 155 GewO i.V.m. GewRV NRW; §§ 5a Abs. 2, 32, 38 IfSG; § 26 JuSchG; §§ 34-37, 46, 47, 56, 57a, 57b, 62 LFGB; § 33 MRVG NRW; § 7 NpSG; § 20 WaffRG; §§ 36 Abs. 2, 58, 68, 110a, 110b, 134 OWiG; § 20 PaßG; § 34 PAuswG; §§ 6, 26 Abs. 1 StVG; §§ 6 Abs. 4, 15b, 34 Abs. 6, 36 Abs. 5, 42 Abs. 5, 55 Abs. 5, 6 WaffG; Art. 70 Verfassung NRW; § 5 Abs. 2, 3, 6 LOG NRW; § 37 Abs. 4 PolG NRW; § 2 Abs. 2 POG NRW, § 2 Abs. 3 POG NRW, § 3 Abs. 3 POG NRW, § 5 Abs. 2 POG NRW, § 10 S. 2 POG NRW; § 12 Abs. 3 POG NRW; § 13 Abs. 4 POG NRW; § 36 ProstSchG; §§ 32a, b, c, f StPO; § 484 Überschrift, Abs. 3 StPO; § 6 StVG; § 18a TierSchG; § 32 VersG; § 68 Abs. 3 VwVG NRW; § 19a Abs. 3 VwVG; § 77 Abs. 2 S. 1 VwVG NRW. Vgl. auch die Historie, z.B. das berüchtigte, als „Ermächtigungsgesetz" historisch bekannte „Gesetz zur Behebung der Not von Volk und Reich" vom 24.03.1933. Zur Ermächtigungsgrundlage auch: BVerfG 101, 1 (Hennenhaltungsverordnung) = BVerfG, Urteil des Zweiten Senats vom 06.07.1999 – 2 BvF 3/90; BVerfGE 136, 69 (Verordnung über Ausnahmen von straßenverkehrsrechtlichen Vorschriften für Fahrzeuge und Fahrzeugkombinationen mit Überlänge – LKWÜberlStVAusnV) = BVerfG, Beschluss des Zweiten Senats vom 01.04.2014 – 2 BvF 1/12; BVerfG, Beschluss des Ersten Senats vom 18.06.2019 – 1 BvR 587/17 (**Subdelegierte Verordnung**), Ls. 1: „Das **Zitiergebot** des Art. 80 Abs. 1 Satz 3 GG gilt auch im Fall der Subdelegation nach Art. 80 Abs. 1 Satz 4 GG [vgl. Art. 70 Abs. 1 S. 3 Verfassung NRW, P. B.]. Die subdelegierte Verordnung muss ihre unmittelbare Ermächtigungsgrundlage angeben, die sie in der subdelegierenden Verordnung findet. In der subdelegierenden Verordnung sind die gesetzliche Verordnungsermächtigung und die gesetzliche Ermächtigung zur Subdelegation zu nennen."; Rn. 20: „Art. 80 Abs. 1 GG unterscheidet allerdings terminologisch zwischen übertragener Ermächtigung und anzugebender Rechtsgrundlage. Das lässt andererseits den Schluss zu, Rechtsgrundlage im Sinne des Art. 80 Abs. 1 Satz 3 GG sei nicht allein die in der subdelegierenden Verordnung enthaltene Ermächtigung des Unterverordnunggebers, sondern auch die gesetzliche Grundlage [Quellenangabe]".

[55] **Zuständigkeitsrechtsnorm-Beispiele**: § 1 Abs. 1 S. 1, 2 PolG NRW, § 11 POG NRW, § 7 POG NRW / § 163 Abs. 1 S. 1 StPO. **Zuständigkeits- und Zuständigkeitsrechtsnorm-Unterschied**: Zuständigkeit ist die sich aus einer Zuständigkeitsrechtsnorm ergebende Aufgabenwahrnehmungserlaubnis, nicht die Zuständigkeitsrechtsnorm/Aufgabenwahrnehmungserlaubnisrechtsnorm selbst. Rechtsstaatlicher Grundsatz bzgl. **Befugnis-Schlussfolgerung aus Zuständigkeitsrechtsnormen** und bzgl. **Zuständigkeits-Schlussfolgerung aus Befugnisrechtsnormen**: Trennung von **Zuständigkeit** (Aufgabenwahrnehmungserlaubnis) und **Befugnis** (Maßnahmenbefugnis, Befugnis zum „Mittelgebrauch" zwecks Aufgabenwahrnehmung), grundsätzliche Unzulässigkeit des Schlusses von einer Zuständigkeitsrechtsnorm auf eine Befugnis; zu möglichen Ausnahmen von dem Grundsatz vgl. z.B.: BVerfGE 105, 279 (Osho) = Beschluss des Ersten Senats vom 26.06.2002 – 1 BvR 670/91, Ls. 2, 3: LS. 2: „Die Bundesregierung ist aufgrund ihrer Aufgabe der **Staatsleitung** überall dort zur Informationsarbeit berechtigt, wo ihr eine gesamtstaatliche Verantwortung zukommt, die mit Hilfe von Informationen wahrgenommen werden kann.", Ls. 3: „Für das **Informationshandeln** der Bundesregierung im Rahmen der Staatsleitung bedarf es über die Zuweisung der Aufgabe der Staatsleitung hinaus auch dann keiner besonderen gesetzlichen Ermächtigung, wenn es zu mittelbar-faktischen Grundrechtsbeeinträchtigungen führt."; Zulässigkeit des Schlusses von einer

- **Verfahrens(rechts)norm**: Hauptsächliche Rechtsgrundlage für das Verfahren bei einer Maßnahme/Rechtsfolge.[56]
- **Form(rechts)norm**: Hauptsächliche Rechtsgrundlage für die Form einer Maßnahme/Rechtsfolge.[57]
- **Gebots(rechts)norm**: Hauptsächliche Rechtsgrundlage für ein Gebot.[58]
- **Verbots(rechts)norm**: Hauptsächliche Rechtsgrundlage für ein Verbot.[59]
- **Sanktions(rechts)norm**: Hauptsächliche Rechtsgrundlage für eine Sanktion.[60]
- **Gestaltungs(rechts)norm**: Hauptsächliche Rechtsgrundlage für **Gestaltung** insbesondere von Rechtsstatus oder Rechtsverhältnissen, z.B. durch Aufhebung, Einführung, Einstellung, Entlassung, Ernennung, Feststellung, Freistellung, Gestattung.[61]

---

Befugnisrechtsnorm auf eine Zuständigkeit, vgl. § 11 Abs. 1 Nr. 3 POG NRW; § 44 StVO; Verordnung zur Bestimmung der für die Verfolgung und Ahndung von Verkehrsordnungswidrigkeiten zuständigen Verwaltungsbehörden NRW (VOwiZVO NRW); § 36 Abs. 5 StVO.

[56] **Verfahrensrechtsnorm-Beispiele**: § 28 VwVfG NRW / § 33 StPO analog; § 163a Abs. 4 S. 1, 2 i.V.m. § 136 Abs. 1 S. 2-6 StPO (Belehrung des Beschuldigten).

[57] **Formrechtsnorm-Beispiele**: § 37 Abs. 2-6 VwVfG NRW / § 81h Abs. 4 StPO (Schriftlichkeit der Belehrung der betroffenen Person).

[58] **Gebotsrechtsnorm-Beispiel** mit implizitem Verbot (e contrario). § 1 Abs. 2 StVO.

[59] **Verbotsrechtsnorm-Beispiele** mit implizitem Gebot (e contrario): § 3 Abs. 2 StVO; § 9 VereinsG; zu § 9 (Abs. 3) VereinsG: BVerfG, Beschluss der 3. Kammer des Ersten Senats vom 09.07.2020 – 1 BvR 2067/17 (VereinsG-Kennzeichenverbot) –, Gründe, I., Rn. 1: „Verbot der Verwendung von Kennzeichen in § 9 Abs. 3 VereinsG sowie die damit verbundene Strafnorm in § 20 Abs. 1 Satz 2 VereinsG".

[60] **Sanktionsrechtsnorm-Beispiele** mit implizitem Verbot (e contrario): § 212 StGB; § 20 Abs. 1 VereinsG; zu § 20 Abs. 1 (S. 2) VereinsG: BVerfG, Beschluss der 3. Kammer des Ersten Senats vom 09.07.2020 – 1 BvR 2067/17 (VereinsG-Kennzeichenverbot) –, Gründe, I., Rn. 1: „Verbot der Verwendung von Kennzeichen in § 9 Abs. 3 VereinsG sowie die damit verbundene Strafnorm in § 20 Abs. 1 Satz 2 VereinsG".

[61] **Gestaltungsrechtsnorm-Beispiele**: §§ 4, 50 AufenthG; § 8 BeamtStG; § 46 FeV; §§ 14, 16 LBG NRW.

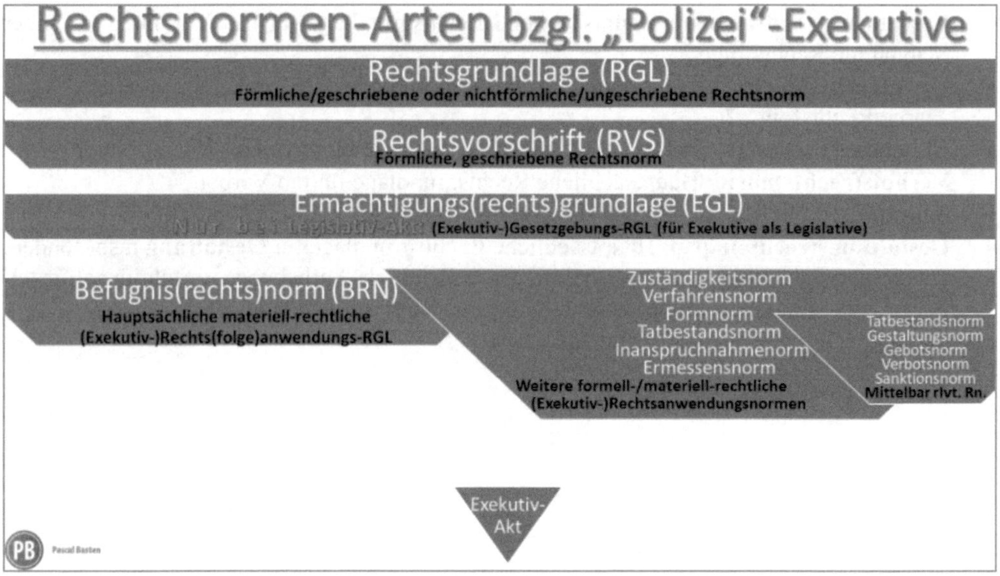
Rechtsnormen-Arten bzgl. „Polizei"-Exekutive
Rechtsgrundlage (RGL)
Förmliche/geschriebene oder nichtförmliche/ungeschriebene Rechtsnorm
Rechtsvorschrift (RVS)
Förmliche, geschriebene Rechtsnorm
Ermächtigungs(rechts)grundlage (EGL)
Nur bei Legislativ-Akt: (Exekutiv-)Gesetzgebungs-RGL (für Exekutive als Legislative)
Befugnis(rechts)norm (BRN)
Hauptsächliche materiell-rechtliche
(Exekutiv-)Rechts(folge)anwendungs-RGL
Zuständigkeitsnorm
Verfahrensnorm
Formnorm
Tatbestandsnorm
Inanspruchnahmenorm
Ermessensnorm
Weitere formell-/materiell-rechtliche
(Exekutiv-)Rechtsanwendungsnormen
Tatbestandsnorm
Gestaltungsnorm
Gebotsnorm
Verbotsnorm
Sanktionsnorm
Mittelbar rlvt. Rn.
Exekutiv-
Akt
PB

## Untertitel 3: Rechtsnormfunktionen

**Rechtsnormfunktionenrelativität** im jeweiligen rechtssystematischen Rechtsordnungs-/Rechtsgebiets-/Fachgebiets-Zusammenhang ist insbesondere wie folgt gegeben:

- Rechtsnormen wie § 8 Abs. 1 PolG NRW und § 163 Abs. 1 S. 2 StPO fungieren im Eingriffsrecht der Polizei im Fallbearbeitungsschema hauptsächlich als mögliche Befugnisrechtsnormen für Grundrechtseingriffe.
- Rechtsnormen wie § 8 Abs. 1 PolG NRW und § 163 Abs. 1 S. 2 StPO fungieren in einem rein verfassungsrechtlich-grundrechtlichen Fallbearbeitungsschema auf der Ebene der verfassungsrechtlichen **Rechtfertigung** eines Grundrechtseingriffs hauptsächlich als mögliche Konkretisierungen verfassungsrechtlicher **Vorbehaltsnormen** oder **Rechtfertigungsnormen** (vgl. z.B. Art. 2 Abs. 1 Hs. 2 GG, Art. 2 Abs. 2 S. 3 GG, Art. 5 Abs. 2 GG, Art. 8 Abs. 2 GG, Art. 11 Abs. 2 GG).
- Rechtsnormen wie § 8 Abs. 1 PolG NRW und § 163 Abs. 1 S. 2 StPO fungieren im materiellen Strafrecht und materiellen Ordnungswidrigkeitenrecht im Fallbearbeitungsschema auf der Rechtswidrigkeitsebene als mögliche **Rechtfertigungsnormen** für einen **Rechtfertigungsgrund** tatbestandsmäßigen Verhaltens.
- Rechtsnormen wie § 127 Abs. 1 S. 1 Alt. 1 StPO fungieren für Staatsanwaltschaft und Beamte des Polizeidienstes wie für Nichtpolizeibeamte wegen der Normadressierung an „Jedermann" im materiellen Strafrecht im Fallbearbeitungsschema auf der Rechtswidrigkeitsebene hauptsächlich als mögliche **Rechtsfertigungsnormen** für einen Rechtfertigungsgrund tatbestandsmäßigen Verhaltens.
- Rechtsnormen wie § 8 Abs. 1 PolG NRW und § 163 Abs. 1 S. 2 StPO fungieren im materiellen Strafrecht im Fallbearbeitungsschema von §§ 113-115 StGB hauptsächlich als Prüfgegenstand bezüglich der Rechtmäßigkeit der Maßnahme als **objektiver Bedingung der Strafbarkeit**.
- **Sanktionsrechtsnormen des materiellen Strafrechts** wie §§ 84 ff., 111 ff., 123 ff., 146 ff., 164 ff., 174 ff., 185 ff., 201 ff., 211 ff., 223 ff, 232 ff., 242 ff., 249 ff., 257 ff., 263 ff., 267 ff., 303 ff., 306 ff. StGB und **Sanktionsrechtsnormen des materiellen Ordnungswidrigkeitenrechts** wie §§ 29, 29a VersG; § 53 WaffG fungieren im Eingriffsrecht der Polizei im Fallbearbeitungsschema hauptsächlich als möglicher Prüfgegenstand bei den Tatbestandsvoraussetzungen einer Befugnisrechtsnorm auf dem Rechtsgebiet der Strafrechtspflege bezüglich eines Tatverdachts, vgl. § 163 Abs. 1 S. 1 i.V.m. § 152 Abs. 2 StPO oder § 53 Abs. 1 S. 1 OWiG i.V.m. § 152 Abs. 2 StPO.
- **Gestaltungsrechtsnormen** wie § 46 FeV fungieren für nicht durch § 46 FeV normadressierte Polizeibeschäftigte unter Umständen im Eingriffsrecht der Polizei im Fallbearbeitungsschema mittelbar als Subsumtionsargument für Rechtmäßigkeitsvoraussetzungen, etwa Tatbestandsvoraussetzungen, vgl. § 2 Abs. 12 StVG. Gestaltungsrechtsnormen wie § 8 BeamtStG oder §§ 14, 16 LDG NRW fungieren zwar auch für Behörden und Beamte des Polizeidienstes, aber nicht oder sehr mittelbar im Eingriffsrecht der Polizei, sondern im Rechtsbereich des **Beamtenrechts**.

## Rechtsnorm-Arten

(mit grundsätzlichen Funktionen für Eingriffsrecht; vgl. Rechtsnorm-Funktionen z.B. im Straf-/Owi-Recht)

- **Rechtsgrundlage**: relevante Rechtsnorm als Grundlage für ein Verhalten wie eine Maßnahme.

Beispiel: Art. 1 Abs. 1 S. 1, 2 GG, vgl. auch § 22b Abs. 1 S. 2 PolG NRW

- **Zuständigkeitsrechtsnorm**: Hauptsächliche Rechtsgrundlage für eine Aufgabe(nzuweisung)

Beispiel: § 1 Abs. 1 S. 1, 2 PolG NRW / § 163 Abs. 1 S. 1 StPO

- **Befugnisrechtsnorm**: Hauptsächliche Rechtsgrundlage für eine Befugnis(zuweisung)

Beispiel: § 8 Abs. 1 PolG NRW / § 163 Abs. 1 S. 2 StPO

(vgl. zu **Ermächtigungs(rechts)grundlage** z.B.: Art. 71, 80 GG, § 152 Abs. 2 GVG)

- **Gebotsrechtsnorm**: Hauptsächliche Rechtsgrundlage für ein Gebot / im Eingriffsrecht auch mögliche Voraussetzungsrechtsnorm

Beispiel für ausdrückliche Gebotsrechtsnorm mit implizitem Verbot (e contrario): § 1 Abs. 2 StVO

- **Verbotsrechtsnorm:** Hauptsächliche Rechtsgrundlage für ein Verbot / im Eingriffsrecht auch mögliche Voraussetzungsrechtsnorm

Beispiel für ausdrückliche Verbotsrechtsnorm mit implizitem Gebot (e contrario): § 3 Abs. 2 StVO

- **Sanktionsrechtsnorm**: Hauptsächliche Rechtsgrundlage für eine Sanktion / im Eingriffsrecht auch mögliche Voraussetzungsrechtsnorm

Beispiel für ausdrückliche Sanktionsrechtsnorm mit implizitem Verbot (e contrario): § 212 StGB

- **Gestaltungsrechtsnorm**: Hauptsächliche Rechtsgrundlage für Aufhebung, Einführung, Einstellung, Entlassung, Ernennung, Feststellung, Freistellung, Gestattung. / im Eingriffsrecht auch mögliche Voraussetzungsrechtsnorm

Beispiele für ausdrückliche Gestaltungsrechtsnorm: §§ 4, 50 AufenthG; § 8 BeamtStG; § 46 FEV; §§ 14, 16 LBG NRW.

PB Pascal Basten

Weitere Beispiele für Möglichkeiten zur – idealtypischen – Beschreibung von **Rechtsnormfunktionen**[62]:

**Vollständige Rechtsnorm** ist eine Rechtsnorm mit direkter, aus ihren Voraussetzungen des Tatbestandes folgender Rechtsfolge (insbesondere als Rechtsfolgen-Beispiele genannt: Gebot oder Erlaubnis oder Verbot), im Eingriffsrecht also in der Regel insbesondere die Befugnisrechtsnorm (mit direkter Erlaubnis für ein Verhalten oder mit direktem Gebot zum Handeln; implizit mit dem Verbot der bestimmten Maßnahme bei Nichtverwirklichung der Voraussetzungen). **Unvollständige Rechtsnorm** ist eine Rechtsnorm nicht mit direkter aus ihren Voraussetzungen folgender Rechtsfolge, im Eingriffsrecht also zum Beispiel unter Berücksichtigung jeder möglichen Perspektive von möglichen Sollensadressaten: § 1 BGB; teilweise werden Ermessensrechtsnormen als unvollständige Rechtsnormen bezeichnet, da das Sollen über einen Entscheidungsspielraum vermittelt ist. **Antwortrechtsnorm** ist die hauptsächliche sollensentscheidende Rechtsnorm zur Fallfrage, im Eingriffsrecht also in der Regel die Befugnisrechtsnorm. **Gegenrechtsnorm** ist eine Rechtsnorm mit Potential zur Einschränkung einer Rechtsfolge aus einer Rechtsnorm. **Hilfsrechtsnorm** kann eine Rechtsnorm sein, die nicht das direkte, hauptsächliche Sollensgebot normiert, sondern es unterstützt, zum Beispiel durch Definitionen von Rechtsnormmerkmalen oder sonstigen Rechtsnormkonkretisierungen oder Ergänzungen. **Fiktionsrechtsnorm** ist eine Rechtsnorm dazu, was gelten soll, grundsätzlich unabhängig von dem Vorhandensein oder Nichtvorhandensein einer Tatsache.[63] **Vermutungsrechtsnorm** ist eine Rechtsnorm mit Vermutung des Vorhandenseins einer Tatsache, vgl. § 292 ZPO (i.V.m. § 173 VwGO)[64]. **Definitionsrechtsnorm** ist eine Rechtsnorm mit einer Definition

[62] Vgl. z.B. *Treder*, Methoden und Techniken der Rechtsanwendung, S. 12-19.

[63] Fiktionsrechtsnorm-Beispiel: § 41 Abs. 2 VwVfG NRW.

[64] Vermutungsrechtsnorm-Beispiel: § 1006 BGB (Eigentumsvermutung für Besitzer – unter bestimmten, in § 1006 BGB normierten Voraussetzungen).

(**Legaldefinition**).[65] **Relationsrechtsnorm** ist eine Rechtsnorm, die das Verhältnis von Rechtsnormen oder anderen Rechtsakten normiert.[66]

---

[65] **Legaldefinition**-Beispiele (durchaus teilweise im weiteren Sinne einer bestimmenden, also auch definierenden, Beschreibung): Art. 2 EGBGB (**Gesetz** [„im Sinne des Bürgerlichen Gesetzbuchs und dieses Gesetzes“]: „jede **Rechtsnorm**“; § 4 AO: „**Gesetz** ist jede **Rechtsnorm**“; Art. 6 EGBGB (**Öffentliche Ordnung / ordre public**); § 31 SGB I (**Vorbehalt des Gesetzes**), vgl. auch § 1 Abs. 5 S. 1 PolG NRW; § 2 RDG (**Rechtsdienstleistung**); § 2 Abs. 2 RDG (**Inkassoleistung**); § 6 Abs. 1 RDG (**unentgeltliche Rechtsdienstleistungen**); Art. 73 Abs. 1 Nr. 10b GG (**Verfassungsschutz**); Art. 115a Abs. 1 S. 1 GG (**Verteidigungsfall**); Art. 116 GG (**Deutscher**), vgl. auch § 1 StAG (**Deutscher** „im Sinne dieses Gesetzes“); Art. 121 GG (**Mehrheit der Mitglieder des Bundestages und der Bundesversammlung**); Art. 9 S. 2, 3 EUV / Art. 20 Abs. 1 S. 2, 3 AEUV (wortlaut- und sinnidentisch: **Unionsbürger**), vgl. § 1 FreizügG/EU (**Unionsbürger**: Staatsangehörige anderer Mitgliedstaaten der EU, vgl. auch § 12 FreizügG/EU); § 4 Abs. 1 BVerfSchG (**Bestrebungen gegen den Bestand des Bundes oder eines Landes/Bestrebungen gegen die Sicherheit des Bundes oder eines Landes/Bestrebungen gegen die freiheitliche demokratische Grundordnung**); § 3 Abs. 6 VSG NRW / § 4 Abs. 2 BVerfSchG (**freiheitliche demokratische Grundordnung**); § 5 Abs. 2 VSG NRW (**nachrichtendienstliche Mittel**); § 5 Abs. 2 Nr. 3 VSG NRW (**Bildaufzeichnungen**); § 5 Abs. 2 Nr. 8 VSG NRW (**Legenden**); § 415 Abs. 2 FamFG (**Freiheitsentziehungssachen**); § 12 Abs. 1 OBG NRW (**Sonderordnungsbehörden**); § 25 S. 1 OBG NRW (**ordnungsbehördliche Verordnungen**); § 48 Abs. 1 OBG NRW (**Personalausweis- und Passbehörden für Deutsche**); § 38 Abs. 2 BKAG (**Gefahr** „im Sinne dieses Abschnitts“ [Abschnitt 5]); § 1 Abs. 2 StVG (**Kraftfahrzeuge**); § 4 EBO (**Bahnanlagen**); § 2 BDSG (Abs. 1: **öffentliche Stellen des Bundes**; Abs. 2: **öffentliche Stellen der Länder**; Abs. 3: **Vereinigungen des privaten Rechts von öffentlichen Stellen des Bundes und der Länder**; Abs. 4: **nichtöffentliche Stellen**; Abs. 5: **öffentliche Stellen des Bundes**); § 4 DSG NRW (**Anonymisieren**); § 36 DSG NRW [vgl. § 46 BDSG] (Nr. 1: **personenbezogene Daten**, Nr. 2 **Datenverarbeitung**, Nr. 3 **Datenverarbeitungseinschränkung**; Nr. 4: **Profiling**, Nr. 5: **Pseudonymisierung**, Nr. 6: **Anonymisierung**, Nr. 7: **Dateisystem**, Nr. 8: **zuständige Behörde**, Nr. 9: **Verantwortlicher**, Nr. 10: **Auftragsverarbeiter**, Nr. 11: **Empfänger**, Nr. 12: **Verletzung des Schutzes personenbezogener Daten**, Nr. 13: **genetische Daten**, Nr. 14: **biometrische Daten**, Nr. 15: **Gesundheitsdaten**, Nr. 16: **Aufsichtsbehörde**, Nr. 17: **internationale Organisation**, Nr. 18: **besondere Kategorien personenbezogener Daten**, Nr. 19: **Einwilligung**, Nr. 20: **öffentliche Stellen**); § 51 BDSG / § 36 Nr. 19 i.V.m. § 38 DSG NRW (**Einwilligung**) § 13 GVG (**ordentliche Gerichtsbarkeit**); § 11 StGB (**strafrechtliche Personen- und Sachbegriffe**: Nr. 1: **Angehöriger**, Nr. 2 **Amtsträger**, Nr. 2a: **europäischer Amtsträger**, Nr. 3: **Richter**, Nr. 4: **für den öffentlichen Dienst besonders Verpflichteter**, Nr. 5: **rechtswidrige Tat**, Nr. 6: **Unternehmen einer Tat**, Nr. 7: **Behörde**, Nr. 8: **Maßnahme**, Nr. 9: **Entgelt**, Abs. 2: **vorsätzlich**, Abs. 3: **Schriften**); § 1 OWiG (**Ordnungswidrigkeit**); § 9 Abs. 1 OWiG / § 14 Abs. 1 StGB (**besondere persönliche Merkmale**); § 13 OWiG (**Versuch**); § 12 StGB (**Verbrechen** und **Vergehen**); § 22 StGB (**Versuch**); § 25 Abs. 1 StGB (**Täter**); § 25 Abs. 2 StGB (**Mittäter**); § 28 Abs. 2 StGB (**Beteiligter / Täter** oder **Teilnehmer**); § 74 Abs. 1 Alt. 1 StGB (**Tatprodukt**); § 74 Abs. 1 Alt. 2 StGB (**Tatmittel**); § 74 Abs. 2 StGB (**Tatobjekt**); § 100g Abs. 3 StPO (**Funkzellenabfrage**); § 104 Abs. 3 StPO (**Nachtzeit**), vgl. auch § 41 Abs. 2 PolG NRW und § 758a Abs. 4 S. 2 ZPO und zu § 104 StPO: BVerfGE 151, 67 (Richtervorbehalt, Bereitschaftsdienst, Nachtzeit/Tageszeit i.S.v. § 104 Abs. 3 StPO) = BVerfG, Beschluss des Zweiten Senats vom 12.03.2019 – 2 BvR 675/14 –, Rn. 65-67; § 112 Abs. 2 Nr. 2 StPO (**Fluchtgefahr**), § 62 Abs. 3 S. 1 Nr. 5 AufenthG i.V.m. § 2 Abs. 14 und 15 AufenthG (**Fluchtgefahr**), Art. 2 n) VO (EU) 604/2013 (**Fluchtgefahr**); § 112 Abs. 2 Nr. 3 StPO (**Verdunkelungsgefahr**); § 100a Abs. 1 S. 2 StPO (sog. „**Quellen-Telekommunikationsüberwachung**“); § 16a PolG NRW, § 163f StPO (**Observation**); § 56a AufenthG, § 68b Abs. 1 Nr. 12 StGB, § 34c PolG NRW (**elektronische Aufenthaltsüberwachung**); § 140 StPO (**notwendige Verteidigung**); § 244 Abs. 3 StPO (**Beweisantrag**); § 177 Abs. 6 Nr. 1 StGB (**Vergewaltigung**); § 1 Abs. 2 JGG (**Jugendlicher / Heranwachsender**); § 184b Abs. 1 Nr. 1a StGB (**Kind**); § 184c Abs. 1 Nr. 1a StGB (**Jugendlicher**); § 184b Abs. 1 Nr. 1 StGB (**kinderpornographische Schrift**); § 184c Abs. 1 Nr. 1 StGB (**jugendpornographische Schrift**); § 184h Nr. 1 StGB (**sexuelle Handlungen**); § 184h Nr. 2 StGB (**sexuelle Handlungen vor einer anderen Person**); § 202a Abs. 2 StGB (**Daten**), vgl. auch Verweisung in § 303a Abs. 1 StGB; § 30 Abs. 2 AO (**Steuergeheimnis; geschützte Daten**); § 397 Abs. 1 AO (**Strafverfahrenseinleitung** [mit sog. **Inkulpationsakt**]);

§ 72 StVollzG NRW (**unmittelbarer Zwang**, **körperliche Gewalt**, **Hilfsmittel**: „namentlich Fesseln“, **Waffen**: „dienstlich zugelassene Hieb- und Schusswaffen sowie Reizstoffe“); § 80 StVollzG NRW (**Disziplinarmaßnahmen**); § 5 LDG NRW (**Disziplinarmaßnahmen**); § 47 BeamtStG (**Dienstvergehen**); § 3 Abs. 1 BBG (**oberste Dienstbehörde**); § 3 Abs. 2, 4 BBG (Dienstvorgesetze oder **Dienstvorgesetzter**); § 3 Abs. 3, 4 BBG (Vorgesetze oder **Vorgesetzter**); § 5 Abs. 1 S. 2 LBG NRW (**Laufbahn**); § 1 Abs. 1 S. 1 PolG NRW (**Gefahrenabwehr**); § 8 Abs. 1 PolG NRW (Quasi-Halbdefinition von: **konkrete Gefahr**); § 8 Abs. 1 PolG NRW (**Konkretheit der Gefahr** = im einzelnen Fall bestehende Gefahr); § 8 Abs. 3 PolG NRW (**Straftaten von erheblicher Bedeutung**); § 8 Abs. 4 PolG NRW (**terroristische Straftaten** i.S.d. PolG NRW); § 16a Abs. 1 S. 1 Hs. 1 PolG NRW (**längerfristige Observation**, vgl. Nr. 16a.11 VV PolG: „Legaldefinition“); § 16a Abs. 3 S. 1 PolG NRW (**kurzfristige Observation**, i.V.m. § 16a Abs. 1 S. 1 Hs. 1 PolG NRW; § 20 Abs. 1 PolG NRW (**Verdeckter Ermittler**); § 23 Abs. 3 S. 1 PolG NRW (**Grunddaten**); § 34b Abs. 1 S. 1 PolG NRW (**Aufenthaltsvorgabe**); § 34b Abs. 1 S. 2 PolG NRW (**Kontaktverbot**); § 37a Abs. 1 S. 1 PolG NRW (**Fixierung**); § 52 Abs. 1 PolG NRW (**vertretbare Handlung**); § 58 Abs. 1 PolG NRW (**unmittelbarer Zwang**); § 58 Abs. 2 PolG NRW (**körperliche Gewalt**); § 58 Abs. 3 PolG NRW (**Hilfsmittel der körperlichen Gewalt**); § 58 Abs. 3 PolG NRW (**Sprengmittel**); § 58 Abs. 4 PolG NRW (**Waffen**); Vgl. § 60 PolG NRW (**Lage** [sonst in §§ 50-66: Umstände]: PDV 100, Anlage 20); § 1 Abs. 2 VwVfG NRW (**Behörde**); § 3a VwVfG NRW (**elektronische Kommunikation**); § 4 Abs. 1 VwVfG NRW (**Amtshilfe**); § 35 S. 1 VwVfG NRW (**Verwaltungsakt**), vgl. auch § 118 S. 1 AO; § 35 S. 2 VwVfG NRW (**Allgemeinverfügung**), vgl. auch § 118 S. 2 AO; § 36 VwVfG NRW (**Verwaltungsakt-Nebenbestimmungen / Nebenbestimmungen zum Verwaltungsakt**); § 36 Abs. 2 Nr. 1 VwVfG NRW (**Befristung**); § 36 Abs. 2 Nr. 2 VwVfG NRW (**Bedingung**); § 36 Abs. 2 Nr. 4 VwVfG NRW (**Auflage**); § 38 Abs. 1 S. 1 VwVfG NRW (**Zusicherung**); § 54 S. 1 VwVfG NRW (**öffentlich-rechtlicher Vertrag**); § 55 VwVfG NRW (**Vergleich), vgl. auch** § 779 Abs. 1 BGB (**Vergleich**), vgl. auch § 278 ZPO; § 74 Abs. 1 S. 1 VwVfG NRW (**Planfeststellungsbeschluss / Plangenehmigung**); § 59 Abs. 1 VwVG NRW (**vertretbare Handlung**); § 67 Abs. 1 VwVG NRW (**unmittelbarer Zwang**); § 67 Abs. 2 VwVG NRW (**körperliche Gewalt**); § 67 Abs. 3 VwVG NRW (**Hilfsmittel der körperlichen Gewalt**); § 67 Abs. 4 VwVG NRW (**Waffen**); § 68 VwVG NRW (**Vollzugsdienstkräfte**); § 19 Abs. 1 S. 1 VwVG / § 77 Abs. 1 S. 1 VwVG NRW (**Kosten/Gebühren** und **Auslagen**); § 77 Abs. 1 S. 2 VwVG NRW (**Kostengläubiger**); § 19a Abs. 1 S. 1 VwVG (**Vollstreckungspauschale**); § 2 Abs. 1 LZG NRW (**Zustellung**); § 166 Abs. 1 ZPO (**Zustellung**); § 42 Abs. 1 Alt. 1 VwGO (**Anfechtungsklage**); § 42 Abs. 1 Alt. 2 VwGO (**Verpflichtungsklage**), vgl. auch § 43 VwGO zur **Feststellungsklage** und § 113 VwGO zur **Fortsetzungsfeststellungsklage** sowie §§ 43 Abs. 2, 111, 113 Abs. 4 VwGO zur **Leistungsklage**; § §§ 7-11 BGB (**Wohnsitz**); § 3 AO (**Steuern/ steuerliche Nebenleistungen**); § 8 AO (**Wohnsitz**); § 9 AO (**gewöhnlicher Aufenthalt**); § 10 AO (**Geschäftsleitung**); § 11 AO (**Sitz**); § 12 AO (**Betriebsstätte**); § 13 AO (**ständiger Vertreter**); § 14 AO (**wirtschaftlicher Geschäftsbetrieb**); § 15 AO (**Angehörige**); § 33 Abs. 1 AO (**Steuerpflichtiger**); § 30 Abs. 3 S. 1 SGB I (**Wohnsitz**); § 30 Abs. 3 S. 2 SGB I (**gewöhnlicher Aufenthalt**); § 2 BGB (**Volljährigkeit**); § 13 BGB (**Verbraucher**); § 14 BGB (**Unternehmer / rechtsfähige Personengesellschaft**); §§ 90, 90a BGB (**Sachen**); § 91 BGB (**vertretbare Sachen**); § 92 BGB (**verbrauchbare Sachen**); §§ 93, 94 BGB (**wesentliche Bestandteile**); § 99 BGB (**Früchte**); § 100 BGB (**Nutzungen**); §§ 104-113 BGB (Arten von **Geschäftsfähigkeit** bzw. **Geschäftsunfähigkeit**); § 121 Abs. 1 S. 1 BGB (**unverzüglich**); § 122 Abs. 2 BGB (**Kennenmüssen**); § 126 BGB (**Schriftform**); § 126a BGB (**elektronische Form**); § 126b BGB (**Textform**); § 127 BGB (**vereinbarte Form**); § 128 BGB (**notarielle Beurkundung**); § 129 BGB (**öffentliche Beglaubigung**); § 164 BGB (**Vertreter / Vertretung**); § 166 Abs. 2 BGB (**Vollmacht**); § 48 HGB (**Prokura / Gesamtprokura**); § 183 BGB (**Zustimmung**: **Einwilligung** als **vorherige Zustimmung**); § 184 BGB (**Zustimmung**: **Genehmigung** als **nachträgliche Zustimmung**); § 194 Abs. 1 BGB (**Anspruch**); § 241a Abs. 1 BGB (**Waren**); § 273 Abs. 1 BGB (**Zurückbehaltungsrecht**); § 274 Abs. 1 BGB (**Erfüllung Zug um Zug**); § 276 Abs. 2 BGB (**Fahrlässigkeit**); § 305 Abs. 1 BGB (**Allgemeine Geschäftsbedingungen**); § 310 Abs. 3 BGB (**Verbraucherverträge**); § 474 Abs. 1 (**Verbrauchsgüterkäufe**); § 368 S. 1 BGB (**Quittung**); § 398 S. 1 BGB (**Abtretung**); § 421 S. 1 BGB (**Gesamtschuldner**); § 443 BGB (**Garantie / Garantiegeber / Haltbarkeitsgarantie**); § 449 Abs. 1 BGB (**Eigentumsvorbehalt**); § 779 Abs. 1 BGB (**Vergleich**), vgl. auch § 278 ZPO; § 780 BGB (**Schuldversprechen**); § 781 BGB (**Schuldanerkenntnis**); § 854 BGB (**Besitzerlangung**); § 855 BGB (**Besitzdiener**); § 858 Abs. 1 BGB (**verbotene Eigenmacht**); § 868 BGB (**mittelbarer Besitz**); § 932 BGB (**Gutgläubiger Erwerb vom Nichtberechtigten**); § 937 Abs. 1 BGB (**Ersitzung**); § 1030 Abs. 1 BGB (**Nießbrauch**); § 1204 Abs. 1 BGB (**Pfandrecht**); § 1353 BGB (**Ehe / eheliche Lebensgemeinschaft**); § 1355 Abs. 1 S. 1 (**Ehename**); § 1565 BGB (**Scheitern der Ehe / Ehe-Scheitern**); § 1567 BGB (**Getrenntleben**); § 1589 BGB (**Verwandtschaft** und **Verwandtschaftsgrad**); § 1590 BGB (**Schwägerschaft** und **Schwägerschaftsgrad**); §§ 1591-1600d BGB (**Abstammung**); § 1626 Abs. 1 BGB (**elterliche Sorge / Personensorge / Vermögenssorge**); 1685 Abs. 2 BGB (**sozial-familiäre Beziehung**); § 1687 BGB (**Entscheidungen in Angelegenheiten des täglichen Lebens**); §§ 1896, 1897 (**Betreuer / Vereinsbetreuer / Behördenbetreuer**); § 1922 BGB (**Erbfall / Erbschaft / Erben / Erbteil**); § 1937 BGB (**Testament / letztwillige Verfügung**); § 1939 BGB (**Vermächtnis**); § 261 ZPO (**Rechtshängigkeit**); § 415 Abs. 1 ZPO (**öffentliche Urkunde**); § 1029 ZPO (Abs. 1: **Schiedsvereinbarung**, Abs. 2: **Schiedsabrede** oder **Schiedsklausel**); § 1 Abs. 1 HGB (**Kaufmann**), § 1 Abs. 2 HGB (**Handelsgewerbe**); § 17 HGB (**Firma**); § 2 ProdHaftG (**Produkt**); § 3 ProdHaftG (**Produktfehler**); § 1 Abs. 2, 4 WaffG i.V.m. Anlage 1 WaffG (**Waffen**); § 1 Abs. 3, 4 WaffG i.V.m. Anlage 1 WaffG (**Waffen-Umgang / Munitions-Umgang**); § 9 Abs. 3 S. 2 VereinsG (**Verwendung eines Kennzeichens eines verbotenen Vereins in im Wesentlichen gleicher Form** – „Legaldefinition" nach BVerfG, Beschluss der 3. Kammer des Ersten Senats vom 09.07.2020 – 1 BvR 2067/17, Rn. 13).

[66] Relationsrechtsnorm-Beispiele (Regeln zur Rechtsordnung: Rechtsnormanwendungsregeln und deren jeweiliger Umkehrschluss [argumentum e contrario]):

- Rechtsnormspezialitätsregel („lex specialis derogat legi generali"), vgl. z.B. §§ 4 Abs. 4, 5 Abs. 4, 6 Abs. 3, 8 Abs. 1, Abs. 2 S. 2, § 9 Abs. 1 S. 1 Nr. 1 PolG NRW;
- Rechtsnormhierarchieregel („lex superior derogat legi inferiori"), vgl. z.B. Art. 31, 142 GG;
- Rechtsnormzeitenregel („lex posterior derogat legi priori"), vgl. z.B. Art. 72 Abs. 3 S. 3 GG.

## Untertitel 4: Rechtsnormstruktur

**Rechtsnormstruktur** ist insbesondere das Rechtsnormkonditional (normatives **Konditionalprogramm**). **Rechtsnorm-Konditional** ist das grammatikalisch-logisch-systematische Bedingungsgefüge in Rechtsnormsätzen zwischen Rechtmäßigkeitsvoraussetzungen und Rechtsfolge im Sinne eines zumindest impliziten „Wenn so, dann das", ähnlich zu Prämisse und Konklusion, nach Art von einem **Rechtsnorm-Programm**:

Wenn alle Rechtmäßigkeitsvoraussetzungen einschließlich formeller Rechtmäßigkeitsvoraussetzungen und materieller Rechtmäßigkeitsvoraussetzungen im Realtatbestand der menschlichen Realität, eben der Wirklichkeit „verwirklicht" / „eingehalten" / „erfüllt" sind, dann kann oder darf oder soll oder muss aufgrund bestimmter Rechtsgrundlag(e)n die tatsächliche, realisierte Realfolge als rechtmäßige Rechtsfolge gelten, dann kann oder darf oder soll oder muss im Eingriffsrecht der Polizei insbesondere eine bestimmte Maßnahme, ein **Verhalten** (Handlung, Duldung, Unterlassung) befugt erfolgen, dann ist eine bestimmte **Maßnahme** (Handlung, Duldung, Unterlassung als Realfolge und Rechtsfolge) rechtmäßig.

## Untertitel 5: Rechtsnormwirkungen

**Rechtsnormwirkungen** sind allgemein wie folgt einordenbar[67]:

- **Prinzip**: Sollensinhalt zu größtmöglicher Verwirklichung[68];
- **Regel**: Sollensinhalt zu ausnahmsloser Anwendung unter bestimmten Voraussetzungen[69];

---

[67] Vgl. *Alexy*, Theorie der Grundrechte; *Basten*, Die Menschenwürde des Grundgesetzes auf dem Prüfstand, S. 97-111; *Borowski*, Grundrechte als Prinzipien.

[68] **Prinzip-Beispiele**:

- **Rechtsstaatsprinzip**, Art. 20 Abs. 3 GG;
- **Grundrechte** (streitig, insbesondere bezüglich Art. 1, 16, 19 Abs. 2 und 4 GG; vgl. andererseits dafür die Rechtspraxis; unterscheidbar: Grundrechte an sich sind Prinzip; Anwendung bestimmter Grundrechte an sich ist Regel beziehungsweise Anwendung im konkreten Fall bewirkt Regel);
- **Verhältnismäßigkeitsprinzip** (Übermaßverbot und Untermaßverbot), Art. 20 Abs. 3 GG beziehungsweise aus den Grundrechten selbst (vgl. Einordnung der Grundrechtswirkung) oder aus weiteren Gesetzesnormen / Gesetzesvorschriften, vgl. z.B. § 2 PolG NRW. Unterscheidbar: VHM an sich ist Prinzip; Anwendung des VHM-Prinzips als Rechtsfolgevoraussetzung, dass eine Maßnahme verhältnismäßig sein muss, ist Regel.

[69] **Regel-Beispiele**:

- **Bestimmtheitsgebot** (**Bestimmbarkeitsgebot**), Art. 20 Abs. 3 GG;
- **Grundrechte** (streitig, insbesondere bezüglich Art. 1, 16, 19 Abs. 2 und 4 GG; vgl. andererseits dafür die Rechtspraxis; unterscheidbar: Grundrechte an sich sind Prinzip; Anwendung bestimmter Grundrechte an sich ist Regel beziehungsweise Anwendung im konkreten Fall bewirkt Regel);
- **Verhältnismäßigkeit** (**Übermaßverbot** und **Untermaßverbot** bei) einer Maßnahme, gemäß Art. 20 Abs. 3 GG beziehungsweise gemäß betroffener Grundrechte Art. 20 Abs. 3 GG (vgl. Einordnung der Grundrechtswirkung) oder ggf. aus weiteren Gesetzesnormen/Gesetzesvorschriften, vgl. z.B. § 2 PolG NRW. Unterscheidbar: VHM an sich ist Prinzip; Anwendung des VHM-Prinzips als Rechtsfolgevoraussetzung, dass eine Maßnahme verhältnismäßig sein muss, ist Regel; vgl. auch Nr. 2.0 VVPolG NRW: „Der Grundsatz der Verhältnismäßigkeit hat Verfassungsrang. Er ist bei jeder Maßnahme zu beachten.";
- Regelformulierung vom **Vorbehalt des Gesetzes** bei § 1 Abs. 5 PolG NRW – aufgrund des Rechtsgebiets des Eingriffsrechts und durch dessen Formulierung: „Maßnahmen, die in Rechte einer Person eingreifen, darf die Polizei nur treffen, wenn dies auf Grund dieses Gesetzes oder anderer Rechtsvorschriften zulässig ist."; ansonsten in der Regel „Grundsatz" vom Vorbehalt des Gesetzes, Art. 20 Abs. 3 GG (Grundsatz wegen **Teilvorbehalts**, beschränkt insbesondere auf Gesetzesnotwendigkeit bezüglich nichtbegünstigenden Eingriffsverhaltens oder sonstiger wesentlicher Sachverhalte, teilweise Anordnung durch GG, vgl. Art. 24 Abs. 1 GG, Art. 59 Abs. 2 GG, Art. 87 Abs. 1 S. 2, Abs. 3 GG, Art. 110 Abs. 2 GG, Art. 80 GG);
- **Rechtsnormspezialitätsregel** (verkürzende lateinische Zitierung: „lex specialis derogat legi generali") gemäß Art. 20 Abs. 3 GG und gemäß Auslegungsansätzen (insbesondere Auslegungsansatz der Systematik); vgl. z.B. BGH, Beschluss vom 11.06.2020 – 5 StR 157/20 (Tateinheit von Widerstand gegen Vollstreckungsbeamte, tätlicher Angriff auf Vollstreckungsbeamte, versuchte Körperverletzung), Rn. 20: „**Spezialität** liegt vor, wenn ein Strafgesetz [oder eine andere Rechtsnorm, P. B.] alle Merkmale einer anderen Strafvorschrift [oder einer anderen Rechtsnorm, P. B.] aufweist und sich nur dadurch von dieser unterscheidet, dass es wenigstens noch ein weiteres Merkmal enthält, das den in Frage kommenden Sachverhalt unter einem genaueren (spezielleren) Gesichtspunkt erfasst.". **Polizeifestigkeit** ist eine teilweise verwendete Begrifflichkeit für eine Ausprägung der **Rechtsnormspezialitätsregel** („lex specialis derogat legi generali") insbesondere im besonderen Polizei- und Ordnungsrecht für Rechtsgebiete wie Presserecht, Vereinsrecht, Versammlungsrecht bezüglich der Verdrängung des allgemeinen Polizei- und Ordnungsrechts bei speziellerer Normierung rechtsgebietsspezifischer Sachverhalte; allerdings

- **Grundsatz** Sollensinhalt zu prioritärer Regel mit Ausnahmevorbehalt unter bestimmten Voraussetzungen; **grundsätzlich** bedeutet regelhaft mit Ausnahmevorbehalt. **Generelles** ist im Vergleich zu Grundsätzlichem Allgemeines; **generell** bedeutet allgemein[70].

**Deklaratorische** Rechtswirkung ist (rechts)bestätigende (ggf. bekundende, feststellende, klarstellende) Rechtswirkung.[71]

**Konstitutive** Rechtswirkung ist rechtsbegründende, rechtsaufhebende oder sonst (neu) rechtsgestaltende Rechtswirkung.[72]

---

ohne Mehrwert in Verfremdung des Begriffsursprungs bei *Anschütz*, Die Verfassung des Deutschen Reichs vom 11. August 1919, S. 519: „Verschieden von dem bei Thoma [Richard Emil Thoma, P. B.] ‚lediglich polizeibegrenzend' genannten Grundrechten ist ein Typus, den ich mit dem Eigenschaftswort ‚polizeifest' kennzeichnen möchte [Fußnote]. Polizeifest sind diejenigen Grundrechte, deren Ausübung polizeilich (d.h. von den Polizeibehörden im Interesse des ihnen obliegenden Schutzes der öffentlichen Sicherheit und Ordnung) entweder überhaupt nicht, oder wenn, so doch nur im Rahmen gesetzlicher (reichs- oder landesgesetzlicher) Spezialbestimmungen, nicht dagegen aufgrund der – oben erwähnten – allgemeinen landesrechtlichen Vollmachten der Polizeigewalt beschränkt werden kann. Polizeifest in diesem Sinne sind vor allem die Grundrechte, deren Einschränkung die RVerf [Reichsverfassung, P. B.] lediglich sich selbst oder der Reichsgesetzgebung vorbehält […].".

[70] Grundsatz-Beispiele:

- Grundsatz vom **Vorbehalt des Gesetzes**, Art. 20 Abs. 3 GG, § 1 Abs. 5 PolG NRW (Grundsatz wegen **Teilvorbehalts**, beschränkt insbesondere auf Gesetzesnotwendigkeit bezüglich nichtbegünstigenden Eingriffsverhaltens oder sonstiger wesentlicher Sachverhalte; teilweise Anordnung durch GG, vgl. Art. 24 Abs. 1 GG, Art. 59 Abs. 2 GG, Art. 87 Abs. 1 S. 2, Abs. 3 GG, Art. 110 Abs. 2 GG, Art. 80 GG; bei § 1 Abs. 5 PolG NRW ist der Vorbehalt des Gesetzes quasi Regel aufgrund des Rechtsgebiets des Eingriffsrechts und durch dessen Formulierung: „Maßnahmen, die in Rechte einer Person eingreifen.".);
- Grundsatz vom **Vorrang des Gesetzes**, Art. 20 Abs. 3 GG (Grundsatz wegen „Gesetz und Recht" aus Art. 20 Abs. 3 GG selbst, vgl. alles objektive Recht und positives Recht);
- **Legalitätsgrundsatz** und **Opportunitätsgrundsatz**, § 3 Abs. 1 PolG NRW, § 163 Abs. 1 S. 1 StPO, § 53 Abs. 1 S. 1 OWiG (Legalitäts-Grundsatz wegen Durchbrechungen wie §§ 153-154f StPO, §§ 155a, b, 374 StPO; §§ 31a, 37 BtMG; § 45 JGG; Opportunitäts-Grundsatz wegen Möglichkeit von intendiertem Ermessen, Ermessensreduktion, Ermessenreduktion auf Null).

[71] Deklarations-Beispiele: § 1 Abs. 4 PolG NRW; § 57 Abs. 2 PolG NRW; § 98c S. 2 StPO. Vgl. z.B. auch BVerwG, Urteil vom 29.01.2020 – BVerwG 6 A 3.19, Rn. 27: „Der Umstand, dass ein Vereinsverbot für und gegen jedermann wirkt und ein Zuwiderhandeln gegen das Verbot als Straftat geahndet werden kann (§ 85 Abs. 1 Nr. 2, Abs. 2, § 86 Abs. 1 Nr. 2 StGB, § 20 Abs. 1 Nr. 1 und 3 VereinsG), eröffnet Dritten keine Klagemöglichkeit gegen den Verbotsbescheid. Für die Allgemeinheit ist dieses strafbewehrte Verbot einer zukünftigen Fortsetzung der verbotenen Vereinigung nicht Inhalt der durch die Verbotsbehörde im Einzelfall gesetzten Rechtsfolge, sondern lediglich eine gesetzesunmittelbare Folge der Verbotsverfügung nach § 3 Abs. 1 VereinsG. Der Bescheid enthält insoweit lediglich einen deklaratorischen Hinweis auf die Rechtslage (vgl. BVerwG, Beschluss vom 10. Januar 2018 - 1 VR 14.17 - Buchholz 402.45 VereinsG Nr. 73 Rn. 18).".

[72] Konstituens-Beispiele: alle Zuständigkeitsrechtsnormen mit ihren Zuständigkeitsrechtsfolgen, also zum Beispiel: § 1 Abs. 1 S. 1, 2 PolG NRW oder § 163 Abs. 1 S. 1 StPO; alle Befugnisrechtsnormen mit ihren Befugnisrechtsfolgen, also zum Beispiel § 8 Abs. 1 PolG NRW oder § 163 Abs. 1 S. 2 StPO. Vgl. auch z.B. BVerfGE 83, 24, 33 (Polizeigewahrsam) = BVerfG, Beschluss des Zweiten Senates vom 30.10.1990 – 2 BvR 562/88 –, C. II. 1., Rn. 34: „Die richterliche Entscheidung wirkt konstitutiv und enthält nicht nur eine Genehmigung oder Bestätigung einer vorgängigen Verwaltungsentscheidung [Schrifttumsquellenangabe]. Der Richter muß deshalb selbst die Tatsachen feststellen, die eine Freiheitsentziehung rechtfertigen.".

**Geltung einer Rechtsnorm / Rechtsnormgeltung** ist Inkraftsein der Rechtsnorm und damit generelle Anwendbarkeit (für den Fall des konkreten Falles – insbesondere für den konkreten Fall der Entsprechung von Realfolge und Rechtsfolge der Rechtsnorm).

**Anwendbarkeit einer Rechtsnorm / Rechtsnormanwendbarkeit** ist Geltung der Rechtsnorm und Entsprechung von Realfolge und Rechtsfolge der Rechtsnorm in einem konkreten Fall (insbesondere bei vollständiger Subsumierbarkeit, mit positivem oder negativem Ergebnis).

**Wirkung einer Rechtsnorm / Rechtsnormwirkung** ist das Subsumtionergebnis bezüglich einer anwendbaren oder unanwendbaren Rechtsnorm.

Beispiel zu Geltung, Anwendbarkeit, Wirkung einer Rechtsnorm sei § 56 Abs. 4 PolG NRW. § 56 Abs. 4 PolG NRW hat die Rechtsfolge Ersatzvornahmeandrohung zur Voraussetzung für die Rechtsfolge der Kostenangabe. In einem Fall der Maßahme(nrechtsfolge) „Zwang" im Sinne des § 50 Abs. 1 PolG NRW durch Androhung und Anwendung des Zwangsmittels „Unmittelbarer Zwang" (also nicht der in § 56 Abs. 4 PolG NRW vorausgesetzten Rechtsfolge des Zwangsmittels Ersatzvornahme)

- gilt § 56 Abs. 4 PolG NRW unabhängig vom konkreten Fall / hat § 56 Abs. 4 PolG NRW unabhängig vom konkreten Fall Geltung, denn er ist allgemein in Kraft;
- ist § 56 Abs. 4 PolG NRW im konkreten Fall unanwendbar / erlangt § 56 Abs. 4 PolG NRW keine Anwendbarkeit, denn im konkreten Fall ermangelt es an einem Zwangsmittel der „Ersatzvornahme";
- wirkt § 56 Abs. 4 PolG NRW derart / hat § 56 Abs. 4 PolG NRW die Wirkung, dass in der Androhung des konkreten Falls die voraussichtlichen Kosten nicht angegeben werden sollen, denn dies gilt generell nur für das Zwangsmittel der Ersatzvornahme und ist im konkreten Fall unanwendbar.

Weitere Beispiele für Möglichkeiten zur – idealtypischen – Beschreibung von **Rechtsnormwirkungen**[73]:

**Bestimmte Rechtsnormmerkmale** sind solche mit Wirkung größtmöglicher Bestimmtheit bzw. ohne weiteres Bestimmungserfordernis / Definitionserfordernis, also in der Regel höchstens solche mit einfachen mathematischen Größen wie Gewicht, Maß, Zahl. **Unbestimmte Rechtsnormmerkmale** sind solche mit weiterem Bestimmungserfordernis / Definitionserfordernis. **Deskriptive Rechtsnormmerkmale** sind solche zu körperlich wahrnehmbaren Dingen oder Gegenständen, insbesondere zu solchen im Sinne von § 90 BGB. **Normative Rechtsnormmerkmale** sind solche mit Wertungserfordernissen. **Alternative Rechtsnormmerkmale** sind solche, die auch unabhängig voneinander eine bestimmte Rechtsfolge bewirken können (vgl. z.B. die Rechtsnormmerkmale in den Nummern der §§ 39, 40 PolG NRW). **Kumulative Rechtsnormmerkmale** sind solche, die nur zusammen eine bestimmte Rechtsfolge bewirken können (vgl. z.B. die Rechtsnormmerkmale in den Nummern von § 6 PolG NRW).

---

[73] Vgl. z.B. *Treder*, Methoden und Techniken der Rechtsanwendung, S. 5-9.

## *Titel 3: Rechtsform und Rechtsinhalt von Gesetzen und Rechtsnormen*

**Rechtsanwendung** (im weiten Sinne) ist Aktualisierung, Auslegung, Bestimmung, Durchsetzung, Erfüllung, Erinnerung, Konkretisierung, Kreierung, Pflege, Präzisierung, Realisierung, Verteidigung, Verwirklichung von Rechtsinhalten, auch durch Erlass/Gebung von Rechtsnormen, die in einer Form stehen oder sich aus einer Form ergeben können – das betrifft die „normative Kraft des Faktischen“[74] und die faktische Kraft des Normativen.

**Rechtsnormenanwendung** (im engeren Sinne) ist Anwendung von gegebenen Rechtsnormen.

Begriffe von **Form**[75] (Förmlichkeit, vgl. auch Formelle Rechtmäßigkeit) und **Inhalt** (Materie[76], vgl. auch Materielle Rechtmäßigkeit), Faktizität und Normativität im Recht lassen für die Rechtsanwendung durch den Rechtsnormadressaten insbesondere folgendes begreifen:

- **Rechtsinhalts-Auslegbarkeit / Rechtsinhalts-Relativität**[77] – selbst in gleichbleibender Form[78];

---

[74] Vgl. *Jellinek*, Allgemeine Staatslehre, S. 337-344.

[75] **Form** und **Materie**: **Form** (vom Lateinischen forma und griechisch morphḗ) ist allgemein Äußeres, Gestalt, Prägendes, Standard, Rahmen, Umgebendes für oder von etwas, das Stoff oder Materie ist, und in Beziehung zur Form ihr Inhalt. **Materie** (vom Lateinischen: materia, zu Deutsch: Stoff, Thema, Ursache; ursprünglich vom Lateinischen: materies, zu Deutsch: Holz, Stämme, Bauholz; verwandt mit dem lateinischen mater, zu Deutsch: Mutter, und mit dem lateinischen matrix, zu Deutsch: Gebärmutter, Muttertier; griechisch hylē) ist jedenfalls in Beziehung zur (standardmäßigen) Form inhaltliche (wandelbare) Substanz. Vgl. auch die Worthistorie (Etymologie) und Ideenhistorie von Form (vom Lateinischen forma und griechisch morphḗ) im Gegensatz zu Materie/Substanz (vom Lateinischen materia und Griechischen hylē). Form ist eher etwas ohne weitere Wertung Erkennbares bzgl. des Vorhandenseins/der Einhaltung; Materie/Substanz ist eher etwas nicht ohne weitere Wertung Erkennbares bzgl. des Vorhandenseins/der Erfüllung.

[76] **Form** und **Materie**: **Form** (vom Lateinischen forma und griechisch morphḗ) ist allgemein Äußeres, Gestalt, Prägendes, Standard, Rahmen, Umgebendes für oder von etwas, das Stoff oder Materie ist, und in Beziehung zur Form ihr Inhalt. **Materie** (vom Lateinischen: materia, zu Deutsch: Stoff, Thema, Ursache; ursprünglich vom Lateinischen: materies, zu Deutsch: Holz, Stämme, Bauholz; verwandt mit dem lateinischen mater, zu Deutsch: Mutter, und mit dem lateinischen matrix, zu Deutsch: Gebärmutter, Muttertier; griechisch hylē) ist jedenfalls in Beziehung zur (standardmäßigen) Form inhaltliche (wandelbare) Substanz. Vgl. auch die Worthistorie (Etymologie) und Ideenhistorie von Form (vom Lateinischen forma und griechisch morphḗ) im Gegensatz zu Materie/Substanz (vom Lateinischen materia und Griechischen hylē). Form ist eher etwas ohne weitere Wertung Erkennbares bzgl. des Vorhandenseins/der Einhaltung; Materie/Substanz ist eher etwas nicht ohne weitere Wertung Erkennbares bzgl. des Vorhandenseins/der Erfüllung.

[77] Vgl. *von Kirchmann*, Die Werthlosigkeit der Jurisprudenz als Wissenschaft; *Larenz*, Über die Unentbehrlichkeit der Jurisprudenz als Wissenschaft.

[78] Vgl. die Faktizitäten von Autorität, Historie, Interessen, Macht, Politik, Systemen; vgl. BGB seit 01.01.1900 bis heute; WRV auch in 1933-1945 und heute i.V.m. Art. 140 GG. Vgl. z.B. zum ein Mal bundesverfassungsgerichtlich entscheidungserheblich bemühten „**Sittengesetz**“ nach Art. 2 Abs. 1 Hs. 2 GG als Gesetz, das nicht das durch die „soziale Gemeinschaft“ „als für sich verbindlich“ anerkannte „Rechtsgefühl“ „im allgemeinen“ „verletzt“: BVerfGE 6, 389 (Homosexuelle) = BVerfG, Urteil des Ersten Senats vom 10.05.1957 – 1 BvR 550/52 –, Ls. 1, 2: „1. Die Strafvorschriften gegen die männliche **Homosexualität** (§§ 175 f. StGB) verstoßen nicht gegen den speziellen Gleichheitssatz der Abs. 2 und 3 des Art. 3 GG, weil der biologische Geschlechtsunterschied den Sachverhalt hier so entscheidend prägt, daß etwa vergleichbare Elemente daneben vollkommen zurücktreten. 2. Die §§ 175 f. StGB verstoßen

- Rechtsgestaltungsbeteiligung und Rechtsgestaltungsmitverantwortung des Rechtsanwenders, also auch von Polizeibeschäftigten – mit oder ohne Formänderung, mit angemessenem Bezug zu den tatsächlichen Umständen[79].

**Rechtsinhalt** (Inhalt des Rechts) ist die **Rechtsnorm**. **Rechtsform** (Form des Rechts) ist der **Rechtssatz**, z.B. Artikel/Paragraph, Absatz, Satz, Halbsatz, Nummer eines bestimmten Gesetzes). Jede Rechtsnorm steht in einem Rechtssatz oder in mehreren Rechtssätzen oder ergibt sich aus einem Rechtssatz oder aus mehreren Rechtssätzen.

Beispiele für **Formulierungen** bezüglich des Begriffes des Rechtssatzes als Rechtsform und des Begriffes der Rechtsnorm als Rechtsinhalt:

- „In der Vorschrift/In dem Gesetz/Paragraphen/Absatz/Satz (Rechtssatz als Rechtsform) steht, dass es so sein soll/dass es so Gesetz ist (Rechtsnorm als Rechtsinhalt)."
- „Aus der Vorschrift/Aus dem Gesetz/Paragraphen/Absatz/Satz/Halbsatz/der Nummer (Rechtssatz als Rechtsform) ergibt sich, dass es so sein soll/dass es so Gesetz ist (Rechtsnorm als Rechtsinhalt)."
- „In der Vorschrift/In dem Gesetz/Paragraphen/Absatz/Satz/Halbsatz/in der Nummer (Rechtssatz als Rechtsform) ist normiert, dass dies so sein soll/ist (Rechtsnorm als Rechtsinhalt)."
- „§ 8 Abs. 1 PolG NRW enthält die Befugnisrechtsnorm.": Formulierung mit deutlicher Unterscheidung des Paragraphen als Rechtsform und der Befugnisrechtsnorm als Rechtsinhalt.
- „§ 8 Abs. 1 PolG NRW ist die Befugnisrechtsnorm.": Formulierung mit Nennung/Benennung des Paragraphen als Setzung von zugleich Rechtsform und Rechtsinhalt, vgl. auch die Formulierung: „Das ist Gesetz."
- „Gemäß § 8 Abs. 1 PolG NRW ist die Befugnis gegeben." Oder: „Gemäß § 8 Abs. 1 PolG NRW besteht die Befugnis zur Maßnahme." Oder: „Gemäß § 8 Abs. 1 PolG NRW ist die Polizei zur Maßnahme befugt." Oder: „Die Polizei ist aus der Generalbefugnisrechtsnorm zur Maßnahme befugt, § 8 Abs. 1 PolG NRW". Formulierung mit hauptsächlichem Bezug zu gegebener Befugnis als Rechtsinhalt in der Rechtsform des Paragraphen.
- „§ 8 Abs. 1 PolG NRW normiert die Befugnis.": Formulierung mit hauptsächlichem Bezug zur Normierung als Setzung des Rechtsinhaltes durch die Rechtsform.
- „Befugnis ist § 8 Abs. 1 PolG NRW.": Unzulässige Formulierung, denn die Befugnis ergibt sich aus der Rechtsnorm/dem Rechtssatz/der Rechtsnorm des Rechtssatzes des § 8 Abs. 1 PolG NRW (und noch weiteren Rechtsnormen etwa zur Zuständigkeit, zum Verfahren, zur Form, zum Adressaten); die Befugnis ist also eben nicht § 8 Abs. 1 PolG NRW, weder als Rechtssatz noch als Rechtsnorm.
- „Die Verhaltensanordnung ist als Maßnahme gemäß § 8 Abs. 1 PolG NRW rechtmäßig.": Formulierung eines Ergebnissatzes einer Maßnahmenprüfung bei einer Fallbearbeitung mit

auch nicht gegen das Grundrecht auf die freie Entfaltung der Persönlichkeit (Art. 2 Abs. 1 GG), da homosexuelle Betätigung gegen das Sittengesetz verstößt und nicht eindeutig festgestellt werden kann, daß jedes öffentliche Interesse an ihrer Bestrafung fehlt.", und StrRehaHomG (Gesetz zur strafrechtlichen Rehabilitierung der nach dem 8. Mai 1945 wegen einvernehmlicher homosexueller Handlungen verurteilten Personen vom 17. Juli 2017 – BGBl. I S. 2443). Zur Möglichkeit „**verfassungswidriges Verfassungsrecht**" vgl. BVerfGE 5, 85, 137 (KPD) = BVerfG, Urteil des Ersten Senats vom 17.08.1956 – 1 BvB 2/51 –, „Teil C - Die Rechtsgrundlagen des Verfahrens I. - Die Stellung der politischen Parteien nach dem Grundgesetz", Rn. 243.

[79] Vgl. **Polizei-Geschichte**; vgl. Art. 20 Abs. 3, 4 GG.

Zuordnung von Realfolge aus dem Lebenssachverhalt und Rechtsfolge aus § 8 Abs. 1 PolG NRW.

Zu den Formulierungen „steht in/ergibt sich aus“ (**Drinstehen/Sichergeben einer Aussage**): Eine Aussage steht (**ausdrücklich**) in einem Rechtssatz (z.B. Paragraphen/Absatz/Satz/Halbsatz/Nummer/Gesetz) oder in mehreren davon, wenn dessen oder deren Wortlaut auch ohne weiteres deutlich die Aussage anzeigt. Eine Aussage ergibt sich aus einem **Rechtssatz** (z.B.: Paragraphen/Absatz/Satz/Halbsatz/Nummer/Gesetz) oder mehreren davon, wenn der Wortlaut nicht ohne weiteres deutlich den **Rechtssatzinhalt** (= **Rechtsnorm** anzeigt, sondern etwa erst durch **Auslegung** (von Wortlaut/Grammatik, Systematik, Genese/Historie, Teleologie)[80] die Aussage belegt oder konkretisiert werden muss. **Ausdrücklichkeit** ist das Stehen einer Aussage im Wortlaut (**expressis verbis**: mit ausgedrückten Worten), also das deutliche Anzeigen der Aussage im Wortlaut ohne weiteres. **Eindeutigkeit** ist gegeben bei Deutlichkeit einer Aussage aus dem Wortlaut ohne weiteres (insbesondere ohne weitere Auslegung). **Wortlaut-Eindeutigkeit** kann selbst nur Ergebnis vollständiger Auslegung unter Berücksichtigung aller Auslegungsansätze (Grammatik, Systematik, Historie, Teleologie) sein.

[80] Zur Auslegung siehe auch: Buch 1, Abschnitt 3, Unterabschnitt 2, Titel 4.

# ABSCHNITT 2:

# RECHT IM SUBJEKTIVEN SINNE

# Unterabschnitt 1: Subjektive Rechte im Recht

**Subjektives**[81] **Recht** ist **Berechtigung** (Anspruch oder Befugnis oder Erlaubnis) einschließlich **Verpflichtung** (Pflicht zur Erfüllung von Anspruch oder Befugnis oder Erlaubnis) und sonstiger Rechtswirkungen für ein Rechtssubjekt bezüglich eines Verhaltens oder eines Rechtsguts.[82] **Verhalten** ist jedes Tun, Dulden, Unterlassen. **Rechtsgut** ist ein rechtliches Gut, Interesse, ein rechtlicher Vorgang, Wert, Zustand.

Beispiele für **subjektives Recht**:

- **Grundrecht**, vgl. Art. 1-19 GG; Art. 4 Abs. 1, Abs. 2 Verfassung NRW;
- **Eingriffsbefugnis**, vgl. z.B. § 8 Abs. 1 PolG NRW oder § 163 Abs. 1 S. 2 StPO;
- **grundrechtsgleiches Recht**, vgl. Art. 33 GG, Art. 38 GG;
- **Prozessgrundrecht**, Art. 19 Abs. 4 GG[83], Art. 101 Abs. 1 S. 2 GG, Art. 103 GG;
- **Eigentumsrecht**, vgl. §§ 903, 823 Abs. 1 Var. 5 BGB;
- **Besitzrecht**, vgl. §§ 854, 859, 861, 862, 1007, 823 Abs. 1 Var. 6 BGB.

Beispiele für **subjektives Rechtsgut**: Leben, körperliche Unversehrtheit, Gesundheit, Freiheit, vgl. Art. 2 Abs. 2 GG, § 823 Abs. 1 Var. 1, 2, 3, 4 BGB.

**Allgemeiner Gesetzesvollziehungsanspruch** ist für den Einzelnen nicht gegeben, auch nicht ableitbar aus dem allgemeinen Gleichheitssatz oder aus Art. 19 Abs. 4 GG oder aus Art. 2 Abs. 1 GG.[84]

**Anspruchsqualität von Rechtsnormen** (vgl. § 194 Abs. 1 Hs. 1 BGB) ist für den Einzelnen grundsätzlich nur gegeben, wenn die Rechtsnormen ein entsprechendes subjektives Recht enthalten, was bei öffentlich-rechtlichen Rechtsnormen gegeben ist, wenn sie zumindest auch dem Schutz der Rechte des Einzelnen zu dienen bestimmt sind, was für Rechtsnormen gilt, die das geschützte Recht sowie einen bestimmten und abgrenzbaren Kreis der hierdurch Berechtigten (nach Auslegung) erkennen lassen („**Drittschutz**"), nicht dagegen, wenn die Rechtsnorm ausschließlich Allgemeininteressen/öffentliche Interessen bezweckt (**Schutznormtheorie**[85]).

Beispiel für eine **drittschützende Rechtsnorm** mit grundsätzlicher Anspruchsqualität: § 8 Abs. 1 PolG NRW, vermittelt über das unter anderem Individualrechte und Individualrechtsgüter umfassende Merkmal „öffentliche Sicherheit".

---

[81] Vom Lateinischen subiectum: Daruntergeworfenes, im Griechischen hypokéimenon: Zugrundeliegendes, also quasi auch Träger (etwa von Verhalten, Denken, Handeln, Zustand).

[82] Vgl. auch Redewendungen bezüglich subjektiven Rechts wie folgende: „Das ist Ihr/Dein/mein Recht." „Dazu haben Sie/hast Du/hat er/sie kein Recht.".

[83] Vgl. Art. 142 GG i.V.m. Art. 4 Abs. 1 Verfassung NRW und Art. 74 Abs. 1 S. 1 Verfassung NRW; Art. 47 EU-GR-Charta; Art. 6 EMRK; Art. 2 Abs. 3 IPbpR.

[84] Ständige Rechtsprechung, etwa: BVerfGE 132, 195, 235 (Europäischer Stabilitätsmechanismus) = BVerfG, Urteil des Zweiten Senats vom 12.09.2012 – 2 BvR 1390/12 –, B. II. 1. b) bb), Rn. 95: „Wird ein Grundrechtsträger durch eine Maßnahme oder durch ein Unterlassen nicht in seiner eigenen Rechtsstellung betroffen – hat die Maßnahme beziehungsweise das Unterlassen also keinerlei Auswirkungen auf seine rechtlich geschützten Interessen –, kann er aus Art. 3 Abs. 1 GG weder Abwehr- noch Leistungsansprüche ableiten.".

[85] Grundlegend: *Bühler*, Die subjektiven öffentlichen Rechte und ihr Schutz in der deutschen Verwaltungsrechtsprechung; ständige Rechtsprechung, zum Beispiel: BVerwGE 156, 180 (Einstellungshöchstaltersgrenze für Beamte in NRW) = BVerwG, Urteil vom 11.10.2016 – 2 C 11.15 –, Rn. 27.

# Unterabschnitt 2: Rechtssubjekte des deutschen Rechts

**Rechtssubjekt** ist ein Subjekt mit Rechtsfähigkeit, also ein mindestens teilrechtsfähiger Träger von Rechten und Rechtspflichten.

**Rechtsfähigkeit** ist die Fähigkeit, Träger von (subjektiven) Rechten und Pflichten zu sein.

**Geschäftsfähigkeit** ist die Fähigkeit zu wirksamem **Rechtsgeschäft** (mindestens eine **Willenserklärung** [Verhalten mit Erklärungsgehalt und Rechtsfolgewillen][86] und gegebenenfalls weiteres), §§ 104-113 BGB, vgl. auch § 1303 (**Ehemündigkeit**) f. BGB.

**Deliktsfähigkeit** ist die Fähigkeit zur Schadensverantwortlichkeit bei unerlaubten Handlungen, vgl. §§ 823 ff. BGB mit Modifizierungen insbesondere in §§ 827, 828, 830 BGB.

**Schuldfähigkeit** ist die Fähigkeit, strafrechtlich persönlich verantwortlich zu sein im Sinne persönlicher Vorwerfbarkeit / Sanktionierbarkeit vorsätzlichen oder fahrlässigen straftatbestandlichen, rechtswidrigen Verhaltens, vgl. §§ 15-21 StGB mit Normierung sogenannter **Strafmündigkeit** in § 19 StGB; der Schuldfähigkeit entspricht im Ordnungswidrigkeitenrecht die Verantwortlichkeit / Vorwerfbarkeit gemäß § 12 OWiG.

**Rechtsobjekt** ist als Gegenstück zum Rechtssubjekt jeder Gegenstand, also insbesondere alle Sachen und Rechte, vgl. §§ 90-103 BGB.

**Rechtsnormadressat** ist das durch eine Rechtsnorm mit konkreter Rechtsfähigkeit ausgestattete Rechtssubjekt.

**Teilrechtsfähigkeit** ist die Fähigkeit, Träger von Teilen der subjektiven Rechte und Pflichten der Rechtsordnung zu sein.[87]

**Rechtsträgerschaft** ist die Trägerschaft von Rechten und Rechtspflichten als Rechtsfähiger, als Rechtssubjekt.

**(Teil-)Rechtsfähige Rechtsträger als Rechtssubjekte** unabhängig von Personenstatus sind im deutschen Recht, im Recht des deutschen Staates insbesondere folgende (mit Rechtsvorschriften subjektiver Rechte):

- **Embryo** (als solcher; vgl. **nondum conceptus**: vor Nidation/Implantation), §§ 823, 2101, 2016 Abs. 2, 2109 Abs. 1, 2162, 2178 BGB, vgl. § 1 BGB mit § 158 BGB; § 218 StGB;

[86] Willenserklärung-Beispiele: Angebot, § 145 BGB; Annahme, § 147 BGB; Willenserklärung-Auslegung bei nichtempfangsbedürftiger Willenserklärung (mit Willenserklärung-Wirksamkeit bei Abgabe auch ohne Zugang i.S.d. §§ 130-132 BGB, z.B. bei Testament im Sinne des § 1937 BGB) grundsätzlich nach § 133 BGB; Willenserklärung-Auslegung bei empfangsbedürftiger Willenserklärung (mit Willenserklärung-Wirksamkeit bei Zugang i.S.d. §§ 130 132 BGB, z.B. bei Vertragsangebot und Vertragsannahme) grundsätzlich nach §§ 133, 157 BGB (nach sogenanntem objektivierten Empfängerhorizont); im öffentlichen Recht nach §§ 133, 157 BGB analog.

[87] Grundlegend zum modernen Begriff der Teilrechtsfähigkeit: *Wolff*, Organschaft und juristische Person. Untersuchungen zur Rechtstheorie und zum öffentlichen Recht. 2 Bände. Band 1: Juristische Person und Staatsperson (Kritik, Theorie und Konstruktion), Berlin 1933. Band 2: Theorie der Vertretung. (Stellvertretung, Organschaft und Repräsentation als soziale und juristische Vertretungsformen), Berlin 1934.

- **Mensch**[88] bis Tod nach TPG (**nasciturus**: nach Nidation oder Implantation befruchteter Eizelle in Gebärmutterschleimhaut, bei Nidation: 5./6. Tag nach Befruchtung der Eizelle; §§ 331 Abs. 2, 1912, 1923 Abs. 2, 2108, 2178 BGB; vgl. § 1 BGB; § 823 BGB; § 218 StGB; § 12 SGB VII);
- **Verein**, §§ 21-79 BGB – § 21 BGB (nichtwirtschaftlich), § 22 BGB (wirtschaftlich), § 54 BGB („nichtrechtsfähig“);
- **Stiftung**, §§ 80-88 BGB;
- **Personengesellschaft** (insbesondere: GbR, §§ 705-740 BGB; AG, § 1 AktG; GmbH, §§ 1, 11, 13, 22 GmbHG; OHG, §§ 105-160 HGB; KG, §§ 161-177a HGB; PartG, §§ 1, 7, 8 PartGG, Genossenschaft, §§ 1, 2, 13 GenG);
- **Gesamthandsgemeinschaft** (Gütergemeinschaft, § 1415 BGB, § 7 LPartG[89]; Erbengemeinschaft, § 2032 BGB; Wohnungseigentumsgemeinschaft, WEG).

**(Teil-)Rechtsfähige Rechtssubjekte** als **Rechtsträger** mit **Personenstatus** sind im deutschen Recht, im Recht des deutschen Staates insbesondere folgende (mit Rechtsvorschriften subjektiver Rechte):

- **natürliche Person**, vgl. § 1 BGB, bis Tod nach TPG (postmortales ideelles Persönlichkeitsrecht aus Art. 1 GG);
- **juristische Person des Privatrechts**, vgl. §§ 14-88 BGB (Personenvereinigung oder Zweckvermögen);
- **juristische Person des öffentlichen Rechts**, zu juristischen Personen des öffentlichen Rechts vgl. z.B.: **Körperschaft, Anstalt, Stiftung**, vgl. § 89 BGB und Körperschaft des öffentlichen Rechts (KdöR).

**Natürliche Person** ist grundsätzlich jeder Mensch, insbesondere im Sinne von § 1 BGB.

**Juristische Person** ist jede Personenvereinigung oder sonstige Einrichtung oder Organisation, die nach der Rechtsordnung Rechtsfähigkeit hat ähnlich wie natürliche Personen.[90]

**Körperschaft des öffentlichen Rechts** (KdöR) – mit oder ohne Gebietshoheit – ist ein verselbständigter, mitgliedschaftlich organisierter rechtsfähiger Verwaltungsträger, der dauerhaft Aufgaben im öffentlichen Interesse wahrnimmt[91] – in der Regel durch oder aufgrund Gesetzes[92],

---

[88] Der Mensch als das Maß aller Rechtsdinge ist gleichsam die Homo-mensura-Erkenntnis des Rechts, vgl. den Homo-mensura-Satz, dem *Protagoras* zu dessen als Primärquelle verlorener Schrift Alḗtheia (Wahrheit)/Katabállontes (Niederwerfende Reden) zugeschrieben, insbesondere durch: *Platon*, Theaitetos, 152a (Zitierung durch Sokrates); vgl. auch Digesten 1.5.2 (Hermogenianus libro primo iuris epitomarum): „Cum igitur hominum causa omne ius constitutum sit […]“, zu Deutsch etwa – aus dem Halbsatz: „Der Mensch ist Grund allen gesetzten Rechts.“; vgl. auch Art. 1 Abs. 1 GG, dazu umfassend: *Basten*, Die Menschenwürde des Grundgesetzes auf dem Prüfstand, Berlin 2016.

[89] Vgl. auch § 1353 Abs. 1 S. 1 BGB und § 20a LPartG.

[90] Vgl. BVerfGE 20, 323, 335 (nulla poena sine culpa) = BVerfG, Beschluss des Zweiten Senats vom 25.10.1966 – 2 BvR 506/63 –, C. III. 2. b), Rn. 43 f.

[91] Vgl. § 10 Abs. 1 LOG M-V.

[92] Z.B. § 18 LOG NRW.

Satzung, vertreten durch Organe[93], mit (Zwangs-)Mitgliedern[94], vorbehaltlich speziellerer Vorschriften[95] und unabhängig vom Namen „Körperschaft“.

Beispiele für mögliche **Körperschaften des öffentlichen Rechts** (KdöR):

[93] Vgl. bzgl. **Staatshandlungsfähigkeit**: BVerfG, Beschluss des Zweiten Senats vom 14.01.2020 – 2 BvR 1333/17 (Kopftuchverbot für Rechtsreferendarinnen), Ls. 3 und Rn. 89: „der Staat kann nur durch [natürliche oder juristische P. B.] Personen handeln.“.

[94] Grundrechtsmaßstab für Zwangsmitgliedschaft in Körperschaften des öffentlichen Rechts: Art. 2 Abs. 1 GG, nicht: Art 9 GG.

[95] Vgl. insbesondere die Landesorganisationsgesetze (LOG).

- **Europäische Union** (EU) ist als rechts- und geschäftsfähiges[96] Völkerrechtssubjekt ein Staaten-, Verfassungs-, Verwaltungs- und Rechtsprechungsverbund[97], der – im Rahmen

---

[96] Zur **EU-Rechts- und Geschäftsfähigkeit** vgl. Art. 47 EUV, Art. 17 Abs. 1 S. 6 EUV, Art. 335 AEUV.
**EU-Organe** („Organe der Union") sind im primärrechtlichen **EU-Institutionenrahmen** (im „institutionellen Rahmen") gemäß Art. 13 EUV: das **Europäische Parlament** (Art. 14 EUV), der **Europäische Rat** (Art. 14, 15 EUV), der **Rat** (der Europäischen Union) [auch genannt: „EU-Ministerrat"] (Art. 16 EUV), die **Europäische Kommission** („Kommission") (Art. 17 EUV), der **Gerichtshof der Europäischen Union** (EuGH) (Art. 19 EUV, Art. 251-281 AEUV), die **Europäische Zentralbank** (EZB) (Art. 282-284 AEUV), der **Rechnungshof** (Art. 285-287 AEUV).
**EU-Agenturen** sind sekundärrechtlich von den EU-Organen gegründete Einrichtungen mit eigener Rechtspersönlichkeit i.d.R. auch außerhalb des institutionellen EU-Rahmens.
Polizeirelevantere **EU-Agenturen** oder andere sicherheitsrelevantere **EU-Einrichtungen des europäischen öffentlichen Rechts** (ggf. mit folgenden Zusatzangaben: Bezeichnungsvarianten; Abkürzungsvarianten, Sitz, Rechtsgrundlage):
- Agentur der Europäischen Union für Grundrechte/Fundamental Rights Agency (FRA), Wien, Art. 352 AEUV (ex-Art. 308 EGV) i.V.m. VO (EG) Nr. 168/2007
- Agentur der Europäischen Union für justizielle Zusammenarbeit in Strafsachen/European Union's Judicial Cooperation Unit (Eurojust), Den Haag, Art. 85 AEUV i.V.m. VO (EU) 2018/1727 (konsolidierte Fassung vom 21.11.2018)
- Europäische Staatsanwaltschaft (EUStA) / European Public Prosecutor's Office (EPPO), Luxemburg, Art. 86 AEUV i.V.m. VO (EU) 2017/1939
- Agentur der Europäischen Union für die Aus- und Fortbildung auf dem Gebiet der Strafverfolgung/Europäische Polizeiakademie (EPA) / European Union Agency for Law Enforcement Training / Collège Européen de Police (CEPOL), Budapest, Art. 87 AEUV i.V.m. VO (EU) 2015/2219
- Agentur der Europäischen Union für die Zusammenarbeit auf dem Gebiet der Strafverfolgung/European Police Office (Europol), Den Haag, Art. 88 AEUV i.V.m. VO (EU) 2016/794
- Europäische Agentur für das Betriebsmanagement von IT-Großsystemen im Raum der Freiheit, der Sicherheit und des Rechts (kurz: Europäische Agentur für IT-Großsysteme) / European Agency for the Operational Management of large-scale IT Systems in the Area of Freedom, Security and Justice (eu-LISA), Tallinn, Art. 74, 77 Abs. 2a, b, Art.78 Abs. 2 S. 2e, Art. 79 Abs. 2c, Art. 82 Abs. 1d, Art. 85 Abs. 1, Art. 87 Abs. 2a, Art. 88 Abs. 2 i.V.m. VO (EU) 2018/1726
- Europäische Agentur für die Grenz- und Küstenwache / European Border and Cost Guard Agency (EBCG) / Frontex (frontières extérieures), Warschau, Art. 77 Abs. 2b, d, Art. 79 Abs. 2c AEUV i.V.m. VO (EU) 2019/1896
- Europäische Unterstützungsbüro für Asylfragen / European Asylum Support Office (EASO), Valetta Art. 74, 78 Abs. 1, 2 AEUV i.V.m. VO (EU) Nr. 439/2010
- Institut der Europäischen Union für Sicherheitsstudien / EU Institute for Security Studies (EUISS), Paris, Art. 28, 31 Abs. 1 AEUV i.V.m. Beschluss 2014/75/GASP
- Satellitenzentrum der Europäischen Union / European Union Satellite Centre (SATCEN) / (EUSC), Torrejón de Ardoz, Art. 28, 31 Abs. 2 EUV i.V.m. Beschluss 2014/401/GASP (konsolidierte Fassung vom 01.12.2016)
- Agentur für die Bereiche Entwicklung der Verteidigungsfähigkeiten, Forschung, Beschaffung und Rüstung / Europäische Verteidigungsagentur (EVA) / European Defence Agency (EDA), Brüssel, Art. 42, 45 EUV i.V.m. Beschluss (GASP) 2015/1835 (konsolidierte Fassung vom 13.10.2015)
- Europäische Fischereiaufsichtsagentur / European Fisheries Control Agency (EFCA), Vigo, Art. 43 Abs. 2 AEUV i.V.m. VO (EU) 2019/473
- Eisenbahnagentur der Europäischen Union / European Union Agency for Railways (ERA), Valenciennes, Art. 91 Abs. 1 AEUV i.V.m. VO (EU) 2016/796

von grundgesetzlicher **Verfassungsidentität** sowie mit begrenzten Einzelermächtigungen ohne **Kompetenz-Kompetenz**[98] – seine Grundlagen letztlich in völkerrechtlichen

- Europäische Agentur für die Sicherheit des Seeverkehrs / European Maritime Safety Agency (EMSA), Lissabon, Art. 100 AEUV (ex-Art. 80 EGV) i.V.m. VO (EG) Nr. 1406/2002 (konsolidierte Fassung vom 06.10.2016)
- Agentur der Europäischen Union für Flugsicherheit / European Aviation Safety Agency (EASA), Köln, Art. 102 Abs. 2 AEUV i.V.m. VO (EU) 2018/1139 (konsolidierte Fassung vom 22.08.2018)
- Agentur der Europäischen Union für Cybersicherheit / European Union Agency for Cybersecurity (ENISA), Iraklio (Iraklion, Heraklion), Art. 114 AEUV i.V.m. VO (EU) 2019/881
- Europäische Chemikalienagentur / Europäische Agentur für chemische Stoffe / European Chemicals Agency (ECHA), Helsinki, Art. 114 AEUV (ex-Art. 95 EGV) i.V.m. VO (EG) Nr. 1907/2006 (berichtigte Fassung vom 29.05.2007)
- Europäische Behörde für Lebensmittelsicherheit / European Food Safety Authority (EFSA), Parma, Art. 39, 43, 114, 168 AEUV (ex-Art. 37, 95, 133, 152 EGV) i.V.m. VO (EG) Nr. 178/2002 (konsolidierte Fassung vom 26.07.2019)
- Europäische Arzneimittelagentur / European Medicines Agency (EMA), Amsterdam, Art. 114 AEUV (ex-Art. 95 EGV) und Art. 168 AEUV (ex-Art. 152 EGV) i.V.m. VO (EG) Nr. 726/2004 (konsolidierte Fassung vom 30.03.2019)
- Amt der Europäischen Union für geistiges Eigentum / European Union Intellectual Property Office (EUIPO), Alicante, Art. 118 Abs. 1 AEUV i.V.m. VO (EU) 2017/1001
- Europäische Beobachtungsstelle für Drogen und Drogensucht / European Monitoring Centre for Drugs and Drug Addiction (EMCDDA), Lissabon, Art. 168 AEUV (ex-Art. 152 EGV) i.V.m. VO (EG) Nr. 1920/2006 (konsolidierte Fassung vom 23.11.2018) und Art. 168 Abs. 5 AEUV (ex-Art. 152 EGV) i.V.m. VO (EU) 2017/2101
- Europäische Zentrum für die Prävention und die Kontrolle von Krankheiten / European Centre for Disease Prevention and Control (ECDC), Solna, Art. 168 AEUV (ex-Art. 152 EGV) i.V.m. VO (EG) Nr 851/2004
- Agentur für das Europäische GNSS / European Global Navigation Satellite Systems Agency (GNSS), Prag, Art. 172 AEUV i.V.m. VO (EU) Nr. 912/2010, (Änderungs-)VO (EU) Nr. 512/2014 und Art. 152 AEUV i.V.m. VO (EU) Nr. 1285/2013
- Europäische Umweltagentur (EUA) / European Environment Agency (EEA), Kopenhagen, Art. 192 AEUV (ex-Art. 175 EGV) i.V.m. VO (EG) Nr. 401/2009 (kodifizierte Fassung)
- Übersetzungszentrum für die Einrichtungen der Europäischen Union / Translation Centre for the Bodies of the European Union (CdT), Luxemburg, Art. 352 AEUV (ex-Art. 308 EGV) i.V.m. VO (EG) Nr. 1645/2003
- Europäisches Amt für Betrugsbekämpfung / European Anti-fraud Office / Office Européen de Lutte Anti-Fraude (OLAF), Brüssel, Art. 325 AEUV, Art. 106a EuratomV (Vertrag zur Gründung der Europäischen Atomgemeinschaft vom 25.03.1957, Inkrafttreten am 01.01.1958) i.V.m. VO (EU, Euratom) Nr. 883/2013

[97] **EU-Verbund** ist Abgrenzungsbegriff zu: Staat, Bundesstaat, Staatenbund. Die EU ist ein supranationaler (überstaatlicher) Zusammenschluss souveräner Staaten mit teilweise übertragener Souveränität dieser Mitgliedsstaaten, unterscheide „intergouvernementale" Völker(vertrags)rechtsebene der Vertragsstaaten und neue „supranationale" Ebene der EU. Vgl. auch die seit „The Unanimous Declaration of The Thirteen United States of America" vom 04.07.1776 bis heute ausdrücklich existierende Idee: „Vereinigte Staaten von Europa".

[98] **Kompetenz-Kompetenz** heißt die Zuständigkeit zur Zuständigkeitsbegründung- oder -änderung, vgl. dazu Art. 5 EUV.

Verträgen der EU-Mitgliedstaaten findet[99] – mit eigener Rechtsordnung und teilweise vorrangiger und unmittelbarer Wirkung von **EU-Recht**[100] in den EU-Mitgliedstaaten.

---

[99] BVerfGE 123, 267 (Lissabon) = BVerfG, Urteil des Zweiten Senats vom 30.06.2009 – 2 BvE 2/08 –, Ls. 1-4: „1. Das Grundgesetz ermächtigt mit Art. 23 GG zur Beteiligung und Entwicklung einer als **Staatenverbund** konzipierten **Europäischen Union**. Der Begriff des Verbundes erfasst eine enge, auf Dauer angelegte Verbindung souverän bleibender Staaten, die auf vertraglicher Grundlage öffentliche Gewalt ausübt, deren Grundordnung jedoch allein der Verfügung der Mitgliedstaaten unterliegt und in der die Völker - das heißt die **staatsangehörigen Bürger** - der Mitgliedstaaten die **Subjekte demokratischer Legitimation** bleiben. 2. a) Sofern die Mitgliedstaaten das Vertragsrecht so ausgestalten, dass unter grundsätzlicher Fortgeltung des **Prinzips der begrenzten Einzelermächtigung** [Art. 5 Abs. 1, 2 EUV, P. B.] eine Veränderung des Vertragsrechts ohne Ratifikationsverfahren herbeigeführt werden kann, obliegt neben der Bundesregierung den gesetzgebenden Körperschaften eine besondere Verantwortung im Rahmen der Mitwirkung, die in Deutschland innerstaatlich den Anforderungen des Art. 23 Abs. 1 GG genügen muss (**Integrationsverantwortung** [vgl. auch: EUBLG; EUZBBG; IntVG, P. B.]) und gegebenenfalls in einem verfassungsgerichtlichen Verfahren eingefordert werden kann. b) Ein Gesetz im Sinne des Art. 23 Abs. 1 Satz 2 GG ist nicht erforderlich, soweit spezielle Brückenklauseln sich auf Sachbereiche beschränken, die durch den Vertrag von Lissabon bereits hinreichend bestimmt sind. Auch in diesen Fällen obliegt es allerdings dem Bundestag und - soweit die Gesetzgebungsbefugnisse der Länder betroffen sind, dem Bundesrat - seine Integrationsverantwortung in anderer geeigneter Weise wahrzunehmen. 3. Die europäische Vereinigung auf der Grundlage einer Vertragsunion [zur **EU-Vertragsunion** vgl. Art. 1 EUV, Art. 1 AEUV, P. B.] souveräner Staaten darf nicht so verwirklicht werden, dass in den Mitgliedstaaten kein ausreichender Raum zur politischen Gestaltung der wirtschaftlichen, kulturellen und sozialen Lebensverhältnisse mehr bleibt [**demokratiewesentliche Bereiche**, P. B.]. Dies gilt insbesondere für Sachbereiche, die die Lebensumstände der Bürger, vor allem ihren von den Grundrechten geschützten privaten Raum der Eigenverantwortung und der persönlichen und sozialen **Sicherheit** prägen, sowie für solche politischen Entscheidungen, die in besonderer Weise auf kulturelle, historische und sprachliche Vorverständnisse angewiesen sind, und die sich im parteipolitisch und parlamentarisch organisierten Raum einer politischen Öffentlichkeit diskursiv entfalten. 4. Das Bundesverfassungsgericht prüft, ob Rechtsakte der europäischen Organe und Einrichtungen sich unter Wahrung des gemeinschafts- und unionsrechtlichen **Subsidiaritätsprinzips** (Art. 5 Abs. 2 EGV; Art. 5 Abs. 1 Satz 2 und Abs. 3 des Vertrags über die Europäische Union in der Fassung des Vertrags von Lissabon <EUV-Lissabon>) in den Grenzen der ihnen im Wege der **begrenzten Einzelermächtigung** [Art. 5 Abs. 1, 2 EUV, P. B.] eingeräumten Hoheitsrechte halten (vgl. BVerfGE 58, 1 <30 f.>; 75, 223 <235, 242>; 89, 155 <188>: dort zum **ausbrechenden Rechtsakt**). Darüber hinaus prüft das Bundesverfassungsgericht, ob der unantastbare Kerngehalt der **Verfassungsidentität** des Grundgesetzes nach Art. 23 Abs. 1 Satz 3 in Verbindung mit Art. 79 Abs. 3 GG gewahrt ist (vgl. BVerfGE 113, 273 <296>). Die Ausübung dieser verfassungsrechtlich radizierten Prüfungskompetenz folgt dem Grundsatz der **Europarechtsfreundlichkeit** des Grundgesetzes, und sie widerspricht deshalb auch nicht dem **Grundsatz der loyalen Zusammenarbeit** (Art. 4 Abs. 3 EUV-Lissabon [„**Effizienzgebot**"/„**effet utile**", Art. 4 Abs. 3 EUV; Art. 288 AEUV, P. B.]; anders können die von Art. 4 Abs. 2 Satz 1 EUV-Lissabon anerkannten grundlegenden politischen und verfassungsmäßigen Strukturen souveräner Mitgliedstaaten bei fortschreitender Integration [vgl. zur fortschreitenden **EU-Integration** Art. 1 EUV: „Verwirklichung einer immer engeren Union der Völker Europas", P. B.] nicht gewahrt werden. Insoweit gehen die verfassungs- und die unionsrechtliche Gewährleistung der nationalen **Verfassungsidentität** im europäischen Rechtsraum Hand in Hand."; BVerfGE 123, 267, 358 (Lissabon) = BVerfG, Urteil des Zweiten Senats vom 30.06.2009 – 2 BvE 2/08 –, C. I. 3. a) cc), Rn. 249: „Zu wesentlichen Bereichen demokratischer Gestaltung [**demokratiewesentliche Bereiche**] gehören unter anderem die **Staatsbürgerschaft**, das zivile und militärische **Gewaltmonopol**, Einnahmen und Ausgaben einschließlich der Kreditaufnahme sowie die für die Grundrechtsverwirklichung maßgeblichen **Eingriffstatbestände**, vor allem bei intensiven Grundrechtseingriffen wie dem **Freiheitsentzug in der Strafrechtspflege** oder bei **Unterbringungsmaßnahmen**. Zu diesen bedeutsamen Sachbereichen gehören auch kulturelle Fragen wie die Verfügung über die Sprache, die Gestaltung der Familien- und Bildungsverhältnisse, die Ordnung der Meinungs-, Presse- und **Versammlungsfreiheit** oder der Umgang mit dem religiösen oder weltanschaulichen Bekenntnis."; BVerfGE 140, 317, 333-341 (Identitätskontrolle/Solange III/Europäischer Haftbefehl II –

Auslieferung eines USA-Bürgers nach Italien) = BVerfG, Beschluss des Zweiten Senats vom 15.12.2015 – 2 BvR 2735/14, Ls. 1, 2: „1. Das Bundesverfassungsgericht gewährleistet im Wege der **Identitätskontrolle** den gemäß Art. 23 Abs. 1 Satz 3 in Verbindung mit Art. 79 Abs. 3 und Art. 1 Abs. 1 GG unabdingbar gebotenen Grundrechtsschutz uneingeschränkt und im Einzelfall. 2. Die strengen Voraussetzungen für eine Aktivierung der **Identitätskontrolle** schlagen sich in erhöhten Zulässigkeitsanforderungen an entsprechende Verfassungsbeschwerden nieder.", Rn. 35: „Hoheitsakte der Europäischen Union und - soweit sie durch das Unionsrecht determiniert werden - Akte der deutschen öffentlichen Gewalt sind mit Blick auf den **Anwendungsvorrang des Unionsrechts** grundsätzlich nicht am Maßstab der im Grundgesetz verankerten Grundrechte zu messen (1.). Der Anwendungsvorrang findet seine Grenze jedoch in den durch Art. 23 Abs. 1 Satz 3 in Verbindung mit Art. 79 Abs. 3 GG für integrationsfest erklärten Grundsätzen der Verfassung (2.).", im Übrigen C. I., Rn. 35-50, insbesondere Rn. 42-45: „Soweit Maßnahmen eines Organs oder einer sonstigen Stelle der Europäischen Union Auswirkungen zeitigen, die die durch Art. 79 Abs. 3 GG in Verbindung mit den in Art. 1 und 20 GG niedergelegten Grundsätzen geschützte **Verfassungsidentität** berühren, gehen sie über die grundgesetzlichen **Grenzen offener Staatlichkeit** hinaus. Auf einer **primärrechtlichen Ermächtigung** [vgl. EUV, AEUV, P. B.] kann eine derartige Maßnahme nicht beruhen, weil auch der mit der Mehrheit des Art. 23 Abs. 1 Satz 3 GG in Verbindung mit Art. 79 Abs. 2 GG entscheidende **Integrationsgesetzgeber** der Europäischen Union keine Hoheitsrechte übertragen kann, mit deren Inanspruchnahme eine Berührung der von Art. 79 Abs. 3 GG geschützten **Verfassungsidentität** einherginge (vgl. BVerfGE 113, 273 <296>; 123, 267 <348>; 134, 366 <384 Rn. 27>). Auf eine Rechtsfortbildung zunächst verfassungsmäßiger Einzelermächtigungen kann sie ebenfalls nicht gestützt werden, weil das Organ oder die Stelle der Europäischen Union damit **ultra vires** handelte (vgl. BVerfGE 134, 366 <384 Rn. 27>). Im Rahmen der **Identitätskontrolle** ist zu prüfen, ob die durch Art. 79 Abs. 3 GG für unantastbar erklärten Grundsätze durch eine Maßnahme der Europäischen Union berührt werden (vgl. BVerfGE 123, 267 <344, 353 f.>; 126, 286 <302>; 129, 78 <100>; 134, 366 <384 f. Rn. 27>). Diese Prüfung kann - wie der **Solange-Vorbehalt** (vgl. BVerfGE 37, 271 <277 ff.>; 73, 339 <387>; 102, 147 <161 ff.>) oder die **Ultra-vires-Kontrolle** (BVerfGE 58, 1 <30 f.>; 75, 223 <235, 242>; 89, 155 <188>; 123, 267 <353 ff.>; 126, 286 <302 ff.>; 134, 366 <382 ff. Rn. 23 ff.>) - im Ergebnis dazu führen, dass Unionsrecht in Deutschland in eng begrenzten Einzelfällen für unanwendbar erklärt werden muss. Um zu verhindern, dass sich deutsche Behörden und Gerichte ohne weiteres über den Geltungsanspruch des Unionsrechts hinwegsetzen, verlangt die **europarechtsfreundliche Anwendung** von Art. 79 Abs. 3 GG zum Schutz der Funktionsfähigkeit der unionalen Rechtsordnung und bei Beachtung des in Art. 100 Abs. 1 GG zum Ausdruck kommenden Rechtsgedankens aber, dass die Feststellung einer Verletzung der **Verfassungsidentität** dem Bundesverfassungsgericht vorbehalten bleibt (vgl. BVerfGE 123, 267 <354>). Dies wird auch durch die Regelung des Art. 100 Abs. 2 GG unterstrichen, nach der bei Zweifeln, ob eine allgemeine Regel des Völkerrechts Rechte und Pflichten für den Einzelnen erzeugt, das Bundesverfassungsgericht angerufen werden muss (vgl. BVerfGE 37, 271 <285>). Mit der **Identitätskontrolle** kann das Bundesverfassungsgericht auch im Rahmen einer Verfassungsbeschwerde (Art. 93 Abs. 1 Nr. 4a GG) befasst werden (vgl. BVerfGE 123, 267 <354 f.>). Die **Identitätskontrolle** verstößt nicht gegen den **Grundsatz der loyalen Zusammenarbeit** im Sinne von Art. 4 Abs. 3 EUV [„**Effizienzgebot**"/„**effet utile**", Art. 4 Abs. 3 EUV; Art. 288 AEUV, P. B.]. Sie ist vielmehr in Art. 4 Abs. 2 Satz 1 EUV der Sache nach angelegt (vgl. zur Berücksichtigung der nationalen Identität auch EuGH, Urteil vom 2. Juli 1996, Kommission/Luxemburg, C-473/93, Slg. 1996, I-3207, Rn. 35; Urteil vom 14. Oktober 2004, Omega, C-36/02, Slg. 2004, I-9609, Rn. 31 ff.; Urteil vom 12. Juni 2014, Digibet und Albers, C-156/13, EU:C:2014:1756, Rn. 34) und entspricht insoweit auch den besonderen Gegebenheiten der Europäischen Union. Die **Europäische Union** ist ein Staaten-, Verfassungs-, Verwaltungs- und Rechtsprechungsverbund, der seine Grundlagen letztlich in völkerrechtlichen Verträgen der Mitgliedstaaten findet. Als Herren der Verträge entscheiden diese durch nationale Geltungsanordnungen darüber, ob und inwieweit das Unionsrecht im jeweiligen Mitgliedstaat Geltung und Vorrang beanspruchen kann (vgl. BVerfGE 75, 223 <242>; 89, 155 <190>; 123, 267 <348 f., 381 ff.>; 126, 286 <302 f.>; 134, 366 <384 Rn. 26>). Nicht entscheidend ist, ob die Geltungsanordnung - wie in Frankreich (Art. 55 FrzVerf.), Österreich (Bundesverfassungsgesetz über den Beitritt Österreichs zur Europäischen Union, BGBl für die Republik Österreich Nr. 744/1994) oder Spanien (Art. 96 Abs. 1 SpanVerf.) - im nationalen Verfassungsrecht oder - wie in Großbritannien [**EU-Austritt von Vereinigtes Königreich Großbritannien und Nordirland** am

31.01.2020, vgl. Amtsblatt der Europäischen Union, L 029, 31. Januar 2020, P. B.] - im **Zustimmungsgesetz** (European Communities Act 1972; vgl. Court of Appeal, Macarthys v. Smith, <1981> 1 All ER 111 <120>; Macarthys v. Smith, <1979> 3 All ER 325 <329>; House of Lords, Garland v. British Rail Engineering, <1982> 2 All ER 402 <415>) ausdrücklich niedergelegt ist, ob sie - wie in Deutschland - aufgrund einer systematischen, teleologischen und historischen Auslegung dem Zustimmungsgesetz entnommen oder ob die Nachrangigkeit des nationalen Rechts gegenüber dem Unionsrecht - wie in Italien - durch eine einzelfallbezogene Handhabung des nationalen Rechts erreicht wird (vgl. Corte Costituzionale, Entscheidung Nr. 170/1984, Granital, EuGRZ 1985, S. 98). Es bedeutet daher keinen Widerspruch zur **Europarechtsfreundlichkeit** des Grundgesetzes (Präambel, Art. 23 Abs. 1 Satz 1 GG), wenn das Bundesverfassungsgericht unter eng begrenzten Voraussetzungen die Maßnahme eines Organs oder einer Stelle der Europäischen Union für in Deutschland ausnahmsweise nicht anwendbar erklärt (vgl. BVerfGE 37, 271 <280 ff.>; 73, 339 <374 ff.>; 75, 223 <235, 242>; 89, 155 <174 f.>; 102, 147 <162 ff.>; 123, 267 <354, 401>).; BVerfG, Beschluss des Ersten Senats vom 06.11.2019 – 1 BvR 16/13 – (Recht auf Vergessen I), Ls. 1: „1. a) Unionsrechtlich nicht vollständig determiniertes innerstaatliches Recht prüft das Bundesverfassungsgericht primär am Maßstab der Grundrechte des Grundgesetzes, auch wenn das innerstaatliche Recht der Durchführung des Unionsrechts dient. Die primäre Anwendung der Grundrechte des Grundgesetzes stützt sich auf die Annahme, dass das Unionsrecht dort, wo es den Mitgliedstaaten fachrechtliche Gestaltungsspielräume einräumt, regelmäßig nicht auf eine Einheitlichkeit des Grundrechtsschutzes zielt, sondern Grundrechtsvielfalt zulässt. Es greift dann die Vermutung, dass das Schutzniveau der Charta der Grundrechte der Europäischen Union durch die Anwendung der Grundrechte des Grundgesetzes mitgewährleistet ist. c) Eine Ausnahme von der Annahme grundrechtlicher Vielfalt im gestaltungsoffenen Fachrecht oder eine Widerlegung der Vermutung der Mitgewährleistung des Schutzniveaus der Charta sind nur in Betracht zu ziehen, wenn hierfür konkrete und hinreichende Anhaltspunkte vorliegen.“, im Übrigen: C. I., Rn. 42-73; BVerfG, Beschluss des Ersten Senats vom 06.11.2019 – 1 BvR 276/17 – (Recht auf Vergessen II), Ls. 1-3: „1. Soweit die Grundrechte des Grundgesetzes durch den **Anwendungsvorrang des Unionsrechts** verdrängt werden, kontrolliert das Bundesverfassungsgericht dessen Anwendung durch deutsche Stellen am Maßstab der Unionsgrundrechte. Das Gericht nimmt hierdurch seine **Integrationsverantwortung** nach Art. 23 Abs. 1 GG wahr. 2. Bei der Anwendung unionsrechtlich vollständig vereinheitlichter Regelungen sind nach dem Grundsatz des **Anwendungsvorrangs des Unionsrechts** in aller Regel nicht die Grundrechte des Grundgesetzes, sondern allein die Unionsgrundrechte maßgeblich. Der Anwendungsvorrang steht unter anderem unter dem Vorbehalt, dass der Schutz des jeweiligen Grundrechts durch die stattdessen zur Anwendung kommenden Grundrechte der Union hinreichend wirksam ist. 3. Soweit das Bundesverfassungsgericht die **Charta der Grundrechte der Europäischen Union** als Prüfungsmaßstab anlegt, übt es seine Kontrolle in enger Kooperation mit dem Europäischen Gerichtshof aus. Nach Maßgabe des Art. 267 Abs. 3 AEUV legt es dem Gerichtshof vor. [**Vorabentscheidungsverfahren**, P. B.]“; BVerfG, Urteil des Zweiten Senats vom 05.05.2020 – 2 BvR 859/15 – (EZB-Staatsanleihekaufprogramm [Public Sector Purchase Programme – PSPP]), Ls. 1-6a, 10: „1. Stellt sich bei einer **Ultra-vires- oder Identitätskontrolle** die Frage nach der Gültigkeit oder Auslegung einer Maßnahme von Organen, Einrichtungen und sonstigen Stellen der Europäischen Union, so legt das Bundesverfassungsgericht seiner Prüfung grundsätzlich den Inhalt und die Beurteilung zugrunde, die die Maßnahme durch den Gerichtshof der Europäischen Union erhalten hat. 2. Der mit der Funktionszuweisung des Art. 19 Abs. 1 Satz 2 EUV verbundene **Rechtsprechungsauftrag des Gerichtshofs der Europäischen Union** endet dort, wo eine Auslegung der Verträge nicht mehr nachvollziehbar und daher objektiv willkürlich ist. Überschreitet der Gerichtshof diese Grenze, ist sein Handeln vom Mandat des Art. 19 Abs. 1 Satz 2 EUV in Verbindung mit dem Zustimmungsgesetz nicht mehr gedeckt, so dass seiner Entscheidung jedenfalls für Deutschland das gemäß Art. 23 Abs. 1 Satz 2 in Verbindung mit Art. 20 Abs. 1 und Abs. 2 und Art. 79 Abs. 3 GG erforderliche **Mindestmaß an demokratischer Legitimation** fehlt. 3. Bei der Berührung **fundamentaler Belange der Mitgliedstaaten**, wie dies bei der Auslegung der Verbandskompetenz der Europäischen Union und ihres demokratisch legitimierten Integrationsprogramms in der Regel der Fall ist, darf die gerichtliche Kontrolle die behaupteten Absichten der Europäischen Zentralbank nicht unbesehen übernehmen. 4. Die Kombination eines weiten Ermessens des handelnden Organs und einer Begrenzung der gerichtlichen Kontrolldichte durch den Gerichtshof der Europäischen Union trägt dem **Prinzip der begrenzten Einzelermächtigung** offensichtlich nicht hinreichend Rechnung und eröffnet den Weg zu einer kontinuierlichen Erosion **mitgliedstaatlicher Zuständigkeiten**. 5. Die Wahrung der kompetenziellen Grundlagen der Europäischen Union hat entscheidende Bedeutung für die Gewährleistung des **demokratischen Prinzips**. Die Finalität des Integrationsprogramms darf nicht dazu führen, dass das **Prinzip der begrenzten Einzelermächtigung** als eines der **Fundamentalprinzipien der Europäischen Union** faktisch außer Kraft gesetzt wird. 6. a) Der Grundsatz der **Verhältnismäßigkeit** bei der Kompetenzabgrenzung zwischen der Europäischen Union und den Mitgliedstaaten und die damit verbundene wertende Gesamtbetrachtung besitzen ein für das **Demokratieprinzip** und den Grundsatz der **Volkssouveränität** erhebliches Gewicht. Ihre Missachtung ist geeignet, die kompetenziellen Grundlagen der Europäischen Union zu verschieben und das Prinzip der begrenzten Einzelermächtigung zu unterlaufen. [...] 10. Verfassungsorgane, Behörden und Gerichte dürfen weder am Zustandekommen noch an Umsetzung, Vollziehung oder Operationalisierung von **Ultra-vires-Akten** mitwirken. Das gilt grundsätzlich auch für die Bundesbank.“; BVerfG, Urteil des Zweiten Senats vom 05.05.2020 – 2 BvR 859/15 – (EZB-Staatsanleihekaufprogramm [Public Sector Purchase Programme – PSPP]), C. I. 1.-2. (vor 2a), Rn. 98: „Das dem Einzelnen in Art. 38 Abs. 1 Satz 1 GG garantierte **Wahlrecht** zum Deutschen Bundestag erschöpft sich nicht in einer formalen Legitimation der (Bundes-)Staatsgewalt (1.). Der Anspruch der Bürgerinnen und Bürger auf **demokratische Selbstbestimmung** gilt auch in Ansehung der europäischen Integration (2.) und schützt sie [vgl. status positivus, vgl. auch Rn. 114, P. B.] im Anwendungsbereich von Art. 23 Abs. 1 GG vor offensichtlichen und strukturell bedeutsamen Kompetenzüberschreitungen durch Organe, Einrichtungen und sonstige Stellen der Europäischen Union (3.) sowie davor, dass solche Maßnahmen die Grenze der durch Art. 79 Abs. 3 GG für unantastbar erklärten Grundsätze des Art. 1 oder des Art. 20 GG überschreiten (4.).“; BVerfG, Urteil des Zweiten Senats vom 05.05.2020 – 2 BvR 859/15 – (EZB-Staatsanleihekaufprogramm [Public Sector Purchase Programme – PSPP]), C. I. 2., 3., 4., Rn. 102, 105, 110, 111, 114: Rn. 102: „Das Grundgesetz ermächtigt die deutschen Staatsorgane nicht, Hoheitsrechte derart zu übertragen, dass aus ihrer Ausübung heraus eigenständig weitere Zuständigkeiten für die Europäische Union begründet werden können. Es untersagt die Übertragung der **Kompetenz-Kompetenz** (vgl. BVerfGE 89, 155 <187 f., 192, 199>; 123, 267 <349>; vgl. auch BVerfGE 58, 1 <37>; 104, 151 <210>; 132, 195 <238 Rn. 105>; 142, 123 <191 f. Rn. 130>; 146, 216 <250 Rn. 48>). Dynamische Vertragsvorschriften müssen jedenfalls an geeignete Sicherungen zur effektiven Wahrnehmung der den Verfassungsorganen obliegenden Integrationsverantwortung geknüpft werden (vgl. BVerfG, Urteil des Zweiten Senats vom 30. Juli 2019 - 2 BvR 1685/14, 2 BvR 2631/14 -, Rn. 121)“, Rn. 105: „Art. 38 Abs. 1 Satz 1 in Verbindung mit Art. 20 Abs. 1 und Abs. 2 Satz 1 GG gewährt den Wahlberechtigten vor diesem Hintergrund gegenüber Bundesregierung, Bundestag und gegebenenfalls dem Bundesrat einen Anspruch darauf, dass diese über die Einhaltung des Integrationsprogramms durch Organe, Einrichtungen und sonstige Stellen der Europäischen Union wachen, am Zustandekommen und der Umsetzung von Maßnahmen, die die Grenzen des Integrationsprogramms überschreiten, nicht mitwirken und bei offensichtlichen und strukturell bedeutsamen Kompetenzüberschreitungen aktiv auf seine Befolgung und die Beachtung seiner Grenzen hinwirken (a). Dies prüft das Bundesverfassungsgericht im Rahmen der **Ultra-vires-Kontrolle** (b).“, Rn. 110: „Die Voraussetzungen der **Ultra-vires-Kontrolle** durch das Bundesverfassungsgericht sind mittlerweile geklärt (vgl. BVerfGE 126, 286 <302 ff.>; 134, 366 <382 ff. Rn. 22 ff.>; 142, 123 <198 ff. Rn. 143 ff.>; BVerfG, Urteil des Zweiten Senats vom 30. Juli 2019 - 2 BvR 1685/14, 2 BvR 2631/14 -, Rn. 140 ff.). Ersichtlich ist ein Verstoß gegen das **Prinzip der begrenzten Einzelermächtigung** nur dann, wenn die Organe, Einrichtungen und sonstigen Stellen der Europäischen Union die Grenzen ihrer Kompetenzen in einer das Prinzip der begrenzten Einzelermächtigung spezifisch verletzenden Art überschritten haben (Art. 23 Abs. 1 GG), der Kompetenzverstoß mit anderen Worten hinreichend qualifiziert ist. Das setzt voraus, dass das kompetenzwidrige Handeln der Unionsgewalt offensichtlich ist und innerhalb des Kompetenzgefüges zu einer strukturell bedeutsamen Verschiebung zulasten mitgliedstaatlicher Kompetenzen führt. Eine strukturell bedeutsame Verschiebung zulasten mitgliedstaatlicher Kompetenzen liegt vor, wenn die Kompetenzüberschreitung im Hinblick auf das Prinzip der begrenzten Einzelermächtigung und die rechtsstaatliche Gesetzesbindung erheblich ins Gewicht fällt (vgl. BVerfGE 126, 286 <304>). Davon ist auszugehen, wenn die Inanspruchnahme der Kompetenz durch das Organ, die Einrichtung oder sonstige Stelle der Europäischen Union eine Vertragsänderung nach Art. 48 EUV oder die Inanspruchnahme einer Evolutivklausel erforderte (vgl. EuGH, Gutachten 2/94 vom 28. März 1996, EMRK-Beitritt, Slg. 1996, I-1783 <1788 Rn. 30>), für Deutschland also ein Tätigwerden des Gesetzgebers, sei es nach Art. 23 Abs. 1 Satz 2 GG, sei es nach Maßgabe des Integrationsverantwortungsgesetzes [vgl. auch: EUBLG; EUZBBG; IntVG, P. B.] (vgl. BVerfGE 89, 155 <210>; 142, 123 <201 f. Rn. 151>; BVerfG, Urteil des Zweiten Senats vom 30. Juli 2019 - 2 BvR 1685/14, 2 BvR 2631/14 -, Rn. 153).“, Rn. 111: „Die Pflicht des Bundesverfassungsgerichts, substantiierten Rügen eines **Ultra-vires-Handelns** von Organen, Einrichtungen und sonstigen Stellen der Europäischen Union nachzugehen, ist mit der vertraglich dem Gerichtshof übertragenen Aufgabe [**EU-Gerichtshof-Aufgabe**] zu koordinieren, die Verträge auszulegen und anzuwenden und dabei die Einheit und Kohärenz des Unionsrechts zu wahren (vgl. Art. 19 Abs. 1 UAbs. 1 Satz 2 EUV, Art. 267 AEUV).“, Rn. 112: „Die **Ultra-vires-Kontrolle** ist zurückhaltend und europafreundlich durchzuführen. Die Auslegung und Anwendung des Unionsrechts [**Unionsrechts-Auslegung- und -Anwendung**] einschließlich der Bestimmung der dabei anzuwendenden Methode ist zuvörderst Aufgabe des Gerichtshofs, dem es gemäß Art. 19 Abs. 1 Satz 2 EUV obliegt, bei der **Auslegung und Anwendung der Verträge** das Recht zu wahren. Die vom Gerichtshof entwickelten Methoden richterlicher Rechtskonkretisierung beruhen dabei auf den gemeinsamen (Verfassungs-)Rechtstraditionen der Mitgliedstaaten (vgl. auch Art. 6 Abs. 3 EUV, Art. 340 Abs. 2 AEUV), wie sie sich nicht zuletzt in der Rechtsprechung ihrer Verfassungs- und Höchstgerichte sowie des Europäischen Gerichtshofs für Menschenrechte niedergeschlagen haben. Die Handhabung dieser Methoden und Grundsätze kann – und muss – derjenigen durch innerstaatliche Gerichte nicht vollständig entsprechen, sie kann sich über diese aber auch nicht ohne Weiteres hinwegsetzen.“, Rn. 113: „‚Offensichtlich‘ kann die **Kompetenzüberschreitung** auch dann sein, wenn ihre Annahme das Ergebnis einer sorgfältigen und detailliert begründeten Auslegung ist (vgl. BVerfGE 82, 316 <319 f.>; 89, 243 <250>; 89, 291 <300>; 95, 1 <14 f.>; 103, 332 <358 ff.>; 142, 123 <201 Rn. 150>). Insoweit gelten im Rahmen der **Ultra-vires-Kontrolle** die allgemeinen Grundsätze (vgl. BVerfG, Urteil des Zweiten Senats vom 30. Juli 2019 - 2 BvR 1685/14, 2 BvR 2631/14 -, Rn. 152). Überschreitet der Gerichtshof diese Grenze, ist sein Handeln vom Mandat des Art. 19 Abs. 1 Satz 2 EUV in Verbindung mit dem Zustimmungsgesetz nicht mehr gedeckt, sodass seiner Entscheidung jedenfalls für Deutschland das gemäß Art. 23 Abs. 1 Satz 2 in Verbindung mit Art. 20 Abs. 1 und Abs. 2 und Art. 79 Abs. 3 GG erforderliche Mindestmaß an demokratischer Legitimation fehlt (vgl. BVerfGE 142, 123 <201 Rn. 149>; BVerfG, Urteil des Zweiten Senats vom 30. Juli 2019 - 2 BvR 1685/14, 2 BvR 2631/14 -, Rn. 151).“, Rn. 115: „Soweit Maßnahmen von Organen, Einrichtungen oder sonstigen Stellen der Europäischen Union Auswirkungen zeitigen, die mit den Grundsätzen der Art. 1 und Art. 20 GG die **Verfassungsidentität** des Grundgesetzes berühren, gehen sie über die durch die Verfassung gezogenen **Grenzen offener Staatlichkeit** hinaus (vgl. BVerfGE 113, 273 <296>; 123, 267 <348>; 134, 366 <384 Rn. 27>; 142, 123 <195 Rn. 137>). Das betrifft die Wahrung des Menschenwürdekerns der Grundrechte gemäß Art. 1 GG (vgl. BVerfGE 140, 317 <341 Rn. 48>) ebenso wie die Grundsätze, die das Demokratie-, Rechts-, Sozial- und Bundesstaatsprinzip im Sinne des Art. 20 GG prägen. Mit Blick auf das **Demokratieprinzip** gemäß Art. 20 Abs. 1 und Abs. 2 GG ist unter anderem sicherzustellen, dass dem Deutschen Bundestag eigene Aufgaben und Befugnisse von substantiellem politischem Gewicht verbleiben (vgl. BVerfGE 89, 155 <182>; 123, 267 <330, 356>; 142, 123 <195 Rn. 138>) und dass er in der Lage bleibt, seine haushaltspolitische Gesamtverantwortung wahrzunehmen (vgl. BVerfGE 123, 267 <359>; 129, 124 <177>; 131, 152 <205 f.>; 132, 195 <239 Rn. 106>; 135, 317 <399 f. Rn. 161>; 142, 123 <195 Rn. 138>; vgl. auch BVerfGE 146, 216 <261 Rn. 68>; BVerfG, Urteil des Zweiten Senats vom 30. Juli 2019 - 2 BvR 1685/14, 2 BvR 2631/14 -, Rn. 123).“.

[100] **EU-Recht/Unionsrecht** bezeichnet gemäß Beschluss (EU) 2020/135 des Rates vom 30.01.2020 über den Abschluss des Abkommens über den Austritt des Vereinigten Königreichs Großbritannien und Nordirland aus der Europäischen Union und der Europäischen Atomgemeinschaft i.V.m. Art. 2a Abkommen über den Austritt des Vereinigten Königreichs Großbritannien und Nordirland aus der Europäischen Union und der Europäischen Atomgemeinschaft vom 31.01.2020:

- den Vertrag über die Europäische Union („EUV“), den Vertrag über die Arbeitsweise der Europäischen Union („AEUV“) und den Vertrag zur Gründung der Europäischen Atomgemeinschaft („Euratom-Vertrag“) in ihrer geänderten oder ergänzten Fassung sowie die Beitrittsverträge [einschließlich EUV- und -AEUV-Protokolle- und -Anhänge als Verträge-Bestandteil gemäß Art. 51 EUV] und die Charta der Grundrechte der Europäischen Union (EU-GR-Charta), zusammen „Verträge“ genannt;

- **Bundesrepublik Deutschland** (BRD) / **Deutschland** ist Staat des deutschen Volks auf bestimmtem Ländergebiet (BRD als staatsrechtliche und völkerrechtliche Personal- und Gebietskörperschaft mit Mitgliedschaft schwerpunktmäßig qua Volkszugehörigkeit oder Gebietszugehörigkeit, vgl. insbesondere Präambel GG, Art. 1 Abs. 2 GG, Art. 20 GG, Art. 116 GG, Art. 146 GG, §§ 1, 3, 17 StAG; als zweigliedriger **Bundesstaat**[101], eben durch

---

- die allgemeinen Grundsätze des Rechts der Union;
- die von den Organen, Einrichtungen oder sonstigen Stellen der Union erlassenen Rechtsakte;
- die internationalen Übereinkünfte, deren Vertragspartei die Union ist, und die internationalen Übereinkünfte, die von den Mitgliedstaaten im Namen der Union geschlossen wurden;
- die Vereinbarungen zwischen Mitgliedstaaten, die diese in ihrer Eigenschaft als Mitgliedstaaten der Union geschlossen haben;
- Rechtsakte der im Europäischen Rat oder im Rat der Europäischen Union („Rat") vereinigten Vertreter der Regierungen der Mitgliedstaaten;
- die Erklärungen, die im Rahmen der Regierungskonferenzen abgegeben wurden, auf denen die Verträge angenommen wurden.

**EU-Besitzstand/EU-Acquis/Acquis communautaire** ist die Gesamtheit des gültigen, grundsätzlich für alle EU-Mitgliedstaaten verbindlichen EU-Rechts.

**EU-Primärrecht** sind „die Verträge" EUV, AEUV (vgl. Art. 1 EUV, Art. 1 AEUV) einschließlich EUV- und -AEUV-Protokolle- und -Anhänge als Verträge-Bestandteil gemäß Art. 51 EUV; die EU-GR-Charta in Verbindung mit den Verträgen (vgl. Art. 6 Abs. 1 EUV: „Die Union erkennt die Rechte, Freiheiten und Grundsätze an, die in der Charta der Grundrechte der Europäischen Union vom 7. Dezember 2000 in der am 12. Dezember 2007 in Straßburg angepassten Fassung niedergelegt sind; die Charta der Grundrechte und die Verträge sind rechtlich gleichrangig.").

**EU-Sekundärrecht** sind insbesondere: EU-Rechtsakte (vgl. Art. 288-292 AEUV), EuGH-Entscheidungen (Art. 19 EUV, Art. 251-281 AEUV), EU-Abkommen oder EU-Verträge mit anderen Rechtsträgern (z.B. Drittstaaten oder internationale Organisationen).

**EU-Rechtsakte** sind solche i.S.d. Art. 288-292 AEUV. **EU-Rechtsaktgeltungen und EU-Rechtsaktwirkungen** sind solche gemäß Art. 288 AEUV i.V.m. mit EuGH-Rechtsprechung und BVerfG-Rechtsprechung. Zum **EuGH** (Gerichtshof der Europäischen Union) vgl. Art. 13, 19 EUV und im AEUV: Sechster Teil (Institutionelle Bestimmungen und Finanzvorschriften) Titel I (Vorschriften über die Organe) Kapitel 1 (Die Organe) Abschnitt 5 (Der **Gerichtshof der Europäischen Union**): Art. 251-281 AEUV.

**EU-Recht-Zugang** über: https://eur-lex.europa.eu/homepage.html .

[101] BVerfGE 13, 54, 77-79 (Neugliederung Hessen) – BVerfG, Urteil des Zweiten Senats vom 11.07.1961 - 2 BvG 2/58 -, B. I. 1. e), Rn. 60-64, Rn. 62 f.: „Die **bundesstaatliche Verfassung** umschließt mehrere Rechtskreise: den Verfassungsrechtskreis zwischen den Organen des Gesamtstaates, den Rechtskreis zwischen Gesamtstaat und Gliedstaaten, den Rechtskreis zwischen den Gliedstaaten. Der Verfassungsrechtskreis ist der Schauplatz der Organstreitigkeiten innerhalb des Bundes, aber dieser **Bund** ist kein Zentral-‚Staat' im Unterschied zu einem Gesamt-‚Staat', sondern nur die oberstaatliche Organisation, die zugleich im Verhältnis zu den Gliedstaaten den **Bundesstaat** repräsentiert. Die Rechtskreise zwischen Gesamtstaat und Gliedstaaten und zwischen den Gliedstaaten werden durch das Bündnis der Gliedstaaten geschaffen, daß der Bundesstaat begrifflich voraussetzt. Zwischen dem so geschaffenen **Oberstaat** und den Gliedstaaten kann aber nicht ein weiteres Bündnis bestehen, aus dem ein sogenannter Gesamtstaat hervorgehen würde. Wenn das Grundgesetz vom Bund im Gegensatz zu den Ländern spricht und insbesondere Bund und Länder als mögliche Parteien eines Verfassungsstreites vor dem Bundesverfassungsgericht bezeichnet, dann versteht es unter **Bund** den Oberstaat, der durch die Verbindung der Länder zu einem Bundesstaat bewirkt wird. Dieser Oberstaat ist den Ländern prinzipiell übergeordnet (vgl. BVerfGE 1, 14 [51]); nur in den Bereichen, die die Bundesverfassung nicht geordnet hat, besteht Gleichordnung.".

zwei hauptsächliche Gliederungsebenen, nämlich denen von Bund und [Bundes-]Ländern[102]).[103]

---

BVerfGE 139, 321, 352 f. (Zeugen Jehovas Bremen) = BVerfG, Beschluss des Zweiten Senats vom 30.06.2015 – 2 BvR 1282/11 –, C. III. 1. a) aa), bb), Rn. 97-101: „Die **Länder** sind als Glieder des Bundes Staaten mit eigener – wenn auch gegenständlich beschränkter – Hoheitsmacht (stRspr seit BVerfGE 1, 14 [34]). […] Nach dem für die **bundesstaatliche Ordnung** grundlegenden Verfassungsrechtssatz des Art. 30 GG ist die **Ausübung der staatlichen Befugnisse und die Erfüllung der staatlichen Aufgaben** Sache der Länder, soweit das Grundgesetz keine andere Regelung trifft oder zulässt (vgl. BVerfGE 12, 205 <244>; 108, 169 <179>). Ein Land ist bei Ausübung seiner **Verwaltungshoheit** grundsätzlich auf sein eigenes Staatsgebiet beschränkt (vgl. BVerfGE 11, 6 <19>; BVerwGE 115, 373 <384>; Isensee, in: Isensee/P. Kirchhof, Handbuch des Staatsrechts, Band VI, 3. Aufl. 2008, § 126 Rn. 35). Für den **Vollzug von Landesgesetzen** gilt eine Einschränkung dieses Grundsatzes dann, wenn er - etwa durch Staatsvertrag - abbedungen oder die Ausübung der Verwaltungshoheit die Hoheitsgewalt anderer Länder nicht beeinträchtigt (vgl. BVerwGE 79, 339 <341 f.>). Soweit Bundesgesetze im Sinne des Art. 83 GG vollzogen werden [**Bundesgesetzvollziehungen**, P. B.], werden diese von den Ländern als **eigene Angelegenheit** ausgeführt; in diesem Bereich spricht eine **Vermutung für die Landeszuständigkeit** (vgl. BVerfGE 11, 6 <15>; 108, 169 <179>). Die Länder sind deshalb grundsätzlich berechtigt und verpflichtet, zur Ausführung von Bundesgesetzen in eigener Verantwortung verwaltend tätig zu werden (vgl. BVerfGE 37, 363 <384 f.>; 55, 274 <318 f.>; 108, 169 <179>). Der im Vollzug eines Bundesgesetzes ergangene Verwaltungsakt eines Landes beansprucht grundsätzlich im ganzen Bundesgebiet Geltung (vgl. BVerfGE 11, 6 <19>). Unabhängig davon, ob die Länder Landes- oder Bundesrecht vollziehen, unterliegen sie der aus dem **Bundesstaatsprinzip** des Art. 20 Abs. 1 GG folgenden **Pflicht zu bundesfreundlichem Verhalten** (vgl. BVerfGE 12, 205 <255>; 13, 54 <75>; 21, 312 <326>; 42, 103 <117>; 81, 310 <337>). Diese Pflicht verlangt, dass sowohl der Bund als auch die Länder bei der Wahrnehmung ihrer Kompetenzen die gebotene und ihnen zumutbare Rücksicht auf das Gesamtinteresse des Bundesstaates und auf die Belange der Länder nehmen (vgl. BVerfGE 32, 199 <218>; 43, 291 <348>; 81, 310 <337>; 104, 249 <269 f.>).“.

[102] **Bund- und Land-/Länder-Verhältnis** ergibt sich insbesondere aus: Art. 22 Abs. 1 S. 2 GG, Art. 23, 24 GG, Art. 25 GG, Art. 28 GG, Art. 29 GG, Art. 30 GG, Art. 31 GG, Art. 32 GG, Art. 33 Abs. 1 GG, Art. 35-37 GG, Art. 70-91e GG, Art. 104a-115 GG, Art. 118, 118a GG.

[103] Vgl. die sog. **Drei-Elemente-Lehre** von *Jellinek*, Allgemeine Staatslehre, S. 183, 433.

Vgl. BVerfGE 83, 37 (Ausländerwahlrecht I) = BVerfG, Urteil des Zweiten Senats vom 31.10.1990 – 2 BvF 2, 6/89 –, Ls. 2-5; BVerfGE 83, 37, 51 (Ausländerwahlrecht I) = BVerfG, Urteil des Zweiten Senats vom 31.10.1990 – 2 BvF 2, 6/89 –, Rn. 54.

Vgl. auch BVerfG, Beschluss des Zweiten Senats vom 14.01.2020 – 2 BvR 1333/17 –, Rn. 87: „**Staat** als Heimstatt aller **Staatsbürger**“.

Vgl. auch Art. 116 GG (**Deutscher / Statusdeutscher / Staatsangehörigkeit**), §§ 1, 3, 17 StAG (**Staatsangehörigkeit**), vgl. auch § 2 Abs. 1 AufenthG („**Ausländer**“), § 3b Abs. 1 Nr. 3 AsylG („**Nationalität**“), § 28 BeschV („**Deutsche Volkszugehörige**“), § 6 BVFG („**Volkszugehörigkeit**“).

Vgl. Art. 9 S. 2, 3 EUV, Art. 20 Abs. 1 S. 2, 3 AEUV (**Unionsbürger**); Art. 9 S. 1 EUV („Die Union achtet in ihrem gesamten Handeln den **Grundsatz der Gleichheit ihrer Bürgerinnen und Bürger**, denen ein gleiches Maß an Aufmerksamkeit seitens der Organe, Einrichtungen und sonstigen Stellen der Union zuteil wird.“); Titel III (Art. 20-26) EU-GR-Charta („Gleichheit“), insbesondere auch: Art. 20, 21, 23, 25, 26, 34, 35 EU-GR-Charta; Art. 21 EU-GR-Charta (allgemeines **EU-Diskriminierungsverbot**); Art. 18 AEUV i.V.m. Art. 21 EU-GR-Charta (**EU-Staatsangehörigkeits-Diskriminierungsverbot**: Verbot der Diskriminierung aus Gründen der Staatsangehörigkeit im Anwendungsbereich der EU-Verträge unbeschadet besonderer Bestimmungen).

Vgl. § 21 Abs. 1 GO NRW: „**Einwohner** ist, wer in der Gemeinde wohnt. § 21 Abs. 2 GO NRW: „**Bürger** ist, wer zu den Gemeindewahlen wahlberechtigt ist.“.

Vgl. Art. 38 GG; Art. 2, 3, 30, 31 Verfassung NRW; Titel V (Art. 39-46) EU-GR-Charta (**Bürgerrechte**); Art. 20 Abs. 2b und Art. 22 Abs. 2 AEUV i.V.m. Art. 39 EU-GR-Charta (Aktives und passives **Wahlrecht** bei den Wahlen zum Europäischen Parlament): „Unionsbürgerinnen und Unionsbürger“; Art. 20 Abs. 2b und Art. 22 Abs. 1 AEUV i.V.m. Art. 40 EU-GR-Charta (Aktives und passives **Wahlrecht** bei den Kommunalwahlen): „Unionsbürgerinnen und Unionsbürger“, § 12 BWahlG (**Wahlberechtigung**), § 15 BWahlG (**Wählbarkeit**), § 1 Landeswahlgesetz NRW (**Wahlberechtigung**), § 4 Landeswahlgesetz NRW (**Wählbarkeit**), § 7 Kommunalwahlgesetz NRW (**Wahlberechtigung**), § 12 Kommunalwahlgesetz NRW (**Wählbarkeit**).

BVerfG, Urteil des Zweiten Senats vom 05.05.2020 – 2 BvR 859/15 – (EZB-Staatsanleihekaufprogramm [Public Sector Purchase Programme – PSPP]), C. I. 1.-2 (vor 2a), Rn. 98-101: „Das dem Einzelnen in Art. 38 Abs. 1 Satz 1 GG garantierte **Wahlrecht** zum Deutschen Bundestag erschöpft sich nicht in einer formalen Legitimation der (Bundes-)Staatsgewalt (1.). Der Anspruch der Bürgerinnen und Bürger auf **demokratische Selbstbestimmung** gilt auch in Ansehung der europäischen Integration (2.) und schützt sie [vgl. status positivus, vgl. auch Rn. 114, P. B.] im Anwendungsbereich von Art. 23 Abs. 1 GG vor offensichtlichen und strukturell bedeutsamen Kompetenzüberschreitungen durch Organe, Einrichtungen und sonstige Stellen der Europäischen Union (3.) sowie davor, dass solche Maßnahmen die Grenze der durch Art. 79 Abs. 3 GG für unantastbar erklärten Grundsätze des Art. 1 oder des Art. 20 GG überschreiten (4.). Das dem Einzelnen in Art. 38 Abs. 1 Satz 1 GG garantierte Wahlrecht zum Deutschen Bundestag erschöpft sich nach gefestigter Rechtsprechung des Bundesverfassungsgerichts nicht in einer formalen Legitimation der (Bundes-)Staatsgewalt, sondern umfasst auch dessen grundlegenden demokratischen Gehalt (vgl. BVerfGE 89, 155 <171>; 97, 350 <368>; 123, 267 <330>; 129, 124 <168>; 134, 366 <396 Rn. 51>; 142, 123 <189 Rn. 123>; 146, 216 <249 Rn. 45>; BVerfG, Urteil des Zweiten Senats vom 30. Juli 2019 - 2 BvR 1685/14, 2 BvR 2631/14 -, Rn. 115; vgl. auch BVerfGE 135, 317 <386 Rn. 125>). Dazu gehören namentlich der in Art. 20 Abs. 2 Satz 1 GG verankerte Grundsatz der **Volkssouveränität** und der damit zusammenhängende Anspruch der Bürgerinnen und Bürger, nur einer öffentlichen Gewalt ausgesetzt zu sein, die sie auch legitimieren und beeinflussen können (vgl. BVerfGE 142, 123 <189 Rn. 123>; BVerfG, Urteil des Zweiten Senats vom 30. Juli 2019 - 2 BvR 1685/14, 2 BvR 2631/14 -, Rn. 115). Jede in Deutschland ausgeübte öffentliche Gewalt muss danach auf die Bürgerinnen und Bürger zurückführbar sein [**Staatsgewalt-Legitimationskette**, P. B.] (vgl. BVerfGE 83, 37 <50 f.>; 93, 37 <66>; 130, 76 <123>; 137, 185 <232 Rn. 131>; 139, 194 <224 Rn. 106>; 142, 123 <191 Rn. 128>; BVerfG, Urteil des Zweiten Senats vom 30. Juli 2019 - 2 BvR 1685/14, 2 BvR 2631/14 -, Rn. 117). Dies schließt es aus, dass diese einer politischen Gewalt unterworfen werden, der sie nicht ausweichen können und die sie nicht prinzipiell personell und sachlich zu gleichem Anteil in Freiheit zu bestimmen vermögen (vgl. BVerfGE 123, 267 <341>; 142, 123 <191 Rn. 128>; BVerfG, Urteil des Zweiten Senats vom 30. Juli 2019 - 2 BvR 1685/14, 2 BvR 2631/14 -, Rn. 117). Art. 38 Abs. 1 Satz 1 GG gewährt dagegen keinen Anspruch auf eine über die Sicherung des durch Art. 20 Abs. 1 und Abs. 2 in Verbindung mit Art. 79 Abs. 3 in Verbindung mit Art. 1 Abs. 1 GG geschützten Anspruchs auf **demokratische Selbstbestimmung** hinausgehende Rechtmäßigkeitskontrolle demokratischer Mehrheitsentscheidungen. Er dient nicht der inhaltlichen Kontrolle demokratischer Prozesse, sondern ist auf deren Ermöglichung gerichtet (vgl. BVerfGE 129, 124 <168>; 134, 366 <396 f. Rn. 52>; 142, 123 <190 Rn. 126>; BVerfG, Urteil des Zweiten Senats vom 30. Juli 2019 - 2 BvR 1685/14, 2 BvR 2631/14 -, Rn. 118). Der in Art. 38 Abs. 1 Satz 1 in Verbindung mit Art. 20 Abs. 1 und Abs. 2 und Art. 79 Abs. 3 GG verankerte Anspruch auf **demokratische Selbstbestimmung** gilt ausweislich von Art. 23 Abs. 1 Satz 1 und Satz 3 GG grundsätzlich auch in Ansehung der europäischen Integration.“.

- **(Bundes-)Land** ist staatsrechtliche[104], und völkerrechtliche[105] Gebietskörperschaft mit Eigenstaatlichkeit[106] einschließlich der Gemeinden und anderer kommunaler Verwaltungsträger[107].
- **Völkerrechtliche internationale Organisationen des öffentlichen Rechts**, z.B. die Vereinten Nationen (VN/UN/UNO), vgl. UN-Charta/VN-Charta.[108]

Weitere Beispiele für mögliche **Körperschaften des öffentlichen Rechts** (KdöR) sind:

- **Bundesunmittelbare Körperschaften des öffentlichen Rechts**[109];
- **Landesunmittelbare Körperschaften des öffentlichen Rechts**[110];

---

[104] Vgl. insbesondere Art. 28, 29, 30, 33 Abs. 1 GG, Art. 1 Abs. 1 Verfassung NRW.

[105] Vgl. insbesondere Art. 23 Abs. 2, Abs. 5-7 GG, Art. 24 Abs. 1a, Art. 32 GG.

[106] BVerfGE 1, 14, 34 (Südweststaat) = BVerfG, Urteil des Zweiten Senats vom 23.10.1951 - 2 BvG 1/51 - D. 4., Rn. 83: „Die Länder sind als Glieder des Bundes Staaten mit eigener – wenn auch gegenständlich beschränkter – nicht vom Bund abgeleiteter, sondern von ihm anerkannter staatlicher Hoheitsmacht.“; BVerfGE 101, 158, 221 f. (Finanzausgleich III) = BVerfG, Urteil des Zweiten Senats vom 11.11.1999 – 2 BvF 2, 3/98, 1, 2/99 - C. I. 2. c), Rn. 291 f.; BVerfGE 139, 321, 352 f. (Zeugen Jehovas Bremen) = BVerfG, Beschluss des Zweiten Senats vom 30.06.2015 – 2 BvR 1282/11 –, C. III. 1. a) aa), bb), Rn. 97-101: „Die **Länder** sind als Glieder des Bundes Staaten mit eigener – wenn auch gegenständlich beschränkter – Hoheitsmacht (stRspr seit BVerfGE 1, 14 [34]). […] Nach dem für die **bundesstaatliche Ordnung** grundlegenden Verfassungsrechtssatz des Art. 30 GG ist die **Ausübung der staatlichen Befugnisse und die Erfüllung der staatlichen Aufgaben** Sache der Länder, soweit das Grundgesetz keine andere Regelung trifft oder zulässt (vgl. BVerfGE 12, 205 <244>; 108, 169 <179>). Ein Land ist bei Ausübung seiner **Verwaltungshoheit** grundsätzlich auf sein eigenes Staatsgebiet beschränkt (vgl. BVerfGE 11, 6 <19>; BVerwGE 115, 373 <384>; Isensee, in: Isensee/P. Kirchhof, Handbuch des Staatsrechts, Band VI, 3. Aufl. 2008, § 126 Rn. 35). Für den **Vollzug von Landesgesetzen** gilt eine Einschränkung dieses Grundsatzes dann, wenn er - etwa durch Staatsvertrag - abbedungen oder die Ausübung der Verwaltungshoheit die Hoheitsgewalt anderer Länder nicht beeinträchtigt (vgl. BVerwGE 79, 339 <341 f.>). Soweit Bundesgesetze im Sinne des Art. 83 GG vollzogen werden [**Bundesgesetzvollziehungen**, P. B.], werden diese von den Ländern als **eigene Angelegenheit** ausgeführt; in diesem Bereich spricht eine **Vermutung für die Landeszuständigkeit** (vgl. BVerfGE 11, 6 <15>; 108, 169 <179>). Die Länder sind deshalb grundsätzlich berechtigt und verpflichtet, zur Ausführung von Bundesgesetzen in eigener Verantwortung verwaltend tätig zu werden (vgl. BVerfGE 37, 363 <384 f.>; 55, 274 <318 f.>; 108, 169 <179>). Der im Vollzug eines Bundesgesetzes ergangene Verwaltungsakt eines Landes beansprucht grundsätzlich im ganzen Bundesgebiet Geltung (vgl. BVerfGE 11, 6 <19>). Unabhängig davon, ob die Länder Landes- oder Bundesrecht vollziehen, unterliegen sie der aus dem **Bundesstaatsprinzip** des Art. 20 Abs. 1 GG folgenden **Pflicht zu bundesfreundlichem Verhalten** (vgl. BVerfGE 12, 205 <255>; 13, 54 <75>; 21, 312 <326>; 42, 103 <117>; 81, 310 <337>). Diese Pflicht verlangt, dass sowohl der Bund als auch die Länder bei der Wahrnehmung ihrer Kompetenzen die gebotene und ihnen zumutbare Rücksicht auf das Gesamtinteresse des Bundesstaates und auf die Belange der Länder nehmen (vgl. BVerfGE 32, 199 <218>; 43, 291 <348>; 81, 310 <337>; 104, 249 <269 f.>).“.

[107] Vgl. Art 1 Abs. 1 S. 1, 2 Verfassung NRW: „**Nordrhein-Westfalen** ist ein Gliedstaat der Bundesrepublik Deutschland. Das Land gliedert sich in Gemeinden und Gemeindeverbände.“. Vgl. auch Gemeindeordnungen wie die GO NRW, vgl. §§ 1, 2 GO NRW.

[108] BGBl. 1973 II S. 430 f.; BGBl. 1974 II S. 769 f. (Art. 61); BGBl. 1980 II S. 1252 (Art. 40).

[109] **Bundesagentur für Arbeit** (BA), vgl. §§ 367, 393 SGB III.

[110] **Hochschulen**, vgl. § 2 HG NRW; höhere **Kommunalverbände** wie: Landschaftsverband Rheinland (LVR) für den rheinischen Landesteil NRW (Sitz: Köln), Landschaftsverband (LVR) Westfalen-Lippe für den westfälisch-lippischen Landesteil NRW (Sitz: Münster), vgl. §§ 1, 2 LVerbO NRW.

- **Kollegialkörperschaften des öffentlichen Rechts** (Mitgliedschaft schwerpunktmäßig qua Berufung/Wahl in Kollegium)[111];
- **Personalkörperschaften des öffentlichen Rechts** (Mitgliedschaft schwerpunktmäßig qua Personenmerkmalszugehörigkeit)[112];
- **Realkörperschaften des öffentlichen Rechts** (Mitgliedschaft schwerpunktmäßig qua Eigentum oder Besitz)[113];
- **Staatskirchenrechtliche Körperschaften des öffentlichen Rechts** (Mitgliedschaft schwerpunktmäßig qua besonderer Vereinbarung bezüglich des Verhältnisses von Staat und Kirche)[114];

---

[111] **Bundestag**, vgl. Art. 38-48, 53a GG, GO BT; **Bundesrat**, vgl. Art. 50-53, 53a GG, GO BR; **Landtag**, vgl. Art. 30-50 Verf NRW, GO LT NRW.

[112] **Berufsgenossenschaft**; **Industrie- und Handelskammer** (IHK); **Krankenkasse**.

[113] **Jagdgenossenschaft**, vgl. § 7 LJG NRW zu § 9 BJagdG, und Rahmensatzung für die Jagdgenossenschaften nach dem LJG NRW.

[114] **Religionsgemeinschaften** und sonstige **Weltanschauungsgemeinschaften**, vgl. Art. 140 GG, vgl. KöStG NRW.

BVerfGE 139, 321, 349-352 (Zeugen Jehovas Bremen) = BVerfG, Beschluss des Zweiten Senats vom 30.06.2015 – 2 BvR 1282/11 –, C. II. 2.-4., Rn. 91-95: „In diesem Kontext ist der den **Religionsgemeinschaften** in Art. 140 GG in Verbindung mit Art. 137 Abs. 5 Satz 2 WRV eröffnete Zugang zum Status einer **Körperschaft des öffentlichen Rechts** ein Mittel zur Entfaltung der Religionsfreiheit. Der Status einer Körperschaft des öffentlichen Rechts soll die Eigenständigkeit und Unabhängigkeit der Religionsgemeinschaft unterstützen. Im religiös-weltanschaulich neutralen Staat des Grundgesetzes unterscheiden sich die **korporierten Religionsgemeinschaften** gleichwohl grundlegend von den **Körperschaften des öffentlichen Rechts im verwaltungs- und staatsorganisationsrechtlichen Sinne** (vgl. BVerfGE 102, 370 <387 f.>). Die aus Art. 140 GG in Verbindung mit Art. 136 Abs. 1 und 4, Art. 137 Abs. 1 WRV, Art. 4 Abs. 1 und 2, Art. 3 Abs. 3 Satz 1 und Art. 33 Abs. 2 GG folgende Pflicht des Staates zur **weltanschaulich-religiösen Neutralität** ist eine Grundlage moderner, freiheitlicher Staatlichkeit. In einem Staat, in dem Anhänger unterschiedlicher religiöser und weltanschaulicher Überzeugungen zusammenleben, kann die friedliche **Koexistenz** nur gelingen, wenn der Staat selbst in Glaubens- und Weltanschauungsfragen Neutralität bewahrt (vgl. BVerfG, Beschluss des Zweiten Senats vom 22. Oktober 2014 - 2 BvR 661/12 -, juris, Rn. 86, zur Veröffentlichung in der amtlichen Sammlung vorgesehen; vgl. auch BVerfGE 93, 1 <16 f.>; 102, 370 <393 f.>; 105, 279 <294>). Deshalb nehmen **Religionsgemeinschaften** auch dann, wenn sie als **Körperschaften des öffentlichen Rechts** organisiert sind, grundsätzlich keine Staatsaufgaben wahr; sie sind nicht in die Staatsorganisation eingebunden und unterliegen keiner staatlichen Aufsicht (vgl. BVerfGE 18, 385 <386>; 19, 1 <5>; 30, 415 <428>; 42, 312 <332>; 66, 1 <19 f.>; 102, 370 <388>). Ungeachtet dessen geht der Begriff der öffentlich-rechtlichen Körperschaft in seiner Funktion als ‚Mantelbegriff' (BVerfGE 83, 341 <357>) über den Status einer leeren Form hinaus, weil er den **korporierten Religionsgemeinschaften** eine besondere Rechtsstellung vermittelt, die sie von **privatrechtlich verfassten Religionsgemeinschaften** abhebt: Insbesondere werden mit dem **Körperschaftsstatus** hoheitliche Befugnisse übertragen, die die Religionsgemeinschaft gegenüber ihren Mitgliedern - wie etwa beim Besteuerungsrecht, der Rechtssetzungsautonomie und der Dienstherrenfähigkeit - oder gegenüber Dritten - wie bei der Widmungsbefugnis - ausüben kann. Diese Vergünstigungen sollen es der Religionsgemeinschaft erleichtern, ihre Organisation und ihr Wirken nach den Grundsätzen ihres Selbstverständnisses zu gestalten und die hierfür erforderlichen Ressourcen, etwa in Form finanzieller Mittel, zu erlangen (BVerfGE 102, 370 <388>). Diese **Privilegierung der Religionsgemeinschaften** macht deutlich, dass die **Pflicht zur staatlichen Neutralität in weltanschaulich-religiösen Fragen** nicht im Sinne eines Gebots kritischer Distanz gegenüber der Religion zu verstehen ist und auch mit religiöser und weltanschaulicher Indifferenz nicht gleichgesetzt werden darf. Das **Verhältnis zwischen Kirchen und Staat** ist vielmehr gekennzeichnet durch wechselseitige Zugewandtheit und Kooperation (vgl. BVerfGE 42, 312 <330>); es ist weniger im Sinne einer strikten Trennung, sondern eher im Sinne einer Zuordnung und Zusammenarbeit von Staat und Kirchen auf der Basis grundrechtlicher Freiheit zu verstehen (BVerfG, Beschluss des

- **Verbandskörperschaften des öffentlichen Rechts** (Mitgliedschaft schwerpunktmäßig qua Zweckerreichung durch juristische Person)[115].

**Anstalt des öffentlichen Rechts** (AdöR) ist eine verselbstständigte, in der Regel nicht mitgliedschaftlich organisierte rechtsfähige Verwaltungseinheit, die zur dauerhaften Wahrnehmung von Aufgaben im öffentlichen Interesse errichtet ist[116] – in der Regel durch oder aufgrund Gesetzes[117], Satzung, Benutzungsordnung, vertreten durch Organe, mit Bestand personeller und sächlicher Mittel[118], mit Benutzern, ohne Mitglieder, vorbehaltlich spezielleren Vorschriften[119] und unabhängig vom Namen „Anstalt".[120]

**Rechtsfähige Stiftungen des öffentlichen Rechts** sind auf Grund öffentlichen Rechts errichtete oder anerkannte Verwaltungseinheiten, die mit einem Kapital- oder Sachbestand Aufgaben der öffentlichen Verwaltung dauerhaft wahrnehmen[121] – in der Regel durch oder aufgrund

---

Zweiten Senats vom 22. Oktober 2014 - 2 BvR 661/12 -, juris, Rn. 87, zur Veröffentlichung in der amtlichen Sammlung vorgesehen [= BVerfGE 137, 273-345, P. B.]). Die mit dem Status einer Körperschaft des öffentlichen Rechts verbundenen Vergünstigungen erhöhen allerdings die Gefahr eines Missbrauchs der Einflussmöglichkeiten der Religionsgemeinschaft zum Nachteil der Religionsfreiheit ihrer Mitglieder oder zum Nachteil anderer Verfassungsgüter. Deshalb muss eine Religionsgemeinschaft, die Körperschaft des öffentlichen Rechts werden will, rechtstreu sein. Insbesondere muss die antragstellende Religionsgemeinschaft die Gewähr dafür bieten, dass ihr künftiges Verhalten die in Art. 79 Abs. 3 GG umschriebenen fundamentalen Verfassungsprinzipien, die dem staatlichen Schutz anvertrauten Grundrechte Dritter sowie die Grundprinzipien des freiheitlichen Religions- und Staatskirchenrechts des Grundgesetzes nicht gefährdet (vgl. BVerfGE 102, 370 <388, 390 f., 392 ff.>). Ob die antragstellende Religionsgemeinschaft die **Gewähr der Rechtstreue** bietet, richtet sich nicht nach ihrem Glauben, sondern nach ihrem Verhalten (vgl. BVerfGE 102, 370 <394>). Die **Pflicht zur weltanschaulichen Neutralität**, die bei jeder Auseinandersetzung staatlicher Stellen mit Zielen und Aktivitäten einer Kirche oder Religionsgemeinschaft zu wahren ist, verwehrt es dem Staat, Glauben und Lehre einer Kirche oder Religionsgemeinschaft als solche zu bewerten (vgl. BVerfGE 33, 23 <29>; 102, 370 <394>; 105, 279 <294>; 108, 282 <300>; BVerfG, Beschluss des Zweiten Senats vom 22. Oktober 2014 - 2 BvR 661/12 -, juris, Rn. 88 f., zur Veröffentlichung in der amtlichen Sammlung vorgesehen [= BVerfGE 137, 273-345, P. B.]). Die Regelung genuin religiöser oder weltanschaulicher Fragen, die parteiergreifende Einmischung in die Überzeugungen, Handlungen und die Darstellung Einzelner oder religiöser und weltanschaulicher Gemeinschaften sind dem Staat mangels Einsicht und geeigneter Kriterien untersagt (vgl. BVerfGE 12, 1 <4>; 41, 65 <84>; 72, 278 <294>; 74, 244 <255>; 93, 1 <16>; 102, 370 <394>; 108, 279 <300>). Dies schließt jedoch nicht aus, dass Glaube und Lehre, soweit sie sich nach außen manifestieren, Rückschlüsse auf das von der Religionsgemeinschaft zu erwartende Verhalten zulassen; das ist eine Frage des Einzelfalls (vgl. BVerfGE 102, 370 <394>).".

[115] Beispiel für Verbandskörperschaften des öffentlichen Rechts: **Kammern** als berufliche Vertretungen für Heilberufe (in NRW für 5 Heilberufe, unter anderem 2 Landesärztekammern Rheinland und Westfalen-Lippe), vgl. § 1 HeilBerG NRW; Gemeindeverband; Rechtsanwaltskammer.

[116] Vgl. § 10 Abs. 2 LOG M-V.

[117] Vgl. § 21 i.V.m. § 18 LOG NRW.

[118] *Mayer*, Deutsches Verwaltungsrecht, II. Band, S. 268.

[119] Vgl. insbesondere die Landesorganisationsgesetze (LOG).

[120] Beispiele für **vollrechtsfähige Anstalt des öffentlichen Rechts**: ARD-Landesrundfunkanstalt, ZDF, Sparkasse.

Beispiele für teilrechtsfähige AdöR: Deutscher Wetterdienst.

Beispiele für **nichtsrechtsfähige Anstalten des öffentlichen Rechts** (AdöR), die wegen Nichtrechtsfähigkeit definitiv keine juristischen Personen und keine Verwaltungsträger sind: Bundesanstalt für Straßenwesen (BASt) Bundeszentrale für Politische Bildung (bpb), Justizvollzugsanstalt (JVA), Physikalisch-Technische Bundesanstalt (PTB), Schule (vgl. „Bildungsanstalt"), Technisches Hilfswerk (THW).

[121] Vgl. § 10 Abs. 3 LOG M-V

Gesetzes[122], Satzung, vertreten durch Organe, vorbehaltlich speziellerer Vorschriften[123] und unabhängig vom Namen „Stiftung".

**Einrichtungen des Bundes oder eines Landes**, insbesondere Archive, Ausbildungsstätten, Forschungsanstalten und zentrale Forschungseinrichtungen, Institute, Kuranstalten, Schulen, Untersuchungsanstalten, und sonstige nichtrechtsfähige öffentliche Anstalten, die einen eigenen Bestand an Personal und sachlichen Mitteln haben, werden – vorbehaltlich der besonderen hierfür geltenden Vorschriften – von den obersten Landesbehörden im Rahmen ihres Geschäftsbereichs errichtet, wobei die obersten Landesbehörden ihre Dienst- oder Fachaufsicht auf nachgeordnete Behörden übertragen können und die einzelnen Einrichtungen sich in der Regel aus dem Haushaltsplan ergeben müssen, vgl. z.B. § 14 LOG NRW, §§ 1, 2, 4 POG NRW, § 2 FHGöD NRW.

**Bundesbetriebe oder Landesbetriebe**: rechtlich unselbständige, organisatorisch abgesonderte Teile der Landesverwaltung, deren Tätigkeit erwerbswirtschaftlich oder zumindest auf Kostendeckung ausgerichtet ist, vgl. § 14a LOG NRW.[124]

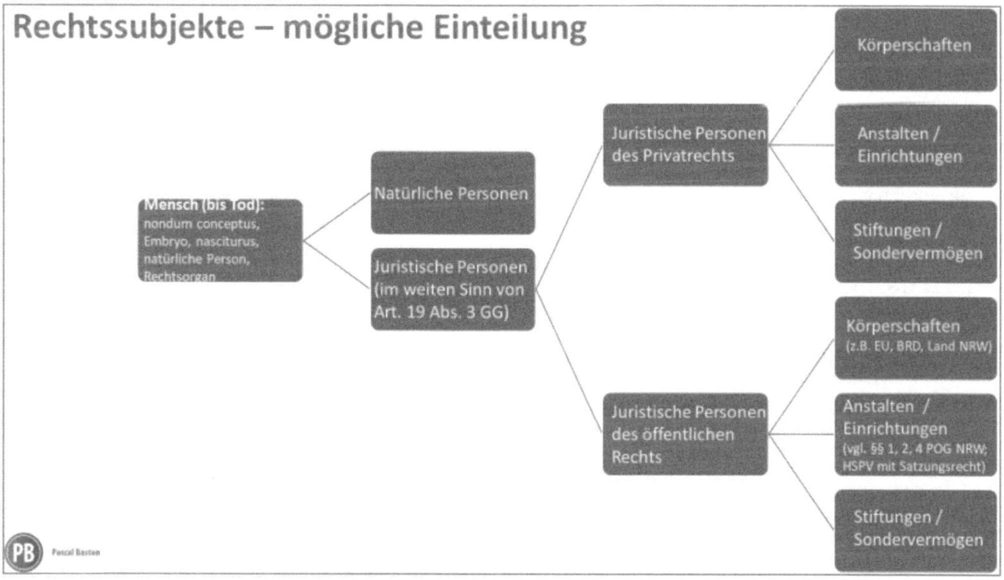


[122] Vgl. § 21 i.V.m. § 18 LOG NRW,

[123] Vgl. insbesondere die Landesorganisationsgesetze (LOG),

[124] Beispiel für **Landesbetrieb**: Bau- und Liegenschaftsbetrieb Nordrhein-Westfalen (BLB NRW) durch und aufgrund BLBG NRW als landeseigener Immobiliendienstleister in der Rechtsform „Teilrechtsfähiges Sondervermögen des Landes NRW" mit Dienstaufsicht und Fachaufsicht durch das Ministerium für Finanzen NRW und mit Betätigung auch für den Bund im Rahmen von Organleihe.

# Unterabschnitt 3: Subjektive Grundrechte im deutschen Rechtsstaat

**Subjektive Rechte des Grundgesetzes** sind insbesondere: Grundrechte und grundrechtsgleiche Rechte.

**Grundrecht** ist grundlegendes subjektives öffentliches Recht im GG der BRD.[125]

Grundrecht ist im GG grundlegendes (Freiheits- oder Gleichheits- oder Teilhabe-)Recht verfassungsabhängig alternativ

- jedes Menschen („**Menschenrecht**“ oder „**Jedermann-Grundrecht**“)
- eines deutschen Staatsangehörigen bzw. eines Staatsbürgers (Staatenbürgers) („**Deutschengrundrecht**“/„**Bürgergrundrecht**“)[126]

---

[125] Grundrechte sind grundlegende Rechte insbesondere in I. (Abschnitt) GG=Art. 1-19 GG (vgl. insbesondere Art. 1-17 GG), vgl. Art. 19 Abs. 4 GG, Art. 20 Abs. 4 GG, Art. 33 GG, Art. 38 GG, Art. 101 GG, Art. 103 GG, Art. 104 GG, Art. 93 Abs. 1 Nr. 4a GG.

[126] Vgl. zur in Art. 9 S. 2, 3 EUV, Art. 20 Abs. 1 S. 2, 3 AEUV ausdrücklich erwähnten nationalen **Staatsangehörigkeit** (Art. 116 GG, §§ 1, 3, 17 StAG) und zur in Art. 9 S. 2, 3 EUV, Art. 20 Abs. 1 AEUV ausdrücklich erwähnten Unionsbürgerschaft die Begriffe **Deutschengrundrecht / Bürgergrundrecht** bzw. Deutschenrecht und Bürgerrecht.

Art. 8 GG: „Alle Deutschen“, Art. 9 Abs. 1 GG: „Alle Deutschen“, Art. 11 Abs. 1 GG: „Alle Deutschen“, Art. 12 Abs. 1 GG: „Alle Deutschen“, Art. 16 Abs. 1 GG: „deutsche Staatsangehörigkeit“, Art. 16 Abs. 2 GG: „Deutscher“.

Art. 21 EU-GR-Charta (allgemeines **EU-Diskriminierungsverbot**); Art. 18 AEUV i.V.m. Art. 21 EU-GR-Charta (**EU-Staatsangehörigkeits-Diskriminierungsverbot**: Verbot der Diskriminierung aus Gründen der Staatsangehörigkeit im Anwendungsbereich der EU-Verträge unbeschadet besonderer Bestimmungen).

Titel V (Art. 39-46) EU-GR-Charta (**Bürgerrechte**); Art. 20 Abs. 2b und Art. 22 Abs. 2 AEUV i.V.m. Art. 39 EU-GR-Charta (Aktives und passives **Wahlrecht** bei den Wahlen zum Europäischen Parlament): „**Unionsbürgerinnen und Unionsbürger**“; Art. 20 Abs. 2b und Art. 22 Abs. 1 AEUV i.V.m. Art. 40 EU-GR-Charta (Aktives und passives **Wahlrecht** bei den Kommunalwahlen): „Unionsbürgerinnen und Unionsbürger“, Art. 41 EU-GR-Charta (Recht auf eine gute Verwaltung): „Jede Person“, Art. 42 EU-GR-Charta (Recht auf Zugang zu Dokumenten): „Unionsbürgerinnen und Unionsbürger“, Art. 43 EU-GR-Charta (Der Europäische Bürgerbeauftragte): „Unionsbürgerinnen und Unionsbürger“, Art. 20 Abs. 2d AEUV i.V.m. Art. 44 EU-GR-Charta (**Petitionsrecht**): „Unionsbürgerinnen und Unionsbürger“, Art. 20 Abs. 2a und Art. 21 AEUV i.V.m. Art. 6, 45 EU-GR-Charta (**Bewegungsfreiheit, Freizügigkeit, Aufenthaltsfreiheit**): „Unionsbürgerinnen und Unionsbürger“, Art. 20 Abs. 2c und Art. 23 AEUV i.V.m. Art. 46 EU-GR-Charta (**Diplomatischer und konsularischer Schutz**): „Unionsbürgerinnen und Unionsbürger“.

Vgl. BVerfGE 83, 37, Ls. 2-5 und 51 (**Ausländerwahlrecht** I) = BVerfG, Urteil des Zweiten Senats vom 31.10.1990 – 2 BvF 2, 6/89 –, Ls. 2-5 und C. I. 2., Rn. 53-55.

Vgl. auch BVerfG, Beschluss des Zweiten Senats vom 14.01.2020 – 2 BvR 1333/17 –, Rn. 87: „**Staat** als Heimstatt aller **Staatsbürger**“.

Vgl. auch Art. 116 GG (**Deutscher / Statusdeutscher / Staatsangehörigkeit**), §§ 1, 3, 17 StAG (**Staatsangehörigkeit**), vgl. auch § 2 Abs. 1 AufenthG („**Ausländer**“), § 3b Abs. 1 Nr. 3 AsylG („**Nationalität**“), § 28 BeschV („**Deutsche Volkszugehörige**“), § 6 BVFG („**Volkszugehörigkeit**“).

Vgl. Art. 9 S. 2, 3 EUV, Art. 20 Abs. 1 S. 2, 3 AEUV (**Unionsbürger**); Art. 9 S. 1 EUV („Die Union achtet in ihrem gesamten Handeln den **Grundsatz der Gleichheit ihrer Bürgerinnen und Bürger**, denen

- einer juristischen Person im Sinne des Art. 19 Abs. 3 GG
- im (durch, mit, für den) Staat
- gegenüber dem Staat/Staatsorganen oder mittelbar oder unmittelbar (vgl. Art. 1 Abs. 3 GG) gegenüber anderen Rechtssubjekten, also insbesondere Menschen, natürlichen Personen, juristischen Personen („Dritten“ = sogenannte **„mittelbare Dritt-Wirkung der Grundrechte“**, zum Beispiel über Auslegung privatrechtlicher Vorschriften[127]; oder: sogenannte **„unmittelbare Dritt-Wirkung der Grundrechte“**[128]).

**Menschenrecht**, vgl. Art. 1 Abs. 2 GG, ist – je nach weiterer oder engerer Auffassung –:

- grundlegendes subjektives öffentliches Recht für jeden Menschen unabhängig von weiteren Merkmalen außer dem Menschsein und unabhängig von einer Setzung durch **positives Recht** (geschriebenes Gesetzesrecht, Gewohnheitsrecht, Richterrecht)[129];

---

ein gleiches Maß an Aufmerksamkeit seitens der Organe, Einrichtungen und sonstigen Stellen der Union zuteil wird.“); Titel III (Art. 20-26) EU-GR-Charta („Gleichheit“), insbesondere auch: Art. 20, 21, 23, 25, 26, 34, 35 EU-GR-Charta; Art. 21 EU-GR-Charta (allgemeines **EU-Diskriminierungsverbot**); Art. 18 AEUV i.V.m. Art. 21 EU-GR-Charta (**EU-Staatsangehörigkeits-Diskriminierungsverbot**: Verbot der Diskriminierung aus Gründen der Staatsangehörigkeit im Anwendungsbereich der EU-Verträge unbeschadet besonderer Bestimmungen).

Vgl. § 21 Abs. 1 GO NRW: „**Einwohner** ist, wer in der Gemeinde wohnt. § 21 Abs. 2 GO NRW: „**Bürger** ist, wer zu den Gemeindewahlen wahlberechtigt ist.“.

Vgl. Art. 38 GG; Art. 2, 3, 30, 31 Verfassung NRW; Titel V (Art. 39-46) EU-GR-Charta (**Bürgerrechte**); Art. 20 Abs. 2b und Art. 22 Abs. 2 AEUV i.V.m. Art. 39 EU-GR-Charta (Aktives und passives **Wahlrecht** bei den Wahlen zum Europäischen Parlament): „**Unionsbürgerinnen und Unionsbürger**“; Art. 20 Abs. 2b und Art. 22 Abs. 1 AEUV i.V.m. Art. 40 EU-GR-Charta (Aktives und passives **Wahlrecht** bei den Kommunalwahlen), „Unionsbürgerinnen und Unionsbürger“, § 12 BWahlG (**Wahlberechtigung**), § 15 BWahlG (**Wählbarkeit**), § 1 Landeswahlgesetz NRW (**Wahlberechtigung**), § 4 Landeswahlgesetz NRW (**Wählbarkeit**), § 7 Kommunalwahlgesetz NRW (**Wahlberechtigung**), § 12 Kommunalwahlgesetz NRW (**Wählbarkeit**).

[127] BVerfGE 7, 198 (Lüth) = BVerfG, Beschluss des Ersten Senats vom 15.01.1958 – 1 BvR 400/51 –, Ls. 2„Im bürgerlichen Recht entfaltet sich der Rechtsgehalt der Grundrechte mittelbar durch die privat rechtlichen Vorschriften. Er ergreift vor allem Bestimmungen zwingenden Charakters und ist für den Richter besonders realisierbar durch die Generalklauseln.“ [Beispiele für **Generalklauseln im BGB**: § 138 BGB, § 157 BGB, § 242 BGB, § 826 BGB]; BVerfGE 148, 267 (Stadionverbot) = BVerfG, Beschluss des Ersten Senats vom 11.04.2018 – 1 BvR 3080/09.

[128] **Unmittelbare Grundrechts-Drittwirkung**: Art. 9 Abs. 3 S. 2 GG, Art. 20 Abs. 4 GG, Art. 38 Abs. 1 S. 1 i.V.m. Art. 48 Abs. 2 GG.

[129] Vgl. Art. 1 Abs. 3 GG, wonach in der BRD alle Menschenrechte durch die Grundrechte als unmittelbar geltendes Recht ausgestaltet sind (Menschenrechtsverwirklichung durch Grundrechte).

- o Recht für prinzipiell jeden Menschen unabhängig von seiner Nationalität oder Staatsangehörigkeit (Menschenrechte als Gegenstück zu **Deutschenrechten** oder **Bürgerrechten**[130])[131];

---

[130] Vgl. zur in Art. 9 S. 2, 3 EUV, Art. 20 Abs. 1 S. 2, 3 AEUV ausdrücklich erwähnten nationalen **Staatsangehörigkeit** (Art. 116 GG, §§ 1, 3, 17 StAG) und zur in Art. 9 S. 2, 3 EUV, Art. 20 Abs. 1 AEUV ausdrücklich erwähnten Unionsbürgerschaft die Begriffe **Deutschengrundrecht** / **Bürgergrundrecht** bzw. Deutschenrecht und Bürgerrecht.

Art. 8 GG: „Alle Deutschen", Art. 9 Abs. 1 GG: „Alle Deutschen", Art. 11 Abs. 1 GG: „Alle Deutschen", Art. 12 Abs. 1 GG: „Alle Deutschen", Art. 16 Abs. 1 GG: „deutsche Staatsangehörigkeit", Art. 16 Abs. 2 GG: „Deutscher".

Art. 21 EU-GR-Charta (allgemeines **EU-Diskriminierungsverbot**); Art. 18 AEUV i.V.m. Art. 21 EU-GR-Charta (**EU-Staatsangehörigkeits-Diskriminierungsverbot**: Verbot der Diskriminierung aus Gründen der Staatsangehörigkeit im Anwendungsbereich der EU-Verträge unbeschadet besonderer Bestimmungen).

Titel V (Art. 39-46) EU-GR-Charta (**Bürgerrechte**); Art. 20 Abs. 2b und Art. 22 Abs. 2 AEUV i.V.m. Art. 39 EU-GR-Charta (Aktives und passives **Wahlrecht** bei den Wahlen zum Europäischen Parlament): „Unionsbürgerinnen und Unionsbürger"; Art. 20 Abs. 2b und Art. 22 Abs. 1 AEUV i.V.m. Art. 40 EU-GR-Charta (Aktives und passives **Wahlrecht** bei den Kommunalwahlen): „Unionsbürgerinnen und Unionsbürger", Art. 41 EU-GR-Charta (Recht auf eine gute Verwaltung): „Jede Person", Art. 42 EU-GR-Charta (Recht auf Zugang zu Dokumenten): „Unionsbürgerinnen und Unionsbürger", Art. 43 EU-GR-Charta (Der Europäische Bürgerbeauftragte): „Unionsbürgerinnen und Unionsbürger", Art. 20 Abs. 2d AEUV i.V.m. Art. 44 EU-GR-Charta (**Petitionsrecht**): „Unionsbürgerinnen und Unionsbürger", Art. 20 Abs. 2a und Art. 21 AEUV i.V.m. Art. 6, 45 EU-GR-Charta (**Bewegungsfreiheit, Freizügigkeit, Aufenthaltsfreiheit**): „Unionsbürgerinnen und Unionsbürger", Art. 20 Abs. 2c und Art. 23 AEUV i.V.m. Art. 46 EU-GR-Charta (**Diplomatischer und konsularischer Schutz**): „Unionsbürgerinnen und Unionsbürger".

Vgl. BVerfGE 83, 37, Ls. 2-5 und 51 (**Ausländerwahlrecht** I) = BVerfG, Urteil des Zweiten Senats vom 31.10.1990 – 2 BvF 2, 6/89 –, Ls. 2-5 und C. I. 2., Rn. 53-55.

Vgl. auch BVerfG, Beschluss des Zweiten Senats vom 14.01.2020 – 2 BvR 1333/17 –, Rn. 87: „**Staat** als Heimstatt aller **Staatsbürger**".

Vgl. auch Art. 116 GG (**Deutscher / Statusdeutscher / Staatsangehörigkeit**), §§ 1, 3, 17 StAG (**Staatsangehörigkeit**), vgl. auch § 2 Abs. 1 AufenthG („**Ausländer**"), § 3b Abs. 1 Nr. 3 AsylG („**Nationalität**"), § 28 BeschV („**Deutsche Volkszugehörige**"), § 6 BVFG („**Volkszugehörigkeit**").

Vgl. Art. 9 S. 2, 3 EUV, Art. 20 Abs. 1 S. 2, 3 AEUV (**Unionsbürger**); Art. 9 S. 1 EUV („Die Union achtet in ihrem gesamten Handeln den **Grundsatz der Gleichheit ihrer Bürgerinnen und Bürger**, denen ein gleiches Maß an Aufmerksamkeit seitens der Organe, Einrichtungen und sonstigen Stellen der Union zuteil wird."); Titel III (Art. 20-26) EU-GR-Charta („Gleichheit"), insbesondere auch: Art. 20, 21, 23, 25, 26, 34, 35 EU-GR-Charta; Art. 21 EU-GR-Charta (allgemeines **EU-Diskriminierungsverbot**); Art. 18 AEUV i.V.m. Art. 21 EU-GR-Charta (**EU-Staatsangehörigkeits-Diskriminierungsverbot**: Verbot der Diskriminierung aus Gründen der Staatsangehörigkeit im Anwendungsbereich der EU-Verträge unbeschadet besonderer Bestimmungen).

Vgl. § 21 Abs. 1 GO NRW: „**Einwohner** ist, wer in der Gemeinde wohnt. § 21 Abs. 2 GO NRW: „**Bürger** ist, wer zu den Gemeindewahlen wahlberechtigt ist.".

Vgl. Art. 38 GG; Art. 2, 3, 30, 31 Verfassung NRW; Titel V (Art. 39-46) EU-GR-Charta (**Bürgerrechte**); Art. 20 Abs. 2b und Art. 22 Abs. 2 AEUV i.V.m. Art. 39 EU-GR-Charta (Aktives und passives **Wahlrecht** bei den Wahlen zum Europäischen Parlament): „Unionsbürgerinnen und Unionsbürger"; Art. 20 Abs. 2b und Art. 22 Abs. 1 AEUV i.V.m. Art. 40 EU-GR-Charta (Aktives und passives **Wahlrecht** bei den Kommunalwahlen): „Unionsbürgerinnen und Unionsbürger", § 12 BWahlG (**Wahlberechtigung**), § 15 BWahlG (**Wählbarkeit**), § 1 Landeswahlgesetz NRW (**Wahlberechtigung**), § 4 Landeswahlgesetz NRW (**Wählbarkeit**), § 7 Kommunalwahlgesetz NRW (**Wahlberechtigung**), § 12 Kommunalwahlgesetz NRW (**Wählbarkeit**).

- Recht für prinzipiell jeden Menschen unabhängig von seinem – grundsätzlich rechtlich veränderbaren – Status (etwa Altersstatus, Geschlechtsstatus, sonstiger Sozialstatus) in der Rechtsgemeinschaft[132].

**Materielles Grundrecht** ist grundlegendes subjektives öffentliches Recht wie eines aus Art. 1-19 GG (vgl. insbesondere Art. 1-17 GG), vgl. Überschrift I. (Abschnitt) GG, Art. 1 Abs. 3 GG.

**Grundrechtsgleiches Recht** ist grundlegendes subjektives öffentliches Recht wie eines aus Art. 19 Abs. 4 GG, Art. 20 Abs. 4 GG, Art. 33 GG, Art. 38 GG, Art. 101 GG, Art. 103 GG, Art. 104 GG, vgl. I. Abschnitt GG, Art. 93 Abs. 1 Nr. 4a GG.

**Formelles Grundrecht/Justizielles Grundrecht/Prozessuales Grundrecht/Justizgrundrecht/Prozessgrundrecht** ist grundlegendes subjektives öffentliches Recht wie eines aus Art. 19 Abs. 4 GG[133], Art 101 GG, Art. 103 GG, Art. 104 GG, vgl. I. Abschnitt GG, Art. 93 Abs. 1 Nr. 4a GG.

---

[131] Vgl. „Menschen" in Art. 1 Abs. 1 S. 1 GG, Art. 3 Abs. 1 GG; „Männer und Frauen" in Art. 3 Abs. 2 GG; „Männer" in Art. 12a Abs. 1 GG; „Niemand" in Art. 3 Abs. 3 GG, Art. 4 Abs. 3 GG, Art. 12 Abs. 2 GG; „Jeder" in Art. 2 Abs. 1 GG, Art. 2 Abs. 2 S. 1 GG, Art. 5 Abs. 1 S. 1 GG; „Jedermann" in Art. 9 Abs. 3 GG, Art. 17 GG; „Ehe und Familie", „Mutter", „Kinder" in Art. 6 GG; „Eltern" in Art. 6 Abs. 2; Art. 7 Abs. 4 GG; „Erziehungsberechtigten" in Art. 6 Abs. 3 GG, Art. 7 Abs. 2, Abs. 5 GG; „Lehrer" in Art. 7 Abs. 3 S. 3 GG; „Politisch Verfolgte" in Art. 16a GG; „Angehörige der Streitkräfte und des Ersatzdienstes" in Art 17a GG; subjektunabhängige Wortlaute in Art. 4 Abs. 1, 2 GG, Art. 5 Abs. 1 S. 2, Abs. 3 GG, Art. 7 Abs. 1 GG, Art. 10 GG, Art. 13 GG, Art. 14 GG.

[132] Vgl. „Menschen" in Art. 1 Abs. 1 S. 1 GG, Art. 3 Abs. 1 GG; „Männer und Frauen" in Art. 3 Abs. 2 GG; „Männer" in Art. 12a Abs. 1 GG; „Niemand" in Art. 3 Abs. 3 GG, Art. 4 Abs. 3 GG, Art. 12 Abs. 2 GG; „Jeder" in Art. 2 Abs. 1 GG, Art. 2 Abs. 2 S. 1 GG, Art. 5 Abs. 1 S. 1 GG; „Jedermann" in Art. 9 Abs. 3 GG (Vereinigungsbildungsfreiheit zur Wahrung und Förderung der Arbeits- und Wirtschaftsbedingungen), Art. 17 GG (**Petitionsrecht**); „Ehe und Familie", „Mutter", „Kinder" in Art. 6 GG; „Eltern" in Art. 6 Abs. 2; Art. 7 Abs. 4 GG; „Erziehungsberechtigten" in Art. 6 Abs. 3 GG, Art. 7 Abs. 2, Abs. 5 GG; „Lehrer" in Art. 7 Abs. 3 S. 3 GG; „Politisch Verfolgte" in Art. 16a GG; „Angehörige der Streitkräfte und des Ersatzdienstes" in Art 17a GG; subjektunabhängige Wortlaute in Art. 4 Abs. 1, 2 GG, Art. 5 Abs. 1 S. 2, Abs. 3 GG, Art. 7 Abs. 1 GG, Art. 10 GG, Art. 13 GG, Art. 14 GG.

[133] Vgl. Art. 142 GG i.V.m. Art. 4 Abs. 1 Verfassung NRW und Art. 74 Abs. 1 S. 1 Verfassung NRW; Art. 47 EU-GR-Charta; Art. 6 EMRK; Art. 2 Abs. 3 IPbpR.

**Deutschen**-Status[134]/**Deutschen**-Eigenschaft[135]/**Deutsch**-Sein[136]/**Deutsche Staatsangehörigkeit**[137]/**Inländer**-Status ergibt sich insbesondere aus Art. 116 GG, §§ 1, 3, 17 StAG, § 2 Abs. 1 AufenthG, vgl. auch § 3b Abs. 1 Nr. 3 AsylG.

- **Einwohner**-Eigenschaft/Einwohner-Sein und **Bürger**-Eigenschaft/Bürger-Sein ergibt sich aus Rechtsvorschriften wie § 21 GO NRW.

**Nichtdeutschen**-Status/**Nichtdeutschen**-Eigenschaft/**Nichtdeutscher**-Sein/**Ausländische Staatsangehörigkeit**/**Ausländer**-Eigenschaft/**Ausländer**-Sein/**Ausländer**-Status/**Drittstaatsangehörigkeit**[138] ergibt sich insbesondere aus Art. 116 GG, §§ 1, 3, 17 StAG, § 2 Abs. 1 AufenthG, vgl. auch § 3b Abs. 1 Nr. 3 AsylG.[139]

**Grundrechtsfolge bezüglich Nichtdeutschem und Deutschengrundrecht**, also eines Nichtdeutschen bei einem persönlich auf „Deutsche"/„Deutschen" beschränkten sachlichen Grundrechtsbereich ist in der Regel:

---

[134] Unterscheide: **Deutschen-Status** und **Status-Deutsche**.

Vgl. BVerfGE 83, 37, Ls. 3a) (Ausländerwahlrecht I) = BVerfG, Urteil des Zweiten Senats vom 31.10.1990 – 2 BvF 2, 6/89 –, Ls. 3a): „Das **Staatsvolk**, von dem die Staatsgewalt in der Bundesrepublik Deutschland ausgeht, wird nach dem Grundgesetz von den **Deutschen**, also den **deutschen Staatsangehörigen** und den ihnen nach Art. 116 Abs. 1 gleichgestellten Personen, gebildet."

Vgl. BVerfGE 83, 37, 51 (Ausländerwahlrecht I) = BVerfG, Urteil des Zweiten Senats vom 31.10.1990 – 2 BvF 2, 6/89 –, Rn. 55: „Art. 116 GG, der die Eigenschaft als Deutscher auf die sogenannten **Statusdeutschen** erstreckt".

[135] Zur **Deutschen-Eigenschaft**:

BVerfGE 83, 37, Ls. 3b) (Ausländerwahlrecht I) = BVerfG, Urteil des Zweiten Senats vom 31.10.1990 – 2 BvF 2, 6/89 –, Ls. 3b): „Damit wird für das Wahlrecht, durch dessen Ausübung das Volk in erster Linie die ihm zukommende Staatsgewalt wahrnimmt, nach der Konzeption des Grundgesetzes die Eigenschaft als Deutscher vorausgesetzt.".

BVerfGE 83, 37, 51 (Ausländerwahlrecht I) = BVerfG, Urteil des Zweiten Senats vom 31.10.1990 – 2 BvF 2, 6/89 –, Rn. 55: „Art. 116 GG, der die Eigenschaft als Deutscher auf die sogenannten Statusdeutschen erstreckt."

[136] Zum **Deutsch-Sein**: BVerfGE 83, 37, Ls. 4 (Ausländerwahlrecht I) = BVerfG, Urteil des Zweiten Senats vom 31.10.1990 – 2 BvF 2, 6/89 –, Ls. 4: „die Deutsche im Sinne des Art. 116 Abs. 1 GG sind.".

[137] Zur **deutschen Staatsangehörigkeit** vgl. BVerfGE 83, 37, Ls. 3a) (Ausländerwahlrecht I) = BVerfG, Urteil des Zweiten Senats vom 31.10.1990 – 2 BvF 2, 6/89 –, Ls. 3a): „Das **Staatsvolk**, von dem die Staatsgewalt in der Bundesrepublik Deutschland ausgeht, wird nach dem Grundgesetz von den **Deutschen**, also den **deutschen Staatsangehörigen** und den ihnen nach Art. 116 Abs. 1 gleichgestellten Personen, gebildet.".

[138] Zum gesetzlichen **Drittstaatsangehörigen**-Begriff (Legaldefinition): Art. 16a Abs. 2 S. 1 GG: „aus einem Mitgliedstaat der Europäischen Gemeinschaften oder aus einem anderen Drittstaat"; § 26a AsylG („sicherer Drittstaat" i.S.d. Art. 16a Abs. 2 S. 1 GG); § 29a AsylG („sicherer Herkunftsstaat" i.S.d. Art. 16a Abs. 3 S. 1 GG); VO (EU) 2018/1806 zur Aufstellung der Liste der Drittländer, deren Staatsangehörige beim Überschreiten der Außengrenzen im Besitz eines Visums sein müssen, sowie der Liste der Drittländer, deren Staatsangehörige von dieser Visumpflicht befreit sind (EUVisumVO); Art. 2 Nr. 6 VO (EU) 2016/399 (SGK); Art. 2 a) VO (EU) Nr. 604/2013 (Dublin-III-VO); Art. 2 Nr. 1 VO (EG) Nr. 810/2009 (Visakodex). Vgl. „**Drittausländer**" i.S.d. Art. 21 Abs. 1, 2 SDÜ.

[139] Zum (jeweiligen) gesetzlichen **Ausländer-Begriff** (bzw. persönlichen Gesetzesanwendungsbereich) vgl. insbesondere: Art. 116 GG, §§ 1, 3, 17 StAG, § 1 Abs. 2 AufenthG, § 2 Abs. 1 AufenthG, Spezialrechtsnormen wie § 48 Abs. 1 S. 2 AufenthG, § 1 AsylG, § 1 FreizügG/EU, § 12 FreizügG/EU; vgl. zur **Nationalität** auch: § 3b Abs. 1 Nr. 3 AsylG.

- Anwendbarkeit eines sachlich ähnlichen Grundrechts für Ausländer über Art. 2 Abs. 1 GG, bei EU-Ausländern ggf. auch alternativ i.V.m. Art. 4 Abs. 3 EUV i.V.m. Art. 26 AEUV i.V.m. Art. 18 AEUV (Beispiel: Allgemeine Verhaltensfreiheit als „Versammlungsfreiheit" nicht aus Art. 8 GG, sondern aus Art. 2 Abs. 1 GG);
- Anwendbarkeit eines Grundrechts ohne dieselben, identischen Einschränkungsmöglichkeiten aus dem Deutschengrundrecht, vgl. z.B. Art. 2 Abs. 1 Hs. 2 GG statt: Art. 8 Abs. 2 GG, Art. 9 Abs. 2, 3 GG, Art. 11 Abs. 2 GG, Art. 12 Abs. 1 S. 2 GG, Art. 16 Abs. 2 GG;
- Anwendbarkeit eines Grundrechts unter Umständen mit teleologischer Reduktion des grundrechtlichen Gewährleistungsgehalts wegen Sinn und Zweck der Deutschengrundrechte gerade für Staatsbürger, vgl. Sinn und Zweck von Art. 8 GG, Art. 9 GG, Art. 11 GG, Art. 12 GG, Art.16 GG – ggf. i.V.m. Art. 20 Abs. 2 GG, 33 GG, Art. 38 GG;
- Anwendbarkeit eines Grundrechts mit konkreten Auswirkungen insbesondere der Nichtidentität zum Deutschengrundrecht beim Fallbearbeitungspunkt der Verhältnismäßigkeit, z.B. bei Abwägung mit Grundrechten Dritter oder sonstiger Verfassungswerte (vgl. VHM-Punkte der Erforderlichkeit und der Angemessenheit und folgendes Beispiel: Notwendige Entscheidung aus im Einzelfall bestimmten Gründen zwischen Versammlung mit Deutschen und Gegenversammlung mit Nichtdeutschen unter gleichen Umständen).[140]

---

[140] Zum Begriff „**Praktische Konkordanz**" (vom Lateinischen concordatio, zu Deutsch: Übereinstimmung, Versöhnung): BVerfGE 148, 296 = BVerfG, Urteil des Zweiten Senats vom 12.06.2018 – 2 BvR 1738/12, Rn. 139, 157 (Verfassungsmäßigkeit des Beamtenstreikverbots): Konkret-zuordnende ausdrückliche Entscheidung im Rahmen von dem „die Verfassungsinterpretation leitenden Prinzip der Einheit der Verfassung" [**Verfassungseinheit**, P. B.] durch „systematische" und „teleologische Auslegung": „kollidierendes Verfassungsrecht", auch „Strukturprinzipien" wie Art. 33 Abs. 5 GG, grundsätzlich in „**Verhältnismäßigkeitsprüfung**" – ohne „vorschnelle und nur abstrakte **Güterabwägung**": nämlich derart, dass „kollidierende Verfassungsrechtspositionen in ihrer Wechselwirkung zu erfassen und so in Ausgleich zu bringen sind, dass sie für alle Beteiligten möglichst weitgehend wirksam werden"; prägend bzgl. der Begrifflichkeit „**praktische Konkordanz**" im öffentlichen Recht: *Hesse*, Grundzüge des Verfassungsrechts der Bundesrepublik Deutschland, Rn. 72: „Rn. 72: „In engem Zusammenhang damit [Rn. 71: „Prinzip der Einheit der Verfassung" / **Verfassungseinheit**, P. B.] steht das Prinzip ***praktischer Konkordanz*** [Fußnote zu Quellen der Sache nach, P. B.]: verfassungsrechtlich geschützte Rechtsgüter müssen in der Problemlösung einander so zugeordnet werden, daß jedes von ihnen Wirklichkeit gewinnt. Wo Kollisionen entstehen, darf nicht in vorschneller ‚**Güterabwägung**' oder gar abstrakter ‚**Wertabwägung**' eines auf Kosten des anderen realisiert werden [Fußnote]. Vielmehr stellt das Prinzip der Einheit der Verfassung [**Verfassungseinheit**, P. B.] die Aufgabe einer Optimierung: *beiden* Gütern müssen Grenzen gezogen werden, damit beide zu optimaler Wirksamkeit gelangen können. Die Grenzziehungen müssen daher im jeweiligen konkreten Falle verhältnismäßig sein; sie dürfen nicht weiter gehen als es notwendig ist, um die Konkordanz beider Rechtsgüter herzustellen. ‚**Verhältnismäßigkeit**' bezeichnet in diesem Zusammenhang eine Relation zweier variabler Größen, und zwar diejenigen, die jener Optimierungsaufgabe am besten gerecht wird, nicht eine Relation zwischen einem konstanten ‚Zweck' und einem oder mehreren variablen ‚Mitteln'. Sie wird deutlich etwa an der (mißverständlich so bezeichneten) ‚**Wechselwirkung**' von Meinungsfreiheit und begrenztem allgemeinem Gesetz in Art. 5 GG [Fußnote]: es geht um **praktische Konkordanz** durch ‚verhältnismäßige' Zuordnung der Meinungsfreiheit einer-, der durch ‚allgemeine Gesetze' geschützten Rechtsgüter anderseits. Darüber, was im einzelnen Fall verhältnismäßig *ist*, sagt das Prinzip nichts; es weist jedoch als in der Verfassung enthaltene und darum verbindliche Direktive die **Richtung** und es bestimmt das **Verfahren**, in denen eine verfassungsmäßige Lösung allein gesucht werden darf. – ‚**Güterabwägung**' entbehrt für ihre Wertungen einer solchen Direktive; ihr fehlt nicht nur der stützende Halt, sondern sie gerät auch stets in die Gefahr, die Einheit der Verfassung preiszugeben. Gleiches gilt, wenn das Verhältnis von verfassungsrechtlichen Freiheitsgewährungen und -beschränkungen im Sinne einer *Ausgangsvermutung zugunsten der* ***Freiheit*** (in dubio pro libertate) bestimmt wird, weshalb es nicht möglich ist, in dieser Vermutung ein Prinzip der **Verfassungsinterpretation** zu erblicken [Fußnote].".

**Grundrechtsfähigkeit** ist (generelles) Potential für **Grundrechtsinhaberschaft/Grundrechtsträgerschaft**; sie ist spezielle Rechtsfähigkeit bezüglich eines Grundrechts; insbesondere gilt: **Grundrechtsfähigkeit** ist die Fähigkeit zur Berufung auf (materielle) Grundrechte und folglich auch die Fähigkeit zur Rüge der Verletzung materieller Grundrechte.[141]

**Grundrechtsberechtigung** ist die (aktuelle) **Grundrechtsinhaberschaft/Grundrechtsträgerschaft**, durch den persönlichen Schutzbereich eines bestimmten Grundrechts, insbesondere durch Formulierungen wie: „Jeder“; „Person“; „Alle Menschen“; „Alle Deutschen“, „Deutscher“, „Männer und Frauen“, „Politisch Verfolgte“, „juristische Personen“, vgl. Art. 1-19 GG.[142]

---

[141] BVerfG, Beschluss der 1. Kammer des Ersten Senats vom 18.08.2020 – 1 BvQ 82/20 –, Rn. 8-11.

[142] Vgl. „Menschen“ in Art. 1 Abs. 1 S. 1 GG, Art. 3 Abs. 1 GG; „Männer und Frauen“ in Art. 3 Abs. 2 GG; „Männer“ in Art. 12a Abs. 1 GG; „Niemand“ in Art. 3 Abs. 3 GG, Art. 4 Abs. 3 GG, Art. 12 Abs. 2 GG; „Jeder“ in Art. 2 Abs. 1 GG, Art. 2 Abs. 2 S. 1 GG, Art. 5 Abs. 1 S. 1 GG; „Jedermann“ in Art. 9 Abs. 3 GG (Vereinigungsbildungsfreiheit zur Wahrung und Förderung der Arbeits- und Wirtschaftsbedingungen), Art. 17 GG (**Petitionsrecht**); „Ehe und Familie“, „Mutter“, „Kinder“ in Art. 6 GG; „Eltern“ in Art. 6 Abs. 2; Art. 7 Abs. 4 GG; „Erziehungsberechtigten“ in Art. 6 Abs. 3 GG, Art. 7 Abs. 2, Abs. 5 GG; „Lehrer“ in Art. 7 Abs. 3 S. 3 GG; „Politisch Verfolgte“ in Art. 16a GG; „Angehörige der Streitkräfte und des Ersatzdienstes“ in Art 17a GG; subjektunabhängige Wortlaute in Art. 4 Abs. 1, 2 GG, Art. 5 Abs. 1 S. 2, Abs. 3 GG, Art. 7 Abs. 1 GG, Art. 10 GG, Art. 13 GG, Art. 14 GG.

**Unmittelbare Grundrechtsbindung**, Art. 1 Abs. 3 GG[143], ist unabhängig von privater oder öffentlich-rechtlicher Betätigungsform/Organisationsform[144] bei jedem Handeln staatlicher

[143] BVerfG, Urteil des Ersten Senats vom 19.05.2020 – 1 BvR 2835/17 – (Ausland-Ausland-Fernmeldeaufklärung nach BNDG), Ls. 1: „Die **Bindung der deutschen Staatsgewalt an die Grundrechte** nach Art. 1 Abs. 3 GG ist nicht auf das deutsche Staatsgebiet begrenzt. Der **Schutz der einzelnen Grundrecht**e kann sich im Inland und Ausland unterscheiden. Jedenfalls der Schutz des Art. 10 Abs. 1 und des Art. 5 Abs. 1 Satz 2 GG als Abwehrrechte gegenüber einer Telekommunikationsüberwachung erstreckt sich auch auf **Ausländer im Ausland**.“, Rn. 89: „Nach Art. 1 Abs. 3 GG binden die Grundrechte Gesetzgebung, vollziehende Gewalt und Rechtsprechung als unmittelbar geltendes Recht. Eine Beschränkung auf das **Staatsgebiet** enthält die Vorschrift nicht., Rn. 90: „Die Bindung an die Grundrechte nach Art. 1 Abs. 3 GG als **individuelle Abwehrrechte** beschränkt sich auch nicht auf Konstellationen, in denen der Staat den Betroffenen als mit dem Gewaltmonopol versehene Hoheitsmacht gegenübertritt [Quellenangaben]. […] Eine Beschränkung der Grundrechtsbindung auf Entscheidungen, die die Exekutive auch mit Hoheitsbefugnissen durchsetzen könnte, liegt hierin nicht.“, Rn. 91: „**Die Grundrechte binden die staatliche Gewalt vielmehr umfassend und insgesamt, unabhängig von bestimmten Funktionen, Handlungsformen oder Gegenständen staatlicher Aufgabenwahrnehmung** [Quellenangabe]. Das Verständnis der **staatlichen Gewalt** ist dabei weit zu fassen und erstreckt sich nicht nur auf imperative Maßnahmen oder solche, die durch Hoheitsbefugnisse unterlegt sind. Alle **Entscheidungen**, die auf den jeweiligen staatlichen Entscheidungsebenen den Anspruch erheben können, **autorisiert im Namen aller Bürgerinnen und Bürger** getroffen zu werden, sind von der Grundrechtsbindung erfasst. Eingeschlossen sind hiervon Maßnahmen, Äußerungen und Handlungen hoheitlicher wie nicht hoheitlicher Art. **Grundrechtsgebundene staatliche Gewalt** im Sinne des Art. 1 Abs. 3 GG ist danach jedes Handeln staatlicher Organe oder Organisationen, weil es in Wahrnehmung ihres dem Gemeinwohl verpflichteten Auftrags erfolgt (BVerfGE 128, 226 <244>). Die Bindung an die Grundrechte und die politische Entscheidungsverantwortung sind unhintergehbar miteinander verknüpft (vgl. BVerfG, Beschluss des Ersten Senats vom 6. November 2019 - 1 BvR 16/13 -, Rn. 42 – Recht auf Vergessen I).“, Rn. 92: „Die **Grundrechtsbindung** der deutschen Staatsgewalt beschränkt sich dabei auch im Ausland nicht auf eine bloß **objektivrechtliche Verpflichtung** [Quellenangaben]. Sie korrespondiert vielmehr mit einer Grundrechtsberechtigung derjenigen, die durch die jeweiligen Grundrechtsgarantien als geschützte Grundrechtsträger ausgewiesen sind. Eine **Grundrechtsbindung zugunsten individueller Grundrechtsträger**, der dann aber keinerlei **subjektivrechtliche Entsprechung** gegenübersteht, sieht das Grundgesetz nicht vor. Der Charakter als **Individualrecht** gehört zum zentralen Gehalt des grundgesetzlichen Grundrechtsschutzes.“, Rn. 93: „Die **Grundrechtsbindung** der deutschen Staatsgewalt auch bei einem Handeln gegenüber Ausländern im Ausland entspricht zugleich der **Einbindung der Bundesrepublik in die internationale Staatengemeinschaft**.“ […] Demgegenüber gewährleistet die Anknüpfung der Grundrechtsbindung an den **Staat** als politisch legitimiertes und rückgebundenes Handlungssubjekt, dass der Grundrechtsschutz auch einer internationalen Ausweitung staatlicher Aktivitäten folgt.“, Rn. 100: „Der **Grundrechtsbindung** der deutschen Staatsgewalt im Ausland steht auch nicht entgegen, dass hier eine Abgrenzung zu anderen Staaten und Rechtsordnungen oder eine Abstimmung mit diesen erforderlich wäre, wie es das Bundesverfassungsgericht als – einzigen – möglichen Grund für einen Ausschluss der Bindung an Art. 10 GG bei Auslandssachverhalten erwogen und offengelassen hatte (vgl. BVerfGE 100, 313 <362 ff.>).“, Rn. 101: „Die **Bindung an die deutschen Grundrechte** begründet nur eine **Verantwortlichkeit und Verantwortung deutscher Staatsorgane**. Sie flankiert allein autonome politische Entscheidungen der Bundesrepublik Deutschland und begrenzt ausschließlich eigene Handlungsspielräume. Entsprechend wirken die Grundrechte als **Abwehrrechte** auch im Ausland nur gegenüber der deutschen Staatsgewalt und laufen damit parallel zu den durch das **völkerrechtliche Interventionsverbot** begründeten Beschränkungen. In der **Grundrechtsbindung** liegt damit weder ein Verstoß gegen das völkerrechtliche Interventionsverbot, noch beschränkt sie die **Handlungs- oder Rechtsetzungsmacht anderer Staaten**. Sie bewirkt weder einen Oktroi eigenen Rechts noch eine Verdrängung ausländischer Grundrechte. Insbesondere erweitert die **Grundrechtsbindung** nicht staatliche Befugnisse im Ausland, sondern beschränkt nur potentiell von der deutschen Staatsgewalt in Anspruch genommene Handlungsmöglichkeiten.“, Rn. 102: „Dementsprechend wirkt die Geltung der Grundrechte (hier des Art. 10 Abs. 1 GG) nicht auf die **Rechtsordnung anderer Staaten** ein und entfalten auch hieran anknüpfende Eingriffsermächtigungen für

Organe oder Organisationen gegeben, weil es in Wahrnehmung ihres dem Gemeinwohl verpflichteten Auftrags erfolgt.[145] Nach sog. **Konfusionsthese/Konfusionsargument**[146] kann grundrechtsgebundene Gewalt grundsätzlich nicht gleichzeitig unmittelbar Grundrechtsfähiger/Grundrechtsberechtigter und unmittelbar Grundrechtsverpflichteter sein, außer bei

---

Überwachungsmaßnahmen für deren interne Rechtsordnung keine normative Wirkung. Aus der **Geltung der Grundrechte** und dem **Gesetzesvorbehalt** folgen lediglich, dass für deutsche Stellen entsprechende Rechtsgrundlagen geschaffen werden müssen, sofern Überwachungsmaßnahmen auch auf **Ausländer im Ausland** bezogen werden sollen. Ob und wieweit solche **Befugnisse** tatsächlich geschaffen werden und von ihnen Gebrauch gemacht wird, ist damit nicht vorgegeben. Insoweit ist auch über die **Rechtfertigung von Einzelmaßnahmen** aufgrund solcher Befugnisse hinsichtlich ihrer Außenwirkung gegenüber dem jeweiligen Zielstaat nichts gesagt.“, Rn. 104: „Die umfassende **Bindung der deutschen Staatsgewalt an die Grundrechte** lässt unberührt, dass sich die aus den Grundrechten konkret folgenden **Schutzwirkungen** danach unterscheiden können, unter welchen Umständen sie zur Anwendung kommen. Das gilt – wie schon für die verschiedenen **Wirkungsdimensionen** der Grundrechte im Inland – auch für die Reichweite ihrer Schutzwirkung im Ausland. So mögen schon hinsichtlich des **persönlichen und sachlichen Schutzbereichs** einzelne Gewährleistungen im Inland und Ausland in unterschiedlichem Umfang Geltung beanspruchen (unten Rn. 196). Ebenso kann zwischen verschiedenen **Grundrechtsdimensionen**, etwa der Wirkung der Grundrechte als **Abwehrrechte**, als **Leistungsrechte**, als verfassungsrechtliche **Wertentscheidungen** oder als Grundlage von **Schutzpflichten** zu unterscheiden sein. Soweit die Grundrechte auf Konkretisierungen des Gesetzgebers angewiesen sind, kann auch insoweit den besonderen Bedingungen im Ausland Rechnung zu tragen sein (vgl. BVerfGE 92, 26 <41 ff.>; dazu auch BVerfGE 100, 313 <363>). Erst recht ist der **Einbindung staatlichen Handelns in ein ausländisches Umfeld** bei der Bestimmung von Anforderungen an die Rechtfertigung von Grundrechtseingriffen – insbesondere im Rahmen der Verhältnismäßigkeit – Rechnung zu tragen.“.

[144] BVerfGE 128, 226, Ls. 1 und S. 244-247 (Fraport) = BVerfG, Urteil des Ersten Senats vom 22.02.2011 – 1 BvR 699/06 –, Ls. 1: „Von der öffentlichen Hand beherrschte gemischtwirtschaftliche Unternehmen in Privatrechtsform unterliegen ebenso wie im Alleineigentum des Staates stehende öffentliche Unternehmen, die in den Formen des Privatrechts organisiert sind, einer unmittelbaren Grundrechtsbindung.“, S. 245=B. I. 1. a), Rn. 48: „Eine Flucht aus der Grundrechtsbindung in das Privatrecht mit der Folge, dass der Staat unter Freistellung von Art. 1 Abs. 3 GG als Privatrechtssubjekt zu begreifen wäre, ist ihm [dem Staat] verstellt.“ S. 246 f.=B. I. 1. b) bb) (2), Rn. 53: „Ein gemischtwirtschaftliches Unternehmen unterliegt dann der unmittelbaren Grundrechtsbindung, wenn es von den öffentlichen Anteilseignern beherrscht wird. Dies ist in der Regel der Fall, wenn mehr als die Hälfte der Anteile im Eigentum der öffentlichen Hand stehen.“; BVerfGE 147, 50, Ls. 3 (Parlamentarischer Informationsanspruch) = BVerfG, Urteil des Zweiten Senats vom 07.11.2017 - 2 BvE 2/11, Ls. 3: „Der **Informationsanspruch des Parlaments** kann sich als Ausdruck der aus dem **Demokratieprinzip** folgenden **Verantwortlichkeit der Regierung** gegenüber dem Parlament nur auf Angelegenheiten beziehen, die in den Verantwortungsbereich der Regierung fallen. Die **Verantwortlichkeit der Regierung** im Kontext demokratischer Legitimation erstreckt sich auf alle Tätigkeiten von mehrheitlich oder vollständig in der Hand des Bundes befindlichen Unternehmen in Privatrechtsform. Dabei ist die Verantwortlichkeit der Regierung nicht auf die ihr gesetzlich eingeräumten Einwirkungs- und Kontrollrechte beschränkt.“.

[145] BVerfGE 128, 226, 244 (Fraport) = BVerfG, Urteil des Ersten Senats vom 22.02.2011 – 1 BvR 699/06 – B. I. 1. a), Rn. 47.

[146] BVerfGE 21, 362, Ls. 1 und S. 369 f. (Sozialversicherungsträger) = BVerfG, Beschluss des Ersten Senats vom Ersten Senats vom 02.05.1967 - 1 BvR 578/63, Ls. 1: „Die Grundrechte gelten grundsätzlich nicht für juristische Personen des öffentlichen Rechts, soweit sie öffentliche Aufgaben wahrnehmen; insoweit steht ihnen der Rechtsbehelf der Verfassungsbeschwerde nicht zu.“ und B. II. 2. c), Rn. 23: „Wenn die Grundrechte das Verhältnis des Einzelnen zur öffentlichen Gewalt betreffen, so ist es damit unvereinbar, den Staat selbst zum Teilhaber oder Nutznießer der Grundrechte zu machen; er kann nicht gleichzeitig Adressat und Berechtigter der Grundrechte sein.“

- auf juristische Personen des öffentlichen Rechts anwendbaren Justizrechten, z.B. aus: Art. 19 Abs. 4 GG, Art. 101 GG, Art. 103 GG;
- juristischer Person des öffentlichen Rechts mit unmittelbarer Zuordnung zum gesellschaftlichen Lebensbereich und zumindest potentiell gleicher grundrechtstypischer Gefährdungslage wie natürliche Personen; dies ist typischerweise gegeben z.B. bei:
    - Religions- und sonstige Weltanschauungsgemeinschaften, Art. 140 GG, jedenfalls im Hinblick auf Art. 4 GG[147];
    - Rundfunkanstalten im Hinblick auf Art. 5 Abs. 1 S. 2 GG[148];
    - Universitäten und deren Fakultäten im Hinblick auf Art. 5 Abs. 3 GG[149].
- von ausländischem Staat insbesondere im Rahmen der EU-Niederlassungsfreiheit gehaltener juristischer Person des Privatrechts, bei welcher der fremde Staat von vornherein nicht verpflichtet ist, die Grundrechte der Menschen in Deutschland zu garantieren und sie entsprechend zu schützen; allerdings folgt aus der fehlenden Grundrechtsbindung des ausländischen Staates nicht notwendig zugleich seine Grundrechtsberechtigung und ist dies eine Frage des einzelnen Falles mit Ausnahmecharakter unter Würdigung von besonderen Umständen wie:
    - Fehlen von Schwächung und Gefährdung des Schutzes der in Wahrnehmung unabgeleiteter, ursprünglicher Freiheit handelnden Bürger durch Eröffnung des Grundrechtsschutzes an staatliches Unternehmen;
    - Fehlen des Betroffenseins eines multipolaren Grundrechtsverhältnisses, in dem die Gewährung von Grundrechtsschutz an das staatliche Unternehmen unmittelbar die Position eines anderen, in ursprünglicher Freiheit handelnden Grundrechtsträgers beeinflussen und damit den verfassungsrechtlichen Schutz ursprünglicher Freiheit schwächen würde;
    - Agieren der vom ausländischen Staat gehaltenen juristischen Person des Privatrechts ausschließlich als Wirtschaftssubjekt und Nichtverfügung über unmittelbare oder mittelbare innerstaatliche Machtbefugnisse – ähnlich wie rein private Marktteilnehmer;
    - spezifische Gefährdungssituation durch Rechtsschutzlosigkeit im Falle völliger Versagung der Berufung auf die Grundrechte gegenüber staatlichen Eingriffen und wirtschaftslenkenden Maßnahmen, die unmittelbar durch Gesetz erfolgen – im Gegensatz zu allen anderen Marktteilnehmern.[150]

---

[147] BVerfGE 70, 138, 160 f. (Kirchliche Loyalitätspflicht und kirchliches Selbstbestimmungsrecht) = BVerfG, Beschluss des Zweiten Senats vom 04.06.1985 - 2 BvR 1703, 1718/83, 856/84 - B. I. 1., Rn. 49.

[148] BVerfGE 107, 299, Ls. 1 und S. 309 f. (Fernmeldegeheimnis bei Rundfunkanstalten) = BVerfG, Urteil des Ersten Senats vom 12.03.2003 - 1 BvR 330/96 - B. II. 1., Rn. 34.

[149] BVerfGE 93, 85, 93 (Universitätsgesetz NRW) = BVerfG, Beschluss des Ersten Senats vom 31.05.1995 - 1 BvR 1379/94 - B. 1. a), Rn. 31.

[150] BVerfGE 143, 246 (13. Gesetz zur Änderung des Atomgesetzes/Atomausstieg/Vattenfall) = BVerfG, Urteil des Ersten Senats vom 06.12.2016 – 1 BvR 2821/11 – Ls. 2: „Eine erwerbswirtschaftlich tätige inländische juristische Person des Privatrechts, die vollständig von einem Mitgliedstaat der Europäischen Union getragen wird, kann sich wegen der Europarechtsfreundlichkeit des Grundgesetzes in Ausnahmefällen auf die Eigentumsfreiheit berufen und Verfassungsbeschwerde erheben.“, B. II. c) aa), Rn. 192 f.: „Gegenteiliges ergibt sich auch nicht aus dem Fraport-Urteil des Bundesverfassungsgerichts (BVerfGE 128, 226); dort hat das Gericht allein für den umgekehrten Fall aus der Grundrechtsbindung auf das Fehlen der Grundrechtsberechtigung geschlossen (a.a.O., S. 244, 246 f.).“.

Wesensmäßige **Grundrechtsanwendbarkeit auf juristische Personen** im Sinne der Grundrechtsgeltung für (inländische) juristische Personen gemäß Art. 19 Abs. 3 GG ist abhängig von dem jeweiligen konkreten Grundrechtsgehalt beziehungsweise der jeweiligen konkreten Grundrechtsausübung[151] (Grundrechtsart) und von der jeweiligen konkreten juristischen Person[152] (Personenart), kann jedenfalls grundsätzlich angenommen werden bei Vorliegen von Voraussetzungen aus einer Reihe verschiedener, sich zum Teil ergänzender Gründe[153] wie:

- bezüglich Grundrechtsart:
  - bei Nichtanknüpfung des Grundrechts an nur natürlichen Personen wesenseigenen Äußerungsformen, Beziehungen, Eigenschaften[154];
  - bei Möglichkeit korporativer Grundrechtsausübung (durch die Korporation, also durch die juristische Person beziehungsweise durch die mindestens teilrechtsfähige Personenmehrheit)[155];
- bezüglich Personenart:
  - bei Fähigkeit juristischer Person zur Selbstwahrnehmung des Grundrechts[156]; bei Ausdruck der Freiheitsentfaltung von natürlichen Personen in der Bildung und Betätigung der juristischen Person, insbesondere bei Sinn und Erforderlichkeit eines „Durchgriffs" auf die hinter der juristischen Person stehenden natürlichen Personen[157]; bei Zuordnung der juristischen Person unmittelbar zum durch das Grundrecht geschützten Lebensbereich[158]; bei zu natürlichen Personen ähnlicher, grundrechtstypischer Gefährdungslage der juristischen Person[159];
  - bei inländischen juristischen Personen im Sinne des Privatrechts und sonstigen zumindest teilrechtsfähigen inländischen Personenmehrheiten wie Vereinen, Personengesellschaften, Gesamthandsgemeinschaften;

---

[151] Vgl. BVerfGE 118, 168 (Kontostammdaten) = BVerfG, Beschluss des Ersten Senats vom 13.06.2007 - 1 BvR 1550/03, 2357/04, 603/05, C. II. Rn. 152 (Fehlen allgemeiner Angebbarkeit zur Anwendbarkeit des Allgemeinen Persönlichkeitsgrundrechts auf juristische Personen und Gebot differenzierter Beurteilung für die verschiedenen Ausprägungen des Allgemeinen Persönlichkeitsrechts).

[152] BVerfGE 42, 212, 219 (Quick/Durchsuchungsbefehl) = BVerfG, Beschluss des Zweiten Senats vom 26.05.1976 - 2 BvR 294/76, B. II. Rn. 28 (Begründung der wesensmäßigen Anwendbarkeit des Art. 13 GG auf eine Kommanditgesellschaft insbesondere mit deren Berechtigung zur Innehabung von Arbeits-, Betriebs- und Geschäftsräumen).

[153] BVerfGE 147, 50 (Parlamentarischer Informationsanspruch) = BVerfG, Urteil des Zweiten Senats vom 07.11.2017 - 2 BvE 2/11, C. I. 2. d) cc) (1), Rn. 239.

[154] BVerfGE 118, 168, 203 (Kontostammdaten) = BVerfG, Beschluss des Ersten Senats vom 13.06.2007 - 1 BvR 1550/03, 2357/04, 603/05, C. II. 2. Rn. 149-152.

[155] BVerfGE 106, 28, 42-44 (Mithörvorrichtung) = BVerfG, Beschluss des Ersten Senats vom 09.10.2002 - 1 BvR 1611/96 - 1 BvR 805/98, C. II. 2. Rn.35-39 (Anwendbarkeit des Rechts am gesprochenen Wort als Teil des Allgemeinen Persönlichkeitsgrundrechts auf juristische Personen).

[156] BVerfGE 42, 212, 219 (Quick/Durchsuchungsbefehl) = BVerfG, Beschluss des Zweiten Senats vom 26.05.1976 - 2 BvR 294/76, B. II., Rn. 27.

[157] BVerfGE 68, 193, 205 f. (Zahntechniker-Innungen) = BVerfG, Ersten Senats vom 31.10.1984 - 1 BvR 35, 356, 794/82, B. I., Rn. 43.

[158] BVerfGE 31, 314, 321 f. (2. Rundfunkentscheidung) = BVerfG, Urteil des Zweiten Senats vom 27.07.1971 - 2 BvF 1/68, 2 BvR 702/68, B. 1., Rn. 21 f.

[159] BVerfGE 61, 82, 105 f. (Sasbach) = BVerfG, Beschluss des Zweiten Senats vom 8.07.1982- 2 BvR 1187/80, B. I. 2., Rn. 77-80.

- bei EU-ausländischen juristischen Personen bezüglich Justizgrundrechten wie aus Art. 101 GG und Art. 103 GG ohne weitere Voraussetzungen und bezüglich Grundrechten aus dem I. Abschnitt GG i.V.m. Art. 26 AEUV und Art. 18 AEUV unter der weiteren Voraussetzung hinreichenden Inlandsbezugs der EU-ausländischen juristischen Person, der die Geltung der Grundrechte in gleicher Weise wie für inländische juristische Personen geboten erscheinen lässt, was in der Regel dann der Fall sein wird, wenn die EU-ausländische juristische Person in Deutschland tätig wird und dort vor den Fachgerichten klagen und verklagt werden kann[160];
- bei Nicht-EU-ausländischen juristischen Personen nur bezüglich Justizgrundrechten wie aus Art. 101 GG und Art. 103 GG, sonst wegen Fehlens inländischer Personenart nicht.

**Grundrechtsunanwendbarkeit auf juristische Personen** im Sinne des Art. 19 Abs. 3 GG besteht jedenfalls bei folgenden Rechten aus dem GG: Art. 1 Abs. 1 GG, Art. 2 Abs. 2 GG, Art. 3 Abs. 2, 3 GG, Art. 4 Abs. 3 GG, Art. 6 GG, Art. 12 Abs. 3 GG, Art. 12a GG, Art. 16 GG, Art.16a GG, Art. 33 GG, Art. 38 GG. **Grundrechtsanwendbarkeit auf inländische juristische Personen** besteht jedenfalls grundsätzlich bei Rechten aus folgenden GG-Artikeln: Art. 2 Abs. 1 GG, Art. 2 Abs. 1 i.V.m. Art. 1 Abs. 1 GG, Art. 3 Abs. 1 GG, Art. 4 Abs. 1, 2 GG, Art. 5 GG, Art. 7 GG, Art. 8 GG, Art. 9 GG, Art. 10 GG, Art. 11 GG, Art. 12 GG, Art. 13 GG, Art. 14 GG, Art. 17 GG, Art. 19 Abs. 4 GG, Art. 101 GG, Art. 103 GG. **Grundrechtsanwendbarkeit auf EU-ausländische juristische Personen** im Sinne des Art. 19 Abs. 3 GG besteht jedenfalls grundsätzlich bei Rechten aus folgenden GG-Artikeln: Art. 2 Abs. 1 GG, Art. 2 Abs. 1 i.Vm. Art. 1 Abs. 1 GG, Art. 3 Abs. 1 GG, Art. 4 Abs. 1, 2 GG, Art. 5 GG, Art. 7 GG, Art. 9 Abs. 3 GG, Art. 10 GG, Art. 13 GG, Art. 14 GG, Art. 17 GG, Art. 19 Abs. 4 GG, Art. 101 GG, Art. 103 GG. **Grundrechtsanwendbarkeit auf Nicht-EU-ausländische juristische Personen** im Sinne des Art. 19 Abs. 3 GG besteht jedenfalls grundsätzlich bei Rechten aus folgenden GG-Artikeln: Art. 19 Abs. 4 GG, Art. 101 GG, Art. 103 GG.

[160] BVerfGE 129, 78, Ls. 1, 94-100 (Anwendungserweiterung des Art. 19 Abs. 3 GG) = BVerfG, Beschluss des Ersten Senats vom 19.07.2011 – 1 BvR 1916/09, Ls. 1, C., Rn. 67-82.

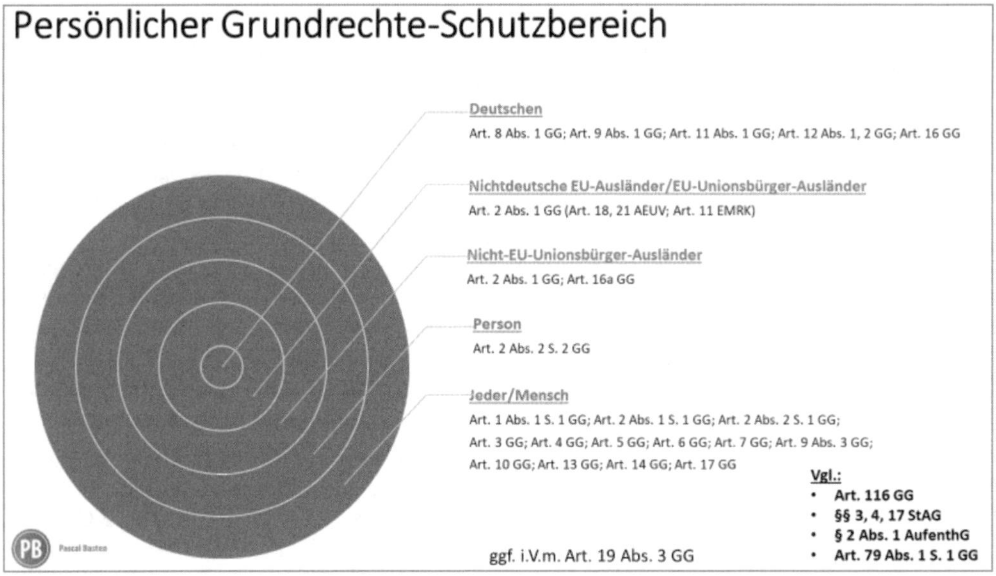


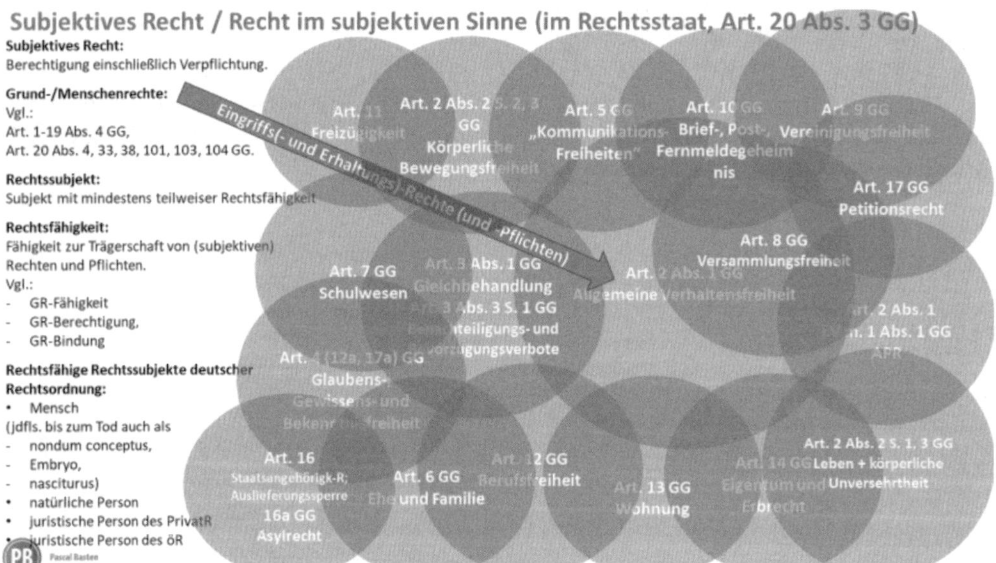


**Grundrechtsstatus ≙ Grundrechtsdimensionen ≙ Grundrechtsfunktionen ≙ Grundrechtswirkungen** können im Ergebnis/im Endeffekt – bei allen Grundrechten für alle Grundrechtsfähigen/Grundrechtsberechtigten – je nach konkretem Fall alternativ oder kumulativ, in unterschiedlichen Ausprägungen, in Auseinandersetzung mit anderen Status/Dimensionen/Funktionen/Wirkungen – insbesondere sein[161]:

---

[161] **Grundrechtekategorisierungen** erfolgen in den Rechtswissenschaften durch verschiedene und in Aussagen und Begrifflichkeiten unterschiedliche Grundrechtslehren. Diese Kategorisierungen erfolgen mitunter nach einem (einzigen) subjektiven oder objektiven Rechtsgehalt, einem (einzigen)

- **Abwehr(rechte)**[162];
- **Schutz(rechte)** oder **Förderung(srechte)**, vgl. z.B. Art. 1 Abs. 1 S. 2 Var. 2 GG; Art. 2 Abs. 2 S. 1 GG (auch i.V.m. § 31 BVerfGG i.V.m. bestimmter BVerfGE)[163]. **Schutzpflicht**

---

Hauptstatus/einer (einzigen) Hauptdimension/Hauptfunktion/Hauptwirkung (je nach Begrifflichkeit), nach Institutsgarantien und institutionellen Garantien als **Einrichtungsgarantien** – oder jedenfalls unter besonderer Betonung eines Status. Erinnert wird an die Statuslehre insbesondere mit den **Status** status negativus, status activus, status positivus (meist ohne weitere Status wie status subiectionis; manchmal werden Status ergänzt wie status constituens), in Remineszenz insbesondere an: *Jellinek*, System der subjektiven öffentlichen Rechte, VII., VIII., XI.; die „Garantien" grundlegend popularisierend: *Schmitt*, Freiheitsrechte und institutionelle Garantien in der Reichsverfassung, S. 1-31. Im Gegensatz zu abstrakten, apriorischen, (einseitigen) Schwerpunktsetzungen ist für konkrete Fälle das Potential aller Status/Dimensionen/Funktionen/Wirkungen (je nach Bevorzugung einer Begrifflichkeit) mit Potential von Rechten und Pflichten gegeben und ist ggf. deren konkrete Realisierung für ein konkretes Rechtsergebnis zu entscheiden – unter Würdigung aller konkreten Wechselwirkungen zwischen den Rechten und Rechtsgütern und aller konkret-individuellen Beziehungen zwischen individuellen Grundrechtsfähigen/Grundrechtsberechtigten. Spätestens konkrete, reale Entscheidungsnotwendigkeiten führen zu der rechtspraktischen Erkenntnis, dass alle potentiellen Wirkungen wiederum potentiell unter Vorbehalt anderer Rechte, Rechtsgüter und sonstiger Verfassungswerte stehen, nachvollziehbar in BVerfG-Entscheidungen, vgl. dortige Argumentationen etwa zur **Einschätzungsprärogative** (Einschätzungs-, Entscheidungs-, Gestaltungs-, Wertungsspielraum) des Rechtsanwenders, zum **Vorbehalt des Möglichen** (z.B. finanzielle, personelle, räumliche Kapazitäten), zu Voraussetzungen evidenter Ungeeignetheit oder Unzulänglichkeit, zu Grundrechten Dritter und sonstiger Verfassungswerte. Vgl. BVerfGE 148, 296 = BVerfG, Urteil des Zweiten Senats vom 12. Juni 2018 – 2 BvR 1738/12, Rn. 139, 157 (Verfassungsmäßigkeit des Beamtenstreikverbots): Konkret-zuordnende ausdrückliche Entscheidung im Rahmen von dem „die Verfassungsinterpretation leitenden Prinzip der Einheit der Verfassung" durch „systematische" und „teleologische Auslegung": „kollidierendes Verfassungsrecht", auch „Strukturprinzipien" wie Art. 33 Abs. 5 GG, grundsätzlich in „**Verhältnismäßigkeitsprüfung**" – ohne „vorschnelle und nur abstrakte Güterabwägung": nämlich derart, dass „kollidierende Verfassungsrechtspositionen in ihrer Wechselwirkung zu erfassen und so in Ausgleich zu bringen sind, dass sie für alle Beteiligten möglichst weitgehend wirksam werden"; Zu den Begrifflichkeiten sog. Einrichtungsgarantien vgl. auch die Statasprinzipien nach Art. 20 Abs. 3 GG, Art. 79 GG und die Garantienrelativität angesichts des Unterschieds zwischen **verfassender Gewalt**=verfassungsgebendem Gesetzgeber und **verfasster Gewalt**=verfassungsänderndem Gesetzgeber, nach *Sieyès*, Qu'est-ce que le tiers état?, Chapitre 5: „Dans chaque partie, la constitution n'est pas l'ouvrage du pouvoir constitué, mais du pouvoir constituant." – zu Deutsch: „In jedem ihrer Teile ist die Verfassung nicht das Werk der verfassten Gewalt, sondern der verfassenden Gewalt.".

[162] BVerfGE 7, 198 (Lüth) = BVerfG, Beschluss des Ersten Senats vom 15.01.1958 – 1 BvR 400/51, Ls. 1, 2.

[163] BVerfGE 39, 1, Ls. 1-4 und S. 42 (Schwangerschaftsabbruch I) = BVerfG, Urteil des Ersten Senats vom 25.02.1975 – 1BvF 1, 2, 3, 4, 5, 6/74; BVerfGE 46, 160, 164 (Schleyer) = BVerfG, Urteil des Ersten Senats vom 16.10.1977 – 1 BvQ 5/77, C. I., Rn. 14; BVerfGE 49, 24, 53 (Kontaktsperregesetz) = BVerfG, Beschluss des Ersten Senats vom 01.08.1978 - 2 BvR 1013, 1019, 1034/77, C. I. 1., Rn. 107; BVerfGE 49, 89, 140-142 (Kalkar) = BVerfG, Beschluss des Zweiten Senats vom 08.08.1978 – 2 BvL 8/77, B. II. 4. b), Rn. 113-115; BVerfGE 53, 30, 57 (Mülheim-Kärlich) = BVerfG, Beschluss des Ersten Senats vom 20.12.1979, 1 BvR 385/77, C. I. 2., Rn. 52 f.; BVerfGE 56, 54, 73 (Fluglärm I) = BVerfG, Beschluss des Ersten Senats vom 14.01.1981 – 1 BvR 612/72, C. I. 1., Rn. 72; BVerfGE 77, 170, Ls. 2 (Lagerung chemischer Waffen) = BVerfG, Beschluss des Zweiten Senats vom 27.10.1987 - 2 BvR 624, 1080, 2029/83; BVerfGE 88, 203, Ls. 1-3, 5, 6, 8-11, 13 und S. 251 (Schwangerschaftsabbruch II) = BVerfG, Urteil des Zweiten Senats vom 28.05.1993 - 2 BvF 2/90 und 4, 5/92; BVerfGE 92, 26, Ls. 1 und S. 46 (Zweitregister) - BVerfG, Urteil des Ersten Senats vom 10.01.1995 - 1 BvF 1/90, 1 BvR 342, 348/90; BVerfGE 115, 118, 152, 159 f. (Luftsicherheitsgesetz) = BVerfG, Urteil des Ersten Senats vom 15.02.2006 – 1 BvR 357/05, Rn. 119 f., Rn. 137 f.; BVerfGE 121, 317, 356 (Rauchverbot in Gaststätten) = BVerfG, Urteil des Ersten Senats vom 30.07.2008 - 1 BvR 3262/07, 402, 906/08, B. I. 1. b) (dd) (1) (b) Rn. 119 f.; BVerfGE 142,

des Staates bedeutet, dass der Staat verpflichtet ist, den Grundrechtsinhaber vor allem vor rechtswidrigen Angriffen und Eingriffen, verletzenden oder gefährdenden Einwirkungen von Seiten – nicht direkt grundrechtsgebundener – Dritter – Privater oder anderer Staaten – zu bewahren.[164] Vgl.: „**Schutzpolizei**";

- **Leistung(srechte)**[165], **Mitwirkung(srechte)**[166], **Teilhabe(rechte)**[167], **Teilnahme(rechte)**[168].

Subjektiv-rechtliche **Grundrechtserstfunktion / Grundrechtserstfunktion im subjektivrechtlichen Sinne**: Grundrechte bilden „in erster Linie" Abwehrrechte des Menschen, des „Bürgers gegen den Staat" – oder mittelbar oder unmittelbar gegen andere, vgl. zur

313, Ls. 1 (Zwangsbehandlung) = BVerfG, Beschluss des Ersten Senats vom 26.07.2016 – 1 BvL 8/15, B. II. 1., Rn. 66-84; BVerfG, Beschluss der 2. Kammer des Zweiten Senats vom 15.03.2018 – 2 BvR 1371/13, Ls. 2 und Gründe, IV. 1. b), c), Rn. 31 f. (Stationierung US-amerikanischer Atomwaffen auf dem Fliegerhorst Büchel); BVerfGE 149, 293 (5-Punkt-Fixierung/7-Punkt-Fixierung) = BVerfG, Urteil des Zweiten Senats vom 24.07.2018 – 2 BvR 309/15 –, D. II. 1. b), Rn. 74; BVerfG, Urteil des Zweiten Senats vom 05.05.2020 – 2 BvR 859/15 – (EZB-Staatsanleihekaufprogramm [Public Sector Purchase Programme – PSPP]), Rn. 114; *Isensee*, Das Grundrecht auf Sicherheit; *Dietlein*, Die Lehre von den grundrechtlichen Schutzpflichten.

[164] BVerfGK 14, 192 = BVerfG, Beschluss der 2. Kammer des Zweiten Senats vom 04.09.2008 - 2 BvR 1720/03, Rn. 36.

[165] Vgl. z.B. BVerfGE 125, 175, Ls. 4 und S. 222 f. (Existenzminimum/Hartz IV) = BVerfG, Urteil des Ersten Senats vom 09.02.2010 – 1 BvL 1, 3, 4/09, Ls. 4, C. I., Rn. 133, a), Rn. 134, b), Rn. 135, c) Rn. 136 f.; BVerfGE 147, 253 (Numerus Clausus III/Studienplatzvergabe Humanmedizin) = BVerfG, Urteil des Ersten Senats vom 19.12.2017 – 1 BvL 3/14, C. I. 1. a), Rn. 104: „Der verfassungsrechtliche Grundrechtsschutz zielt dabei nicht nur auf die Abwehr von Eingriffen der öffentlichen Gewalt, sondern im Zusammenwirken mit Art. 3 Abs. 1 GG auch auf gleichheitsgerechte Teilhabe an staatlichen Leistungen und - hier - staatlichen Studienangeboten (vgl. BVerfGE 33, 303 <330 ff.>; 43, 291 <313 ff.>; 134, 1 <13 f. Rn. 37>).".

[166] Vgl. z.B. BVerfGE 69, 315, Ls. 1 und S. 343 f., 346 (Brokdorf) = BVerfG, Beschluss des Ersten Senats vom 14.05.1985 – 1 BvR 233, 341/81, Ls. 1: „aktiv am politischen Meinungsbildungsprozeß und Willensbildungsprozeß teilzunehmen", C. I. 2., Rn. 62: „aktiven Teilnahme am politischen Prozeß", 2. b), Rn. 65: „Einflußnahme".

[167] Vgl. z.B. BVerfGE 69, 315, 346 (Brokdorf) = BVerfG, Beschluss des Ersten Senats vom 14.05.1985 - 1 BvR 233, 341/81, C. I. 2. b), Rn. 65: „Teilhabe". BVerfGE 125, 175, Ls. 1 und S. 223 (Existenzminimum/Hartz IV) = BVerfG, Urteil des Ersten Senats vom 09.02.2010 – 1 BvL 1, 3, 4/09, Ls. 1, C. I. 1. b), Rn. 135, d) Rn. 138; BVerfGE 147, 253 (Numerus Clausus III/Studienplatzvergabe Humanmedizin) = BVerfG, BVerfG, Urteil des Ersten Senats vom 19.12.2017 - 1 BvL 3/14, C. I. 1. a), Rn. 104: „Der verfassungsrechtliche Grundrechtsschutz zielt dabei nicht nur auf die Abwehr von Eingriffen der öffentlichen Gewalt, sondern im Zusammenwirken mit Art. 3 Abs. 1 GG auch auf gleichheitsgerechte Teilhabe an staatlichen Leistungen und – hier – staatlichen Studienangeboten (vgl. BVerfGE 33, 303 <330 ff.>; 43, 291 <313 ff.>; 134, 1 <13 f. Rn. 37>)."; BVerfG, Beschluss der 1. Kammer des Ersten Senats vom 12.07.2001 – 1 BvQ 28/01, Rn. 16 (Fuckparade): „Dementsprechend sind Versammlungen im Sinne des Art. 8 GG örtliche Zusammenkünfte mehrerer Personen zwecks gemeinschaftlicher Erörterung und Kundgebung mit dem Ziel der Teilhabe an der öffentlichen Meinungsbildung."; BVerfGE 104, 92, Ls. 2 (Sitzblockade III – Wackersdorf) = BVerfG, Beschluss des Ersten Senats vom 24.10.2001 – 1 BvR 1190/90, 2173/93, 433/96: „Versammlung im Sinne des Art. 8 GG ist eine örtliche Zusammenkunft mehrerer Personen zur gemeinschaftlichen, auf die Teilhabe an der öffentlichen Meinungsbildung gerichteten Erörterung oder Kundgebung.".

[168] Vgl. z.B. BVerfGE 69, 315, Ls. 1 und S. 343 (Brokdorf) = BVerfG, Beschluss des Ersten Senats vom 14.05.1985 – 1 BvR 233, 341/81, Ls. 1: „aktiv am politischen Meinungsbildungsprozeß und Willensbildungsprozeß teilzunehmen", C. I. 2., Rn. 62: „aktiven Teilnahme am politischen Prozeß".

Unmittelbarkeit Art. 1 Abs. 3 GG, Art. 9 Abs. 3 S. 2 GG, Art. 20 Abs. 4 GG, Art. 38 Abs. 1 S. 1 i.V.m. Art. 48 Abs. 2 GG.

Objektiv-rechtliche **Grundrechtswirkung / Grundrechtswirkung im objektiv-rechtlichen Sinne**: Grundrechte bilden eine **objektive Rechts(wert)-Ordnung**, die sich in den Grundrechtsbestimmungen des Grundgesetzes verkörpert und die als verfassungsrechtliche Grundentscheidung für alle Rechtsbereiche gilt.[169] Die **verfassungsmäßige (Gesamtrechts-)Ordnung** bildet ein Sinnganzes; ein Widerstreit zwischen verfassungsrechtlich geschützten Belangen ist mithin nach Maßgabe der grundgesetzlichen Rechts(wert)-Ordnung und unter Berücksichtigung der Einheit dieses grundlegenden Rechts(wert)-Systems zu lösen; in diesem Rahmen können auch wegen Fehlens einer Einschränkungsmöglichkeit im Wortlaut scheinbar uneinschränkbare (Grund-)Rechte Begrenzungen erfahren, denn schlechthin schrankenlose Rechte kann eine (an alle Rechte in all ihren Funktionen) wertgebundene Ordnung nicht anerkennen.[170] Status/Dimensionen/Funktionen/Gewährleistung bestehen von vornherein nur, soweit sie nicht die Rechte anderer verletzen und nicht gegen die verfassungsmäßige Ordnung verstoßen, denn das **Menschenbild des Grundgesetzes** ist nicht das eines isolierten souveränen Individuums; das Grundgesetz hat vielmehr die Spannung zwischen Individuum und Gemeinschaft im Sinne der Gemeinschaftsbezogenheit und Gemeinschaftsgebundenheit des Menschen und jeder Person entschieden, ohne dabei deren Eigenwert anzutasten.[171]

Objektiv-rechtlich und subjektiv-rechtlich kann ein **Grundrechtsergebnis** durch sog. **Abwägung/praktische Konkordanz** erreicht werden, nämlich derart, dass Rechte und Rechtsgüter unter konkreten Umständen einander so zugeordnet werden, dass jedes von ihnen einerseits größtmöglich Wirklichkeit und Wirksamkeit gewinnt, andererseits ausgleichend-schonend Grenzen der Geltung gesetzt werden können: das bedeutet konkret **Auslegung** (von Grammatik/Wortlaut, Systematik, Genese/Historie, Teleologie) und Subsumtion bei Fallbearbeitungspunkten insbesondere von Grundrechte/Inanspruchnahme/Adressierung, Ermessen, Verhältnismäßigkeit.[172]

---

[169] BVerfGE 7, 198 (Lüth) = BVerfG, Beschluss des Ersten Senats vom 15.01.1958 – 1 BvR 400/51, Ls. 1.

[170] BVerfGE 49, 24, 56 (Kontaktsperregesetz) = BVerfG, Beschluss des Ersten Senats vom 01.08.1978 – 2 BvR 1013, 1019, 1034/77, C. I. 3. a), Rn. 114.

[171] BVerfGE 4, 7, 15 f. (Investitionshilfe) = BVerfG, Urteil des Ersten Senats vom 20.07.1954 – 1 BvR 459, 484, 548, 555, 623, 651, 748, 783, 801/52, 5, 9/53, 96, 114/54 – D. 3., Rn. 29.

[172] Zum Begriff „**Praktische Konkordanz**" (vom Lateinischen concordatio, zu Deutsch: Übereinstimmung, Versöhnung): BVerfGE 148, 296 = BVerfG, Urteil des Zweiten Senats vom 12.06.2018 – 2 BvR 1738/12, Rn. 139, 157 (Verfassungsmäßigkeit des Beamtenstreikverbots). Konkret-zuordnende ausdrückliche Entscheidung im Rahmen von dem „die Verfassungsinterpretation leitenden Prinzip der Einheit der Verfassung" [**Verfassungseinheit**, P. B.] durch „systematische" und „teleologische Auslegung": „kollidierendes Verfassungsrecht", auch „Strukturprinzipien" wie Art. 33 Abs. 5 GG, grundsätzlich in „**Verhältnismäßigkeitsprüfung**" – ohne „vorschnelle und nur abstrakte Güterabwägung": nämlich derart, dass „kollidierende Verfassungsrechtspositionen in ihrer Wechselwirkung zu erfassen und so in Ausgleich zu bringen sind, dass sie für alle Beteiligten möglichst weitgehend wirksam werden"; prägend bzgl. der Begrifflichkeit „praktische Konkordanz" im öffentlichen Recht: Hesse, Grundzüge des Verfassungsrechts der Bundesrepublik Deutschland, Rn. 72: „Rn. 72: „In engem Zusammenhang damit [Rn. 71: „Prinzip der Einheit der Verfassung" / Verfassungseinheit, P. B.] steht das Prinzip praktischer Konkordanz [Fußnote zu Quellen der Sache nach, P. B.]: verfassungsrechtlich geschützte Rechtsgüter müssen in der Problemlösung einander so zugeordnet werden, daß jedes von ihnen Wirklichkeit gewinnt. Wo Kollisionen entstehen, darf nicht in vorschneller ‚Güterabwägung' oder gar abstrakter ‚Wertabwägung' eines auf Kosten des anderen realisiert werden [Fußnote]. Vielmehr stellt das Prinzip der Einheit der Verfassung [Verfassungseinheit, P. B.] die Aufgabe einer Optimierung: beiden Gütern müssen Grenzen gezogen werden, damit

**Eingriffsrecht** ist auch **Erhaltungsrecht** und **Ermöglichungsrecht**. Eingriffsrecht beinhaltet gerade nicht nur eindimensionale oder zweidimensional-lineare Rechtsverhältnisse, etwa durch einseitige Einwirkung auf den Grundrechtsabwehrstatus eines isolierten Grundrechtsträgers. Eingriffsrecht beinhaltet das Rechtsfaktum, dass ein und dieselbe Maßnahme in multipolaren Grundrechtsverhältnissen (**Grundrechtsmultipolarität**), also bei mehreren Grundrechtsträgern multifunktionale Grundrechtswirkungen (**Grundrechtsmultifunktionalität**), also in mehreren Grundrechtsstatus erzeugen kann – durch Eingriff, Erhaltung, Ermöglichung. Ein hauptsächlicher Zweck im Eingriffsrecht des grundrechtsgebundenen Rechtsstaats ist Ausgleich(mäßigkeit) und (Werte-)Ordnung der multiplen subjektiven Rechte einschließlich der multiplen Pflichten, letztlich von Rechten und Pflichten zu den Prinzipien von Freiheit, Gleichheit, Sicherheit im, durch, für den Staat. „Die **Sicherheit** des **Staates** als verfaßter Friedens- und Ordnungsmacht und die von ihm zu gewährleistende Sicherheit seiner Bevölkerung sind Verfassungswerte, die mit anderen im gleichen Rang stehen und unverzichtbar sind, weil die Institution Staat von ihnen die eigentliche und letzte Rechtfertigung herleitet.“[173]. **Sicherheit**, **Freiheit**, **Gleichheit** bilden eine Schnittmenge in ständiger Wechselwirkung zueinander und zur Sicherheit, Freiheit, Gleichheit des jeweils anderen.[174]

---

beide zu optimaler Wirksamkeit gelangen können. Die Grenzziehungen müssen daher im jeweiligen konkreten Falle verhältnismäßig sein; sie dürfen nicht weiter gehen als es notwendig ist, um die Konkordanz beider Rechtsgüter herzustellen. ‚Verhältnismäßigkeit‘ bezeichnet in diesem Zusammenhang eine Relation zweier variabler Größen, und zwar diejenigen, die jener Optimierungsaufgabe am besten gerecht wird, nicht eine Relation zwischen einem konstanten ‚Zweck‘ und einem oder mehreren variablen ‚Mitteln‘. Sie wird deutlich etwa an der (mißverständlich so bezeichneten) ‚Wechselwirkung‘ von Meinungsfreiheit und begrenztem allgemeinem Gesetz in Art. 5 GG [Fußnote]: es geht um praktische Konkordanz durch ‚verhältnismäßige‘ Zuordnung der Meinungsfreiheit einer-, der durch ‚allgemeine Gesetze‘ geschützten Rechtsgüter anderseits. Darüber, was im einzelnen Fall verhältnismäßig ist, sagt das Prinzip nichts; es weist jedoch als in der Verfassung enthaltene und darum verbindliche Direktive die Richtung und es bestimmt das Verfahren, in denen eine verfassungsmäßige Lösung allein gesucht werden darf. – ‚Güterabwägung‘ entbehrt für ihre Wertungen einer solchen Direktive; ihr fehlt nicht nur der stützende Halt, sondern sie gerät auch stets in die Gefahr, die Einheit der Verfassung preiszugeben. Gleiches gilt, wenn das Verhältnis von verfassungsrechtlichen Freiheitsgewährungen und -beschränkungen im Sinne einer Ausgangsvermutung zugunsten der Freiheit (in dubio pro libertate) bestimmt wird, weshalb es nicht möglich ist, in dieser Vermutung ein Prinzip der Verfassungsinterpretation zu erblicken [Fußnote].“.

[173] BVerfGE 49, 24, 56 (Kontaktsperregesetz) = BVerfGE, Beschluss des Zweiten Senats vom 01.08.1978 – 2 BvR 1013, 1019, 1034/77 – Rdnr. 115.

[174] Vgl. auch die Redewendungen bezüglich Sicherheit und Freiheit als „Januskopf“, „siamesische Zwillinge“, „Symbiose“, „zwei Seiten derselben Medaille“; vgl. auch die Umschreibung des Rechts von: *Kant*, Metaphysik der Sitten. Erster Teil. Metaphysische Anfangsgründe der Rechtslehre, S. 230: „Das **Recht** ist also der Inbegriff der Bedingungen, unter denen die Willkür des einen mit der Willkür des andern nach einem allgemeinen Gesetze der Freiheit zusammen vereinigt werden kann.“.

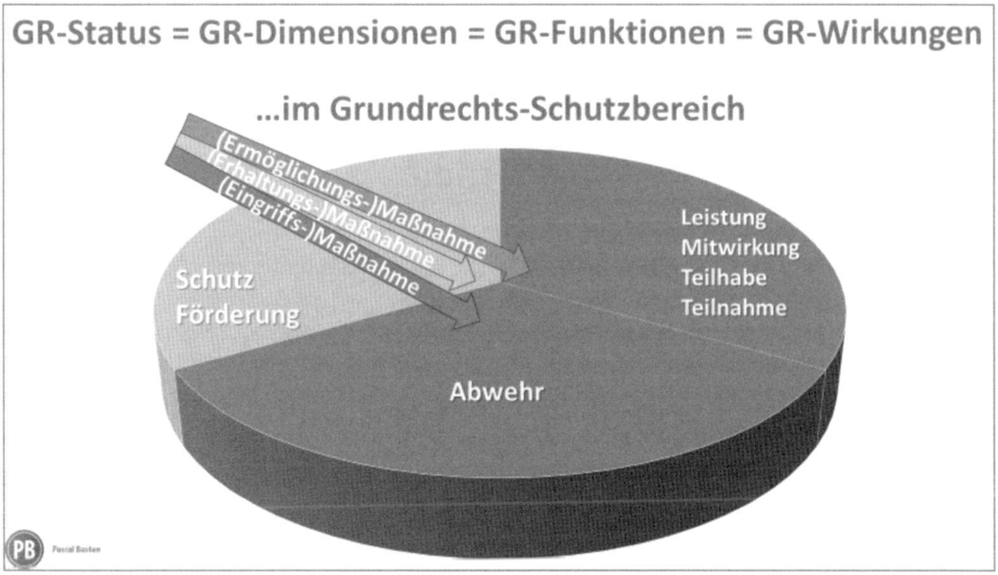
GR-Status = GR-Dimensionen = GR-Funktionen = GR-Wirkungen
...im Grundrechts-Schutzbereich
(Ermöglichungs-)Maßnahme
(Erhaltungs-)Maßnahme
(Eingriffs-)Maßnahme
Leistung
Mitwirkung
Teilhabe
Teilnahme
Schutz
Förderung
Abwehr
PB
Pascal Basten

Mögliche Konstellationen von subjektiven Rechten und Rechtssubjekten
Gefährdete / Potentielle Geschädigte / Opfer
Dritte / Mitbetroffene / Nichtverantwortliche
Maßnahme/ Verhalten
Potentielle Helfer Potentielle Hinderer Zeugen
Verantwortliche / (Selbst-)Schädiger / Verursacher / Verdächtige
PB
Pascal Basten

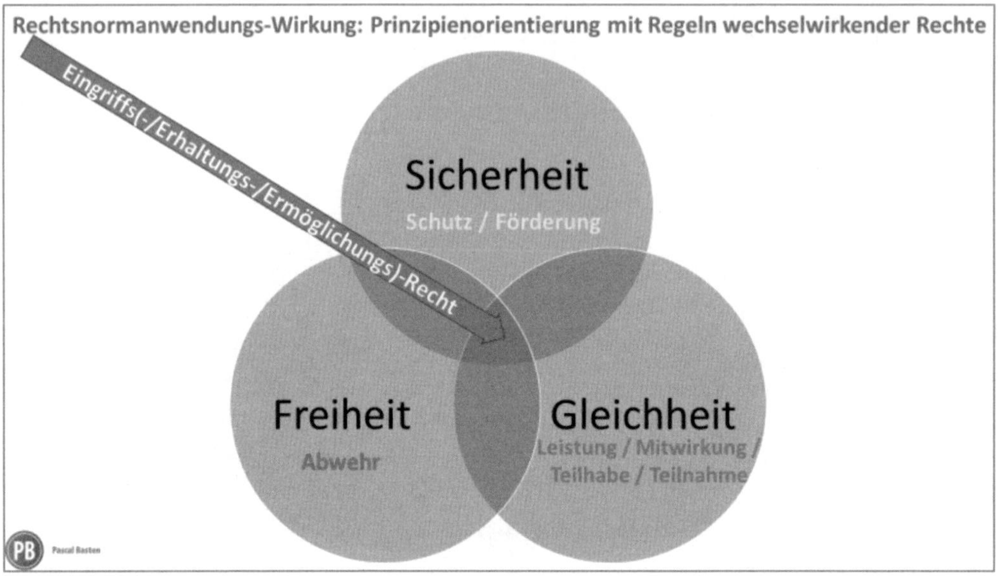
Rechtsnormanwendungs-Wirkung: Prinzipienorientierung mit Regeln wechselwirkender Rechte
Eingriffs(-/Erhaltungs-/Ermöglichungs)-Recht
Sicherheit
Schutz / Förderung
Freiheit
Abwehr
Gleichheit
Leistung / Mitwirkung /
Teilhabe / Teilnahme

# Unterabschnitt 4: Rechtssubjekte des deutschen Rechtsstaats

# *Titel 1: Staatsgewalten im deutschen Rechtsstaat*

**Mensch** ist Rechtsschöpfer, Rechtsträger, Rechtsfähiger, Rechtssubjekt, Rechtsnormadressat im objektiven, subjektiven, fachlichen Sinne.[175]

**Volk**[176] ist eine relativ erheblich größte Menge von Menschen mit als diese Menge körperschaftlich verbindenden Gemeinsamkeiten.

**Staat** ist die Körperschaft[177] eines sesshaften Volks (**Staatsvolk**) mit ursprünglicher Herrschafts-, Kontroll- und Regelungsmacht (**Staatsgewalt**) über ein abgegrenztes Gebiet (**Staatsgebiet**).[178]

**Land** ist allgemein schwerpunktmäßig das Staatsgebiet[179], vgl. „Bundesrepublik Deutschland" (BRD) und „Deutschland", vgl. auch die im GG „Länder" genannten 16 Bundesländer oder ein im GG „Land" genanntes Bundesland wie Nordrhein-Westfalen (NRW) als Gliedstaaten der BRD.

**Staatsvolk** ist grundsätzlich die Gesamtheit aller Staatsangehörigen aufgrund gewisser anerkannter Kriterien[180], jedenfalls in beständiger Eingliederung in die staatsgewaltliche Ordnung mit Rechten[181] und Pflichten[182] auch außerhalb des Staatsgebietes.[183]

**Staatsgewalt** ist die originäre/ursprüngliche/unabgeleitete, effektive und selbstorganisationsfähige Herrschafts-, Kontroll- und Regelungsmacht (Fähigkeit zur Vorgabe einer mit

---

[175] Der Mensch als das Maß aller Rechtsdinge ist gleichsam die Homo-mensura-Erkenntnis des Rechts, vgl. den Homo-mensura-Satz, dem *Protagoras* zu dessen als Primärquelle verlorener Schrift Alḗtheia (Wahrheit)/Katabállontes (Niederwerfende Reden) zugeschrieben, insbesondere durch: *Platon*, Theaitetos, 152a (Zitierung durch Sokrates); vgl. auch Digesten 1.5.2 (Hermogenianus libro primo iuris epitomarum): „Cum igitur hominum causa omne ius constitutum sit […]", zu Deutsch etwa – aus dem Halbsatz: „Der Mensch ist Grund allen gesetzten Rechts."; vgl. auch Art. 1 Abs. 1 GG, dazu umfassend: *Basten*, Die Menschenwürde des Grundgesetzes auf dem Prüfstand, Berlin 2016.

[176] „Volk"-Worthistorie (Etymologie): über mittelhochdeutsch volc aus althochdeutsch folc, dies aus urgermanisch fulka „Kriegsschar"/„Kriegerhaufen", darauf auch verweisend die aus dem Urgermanischen stammende, später zurückentlehnte slawische Wortwurzel pulk-; Verbindung zu gleicher indogermanischer Wurzel von: „Voll/Viele"; vgl. auch das Griechische οἱ πολλοί/hoi pollói und das Lateinische plebs, vulgus, jeweils mit Bedeutungspotentialen von Massen und Unter(st)-Schicht.

[177] Vgl. zum Körperschaftsbegriff im Zusammenhang von Anhang I Nr. 2, Anhang II Nr. 4 VO (EU) 2018/1806 (EUVisumVO): „Gebietskörperschaften".

[178] Vgl. die sog. **Drei-Elemente-Lehre** von *Jellinek*, Allgemeine Staatslehre, S. 183, 433.

[179] Zum Terminus „Land" mit dem semantischen Schwerpunkt auf dem Territorium, eben dem Staatgebiet: *Jellinek*, Allgemeine Staatslehre, S. 131.

[180] Allgemein grundsätzliche, historisch wechselnde, allein oder in Verbindung miteinander geltende **Staatsangehörigkeitsprinzipien**: **Abstammungsprinzip** (ius sanguinis) und **Geburtsortprinzip / Territorialprinzip** (ius soli / ius terrae). Vgl. Art. 116 GG (**Deutscher / Statusdeutscher / Staatsangehörigkeit**), §§ 1, 3, 17 StAG (**Staatsangehörigkeit**), vgl. auch § 2 Abs. 1 AufenthG („**Ausländer**"), § 3b Abs. 1 Nr. 3 AsylG („**Nationalität**"), § 28 BeschV („**Deutsche Volkszugehörige**"), § 6 BVFG („**Volkszugehörigkeit**").

[181] Z.B.: Grundrechte, diplomatischer Schutz, Wahlrecht, vgl. auch differenzierende Rechtsnormen wie § 23 SGB XII („Sozialhilfe für Ausländerinnen und Ausländer").

[182] Z.B.: Friedenspflicht, allgemeine Treuepflicht, Steuerpflicht.

[183] Vgl. die sog. **Drei-Elemente-Lehre** von *Jellinek*, Allgemeine Staatslehre, S. 183, 433.

Gewaltmonopol und hergestellter Einsicht in Richtigkeit und Notwendigkeit durchsetzbaren rechtlichen Ordnung) über Staatsgebiet und Staatsvolk.[184]

**Staatsgebiet** ist die mit Grenzen ausgestattete, abwehrfähige, geografische (Erdoberfläche Meer: 12-Meilen-Zone, 24-Meilen-Angrenzer-Zone, 200-Meilen-Wirtschaftszone; Luftraum: ca. 80-100km) und rechtliche Zusammenfassung von Personen und Sachen mit gegenüber anderen Körperschaften/Staaten durchsetzbarem Hoheitsgewaltausübungsverbot. In der BRD ist jedes Bundesgebiet zugleich Landesgebiet und umgekehrt, sodass es keine reinen, unmittelbaren, von Landesgebiet losgelösten, nur dem Bund gehörenden Bundesgebiete gibt (ungleich etwa dem Hauptstadtdistrikt Washington D.C.).

**Bundesrepublik Deutschland / Deutschland** ist Staat des deutschen Volks auf bestimmtem Ländergebiet (als Gebietskörperschaft), vgl. insbesondere Präambel GG, Art. 1 Abs. 2 GG, Art. 20 GG, Art. 146 GG.

**Verfassungsgebende Gewalt**[185] in der BRD hat das Deutsche Volk, das sich laut Präambel GG kraft seiner verfassungsgebenden Gewalt das Grundgesetz[186] (GG) gegeben hat[187].

Gemäß Art. 20 Abs. 1 GG ist die Bundesrepublik Deutschland ein demokratischer und sozialer Bundesstaat. Gemäß Art. 20 Abs. 2 S. 1 GG geht alle **Staatsgewalt** vom Volke aus.[188] Gemäß Art. 20 Abs. 2 S. 2 GG wird die Staatsgewalt vom Volke in **Wahlen** (Personalentscheidungen) und **Abstimmungen** (Sachentscheidungen) und durch besondere Organe (**Staatsgewaltorgane**) der Gesetzgebung, der vollziehenden Gewalt und der Rechtsprechung ausgeübt.

Art. 20 Abs. 1, 2 GG (vgl. auch Art. 2, 3 Verfassung NRW) bedeuten insbesondere:

---

[184] Vgl. bzgl. **Staatshandlungsfähigkeit**: BVerfG, Beschluss des Zweiten Senats vom 14.01.2020 – 2 BvR 1333/17 (Kopftuchverbot für Rechtsreferendarinnen), Ls. 3 und Rn. 89: „der Staat kann nur durch [natürliche oder juristische P. B.] Personen handeln.".

[185] **Verfassungsgebungs- und -Verfassungsänderungs-Abgrenzung**: Begriffsprägend zum Unterschied von **pouvoir constituant (verfassende Gewalt=verfassungsgebender Gesetzgeber)** und **pouvoir constitué (verfasste Gewalt=verfassungsändernder Gesetzgeber)**: *Sieyès*, Qu'est-ce que le tiers état?, Chapitre 5: „Dans chaque partie, la constitution n'est pas l'ouvrage du pouvoir constitué, mais du pouvoir constituant." – zu Deutsch: „In jedem ihrer Teile ist die Verfassung nicht das Werk der verfassten Gewalt, sondern der verfassenden Gewalt."; vgl. auch BVerfGE 1, 14 Ls. 21 (Südweststaat) – BVerfG, Urteil des Zweiten Senats vom 23.10.1951 – 2 BvG 1/51 –, Ls. 21.

[186] Grundgesetz-Wortlaut-Historie: Vom Lateinischen lex fundamentalis; Motiv für die Benennung der Verfassung als „**Grundgesetz**" war zur GG-Erlass-Zeit die Ansicht damaliger Nichtvollendung der Einheit und Freiheit Deutschlands für das gesamte deutsche Volk und die Ansicht des GG als ein Provisorium bis zum Inkrafttreten einer Verfassung, die von dem deutschen Volke in freier Entscheidung beschlossen worden ist, vgl. Präambel und Art. 146 GG.

[187] BGBl. S. 1, GG-Erlass am 23.05.1949, GG-Inkrafttreten am 24.05.1949 – Grundgesetzgebung realiter ohne Volksabstimmung, im Auftrag der drei westlichen Besatzungsmächte, nach Erarbeitung des Parlamentarischen Rats, nach Annahme durch alle Landtage in der Westzone außer dem bayerischen Landtag.

[188] Vgl. bzgl. **Staatshandlungsfähigkeit**: BVerfG, Beschluss des Zweiten Senats vom 14.01.2020 – 2 BvR 1333/17 (Kopftuchverbot für Rechtsreferendarinnen), Ls. 3 und Rn. 89: „der Staat kann nur durch [natürliche oder juristische P. B.] Personen handeln.".

- **Demokratie**[189]**-Prinzip**[190], vgl. auch Art. 20 Abs. 1, Abs. 2 S. 1 GG, Art. 21 Abs. 1 S. 3 GG, Art. 28 Abs. 1 S. 1, Abs. 2 GG, Art. 79 Abs. 3 GG[191] mit

---

[189] Demokratie-Etymologie: Vom Altgriechischen δημοκρατία, zu Deutsch: Staatsvolkherrschaft; vom Griechischen: δῆμος/dēmos, zu Deutsch: Staatsvolk (im Sinne von Staatsbürgervolk im status activus), und vom Griechischen κράτος/krátos, zu Deutsch: Gewalt, Macht, Herrschaft.

Vgl. BVerfGE 83, 37, Ls. 2-5 und 51 (Ausländerwahlrecht I) = BVerfG, Urteil des Zweiten Senats vom 31.10.1990 – 2 BvF 2, 6/89 –, Ls. 2-5 und C. I. 2., Rn. 53-55.

Vgl. auch BVerfG, Beschluss des Zweiten Senats vom 14.01.2020 – 2 BvR 1333/17 –, Rn. 87: „**Staat** als Heimstatt aller **Staatsbürger**".

Vgl. auch Art. 116 GG (**Deutscher / Statusdeutscher / Staatsangehörigkeit**), §§ 1, 3, 17 StAG (**Staatsangehörigkeit**), vgl. auch § 2 Abs. 1 AufenthG („**Ausländer**"), § 3b Abs. 1 Nr. 3 AsylG („**Nationalität**"), § 28 BeschV („**Deutsche Volkszugehörige**"), § 6 BVFG („**Volkszugehörigkeit**").

Vgl. Art. 9 S. 2, 3 EUV, Art. 20 Abs. 1 S. 2, 3 AEUV (**Unionsbürger**); Art. 9 S. 1 EUV („Die Union achtet in ihrem gesamten Handeln den **Grundsatz der Gleichheit ihrer Bürgerinnen und Bürger**, denen ein gleiches Maß an Aufmerksamkeit seitens der Organe, Einrichtungen und sonstigen Stellen der Union zuteil wird."); Titel III (Art. 20-26) EU-GR-Charta („Gleichheit"), insbesondere auch: Art. 20, 21, 23, 25, 26, 34, 35 EU-GR-Charta; Art. 21 EU-GR-Charta (allgemeines **EU-Diskriminierungsverbot**); Art. 18 AEUV i.V.m. Art. 21 EU-GR-Charta (**EU-Staatsangehörigkeits-Diskriminierungsverbot**: Verbot der Diskriminierung aus Gründen der Staatsangehörigkeit im Anwendungsbereich der EU-Verträge unbeschadet besonderer Bestimmungen).

Vgl. § 21 Abs. 1 GO NRW: „**Einwohner** ist, wer in der Gemeinde wohnt. § 21 Abs. 2 GO NRW: „**Bürger** ist, wer zu den Gemeindewahlen wahlberechtigt ist.".

Vgl. Art. 38 GG; Art. 2, 3, 30, 31 Verfassung NRW; Titel V (Art. 39-46) EU-GR-Charta (**Bürgerrechte**); Art. 20 Abs. 2b und Art. 22 Abs. 2 AEUV i.V.m. Art. 39 EU-GR-Charta (Aktives und passives **Wahlrecht** bei den Wahlen zum Europäischen Parlament): „Unionsbürgerinnen und Unionsbürger"; Art. 20 Abs. 2b und Art. 22 Abs. 1 AEUV i.V.m. Art. 40 EU-GR-Charta (Aktives und passives **Wahlrecht** bei den Kommunalwahlen): „Unionsbürgerinnen und Unionsbürger", § 12 BWahlG (**Wahlberechtigung**), § 15 BWahlG (**Wählbarkeit**), § 1 Landeswahlgesetz NRW (**Wahlberechtigung**), § 4 Landeswahlgesetz NRW (**Wählbarkeit**), § 7 Kommunalwahlgesetz NRW (**Wahlberechtigung**), § 12 Kommunalwahlgesetz NRW (**Wählbarkeit**).

[190] Prinzip-Etymologie: Vom Lateinischen principium, zu Deutsch: Anfang, Beginn, Grund, Ursprung.

[191] BVerfGE 144, 20, 208 f. (NPD-Parteiverbotsverfahren II 2013-2017 [NPD-Verbotsverfahren I 2001-2003: BVerfGE 107, 339 = BVerfG, Beschluss des Zweiten Senats vom 18.03.2003 - 2 BvB 1, 2, 3/01]) = BVerfG, Urteil des Zweiten Senats vom 17.01.2017 - 2 BvB 1/13 –, C. II. 1. d), Rn. 542-544: „Das **Demokratieprinzip** ist konstitutiver Bestandteil der freiheitlichen demokratischen Grundordnung. **Demokratie** ist die Herrschaftsform der Freien und Gleichen. Sie beruht auf der Idee der freien Selbstbestimmung aller **Bürger** (vgl. BVerfGE 44, 125 <142>). Das Grundgesetz geht insoweit vom Eigenwert und der Würde des zur Freiheit befähigten Menschen aus und verbürgt im Recht der **Bürger**, in Freiheit und Gleichheit durch Wahlen und Abstimmungen die sie betreffende öffentliche Gewalt personell und sachlich zu bestimmen, zugleich den menschenrechtlichen Kern des **Demokratieprinzips** (vgl. BVerfGE 123, 267 <341>; 129, 124 <169>; 135, 317 <386 Rn. 125>; BVerfG, Urteil vom 21. Juni 2016 – 2 BvR 2728/13 u.a. –, juris, Rn. 124 [Schrittumsquellenangaben]. Unverzichtbar für ein **demokratisches System** sind die Möglichkeit gleichberechtigter Teilnahme aller Bürgerinnen und Bürger am Prozess der politischen Willensbildung und die Rückbindung der Ausübung der Staatsgewalt an das Volk (Art. 20 Abs. 1 und 2 GG). Wie diesen Anforderungen entsprochen wird, ist für die Frage der Vereinbarkeit eines politischen Konzepts mit der freiheitlichen demokratischen Grundordnung nicht entscheidend. So vermag die Ablehnung des **Parlamentarismus**, wenn sie mit der Forderung nach dessen Ersetzung durch ein plebiszitäres System verbunden ist, den Vorwurf der Missachtung der **freiheitlichen demokratischen Grundordnung** nicht zu begründen. Anders verhält es sich jedoch im Fall eines Verächtlichmachens des Parlaments mit dem Ziel, ein Einparteiensystem zu etablieren. In der **Demokratie** erfolgt die politische Willensbildung vom Volk zu den Staatsorganen und nicht umgekehrt (vgl. BVerfGE 44, 125 [140]; 69,

315 [346]; 107, 339 [361]). Die **demokratischen Postulate** der **Freiheit** und **Gleichheit** erfordern gleichberechtigte Mitwirkungsmöglichkeiten aller **Bürger**. Nur dann ist dem Erfordernis der Offenheit des Prozesses der politischen Willensbildung genügt. Damit sind Konzepte des dauerhaften oder vorübergehenden willkürlichen Ausschlusses Einzelner aus diesem Prozess nicht vereinbar. Die Instrumente zur Sicherung der Offenheit des Prozesses der **politischen Willensbildung** (Mehrparteiensystem, Chancengleichheit der Parteien, Recht auf Bildung und Ausübung einer Opposition) sind demgegenüber nachrangig.".

**Volkssouveränität/Staatsgewaltsträgerschaft des Volkes – Bundesstaatsvolk** und **Landesstaatsvolk**[192] - als Legitimationssubjekt in einer **(Staatsgewalt**[193]**-)Legitimationskette**

---

192 BVerfGE 83, 37, Ls. 2-5 und 51 (Ausländerwahlrecht I) = BVerfG, Urteil des Zweiten Senats vom 31.10.1990 – 2 BvF 2, 6/89 –, Ls. 2-5 und C. I. 2., Rn. 53-55; BVerfGE 83, 37, Ls. 2-5 = BVerfG, Urteil des Zweiten Senats vom 31.10.1990 – 2 BvF 2, 6/89, Ls. 2-5: „2. Art. 20 Abs. 2 Satz 1 GG bestimmt, daß das **Staatsvolk** der Bundesrepublik Deutschland Träger und Subjekt der **Staatsgewalt** ist. 3. a) Das **Staatsvolk**, von dem die Staatsgewalt in der Bundesrepublik Deutschland ausgeht, wird nach dem Grundgesetz von den **Deutschen**, also den **deutschen Staatsangehörigen** und den ihnen nach Art. 116 Abs. 1 gleichgestellten Personen, gebildet. b) Damit wird für das **Wahlrecht**, durch dessen Ausübung das Volk in erster Linie die ihm zukommende **Staatsgewalt** wahrnimmt, nach der Konzeption des Grundgesetzes die Eigenschaft als **Deutscher** vorausgesetzt. 4. Die den Bundesländern zukommende Staatsgewalt kann gemäß Art. 20 Abs. 2, Art. 28 Abs. 1 Satz 1 GG ebenfalls nur von denjenigen getragen werden, die Deutsche im Sinne des Art. 116 Abs. 1 GG sind. 5. Auch soweit Art. 28 Abs. 1 Satz 2 GG eine Vertretung des Volkes für die Kreise und Gemeinden vorschreibt, bilden ausschließlich **Deutsche** das **Volk** und wählen dessen Vertretung. Die Vorschrift gewährleistet für alle Gebietskörperschaften auf dem Territorium der Bundesrepublik Deutschland die Einheitlichkeit der **demokratischen Legitimationsgrundlage** und trägt damit der besonderen Stellung der kommunalen Gebietskörperschaften im Aufbau des demokratischen Staates Rechnung.“.

BVerfGE 83, 37, 51 (Ausländerwahlrecht I) = BVerfG, Urteil des Zweiten Senats vom 31.10.1990 – 2 BvF 2, 6/89 –, C. I. 2., Rn. 53-55: „Art. 20 Abs. 2 Satz 1 GG hat daher nicht zum Inhalt, daß sich die Entscheidungen der Staatsgewalt von den jeweils Betroffenen her zu legitimieren haben; vielmehr muß die **Staatsgewalt** das **Volk** als eine zur Einheit verbundene Gruppe von Menschen zu ihrem Subjekt haben. Das **Volk**, von dem die **Staatsgewalt** in der Bundesrepublik Deutschland ausgeht, wird nach dem Grundgesetz von den **deutschen Staatsangehörigen** und den ihnen nach Art. 116 Abs. 1 gleichgestellten Personen gebildet. Die Zugehörigkeit zum **Staatsvolk** der Bundesrepublik wird also grundsätzlich durch die **Staatsangehörigkeit** vermittelt (vgl. BVerfGE 37, 217 [239, 253]). Die **Staatsangehörigkeit** ist die rechtliche Voraussetzung für den gleichen **staatsbürgerlichen Status**, der einerseits gleiche Pflichten, zum anderen und insbesondere aber auch die Rechte begründet, durch deren Ausübung die **Staatsgewalt** in der Demokratie ihre **Legitimation** erfährt. Auch andere Regelungen des Grundgesetzes, die einen Bezug zum Volk aufweisen, lassen keinen Zweifel daran, daß **Staatsvolk** das deutsche Volk ist: Nach der Präambel ist es das **Deutsche Volk**, welches sich kraft seiner verfassungsgebenden Gewalt das Grundgesetz gegeben hat; Art. 33 Abs. 1 und 2 gewährleistet jedem Deutschen in jedem Lande die gleichen staatsbürgerlichen Rechte und Pflichten; nach Art. 56 und Art. 64 Abs. 2 schwören der Bundespräsident und die Mitglieder der Bundesregierung, ihre Kraft dem Wohle des deutschen Volkes zu widmen; schließlich weist Art. 146 dem deutschen Volke die Entscheidung über eine das Grundgesetz zu gegebener Zeit ablösende Verfassung zu. In nicht zu übersehender Parallelität erklären die Präambel und Art. 146 GG das **deutsche Volk** zum **Träger und Subjekt des Staates** der Bundesrepublik Deutschland. Ebenso erhält Art. 116 GG, der die Eigenschaft als **Deutscher** auf die sogenannten **Statusdeutschen** erstreckt, seinen Sinn erst dadurch, daß der **Träger der deutschen Staatsgewalt** im Ausgangspunkt durch die Gesamtheit der **deutschen Staatsangehörigen** zu definieren ist. Der Verfassungsgeber hat dort, wo er im Blick auf Besonderheiten der Nachkriegszeit bestimmte Modifikationen dieses Grundsatzes zugelassen hat, dies ausdrücklich geregelt.“.

BVerfGE 107, 59, 60 (Lippeverband) = BVerfG, Beschluss des 2. Senates vom 05.12.2002 – 2 BvL 5/98 –, C. I. 1. a), Rn. 155: „Nach der Rechtsprechung des Bundesverfassungsgerichts, auf die das Bundesverwaltungsgericht seine Vorlagebeschlüsse gestützt hat, fordert das in Art. 20 Abs. 2 und Art. 28 Abs. 1 GG verankerte **demokratische Prinzip**, dass alle Staatsgewalt vom Volke ausgeht und von diesem in Wahlen und Abstimmungen und durch besondere Organe der Gesetzgebung, der vollziehenden Gewalt und der Rechtsprechung ausgeübt wird; diese bedürfen hierfür einer Legitimation, die sich auf die Gesamtheit der Bürger als Staatsvolk zurückführen lässt (vgl. BVerfGE 38, 258 [271]; 47, 253 [272]; 77, 1 [40]; 83, 60 [71]; 93, 37 [66]). **Volk** im Sinne dieser Verfassungsnormen und damit **Legitimationssubjekt** ist das jeweilige Bundes- oder Landesstaatsvolk (vgl. BVerfGE 83, 60 [74]).

(Zurechnungszusammenhang vom Volk zu den Staats[gewalts]organen und deren Amtswaltern[194]).[195]

---

BVerfGE 93, 37, 66 (Mitbestimmungsgesetz Schleswig-Holstein) = BVerfG, Beschluss des Zweiten Senats vom 24.05.1995 - 2 BvF 1/92, C. I., Rn. 132: „Gemäß Art. 28 Abs. 1 Satz 1 GG sind die Grundentscheidung des Art. 20 Abs. 2 GG für die Volkssouveränität und die daraus folgenden Grundsätze der demokratischen Organisation und Legitimation von Staatsgewalt auch für die verfassungsmäßige Ordnung in den Ländern verbindlich.“.

Vgl. auch BVerfG, Beschluss des Zweiten Senats vom 14.01.2020 – 2 BvR 1333/17 –, Rn. 87: „**Staat** als Heimstatt aller **Staatsbürger**“.

Vgl. auch Art. 116 GG (**Deutscher / Statusdeutscher / Staatsangehörigkeit**), §§ 1, 3, 17 StAG (**Staatsangehörigkeit**), vgl. auch § 2 Abs. 1 AufenthG („**Ausländer**“), § 3b Abs. 1 Nr. 3 AsylG („**Nationalität**“), § 28 BeschV („**Deutsche Volkszugehörige**“), § 6 BVFG („**Volkszugehörigkeit**“).

Vgl. Art. 9 S. 2, 3 EUV, Art. 20 Abs. 1 S. 2, 3 AEUV (**Unionsbürger**); Art. 9 S. 1 EUV („Die Union achtet in ihrem gesamten Handeln den **Grundsatz der Gleichheit ihrer Bürgerinnen und Bürger**, denen ein gleiches Maß an Aufmerksamkeit seitens der Organe, Einrichtungen und sonstigen Stellen der Union zuteil wird.“); Titel III (Art. 20-26) EU-GR-Charta („Gleichheit“), insbesondere auch: Art. 20, 21, 23, 25, 26, 34, 35 EU-GR-Charta; Art. 21 EU-GR-Charta (allgemeines **EU-Diskriminierungsverbot**); Art. 18 AEUV i.V.m. Art. 21 EU-GR-Charta (**EU-Staatsangehörigkeits-Diskriminierungsverbot**: Verbot der Diskriminierung aus Gründen der Staatsangehörigkeit im Anwendungsbereich der EU-Verträge unbeschadet besonderer Bestimmungen).

Vgl. § 21 Abs. 1 GO NRW: „**Einwohner** ist, wer in der Gemeinde wohnt. § 21 Abs. 2 GO NRW: „**Bürger** ist, wer zu den Gemeindewahlen wahlberechtigt ist.“.

Vgl. Art. 38 GG; Art. 2, 3, 30, 31 Verfassung NRW; Titel V (Art. 39-46) EU-GR-Charta (**Bürgerrechte**); Art. 20 Abs. 2b und Art. 22 Abs. 2 AEUV i.V.m. Art. 39 EU-GR-Charta (Aktives und passives **Wahlrecht** bei den Wahlen zum Europäischen Parlament): „Unionsbürgerinnen und Unionsbürger“; Art. 20 Abs. 2b und Art. 22 Abs. 1 AEUV i.V.m. Art. 40 EU-GR-Charta (Aktives und passives **Wahlrecht** bei den Kommunalwahlen): „Unionsbürgerinnen und Unionsbürger“, § 12 BWahlG (**Wahlberechtigung**), § 15 BWahlG (**Wählbarkeit**), § 1 Landeswahlgesetz NRW (**Wahlberechtigung**), § 4 Landeswahlgesetz NRW (**Wählbarkeit**), § 7 Kommunalwahlgesetz NRW (**Wahlberechtigung**), § 12 Kommunalwahlgesetz NRW (**Wählbarkeit**).

[193] BVerfGE 93, 37, Ls. 1 (Mitbestimmungsgesetz Schleswig-Holstein) = BVerfG, Beschluss des Zweiten Senats vom 24.05.1995 - 2 BvF 1/92, Ls. 1: „Als **Ausübung von Staatsgewalt**, die demokratischer Legitimation bedarf, stellt sich jedenfalls alles amtliche Handeln mit Entscheidungscharakter dar (BVerfGE 83, 60 [73]). Es kommt nicht darauf an, ob es unmittelbar nach außen wirkt oder nur behördenintern die Voraussetzungen für die Wahrnehmung der Amtsaufgaben schafft.“.

BVerfGE 107, 59, 60 (Lippeverband) = BVerfG, Beschluss des 2. Senates vom 05.12.2002 – 2 BvL 5/98 –, C. I. 1. a), Rn. 155: „Als **Ausübung von Staatsgewalt**, die demokratischer Legitimation bedarf, stellt sich jedenfalls alles amtliche Handeln mit Entscheidungscharakter dar (vgl. BVerfGE 47, 253 [272 f.]; 77, 1 [40]; 83, 60 [73]; 93, 37 [68]). Dies gilt gleichermaßen für Entscheidungen, die unmittelbar nach außen wirken, wie auch für solche, die nur behördenintern die Voraussetzungen für die Wahrnehmung der Amtsaufgaben schaffen (vgl. BVerfGE 93, 37 [68]), sowie für die Wahrnehmung von Mitentscheidungsbefugnissen einschließlich der Ausübung von Vorschlagsrechten (vgl. BVerfGE 83, 60 [73]).“.

[194] Vgl. bzgl. **Staatshandlungsfähigkeit**: BVerfG, Beschluss des Zweiten Senats vom 14.01.2020 – 2 BvR 1333/17 (Kopftuchverbot für Rechtsreferendarinnen), Ls. 3 und Rn. 89: „der Staat kann nur durch [natürliche oder juristische P. B.] Personen handeln.“.

[195] BVerfGE 93, 37, 66-68 (Mitbestimmungsgesetz Schleswig-Holstein) = BVerfG, Beschluss des Zweiten Senats vom 24.05.1995 – 2 BvF 1/92, C. I. 1., Rn. 133-137: „Art. 20 Abs. 2 Satz 2 GG gestaltet den Grundsatz der **Volkssouveränität** aus. Er legt fest, daß das **Volk** die Staatsgewalt, deren Träger es ist, außer durch Wahlen und Abstimmungen durch besondere Organe der Gesetzgebung, der vollziehenden Gewalt und der Rechtsprechung ausübt. Das setzt voraus, daß das Volk einen effektiven Einfluß auf die

Ausübung der Staatsgewalt durch diese Organe hat. Deren Akte müssen sich auf den Willen des Volkes zurückführen lassen und ihm gegenüber verantwortet werden. Dieser **Zurechnungszusammenhang zwischen Volk und staatlicher Herrschaft** wird vor allem durch die **Wahl** des Parlaments, durch die von ihm beschlossenen **Gesetze** als Maßstab der **vollziehenden Gewalt**, durch den parlamentarischen Einfluß auf die Politik der Regierung sowie durch die grundsätzliche **Weisungsgebundenheit der Verwaltung** gegenüber der Regierung hergestellt. Für die Beurteilung, ob dabei ein hinreichender Gehalt an **demokratischer Legitimation** erreicht wird, haben die in der Rechtsprechung des Bundesverfassungsgerichts und in der Literatur unterschiedenen Formen der institutionellen, funktionellen, sachlich-inhaltlichen und der personellen **Legitimation** Bedeutung nicht je für sich, sondern nur in ihrem Zusammenwirken. Aus verfassungsrechtlicher Sicht entscheidend ist nicht die Form der **demokratischen Legitimation** staatlichen Handelns, sondern deren Effektivität; notwendig ist ein bestimmtes **Legitimationsniveau**. Dieses kann bei den verschiedenen Erscheinungsformen von Staatsgewalt im allgemeinen und der vollziehenden Gewalt im besonderen unterschiedlich ausgestaltet sein; innerhalb der **Exekutive** ist dabei auch die **Funktionenteilung** zwischen der für die politische Gestaltung zuständigen, parlamentarisch verantwortlichen **Regierung** und der zum **Gesetzesvollzug** verpflichteten **Verwaltung** zu berücksichtigen (vgl. BVerfGE 83, 60 [71 f.] m.w.N.). **Organe** und **Amtswalter** bedürfen mithin zur Ausübung von **Staatsgewalt** einer **Legitimation**, die - als eine demokratische - auf die Gesamtheit der **Staatsbürger**, das **Volk**, zurückgeht, jedoch regelmäßig nicht durch unmittelbare Volkswahl erfolgen muß. In diesem Bereich ist die Ausübung von **Staatsgewalt** demokratisch legitimiert, wenn sich die Bestellung der Amtsträger - personelle Legitimation vermittelnd - auf das **Staatsvolk** zurückführen läßt und das Handeln der **Amtsträger** selbst eine ausreichende **sachlich-inhaltliche Legitimation** erfährt; dies setzt voraus, daß die Amtsträger im Auftrag und nach Weisung der Regierung - ohne Bindung an die Willensentschließung einer außerhalb parlamentarischer Verantwortung stehenden Stelle - handeln können und die Regierung damit in die Lage versetzen, die **Sachverantwortung** gegenüber Volk und Parlament zu übernehmen (vgl. BVerfGE 9, 268 [281 f.]). Uneingeschränkte **personelle Legitimation** besitzt ein **Amtsträger** dann, wenn er verfassungsgemäß sein Amt im Wege einer Wahl durch das Volk oder das Parlament oder dadurch erhalten hat, daß er durch einen seinerseits personell legitimierten, unter Verantwortung gegenüber dem Parlament handelnden Amtsträger oder mit dessen Zustimmung bestellt worden ist (ununterbrochene **Legitimationskette**, vgl. dazu BVerfGE 83, 60 [73]). Sieht das Gesetz ein Gremium als Kreationsorgan für die definitive Bestellung eines Amtsträgers vor, das nur teils aus personell legitimierten Amtsträgern zusammengesetzt ist, so erhält der zu Bestellende volle **demokratische Legitimation** für sein Amt nur dadurch, daß die die Entscheidung tragende Mehrheit sich ihrerseits aus einer Mehrheit unbeschränkt demokratisch legitimierter Mitglieder des Kreationsorgans ergibt. Die **Vermittlung personeller demokratischer Legitimation** setzt weiter voraus, daß die personell demokratisch legitimierten Mitglieder eines solchen Kreationsorgans bei ihrer Mitwirkung an der Bestellung eines Amtsträgers ihrerseits auch parlamentarisch verantwortlich handeln. **Demokratischer Legitimation** bedarf die Ausübung der **Staatsgewalt** in ihrer jeweiligen **Funktion**. Der demokratische **Legitimationszusammenhang**, den eine ununterbrochene **Legitimationskette** für einen **Amtswalter** begründet, bezieht sich jeweils auf das im Wege solcher Legitimation verliehene **Amt**, geht nicht darüber hinaus. **Tätigkeiten**, die von den Aufgaben des übertragenen Amtes nicht umfaßt werden, sind dadurch nicht mitlegitimiert; der Amtswalter handelt in diesem Bereich persönlich, nicht kraft demokratischer Legitimation. Als **Ausübung von Staatsgewalt**, die demokratischer Legitimation bedarf, stellt sich jedenfalls alles amtliche Handeln mit Entscheidungscharakter dar (BVerfGE 83, 60 [73]). Es kommt nicht darauf an, ob es unmittelbar nach außen wirkt oder nur behördenintern die Voraussetzungen für die Wahrnehmung der Amtsaufgaben schafft. Auch solche Entscheidungen bedürfen daher demokratischer Legitimation.".

BVerfGE 107, 59 (Lippeverband), Ls. 1-3 = BVerfG, Beschluss des 2. Senates vom 05.12.2002 – 2 BvL 5/98 -, Ls. 1-3: „1. Außerhalb der unmittelbaren Staatsverwaltung und der gemeindlichen Selbstverwaltung ist das Demokratiegebot des Art. 20 Abs. 2 GG offen für Formen der Organisation und Ausübung von Staatsgewalt, die vom Erfordernis lückenloser personeller demokratischer Legitimation aller Entscheidungsbefugten abweichen. Es erlaubt, für abgegrenzte Bereiche der Erledigung öffentlicher Aufgaben durch Gesetz besondere Organisationsformen der Selbstverwaltung zu schaffen. 2. Die **funktionale Selbstverwaltung** ergänzt und verstärkt das demokratische Prinzip. Der Gesetzgeber darf ein wirksames Mitspracherecht der Betroffenen schaffen und verwaltungsexternen Sachverstand aktivieren, einen sachgerechten Interessenausgleich erleichtern und so dazu beitragen, dass die von ihm beschlossenen Zwecke und Ziele effektiver erreicht werden. 3. Verbindliches **Handeln mit Entscheidungscharakter** ist den Organen von Trägern funktionaler Selbstverwaltung aus verfassungsrechtlicher Sicht nur gestattet, weil und soweit das Volk auch insoweit sein Selbstbestimmungsrecht wahrt. Das erfordert, dass die Aufgaben und Handlungsbefugnisse der Organe in einem von der Volksvertretung beschlossenen Gesetz ausreichend vorherbestimmt sind und ihre Wahrnehmung der Aufsicht personell demokratisch legitimierter Amtswalter unterliegt.

BVerfGE 107, 59, 60, 86-88 (Lippeverband) = BVerfG, Beschluss des 2. Senates vom 05.12.2002 – 2 BvL 5/98 –, C. I. 1. a) b), Rn. 156-160: „Für die **unmittelbare Staatsverwaltung** und die **kommunale Selbstverwaltung** gilt: Die verfassungsrechtlich notwendige demokratische Legitimation erfordert eine ununterbrochene **Legitimationskette** vom Volk zu den mit staatlichen Aufgaben betrauten Organen und Amtswaltern (vgl. BVerfGE 47, 253 [275]; 52, 95 [130]; 77, 1 [40]; 83, 60 [72 f.]; 93, 37 [66]). Für die Beurteilung, ob ein **hinreichender Gehalt an demokratischer Legitimation** erreicht wird, haben die in der Rechtsprechung des Bundesverfassungsgerichts und in der Literatur unterschiedenen Formen der institutionellen, funktionellen, sachlich-inhaltlichen und der personellen Legitimation nicht je für sich Bedeutung, sondern nur in ihrem Zusammenwirken. Aus verfassungsrechtlicher Sicht entscheidend ist nicht die Form der demokratischen Legitimation staatlichen Handelns, sondern deren Effektivität; notwendig ist ein bestimmtes **Legitimationsniveau** (vgl. BVerfGE 83, 60 [72]; 93, 37 [66 f.]). Die **Ausübung von Staatsgewalt** ist dann **demokratisch legitimiert**, wenn sich die Bestellung der Amtsträger - personelle Legitimation vermittelnd - auf das Staatsvolk zurückführen lässt und das Handeln der Amtsträger selbst eine ausreichende sachlich-inhaltliche Legitimation erfährt, d.h. die Amtsträger im Auftrag und nach Weisung der Regierung handeln und die Regierung damit in die Lage versetzen, die Sachverantwortung gegenüber Volk und Parlament zu übernehmen (vgl. BVerfGE 93, 37 [67 f.]). Ein **Amtsträger** ist uneingeschränkt personell legitimiert, wenn er sein Amt im Wege einer Wahl durch das Volk oder das Parlament oder durch einen seinerseits personell legitimierten Amtsträger oder mit dessen Zustimmung erhalten hat. Wird er von einem Gremium mit nur zum Teil personell legitimierten Amtsträgern bestellt, erfordert die volle demokratische Legitimation, dass die die Entscheidung tragende Mehrheit aus einer Mehrheit unbeschränkt demokratisch legitimierter Mitglieder des Kreationsorgans besteht (**Prinzip der doppelten Mehrheit**, vgl. BVerfGE 93, 37 [67 f.]). Das demokratische Prinzip lässt auch Raum für die Beteiligung einer Mitarbeitervertretung, solange diese nicht den Grundsatz berührt, dass alle der Staatsgewalt Unterworfenen den gleichen Einfluss auf die Ausübung von Staatsgewalt haben müssen (BVerfGE 93, 37 [69]). Die verfassungsrechtliche Zulässigkeit der Beteiligung der **Personalvertretung** beurteilt sich dabei unter Würdigung der Bedeutung der beteiligungspflichtigen Maßnahmen. Diese vom Bundesverwaltungsgericht in den Vorlagebeschlüssen herangezogenen Grundsätze zur Entfaltung des demokratischen Prinzips hat das Bundesverfassungsgericht für die unmittelbare Staatsverwaltung auf Bundes- und Landesebene sowie die Selbstverwaltung in den Kommunen entwickelt. Für die Kommunen ergibt sich das Erfordernis personeller demokratischer Legitimation (**Legitimationskette**) wegen des sachlich-gegenständlich nicht weiter eingegrenzten, umfassenden Aufgabenkreises der Selbstverwaltung der Gemeinden. Art. 28 Abs. 1 Satz 2 GG will nicht die "mitgliedschaftlich-partizipatorische" Komponente, die aller Selbstverwaltung eigen ist, zusätzlich stärken, sondern die Einheitlichkeit der demokratischen Legitimation durch das Volk im Staatsaufbau sicherstellen".

BVerfGE 107, 59, 91 f. (Lippeverband) = BVerfG, Beschluss des 2. Senates vom 05.12.2002 – 2 BvL 5/98 -, C. I. 3 a), Rn. 167: „Art. 20 Abs. 2 GG enthält eine Staatszielbestimmung und ein Verfassungsprinzip. Aufgrund seines Prinzipiencharakters ist Art. 20 Abs. 2 GG entwicklungsoffen. Das ‚**Ausgehen der Staatsgewalt**' vom Volk muss für das Volk wie auch die Staatsorgane jeweils konkret erfahrbar und praktisch wirksam sein. Bei veränderten Verhältnissen können Anpassungen notwendig werden (vgl. Herzog, in: Maunz/Dürig, Grundgesetz Kommentar, Art. 20 II., Rn. 36, Dreier, Grundgesetz Kommentar, Bd. II, Art. 20 [Einführung], Rn. 10). Außerhalb der unmittelbaren Staatsverwaltung und der in ihrem sachlich-gegenständlichen Aufgabenbereich nicht beschränkten gemeindlichen Selbstverwaltung ist das **Demokratiegebot** offen für andere, insbesondere vom Erfordernis lückenloser personeller demokratischer Legitimation aller Entscheidungsbefugten abweichende Formen der Organisation und Ausübung von Staatsgewalt. Eine solche Interpretation des Art. 20 Abs. 2 GG ermöglicht es zudem, die im **demokratischen Prinzip** wurzelnden Grundsätze der Selbstverwaltung und der Autonomie (vgl. BVerfGE 33, 125 [159]) angemessen zur Geltung zu bringen. Im Rahmen der repräsentativ verfassten Volksherrschaft erlaubt das Grundgesetz auch besondere Formen der Beteiligung von Betroffenen bei der Wahrnehmung öffentlicher Aufgaben.".

BVerfGE 144, 20, 209 f. (NPD-Parteiverbotsverfahren II 2013-2017 [NPD-Verbotsverfahren I 2001-2003: BVerfGE 107, 339 = BVerfG, Beschluss des Zweiten Senats vom 18.03.2003 - 2 BvB 1, 2, 3/01]) = BVerfG, Urteil des Zweiten Senats vom 17.01.2017 - 2 BvB 1/13 –, C. II. 1. d) bb), Rn. 545: „Der Grundsatz der **Volkssouveränität** (Art. 20 Abs. 2 Satz 1 GG) erfordert daneben, dass sich alle Akte der Ausübung der Staatsgewalt auf den Willen des Volkes zurückführen lassen (vgl. BVerfGE 38, 258 <271>; 47, 253 <272>; 77, 1 <40>; 83, 60 <71>; 93, 37 <66>; 107, 59 <87>). Soweit das Volk die Staatsgewalt nicht selbst durch Wahlen oder Abstimmungen ausübt, sondern dies besonderen Organen (Art. 20 Abs. 2 Satz 2 GG) übertragen ist, bedarf es eines hinreichend engen **Legitimationszusammenhangs**, der sicherstellt, dass das Volk einen effektiven Einfluss auf die Ausübung der Staatsgewalt durch diese Organe hat (vgl. BVerfGE 83, 60 <71 f.>; 89, 155 <182>; 93, 37 <66>). Erforderlich ist eine ununterbrochene **Legitimationskette** vom Volk zu den mit staatlichen Aufgaben betrauten Organen und Amtswaltern (vgl. BVerfGE 47, 253 <275>; 52, 95 <130>; 77, 1 <40>; 93, 37 <66>; 107, 59 <87>). Auch insoweit kommt es im Rahmen des Art. 21 Abs. 2 Satz 1 GG vorrangig nicht auf die einzelnen Instrumente zur Sicherstellung des hinreichenden **Legitimationszusammenhangs** (**Parlamentarismus**, **Verantwortlichkeit der Regierung**, **Gesetzes- und Weisungsgebundenheit der Verwaltung**), sondern auf die grundsätzliche Beachtung des Prinzips der **Volkssouveränität** an.".

BVerfG, Urteil des Zweiten Senats vom 05.05.2020 – 2 BvR 859/15 – (EZB-Staatsanleihekaufprogramm [Public Sector Purchase Programme – PSPP]), C. I. 1.-2 (vor 2a), Rn. 98-101: „Das dem Einzelnen in Art. 38 Abs. 1 Satz 1 GG garantierte **Wahlrecht** zum Deutschen Bundestag erschöpft sich nicht in einer formalen Legitimation der (Bundes-)Staatsgewalt (1.). Der Anspruch der Bürgerinnen und Bürger auf **demokratische Selbstbestimmung** gilt auch in Ansehung der europäischen Integration (2.) und schützt sie [vgl. status positivus, vgl. auch Rn. 114, P. B.] im Anwendungsbereich von Art. 23 Abs. 1 GG vor offensichtlichen und strukturell bedeutsamen Kompetenzüberschreitungen durch Organe, Einrichtungen und sonstige Stellen der Europäischen Union (3.) sowie davor, dass solche Maßnahmen die Grenze der durch Art. 79 Abs. 3 GG für unantastbar erklärten Grundsätze des Art. 1 oder des Art. 20 GG überschreiten (4.). Das dem Einzelnen in Art. 38 Abs. 1 Satz 1 GG garantierte Wahlrecht zum Deutschen Bundestag erschöpft sich nach gefestigter Rechtsprechung des Bundesverfassungsgerichts nicht in einer formalen Legitimation der (Bundes-)Staatsgewalt, sondern umfasst auch dessen grundlegenden demokratischen Gehalt (vgl. BVerfGE 89, 155 <171>; 97, 350 <368>; 123, 267 <330>; 129, 124 <168>; 134, 366 <396 Rn. 51>; 142, 123 <189 Rn. 123>; 146, 216 <249 Rn. 45>; BVerfG, Urteil des Zweiten Senats vom 30. Juli 2019 - 2 BvR 1685/14, 2 BvR 2631/14 -, Rn. 115; vgl. auch BVerfGE 135, 317 <386 Rn. 125>). Dazu gehören namentlich der in Art. 20 Abs. 2 Satz 1 GG verankerte Grundsatz der **Volkssouveränität** und der damit zusammenhängende Anspruch der Bürgerinnen und Bürger, nur einer öffentlichen Gewalt ausgesetzt zu sein, die sie auch legitimieren und beeinflussen können (vgl. BVerfGE 142, 123 <189 Rn. 123>; BVerfG, Urteil des Zweiten Senats vom 30. Juli 2019 - 2 BvR 1685/14, 2 BvR 2631/14 -, Rn. 115). Jede in Deutschland ausgeübte öffentliche Gewalt muss danach auf die Bürgerinnen und Bürger zurückführbar sein [**Staatsgewalt-Legitimationskette**, P. B.] (vgl. BVerfGE 83, 37 <50 f.>; 93, 37 <66>; 130, 76 <123>; 137, 185 <232 Rn. 131>; 139, 194 <224 Rn. 106>; 142, 123 <191 Rn. 128>; BVerfG, Urteil des Zweiten Senats vom 30. Juli 2019 - 2 BvR 1685/14, 2 BvR 2631/14 -, Rn. 117). Dies schließt es aus, dass diese einer politischen Gewalt unterworfen werden, der sie nicht ausweichen können und die sie nicht prinzipiell personell und sachlich zu gleichem Anteil in Freiheit zu bestimmen vermögen (vgl. BVerfGE 123, 267 <341>; 142, 123 <191 Rn. 128>; BVerfG, Urteil des Zweiten Senats vom 30. Juli 2019 - 2 BvR 1685/14, 2 BvR 2631/14 -, Rn. 117). Art. 38 Abs. 1 Satz 1 GG gewährt dagegen keinen Anspruch auf eine über die Sicherung des durch Art. 20 Abs. 1 und Abs. 2 in Verbindung mit Art. 79 Abs. 3 in Verbindung mit Art. 1 Abs. 1 GG geschützten Anspruchs auf **demokratische Selbstbestimmung** hinausgehende Rechtmäßigkeitskontrolle demokratischer Mehrheitsentscheidungen. Er dient nicht der inhaltlichen Kontrolle demokratischer Prozesse, sondern ist auf deren Ermöglichung gerichtet (vgl. BVerfGE 129, 124 <168>; 134, 366 <396 f. Rn. 52>; 142, 123 <190 Rn. 126>; BVerfG, Urteil des Zweiten Senats vom 30. Juli 2019 - 2 BvR 1685/14, 2 BvR 2631/14 -, Rn. 118). Der in Art. 38 Abs. 1 Satz 1 in Verbindung mit Art. 20 Abs. 1 und Abs. 2 und Art. 79 Abs. 3 GG verankerte Anspruch auf **demokratische Selbstbestimmung** gilt

- horizontale und vertikale[196] **Staatsgewaltteilung / Gewaltenteilung** ([Auf- und Ver-]Teilung der Staatsgewalt und [Auf- und Ver-]Teilung der Staatsgewaltenteile) mit **Gewaltenverschränkung** (Aufgaben- und Maßnahmenüberschneidungen zwischen den Staatsgewaltenteilen)[197].

Gemäß Art. 20 Abs. 3 GG ist die **Gesetzgebung** an die verfassungsmäßige Ordnung, und sind die **vollziehende Gewalt** und die **Rechtsprechung** an Gesetz und Recht gebunden, was insbesondere bedeutet:

- Verantwortlichkeit der Regierung (**Regierungsverantwortlichkeit**) und Gesetzmäßigkeit der Verwaltung (**Verwaltungsgesetzmäßigkeit**);

---

ausweislich von Art. 23 Abs. 1 Satz 1 und Satz 3 GG grundsätzlich auch in Ansehung der europäischen Integration.“.

[196] Unterscheide: **Horizontale Gewaltenteilung** ([Auf- und Ver-]Teilung der Staatsgewalt und der Staatsgewaltenteile auf einer Staatsform-Ebene) und **vertikale Gewaltenteilung** ([Auf- und Ver-]Teilung der Staatsgewalt und der Staatsgewaltenteile durch/über mehrere Staatsform-Ebenen, in der BRD inbesondere den Ebenen von Bund, Land, Landkreisen, **Gemeinden** (**Kommunen**) sowie in Bund und Land den Ebenen von Regierungsleitung(spersonen), (Ober-, Mittel-, Unter-)**Behörden** (als Staatsgewaltorganen mit Personen als **Amtswaltern** [Staatsgewaltsorganhandelnden] in einer Funktion). Zur vertikalen Gewaltteilung vgl. auch Buch 1, Abschnitt 2, Unterabschnitt 2 (Bund-Länder Verhältnis in der BRD) und Buch 1, Abschnitt 2, Unterabschnitt 4, Titel 2 (allgemeiner Behördenaufbau) und Titel 3 (Polizeibehörden).

[197] BVerfGE 124, 78, 120 (Untersuchungsausschuss Geheimgefängnisse) = BVerfG, Beschluss des Zweiten Senats vom 17.06.2009 – 2 BvE 3/07 –, C. I. 3. b), Rn. 120-127, Rn. 120: „Machtverteilung“, „Mäßigung der Staatherrschaft“, „funktionsgerechte[n] Zuordnung hoheitlicher Befugnisse zu unterschiedlichen, jeweils aufgabenspezifisch ausgeformten Trägern öffentlicher Gewalt“, „**Gewaltenverschränkung**“, Rn. 121: „In der Verfassungsordnung des Grundgesetzes ist die **Teilung der Gewalten** nicht als absolute **Trennung** realisiert und geboten […]. Die Zweige der Staatsgewalt sind aufeinander bezogen und miteinander verschränkt, dürfen aber ihrer jeweiligen Eigenheit und ihrer spezifischen Aufgaben und Zuständigkeiten nicht beraubt werden […].“, Rn. 122: „Die Verantwortung der Regierung gegenüber Parlament und Volk setzt notwendigerweise einen Kernbereich exekutiver Eigenverantwortung voraus, der einen auch von parlamentarischen Untersuchungsausschüssen grundsätzlich nicht ausforschbaren Initiativ-, Beratungs- und Handlungsbereich einschließt.“, Rn. 126: „Die Notwendigkeit, hier zwischen gegenläufigen Belangen abzuwägen, entspricht der doppelten Funktion des Gewaltenteilungsgrundsatzes als Grund und Grenze parlamentarischer Kontrollrechte […].".

- **Vorrang und Vorbehalt der verfassungsmäßigen Ordnung einschließlich Gesetz und Recht**[198] – verkürzt: **Vorrang des Gesetzes**[199] und **Vorbehalt des Gesetzes**[200];

---

[198] **EMRK** (**Konvention zum Schutze der Menschenrechte und Grundfreiheiten**) und **EGMR-Entscheidungen** (**Europäischer-Gerichtshof-für-Menschenrechte-Entscheidungen**) haben den im Rahmen allgemeiner Auslegung zu berücksichtigenden Rang einfachen Bundesrechts der Bundesrepublik Deutschland. St. Rspr. seit BVerfGE 74, 358, 370 (Unschuldsvermutung I [Unschuldsvermutung II: BVerfGE 82, 106]) = BVerfG, Beschluss des Zweiten Senats vom 26.03.1987 – 2 BvR 589/79 –, C. I. 1. a), Rn. 39; verfestigt und zusammengeführt: BVerfGE 111, 307, Ls. 1, 2 und 315-319 (EGMR-Entscheidungen) = BVerfG, Beschluss des Zweiten Senats vom 14.10.2004 – 2 BvR 1481/04 –, C. I. 1., Rn. 31-37; Ls. 1: „Zur **Bindung an Gesetz und Recht** (Art. 20 Abs. 3 GG) gehört die Berücksichtigung der Gewährleistungen der **Konvention zum Schutze der Menschenrechte und Grundfreiheiten** [Europarat-Konvention Nr. 005 vom 04.11.1950 (EMRK), P. B.] und der **Entscheidungen des Europäischen Gerichtshofs für Menschenrechte** [**EGMR**] im Rahmen methodisch vertretbarer Gesetzesauslegung. Sowohl die fehlende Auseinandersetzung mit einer Entscheidung des Gerichtshofs als auch deren gegen vorrangiges Recht verstoßende schematische ‚Vollstreckung' können gegen Grundrechte in Verbindung mit dem Rechtsstaatsprinzip verstoßen.; Ls. 2: Bei der Berücksichtigung von Entscheidungen des Gerichtshofs haben die staatlichen Organe die Auswirkungen auf die nationale Rechtsordnung in ihre Rechtsanwendung einzubeziehen. Dies gilt insbesondere dann, wenn es sich bei dem einschlägigen nationalen Recht um ein ausbalanciertes Teilsystem des innerstaatlichen Rechts handelt, das verschiedene Grundrechtspositionen miteinander zum Ausgleich bringen will."; BVerfGE 111, 307, 323 f.: „Die Bindungswirkung von Entscheidungen des Europäischen Gerichtshofs für Menschenrechte hängt von dem jeweiligen Zuständigkeitsbereich der staatlichen Organe und des einschlägigen Rechts ab. Verwaltungsbehörden und Gerichte können sich nicht unter Berufung auf eine Entscheidung des Europäischen Gerichtshofs für Menschenrechte von der rechtsstaatlichen Kompetenzordnung und der Bindung an Gesetz und Recht (Art. 20 Abs. 3 GG) lösen. Zur Bindung an Gesetz und Recht gehört aber auch die Berücksichtigung der Gewährleistungen der Europäischen Menschenrechtskonvention und der Entscheidungen des Gerichtshofs im Rahmen methodisch vertretbarer Gesetzesauslegung. Sowohl die fehlende Auseinandersetzung mit einer Entscheidung des Gerichtshofs als auch deren gegen vorrangiges Recht verstoßende schematische ‚Vollstreckung' können deshalb gegen Grundrechte in Verbindung mit dem Rechtsstaatsprinzip verstoßen. Die über das Zustimmungsgesetz ausgelöste Pflicht zur Berücksichtigung der Gewährleistungen der Europäischen Menschenrechtskonvention und der Entscheidungen des Gerichtshofs erfordert zumindest, dass die entsprechenden Texte und Judikate zur Kenntnis genommen werden und in den Willensbildungsprozess des zu einer Entscheidung berufenen Gerichts, der zuständigen Behörde oder des Gesetzgebers einfließen. Das nationale Recht ist unabhängig von dem Zeitpunkt seines Inkrafttretens nach Möglichkeit im Einklang mit dem Völkerrecht auszulegen (vgl. BVerfGE 74, 358 [370]). Sind für die Beurteilung eines Sachverhalts Entscheidungen des Gerichtshofs einschlägig, so sind grundsätzlich die vom Gerichtshof in seiner Abwägung berücksichtigten Aspekte auch in die verfassungsrechtliche Würdigung, namentlich die Verhältnismäßigkeitsprüfung einzubeziehen, und es hat eine Auseinandersetzung mit den vom Gerichtshof gefundenen Abwägungsergebnissen stattzufinden (vgl. Beschluss der 1. Kammer des Zweiten Senats des Bundesverfassungsgerichts vom 1. März 2004 -- 2 BvR 1570/03 --, EuGRZ 2004 S. 317 [319]).", BVerfGE 111, 307, 329: „Auch auf der Ebene des Bundesrechts genießt die Konvention nicht automatisch Vorrang vor anderem Bundesrecht, zumal wenn es in diesem Zusammenhang nicht bereits Gegenstand der Entscheidung des Gerichtshofs war.".

BVerfG, Urteil des Ersten Senats vom 19.05.2020 – 1 BvR 2835/17 – (Ausland-Ausland-Fernmeldeaufklärung nach BNDG), Rn. 97: „Ein solches Verständnis der Reichweite der Grundrechte des Grundgesetzes ist auch durch die **Europäische Menschenrechtskonvention** [Europarat-Konvention Nr. 005 vom 04.11.1950 (EMRK), P. B.] nahegelegt, die bei der Auslegung der Grundrechte als Auslegungshilfe heranzuziehen ist (vgl. BVerfG, Beschluss des Ersten Senats vom 6. November 2019 - 1 BvR 16/13 -, Rn. 58 m.w.N. – Recht auf Vergessen I). […]", Rn. 99: „Denn als völkerrechtlicher Vertrag hat sie einen eigenständig definierten Anwendungsbereich, aus dem sich für die Reichweite des Grundrechtsschutzes nach dem Grundgesetz ohnehin keine unmittelbaren Ableitungen ergeben können. Sie schließt einen weitergehenden Grundrechtsschutz durch die Konventionsstaaten jedenfalls nicht aus (Art. 53 EMRK).".

- **Gesetzgebungs-Primat**[201];
- **Rechtsstaatsprinzip**.

Das **Rechtsstaatsprinzip** kann sich ergeben aus einer „Zusammenschau“ insbesondere von:

- Art. 20 Abs. 3 GG (**Gewaltenbindung**);
- Art. 1 Abs. 3 GG (**Gewaltengrundrechtsbindung**)[202];

---

[199] „**Vorrang des Gesetzes**“ bedeutet: Verbot von staatlichem/dem Staat zurechenbaren Verhalten gegen eine (rechtmäßige) Rechtsnorm.

[200] „**Vorbehalt des Gesetzes**“ bedeutet: Verbot von staatlichem/dem Staat zurechenbaren (Eingriffs-)Verhalten bei Fehlen einer dieses Verhalten erlaubenden (rechtmäßigen) Rechtsnorm [„Kein Verhalten ohne Gesetz“]. Grundsatz wegen Teilvorbehalts, beschränkt insbesondere auf Gesetzesnotwendigkeit bezüglich nichtbegünstigenden Eingriffsverhaltens oder sonstiger wesentlicher Sachverhalte; teilweise Anordnung durch GG, vgl. Art. 24 Abs. 1 GG, Art. 59 Abs. 2 GG, Art. 87 Abs. 1 S. 2, Abs. 3 GG, Art. 110 Abs. 2 GG, Art. 80 GG. Ausdrücklicher Vorbehalt des Gesetzes in: § 1 Abs. 5 S. 1 PolG NRW. Konkretes Beispiel für Folgen des Vorbehalts des Gesetzes aus dem Themenbereich „**Ausweisungspflicht allgemein**“ aus BVerfG, Beschluss der 3. Kammer des Ersten Senats vom 24.07.2015 - 1 BvR 2501/13 -, Rn. 11: „Das Recht auf informationelle Selbstbestimmung trägt Gefährdungen und Verletzungen der Persönlichkeit Rechnung, die sich für den Einzelnen aus informationsbezogenen Maßnahmen ergeben (vgl. BVerfGE 65, 1 <42>; 113, 29 <46>; 115, 166 <188>; 115, 320 <341 f.>; 120, 378 <397>). Der grundrechtliche Schutz entfällt dabei nicht schon deshalb, weil der Einzelne gesetzlich verpflichtet ist, Angaben zu seinen Personalien zu machen (vgl. § 111 Abs. 1 OWiG), einen gültigen Ausweis zu besitzen und ihn auf Verlangen einer zur Feststellung der Identität berechtigten Behörde vorlegen muss (vgl. § 1 Abs. 1 Satz 1, 2 PAuswG). Die Befugnis der Behörde, einen Ausweis zu verlangen, wird hierdurch nicht begründet. Es gibt keine allgemeine Verpflichtung, sich ohne Grund auf amtliche Aufforderung auszuweisen oder sonstige Angaben zu Personalien zu machen (vgl. BVerfGE 92, 191 <197>; OLG Hamm, Urteil vom 9. Juni 1954 - (3) 2a Ss 436/54 -, NJW 1954, S. 1212 <1212>).“ Vgl. aber auch: BVerfGK 6, 213 = BVerfG, Beschluss vom 12.09.2005 – 2 BvR 1361/05: „Die Norm [§ 95 Abs. 1 Nr. 1 AufenthG n.F.] sichert die Beachtung der in […] § 3 AufenthG als selbstständige Verpflichtung ausgestalteten **Passpflicht** einschließlich der innerstaatlich zu erfüllenden **Ausweispflicht**, nämlich der Verpflichtung, sich während des Aufenthalts im Bundesgebiet in angemessener Frist ausweisen zu können [Literaturquellenangabe]. Dieses auch völkerrechtlich legitimierte Instrument dient eigenständigen, über die Frage des Aufenthaltsrechts hinausgehenden Zielen, nämlich der Feststellung von Identität, Nationalität und Rückkehrberechtigung des Ausländers in einen anderen Staat. Die Strafnorm sichert die Möglichkeit einer Identitätskontrolle. [Literaturangaben]. Dementsprechend erstreckt sich die **Pass- und Ausweispflicht** auch auf Ausländer, die über einen Aufenthaltstitel oder -anspruch verfügen; auch diese können sich strafbar machen, wenn sie ihren Pass nach dessen Ablauf wissentlich nicht verlängern lassen.“.

[201] Primat-Etymologie: Vom Lateinischen primus, zu Deutsch: der Erste; Lateinisch primatus, zu Deutsch: Vorrang.

[202] BVerfG, Urteil des Ersten Senats vom 19.05.2020 – 1 BvR 2835/17 – (Ausland-Ausland-Fernmeldeaufklärung nach BNDG), Ls. 1: „Die **Bindung der deutschen Staatsgewalt an die Grundrechte** nach Art. 1 Abs. 3 GG ist nicht auf das deutsche Staatsgebiet begrenzt. Der **Schutz der einzelnen Grundrecht**e kann sich im Inland und Ausland unterscheiden. Jedenfalls der Schutz des Art. 10 Abs. 1 und des Art. 5 Abs. 1 Satz 2 GG als Abwehrrechte gegenüber einer Telekommunikationsüberwachung erstreckt sich auch auf **Ausländer im Ausland**.“, Rn. 89: „Nach Art. 1 Abs. 3 GG binden die Grundrechte Gesetzgebung, vollziehende Gewalt und Rechtsprechung als unmittelbar geltendes Recht. Eine Beschränkung auf das **Staatsgebiet** enthält die Vorschrift nicht., Rn. 90. „Die Bindung an die Grundrechte nach Art. 1 Abs. 3 GG als **individuelle Abwehrrechte** beschränkt sich auch nicht auf Konstellationen, in denen der Staat den Betroffenen als mit dem Gewaltmonopol versehene Hoheitsmacht gegenübertritt [Quellenangaben]. […] Eine Beschränkung der Grundrechtsbindung auf Entscheidungen, die die Exekutive auch mit Hoheitsbefugnissen durchsetzen könnte, liegt hierin nicht.“, Rn. 91: „**Die Grundrechte binden die staatliche Gewalt vielmehr umfassend und insgesamt, unabhängig von bestimmten Funktionen, Handlungsformen oder Gegenständen staatlicher Aufgabenwahrnehmung** [Quellenangabe]. Das

Verständnis der **staatlichen Gewalt** ist dabei weit zu fassen und erstreckt sich nicht nur auf imperative Maßnahmen oder solche, die durch Hoheitsbefugnisse unterlegt sind. Alle **Entscheidungen**, die auf den jeweiligen staatlichen Entscheidungsebenen den Anspruch erheben können, **autorisiert im Namen aller Bürgerinnen und Bürger** getroffen zu werden, sind von der Grundrechtsbindung erfasst. Eingeschlossen sind hiervon Maßnahmen, Äußerungen und Handlungen hoheitlicher wie nicht hoheitlicher Art. **Grundrechtsgebundene staatliche Gewalt** im Sinne des Art. 1 Abs. 3 GG ist danach jedes Handeln staatlicher Organe oder Organisationen, weil es in Wahrnehmung ihres dem Gemeinwohl verpflichteten Auftrags erfolgt (BVerfGE 128, 226 <244>). Die Bindung an die Grundrechte und die politische Entscheidungsverantwortung sind unhintergehbar miteinander verknüpft (vgl. BVerfG, Beschluss des Ersten Senats vom 6. November 2019 - 1 BvR 16/13 -, Rn. 42 – Recht auf Vergessen I).“, Rn. 92: „Die **Grundrechtsbindung** der deutschen Staatsgewalt beschränkt sich dabei auch im Ausland nicht auf eine bloß **objektivrechtliche Verpflichtung** [Quellenangaben]. Sie korrespondiert vielmehr mit einer Grundrechtsberechtigung derjenigen, die durch die jeweiligen Grundrechtsgarantien als geschützte Grundrechtsträger ausgewiesen sind. Eine **Grundrechtsbindung zugunsten individueller Grundrechtsträger**, der dann aber keinerlei **subjektivrechtliche Entsprechung** gegenübersteht, sieht das Grundgesetz nicht vor. Der Charakter als **Individualrecht** gehört zum zentralen Gehalt des grundgesetzlichen Grundrechtsschutzes.“, Rn. 93: „Die **Grundrechtsbindung** der deutschen Staatsgewalt auch bei einem Handeln gegenüber Ausländern im Ausland entspricht zugleich der **Einbindung der Bundesrepublik in die internationale Staatengemeinschaft**.“ [...] Demgegenüber gewährleistet die Anknüpfung der Grundrechtsbindung an den **Staat** als politisch legitimiertes und rückgebundenes Handlungssubjekt, dass der Grundrechtsschutz auch einer internationalen Ausweitung staatlicher Aktivitäten folgt.“, Rn. 100: „Der **Grundrechtsbindung** der deutschen Staatsgewalt im Ausland steht auch nicht entgegen, dass hier eine Abgrenzung zu anderen Staaten und Rechtsordnungen oder eine Abstimmung mit diesen erforderlich wäre, wie es das Bundesverfassungsgericht als – einzigen – möglichen Grund für einen Ausschluss der Bindung an Art. 10 GG bei Auslandssachverhalten erwogen und offengelassen hatte (vgl. BVerfGE 100, 313 <362 ff.>).“, Rn. 101: „Die **Bindung an die deutschen Grundrechte** begründet nur eine **Verantwortlichkeit und Verantwortung deutscher Staatsorgane**. Sie flankiert allein autonome politische Entscheidungen der Bundesrepublik Deutschland und begrenzt ausschließlich eigene Handlungsspielräume. Entsprechend wirken die Grundrechte als **Abwehrrechte** auch im Ausland nur gegenüber der deutschen Staatsgewalt und laufen damit parallel zu den durch das **völkerrechtliche Interventionsverbot** begründeten Beschränkungen. In der **Grundrechtsbindung** liegt damit weder ein Verstoß gegen das völkerrechtliche Interventionsverbot, noch beschränkt sie die **Handlungs- oder Rechtsetzungsmacht anderer Staaten**. Sie bewirkt weder einen Oktroi eigenen Rechts noch eine Verdrängung ausländischer Grundrechte. Insbesondere erweitert die **Grundrechtsbindung** nicht staatliche Befugnisse im Ausland, sondern beschränkt nur potentiell von der deutschen Staatsgewalt in Anspruch genommene Handlungsmöglichkeiten.“, Rn. 102: „Dementsprechend wirkt die Geltung der Grundrechte (hier des Art. 10 Abs. 1 GG) nicht auf die **Rechtsordnung anderer Staaten** ein und entfalten auch hieran anknüpfende Eingriffsermächtigungen für Überwachungsmaßnahmen für deren interne Rechtsordnung keine normative Wirkung. Aus der **Geltung der Grundrechte** und dem **Gesetzesvorbehalt** folgen lediglich, dass für deutsche Stellen entsprechende Rechtsgrundlagen geschaffen werden müssen, sofern Überwachungsmaßnahmen auch auf **Ausländer im Ausland** bezogen werden sollen. Ob und wieweit solche **Befugnisse** tatsächlich geschaffen werden und von ihnen Gebrauch gemacht wird, ist damit nicht vorgegeben. Insoweit ist auch über die **Rechtfertigung von Einzelmaßnahmen** aufgrund solcher Befugnisse hinsichtlich ihrer Außenwirkung gegenüber dem jeweiligen Zielstaat nichts gesagt.“, Rn. 104: „Die umfassende **Bindung der deutschen Staatsgewalt an die Grundrechte** lässt unberührt, dass sich die aus den Grundrechten konkret folgenden **Schutzwirkungen** danach unterscheiden können, unter welchen Umständen sie zur Anwendung kommen. Das gilt – wie schon für die verschiedenen **Wirkungsdimensionen** der Grundrechte im Inland – auch für die Reichweite ihrer Schutzwirkung im Ausland. So mögen schon hinsichtlich des **persönlichen und sachlichen Schutzbereichs** einzelne Gewährleistungen im Inland und Ausland in unterschiedlichem Umfang Geltung beanspruchen (unten Rn. 196). Ebenso kann zwischen verschiedenen **Grundrechtsdimensionen**, etwa der Wirkung der Grundrechte als **Abwehrrechte**, als **Leistungsrechte**, als verfassungsrechtliche **Wertentscheidungen** oder als Grundlage von **Schutzpflichten** zu unterscheiden sein. Soweit die Grundrechte auf Konkretisierungen des Gesetzgebers angewiesen sind, kann auch insoweit den besonderen Bedingungen im Ausland

- Art. 19 Abs. 4 GG[203] (**Rechtswegöffnung gegenüber der öffentlichen Gewalt**), vgl. auch Art. 92-104 GG;
- Präambel GG und Art. 23 Abs. 1 S. 1 GG (**Völkerrechtsbindung: Europabindung, internationale Einbindung, Weltfriedensverpflichtung**)[204];
- Art. 28 Abs. 1 S. 1 GG (**Homogenitätsgebot**[205]);
- GG-Gesamtkonzeption (vgl. auch Art. 1-20, 101, 103 GG).[206]

Wesentliche **Rechtsstaatsfolgerungen für die Polizei** sind insbesondere:

- **Gerechtigkeit** und **Rechtsgleichheit**[207];

---

Rechnung zu tragen sein (vgl. BVerfGE 92, 26 <41 ff.>; dazu auch BVerfGE 100, 313 <363>). Erst recht ist der **Einbindung staatlichen Handelns in ein ausländisches Umfeld** bei der Bestimmung von Anforderungen an die Rechtfertigung von Grundrechtseingriffen – insbesondere im Rahmen der Verhältnismäßigkeit – Rechnung zu tragen.“.

[203] Vgl. Art. 142 GG i.V.m. Art. 4 Abs. 1 Verfassung NRW und Art. 74 Abs. 1 S. 1 Verfassung NRW; Art. 47 EU-GR-Charta; Art. 6 EMRK; Art. 2 Abs. 3 IPbpR.

[204] BVerfG, Urteil des Ersten Senats vom 19.05.2020 – 1 BvR 2835/17 – (Ausland-Ausland-Fernmeldeaufklärung nach BNDG), E. IV. 1. a), Rn. 246: „Mit der Präambel, Art. 1 Abs. 2, Art. 9 Abs. 2, Art. 16 Abs. 2, Art. 23 bis 26 und Art. 59 Abs. 2 GG bindet das Grundgesetz die Bundesrepublik umfassend in die internationale Gemeinschaft ein und hat es die deutsche öffentliche Gewalt programmatisch auf **internationale Zusammenarbeit** ausgerichtet (vgl. BVerfGE 141, 220 <341 f. Rn. 325> m.w.N.). Dies gilt auch für die Gewährleistung der Sicherheit. Das Bundesverfassungsgericht hat hervorgehoben, dass eine möglichst effektive Zusammenarbeit mit den Sicherheitsbehörden anderer Staaten hierfür von besonderer Bedeutung sein kann. Ein funktionierender Informationsaustausch kann im Interesse des verfassungsrechtlich gebotenen Schutzes der Menschen eine Übermittlung von im Inland erhobenen Erkenntnissen voraussetzen und im Gegenzug auf Unterrichtungen durch ausländische Stellen angewiesen sein (vgl. BVerfGE 141, 220 <268 Rn. 102>).“.

[205] Art. 28 GG mit **Selbstverwaltung(sgarantie)** gemäß § 28 Abs. 2 S. 1 GG als **vertikale Gewaltenteilung** und Verwirklichung des **Subsidiaritätsprinzips** (Subsidiaritäts-Etymologie: vom Lateinischen subsidium, zu Deutsch: Hilfe, Reserve); zum **Subsidiaritätsprinzip** vgl. auch Art. 5 Abs. 1 S. 2, Abs. 3 EUV; Artt. 30, 70 Abs. 1, 72 Abs. 2, 83 GG; Art. 28 Abs. 2 GG und auch **originäre Zuständigkeit** und **subsidiäre Zuständigkeit**, siehe dazu auch Buch 1, Abschnitt 3, Unterabschnitt 3, Titel 4, Untertitel 1.

[206] BVerfGE 2, 380, Ls. 4, 5 und S. 403 (Haftentschädigung) = BVerfG, Urteil des Ersten Senats vom 01.07.1953 – 1 BvL 23/51 –, Ls. 4: „Das **Verfassungsrecht** besteht nicht nur aus den einzelnen Sätzen der geschriebenen Verfassung, sondern auch aus gewissen sie verbindenden, innerlich zusammenhaltenden allgemeinen Grundsätzen und Leitideen, die der Verfassungsgesetzgeber, weil sie das vorverfassungsmäßige Gesamtbild geprägt haben, von dem er ausgegangen ist, nicht in einem besonderen Rechtssatz konkretisiert hat.“, Ls. 5 und B. III. 3., Rn. 84 und Rn. 85. „Zu diesen Leitideen, die auch den Landesgesetzgeber unmittelbar binden, gehört das **Rechtsstaatsprinzip**; das ergibt sich aus einer Zusammenschau der Bestimmungen des Art. 20 Abs. 3 GG über die Bindung der Einzelgewalten und der Art. 1 Abs. 3, 19 Abs. 4, 28 Abs. 1 Satz 1 GG sowie aus der Gesamtkonzeption des Grundgesetzes.“ BVerfGE 7, 89, 92 f. (Hamburgisches Hundesteuergesetz) = BVerfG, Beschluss des Ersten Senats vom 24.07.1957- 1 BvL 23/52, B. II. Rn. 18: „Zur Rechtsstaatlichkeit gehört nicht nur die **Voraussehbarkeit**, sondern auch die **Rechtssicherheit** und die materielle **Richtigkeit** oder **Gerechtigkeit**. Schon diese verschiedenen Seiten des Rechtsstaatsprinzips selbst können in der Gesetzgebung nicht immer gleichmäßig berücksichtigt werden. Darüber hinaus enthält das Rechtsstaatsprinzip keine in allen Einzelheiten eindeutig bestimmten Gebote oder Verbote von Verfassungsrang, sondern ist ein Verfassungsgrundsatz, der der Konkretisierung je nach den sachlichen Gegebenheiten bedarf, wobei allerdings fundamentale Elemente des Rechtsstaats und die Rechtsstaatlichkeit im ganzen gewahrt bleiben müssen [...]. Ob gesetzliche Regelungen rechtsstaatlich unbedenklich sind, kann nur die Prüfung des Einzelfalls ergeben.“.

[207] BVerfGE 133, 168, 198 (Verständigungsgesetz) = BVerfG, Urteil des Zweiten Senats vom 19.03.2013 – 2 BvR 2628, 2883/10, 2155/11 – B. I. 1. b): „Das **Rechtsstaatsprinzip** umfasst als eine der Leitideen

- Vorbehalt des Gesetzes mit **Bestimmtheitsgebot** (Maßnahmenerkennbarkeit und Maßnahmenverstehbarkeit[208] einschließlich **Normenklarheitsgebot**[209] und

---

des Grundgesetzes auch die Forderung nach materieller **Gerechtigkeit** (vgl. BVerfGE 7, 89 [92]; 7, 194 [196]; 45, 187 [246]; 74, 129 [152]; 122, 248 [272]) und schließt den Grundsatz der **Rechtsgleichheit** als eines der grundlegenden **Gerechtigkeitspostulate** ein (vgl. BVerfGE 84, 90 [121]).“

Vgl. auch § 38 BeamStG i.V.m. 46 LBG NRW (**Diensteid**): „Ich schwöre, dass ich das mir übertragene Amt nach bestem Wissen und Können verwalten, Verfassung und Gesetze befolgen und verteidigen, meine Pflichten gewissenhaft erfüllen und **Gerechtigkeit gegen jedermann** üben werde. So wahr mir Gott helfe.“.

[208] **Bestimmtheit** ist allgemein Maßnahmenerkennbarkeit und Maßnahmenverstehbarkeit, vgl. z.B. § 37 Abs. 1 VwVfG / VwVfG NRW.

[209] Zum **Bestimmtheitsgebot** (einschließlich **Normenklarheitsgebot**): BVerfGE 149, 293 (5-Punkt-Fixierung/7-Punkt-Fixierung) = BVerfG, Urteil des Zweiten Senats vom 24.07.2018 – 2 BvR 309/15 –, D. II. 2. a), Rn. 77 f.: „Schon nach dem allgemeinen, im Rechtsstaatsprinzip (Art. 20 Abs. 3 GG) gründenden **Gebot hinreichender Bestimmtheit** der Gesetze ist der Gesetzgeber gehalten, Vorschriften so bestimmt zu fassen, wie dies nach der Eigenart der zu ordnenden Lebenssachverhalte mit Rücksicht auf den Normzweck möglich ist (vgl. BVerfGE 49, 168 <181>; 59, 104 <114>; 78, 205 <212>; 103, 332 <384>; 134, 141 <184 Rn. 126>; 143, 38 <60 f. Rn. 55 ff.>). Die Betroffenen müssen die Rechtslage erkennen und ihr Verhalten danach ausrichten können (vgl. BVerfGE 103, 332 <384>; 113, 348 <375 f.>; 131, 88 <123>). Die Anforderungen an die **Bestimmtheit und Klarheit** der Norm dienen ferner dazu, die Verwaltung zu binden und ihr Verhalten nach Inhalt, Zweck und Ausmaß zu begrenzen sowie die Gerichte in die Lage zu versetzen, die Verwaltung anhand rechtlicher Maßstäbe zu kontrollieren (BVerfGE 113, 348 <376 f.> m.w.N.). Dies setzt voraus, dass hinreichend klare Maßstäbe bereitgestellt werden. Die Entscheidung über die Grenzen der Freiheit des Bürgers darf nicht einseitig in das Ermessen der Verwaltung oder gar Privater gestellt sein (vgl. BVerfGE 113, 348 <376>). Dabei sind die Anforderungen an den Grad der **Klarheit und Bestimmtheit** umso strenger, je intensiver der Grundrechtseingriff ist, den eine Norm rechtfertigen soll (vgl. BVerfGE 59, 104 <114>; 75, 329 <342>; 83, 130 <145>; 86, 288 <311>; 93, 213 <238>; 109, 133 <188>; 128, 282 <318>; 134, 33 <81 Rn. 111>). Für die näheren Anforderungen kann, nicht zuletzt in der Frage, inwieweit Maßgaben, die sich aus dem Grundgesetz ableiten lassen, ausdrücklicher und konkretisierender Festlegung im einfachen Gesetz bedürfen, auch der jeweilige Kreis der Normanwender und Normbetroffenen von Bedeutung sein (vgl. BVerfGE 110, 33 <64>; 126, 170 <196>; 128, 282 <318>). Grundsätzlich fehlt es an der notwendigen Bestimmtheit nicht schon deshalb, weil eine Norm auslegungsbedürftig ist (vgl. BVerfGE 45, 400 <420>; 117, 71 <111>; 128, 282 <317>; stRspr). Das **Bestimmtheitsgebot** schließt die Verwendung wertausfüllungsbedürftiger Begriffe bis hin zu Generalklauseln nicht aus (vgl. BVerfGE 11, 234 <237>; 28, 175 <183>; 48, 48 <56>; 92, 1 <12>; 126, 170 <196>). Der Gesetzgeber muss in der Lage bleiben, der Vielgestaltigkeit des Lebens Herr zu werden (vgl. BVerfGE 28, 175 <183>; 47, 109 <120 f.>; 126, 170 <195>). Dabei lässt sich der Grad der für eine Norm jeweils erforderlichen Bestimmtheit nicht abstrakt festlegen, sondern hängt von den Besonderheiten des jeweiligen Tatbestands einschließlich der Umstände ab, die zur gesetzlichen Regelung geführt haben (vgl. BVerfGE 28, 175 <183>; 86, 288 <311>; 126, 170 <196>). Gegen die Verwendung unbestimmter Rechtsbegriffe bestehen keine Bedenken, wenn sich mit Hilfe der üblichen Auslegungsmethoden, insbesondere durch Heranziehung anderer Vorschriften desselben Gesetzes, durch Berücksichtigung des Normzusammenhangs oder aufgrund einer gefestigten Rechtsprechung eine zuverlässige Grundlage für die Auslegung und Anwendung der Norm gewinnen lässt (vgl. BVerfGE 45, 363 <371 f.>; 86, 288 <311>). Die Rechtsprechung ist zudem gehalten, verbleibende Unklarheiten über den Anwendungsbereich einer Norm durch Präzisierung und Konkretisierung im Wege der Auslegung nach Möglichkeit auszuräumen (vgl. BVerfGE 126, 170 <198>; 131, 268 <307>; 134, 33 <81 f. Rn. 112>).“ BVerfGE 133, 277, 336 f. (Antiterrordateigesetz – ATDG) = BVerfG, Urteil des Ersten Senats vom 24.04.2013 – 1 BvR 1215/07, Rn. 140: „Das **Bestimmtheitsgebot** soll sicherstellen, dass Regierung und Verwaltung im Gesetz steuernde und begrenzende Handlungsmaßstäbe vorfinden und dass die Gerichte eine wirksame Rechtskontrolle durchführen können. Ferner erlauben die **Bestimmtheit und Klarheit** der Norm, dass die betroffenen Bürgerinnen und Bürger sich auf mögliche belastende Maßnahmen einstellen können (vgl. BVerfGE 110, 33 [52ff.]; 113,

**Gesetzesbestimmtheitsgebot** im Sinne von **Tatbestandsbestimmtheit** und **Rechtsfolgenbestimmtheit**, z.B. **Strafandrohungsbestimmtheit**[210]);

---

348 [375ff.]; 120, 378 [407f.]). Der Gesetzgeber kann dabei, soweit er Anlass, Zweck und Ausmaß selbst festlegt, die genauere Bestimmung dieser Maßstäbe unter Umständen gemäß Art. 80 Abs. 1 GG an die Verwaltung delegieren, die diese dann durch Rechtsverordnung festzulegen hat. Auch hierbei handelt es sich jedoch um gesetzliche Grundlagen im materiellen Sinne, die nicht nur verwaltungsintern für die Behörden, sondern als Außenrecht auch für den Bürger und gegebenenfalls die Gerichte verbindlich sind. Das **Bestimmtheitsgebot** steht damit in enger Beziehung zu den grundrechtlichen Gesetzesvorbehalten, nach denen Eingriffe in die Grundrechte nur durch Gesetz und gegebenenfalls aufgrund eines Gesetzes eingeschränkt werden können. Hierdurch wird gewährleistet, dass der Umfang von Grundrechtseingriffen in den wesentlichen Aspekten im parlamentarischen Verfahren öffentlich unter Mitwirkung auch der nicht die Regierung tragenden Abgeordneten diskutiert, deren weitere generell-abstrakte Präzisierung durch die Verwaltung gemäß Art. 80 Abs. 1 GG erkennbar als Konkretisierung dieser parlamentarischen Entscheidung ausgewiesen und die insoweit letztlich maßgeblichen Normen für alle verbindlich und durch Ausfertigung und Verkündung erkennbar bekanntgemacht werden. Die demokratische und rechtsstaatliche Funktion des Gesetzesvorbehalts greifen hierbei ineinander. Welche Anforderungen an die **Bestimmtheit** gesetzlicher Regelung zu stellen sind, richtet sich dabei nach der Intensität der durch die Regelung oder aufgrund der Regelung erfolgenden Grundrechtseingriffe.“ BVerfGE 133, 277, 355 f. (Antiterrordateigesetz – ATDG) = BVerfG, Urteil des Ersten Senats vom 24.04.2013 – 1 BvR 1215/07, Rn. 181: „Das **Bestimmtheitsgebot** verbietet nicht von vornherein die Verwendung unbestimmter Rechtsbegriffe (BVerfGE 118, 168 [188]). Der Gesetzgeber ist jedoch gehalten, seine Vorschriften so bestimmt zu fassen, wie dies nach der Eigenart der zu ordnenden Lebenssachverhalte mit Rücksicht auf den Normzweck möglich ist (BVerfGE 78, 205 [212]; vgl. auch BVerfGE 110, 370 [396]; 117, 71 [111]). Erforderlich ist, dass sich unbestimmte Rechtsbegriffe durch eine Auslegung der betreffenden Normen nach den Regeln der juristischen Methodenlehre hinreichend konkretisieren lassen und verbleibende Ungewissheiten nicht so weit gehen, dass die Vorhersehbarkeit und Justiziabilität des Handelns der durch die Normen ermächtigten staatlichen Stellen gefährdet sind (vgl. BVerfGE 21, 73 [79f.]; 118, 168 [188]; 120, 274 [316]; stRspr).“.

[210] Zur **Gesetzesbestimmtheit** mit **Tatbestandsbestimmtheit** und **Rechtsfolgenbestimmtheit** sowie **Straftat**, **Straftatbestand**, **Strafrechtsfolge** (**Strafdrohung** / **Strafbarkeit**), **Straftatverfolgbarkeit** vgl. für das Strafrecht: BVerfGE 25, 269, 284-287 (Verfolgungsverjährung) = Beschluss des Zweiten Senats vom 26.02.1969 – 2 BvL 15, 23/68 –, C. II. 1. und 2. und 3. a), Rn. 74-87: „Nach Art. 103 II GG kann eine Tat nur bestraft werden, wenn die Strafbarkeit gesetzlich bestimmt war, bevor die Tat begangen wurde. Wie schon der entsprechende Art. 116 der Weimarer Reichsverfassung verbietet Art. 103 II GG, jemanden auf Grund eines Gesetzes zu bestrafen, das zur Zeit der Tat noch nicht in Kraft getreten war, dem Täter also nicht bekannt sein konnte (BVerfGE 7, 111 [119]). Damit ist sowohl die rückwirkende Anwendung neu geschaffener Straftatbestände als auch die Strafbegründung im Wege der Analogie verfassungskräftig untersagt. Aus dem Gebot, daß die Strafbarkeit der Tat vor deren Begehung ‚gesetzlich bestimmt‘ sein muß, folgt ferner, daß nur auf Grund eines gültigen Strafgesetzes eine strafgerichtliche Verurteilung erfolgen kann (BVerfGE 14, 174 [185]). Die Bedeutung des Art. 103 II GG erschöpft sich jedoch nicht in dem Verbot der analogen, gewohnheitsrechtlichen und rückwirkenden Strafbegründung [**Strafbegründungsanalogieverbot** und **Strafbegründungsgewohnheitsrechtsverbot** und **Strafbegründungsrückwirkungsverbot**, P. B.]. Art. 103 II GG fordert darüber hinaus auch, daß die Strafbarkeit ‚gesetzlich bestimmt‘ ist. Der Einzelne soll nicht nur von vornherein wissen können, was strafrechtlich verboten ist, sondern auch, welche Strafe ihm für den Fall eines Verstoßes gegen jenes Verbot droht. Das in Art. 103 II GG enthaltene Gebot der **Gesetzesbestimmtheit** gilt einmal für den Straftatbestand (**Tatbestandsbestimmtheit - nullum crimen sine lege [keine Tat ohne Gesetz]**). Die strafrechtlichen Normen müssen klar das Verbotene von dem Erlaubten abgrenzen. Die Tatbestandsmerkmale sind so konkret zu umschreiben, daß Tragweite und Anwendungsbereich der Straftatbestände zu erkennen sind und sich durch Auslegung ermitteln lassen. Das Gebot der **Gesetzesbestimmtheit** gilt ferner für die Strafandrohung (**nulla poena sine lege [keine Strafe ohne Gesetz]**). Art. 103 II GG geht von dem rechtsstaatlichen Grundsatz aus, daß **keine Strafe ohne Schuld** verwirkt wird (vgl. BVerfGE 20, 323 [331]; **nulla poena sine culpa [keine Strafe ohne Schuld]**). Dieser Grundsatz wurzelt in der vom Grundgesetz vorausgesetzten und in Art. 1 I und Art. 2 I GG verfassungskräftig geschützten Würde und der Eigenverantwortlichkeit des

- Vorrang des Gesetzes mit **Objektivitätspflicht** (einschließlich **Aufklärungspflicht/Ermittlungsobjektivitätpflicht**[211] und **Aktenvollständigkeitspflicht** sowie **Aktenwahrheitspflicht**)[212];

---

Menschen, die von dem Gesetzgeber auch bei der Ausgestaltung des Strafrechts zu achten und zu respektieren sind. Das **strafrechtliche Delikt** ist schuldhafte Verletzung eines für alle gewährleisteten Rechtsgutes. Gemessen an der Idee der Gerechtigkeit müssen Tatbestand und Rechtsfolge sachgerecht aufeinander abgestimmt sein [**Tatbestand- und -Rechtsfolgen-Abgestimmtheit**, P. B.]. Beide sind wechselseitig aufeinander bezogen. Einerseits richtet sich die **Strafhöhe** nach dem normativ festgelegten Wert des verletzten Rechtsgutes und der Schuld des Täters. Andererseits läßt sich das Gewicht einer Straftat, der ihr in der verbindlichen Wertung des Gesetzgebers beigemessene **Unwertgehalt**, in aller Regel erst aus der Höhe der angedrohten Strafe entnehmen. Insofern ist auch die Strafandrohung für die Charakterisierung, Bewertung und Auslegung des Straftatbestandes von entscheidender Bedeutung. Von daher wird unmittelbar einsichtig, daß Art. 103 II GG sich sowohl auf den Unrechtstatbestand wie auf die Höhe der Strafandrohung bezieht. Art. 103 II GG bewahrt den Bürger nicht nur davor, daß ein bisher erlaubtes Verhalten rückwirkend für strafbar erklärt wird; er schützt ihn auch davor, daß der Unrechtsgehalt einer von ihm begangenen Zuwiderhandlung gegen das Strafgesetz bei seiner Verurteilung höher bewertet wird als zur Zeit der Tat. Art.103 II GG verbietet sowohl die rückwirkende Strafbegründung wie die rückwirkende Strafverschärfung [**Strafbegründungsrückwirkungsverbot** und **Strafverschärfungsrückwirkungsverbot**, P. B.]. Art. 103 II GG besagt dagegen nichts über die Dauer des Zeitraums, während dessen eine in verfassungsmäßiger Weise für strafbar erklärte Tat verfolgt und durch Verhängung der angedrohten Strafe geahndet werden darf. Er verhält sich nur über das ‚von wann an', nicht über das ‚wielange' der Strafverfolgung. Jede **Strafnorm** enthält ein mit staatlicher Autorität versehenes, sozial-ethisches Unwerturteil über die von ihr pönalisierte Handlungsweise. Der konkrete Inhalt dieses **Unwerturteils** ergibt sich aus Straftatbestand und Strafandrohung. Beide zusammen machen die **Strafbarkeit** im Sinne des Art. 103 II GG aus. Ist eine Verhaltensweise durch eine den Anforderungen des Art. 103 II GG genügende und auch im übrigen verfassungsmäßige gesetzliche Bestimmung mit Strafe bedroht, so wird sie dadurch zu einer ‚**strafbaren Handlung**'. Ihre Strafbarkeit ist gesetzlich bestimmt. Die **Strafbarkeit** einer Tat ist Voraussetzung für deren **Verfolgbarkeit**. Eine Handlung darf nur dann strafrechtlich geahndet werden, wenn ihre Strafbarkeit bereits vor der Begehung gesetzlich bestimmt war. Mit der Strafbarkeit entfällt die Verfolgbarkeit, nicht dagegen mit der Verfolgbarkeit die Strafbarkeit. Eine einmal begangene strafbare Handlung verliert ihren Unrechtscharakter nicht dadurch, daß sie aus tatsächlichen oder rechtlichen Gründen nicht verfolgt wird oder nicht verfolgt werden kann. Art. 103 II GG bestimmt die Voraussetzungen, unter denen ein Verhalten für strafbar erklärt werden kann. **Verjährungsvorschriften** regeln, wie lange eine für strafbar erklärte Tat verfolgt werden soll. Da sie lediglich die Verfolgbarkeit betreffen, die Strafbarkeit hingegen unberührt lassen, fallen sie aus dem Geltungsbereich des Art. 103 II GG heraus; eine Verlängerung oder Aufhebung von Verjährungsfristen kann deshalb nicht gegen diesen Verfassungssatz verstoßen (ebenso schon BVerfGE 1, 418 [423]). Das bestätigt auch die Entstehungsgeschichte. Das **Ex-post-facto-Verbot** fand sich bereits als Art. 136 I in dem ‚Entwurf eines Grundgesetzes' des Herrenchiemseer Verfassungskonvents.".

[211] Zur **Aufklärungsobjektivität / Ermittlunsgobjektivität** vgl. auch § 24 VwVfG / VwVfG NRW; § 160 Abs. 2 StPO.

BVerfGK 20, 107 (Untersuchungshaft-Nichtraucherschutz) = BVerfG, Beschluss der 3. Kammer des Zweiten Senats vom 28.10.2012 – 2 BvR 737/11 –, Rn. 19: „Die fachgerichtliche Überprüfung grundrechtseingreifender Maßnahmen kann die rechtsstaatlich gebotene Beachtung des geltenden Rechts und den effektiven Schutz der berührten materiellen Rechte nur gewährleisten, wenn sie auf zureichender **Aufklärung** des jeweiligen Sachverhalts beruht (vgl. BVerfGE 101, 275 <294 f.>; BVerfGK 4, 119 <127 f.>; 13, 487 <493>).".

[212] Zur **Aktenwahrheitspflicht** und **Aktenvollständigkeitspflicht** vgl. auch § 168b StPO. Vgl. BVerfG, Beschluss der 3. Kammer des Zweiten Senats vom 14.07.2016 – 2 BvR 2474/14 -, Rn. 19: „Um eine solche ordnungsgemäße Prüfung durch den Richter sicherzustellen, ist es erforderlich, dass die **Ermittlungsbehörden** (Staatsanwaltschaft/Polizei) die Einhaltung des Grundsatzes der **Aktenwahrheit** und der **Aktenvollständigkeit** gewährleisten. Dieser Grundsatz muss dabei nicht ausdrücklich gesetzlich geregelt

sein, denn dieses Prinzip folgt bereits aus der **Bindung der Verwaltung (und der Justiz) an Gesetz und Recht** (Art. 20 Abs. 3 GG) und der aus dem Rechtsstaatsprinzip folgenden Pflicht zur **Objektivität** (vgl. BVerfG, Beschluss des Zweiten Senats vom 6. Juni 1983 - 2 BvR 244/83, 2 BvR 310/83 -, juris, Rn. 3; VGH Baden-Württemberg, Urteil vom 30. Juli 2014 - 1 S 1352/13 -, juris, Rn. 90).".

- **Rechtssicherheit** (einschließlich **Schutzvertrauen**[213] und **Vertrauensschutz**, **Rechtspflege** mit insbesondere Aufklärung, Abwehr, Durchsetzung, Rechtsschutz)[214], **Verhältnismäßigkeit**[215], **Schuldangemessenheit**[216];

---

[213] Zum **Schutzvertrauen** vgl. *Basten*, Recht der Polizei, S. 29 f.: „Ein Element des Rechtsstaatsprinzips schlechthin ist **Vertrauen**. Das beginnt schon bei der Forderung an den Staat, Sicherheit für die Menschen zu gewährleisten. Insofern muss der Staat nicht nur **Vertrauensschutz** gewähren, sondern sein Bürger auch Schutzvertrauen haben.“.

[214] Zur **Rechtssicherheit** einschließlich **Vertrauen** und **Rechtspflege** vgl. z.B.: Art. 19 Abs. 4 GG (**Justizgewährungsanspruch / Rechtsweggarantie**); vgl. § 23 Abs. 1 S. 1 EGGVG („Gebiet [...] der **Strafrechtspflege**“) mit **Polizei** als „**Justizbehörde**“ im funktionellen Sinn des § 23 Abs. 1 S. 1 EGGVG; vgl. §§ 50 ff. PolG NRW und VwVG NRW (**Zwang / Vollstreckung**) sowie den **Strafprozess**/das **Strafverfahren** im weiteren Sinn mit: §§ 199-211 StPO (**Erkenntnisverfahren** im **Zwischenverfahren**), §§ 213-295 StPO (**Erkenntnisverfahren** im **Hauptverfahren** – **Strafprozess/Strafverfahren** im engeren Sinn), §§ 296-358 StPO (**Erkenntnisverfahren** im **Rechtsmittelverfahren**), §§ 359-373a StPO (**Erkenntnisverfahren** im **Wiederaufnahmeverfahren**), §§ 449-473a StPO (**Vollstreckungsverfahren**).

BVerfGK 19, 460 (Entscheidung über Strafrestaussetzung auch bei negativer Legalprognose) = BVerfG, Beschluss der 2. Kammer des Zweiten Senats vom 22.06.2012 – 2 BvR 22/12 –, Gründe IV. 1. a) aa), Rn. 14: „Das Rechtsstaatsprinzip, die Pflicht des Staates, die **Sicherheit** seiner Bürger und deren **Vertrauen** in die **Funktionstüchtigkeit** der staatlichen Institutionen zu schützen, sowie die **Gleichbehandlung** aller in Strafverfahren rechtskräftig Verurteilten gebieten die Durchsetzung des staatlichen **Strafanspruchs**. Das bedeutet auch, dass rechtskräftig erkannte Freiheitsstrafen grundsätzlich zu vollstrecken sind. Der staatliche **Strafanspruch** und - daraus folgend - das Gebot, rechtskräftig verhängte, tat- und schuldangemessene Strafen auch zu vollstrecken [**Vollstreckungsgebot**, P. B.], sind gewichtige Gründe des Gemeinwohls (vgl. BVerfGE 51, 324 <343 f.>). Die Rechtsordnung darf ihre Missachtung nicht prämieren, denn sie schafft sonst Anreize zur Rechtsverletzung, diskriminiert rechtstreues Verhalten und untergräbt damit auch die Voraussetzungen ihrer eigenen Wirksamkeit (vgl. BVerfGE 116, 24 <49>; BVerfG, Beschluss des Zweiten Senats vom 27. März 2012 - 2 BvR 2258/09 -, juris, Rn. 57).“.

BVerfGE 141, 121 und Ls. 2 (Forderungsdurchsetzung im Insolvenzverfahren) = BVerfG, Beschluss des Ersten Senats vom 12.01.2016 – 1 BvR 3102/13 –, Ls. 2 und B. II. 1. b) aa) (2), Rn. 44: „Mit der Durchsetzung berechtigter Forderungen ist das Insolvenzverfahren aber auch ein Element zur Verwirklichung des **Justizgewährungsanspruchs**. Die Garantie effektiven Rechtsschutzes [**Rechtsschutzgarantie**, P. B.] ist ein wesentlicher Bestandteil des Rechtsstaatsprinzips (vgl. BVerfGE 54, 277 <291>; 85, 337 <345>; 107, 395 <401>). Eine in diesem Sinne funktionierende **Rechtspflege** umfasst den Zugang zu den Gerichten, die Prüfung des Streitbegehrens in einem förmlichen Verfahren sowie die verbindliche gerichtliche Entscheidung (vgl. BVerfGE 107, 395 <401>). In einer rechtsstaatlichen Ordnung, die dem Staat das **Zwangsmonopol** zuweist und dem Vollstreckungsgläubiger Selbsthilfe verbietet, kann sich **Justizgewähr** jedoch nicht in einer Feststellung von Ansprüchen erschöpfen. Vielmehr ist für den Fall, dass eine freiwillige Erfüllung solchermaßen festgestellter Ansprüche unterbleibt, auch ein wirkungsvolles Verfahren zu ihrer zwangsweisen Durchsetzung vorzuhalten (vgl. BVerfGE 61, 126 <136>). Zum **Erkenntnisverfahren** muss ein **Vollstreckungsverfahren** hinzukommen, andernfalls wäre die Rechtsverwirklichung nicht sichergestellt. Der Staat käme seiner Verpflichtung zur effektiven Justizgewähr nicht nach, wenn er die Erfüllung gerichtlich festgestellter Ansprüche allein dem Belieben des Schuldners überließe. Entgegen rechtsstaatlichen Erfordernissen würden die Rechtsuchenden dann nur formell, nicht aber substantiell Rechtsschutz vom Gericht erhalten. Ist mithin ohne wirkungsvolle Zwangsvollstreckung eine effektive Justizgewähr nicht verwirklicht, so liegt ein funktionierendes Insolvenzverfahren nicht nur im subjektiven Interesse der einzelnen Gläubiger, sondern auch im öffentlichen Interesse an der Wahrung einer am Rechtsfrieden orientierten, rechtsstaatlichen Ordnung (vgl. BVerfGE 61, 126 <136>).“.

BVerfG, Beschluss des Zweiten Senats vom 14.01.2020 – 2 BvR 1333/17 – (Kopftuchverbot für Rechtsreferendarinnen), Ls. 4 und C. I. 2. b) bb), Rn. 91: „Als weitere verfassungsimmanente Schranke [...] ist hier die **Funktionsfähigkeit der Rechtspflege** insgesamt zu berücksichtigen, die zu den Grundbedingungen des Rechtsstaats zählt (vgl. BVerfGE 34, 238 <248 f.>; 77, 65 <76>; 80, 367 <375>; 106, 28 <49>; 107, 104 <118>; 113, 29 <54>; 117, 163 <186 f.>; 118, 1 <17>; 122, 190 <207>; 135, 90 <115 Rn. 65>;

141, 82 <90 Rn. 24>; 141, 121 <134 f. Rn. 44>; allgemein zur ‚**Funktionsfähigkeit**' als Grundrechtsschranke Lerche, BayVBl 1991, S. 517 ff.; Kriele, in: Isensee/Kirchhof, HStR IX, 3. Aufl. 2011, § 188 Rn. 94 ff. m.w.N.) und im Wertesystem des Grundgesetzes (Art. 19 Abs. 4, Art. 20 Abs. 3, Art. 92 GG) fest verankert ist, da jede Rechtsprechung letztlich der Wahrung der Grundrechte dient (vgl. BVerfGE 33, 23 <32>). **Funktionsfähigkeit** setzt voraus, dass gesellschaftliches **Vertrauen** nicht nur in die einzelne Richterpersönlichkeit, sondern in die Justiz insgesamt existiert [Quellenangaben]. Dieses Vertrauen ist unabhängig vom konkreten Streitfall erforderlich und kann durch eine Vielzahl von Umständen gestärkt oder beeinträchtigt werden. Ein ‚absolutes Vertrauen' in der gesamten Bevölkerung wird zwar nicht zu erreichen sein. Dem Staat kommt insofern aber die Aufgabe der Optimierung zu. Diese verfolgt er derzeit unter anderem – wie bereits hervorgehoben – durch strenge **Formalisierungsbestimmungen**.".

215 Zum **Verhältnismäßigkeitsgebot** mit **Legitimer Zweck (Legitimes Ziel), Geeignetheit (Eignung), Erforderlichkeit (Gebotenheit / Notwendigkeit / Unerlässlichkeit), Angemessenheit (Verhältnismäßigkeit im engeren Sinn)** allgemein:

BVerfGE 19, 342, 348 f. (Wencker) = Beschluss des Ersten Senats vom 15.12.1965 – 1 BvR 513/65 –, Gründe III. 2., Rn. 17: „In der Bundesrepublik Deutschland hat der Grundsatz der Verhältnismäßigkeit verfassungsrechtlichen Rang. Er ergibt sich aus dem Rechtsstaatsprinzip, im Grunde bereits aus dem Wesen der Grundrechte selbst, die als Ausdruck des allgemeinen Freiheitsanspruchs des Bürgers gegenüber dem Staat von der öffentlichen Gewalt jeweils nur so weit beschränkt werden dürfen, als es zum Schutz öffentlicher Interessen unerläßlich [erforderlich / geboten / notwendig, P. B.] ist.".

BVerfGK 19, 460 (Entscheidung über Strafrestaussetzung auch bei negativer Legalprognose) – BVerfG, Beschluss der 2. Kammer des Zweiten Senats vom 22.06.2012 – 2 BvR 22/12 –, Gründe IV. 1. a) aa), Rn. 15: „Kollidiert der Freiheitsanspruch der Person mit der Durchsetzung des staatlichen Strafanspruchs oder dem Erfordernis, die Allgemeinheit vor zu erwartenden Rechtsgutverletzungen zu schützen, sind beide Belange gegeneinander abzuwägen (vgl. BVerfGE 90, 145 <172>; 109, 133 <157>; 128, 326 <372 f.>). Dabei gebietet der Grundsatz der Verhältnismäßigkeit, dass die Freiheit der Person nur beschränkt werden darf, soweit dies im öffentlichen Interesse unerlässlich ist. Die verfassungsrechtlich gerechtfertigten Eingriffstatbestände haben insoweit auch eine freiheitsgewährleistende Funktion, da sie nicht nur den Eingriff in ein grundrechtlich geschütztes Interesse erlauben, sondern zugleich die äußersten Grenzen zulässiger Grundrechtseinschränkungen bestimmen (vgl. BVerfGE 70, 297 <307>; 75, 329 <341>; 126, 170 <195>).".

BVerfGE 149, 160 (Vereinigungsverbot / „Internationale Humanitäre Hilfsorganisation e.V." / mittelbare Unterstützung der „Hamas") = BVerfG, Beschluss des Ersten Senats vom 13.07.2018 – 1 BvR 1474/12 –, Rn. 102: Danach „gilt wie für jeden anderen Eingriff in Grundrechte […] der im Rechtsstaatsprinzip verankerte Grundsatz der Verhältnismäßigkeit, der hoheitliches Handeln zugunsten grundrechtlich geschützter Freiheit beschränkt.".

BVerfG, Urteil des Ersten Senats vom 19.05.2020 – 1 BvR 2835/17 – (Ausland-Ausland-Fernmeldeaufklärung nach BNDG), E. II. 1. a), Rn. 141: Danach müssen Eingriffe/Eingriffsermächtigungen „einen legitimen Zweck [legitimes Ziel, P. B.] verfolgen, zur Erreichung des Zwecks geeignet, erforderlich und verhältnismäßig im engeren Sinne [angemessen, P. B.] sein (vgl. BVerfGE 67, 157 <173>; 120, 378 <427>; 141, 220 <265 Rn. 93>; stRspr).".

216 Zur **Schuldangemessenheit**: BVerfGE 25, 269, 284-286 (Verfolgungsverjährung) = Beschluss des Zweiten Senats vom 26.02.1969 – 2 BvL 15, 23/68 –, C. II. 1., Rn. 74-81: „Nach Art. 103 II GG kann eine Tat nur bestraft werden, wenn die Strafbarkeit gesetzlich bestimmt war, bevor die Tat begangen wurde. […] Das Gebot der **Gesetzesbestimmtheit** gilt ferner für die **Strafandrohung (nulla poena sine lege[keine Strafe ohne Gesetz]**). Art. 103 II GG geht von dem rechtsstaatlichen Grundsatz aus, daß **keine Strafe ohne Schuld** verwirkt wird (vgl. BVerfGE 20, 323 [331]; **nulla poena sine culpa**). Dieser Grundsatz wurzelt in der vom Grundgesetz vorausgesetzten und in Art. 1 I und Art. 2 I GG verfassungskräftig geschützten Würde und der Eigenverantwortlichkeit des Menschen, die von dem Gesetzgeber auch bei der Ausgestaltung des Strafrechts zu achten und zu respektieren sind. Das **strafrechtliche Delikt** ist schuldhafte Verletzung eines für alle gewährleisteten Rechtsgutes. Gemessen an der Idee der Gerechtigkeit müssen Tatbestand und Rechtsfolge sachgerecht aufeinander abgestimmt sein [**Tatbestand- und -Rechtsfolgen-Abgestimmtheit**, P. B.]. Beide sind wechselseitig aufeinander bezogen. Einerseits richtet sich die

• (Recht auf) **Faires Verfahren/Verfahrensfairness** (einschließlich **Beschleunigungsgebot, Objektivität, Wahrheitsforderung, Schuldangemessenheit, Selbstbelastungsfreiheit, Anhörung, Akteneinsicht, Verteidigung/Vertretung**)[217].

---

**Strafhöhe** nach dem normativ festgelegten Wert des verletzten Rechtsgutes und der Schuld des Täters. Andererseits läßt sich das Gewicht einer Straftat, der ihr in der verbindlichen Wertung des Gesetzgebers beigemessene **Unwertgehalt**, in aller Regel erst aus der Höhe der angedrohten Strafe entnehmen. Insofern ist auch die Strafandrohung für die Charakterisierung, Bewertung und Auslegung des Straftatbestandes von entscheidender Bedeutung. Von daher wird unmittelbar einsichtig, daß Art. 103 II GG sich sowohl auf den Unrechtstatbestand wie auf die Höhe der Strafandrohung bezieht. Art. 103 II GG bewahrt den Bürger nicht nur davor, daß ein bisher erlaubtes Verhalten rückwirkend für strafbar erklärt wird; er schützt ihn auch davor, daß der Unrechtsgehalt einer von ihm begangenen Zuwiderhandlung gegen das Strafgesetz bei seiner Verurteilung höher bewertet wird als zur Zeit der Tat. Art.103 II GG verbietet sowohl die rückwirkende Strafbegründung wie die rückwirkende Strafverschärfung [**Strafbegründungsrückwirkungsverbot** und **Strafverschärfungsrückwirkungsverbot**, P. B.].".

217 Vgl. zu Bestandteilen des Rechts auf ein faires Verfahren / der Verfahrensfairness allgemein:

Titel VI (§§ 47-50) EU-GR-Charta („Justizielle Rechte"); Art. 6 EMRK („**Recht auf ein faires Verfahren**"); Art. 14 IPbpR; zu **Anhörungsrecht** vgl. auch: Art. 103 Abs. 1 GG; § 28 VwVfG / VwVfG NRW; § 55 OWiG; § 163 Abs. 3 StPO, § 163a Abs. 4 StPO; § 163b Abs. 1 S. 1 Hs. 2 StPO); zu **Verteidigungsrechten/Vertretungsrechten** vgl. auch: § 29 VwVfG / VwVfG NRW; §§ 136, 136a StPO; §§ 137-149 StPO; §§ 38, 67-68b JGG.

BVerfGE 133, 168, Ls. 1 und 200-203 (Verständigungsgesetz) = BVerfG, Urteil des Zweiten Senats vom 19.03.2013 – 2 BvR 2628, 2883/10, 2155/11 –, Ls. 1 und B. I. 2., 3. 4., Rn. 59-63: „Als ein unverzichtbares Element der Rechtsstaatlichkeit des Strafverfahrens gewährleistet das **Recht auf ein faires Verfahren** dem Beschuldigten, prozessuale Rechte und Möglichkeiten mit der erforderlichen Sachkunde wahrnehmen und Übergriffe der staatlichen Stellen oder anderer Verfahrensbeteiligter angemessen abwehren zu können (vgl. BVerfGE 38, 105 <111>; 122, 248 <271 f.>). Dies bedeutet allerdings nicht, dass im Strafverfahren - unter dem Gesichtspunkt der ‚**Waffengleichheit**' (vgl. BVerfGE 110, 226 <253>) - in der Rollenverteilung begründete verfahrensspezifische Unterschiede in den Handlungsmöglichkeiten von Staatsanwaltschaft und Verteidigung in jeder Beziehung ausgeglichen werden müssten (vgl. BVerfGE 63, 45 <67>; 63, 380 <392 f.>; 122, 248 <272>); vielmehr sind angesichts der besonderen, zur **Objektivität** verpflichtenden Stellung der Staatsanwaltschaft Differenzierungen möglich. Die Bestimmung der verfahrensrechtlichen Befugnisse und Hilfestellungen, die dem Beschuldigten nach dem Grundsatz des fairen Verfahrens im Einzelnen einzuräumen und die Festlegung, wie diese auszugestalten sind, ist in erster Linie dem Gesetzgeber und sodann - in den vom Gesetz gezogenen Grenzen - den Gerichten bei der ihnen obliegenden Rechtsauslegung und -anwendung aufgegeben. Eine **Verletzung des Rechts auf ein faires Verfahren** liegt erst dann vor, wenn eine Gesamtschau auf das Verfahrensrecht - auch in seiner Auslegung und Anwendung durch die Gerichte - ergibt, dass rechtsstaatlich zwingende Folgerungen nicht gezogen worden sind oder rechtsstaatlich Unverzichtbares preisgegeben wurde (vgl. BVerfGE 57, 250 <276>; 64, 135 <145 f.>; 122, 248 <272>). Im Rahmen dieser Gesamtschau sind auch die Erfordernisse einer **funktionstüchtigen Strafrechtspflege** in den Blick zu nehmen (vgl. BVerfGE 47, 239 <250>; 80, 367 <375>; 122, 248 <272>). Verfahrensgestaltungen, die den Erfordernissen einer wirksamen Strafrechtspflege dienen, verletzen daher nicht schon dann den grundrechtlichen Anspruch auf ein faires Strafverfahren, wenn verfahrensrechtliche Positionen des Angeklagten oder Beschuldigten dabei eine Zurücksetzung zugunsten einer wirksameren Strafrechtspflege erfahren (BVerfGE 122, 248 <273>). Das **Beschleunigungsgebot** ist bei der Konkretisierung des Rechts auf ein faires Verfahren ebenfalls zu berücksichtigen (vgl. BVerfGE 41, 246 <250>; 63, 45 <68 f.>; 122, 248 <273>), denn unnötige Verfahrensverzögerungen stellen nicht nur die Effektivität des Rechtsschutzes (vgl. BVerfGE 60, 253 <269>; 88, 118 <124>; 93, 1 <13>) und die Zwecke der Kriminalstrafe in Frage, sondern beeinträchtigen, da die Beweisgrundlage durch Zeitablauf verfälscht werden kann, auch die Verwirklichung der verfassungsrechtlichen **Pflicht zur bestmöglichen Erforschung der materiellen Wahrheit** (vgl. BVerfGE 57, 250 <280>; 122, 248 <273>; 130, 1 <27>). Die **Aussagefreiheit** des Beschuldigten und das **Verbot des Zwangs zur Selbstbelastung (nemo tenetur se ipsum accusare)** sind notwendiger Ausdruck einer auf dem Leitgedanken der Achtung der

Menschenwürde beruhenden rechtsstaatlichen Grundhaltung (vgl. BVerfGE 38, 105 <113 f.>; 55, 144 <150 f.>; 56, 37 <43>). Der Grundsatz der **Selbstbelastungsfreiheit** ist im Rechtsstaatsprinzip verankert und hat Verfassungsrang (vgl. BVerfGE 38, 105 <113 f.>; 55, 144 <150 f.>; 56, 37 <43>; 110, 1 <31>). Er umfasst das Recht auf **Aussage- und Entschließungsfreiheit** innerhalb des Strafverfahrens. Dazu gehört, dass im Rahmen des Strafverfahrens niemand gezwungen werden darf, sich durch seine eigene Aussage einer Straftat zu bezichtigen oder zu seiner Überführung aktiv beizutragen (vgl. BVerfGE 56, 37 <49>; 109, 279 <324>). Der Beschuldigte muss frei von Zwang eigenverantwortlich entscheiden können, ob und gegebenenfalls inwieweit er im Strafverfahren mitwirkt (vgl. BVerfGE 38, 105 <113>; 56, 37 <43>). Dies setzt voraus, dass er über seine **Aussagefreiheit** in Kenntnis gesetzt wird. Die **Unschuldsvermutung** hat als besondere Ausprägung des Rechtsstaatsprinzips ebenfalls Verfassungsrang (BVerfGE 74, 358 <371>). Sie verbietet zum einen, im konkreten Strafverfahren ohne prozessordnungsgemäßen - nicht notwendiger Weise rechtskräftigen - Schuldnachweis Maßnahmen gegen den Beschuldigten zu verhängen, die in ihrer Wirkung einer Strafe gleichkommen, und ihn verfahrensbezogen als schuldig zu behandeln; zum anderen verlangt sie den rechtskräftigen Nachweis der Schuld, bevor diese dem Verurteilten im Rechtsverkehr allgemein vorgehalten werden darf (vgl. BVerfGE 19, 342 <347>; 74, 358 <371>). Als Ausprägung des Rechtsstaatsprinzips enthält die **Unschuldsvermutung** - wie auch das **Recht des Beschuldigten auf ein faires, rechtsstaatliches Verfahren** - allerdings keine in allen Einzelheiten bestimmten Ge- und Verbote; ihre Auswirkungen auf das Verfahrensrecht bedürfen vielmehr der Konkretisierung je nach den sachlichen Gegebenheiten. Dies ist in erster Linie Sache des Gesetzgebers (BVerfGE 74, 358 <371 f.>; vgl. auch BVerfGE 7, 89 <92 f.>; 57, 250 <275 f.>; 65, 283 <291>). Das Grundgesetz gewährleistet den Beteiligten eines gerichtlichen Verfahrens, vor einem **unabhängigen und unparteilichen Richter** zu stehen, der die Gewähr für Neutralität und Distanz gegenüber allen Verfahrensbeteiligten und dem Verfahrensgegenstand bietet (vgl. BVerfGE 4, 412 <416>; 21, 139 <145 f.>; 23, 321 <325>; 82, 286 <298>; 89, 28 <36>). Neben der sachlichen und persönlichen **Unabhängigkeit des Richters** (Art. 97 Abs.1 und 2 GG) ist es wesentliches Kennzeichen der Rechtsprechung im Sinne des Grundgesetzes, dass die richterliche Tätigkeit von einem ‚nicht beteiligten Dritten' ausgeübt wird (vgl. BVerfGE 3, 377 <381>; 4, 331 <346>; 21, 139 <145>; 27, 312 <322>; 48, 300 <316>; 87, 68 <85>; 103, 111 <140>). Diese Vorstellung von neutraler Amtsführung ist mit den Begriffen ‚Richter' und ‚Gericht' untrennbar verknüpft (vgl. BVerfGE 4, 331 <346>; 60, 175 <214>; 103, 111 <140>). Die richterliche Tätigkeit erfordert daher unbedingte Neutralität gegenüber den Verfahrensbeteiligten (BVerfGE 21, 139 <146>; 103, 111 <140>). Das **Recht auf den gesetzlichen Richter** aus Art. 101 Abs. 1 Satz 2 GG gewährt deshalb nicht nur einen Anspruch auf den sich aus dem Gerichtsverfassungsgesetz, den Prozessordnungen sowie den Geschäftsverteilungs- und Besetzungsregelungen des Gerichts ergebenden Richter (vgl. BVerfGE 89, 28 <36>), sondern garantiert auch, dass der Betroffene nicht vor einem Richter steht, der aufgrund persönlicher oder sachlicher Beziehungen zu den Verfahrensbeteiligten oder zum Streitgegenstand die gebotene Neutralität vermissen lässt (BVerfGE 21, 139 <146>; 89, 28 <36>). Dieses Verlangen nach **Unvoreingenommenheit und Neutralität des Richters** ist zugleich ein Gebot der Rechtsstaatlichkeit (vgl. BVerfGE 3, 377 <381>; 37, 57 <65>). Das im Rechtsstaatsprinzip und dem allgemeinen Freiheitsrecht verankerte **Recht auf ein faires Strafverfahren** umfasst das Recht des Beschuldigten, sich von einem **Anwalt** seiner Wahl und seines Vertrauens verteidigen zu lassen (BVerfGE 66, 313 <318 f.>; 110, 226 <253>). Wenngleich das **Recht auf ein faires Verfahren** keine in allen Einzelheiten bestimmten Gebote und Verbote enthält, sondern der Konkretisierung durch den Gesetzgeber je nach den sachlichen Gegebenheiten bedarf, untersagt es jedenfalls eine Ausgestaltung des Strafverfahrens, bei der rechtsstaatlich unverzichtbare Erfordernisse nicht mehr gewahrt sind (BVerfGE 57, 250 <276>; 122, 248 <272>). Angesichts der besonderen Bedeutung, die dem **Vertrauensverhältnis zwischen dem Beschuldigten und seinem Verteidiger** unter rechtsstaatlichen Gesichtspunkten zukommt (vgl. BVerfGE 110, 226 <254>), verbietet es sich, im Strafprozess Verfahrensweisen vorzusehen, die - etwa aufgrund der Schaffung sachwidriger Anreize - erwarten lassen, dass dieses Vertrauen unterlaufen und damit das Recht auf eine effektive Verteidigung entwertet wird.".

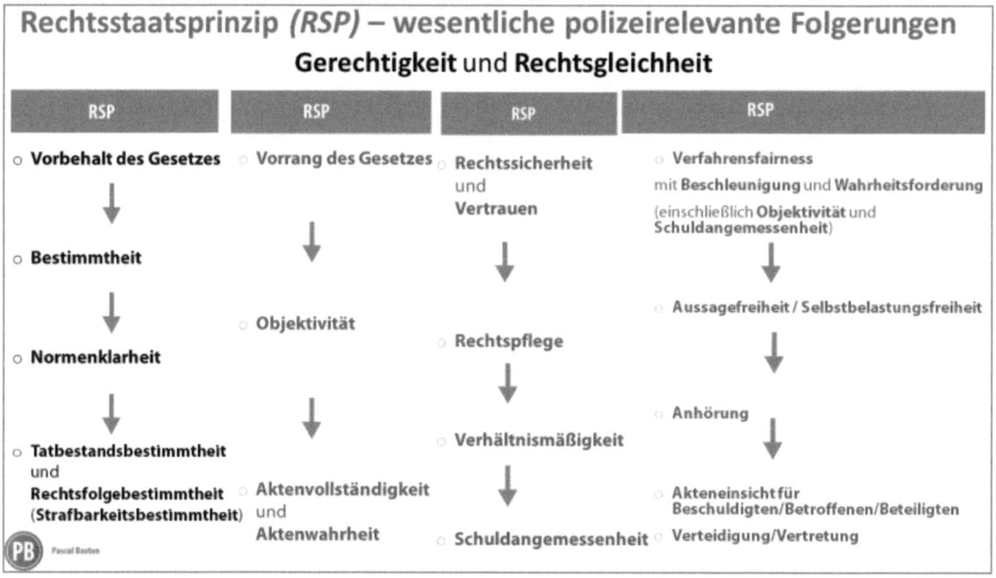


**Vollziehende Gewalt / Exekutive (= Administrative [=Regierung / vollziehende Gewalt der Regierungsverwaltung] + Gubernative [=vollziehende Gewalt der Nichtregierungsverwaltung / Verwaltung im engeren Sinne]) / ausführende Gewalt / hoheitliche Verwaltung** oder **öffentliche Verwaltung**[218] (Art. 1 Abs. 3 GG, Art. 20 Abs. 2, 3 GG) ist grundsätzlich alle staatliche Betätigung/alles hoheitliche Verhalten, die/was nicht Gesetzgebung/Legislative und

---

[218] BVerfG, Urteil des Ersten Senats vom 19.05.2020 – 1 BvR 2835/17 – (Ausland-Ausland-Fernmeldeaufklärung nach BNDG), Rn. 90, 91 [zu Art. 1 Abs. 3 GG], Rn. 90: „Dieser Wille zur lückenlosen Grundrechtsbindung aller Zweige der staatlichen Gewalt [Quellenangabe] lag bereits dem ursprünglichen Normwortlaut zugrunde, der mit ‚Gesetzgebung, Verwaltung und Rechtsprechung' die **drei klassischen Gewalten** auf die Grundrechte als unmittelbar geltendes Recht verpflichtete. Mit der Ersetzung des Begriffs der ‚**Verwaltung**' durch den Begriff der ‚**vollziehenden Gewalt**' durch das Gesetz zur Änderung des Grundgesetzes vom 19. März 1956 (BGBl I S. 111) war keine Einengung der Grundrechtsbindung auf die Ausübung spezifisch hoheitlicher Befugnisse intendiert. Vielmehr wurde der Begriff 1956 im Rahmen der Grundgesetznovelle zur Wehrverfassung als gegenüber dem ursprünglichen Begriff der ‚Verwaltung' weiter angesehen und an dessen Stelle gesetzt, um klarzustellen, dass auch die **Bundeswehr** auf die Grundrechte verpflichtet ist (BTDrucks 2/2150, S. 2). Eine Beschränkung der Grundrechtsbindung auf Entscheidungen, die die **Exekutive** auch mit Hoheitsbefugnissen durchsetzen könnte, liegt hierin nicht.", Rn. 91: „**Die Grundrechte binden die staatliche Gewalt vielmehr umfassend und insgesamt, unabhängig von bestimmten Funktionen, Handlungsformen oder Gegenständen staatlicher Aufgabenwahrnehmung** [Quellenangabe]. Das Verständnis der **staatlichen Gewalt** ist dabei weit zu fassen und erstreckt sich nicht nur auf imperative Maßnahmen oder solche, die durch Hoheitsbefugnisse unterlegt sind. **Alle Entscheidungen**, die auf den jeweiligen staatlichen Entscheidungsebenen den Anspruch erheben können, **autorisiert im Namen aller Bürgerinnen und Bürger** getroffen zu werden, sind von der Grundrechtsbindung erfasst. Eingeschlossen sind hiervon Maßnahmen, Äußerungen und Handlungen hoheitlicher wie nicht hoheitlicher Art. **Grundrechtsgebundene staatliche Gewalt** im Sinne des Art. 1 Abs. 3 GG ist danach jedes Handeln staatlicher Organe oder Organisationen, weil es in Wahrnehmung ihres dem Gemeinwohl verpflichteten Auftrags erfolgt (BVerfGE 128, 226 <244>).".

Rechtsprechung/Judikative ist.[219] **Vollziehende Gewalt** ist in Inhalt, Institution, Funktion, Person[220] so, wie durch Gesetzgebung gegeben.[221]

**Gesetzgebung** ist in Inhalt, Institution, Funktion, Person i.d.R. wie folgt gegeben:

- Abstimmung/Gesetzesbeschluss oder Exekutiverlass bzw. Exekutivverordnung (Inhalt der Gewaltausübung; hier: der Tätigkeitsgegenstand der Gesetzgebung);
- Bundestag/Landtag oder (Kanzler-)Amt/Kanzlei/Ministerium(-sbehörde) (Institution; Formierung, Organisation, Einrichtung; hier: die Ebene der Gesetzgebung);
- Parlament oder ermächtigte Exekutivstelle wie Regierung(sleitung) oder Minister(ium) (Funktion; Amt und Mandat; hier: der Gewaltstatus der Gesetzgebung, des „Gesetzgebers“);
- Abgeordnete/Kanzler/Ministerpräsident/Minister (Person in einer Funktion; Personenfunktion; natürliche Person als Amtswalter oder Mandatsträger in der Funktion des „Gesetzgebers“ für das Funktionieren der Gesetzgebung).

**Rechtsprechende Gewalt** ist in Inhalt, Institution, Funktion, Person so gegeben wie durch Gesetzgebung geregelt. Die rechtsprechende Gewalt ist den Richtern anvertraut; sie wird durch das Bundesverfassungsgericht, durch die im Grundgesetz vorgesehenen Bundesgerichte und durch die Gerichte der Länder ausgeübt, Art. 92 GG.[222]

**Exekutive-Funktionenteilung** ist die zwischen **Regierung (Gubernative)** und **Verwaltung (Administrative)**.

**Regierung (Gubernative)** ist die für die politische Gestaltung zuständige, parlamentarisch verantwortliche Exekutive.

**Vollziehende/exekutive/hoheitliche/öffentliche Verwaltung** (verkürzt: **Verwaltung**) ist die zum Gesetzesvollzug verpflichtete und grundsätzlich gegenüber der Regierung weisungsabhängige Exekutive.[223]

**Nichthoheitliche vollziehende Gewalt / nichthoheitliche Verwaltung** kann vollziehende Gewalt/Verwaltung sein, die nur gewaltenintern/behördenintern die Voraussetzungen für die Wahrnehmung der Amtsaufgaben schafft.[224]

---

[219] **Verwaltungsdefinition** durch in diesem Zusammenhang sog. **Subtraktionsmethode** seit Grundlegung durch: *Mayer*, Deutsches Verwaltungsrecht, Band I, S. 7.

[220] Vgl. bzgl. **Staatshandlungsfähigkeit**: BVerfG, Beschluss des Zweiten Senats vom 14.01.2020 – 2 BvR 1333/17 (Kopftuchverbot für Rechtsreferendarinnen), Ls. 3 und Rn. 89: „der Staat kann nur durch [natürliche oder juristische P. B.] Personen handeln.“.

[221] Vgl. „**Polizei**“: das (als Inhalt) und die (als Institution) in der BRD und ihren Ländern je nach Gesetzeslage und Rechtsnormierung unterschiedlich ausgestaltet ist, siehe dazu auch: Buch 1, Abschnitt 2, Unterabschnitt 4, Titel 3 und Buch 2.

[222] **Verfassungsgerichtsbarkeit**(BVerfG nach Art. 93, 94, 99, 100 GG und BVerfGG; VGH NRW nach Art. 75, 76 Verfassung NRW und VGHG); **Ordentliche Gerichtsbarkeit** nach Art. 95, 96 GG (Zivilgerichte und Strafgerichte sowie Staatsanwaltschaften nach EGGVG, GVG, ZPO, StPO); **Verwaltungsgerichtsbarkeit** (Verwaltungsgerichte nach VwGO); **Arbeitsgerichtsbarkeit** (Arbeitsgerichte nach ArbGG); **Finanzgerichtsbarkeit** (Finanzgerichte nach FGO); **Sozialgerichtsbarkeit** (Sozialgerichte nach SGG).

[223] BVerfGE 93, 37, 66 (Mitbestimmungsgesetz Schleswig-Holstein) = BVerfG, Beschluss des Zweiten Senats vom 24.05.1995 – 2 BvF 1/92, C. I. 1., Rn. 133.

[224] Vgl. BVerfGE 93, 37, Ls. 1 und S. 66 (Mitbestimmungsgesetz Schleswig-Holstein) = BVerfG, Beschluss des Zweiten Senats vom 24.05.1995 – 2 BvF 1/92, Ls. 1 und C. I. 3., Rn. 137.

**Nichthoheitliche vollziehende Gewalt / nichthoheitliche Verwaltung** in Funktion und Inhalt – bei auch möglicher Durchführung in hoheitlicher Verwaltungs-Institution und durch exekutives Personal/Personal der vollziehenden Gewalt – ist i.d.R. wie folgt gegeben:

- betriebsinterne Schrifterstellung;
- bürointerne Botengänge;
- Geschäftszimmertätigkeiten;
- Kurierfahrten;
- Ordnen;
- Fiskaltätigkeit in Privatrechtsform wie Versorgungstätigkeiten bezüglich Arbeitsutensilien, Verpflegung.

**Staatsgewaltenverschränkung** ist die Durchmischung/Überschneidung/Verzahnung der grundsätzlich geteilten Gewalten in alternativ oder teilweise kumulativ Inhalt, Institution, Funktion, Person. Beispiele für Gewaltenverschränkung: Art. 50, 51 GG, Art. 67, 68 GG, Art. 80 GG, Art. 94 Abs. 2 S. 1 GG i.V.m. § 31 BVerfGG, § 47 VwGO; §§ 25-27 OBG NRW.

**Kernbereich exekutiver Eigenverantwortung** ist notwendige Voraussetzung der Verantwortung der Regierung gegenüber Parlament und Volk und umfasst einen grundsätzlich nicht ausforschbaren Initiativ-, Beratungs- und Handlungsbereich, wozu gehört: die Willensbildung der Regierung selbst, sowohl hinsichtlich der Erörterungen in einem internen Entscheidungsgremium wie einem Kabinett als auch bei der Vorbereitung von Ressortentscheidungen, die sich vornehmlich in ressortübergreifenden und -internen Abstimmungsprozessen vollzieht.[225]

---

[225] BVerfGE 124, 78, 120-123 (Untersuchungsausschuss Geheimgefängnisse) = BVerfG, Beschluss des Zweiten Senats vom 17.06.2009 - 2 BvE 3/07 -, C. I. 3. b), Rn. 122, Rn. 126: „Die Notwendigkeit, hier zwischen gegenläufigen Belangen abzuwägen, entspricht der doppelten Funktion des **Gewaltenteilungsgrundsatzes** als Grund und Grenze **parlamentarischer Kontrollrechte** […].“; vgl. auch BVerfG, Beschluss des Zweiten Senats vom 11.12.2018 - 2 BvE 1/18 - Rn.: „Das Grundgesetz hat den **Deutschen Bundestag** als Gesetzgebungsorgan, nicht als umfassendes ‚Rechtsaufsichtsorgan' über die Bundesregierung eingesetzt. Aus dem Grundgesetz lässt sich kein eigenes Recht des Deutschen Bundestages dahingehend ableiten, dass jegliches materiell oder formell verfassungswidrige Handeln der Bundesregierung unterbleibe (vgl. BVerfGE 68, 1 <72 f.>; 126, 55 <68>).“; vgl. dementsprechend das Fehlen eines allgemeinen „Rechtsvollziehungsanspruchs/Gesetzesvollziehungsanspruchs des Bürgers“ oder das allgemeine Fehlen entsprechender Popularklagen.

## *Titel 2: Staatsgewaltsformierung im deutschen Rechtsstaat*

**Staatsgewaltformierung** ist Aufbau/Organisation und Ablauf/Ausübung von Staatsgewalt für einen Sachinhalt in Institution, Funktion, Person[226]. Staatsgewaltform kann bei Staatsgewalt im allgemeinen und vollziehender Gewalt im besonderen unterschiedlich ausgestaltet sein, verfassungsrechtlich entscheidend ist nicht die Form, sondern der effektive Inhalt demokratischer Legitimation staatlichen Handelns mit notwendigem bestimmtem Legitimationsniveau.[227]

Öffentlich-rechtliche **Verwaltungsform (Verwaltungsaufbau/Verwaltungsorganisation/Verwaltungsausübung)** ist zunächst geregelt insbesondere in Art. 83-91e GG und in den Landesverfassungen (z.B. Art. 77 Verfassung NRW) sowie den Landesorganisationsgesetzen (LOG, z.B. LOG NRW, POG NRW).

**Verwaltungsaufbau** ist die hierarchische (vertikale) Behördengliederung, idealtypisch in den (Bundes-)Ländern der BRD entweder als

- **Dreistufenverwaltungsbehördenaufbau**
    - Oberstufe: Landesregierung mit Landesministerium, ggf. mit (zuständiger) Landesoberbehörde;
    - Mittelstufe: (zuständige) Landesmittelbehörde (z.B. Bezirksregierung, in NRW für die Regierungsbezirke: Arnsberg, Detmold, Düsseldorf, Köln, Münster);
    - Unterstufe: untere Landesbehörde (z.B. in Landkreisen NRW: Der Landrat);

oder als

- **Zweistufenverwaltungsbehördenaufbau**
    - Oberstufe: Landesregierung mit Landesministerium, ggf. mit (zuständiger) Landesoberbehörde;
    - Mittelstufe: Fehlen einer (zuständigen) Behörde;
    - Unterstufe: untere Landesbehörde.

---

[226] Vgl. bzgl. **Staatshandlungsfähigkeit**: BVerfG, Beschluss des Zweiten Senats vom 14.01.2020 – 2 BvR 1333/17 (Kopftuchverbot für Rechtsreferendarinnen), Ls. 3 und Rn. 89: „der Staat kann nur durch [natürliche oder juristische P. B.] Personen handeln.“.

[227] BVerfGE 93, 37, 67 (Mitbestimmungsgesetz Schleswig-Holstein) = BVerfG, Beschluss des Zweiten Senats vom 24.05.1995 – 2 BvF 1/92, C. I. 1., Rn. 133, und C. I. 2. a), Rn. 133 „Organe und Amtswalter bedürfen mithin zur Ausübung von Staatsgewalt einer Legitimation, die - als eine demokratische - auf die Gesamtheit der Staatsbürger, das **Volk**, zurückgeht, jedoch regelmäßig nicht durch unmittelbare Volkswahl erfolgen muß. In diesem Bereich ist die Ausübung von Staatsgewalt demokratisch legitimiert, wenn sich die Bestellung der Amtsträger - personelle Legitimation vermittelnd - auf das Staatsvolk zurückführen läßt und das Handeln der Amtsträger selbst eine ausreichende sachlich-inhaltliche Legitimation erfährt; dies setzt voraus, daß die Amtsträger im Auftrag und nach Weisung der Regierung - ohne Bindung an die Willensentschließung einer außerhalb parlamentarischer Verantwortung stehenden Stelle - handeln können und die Regierung damit in die Lage versetzen, die Sachverantwortung gegenüber Volk und Parlament zu übernehmen. […] Uneingeschränkte personelle Legitimation besitzt ein Amtsträger dann, wenn er verfassungsgemäß sein Amt im Wege einer Wahl durch das Volk oder das Parlament oder dadurch erhalten hat, daß er durch einen seinerseits personell legitimierten, unter Verantwortung gegenüber dem Parlament handelnden Amtsträger oder mit dessen Zustimmung bestellt worden ist (ununterbrochene **Legitimationskette**, vgl. dazu BVerfGE 83, 60 [73]).“; BVerfGE 107, 59, 87 (Lippeverband) = BVerfG, Beschluss des 2. Senates vom 05.12.2002 – 2 BvL 5/98 -, C. I. 1. a), Rn. 156.

Mitwirkung der Gemeinden, Gemeindeverbände, Körperschaften, Anstalten, Stiftungen bei der Landesverwaltung erfolgt nach Maßgabe der hierfür geltenden gesetzlichen Vorschriften.[228]

**Verwaltungsträgerschaft** ist Verwaltungsorganisationsrechtsfähigkeit.

**Verwaltungsträger** ist ein organisatorisches Gebilde der vollziehenden Gewalt/der Verwaltung mit Rechtsfähigkeit.

**Öffentlich-rechtliche Verwaltungstätigkeit(sform)** der vollziehenden Gewalt ergibt sich insbesondere aus Gesetzen wie dem VwVfG, vgl. §§ 35, 35a, 54-56, 74 VwVfG (NRW).

**Verwaltungsprivatrechtstätigkeit(sform)** betrifft Tätigkeit eines Verwaltungsträgers als (grundrechtsgebundene[229]) vollziehende Gewalt in Privatrechtsform.

**Fiskaltätigkeit(sform)** ist nichthoheitliche Tätigkeit der vollziehenden Gewalt in Privatrechtsform wie Versorgungstätigkeiten bezüglich Arbeitsutensilien, Sanitäreinrichtungen, Verpflegung.

**Staatsunmittelbare vollziehende Gewalt(ausübung)/staatsunmittelbare öffentliche Verwaltung (verkürzt: staatsunmittelbare Verwaltung)** – durch den Bund oder ein Land – ist Staatsexekutivgewalt(ausübung) durch staatseigene Organe/Behörden in staatseigener Trägerschaft[230], auch möglich durch Körperschaften und Anstalten[231], vgl. auch das Rechtsträgerprinzip/Verwaltungsträgerprinzip der Verwaltungsgerichtsordnung, § 78 Abs. 1 Nr. 1 VwGO.

**Staatsmittelbare vollziehende Gewalt(ausübung) / staatsmittelbare öffentliche Verwaltung** (verkürzt: **staatsmittelbare Verwaltung**) – durch den Bund oder ein Land – ist Staatsexekutivgewalt(ausübung) durch nicht staatseigene, sondern verselbständigte Verwaltungsträger oder sonstige Verwaltungseinheiten, zum Beispiel durch juristische Personen des öffentlichen Rechts wie Körperschaften, Anstalten, Stiftungen oder durch Beliehene, vgl. auch das **Behördenprinzip der Verwaltungsgerichtsordnung**, § 61 Nr. 1 Fall 2 VwGO.

**Mischverwaltung** ist gemeinsame Verwaltung einer Aufgabe durch Bund und Land, geregelt insbesondere allgemein in Art. 83 ff. GG oder besonders in Art. 91e GG, Art. 108 GG.

---

[228] Vgl. z.B. §§ 15, 18-21 LOG NRW.

[229] BVerfGE 128, 226, Ls. 1 und S. 244-247 (Fraport) = BVerfG, Urteil des Ersten Senats vom 22.02.2011 – 1 BvR 699/06 –, Ls. 1: „Von der öffentlichen Hand beherrschte gemischtwirtschaftliche Unternehmen in Privatrechtsform unterliegen ebenso wie im Alleineigentum des Staates stehende öffentliche Unternehmen, die in den Formen des Privatrechts organisiert sind, einer unmittelbaren Grundrechtsbindung.“, S. 245=B. I. 1. a), Rn. 48: „Eine Flucht aus der Grundrechtsbindung in das Privatrecht mit der Folge, dass der Staat unter Freistellung von Art. 1 Abs. 3 GG als Privatrechtssubjekt zu begreifen wäre, ist ihm [dem Staat] verstellt.“ S. 246 f.=B. I. 1. b) bb) (2), Rn. 53: „Ein gemischtwirtschaftliches Unternehmen unterliegt dann der unmittelbaren Grundrechtsbindung, wenn es von den öffentlichen Anteilseignern beherrscht wird. Dies ist in der Regel der Fall, wenn mehr als die Hälfte der Anteile im Eigentum der öffentlichen Hand stehen.“; BVerfGE 147, 50, Ls. 3 (Parlamentarischer Informationsanspruch) = BVerfG, Urteil des Zweiten Senats vom 07.11.2017 - 2 BvE 2/11, Ls. 3: „Der Informationsanspruch des Parlaments kann sich als Ausdruck der aus dem Demokratieprinzip folgenden Verantwortlichkeit der Regierung gegenüber dem Parlament nur auf Angelegenheiten beziehen, die in den Verantwortungsbereich der Regierung fallen. Die Verantwortlichkeit der Regierung im Kontext demokratischer Legitimation erstreckt sich auf alle Tätigkeiten von mehrheitlich oder vollständig in der Hand des Bundes befindlichen Unternehmen in Privatrechtsform. Dabei ist die Verantwortlichkeit der Regierung nicht auf die ihr gesetzlich eingeräumten Einwirkungs- und Kontrollrechte beschränkt.“.

[230] Vgl. Art. 84 GG (Bundesgesetzesvollzug durch die Länder als eigene Angelegenheit), Art. 86 ff. GG (Bundesgesetzvollzug durch den Bund selbst).

[231] Vgl. Art. 86 S. 1 GG, Art. 87 Abs. 3 GG.

**Staats(gewalts)organ** i.S.d. Art. 20 Abs. 2 S. 2 GG ist ein rechtlich handlungsfähiges Rechtssubjekt der Staatsgewalt und kann insbesondere eine **Behörde** sein – in Institution, Funktion, Person[232], wobei nicht jede sogenannte Behörde ein Staats(gewalts)organ ist, denn Behörde bezeichnet in Funktion teilweise auch jede **Stelle**, die im Inhalt Aufgaben der öffentlichen Verwaltung wahrnimmt, vgl. § 1 Abs. 4 VwVfG, § 1 Abs. 2 VwVfG NRW, Art. 35 Abs. 1 GG. Haushaltsrechtliche **Stelle** ist Planstelle für Beamte und sonstige Stelle für sonstige **Beschäftigte** (je nach Gesetz, z.B.: Angestellte, Arbeiter, Arbeitnehmer) nach BHO und LHO.

**Organleihe** ist das (ausnahmsweise) Tätigwerden (die Heranziehung) eines Organs (in Person) eines Hoheitsträgers (wie eines Verwaltungsträgers) für Hoheitsaufgaben, etwa Verwaltungsaufgaben (Inhalt) eines anderen heranziehenden (ausleihenden) Hoheitsträgers, wie dies zum Beispiel mit der Person des Landrats in der Funktion Landrat als Organ des Landkreises oder Kreises („Kreis“ in NRW) teilweise geschieht, wenn er von seiner Funktion als Kreisverwaltungsorgan, vgl. § 42 KrO NRW, zur Institution und Funktion der unteren staatlichen Verwaltungsbehörde des Landes (NRW) herangezogen wird.[233]

**Amt** ist staatsorganintern/behördenintern wie folgt gegeben:

- im Inhalt die kleinste gemeinsame Beschreibung staat(sgewalt)licher Aufgabenwahrnehmung;
- in Institution die kleinste organisatorische Verwaltungsstelle;
- in Funktion die Verwaltungsstelle („Amt“) und Verwaltungstätigkeit („Amtswaltung“ / „Amtsausübung“), unterschiedlich normierbar allgemein als / für
    - **Verbeamtung / Beamte**[234];
    - sonstige Beschäftigung bzw. sonstige **Beschäftigte** (je nach Gesetz, z.B.: **Angestellte, Arbeiter, Arbeitnehmer**)[235];
    - sonstige **Amtswaltung**;
- in Person die insoweit rechtsfähige Person als Zuordnungssubjekt zum Amt (**Amtswalter**).

**Amtswalter** ist eine für einen Verwaltungsträger zurechenbar handelnde Person.

---

[232] Vgl. bzgl. **Staatshandlungsfähigkeit**: BVerfG, Beschluss des Zweiten Senats vom 14.01.2020 – 2 BvR 1333/17 (Kopftuchverbot für Rechtsreferendarinnen), Ls. 3 und Rn. 89: „der Staat kann nur durch [natürliche oder juristische P. B.] Personen handeln.“.

[233] Vgl. § 2 Abs. 1 Nr. POG NRW, § 1b KPBVO NRW; § 3 Abs. 5 LOG M-V.

[234] Vgl. zu **Beamter**: Art. 33 GG, § 14 BHO, § 14 LHO (NRW), BBG, BeamtStG, LBG (NRW); beamtenrechtlich gibt es ein statusrechtliches Amt durch Ernennung, ein abstrakt-funktionales Amt durch Behördenzuweisung, ein konkret-funktionales Amt durch Behördendienstpostenzuweisung.

[235] Vgl. zu **Beschäftiger**: Art. 33 GG, § 14 BHO, § 14 LHO (NRW), BBG, BeamtStG, LBG (NRW), TVöD, TV-L.

**Verwaltungsaufgabenwahrnehmungsübertragung** an natürliche und juristische Personen des Privatrechts sowie nichtrechtsfähige Vereinigungen kann nach Maßgabe geltender Gesetze erfolgen[236], wobei die ordnungsgemäße Aufgabenerfüllung sicherzustellen ist.[237]

---

[236] Vgl. z.B. § 12 Abs. 1 S. 1 LOG M-V; vgl. z.B. OLG Frankfurt am Main, 2. Senat für Bußgeldsachen, Beschluss vom 27.11.2019 – 2 Ss-OWi 1092/19 (Erfordernis einer legislativen Rechtsgrundlage für den Einsatz von **privaten Dienstleistern** zur **Verkehrsüberwachung des fließenden Straßenverkehrs**); OLG Frankfurt am Main, Senat für Bußgeldsachen, Beschluss vom 03.01.2020 – 2 Ss-OWi 963/18 (Erfordernis einer legislativen Rechtsgrundlage für den Einsatz von **privaten Dienstleistern** zur **Verkehrsüberwachung des ruhenden Straßenverkehrs**), darin [mit kleinen Korrekturen, P. B.]: „1. Die Organisation und Überwachung des ruhenden Verkehrs ist eine hoheitliche Aufgabe. Maßnahmen der Verkehrsüberwachung - auch im ruhenden Verkehr - gehören unbestreitbar zum hoheitlichen **Funktionsbereich** des Staates. Das System des Straßenverkehrsrechts ist nach Maßgabe von Straßenverkehrsgesetz und Straßenverkehrsordnung unter hoheitlichen Regelungs- und Überwachungsvorbehalt gestellt worden. Nur der Staat als Hoheitsträger hat das Recht gemeindlichen Verkehrsraum zu organisieren, in seiner **Funktion** zu bestimmen und den einzelnen Verkehrsteilnehmern im Rahmen dieser **Funktionsbestimmung** zur Benutzung zuzuweisen. Dazu gehört u.a. auch die Regelung, ob Verkehrsraum für das Parken von Fahrzeugen zur Verfügung gestellt wird, wie diese Bereitstellung erfolgen soll, ob diese entgeltlich oder unentgeltlich erfolgt und in der Folge auch, ob und wie diese Regelung rechtlich organisiert (zivilrechtlich oder hoheitlich) und kontrolliert wird (zivilrechtlich oder über Verwarn- und Bußgelder). 2. Die Ahndung und Durchsetzung von Regelverstößen durch Verwarn- und Bußgelder folgt aus dem **Gewaltmonopol des Staates**. Wird die Organisation von Verkehrsraum und die Kontrolle der getroffenen Zuweisungen wie bei der Stadt1 hoheitlich vorgenommen, folgt aus dem so ausgeübten **Funktionsvorbehalt** in Verbindung mit dem Gewaltmonopol des Staates die hier geltend gemachte Berechtigung, Verstöße gegen die Zuweisungsgehalte mit Verwarn- und Bußgeldern zu ahnden, da die Verstöße gegen die materiellen Verhaltensnormen des Straßenverkehrsrechts gem. § 21 ff. StVG dem Sanktionsvorbehalt des Straf- und Ordnungswidrigkeitenrechts unterliegen. Der Gesetzgeber hat sich in Deutschland dazu entschlossen, auch diesen Bereich als **Ordnungswidrigkeit** dem **Strafrecht** zuzuordnen. Dass dies grundsätzlich auch anders möglich wäre, z. B. eine Angliederung an das Verwaltungsrecht, zeigen die Rechtsordnungen in anderen Europäischen Ländern. Nach den gesetzlichen Vorgaben handelt es sich bei Verletzung von Verhaltensgeboten der vorliegenden Art, also des Verstoßes gegen Parkvorschriften gem. den §§ 6 Abs. 1, 24, 26 StVG, 13 StVO, um Ordnungswidrigkeiten i. S. d. §§ 35 ff. OWiG, die gem. §§ 27 StVG, 56, 58 Abs. 2 OWiG, die mit dem Sanktionssystem von Verwarnung und Verwarnungsgeld bedacht werden können. Das Recht derartige Verstöße zu ahnden ist als Ausfluß des Gewaltmonopols ausschließlich dem Staat und vorliegend konkret der Polizei zugewiesen. Damit ist, auch wenn es sich nur um Parkverstöße handelt, sowohl die Regelung und Organisation von Verkehrsraum selbst (staatliches **Organisationsmonopol**), als auch die daran angeknüpfte Sanktionierbarkeit (staatliches **Gewaltmonopol**) Teil der öffentlichen Sicherheit und Ordnung und damit grundsätzlicher Kern der originären Staatsaufgaben. Die gesamte **Verkehrsüberwachung und -ahndung**, unabhängig davon, ob es sich um fließenden oder ruhenden Verkehr handelt, ist damit Ausfluss des staatlichen Gewaltmonopols, das seine verfassungsrechtliche Grundlage wiederum im Rechtsstaatsprinzip findet. In der Folge kann der Staat - und vorliegend konkret die Stadt1 [sic, neben „Stadt2", P.B.] - die ihr von der Bevölkerung erteilte Regelungs- und Sanktionsmacht von der er (sie) seine (ihre) eigene Legitimation bezieht, nicht ohne gesetzliche Legitimation wieder an ‚**private Dienstleister**' abgeben, damit diese dann als ‚Subunternehmer' ohne Legitimation hoheitliche Aufgaben wahrnehmen. Mit dem Recht etwas zu ‚dürfen', folgt nicht automatisch das Recht, mit diesem ‚Dürfen' beliebig umzugehen. Der Bürger hat einen Anspruch darauf, dass der Staat die von ihm gewährte Macht im Rahmen der ihm gewährten Regelungskompetenz ausübt und nach Prinzipien eines Rechtsstaates gerichtlich überprüfbar rechtfertigt. 3. Notwendigkeit [mindestens, P.B.] einer Ermächtigungsgrundlage. Soweit es sich nicht um absolute hoheitliche Kernaufgaben handelt, die von einem derartigen Verfassungsrang sind, dass sie grundsätzlich nicht übertragbar sind wozu insbesondere Justiz, Polizei und Fiskalverwaltung gehören, bedarf es für eine grds. zulässige Übertragung auf ‚Dritte' einer dafür vom Parlament erlassenen gesetzlichen [mindestens, P.B.] Ermächtigungsgrundlage. Da die Exekutivorgane ihre Macht von der Legislative übertragen bekommen haben, dürfen sie diese Macht nur dann an ‚Dritte weitergeben', wenn sie im Rahmen eines gesetzgeberischen Verfahrens durch

**Beleihung** ist die Übertragung einzelner öffentlicher Aufgaben zur Erfüllung in öffentlich-rechtlichen Handlungsformen in eigenem Namen – in der Regel alternativ möglich durch Gesetz oder auf Grund eines Gesetzes, durch verwaltungsrechtlichen Vertrag oder durch Verwaltungsakt.[238]

**Beliehener** ist Adressat erfolgter Beleihung und in dieser Eigenschaft selbst Behörde, mit der Möglichkeit von Verwaltungsakterlassen.[239]

**Beauftragung** ist die Übertragung öffentlicher Aufgaben zur Erfüllung in privatrechtlichen Handlungsformen – in der Regel durch verwaltungsrechtlichen Vertrag oder Verwaltungsakt.[240]

**Beauftragter** ist der Adressat erfolgter Beauftragung.

**Verwaltungshelfertum** ist Ausübung einer vom Staat (von einem Hoheitsträger) übertragenen Tätigkeit durch eine nichtbeliehene private natürliche Person oder private juristische Person i.S.d. Art. 19 Abs. 3 GG zwecks Erfüllung einer staatlichen (hoheitlichen) Aufgabe – mit wenig oder keinem Entscheidungsspielraum der Privatperson und so großem Einfluss der Verwaltung auf die Durchführung der Tätigkeit, dass der Private gleichsam als bloßer Erfüllungsgehilfe oder bloßes Werkzeug des Hoheitsträgers handelt und diesem die Tätigkeit des Privaten deshalb als Beamter im haftungsrechtlichen Sinne wie eine eigene zuordenbar ist, vgl. § 839 BGB i.V.m. Art. 34 GG (Amtshaftung).[241]

---

die parlamentarische Repräsentation der Bevölkerung dazu ermächtigt worden sind, wobei klar und eindeutig bestimmt sein muss was übertragen wird, warum es übertragen wird, wie es übertragen wird und wie es kontrolliert wird (vgl. z.B. § 27c Abs. 2 LuftVG). […] Stattdessen verwendet sie [im konkreten Fall: die Stadt / die kommunale Polizeibehörde, P.B.] ihre hoheitliche Sanktionsmacht Verwarngelder zu erheben dazu, das Geschäftsmodell eines privaten Dienstleisters zu finanzieren. Damit dies nicht auffällt, lässt sie die Verkehrsüberwachung den privaten Dienstleister im strafbewehrten Gewand einer Polizeiuniform durchführen (vgl. §§ 132, 132a StGB) [gemeint: „im Gewand einer Polizeiuniform strafbewehrt durchführen“, P.B.]. Damit täuscht die Stadt1 [sic, neben „Stadt 2“, P.B.] strukturell und systemisch den Bürger und die Gerichte und zwar im vollen Bewusstsein, dass sie geltendes Recht umgeht.“.

[237] Vgl. z.B. § 12 Abs. 1 S. 2 LOG M-V.

[238] Vgl. z.B. § 12 Abs. 2 LOG M-V.

[239] Beispiel für Beliehenen: TÜV i.S.d. § 29 StVZO.

[240] Vgl. z.B. § 12 Abs. 3 LOG M-V.

[241] BGH, Urteil vom 06.06.2019 – III ZR 124/18 (Befestigung von Verkehrsschildern); weitere klassische Beispiele für Verwaltungshelfer und damit Beamte im haftungsrechtlichen Sinn: Abschleppunternehmer, Schülerlotse. Zur Frage von **Amtswalterverschulden / Verschulden von Amtswaltern** i.S.von **Amtshaftungsrecht** vgl. BVerwG, Urteil vom 09.05.2019 – BVerwG 2 C 1.18 (Anlassbeurteilung in einem Regelbeurteilungssystem [hier: LAFP NRW]), Rn. 20: „Ein Verschulden der handelnden Amtswalter ist regelmäßig dann zu verneinen, wenn ein mit mehreren Rechtskundigen besetztes Kollegialgericht nach nicht nur summarischer Prüfung, also regelmäßig in einem Hauptsacheverfahren, die Amtstätigkeit als objektiv rechtmäßig gebilligt hat. Dem liegt die Erwägung zugrunde, dass von einem Beamten eine bessere Rechtseinsicht als von einem Kollegialgericht nicht erwartet werden kann (sog. **Kollegialgerichtsregel**; stRspr, vgl. etwa BVerwG, Urteile vom 17. August 2005 - 2 C 37.04 - BVerwGE 124, 99 <105 ff.> und vom 16. Mai 2013 - 8 C 14.12 - BVerwGE 146, 303 Rn. 47; BGH, Urteil vom 6. Februar 1986 - III ZR 109/84 - BGHZ 97, 97 <107>).“, Rn. 21: „Allerdings soll nach der Rechtsprechung des Bundesgerichtshofs die Kollegialgerichtsregel bei grundlegenden Maßnahmen zentraler Dienststellen bei Anwendung eines ihnen besonders vertrauten Spezialgesetzes nicht greifen (vgl. BGH, Urteile vom 21. Dezember 1961 - III ZR 174/60 - NJW 1962, 793 <794> und vom 28. Juni 1971 - III ZR 111/68 - NJW 1971, 1699 <1701>). Entgegen der Ansicht des Berufungsgerichts ist diese Ausnahme von der Kollegialgerichtsregel hier nicht gegeben.“, Rn. 23: „Dabei kann dahinstehen, ob den genannten bereits länger zurückliegenden

**Verwaltungshelfer** ist Adressat erfolgter Übertragung von Verwaltungshelfertätigkeit.

**Privatisierung** ist Aufgabenwahrnehmungsübertragung aus Staatsformen an Privatrechtssubjekte, je nach Art, Intensität, Umfang funktionell, formell, materiell. **Funktionelle Privatisierung** ist Übertragung der Tätigkeit an Privatrechtssubjekte für die Aufgabenwahrnehmung im weiter bestehenbleibenden sachlichen, institutionellen, örtlichen Staats-Zuständigkeitsbereich. **Formelle Privatisierung** ist Aufgabenwahrnehmung durch den Staat in Privatrechtsformen. **Materielle Privatisierung** (echte Privatisierung) ist vollständige Aufgabenübertragung einschließlich der gesamten Zuständigkeit (Staatsveranwortung).

**Funktionsvorbehalt** ist in Art. 33 Abs. 4 GG normiert: Die Ausübung hoheitsrechtlicher Befugnisse ist als ständige Aufgabe in der Regel Angehörigen des öffentlichen Dienstes zu übertragen, die in einem öffentlich-rechtlichen Dienst- und Treueverhältnis stehen (Berufsbeamten[242]).

**Ausübung hoheitsrechtlicher Befugnisse** im Sinne des Art. 33 Abs. 4 GG ist jedenfalls Grundrechtseingriff im engeren Sinne, also unmittelbar beschränkende Einwirkung öffentlicher Gewalt durch Befehl oder Zwang auf grundrechtlich geschützte Freiheiten, darüberhinaus eine Frage des einzelnen Falles.[243]

**Ständige Aufgabe** im Sinne des Art. 33 Abs. 4 GG ist dauerhafte, nicht absehbar künftig wegfallende Staatsaufgabe, unabhängig von ihrer Häufigkeit/Frequenz.[244]

---

Entscheidungen, auf die in der Vergangenheit auch der Senat in einem Fall Bezug genommen hat (BVerwG, Urteil vom 17. August 2005 - 2 C 37.04 - BVerwGE 124, 99 <106>), vom Ansatz her weiter zu folgen ist. Diese Rechtsprechung ist in jüngerer Zeit - soweit ersichtlich - (auch) vom Bundesgerichtshof nicht fortgeführt worden. Zum einen erscheint es in rechtlicher Hinsicht zweifelhaft, ob die daraus folgende verschärfte Haftung von Beamten solcher ‚zentralen Dienststellen', namentlich also der Ministerialverwaltung, sachlich gerechtfertigt ist. Zum anderen erscheint in tatsächlicher Hinsicht fraglich, ob die dieser Rechtsprechung zugrunde liegende Annahme zutrifft und empirisch belegt ist, wonach diese Dienststellen ihre Entscheidungen regelmäßig in ruhiger Abwägung aller Gesichtspunkte, ohne dem ‚Drange der Geschäfte' ausgesetzt zu sein, und unter Benutzung einschlägigen Materials, ‚also wie ein Gericht', treffen können (so wörtlich BGH, Urteil vom 21. Dezember 1961 - III ZR 174/60 - NJW 1962, 793 <794>).", Rn. 28: „Allerdings kommt ein Ausschluss des Verschuldens in Anwendung der sog. Kollegialgerichtsregel nur dann in Betracht, wenn die gerichtliche Entscheidung, die eine behördliche Maßnahme als rechtmäßig gebilligt hat, ihrerseits auf einer umfassenden und sorgfältigen Prüfung der Sach- und Rechtslage beruht. Daran fehlt es, wenn das Kollegialgericht seiner rechtlichen Würdigung einen unzureichend ermittelten Sachverhalt zugrunde gelegt oder den festgestellten Sachverhalt nicht sorgfältig und erschöpfend gewürdigt hat, wenn es bereits in seinem Ausgangspunkt von einer verfehlten Betrachtungsweise ausgegangen ist, wesentliche rechtliche Gesichtspunkte unberücksichtigt gelassen oder eine eindeutige Bestimmung handgreiflich falsch ausgelegt hat (BVerwG, Urteile vom 4. Mai 1984 - 8 C 93.82 - NJW 1985, 876 und vom 17. August 2005 - 2 C 37.04 - BVerwGE 124, 99 <106 f.>; BGH, Urteil vom 7. Februar 1980 - III ZR 153/78 - NJW 1980, 1679; Schübel-Pfister, in: Eyermann, VwGO, 15. Aufl. 2019, § 113 Rn. 117).".

[242] BVerfGE 130, 76, 114 (Verfassungsmäßigkeit der Anordnung von Sicherungsmaßnahmen durch private Pflegekräfte nach § 5 Abs. 3 HessMVollzG im Rahmen formeller Privatisierung) = BVerfG, Urteil des Zweiten Senats vom 18.01.2012 – 2 BvR 133/10 – B. II. 2. c) aa), Rn. 143.

[243] BVerfGE 130, 76, 113 (Verfassungsmäßigkeit der Anordnung von Sicherungsmaßnahmen durch private Pflegekräfte nach § 5 Abs. 3 HessMVollzG im Rahmen formeller Privatisierung) = BVerfG, Urteil des Zweiten Senats vom 18.01.2012 – 2 BvR 133/10 – B. II. 2. b), Rn. 140.

[244] BVerfGE 130, 76, 113 (Verfassungsmäßigkeit der Anordnung von Sicherungsmaßnahmen durch private Pflegekräfte nach § 5 Abs. 3 HessMVollzG im Rahmen formeller Privatisierung) = BVerfG, Urteil des Zweiten Senats vom 18.01.2012 – 2 BvR 133/10 – B. II. 2. b), Rn. 141.

**In der Regel** im Sinne des Art. 33 Abs. 4 GG ist quantitativ zahlenmäßige Regelhaftigkeit im Vergleich zu Ausnahmefällen und bedeutet qualitativ eine Abgrenzung zur Ausnahme nicht primär hoheitlich geprägter Sachinhalte, wie wirtschaftliche Tätigkeiten der öffentlichen Hand, einschließlich staatlicher und kommunaler Einrichtungen der Daseinsvorsorge, und das Gebiet der Fürsorge, also Sachinhalte, bei „denen der Sicherungszweck des Funktionsvorbehalts die Wahrnehmung der betreffenden hoheitlichen Aufgaben durch Berufsbeamte ausweislich bewährter Erfahrung nicht erfordert oder im Hinblick auf funktionelle Besonderheiten nicht in gleicher Weise wie im Regelfall angezeigt erscheinen lässt“; es bedarf der Rechtfertigung durch mindestens einen besonderen sachlichen Grund, wobei fiskalische (Entlastungs-)Erwägungen alleine nicht ausreichen.[245]

**Verwaltungsaufgabenerfüllungssicherstellung** (auch für den Funktionsvorbehalt gemäß Art. 33 Abs. 4 GG, auch noch bei funktioneller oder formeller Privatisierung) erfolgt insbesondere über **Aufsicht** (Dienstaufsicht und Fachaufsicht), die sich insbesondere nach speziellen Rechtsnormen[246] oder nach den LOG und Kommunalverfassungen/Gemeindeordnungen richtet, vgl. z.B. LOG NRW und GO NRW.

**Dienstaufsicht** ist grundsätzlich Überprügung(sbefugnis) und Weisung(sbefugnis) und erstreckt sich auf den Aufbau, die innere Ordnung, die allgemeine Geschäftsführung und die Personalangelegenheiten der Behörde.[247]

**Fachaufsicht** ist grundsätzlich Überprüfung(sbefugnis) und Weisung(sbefugnis) und erstreckt sich (als **Rechtsaufsicht**) auf die rechtmäßige und zweckmäßige Wahrnehmung der Aufgaben und Verwaltungsangelegenheiten der Behörde.[248]

[245] BVerfGE 130, 76, 114-117 (Verfassungsmäßigkeit der Anordnung von Sicherungsmaßnahmen durch private Pflegekräfte nach § 5 Abs. 3 HessMVollzG im Rahmen formeller Privatisierung) = BVerfG, Urteil des Zweiten Senats vom 18.01.2012 – 2 BvR 133/10 – B. II. 2. c), Rn. 143-149.

[246] Vgl. z.B.: § 37 Abs. 4 PolG NRW.

[247] Vgl. z.B. § 12 Abs. 1 LOG NRW, § 16 Abs. 1 LOG M-V.

[248] Vgl. z.B. § 13 Abs. 1 LOG NRW, § 16 Abs. 2 LOG M-V.

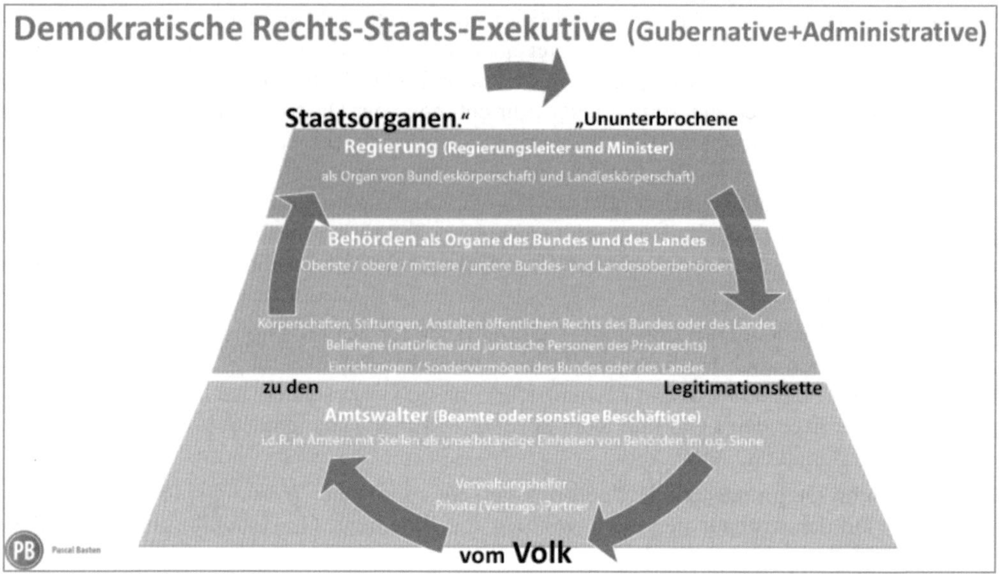
Demokratische Rechts-Staats-Exekutive (Gubernative+Administrative)
Staatsorganen."
„Ununterbrochene
Regierung (Regierungsleiter und Minister)
als Organ von Bund(eskörperschaft) und Land(eskörperschaft)
Behörden als Organe des Bundes und des Landes
Oberste / obere / mittlere / untere Bundes- und Landesoberbehörden
Körperschaften, Stiftungen, Anstalten öffentlichen Rechts des Bundes oder des Landes
Beliehene (natürliche und juristische Personen des Privatrechts)
Einrichtungen / Sondervermögen des Bundes oder des Landes
zu den
Legitimationskette
Amtswalter (Beamte oder sonstige Beschäftigte)
i.d.R. in Ämtern mit Stellen als unselbständige Einheiten von Behörden im o.g. Sinne
Verwaltungshelfer
Private (Vertrags-)Partner
vom Volk
PB

# *Titel 3: Polizei im deutschen Rechtsstaat*

**Polizei** ist allgemein der Inbegriff des als Polizei von Rechts wegen Definierten.

Das Wort Polizei („Polizei"-Wort) weist eine große Geschichte auf – mit Wandel der Begriffe von Polizei („Polizei"-Begriffe).

## Wort Polizei – Quellenauszüge zur Genese und Historie

- **polizeia**
(Ilias, 8./7. Jhd. v. Chr.: „miteinander eine Mauer bauen")

- **Polis (Stadtverband) / Gegenbegriff: Oikos (Privathaushalt)**
(Griechisch, seit 700-500 v. Chr., / ins lat. politia: Gemeinwesen)

- **Politeia (Staat)**
(Platon: 428/427-348/347 v. Chr., Werk: 390-370 v. Chr.: idealer Staat)

- „damit under unsern handtwerchern guete mantzucht und **policey** erhalten werde"
(Wiener Handwerksordnung durch Kaiser Friedrich III. 1451)

- „Reichs**polizei**ordnungen" von 1530, 1548, 1577

- „gute **Polizey**":
(spätestens seit 15. Jahrhundert: Zustand guter Ordnung des Gemeinwesens und der Rechtsordnung im allgemeinen)

**10 II 17 ALR (lies: § 10 Teil 2 Titel 17 ALR) – Allgemeines Preußisches Landrecht (1794)**
Die nöthigen Anstalten zur Erhaltung der öffentlichen Ruhe, Sicherheit, und Ordnung, und zur Abwendung der dem Publico, oder einzelnen Mitgliedern desselben, bevorstehenden Gefahr zu treffen, ist das Amt der Polizey.

**Kreuzberg-Erkenntnis 1882 (Konzentration des Polizeibegriffs):**
Preußisches OVG, II. Senat, v. 14.06.1882 = PrOVGE 9, 353 = DVBl. 1985, 216-226
(PP-Berlin-VO: Verbot bestimmter Gebäudehöhe für freie Sicht auf Nationaldenkmal von 1821 zu Befreiungskriegen): keine Wohlfahrtsaufgaben für allgemeinen Zustand guter Ordnung z.B. ästhetische Interessen, sondern nur Gefahrenabwehr!

**§ 14 PVG – Preußisches PolizeiverwaltungsG (1931)**
Die Polizeibehörden haben im Rahmen der geltenden Gesetze die nach pflichtgemäßem Ermessen notwendigen Maßnahmen zu treffen, um von der Allgemeinheit oder dem Einzelnen Gefahren abzuwehren, durch die die öffentliche Sicherheit oder Ordnung bedroht wird.

PB Pascal Basten

Die **Polizei** ist „Angelegenheit" / „Sache" von EU, Bund, Land.[249]

(Die) „**Polizei**" als solche(s) ist nicht Rechtssubjekt; „polizeiliches" Rechtssubjekt können nur sein:

- EU / Europäische Union (zugleich Rechtsträger) und deren Organe;
- Bund / Bundesstaat (zugleich Rechtsträger) und dessen Organe;
- Land / Landesstaat (zugleich Rechtsträger) und dessen Organe.[250]

Der Begriff „**Polizei**" beinhaltet eine eindeutige Zuordnung zu den Polizeibehörden des Bundes und der Länder; als Behördenbezeichnung gibt es für den Begriff **Polizei-Namensschutz** im Sinne des Namensrechts aus § 12 BGB.[251]

---

249 Vgl. insbesondere: Art. 5 EUV, Art. 88 AEUV („Europol"), Art. 30, Art. 30, 72 Abs. 1, 73 Abs. 1, 74 Abs. 1, 83, 86, 87 GG; § 1 POG NRW.

250 Zur Rechtssubjektivität und Rechtsfähigkeit von EU, Bund, Land siehe auch Buch 1, Abschnitt 2, Unterabschnitt 2; zur Staatsformierung siehe auch Buch 1, Abschnitt 2 Unterabschnitt 4, Titel 2.

251 OLG Hamm, Urteil des 12. Zivilsenats vom 20.05.2016 – 12 U 126/15 = OLG Hamm, MMR 2016, 691.

**Ordnungsbehörden** sind die Gefahrenabwehrbehörden im Sinne der Ordnungsbehördengesetze.

Ordnungsbehördenfunktionen bzw. Ordnungsbehördeneinheiten kann es in NRW (ggf. alternativ oder vereint) beispielsweise wie folgt geben:

- „Der **Landrat**" (§§ 42, 49 KrO NRW);
- „Der **Bürgermeister** (Bürgerschaftsvertreter mit dem Rat, gesetzliches Ratsmitglied neben den gewählten Ratsmitgliedern, Ratsvertreter, Ratsrepräsentant, § 40 Abs. 2 S. 1, 2, 3, 4 GO NRW);
- „Der **Oberbürgermeister**" (Bürgermeister in kreisfreien Städten, § 40 Abs. 2 S. 3 GO NRW);
- Ausländeramt (ALA);
- Bau(aufsichts)amt;
- Gesundheitsamt;
- Jugendamt;
- Lebensmittel(überwachungs)amt;
- Ordnungsamt;
- Straßenverkehrsamt (StVA);
- Veterinäramt.

**Trennung von Polizei und Ordnungsbehörden** bedeutet grundsätzliche Parallelität von Polizei und Ordnungsbehörde, in NRW: im trennscharfen Sinne von PolG NRW, POG NRW einerseits und andererseits LOG NRW, OBG NRW, vgl. auch § 1 Abs. 1 S. 3, 4 PolG NRW; §§ 1, 14, 24, 25-27 OBG NRW.[252]

**Nachrichtendienste** (auch genannt: **Geheimdienste**) sind:

---

[252] **Einheitssystem** wird in folgenden (Bundes-)Ländern verortet: Baden-Württemberg, Bremen, Saarland, Sachsen; **Trennungssystem** in den übrigen (Bundes-)Ländern; vgl. *Kniesel/Braun/Keller*, Besonderes Polizei- und Ordnungsrecht, Rn. 6.

- (Auslandsnachrichtendienst / Auslandsgeheimdienst) **Bundesnachrichtendienst** (BND – nach BNDG);
- (Inlandsnachrichtendienst / Inlandsgeheimdienst) **Verfassungsschutz** mit mehreren Verfassungsschutzämtern:
  - **Bundesamt für Verfassungsschutz** (BfV – nach BVerfSchG);
  - **Landesverfassungsschutzämter** (LfV – nach Landesverfassungsschutzgesetzen, z.B. VSG NRW);
- (Nachrichtendienst im Geschäftsbereich des Bundesministeriums der Verteidigung / Geheimdienst im Geschäftsbereich des Bundesministeriums der Verteidigung / Militärgeheimdienst) **Militärischer Abschirmdienst** (MAD – nach MADG).

**Trennung**[253] **von Polizei und Nachrichtendiensten** bedeutet grundsätzliche Parallelität von Polizei und Nachrichtendiensten, in NRW u.a. z.B. wie folgt: § 2 Abs. 1 S. 2, Abs. 2 VSG NRW ([horizontale und vertikale] Zuständigkeitstrennung und Institutionstrennung/Organisationstrennung).[254]

---

253 Zu den Differenzierungen bzgl. des Topos vom **Trennungsgebot** bzw. den Topoi etwaig mehrerer, verschiedener und unterschiedlicher **Trennungsgebote**: *Basten*, Recht der Polizei, S. 186-188.

Vgl. auch BVerfGE 133, 277, 329 (Antiterrordateigesetz – ATDG) = BVerfG, Urteil des Ersten Senats vom 24.04.2013 – 1 BvR 1215/07 (Plenum), Rn. 123: „Aus dem Grundrecht auf informationelle Selbstbestimmung folgt insoweit ein **informationelles Trennungsprinzip**. Danach dürfen Daten zwischen den Nachrichtendiensten und Polizeibehörden grundsätzlich nicht ausgetauscht werden. Einschränkungen der **Datentrennung** sind nur ausnahmsweise zulässig. Soweit sie zur **operativen Aufgabenwahrnehmung** erfolgen, begründen sie einen besonders schweren Eingriff. Der **Austausch von Daten zwischen den Nachrichtendiensten und Polizeibehörden** für ein mögliches **operatives Tätigwerden** muss deshalb grundsätzlich einem herausragenden öffentlichen Interesse dienen, das den Zugriff auf Informationen unter den erleichterten Bedingungen, wie sie den Nachrichtendiensten zu Gebot stehen, rechtfertigt. Dies muss durch hinreichend konkrete und qualifizierte Eingriffsschwellen auf der Grundlage normenklarer gesetzlicher Regelungen gesichert sein; auch die Eingriffsschwellen für die Erlangung der Daten dürfen hierbei nicht unterlaufen werden.“.

254 Zu grundsätzlichen **Aufgaben und Tätigkeiten von Polizei und Nachrichtendiensten** vgl. die annäherungsweise Beschreibung in: BVerfGE 133, 277, 324-329 (Antiterrordateigesetz – ATDG) = BVerfG, Urteil des Ersten Senats vom 24.04.2013 – 1 BvR 1215/07 (Plenum), Rn. 116-122, daraus: „Denn **Polizeibehörden und Nachrichtendienste** haben deutlich voneinander unterschiedene Aufgaben. Dementsprechend unterliegen sie hinsichtlich der Offenheit ihrer Aufgabenwahrnehmung sowie bezüglich der Datenerhebung grundlegend verschiedenen Anforderungen. Den **Nachrichtendiensten** kommt die **Aufgabe** zu, **Aufklärung bereits im Vorfeld von Gefährdungslagen** zu betreiben. Ihr Datenzugriff dient dabei zugleich verschiedenartigen und weit gefassten Zielen wie dem Schutz vor verfassungsfeindlichen Bestrebungen im Inland und vor innerstaatlichen Tätigkeiten ausländischer Geheimdienste, dem Schutz vor gewaltbereiten Bestrebungen, die den gesamten Bereich der ‚auswärtigen Belange' gefährden, oder dem Schutz vor Bestrebungen, die gegen den Gedanken der Völkerverständigung oder das friedliche Zusammenleben der Völker gerichtet sind (vgl. § 3 Abs. 1 BVerfSchG, § 1 Abs. 2 BNDG, § 1 Abs. 1 MADG sowie § 1 Abs. 1 i.V.m. § 3 Abs. 1 und § 5 Abs. 1 G 10). Sie haben mannigfaltige Bestrebungen auf ihr Gefahrenpotenzial hin allgemein zu beobachten und sie gerade auch unabhängig von konkreten Gefahren in den Blick zu nehmen (vgl. BVerfGE 122, 120 [145]). Diesem **vorfeldbezogenen Aufgabenspektrum** entsprechend haben die Nachrichtendienste weitreichende Befugnisse zur Datensammlung, die weder hinsichtlich der konkreten Tätigkeitsfelder spezifisch ausdefiniert noch hinsichtlich der jeweils einzusetzenden Mittel detailscharf ausgestaltet sind. Für die Behörden des **Verfassungsschutzes** umfassen sie Methoden und Instrumente zur **heimlichen Informationsbeschaffung** wie etwa den Einsatz von Vertrauensleuten und Gewährspersonen, Observationen, Bild- und Tonaufzeichnungen, Tarnpapiere und Tarnkennzeichen (vgl. § 8 Abs. 2 BVerfSchG; § 6 Abs. 1 LVSG Baden-Württemberg). Nach § 5 G 10 darf der **Bundesnachrichtendienst** zur Informationsgewinnung in bestimmten Fällen mit dem Instrument

der **strategischen Überwachung** internationale Telekommunikationsbeziehungen nach bestimmten Suchbegriffen durchfiltern (vgl. BVerfGE 100, 313 [368ff.] zur Vorgängervorschrift des § 3 Abs. 1 G 10). Unbeschadet der auch hier differenzierten verfassungsrechtlichen Anforderungen, die nicht Gegenstand des vorliegenden Verfahrens sind, spiegeln diese Befugnisse die Weite der Aufgaben der Nachrichtendienste und zeichnen sich durch relativ geringe Eingriffsschwellen aus. Überdies sammeln die Nachrichtendienste Daten grundsätzlich geheim. Der Grundsatz der **Offenheit der Datenerhebung** gilt für sie nicht, und sie sind von **Transparenz- und Berichtspflichten** gegenüber den Betroffenen weithin freigestellt. Entsprechend gering sind die Möglichkeiten **individuellen Rechtsschutzes**. Zum Teil werden diese sogar ganz durch eine **politische Kontrolle** ersetzt (vgl. Art. 10 Abs. 2 Satz 2 GG). Im Gegenzug und zum Ausgleich zu der Weite dieser Datenerhebungsbefugnisse ist die Zielrichtung der Aufklärung begrenzt. Unbeschadet näherer Differenzierungen zwischen den verschiedenen Diensten beschränkt sie sich im Wesentlichen darauf, **fundamentale Gefährdungen**, die das Gemeinwesen als Ganzes destabilisieren können, **zu beobachten und hierüber zu berichten**, um eine **politische Einschätzung der Sicherheitslage** zu ermöglichen. Ziel ist nicht die **operative Gefahrenabwehr**, sondern die **politische Information**. So ist Aufgabe der Tätigkeit des **Bundesnachrichtendienstes** nicht die **Bekämpfung von Straftaten** als solchen, sondern übergreifend die **Gewinnung von Erkenntnissen über das Ausland**, die von außen- und sicherheitspolitischer Bedeutung für die Bundesrepublik Deutschland sind. In Form von Lageberichten, Analysen und Berichten über Einzelerkenntnisse soll die Bundesregierung in den Stand gesetzt werden, Gefahrenlagen rechtzeitig zu erkennen und ihnen – politisch – zu begegnen (vgl. BVerfGE 100, 313 [371]). Entsprechend zielt auch die Aufklärung der **Verfassungsschutzbehörden** nicht unmittelbar auf die Verhütung und Verhinderung von konkreten Straftaten oder die Vorbereitung entsprechender operativer Maßnahmen. Auch hier beschränkt sich die Aufgabe der Dienste auf eine **Berichtspflicht** gegenüber den politisch verantwortlichen Staatsorganen beziehungsweise der Öffentlichkeit (vgl. BVerfGE 130, 151 [206]). Dieser auf die **politische Vorfeldaufklärung beschränkte Auftrag der Nachrichtendienste** spiegelt sich auch in einer Beschränkung ihrer Befugnisse: **Polizeiliche Befugnisse** haben sie nicht, und sie dürfen auch im Wege der Amtshilfe nicht die Polizei um Maßnahmen ersuchen, zu denen sie selbst nicht befugt sind (vgl. § 8 Abs. 3 BVerfSchG, § 2 Abs. 3 BNDG, § 4 Abs. 2 MADG, § 3 Abs. 4 des Hessischen Gesetzes über das Landesamt für Verfassungsschutz [VerfSchutzG HE]). Im Falle eines **Übermittlungsersuchens** dürfen sie grundsätzlich nur solche Daten übermitteln, die bei der ersuchten Behörde bereits bekannt sind oder aus allgemein zugänglichen Quellen entnommen werden können (vgl. etwa § 17 Abs. 1 BVerfSchG – auch i.V.m. § 8 Abs. 3 Satz 2 BNDG und § 10 Abs. 4 MADG -, § 8 Abs. 2 Satz 2 VerfSchutzG HE, § 19 Abs. 1 i.V.m. § 7 Abs. 2 Satz 1 HmbVerfSchG). Von diesem Aufgaben- und Befugnisprofil unterscheidet sich das der **Polizei- und Sicherheitsbehörden** grundlegend. Ihnen obliegt die **Verhütung, Verhinderung und Verfolgung von Straftaten sowie die Abwehr von sonstigen Gefahren für die öffentliche Sicherheit und Ordnung**. Ihre Aufgaben sind geprägt von einer **operativen Verantwortung** und insbesondere der **Befugnis, gegenüber Einzelnen Maßnahmen erforderlichenfalls auch mit Zwang durchzusetzen**. Dabei sind ihre Aufgaben gesetzlich differenziert umgrenzt und durch ein materiell wie verfahrensrechtlich vielfältig abgestuftes Arsenal von Handlungsbefugnissen unterlegt. Unbeschadet gewisser Aufgaben auch dieser Behörden schon im **Vorfeld von Gefahren**, sind ihnen Befugnisse gegenüber Einzelnen grundsätzlich nur aus **konkretem Anlass** verliehen; Voraussetzung ist in der Regel, dass **Anhaltspunkte für einen Tatverdacht oder eine Gefahr** vorliegen. Diesem Aufgabenprofil entsprechen auch die Datenerhebungs- und –verarbeitungsbefugnisse dieser Behörden. Sie sind, da sie letztlich Zwangsmaßnahmen bis hin zu Eingriffen in die persönliche Freiheit vorbereiten und begründen können, gesetzlich wesentlich enger und präziser gefasst als diejenigen der Nachrichtendienste sowie vielfältig voneinander abgegrenzt. Entsprechend setzen grundsätzlich auch diese auf den Umgang mit Daten bezogenen Befugnisse – bei vielfältigen Abstufungen im Einzelnen – einen **konkreten Anlass, etwa eine Gefahr oder einen Tatverdacht** voraus. Soweit der Gesetzgeber die Erhebung personenbezogener Daten **ausnahmsweise anlasslos vorsorglich oder zur bloßen Verhütung von Gefahren oder Straftaten** erlaubt, ist dies besonders rechtfertigungsbedürftig und unterliegt gesteigerten verfassungsrechtlichen Anforderungen (vgl. BVerfGE 125, 260 <318 ff., 325 ff.>). Entsprechend handelt die Polizei grundsätzlich offen und folgt auch ihr Umgang mit Daten ganz überwiegend dem Grundsatz der **Offenheit**. Zwar setzt die **Aufgabenwahrnehmung der Polizeibehörden** in erheblichem Umfang auch Ermittlungen voraus, die gegenüber den Betroffenen zunächst **verdeckt** erfolgen. Jedoch werden damit nur bestimmte, durch **konkrete Verdachtsmomente** unterlegte Aufklärungsmaßnahmen oder –phasen abgeschirmt, die die prinzipielle Offenheit der polizeilichen Arbeit unberührt lässt. Vor allem werden insofern die ermittelten Daten bei sich anschließenden Maßnahmen gegenüber Einzelnen – wie der Erhebung der Anklage oder dem Erlass einer Polizeiverfügung – **offengelegt** und wird dem Betroffenen Gelegenheit gegeben, sich hierzu zu verhalten. Auch die Ermittlungen selbst werden, soweit möglich, offen geführt. Im **Strafverfahren** zeigt sich dies beispielhaft an den zahlreichen **Anhörungs-, Akteneinsichts- und Verteidigungsrechten des Beschuldigten**, an der **offenen Durchführung von Wohnungsdurchsuchungen** (vgl. § 106 StPO), den Vorgaben für die Nutzung von vorsorglich gespeicherten Daten (vgl. BVerfGE 125, 260 <353>) sowie der grundsätzlich öffentlichen und mündlichen Verhandlung am Ende des Anklagevorwurfs im Strafverfahren. Der Einsatz verdeckter Ermittler (§§ 110a ff. StPO) und heimliche Datenerhebungen mit technischen Mitteln (§§ 100a ff. StPO) sind demgegenüber nur ausnahmsweise und unter bestimmten Bedingungen zulässig. Entsprechend unterliegt die Polizei auch im Bereich der Gefahrenabwehr dem **Grundsatz der offenen Datenerhebung** (vgl. § 21 Abs. 3 BPolG; § 19 Abs. 1 PolG Baden-Württemberg; Art. 30 Abs. 3 BayPAG [, § 9 Abs. 5 PolG NRW, P. B.]). Die Rechtsordnung unterscheidet damit zwischen einer grundsätzlich **offen** arbeitenden Polizei, die auf eine **operative Aufgabenwahrnehmung** hin ausgerichtet und durch **detaillierte Rechtsgrundlagen** angeleitet ist, und den grundsätzlich **verdeckt** arbeitenden **Nachrichtendiensten**, die auf die **Beobachtung und Aufklärung im Vorfeld zur politischen Information und Beratung** beschränkt sind und sich deswegen auf **weniger ausdifferenzierte Rechtsgrundlagen** stützen können. Eine **Geheimpolizei** ist nicht vorgesehen.“.

BVerfG, Urteil des Ersten Senats vom 19.05.2020 – 1 BvR 2835/17 – (Ausland-Ausland Fernmeldeaufklärung nach BNDG), Ls. 4: „Die Regelung der **Auslandsaufklärung** fällt unter die auswärtigen Angelegenheiten im Sinne von Art. 73 Abs. 1 Nr. 1 GG. Dem **Bundesnachrichtendienst** kann auf dieser Kompetenzgrundlage über die Aufgabe einer **außen- und sicherheitspolitischen Unterrichtung der Bundesregierung** hinaus als eigene, nicht operativ wahrzunehmende Aufgabe die **Früherkennung von aus dem Ausland drohenden Gefahren** von internationaler Dimension übertragen werden. Es muss sich um Gefahren handeln, die sich ihrer Art und ihrem Gewicht nach auf die Stellung der Bundesrepublik in der Staatengemeinschaft auswirken können und gerade in diesem Sinne von **außen- und sicherheitspolitischer Bedeutung** sind.“; BVerfG, Urteil des Ersten Senats vom 19.05.2020 – 1 BvR 2835/17 – (Ausland-Ausland-Fernmeldeaufklärung nach BNDG), D. I. 1. a) aa) bb), Rn. 123-128: „Maßgebliche Kompetenzgrundlage ist Art. 73 Abs. 1 Nr. 1 GG, der eine Gesetzgebungskompetenz des Bundes über die **auswärtigen Angelegenheiten** sowie die **Verteidigung** begründet. Die Einrichtung einer Stelle zur umfassenden **Auslandsaufklärung** fällt unstreitig unter die **auswärtigen Angelegenheiten** im Sinne von Art. 73 Abs. 1 Nr. 1 GG (vgl. BVerfGE 100, 313 <369>). Dazu zählt auch die Ausstattung mit aufgabenadäquaten Befugnissen. Allerdings sind die Aufgaben, die der Gesetzgeber einer solchen Stelle übertragen kann, begrenzt. Der Begriff der **auswärtigen Angelegenheiten** in Art. 73 Abs. 1 Nr. 1 GG kann nicht ohne Rücksicht auf die Verteilung der Gesetzgebungskompetenzen im Übrigen bestimmt werden. Zum einen darf er nicht in einer Weise ausgelegt werden, dass die **Kompetenzverteilung zwischen Bund und Ländern** unterlaufen wird. Zum anderen muss er sich in die verschiedenen Kompetenzzuweisungen an den Bund einfügen. Unter beiden Gesichtspunkten verbietet sich ein Verständnis des Begriffs, nach dem alle Tatbestände mit Auslandsbezug zu den **auswärtigen Angelegenheiten** zählen. Darunter sind diejenigen Fragen zu verstehen, die für das Verhältnis der Bundesrepublik Deutschland zu anderen Staaten oder zwischenstaatlichen Einrichtungen, insbesondere für die Gestaltung der Außenpolitik, Bedeutung haben (vgl. BVerfGE 100, 313 <368 f.>; vgl. auch BVerfGE 133, 277 <319 Rn. 101>). Abzugrenzen ist die Gesetzgebungskompetenz nach Art. 73 Abs. 1 Nr. 1 GG insbesondere von der Gesetzgebungskompetenz nach Art. 73 Abs. 1 Nr. 9a GG, der dem Bund für die **Abwehr von Gefahren des internationalen Terrorismus** eine Gesetzgebungskompetenz allein in Bezug auf das **Bundeskriminalpolizeiamt** einräumt. Im Grenzbereich zur Verbrechensbekämpfung ist weiter von Belang, dass Art. 73 Abs. 1 Nr. 10 GG dem Bund bestimmte und zugleich begrenzte Gesetzgebungskompetenzen für die Zusammenarbeit zwischen Bund und Ländern im Bereich der **Kriminalpolizei**, für die Einrichtung eines **Bundeskriminalpolizeiamtes** sowie für die **internationale Verbrechensbekämpfung** zuweist. Darunter ist nicht die Bekämpfung internationaler Verbrechen zu verstehen, sondern die **internationale Bekämpfung von Verbrechen**, also etwa die Zusammenarbeit deutscher mit ausländischen Stellen in kriminalpolizeilichen Fragen. Im Übrigen fällt das **Polizeirecht als Gefahrenabwehrrecht** in die **Zuständigkeit der Länder** (vgl.

Die **Polizei** gehört zur vollziehenden Gewalt i.S.d. Art. 20 Abs. 2, 3 GG.

Die **Polizei** ist **Angelegenheit** des Bundes[255] oder eines (Bundes-)Landes.

---

BVerfGE 100, 313 <369>). Hieraus ergibt sich, dass der Bund den **Bundesnachrichtendienst** mit der **Auslandsaufklärung** nicht allgemein zum Zweck der Gewährleistung der **inneren Sicherheit** betrauen kann. Art. 73 Abs. 1 Nr. 1 GG berechtigt den Bundesgesetzgeber nicht dazu, Befugnisse einzuräumen, die auf die **Verhütung, Verhinderung oder Verfolgung von Straftaten als solche** gerichtet sind (vgl. BVerfGE 100, 313 <370>; 133, 277 <319 Rn. 101>). Dem **Bundesnachrichtendienst** können insoweit nur Aufgaben und Befugnisse übertragen werden, die eine **außen- und sicherheitspolitische Bedeutung** haben und damit eine internationale Dimension aufweisen. Dies beschränkt den Bundesgesetzgeber umgekehrt allerdings nicht darauf, den **Bundesnachrichtendienst** allein mit der Aufgabe zu betrauen, die Bundesregierung mit **Entscheidungsgrundlagen zur Sicherung ihrer außen- oder verteidigungspolitischen Handlungsfähigkeit** zu versorgen (vgl. BVerfGE 100, 313 <368 ff.>). Zwar liegt hierin die primäre Aufgabe der **Auslandsaufklärung**, von der das Gesamtprofil des auf Art. 73 Abs. 1 Nr. 1 GG gestützten Dienstes auch geprägt bleiben muss. Jedoch kann dem **Bundesnachrichtendienst** als eigene Aufgabe auch die **Früherkennung von aus dem Ausland drohenden Gefahren** anvertraut werden, wenn diese eine hinreichend internationale Dimension aufweisen. Maßgeblich ist, dass es sich um Gefahren handelt, die sich ihrer Art und ihrem Gewicht nach auf die Stellung der Bundesrepublik in der Staatengemeinschaft auswirken können und gerade in diesem Sinne von **außen- und sicherheitspolitischer Bedeutung** sind. Zu denken ist hier etwa an Gefahren durch staatenübergreifend machtvoll agierende Netzwerke der organisierten Kriminalität, durch von außen gesteuerte Cyberangriffe auf wichtige Infrastruktur oder durch Terrorakte, die sich als Ausdruck international verflochtener Konfliktlagen darstellen. Demgegenüber umfasst die Kompetenz nicht die Schaffung von Regelungen zur **Aufklärung einzelner, auch bedeutsamer Straftaten im Inland**, allein weil sich hierfür Tatbeiträge oder Erkenntnisquellen im Ausland befinden. Auch könnte die Zuständigkeit des Bundesnachrichtendienstes etwa nicht generell auf die **Aufklärung von Auslandsstraftaten** nach § 6 StGB erstreckt werden. Dass hier die Tatbegehung im Ausland unter Strafe gestellt wird und solche Normen in internationale Vereinbarungen einbezogen sind, begründet für sich noch nicht, dass ihrer Aufklärung in jedem Fall eine außen- und sicherheitspolitische Bedeutung zukommt, die alleine dem Bund eine Gesetzgebungskompetenz nach Art. 73 Abs. 1 Nr. 1 GG eröffnet.".

[255] BVerfGE 141, 220, 263 f. (BKAG – „Zusammenführung" der Rechtsprechung zum „Sicherheitsrecht" seit 11.09.2001) = BVerfG, Urteil des Ersten Senats vom 20.04.2016 – 1 BvR 966/09 (BKAG – „Zusammenführung" der Rechtsprechung zum „Sicherheitsrecht" seit 11.09.2001), C. I. 1., 2., Rn. 88 f.: „[Eine] Gesetzgebungskompetenz des Bundes ergibt sich aus Art. 73 Abs. 1 Nr. 9a GG. […] Dass dabei auch die **Straftatenverhütung** erfasst wird, ist durch Art. 73 Abs. 1 Nr. 9a GG nicht ausgeschlossen. Grenzen einer Vorverlagerung von Maßnahmen in das **Vorfeld konkreter Gefahren** ergeben sich aus rechtsstaatlichen, insbesondere grundrechtlichen Anforderungen, nicht aber aus dem Kompetenztitel des Art. 73 Abs. 1 Nr. 9a GG. Der Begriff der **Gefahrenabwehr** schließt kompetenzrechtlich die **Straftatenverhütung** ein. Unbedenklich ist auch, dass die angegriffenen Vorschriften Handlungsbefugnisse begründen, die sich teilweise mit denen der Landespolizeibehörden überschneiden. Der verfassungsändernde Gesetzgeber hat dies bewusst in Kauf genommen. […] Ungeachtet der Frage, wie das Verhältnis des Art. 87 Abs. 1 Satz 2 GG zu Art. 73 Abs. 1 Nr. 9a und 10 GG genauer zu bestimmen ist, zielte die Einführung des Art. 73 Abs. 1 Nr. 9a GG im Jahre 2006 von vornherein darauf, die neu zu schaffenden Regelungen in die Hände des Bundeskriminalamts zu legen. Nach dem Wortlaut des neuen Kompetenztitels soll ausdrücklich die Abwehr von Gefahren des internationalen Terrorismus „durch das **Bundeskriminalpolizeiamt**" geregelt werden. Deshalb lässt sich die Verwaltungskompetenz des Bundeskriminalamts als Bundesbehörde jedenfalls auf eine Zusammenschau von Art. 73 Abs. 1 Nr. 9a GG und Art. 87 Abs. 1 Satz 2 GG stützen.".

BVerfG, Beschluss des Ersten Senats vom 27.05.2020 – 1 BvR 1873/13 – (Bestandsdatenauskunft II), Rn. 209: „Das **Bundeskriminalamt** ist als Zentralstelle im Wesentlichen auf die Wahrnehmung von Koordinationsaufgaben beschränkt (vgl. BVerfGE 110, 33 <51>). Polizeiliche Aufgaben der Gefahrenabwehr und Strafverfolgung sind insoweit nicht übertragen, sondern werden dort nur koordiniert und informationell verklammert. Im Rahmen seiner Zentralstellenaufgaben unterstützt das Bundeskriminalamt die Polizeibehörden bei der Verhütung und Verfolgung von Straftaten mit länderübergreifender, internationaler

**Bund und (Bundes-)Länder im Polizeibereich** sind jeweils Verwaltungsträger ihrer jeweiligen Polizei/Polizeien mit jeweils eigener **Organisationsgewalt** (Befugnis zur Errichtung/Einrichtung, Änderung, Aufhebung von Verwaltungsträgern und von Verwaltungsorganen).

Die Polizeien werden in bundeseigener beziehungsweise landeseigener, **unmittelbarer Selbstverwaltung** geführt.[256]

**Wesentliche GG-Normen für die „Polizei als Sache des Bundes und der Länder"**

**Land**

**Art. 30 GG:**

Die Ausübung der staatlichen Befugnisse und die Erfüllung der staatlichen Aufgaben ist Sache der Länder, soweit dieses Grundgesetz keine andere Regelung trifft oder zulässt.

**Art. 72 Abs. 1 GG:**

Im Bereich der konkurrierenden Gesetzgebung haben die Länder die Befugnis zur Gesetzgebung, solange und soweit der Bund von seiner Gesetzgebungszuständigkeit nicht durch Gesetz Gebrauch gemacht hat.

**Art. 83 GG.**

Die Länder führen die Bundesgesetze als eigene Angelegenheit aus, soweit dieses Grundgesetz nichts anderes bestimmt oder zuläßt.

Pascal Basten

**Bund**

**Art. 72 Abs. 1 GG:**
Im Bereich der konkurrierenden Gesetzgebung haben die Länder die Befugnis zur Gesetzgebung, solange und soweit der Bund von seiner Gesetzgebungszuständigkeit nicht durch Gesetz Gebrauch gemacht hat.

**Art. 73 Abs. 1 GG:**
Der Bund hat die ausschließliche Gesetzgebung über:
9a.
die Abwehr von Gefahren des internationalen Terrorismus durch das **Bundeskriminalpolizeiamt** in Fällen, in denen eine länderübergreifende Gefahr vorliegt, die Zuständigkeit einer **Landespolizeibehörde** nicht erkennbar ist oder die oberste Landesbehörde um eine Übernahme ersucht;
10.
die Zusammenarbeit des Bundes und der Länder
a)
in der **Kriminalpolizei**,
b)
zum Schutze der freiheitlichen demokratischen Grundordnung, des Bestandes und der Sicherheit des Bundes oder eines Landes (Verfassungsschutz) und
c)
zum Schutze gegen Bestrebungen im Bundesgebiet, die durch Anwendung von Gewalt oder darauf gerichtete Vorbereitungshandlungen auswärtige Belange der Bundesrepublik Deutschland gefährden,
sowie die Einrichtung eines **Bundeskriminalpolizeiamtes** und die internationale Verbrechensbekämpfung,

**Art. 74 Abs. 1 GG:**
Die konkurrierende Gesetzgebung erstreckt sich auf folgende Gebiete:
1. (...) das Strafrecht, die Gerichtsverfassung, **das gerichtliche Verfahren** (ohne das Recht des Untersuchungshaftvollzugs) (...)

**Art. 83 GG**
Die Länder führen die Bundesgesetze als eigene Angelegenheit aus, soweit dieses Grundgesetz nichts anderes bestimmt oder zuläßt.

**Art. 87 GG:**
In bundeseigener Verwaltung mit eigenem Verwaltungsunterbau werden geführt (...). Durch Bundesgesetz können **Bundesgrenzschutzbehörden, Zentralstellen für das polizeiliche Auskunfts- und Nachrichtenwesen, für die Kriminalpolizei** und zur Sammlung von Unterlagen für Zwecke des Verfassungsschutzes und des Schutzes gegen Bestrebungen im Bundesgebiet, die durch Anwendung von Gewalt oder darauf gerichtete Vorbereitungshandlungen auswärtige Belange der Bundesrepublik Deutschland gefährden, eingerichtet werden.

Der **Sicherheitsverwaltungsbehördenaufbau des Landes NRW**, insbesondere[257] der Polizeiverwaltungsbehördenaufbau des Landes NRW ist wie folgt:

- **Oberste NRW-Polizei-Behörden-Stufe** (Instanz) / Oberste Landespolizeibehörde:

Oberste NRW-Landesbehörden sind die Landesregierung, der Ministerpräsident und die Landesministerien, § 3 LOG NRW. Die **Landesregierung** des Landes NRW besteht aus Ministerpräsident und Landesministern, Art. 51 Verfassung NRW, GOLR NRW, GGO NRW, darunter: **Minister des Innern/Innenminister** für die Leitung von: **Ministerium des Innern des Landes Nordrhein-Westfalen/Innenministerium** (MI NRW/IM NRW), darin organisiert: die auch sogenannte **Polizeiabteilung** Abteilung 4 (Abteilung insbesondere auch für Polizeiangelegenheiten;

---

oder erheblicher Bedeutung (§ 2 Abs. 1 BKAG). Zur Wahrnehmung dieser Aufgabe hat es alle hierfür erforderlichen Informationen zu sammeln und auszuwerten (§ 2 Abs. 2 Nr. 1 BKAG) sowie unter anderem strategische und operative kriminalpolizeiliche Analysen zu erstellen und Einrichtungen für kriminaltechnische Untersuchungen zu unterhalten und zu koordinieren (vgl. § 2 Abs. 6 BKAG). Soweit es zur Erfüllung dieser Aufgaben erforderlich ist, ermächtigt § 10 Abs. 1 Satz 1 Nr. 1 BKAG dazu, Bestandsdaten abzufragen.".

256 Vgl. zu allem: Art. 30 GG, Art. 35 GG, Art. 70 GG, Art. 72 GG, Art. 73 Abs. 1 Nr. 9a, Nr. 10 GG, Art. 74 Abs. 1 Nr. 1, Art. 83-86 GG, Art. 87 Abs. 1 S. 2, 87a Abs. 4 GG, StPO, OWiG, § 26 StVG, BKAG, § 1 Abs. 1 BPolG, § 1 POG NRW, PolG NRW und weitere die Polizei betreffende Landesgesetze.

257 Zu den allgemeinen Staatsgewaltsformen (Aufbau/Organisation und Ablauf/Ausübung von Staatsgewalt in Funktion, Institution, Person): Buch 1, Abschnitt 2, Unterabschnitt 4, Titel 2.

- **Obere NRW-Polizei-Behörden-Stufe** (Instanz) / **Obere Landespolizeibehörde**(n) mit 3 Landesoberbehörden als Polizeibehörden (**Landespolizeioberbehörden**)[258]:
  - **Landeskriminalamt NRW** (LKA NRW)[259];
  - **Landesamt für Zentrale Polizeiliche Dienste NRW** (LZPD NRW)[260];
  - **Landesamt für Ausbildung, Fortbildung und Personalangelegenheiten NRW** (LAFP NRW)[261];
- **Mittlere NRW-Polizei-Behörden-Stufe** (Instanz): Keine (Landes-)Mittelbehörde für die Polizei[262];
- **Untere NRW-Polizei-Behörden-Stufe** (Instanz): / **Untere Landespolizeibehörden**: mit Landespolizeibehörden: 47 **Kreispolizeibehörden** (KPB), davon:
  - 18 Polizeipräsidien (PP)[263];
  - 29 Landratsbehörden (LR) für einen jeweiligen Polizeibezirk (Ort)[264];
  mit Zuordnung der Organisationseinheiten **Autobahnpolizei** und **Wasserschutzpolizei**[265] und mit Bestimmung von bestimmten Polizeipräsidien zu **Kriminalhauptstellen**[266].

(Die Funktion der) **Behördenleitung** soll regelmäßig erfolgen durch Behördenleiter/in oder dessen/deren Stellvertreter/in im Amte.[267]

**Behördenleiter oder Behördenleiterin in PP-KPB** ist der Polizeipräsident oder die Polizeipräsidentin (PP in NRW nach § 2 Abs. 1 Nr. 1 i.V.m. § 1a KPBVO NRW als Funktion, nicht als Institution, nicht als Personalbehörde „Der Polizeipräsident").

**Behördenleiter oder Behördenleiterin in LR-KPB** ist der Landrat oder die Landrätin als untere staatliche Verwaltungsbehörde, hier Polizeibehörde, durch Organleihe.[268]

Sonstige Amtswalter für die Polizeibehörden (**Polizeibehördenamtswalter**) können insbesondere in bestimmten Funktionen folgende sein:

- **Polizeivollzugsbeamte**[269];

---

[258] Vgl. § 2 POG NRW.

[259] § 13 POG NRW, LKAAufgVO NRW.

[260] § 13a POG NRW.

[261] § 13b POG NRW.

[262] Vgl. zuletzt bis POG-NRW-Reform 01.07.2007: Bezirksregierung (BR) für den jeweiligen Regierungsbezirk und bestimmte Inhalte mit entsprechenden Einrichtungen, z.B. Autobahnpolizei, Waffenrecht.

[263] § 2 Abs. 2 POG NRW i.V.m. KPBVO NRW.

[264] § 2 Abs. 2 POG NRW i.V.m. KPBVO NRW.

[265] §§ 3, 11, 12 POG NRW.

[266] § 2 Abs. 3 POG NRW, KHSt-VO NRW.

[267] Vgl. §§ 6, 8, 9 KPBGO NRW (Runderlass); zu Zeichnungsformen vgl. auch § 33 KPBGO NRW (Runderlass).

[268] LR als Funktion und laut § 2 Abs. 1 Nr. 2 POG NRW i.V.m. § 1b KPBVO NRW als Institution. Zu den **Landrats-Doppelzuständigkeiten** einerseits in Angelegenheiten der Kreisverwaltungsleitung und damit mittelbarer Landesverwaltung und andererseits als Kreispolizeibehördenleitung und damit unmittelbarer Landesverwaltung vgl. auch § 42 f. KrO NRW, § 58 f. KrO NRW.

[269] § 2 Abs. 1 S. 1, Abs. 3, 6 i.V.m. Anlage LVOPol NRW über die **Laufbahn** (§ 5 LBG NRW) der **Polizeivollzugsbeamtinnen** und **Polizeivollzugsbeamten** des Landes Nordrhein-Westfalen: **Einheitslaufbahn** des Landes Nordrhein-Westfalen mit Ämtern für Polizeivollzugsbeamtinnen und Polizeivollzugsdienstbeamte von Polizeimeister/in und Kriminalmeister/in bis Polizeihauptmeister/in und

- Polizeiverwaltungsbeamte;
- sonstige Polizeibeamte (im nichttechnischen Dienst, technischen Dienst, Verwaltungsdienst);
- sonstige **Beamte**[270];
- **Ermittlungspersonen der Staatsanwaltschaft**[271];
- sonstige **Beschäftigte** (je nach Gesetz, z.B.: **Angestellte, Arbeiter, Arbeitnehmer**)[272].

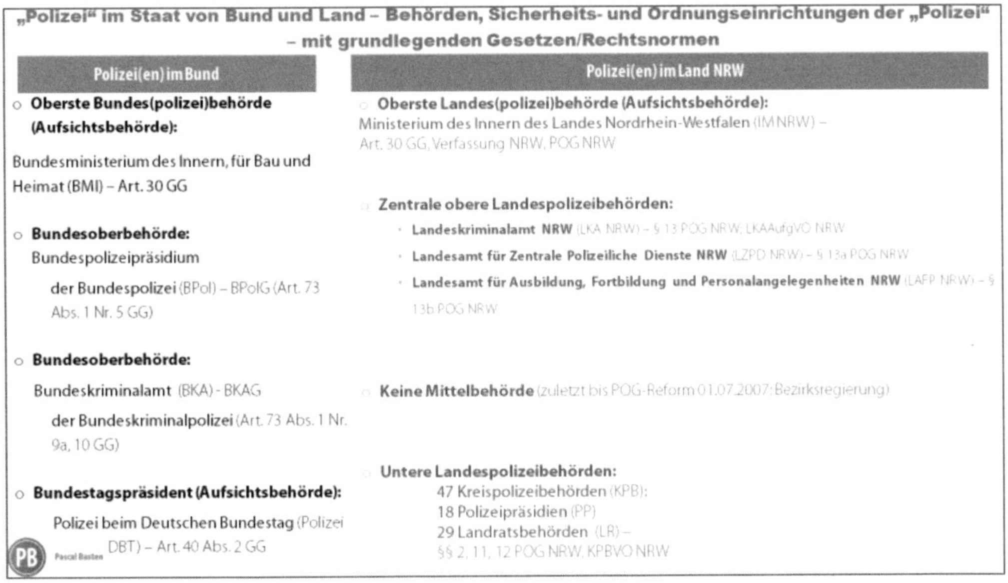


Kriminalhauptmeister/in (**Laufbahnabschnitt I**, für den nicht mehr eingestellt wird) und Polizeikommissar/in und Kriminalkommissar/in bis Erste/r Polizeihauptkommissar/in und Erste/r Kriminalhauptkommissar/in (**Laufbahnabschnitt II**) sowie Polizeirat/Polizeirätin und Kriminalrat/Kriminalrätin bis Inspekteur/in der Polizei und Landeskriminaldirektor/in (**Laufbahnabschnitt III**).

270 Vgl. zu **Beamter**: Art. 33 GG, § 14 BHO, § 14 LHO (NRW), BBG, BeamtStG, LBG (NRW); beamtenrechtlich gibt es ein statusrechtliches Amt durch Ernennung, ein abstrakt-funktionales Amt durch Behördenzuweisung, ein konkret-funktionales Amt durch Behördendienstpostenzuweisung.

271 Insbesondere bei ausdrücklicher Regelung in StPO oder OWiG i.V.m. § 152 Abs. 2 GVG i.V.m. EPVO NRW.

272 Vgl. zu **Beschäftiger**: Art. 33 GG, § 14 BHO, § 14 LHO (NRW), BBG, BeamtStG, LBG (NRW), TVöD, TV-L.

## Sicherheits- und Ordnungseinrichtungen außer Polizei – Teil 1

**– mit grundlegenden Gesetzen/Rechtsnormen**

**Bund**

- **Oberste Bundes(ausländer)behörde (Aufsichtsbehörde):**

Bundesministerium des Innern, für Bau und Heimat (BMI)

- Bundesoberbehörden:

- Bundesamt für Migration und Flüchtlinge (BAMF) – AufenthG, AsylG, AufenthV, AZRG, IntV
- Bundesamt für Sicherheit in der Informationstechnik (BSI) – BSIG
  mit: Nationales Cyber-Abwehrzentrum (NCAZ) beim BSI
- Technisches Hilfswerk (THW) – Zivil- und Katastrophenschutz – THWG und ZSKG

**Land NRW**

**Ordnungsbehörde(n) im Trennungssystem NRW:**
OBG NRW und LOG NRW

(Ggf. alternative oder vereinte)
Funktionen/Organisationseinheiten zum Beispiel:

- „Der Landrat"
- „Der Oberbürgermeister" / „Der Bürgermeister",
- Ausländeramt (ALA)
- Bau(aufsichts)amt
- Gesundheitsamt
- Jugendamt
- Lebensmittel(überwachungs)amt
- Ordnungsamt
- Straßenverkehrsamt (StVA)
- Veterinäramt

PB Pascal Basten

## Sicherheits- und Ordnungseinrichtungen außer Polizei – Teil 2

**– mit grundlegenden Gesetzen/Rechtsnormen**

**Bund**

**(Finanz- und) Zollverwaltung:**

- **Oberste Zollbehörde (Aufsichtsbehörde):**

Bundesministerium der Finanzen (BMF)

- **Bundesoberbehörde:**

Generalzolldirektion (GZD)

- Zollfahndungsdienst mit:
- Zollkriminalamt (ZKA)
- 8 Zollfahndungsämtern – ZFdG, AWG, EU-Zollrecht

**Land NRW**

**Finanzverwaltung:**

- **Oberste Finanzbehörde: Ministerium der Finanzen des Landes Nordrhein-Westfalen (FM NRW)**

- **Behörden und Einrichtungen im Geschäftsbereich des FM NRW:**
- die Oberfinanzdirektion Nordrhein-Westfalen (OFD NRW)
- das Rechenzentrum der Finanzverwaltung Nordrhein-Westfalen (RZF NRW)
- das Landesamt für Besoldung und Versorgung Nordrhein-Westfalen (LBV NRW)
- das Landesamt für Finanzen Nordrhein-Westfalen (LaFin NRW)
- drei Aus- und Fortbildungseinrichtungen der Finanzverwaltung Nordrhein-Westfalen:
  - Fortbildungsakademie der Finanzverwaltung Nordrhein-Westfalen (FortAFin NRW)
  - Landesfinanzschule Nordrhein-Westfalen (LFSch NRW)
  - Fachhochschule für Finanzen Nordrhein-Westfalen (FHF NRW)
- 130 Finanzämter in Nordrhein-Westfalen
- 105 Finanzämter
- 10 Finanzämter für Steuerstrafsachen und Steuerfahndung
- 15 Finanzämter für Groß- und Konzernbetriebsprüfung

PB Pascal Basten

## Sicherheits- und Ordnungseinrichtungen außer Polizei – Teil 3

**– mit grundlegenden Gesetzen/Rechtsnormen**

| Bund | Land NRW |
| --- | --- |

**Nachrichtendienste:**

- **Oberste Bundes(verfassungschutz)hörde (Aufsichtsbehörde):**

Bundesministerium des Innern, für Bau und Heimat (BMI) – Art. 30 GG

- **Bundesoberbehörde:**

Bundesamt für Verfassungsschutz (BfV) - BVerfSchG

- **Oberste Bundes(nachrichtendienst)behörde (Aufsichtsbehörde):**

Bundeskanzleramt

**Bundesoberbehörde:**

- Bundesnachrichtendienst (BND) – BNDG

- **Oberste Bundes(militärabschirmdienst)behörde:**

Bundesministerium der Verteidigung (BMV)

- **Bundesoberbehörde:**

Bundesamt für den Militärischen Abschirmdienst (MAD) – MADG

**Nachrichtendienste:**

- **Oberste (Nachrichtendienst-)Behörde (Aufsichtsbehörde):**

Ministerium des Innern des Landes Nordrhein-Westfalen (IM NRW) –
Art. 30 GG, LVerf NRW, POG NRW

**Abteilung 6 des Im NRW (ohne Behördenstatus)**

Landesamt für Verfassungsschutz (LVS NRW) – VSG NRW

PB Pascal Basten

## Sicherheits- und Ordnungseinrichtungen außer Polizei – Teil 4

**– mit grundlegenden Gesetzen/Rechtsnormen**

| Bund | Land NRW |
| --- | --- |

### Streitkräfte zur Verteidigung

**beim Bundesminister der Verteidigung als Oberbefehlshaber**

**und Bundeskanzler als Oberbefehlshaber (im Verteidigungsfall):**

**Bundeswehr (BW)** – Art. 87a GG, Art. 91 Abs. 2 GG, Art. 35 Abs. 2, 3 GG, LuftSiG.

PB Pascal Basten

## Sicherheits- und Ordnungseinrichtungen außer Polizei – Teil 5

| Bund | Land NRW |
|---|---|
| **„Koordinierungsstellen" zwischen Behörden (ohne Behördenstatus):** | |

- Gemeinsames Analyse- und Strategiezentrum illegale Migration (GASIM)
- Gemeinsames Extremismus- und Terrorismusabwehrzentrum (GETZ): Links-/Rechts/-Ausländerextremismus, Spionage
- Gemeinsames Terrorismusabwehrzentrum (GTAZ): islamistischer Terrorismus

## Sicherheits- und Ordnungseinrichtungen außer „deutsche Polizei"

**– mit grundlegenden Gesetzen/Rechtsnormen**

### EU

**Polizeilich/polizeiähnlich:**

- Europäisches Polizeiamt (EUROPOL) - Artt. 87-89 AEUV, VO (EU) 2016/794, EuropolG
- Europäische Polizeiakademie (CEPOL), Artt. 87 Abs. 1, 2b), 89 AEUV
- Europäisches Amt für Betrugsbekämpfung (OLAF)
- Europäische Agentur für die operative Zusammenarbeit an den Außengrenzen (FRONTEX)

**Verteidigungsmäßig:**

- Europäische Verteidigungsagentur (EDA)

**Nachrichtendienstlich/nachrichtendienstähnlich:**

- Satellitenzentrum der Europäischen Union (EUSC) - Art. 14 EUV

### Bund / Land NRW

Beteiligt über:

- EUV; AEUV; EUGRCh, GG
- Art. 23 GG i.V.m. EUZBLG, EUZBBG, IntVG

# ABSCHNITT 3:

# RECHT IM FACHLICHEN SINNE

# Unterabschnitt 1: Eingriffsrecht als Disziplin

**Fachliches Recht** ist objektives und subjektives Recht in wissenschaftlicher Betätigung.[273]

**Wissenschaft** ist „alles, was nach Inhalt und Form als ernsthafter planmäßiger Versuch zur Ermittlung der Wahrheit anzusehen ist", mit Forschung und Lehre (als deren gemeinsamer „Oberbegriff").[274]

**Forschung** ist „„die geistige Tätigkeit mit dem Ziele, in methodischer, systematischer und nachprüfbarer Weise neue Erkenntnisse zu gewinnen'".[275]

**Lehre** ist „fundierte[n] Übermittlung der durch die Forschung gewonnenen Erkenntnisse" und das „Gespräch" darüber „wiederum" für „Forschungsarbeit".[276]

**Wissenschaft** ist im Allgemeinen der Inbegriff des Wissens; **Wissenschaftlichkeit** ist ganz allgemein gegeben bei (höherem Grad an) Systematik/Systematizität[277] und mindestens Intersubjektivität beziehungsweise Verobjektivierbarkeit.

**Wissenschaft-Gütekriterien** und **Wissenschaftlichkeit-Gütekriterien** können insbesondere sein:

- **Objektivität** oder **Intersubjektivität** (Nachvollziehbarkeit), **Reliabilität** (Messbarkeit), **Validität** (Gültigkeit);
- **Konsistenz** (Logik/Systematik/innere Widerspruchsfreiheit, nicht unbedingt wegen Möglichkeit des Fortschritts oder Paradigmenwechsels: externe Widerspruchsfreiheit im Vergleich zu anderen Argumentationen, Systemen, Theorien);
- Begriffe sowie **Begriffs-Explizitheit** (Bestimmtheit, Deutlichkeit, Klarheit) und **Begriffs-Operationalisierbarkeit** (Einsetzbarkeit) über **Definitionen** (Begriffsbestimmungen).

**Wissenschaft-Indikatoren** und **Wissenschaftlichkeit-Indikatoren** können insbesondere auch folgende Formen sein: Aussagen, Begriffe, Gesetze, Hypothesen, Kategorien, Sätze, Schlüsse, Theorien, Urteile (vgl. eigene Betätigungen an und außerhalb einer Hochschule).

---

[273] Vgl. auch Redewendungen bezüglich fachlichem Recht wie folgende: „Eingriffsrecht ist ein vielschichtiges Rechtsfach." (Bedeutung als Bezug zum fachlichen Recht / Recht im fachlichen Sinne). „Ich habe/Wir haben jetzt Recht auf dem Plan." „Ich darf/kann/muss/soll noch mehr Recht lernen." (Mögliche Bedeutung als Bezug zum fachlichen Recht und auch als Bezug zum objektiven Recht). „Recht macht Freude." (Mögliche Bedeutung als Bezug zum fachlichen Recht und auch als Bezug zum objektiven und subjektiven Recht).

[274] BVerfGE 35, 79, 112 (Hochschulurteil) = BVerfG, Urteil des Ersten Senats vom 29.05.1973 – 1 BvR 424/71, 325/72 – C. II. 1. Rn. 128, wörtliche Zitierungen aus angegebenem Ort. Vgl. auch BVerfGE 127, 87 (Hamburgisches Hochschulgesetz) = BVerfG, Beschluss des Ersten Senats vom 20.07.2010 – 1 BvR 748/06 –.

[275] BVerfGE 35, 79, 112 (Hochschulurteil) = BVerfG, Urteil des Ersten Senats vom 29.05.1973 – 1 BvR 424/71, 325/72 – C. II. 1. Rn. 129, wörtliche Zitierungen aus angegebenem Ort. Vgl. auch BVerfGE 127, 87 (Hamburgisches Hochschulgesetz) = BVerfG, Beschluss des Ersten Senats vom 20.07.2010 – 1 BvR 748/06 –.

[276] BVerfGE 35, 79, 112 (Hochschulurteil) = BVerfG, Urteil des Ersten Senats vom 29.05.1973 – 1 BvR 424/71, 325/72 – C. II. 1. Rn. 129, wörtliche Zitierungen aus angegebenem Ort. Vgl. auch BVerfGE 127, 87 (Hamburgisches Hochschulgesetz) = BVerfG, Beschluss des Ersten Senats vom 20.07.2010 – 1 BvR 748/06 –.

[277] *Hoyningen-Huene*, Systematicity: The Nature of Science; *Hoyningen-Huene*, Repliken.

**Theorie**[278] ist ein System von Aussagen (davon unter anderem **Hypothesen**[279]) mit dem Zweck der Beschreibung oder Erklärung oder Prognose oder Handhabung von Teilen der Realität (zum Beispiel einem praktischen Fall).

**Praxis**[280] ist Handlung, Tätigkeit, Verrichtung sowie deren reale (einschließlich theoretische) Bedingungen, Beziehungen, Umstände, Voraussetzungen. **Theorie-Gütekriterien** sind die Wissenschaftsgütekriterien und **Empirie** (Bezug zu realen Phänomenen, Fällen und Aussagen zu Art, Grund, Richtung des Zusammenhangs zwischen **Variablen**[281] sowie empirisch überprüfbare Folgenerwägungen).[282]

**(Einzel-)Wissenschaft** ist im Besonderen eine Wissenschaft bezüglich eines bestimmten Objekts/Gegenstands/Gegenstandsbereichs (vgl. objektives Recht mit dem Unterfall subjektiven Rechts).

**Hochschule** ist eine Institution der Tertiärstufe des **Bildungssystems** im Staat (neben: Primarstufe mit Grundschule; Sekundarstufe I mit Hauptschule, Realschule, Gymnasium, Gesamtschule; Sekundarstufe II mit Gymnasialer Oberstufe, Berufsschulen; Quartiärstufe mit Weiterbildungsschulen, unter anderem mit sogenannten Volkshochschulen) und umfasst Kunsthochschulen, Musikhochschulen, Theologische Hochschulen, Pädagogische Hochschulen, Fachhochschulen, **Universitäten**[283] mit Recht zur **Selbstverwaltung** für Wissenschaft, Forschung, Lehre, vgl. Art. 5 Abs. 3 GG, und dem Recht zur Verleihung **akademischer Grade** (Diplom, Magister; Bachelor, Master; Doktor, Professor).

**Hochschule für Polizei und öffentliche Verwaltung Nordrhein-Westfalen** (HSPV NRW) ist eine Einrichtung des Landes NRW. Die HSPV NRW ist Fachhochschule im Sinne des FHGöD (NRW), § 1 S. 2 FHGöD. Die HSPV NRW hat das Satzungsrecht nach Maßgabe des FHGöD, § 2 FHGöD, und folgende Aufgabenbeschreibung aus § 3 FHGÖD: Die Fachhochschulen

---

278 Theorie-Etymologie: Vom Griechischen: θεωρία theoría, zu Deutsch: Anschauung, Beobachtung, Betrachtung, Einsicht und vom Altgriechischen: θεωρεῖν theorein, zu Deutsch: schauen, beobachten, betrachten, einsehen.

279 Hypothese-Etymologie: Vom Altgriechischen ὑπόθεσις *hypóthesis*, zum Spätlateinischen hypothesis, zu Deutsch eher auch im fachlichen Sinne: Annahme, wörtlich eher auch in alltagssprachlicher Bedeutungsvariante: Unterstellung.

280 Praxis-Etymologie: Vom Altgriechischen πρᾶξις, zum Lateinischen prāxis, zu Deutsch: Handlung, Tat, Tätigkeit, Verrichtung.

281 Variablen-Etymologie: Vom Lateinischen variare, zu Deutsch: verändern.

282 Vgl. zu allen Kriterien das Recht, siehe dazu auch Buch 1, Graphik „Grundrechtseingriffs-Recht". Eine strikte Trennung von dualistisch sogenannter „Theorie und Praxis" gibt es nicht im anwendungsbezogenen Recht z.B. mit seinem folgenorientierten teleologischen Auslegungsansatz, soll es erst recht nicht geben für die Fallbearbeitenden, für den Rechtsanwender im Rechtsstaat. Vgl. weitere anwendungsbezogene Fächer wie der Informatik, des Maschinenbaus, der Medizin, und vgl. allgemein die Physik und sogar die Mathematik als sog. reine Geisteswissenschaft, die realistischerweise in der Praxis zu beachten ist.

283 Universität-Etymologie: Vom Lateinischen universitas, zu Deutsch: Gesamtheit; zunächst im Lateinischen „universitas magistrorum et scolarium", zu Deutsch: „Gemeinschaft der Lehrenden und Lernenden", später vom Lateinischen „universitas litterarum", zu Deutsch: „Gesamtheit der Wissenschaften"; vgl. auch Universalität im Sinne von Interdisziplinarität und Vielfalt.

bereiten durch anwendungsbezogene[284] Lehre und **Studium**[285] auf berufliche Tätigkeiten in der Verwaltung und in der Rechtspflege vor, die die Anwendung wissenschaftlicher Erkenntnisse und Methoden erfordern. Sie sollen die Studierenden zu verantwortlichem Handeln in einem demokratischen und sozialen **Rechtsstaat**[286] befähigen.

**Curriculum**[287] ist ein Lehr-/Lernplan oder Lehr-/Lernprogramm.

**Rechtswissenschaft / Rechtswissenschaften / Jurisprudenz/„Jura"**[288] ist Einzelwissenschaft bezüglich des objektiven Rechts mit dem Unterfall subjektiven Rechts.

**(Wissenschaftliche/s) (Teil-)Disziplin / Fach / Fachgebiet** ist eine von mehreren Untergliederungen einer (Einzel-)Wissenschaft zwecks dortiger (Teil-)Bearbeitung eines Objekts[289]/Gegenstandsbereichs.

**(Wissenschaftliche/s) Teilfach / Teilfachgebiet/Subdisziplin** ist Untergliederung innerhalb einer wissenschaftlichen Untergliederung.

---

[284] Vgl. dazu das Recht selbst mit immerwährender Anwendungsbezogenheit und Rechts(norm)anwendungswirkung – ohne Trennung von **Theorie** und **Praxis**; Selbst die Theorie von „Praxis statt Theorie" ist eine Theorie – und ist wie jede Theorie schon gelebte Praxis – mit jeweils entsprechenden Folgen; vgl. zu „Theorie und Praxis" auch praktische Folgen von Theorien; gegen eine Trennung von Theorie und Praxis auch: *Kant*, Über den Gemeinspruch: Das mag in der Theorie richtig sein, taugt aber nicht für die Praxis.

[285] Studium-Etymologie: Vom Lateinischen studere, zu Deutsch: streben, bemühen; vgl. auch die Sentenz zum Studium: „Repetitio est mater studiorum" (**Wiederholung** ist die Mutter des Studiums), insbesondere in Bezug auf (Nach-)Lesen jedenfalls jeder – auch nur in einer Zitierung – unterkommenden Rechtsnorm.

[286] Q.v.: Buch 1, Abschnitt 2, Unterabschnitt 4, Titel 1.

[287] Curriculum-Etymologie: Aus dem Lateinischen, zu Deutsch insbesondere: Lauf.

[288] Vgl. Digesten 1, 1, 10, 2 Ulpianus 1 reg. [Ulpianus libro primo regularum] „Iuris prudentia est divinarum atque humanarum rerum notitia, iusti atque iniusti scientia" – zu Deutsch: „**Jurisprudenz** [oder in heutiger deutscher Übersetzung: Rechtswissen/**Rechtswissenschaft**] ist die Kenntnis der menschlichen und göttlichen Dinge, die Wissenschaft vom Gerechten und Ungerechten."; vgl. die Übersetzung des heutigen deutschen „**Jura**": „die **Rechte**".

[289] **Objekt**-Etymologie: Vom Lateinischen obiectum: Entgegengeworfenes, Gegenüberliegendes, Gegenstand (etwa von Verhalten, Denken, Handeln, Zustand).

**Öffentliches Recht** und **Privatrecht** sind die obersten Untergliederungen der Rechtsordnung[290] in zugleich Rechtsgebiete und Fachgebiete, deren Abgrenzungsansätze[291] fallabhängig teilweise ergänzend[292] sind:

---

[290] Vgl. Digesten 1, 1, 1, 2 Ulpianus 1 inst. [Ulpianus libro primo institutionum] „Huius studii duae sunt positiones, publicum et privatum.".

[291] Vgl. zu den Abgrenzungsansätzen an sich: BAG, Beschluss vom 24.5.2000 - 5 AZB 66/99, Gründe II. 2. c): „Nach der **Interessentheorie** ist das öffentliche Recht die Summe der Rechtsnormen, die Rechtsverhältnisse determinieren, in denen zumindest eines der an ihnen beteiligten Rechtssubjekte auf Grund eines weiteren, es hierzu legitimierenden Rechtsverhältnisses als Sachwalter des Gemeinwohls und damit eines öffentlichen Interesses auftritt [...]. Nach der **Subjektions- oder Subordinationstheorie** sind Rechtssätze, die das Verhalten von Hoheitsträgern regeln, dann öffentlich-rechtlich, wenn sie ein Über- bzw. Unterordnungsverhältnis betreffen [...]. Für die formale **Subjektstheorie** ist das öffentliche Recht der Inbegriff derjenigen Rechtssätze, deren berechtigtes oder verpflichtetes Zuordnungssubjekt ausschließlich ein Träger hoheitlicher Gewalt [...]. Die so genannte materielle **Subjektstheorie** schließlich versteht unter öffentlichem Recht die Gesamtheit jener Rechtssätze, bei denen zumindest ein Zuordnungssubjekt Träger von Staatsgewalt als solcher ist, der als solcher berechtigt, verpflichtet oder organisiert wird [...].".

[292] Vgl. bzgl. **Auslegungsansätze** zum Ansatzcharakter, zur Fallabhängigkeit, zum Ergänzungsverhältnis der Abgrenzungskriterien bzgl. des Fachgebiets und des Rechtsgebiets: BVerwGE 37, 192 (Haftung eines Kassenbeamten) = BVerwG, Urteil des 6. Senats vom 12.02.1971 - BVerwG VI C 15.66, Gründe: [...] „Die Besonderheit des gegenwärtigen Falles liegt in dem Umstand, daß das Kassengeschäft eine in sich abgeschlossene selbständig öffentlich-rechtlich geregelte Hilfstätigkeit der Behörde ist, die - technisch gesehen - auch jedes Privatunternehmen für sich leisten kann. Der Beamte war weder an der Vorbereitung eines Verwaltungsaktes oder einer anderen öffentlich-rechtlichen Maßnahme mit Außenwirkung beteiligt noch stand seine Arbeit im Zusammenhang mit einer dem Privatrecht zuzuordnenden rechtsgeschäftlichen Tätigkeit. Nur ganz mittelbar half seine Arbeit mit, später einmal Geld aus öffentlich-rechtlich und aus privatrechtlich geregeltem Anlaß auszahlen zu können. Hier zeigen sich die Schwierigkeiten, ein allgemein verwertbares Abgrenzungskriterium zu finden, besonders deutlich." [...] „Nicht überzeugend ist die [...] Erwägung, der Charakter der Tätigkeit des Beklagten als Ausübung eines öffentlichen Amtes ergebe sich hier aus ihrem unmittelbaren Zweck, der dadurch gekennzeichnet sei, daß die [...] übertragene Aufgabe [...], innerhalb der der Beklagte tätig gewesen sei, die Handlungsfähigkeit des primär öffentlichen Zwecken dienenden Staates ermögliche. Das Berufungsgericht verkennt dabei, daß der haftungsrechtlich bedeutsame Unterschied zwischen hoheitlichem und nichthoheitlichem Handeln eines Staatsbediensteten nicht allein nach dem (primären) Zweck der betreffenden Tätigkeit beurteilt werden kann. Denn jede, auch die fiskalische Tätigkeit eines Staatsbediensteten dient letzten Endes der Förderung der vom Staat zu erfüllenden öffentlichen Aufgaben [...]. Allerdings kann sich allein aus der Zielsetzung der staatlichen Aufgaben der hoheitliche Charakter einer Tätigkeit zwangsläufig ergeben, wie dies bei der Polizei oder der Gerichtsbarkeit, in der Regel aber nicht im Kassenwesen der Fall ist." [...] Ebensowenig könnte der hoheitliche Charakter der Tätigkeit eines Kassenbeamten bei der Landeshauptkasse [...] damit begründet werden, daß die der Landeshauptkasse obliegenden Aufgaben in Anordnungen und Dienstanweisungen, die das Haushalts- und Kassenwesen betreffen, eingehend geregelt sind. Abgesehen davon, daß derartige Bestimmungen bei jeder Art von vermögenswirksamen Handlungen eines Beamten im Interesse seines Dienstherrn - also auch im Fiskalbereich - zu beachten sind, kann die Tätigkeit eines Beamten haftungsrechtlich im Innenverhältnis zwischen ihm und seinem Dienstherrn nicht schon dann als hoheitlich qualifiziert werden, wenn sie aufgrund dienstlicher Weisungen im Rahmen der öffentlich-rechtlichen Pflichtenbindungen des Beamtenverhältnisses ausgeführt wird. Anderenfalls müßte im Innenverhältnis haftungsrechtlich fast jede dienstliche Tätigkeit als Ausübung eines öffentlichen Amtes [...] angesehen werden. [...] Es erscheint sachgerecht, zur haftungsrechtlichen Beurteilung des vorliegenden Sachverhalts an die Formel in BVerwGE 34, 123 (128) [BVerwG 23.10.1969 - II C 80/65] anzuknüpfen, nach der die Haftungsbeschränkung dann zum Zuge kommt, wenn ‚die in Rede stehende Verrichtung nach den Umständen des Einzelfalls mit der hoheitlichen Tätigkeit, der sie dient, in einem so engen inneren und äußeren

- Interesse (nach sog. **Interessentheorie**): (schwerpunktmäßig) öffentliches Interesse oder privates Interesse[293];
- Subordination/Subjektion/Unterordnung (nach sog. **Subordinationstheorie** oder sog. **Subjektionstheorie**): (schwerpunktmäßig) Über-/Unterordnungsverhältnis oder Gleichordnungsverhältnis zwischen Beteiligten[294];
- Subjekt oder Sonderrecht (nach sog. **Subjektstheorie** oder sog. **Sonderrechtstheorie**): Vorhandensein oder Nichtvorhandensein eines Beteiligten mit Rechten und Pflichten gerade als Hoheitsträger, also als direkter hoheitlicher Rechtsnormadressat[295].

Allgemeines öffentliches Recht und besonderes öffentliches Recht sind die obersten allgemeinen Rechtsgebiet-Untergliederungen und Fachgebiet-Untergliederungen im Öffentlichen Recht.

**Eingriffsrecht der Polizei** ist Recht der Polizei[296] bezüglich Maßnahmen mit möglichen Grundrechtseingriffen.[297] Die rechtswissenschaftliche Disziplin des polizeilichen

---

Zusammenhang steht, daß auch sie bei natürlicher Betrachtungsweise dem hoheitlichen Tätigkeitsbereich zugeordnet werden muß'.".

293 Vgl. Digesten 1, 1, 1, 2 Ulpianus 1 inst. [Ulpianus libro primo institutionum] „Huius studii duae sunt positiones, publicum et privatum. publicum ius est quod ad statum rei romanae spectat, privatum quod ad singulorum utilitatem: sunt enim quaedam publice utilia, quaedam privatim. publicum ius in sacris, in sacerdotibus, in magistratibus constitit. privatum ius tripertitum est: collectum etenim est ex naturalibus praeceptis aut gentium aut civilibus.". Zu Deutsch: „Für dieses Studium [der Rechtswissenschaft] gibt es zwei Ansatzpunkte: Das öffentliche und das private Recht. Das **öffentliche Recht** ist das, welches den Zustand des römischen Gemeinwesens betrifft, das Privatrecht das, welches den Nutzen der einzelnen Bürger betrifft. Denn einige Rechtssätze bestehen im öffentlichen Interesse, andere im Interesse der Privatleute. Das öffentliche Recht regelt die Angelegenheiten der Heiligtümer, der Priesterschaft und der Staatsbeamten.". Vgl. auch BVerwGE 161, 255 (öffentlich-rechtliche Erstattungsschuld) = BVerwG, Beschluss vom 12.03.2018 – BVerwG 10 B 25.17, Leitsatz 1: „Ob ein Vertrag privatrechtlicher oder öffentlich-rechtlicher Art ist, bestimmt sich nach seinem Gegenstand und Zweck. Ein Vertrag ist dem öffentlichen Recht zuzuordnen, wenn sein Gegenstand sich auf von der gesetzlichen Ordnung öffentlich-rechtlich geregelte Sachverhalte bezieht oder, wenn eine gesetzliche Vorordnung des Vertragsgegenstandes fehlt, wenn er nach seinem Zweck in enger, unlösbarer Beziehung zur Erfüllung öffentlicher Aufgaben steht.".

294 Vgl. z.B. BGHZ 190, 314 = BGH, Urteil des IV. Zivilsenats vom 20.07.2011 – IV ZR 76/09, Rn. 47.

295 Vgl. *Wolff*, AöR 76 (1950), S. 205-217.

296 **„Recht der Polizei"** im Sinne von Genitivus subiectivus und Genitivus obiectivus.

297 **Eingriffsrecht** als Recht der Polizei bzgl. Maßnahmen mit möglichen Grundrechtseingriffen ist eine für den Anfang primäre, technisch treffende Beschreibung als Einführung der Beantwortung der Frage: „Warum und wozu Eingriffsrecht?" („Was heißt und zu welchem Ende studiert man Eingriffsrecht?"). Das gemessen an der Sache einseitig polizeilich sogenannte Eingriffsrecht ist zugleich **Erhaltungsrecht** und **Ermöglichungsrecht** – dazu mehr etwa bei: Buch 1, Abschnitt 2, Unterabschnitt 3, am Ende. Eine metaphorischere Beschreibung zu den faszinierend vielschichtigen Konstellationen des polizeilichen „Eingriffsrechts" (nicht nur „Polizeirecht") ist wie folgt: Eingriffsrecht ist von oben betrachtet ein „Zweistromland", ein „Land zwischen den Flüssen", das kultiviert wird von weiten Teilen des Rechts der Gesamtrechtsordnung, durch die mehrere Strömungen aus verschiedenen Gebieten in das Eingriffsrecht einfließen, mit vielen Nebenarmen und zwei Hauptströmungen Gefahrenabwehr und Strafrechtspflege, welches umwölbt wie umgrenzt wird vom allgemeinen Verwaltungsrecht sowie nationalen, internationalen, supranationalen Verfassungsrecht – in Anlehnung an *Basten*, Recht der Polizei, S. 27.

Eingriffsrechts hat eine intensive integrative Interdisziplinarität – mit entscheidungsstilistisch disziplinierender Integration diverser Fächer[298].

**Staatsrecht** heißt in den Rechtswissenschaften die Disziplin mit dem Recht zu Staatsorganisation, Verfassung, Grundrechten.

**Polizeirecht** oder **Polizei- und Ordnungsrecht** (POR) heißt in den Rechtswissenschaften die Disziplin mit dem Rechtsgebiet des besonderen öffentlichen Verwaltungsrechts polizeilicher Gefahrenabwehr.

**Strafprozessrecht** heißt in den Rechtswissenschaften die Disziplin mit dem Rechtsgebiet des besonderen öffentlichen Rechts des Strafrechts/der Strafrechtspflege (insbesondere **formelles Strafrecht**, also Strafprozessrecht/Strafverfahrensrecht und Ordnungswidrigkeitenprozessrecht/Ordnungswidrigkeitenverfahrensrecht).

**Verwaltungsrecht** heißt in den Rechtswissenschaften die Disziplin mit dem Recht der **Exekutive** (**Gubernative** [vollziehende Gewalt der Regierungsverwaltung] und **Administrative** [vollziehende Gewalt der Nichtregierungsverwaltung]).

**Gefahrenabwehr** und **Strafrecht/Strafrechtspflege**[299] (mit Straftatenerforschung und Ordnungswidrigkeitenerforschung) sind die hauptsächlichen obersten Rechtsgebiet-Untergliederungen und Fachgebiet-Untergliederungen im öffentlichen (Eingriffs-)Recht der Polizei.

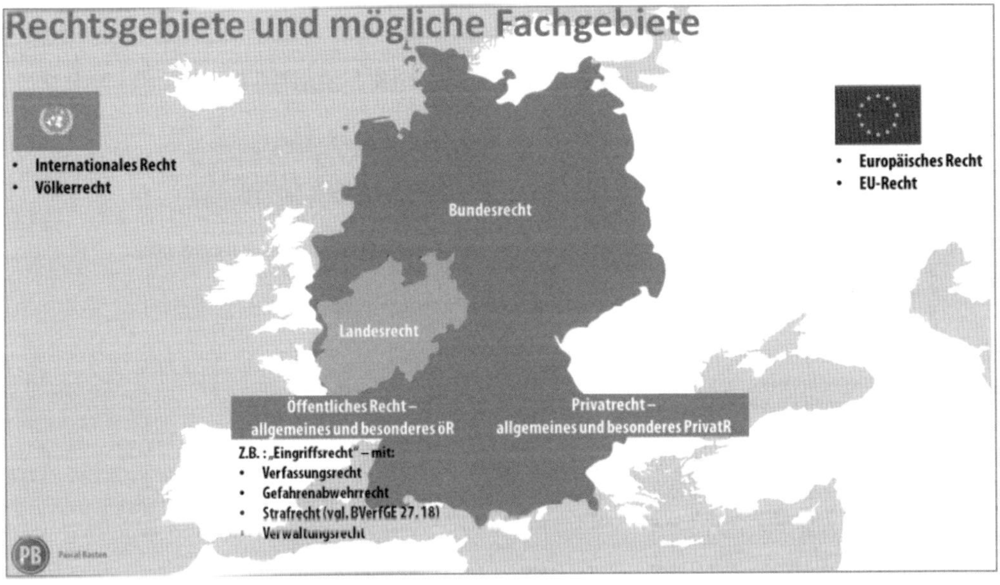


298 Zur entscheidungsstilistisch disziplinierenden Integration diverser Fächer in der und durch die Disziplin des Eingriffsrechts mit intensiver integrativer Interdisziplinarität siehe auch die Schema-Abbildungen in Buch 1, Abschnitt 3, Unterabschnitt 3, am Anfang vor Titel 1.

299 Zum Terminus **Strafrechtspflege** vgl. z.B. § 23 Abs. 1 EGGVG; Art. 74 Abs. 1 i.V.m. BVerfGE 27, 18; Überschrift, 3 (Rechtspflege), 312 (Strafverfahren), 312-2 (StPO), 4 (Zivilrecht und Strafrecht), 45 (Strafrecht), 454-1 (OWiG, wegen Art. 74 Abs. 1 Var. 1 GG, BVerfGE 27, 18, C. II. 1. a), Rn. 45, 46) FNA; vgl. auch FNA (Fundstellennachweis A Bundesrecht ohne völkerrechtliche Vereinbarungen) in: BGBl., Teil I abgeschlossen jeweils zum: 31.12. eines jeden Jahres S. VI: „Sachgebietliche Gliederung".

## Rechtsgebiete und mögliche Fachgebiete mit Haupt-Gesetzen – Teil 1

### Privatrecht – Gegenstände allgemein

- **Rechtsbeziehungen zwischen Privatrechtssubjekten als solchen untereinander**
- **Fiskalische Tätigkeit** (Auftragsvergabe, Erwerbswirtschaft, sonstige Hilfsgeschäfte durch öffentliche Verwaltung)
- **Verwaltungsprivatrecht** (Aufgabenwahrnehmung durch öffentliche Verwaltung in privatrechtlicher Organisation/in privatrechtlichem Rechtsverhältnis bei Grundrechtsbindung, vgl. Art. 1 Abs. 3 GG)

### Allgemeines Privatrecht

- **EGBGB, BGB** (Bürgerliches Recht/Zivilrecht)
- **EGBGB, EuGVO, UN-Kaufrecht** (IPR)
- **Gleichbehandlungsrecht** (AGG)
- **Lebenspartnerschaftsrecht** (LPartG)
- **Produkthaftungsrecht** (ProdHaftG)
- **Verkehrsprivatrecht** (StVG)
- **ZPO/InsO/ZVG/ErbbauRG/GBO/WEG/FamFG/BeurkG/HintlO/KostO/RPflG/RDG/RVG** (Zivilprozessrecht/Grundstücksrecht/Vollstreckungsrecht)
- **GewSchG/GewO** (weitere Nebengesetze)

### Sonderprivatrecht

- **Arbeitsrecht** (AEntG, AltTZG, ArbGG, ArbnEgRi, ArbPlSchG, ArbSchG, ArbStättV, ArbZG, AÜG, BBiG, BEEG, BetrVG, BildscharbV, BKV, BUrlG, DrittelbG, EfzG, FPflZG, GewO, HGB, JArbSchG, KSchG, MitbestG, MontanmitbestG, MuSchG, NachwG, PflegeZG, SchwarzArbG, SGB IV, SGB VIII, TVG, TzbfG)
- **Gesellschaftsrecht** (AktG, GenG, GmbHG, OHG, PartGG, UmwG)
- **Handelsrecht** (HGB)
- **Markenrecht** (MarkenG)
- **Urheberrecht** (KUrhG, UrhG)
- **Wertpapierrecht** (WpHG, WpPG, KAGB, VermAnlG)

PB Pascal Basten

## Rechtsgebiete und mögliche Fachgebiete mit Haupt-Gesetzen – Teil 2

### Öffentliches Recht – Gegenstände allgemein

- **Staatsorganisation**
- **Rechtsbeziehungen zwischen Staat / Hoheitsträgern und Privatrechtssubjekten mit Berechtigung oder Verpflichtung eines Hoheitsträgers als solchem**
- **Rechtsbeziehungen von Hoheitsträgern als solchen untereinander**
- **Verwaltungsprivatrecht** (Aufgabenwahrnehmung durch öffentliche Verwaltung in privatrechtlicher Organisation/in privatrechtlichem Rechtsverhältnis bei Grundrechtsbindung, vgl. Art. 1 Abs. 3 GG)

### Allgemeines öffentliches Recht

- **GG, EUV, AEUV, EUGRCh, IPbpR, IPwskR, WÜD, WÜK**
- **allgemeines Verwaltungsrecht**: VwVfG/VwVfG NRW, VwVG/VwVG NRW, VO VwVG NRW, VwzG/LZG NRW, EuZVO, VwGO, AGVwGO, JustizG NRW

PB Pascal Basten

## Rechtsgebiete und mögliche Fachgebiete mit Haupt-Gesetzen – Teil 3

### Besonderes öffentliches Recht

- **Polizei- und Ordnungsrecht** (BPolG; BKAG / PolG NRW, POG NRW, LKAAufgVO NRW, KPBVO NRW, OBG NRW, LOG NRW, Zuständigkeitsverordnungen, Verwaltungsvorschriften, SDÜ) als **besonderes Verwaltungsrecht** (mit Privatrechtsklauseln, vgl. § 1 Abs. 2 PolG NRW und teilweise mit Sanktionsrechtsnormen, vgl. § 34d PolG NRW) mit:
  - **Ausländerrecht** (StAG, AufenthG, AsylG, AufenthV, AsylbLG, AZRG, FreizügG/EU, PAuswG, PaßG, diverse EU-Verordnungen)
  - **Öffentliches Baurecht** (BauGB, BauNVO, LBG)
  - **Datenrecht** (BDSG, DSG NRW, DSGVO, JI-Richtlinie (EU) 2016/680)
  - **Gewerberecht** (GewO, GastG)
  - **Jugendschutzrecht** (JuSchG, ZuVO JuWo NRW)
  - **Öffentliches Presserecht** (PresseG NRW)
  - **Öffentliches StraßenR+StraßenVR+FE-R** (FernStrG, StrWG NRW, StVG, StVO, StVZO, FZV, FEV, FPersG, PBefG, GGBefG, GüKG, GGVSEB, Straßenordnung, BOKraft, Bußgeldkataloge)
  - **Öffentliches Vereinsrecht** (VereinsG, VereinsGDV)
  - **Versammlungsrecht** (VersG, VersGZVO NRW, Bannmeilengesetz des Landtags NRW)
  - **Waffenrecht** (WaffG, WaffGDVO NRW, KrWaffKontrG, SprengG, BeschG)
- **Strafrecht** (formelles StrR=StPO, OWiG (vgl. BVerfGE 27, 18), JGG, EGGVG, GVG, StA-Ermittlungspersonen-VO, RPflG, RiStBV, G10, IRG, SDÜ, RiVASt und materielles StrR=VStGB, EGStGB, StGB, OWiG + div. Nebengesetze, z.B.: AMG, BtmG, AufenthG, AsylG, GewSchG, StVG, StVO, VereinsG, VersG, WaffG, WStG, SprengstoffG, KrWaffKontrG, div. Wirtschaftsgesetze, BZRG, MiStra, LImSchG)
- **Entschädigungsrecht** (neben PolG, OBG, GebG NRW, BGB, GG): §§ 74, 75 EALR; StrEG; OEG)
- **Beamtenrecht** (BBG, BeamtStG, LBG NRW, vgl. auch WPflG)
- **Finanzrecht/Steuerrecht** (AO, EStG, KStG)
- **Kommunalrecht** (GO NRW)
- **Sozialrecht** (SGB)
- **Wirtschaftsverwaltungsrecht** (GewO, GWB, UWG, SubvG)
- **Weiteres Ordnungsrecht, auch mit Sanktionsrechtsnormen aus Strafrecht und Owi-Recht** (BJagdG, DSchG NRW, LFischereiG, LHundeG NRW, MeldeG, NaturSchG NRW, PsychKG NRW, FSHG NRW, PAuswG, PaßG, PStG, PAngV)

Pascal Basten

# Unterabschnitt 2: Fallbearbeitung und ihre Elemente

Gegenstand fachlichen Rechts und eines Rechtsfachs wie dem Eingriffsrecht sind im Endeffekt insbesondere Fall und Fallbearbeitung.

**Fall** ist jeder (Lebens-)Sachverhalt mit rechtlicher (Aufgaben-)Fragestellung.[300]

**Fallbearbeitung** ist Vergleich eines Lebenssachverhalts mit dem Recht, einer Sachlage mit einer Rechtslage (**Sein**[301] **und Sollen**[302]), von Sachquellen mit Rechtsquellen[303], im Eingriffsrecht insbesondere bezüglich der Sachfrage zu einer bestimmten Maßnahme mit der Rechtsfrage zu (der Rechtmäßigkeit) einer bestimmten Maßnahme.[304]

---

300 Fälle mit Lösungshinweisen bei: *Basten*, Eingriffsrecht der Polizei in Nordrhein-Westfalen – Fälle. Quellen zu Fällen (Beispielsfällen oder Leitfällen) zu einzelnen polizeilichen Maßnahmen finden sich auch in: *Nimtz/Thiel*: Eingriffsrecht Nordrhein-Westfalen, dort bei den jeweiligen dargestellten polizeilichen Maßnahmen.

301 **Sein**-Etymologie: Im Altgriechischen ὄν – ón, zu Deutsch: sein; daher auch die **Ontologie** (Lehre vom Seienden / Seinslehre).

302 **Sollen**-Etymologie: Im Altgriechischen δέον – deon, zu Deutsch: das Erforderliche, die Pflicht; daher auch die **Deontologie** (Lehre vom Sollen / Pflichtenlehre).

303 Zur ständigen Wechselwirkung von Sachlage und Rechtslage, Sachfrage (quaestio facti) und Rechtsfrage (quaestio iuris) vgl. auch: *Engisch*, Logische Studien zur Gesetzes-Anwendung, S. 13-15: „Hin- und Herwandern des Blickes“ zwischen Obersatz und Lebenssachverhalt, zwischen Lebenssachverhalt und Rechtsquellen (Gesetzen als Rechtsform, Rechtsnormen als Rechtsinhalt); vgl. auch – freilich mit anderem Zweck der grundsätzlichen Freistellung von der Rechtsdarstellung – die römisch-rechtliche Rechtsregel: „Da mihi facta, dabo tibi ius“ – dazu und zu Ausnahmen: §§ 138, 293 ZPO; §§ 155, 200 StPO.

304 Fallbearbeitung ist in praktischer Polizeiarbeit ubiquitär (Ubiquität der Fallbearbeitung / **Fallbearbeitungsubiquität**): Fallbearbeitung findet nolens volens statt bei Polizeiarbeit und Arbeit bzgl. Polizei, vgl. z.B. im „Aktenbearbeitung“, „Anzeigenaufnahme“, „Bericht“, „Einsatz“, „Einsatzbearbeitung“, „Einsatzvorbereitung“, „Einsatznachbereitung“, „Gesetzesvorbereitung“, „Klausur“, „Vermerk“, „Vortrag“.

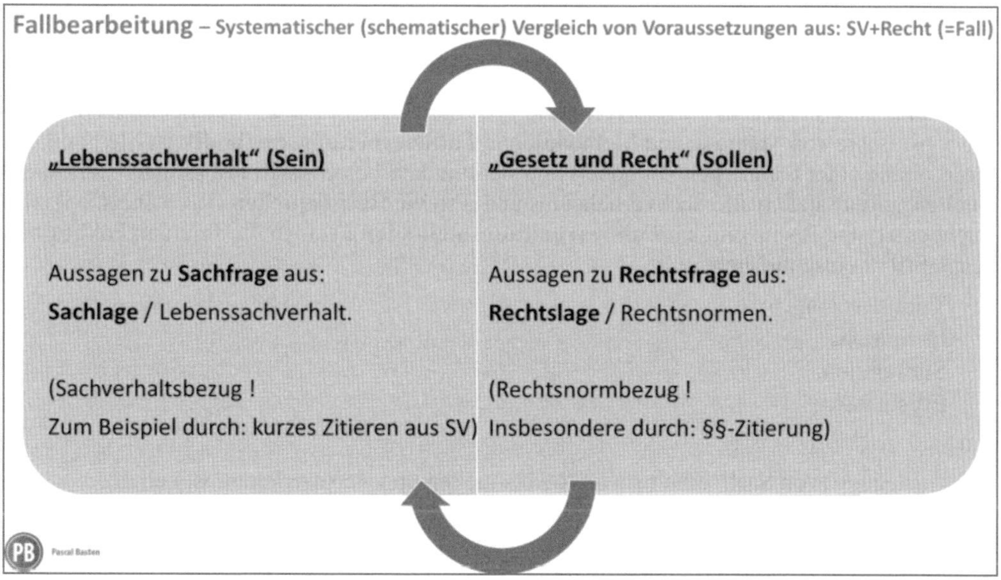
Fallbearbeitung – Systematischer (schematischer) Vergleich von Voraussetzungen aus: SV+Recht (=Fall)
„Lebenssachverhalt“ (Sein)
„Gesetz und Recht“ (Sollen)
Aussagen zu Sachfrage aus:
Sachlage / Lebenssachverhalt.
(Sachverhaltsbezug !
Zum Beispiel durch: kurzes Zitieren aus SV)
Aussagen zu Rechtsfrage aus:
Rechtslage / Rechtsnormen.
(Rechtsnormbezug !
Insbesondere durch: §§-Zitierung)
PB

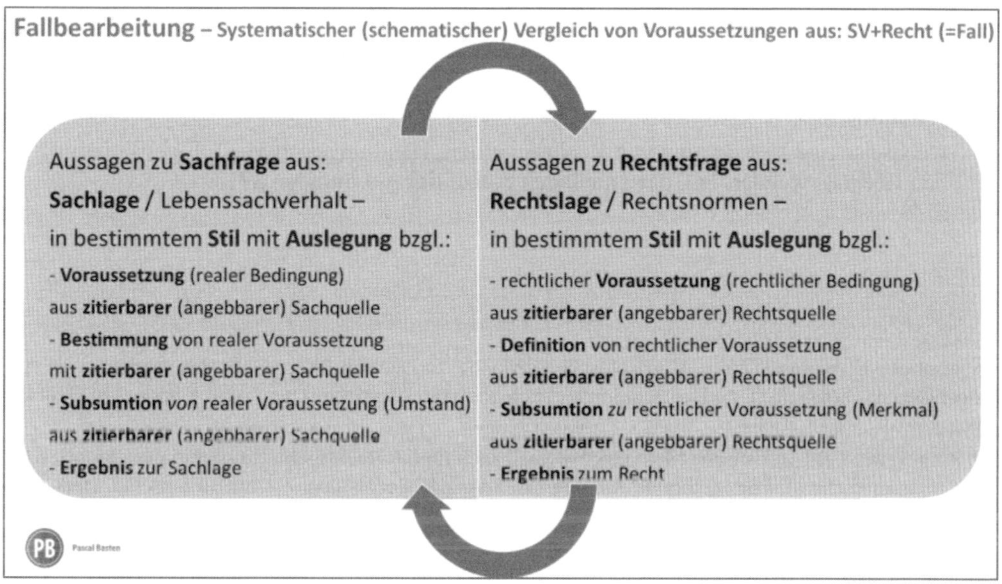
Fallbearbeitung – Systematischer (schematischer) Vergleich von Voraussetzungen aus: SV+Recht (=Fall)
Aussagen zu Sachfrage aus:
Sachlage / Lebenssachverhalt –
in bestimmtem Stil mit Auslegung bzgl.:
- Voraussetzung (realer Bedingung)
aus zitierbarer (angebbarer) Sachquelle
- Bestimmung von realer Voraussetzung
mit zitierbarer (angebbarer) Sachquelle
- Subsumtion von realer Voraussetzung (Umstand)
aus zitierbarer (angebbarer) Sachquelle
- Ergebnis zur Sachlage
Aussagen zu Rechtsfrage aus:
Rechtslage / Rechtsnormen –
in bestimmtem Stil mit Auslegung bzgl.:
- rechtlicher Voraussetzung (rechtlicher Bedingung)
aus zitierbarer (angebbarer) Rechtsquelle
- Definition von rechtlicher Voraussetzung
aus zitierbarer (angebbarer) Rechtsquelle
- Subsumtion zu rechtlicher Voraussetzung (Merkmal)
aus zitierbarer (angebbarer) Rechtsquelle
- Ergebnis zum Recht
PB

# *Titel 1: Methode und Stil*

**Methode**[305] ist Vorgehensweise. **Methodik**[306] ist eine Gesamtheit an Methoden. **Methodologie**[307] ist Lehre von Methode und Methodologie. **Fallbearbeitungsmethodik** ist Methodik zur Bearbeitung einer rechtlichen Aufgabe/Fragestellung und bezieht sich insbesondere auf **Sachquellen** (grundsätzlich alle Sachverhaltsumstände) sowie **Rechtsquellen** (Rechtsnormen), also Sachverhalt und Recht, und hat **Fallbearbeitungsmethoden** in einem bestimmten Fallbearbeitungs-**Stil**[308] einschließlich:

- Voraussetzungen;
- Definition;
- Subsumtion;
- Ergebnissen;

mit

- Auslegung (von Sachverhalt sowie Rechtsquellen und Rechtserkenntnisquellen);
- Aussagen mit Zitierung (von Sachverhalt sowie Rechtsquellen und Rechtserkenntnisquellen);
- Schematik (zu Sachverhalt und Recht).

Relevanz von Fallbearbeitungsmethodik ist insbesondere gegeben für

- wechselseitige Verstärkung von Recht, Rechtsstaatlichkeit, Wissenschaftlichkeit (Wahrscheinlichkeitsmaximierung bezüglich besserer Erkenntnis sowie rechtlich guter und gleichmäßiger Ergebnisse)[309];
- wechselseitige Verstärkung von Methoden untereinander (z.B. „Je mehr Definierbarkeit, desto mehr Sicherheit bei Subsumierbarkeit"; Definitionen als „Vokabeln", Schematik als „Grammatik");
- wechselseitige Verstärkung von Rechtsicherheit, Handlungssicherheit, Eigensicherung für den Rechtsanwender, vgl. dazu auch den polizeilichen Leitfaden 371.

---

305 Methode-Etymologie: Vom Altgriechischen μέθοδος, zu Deutsch: Weg, Gang, Nachgehen; vom Altgriechischen: μετά = metá, zu Deutsch: hinter, nach und vom Altgriechischen: ὁδός = hodós, zu Deutsch: Weg.

306 Zum weiten Feld „Juristische Methodik" speziell auch für das Rechtsgebiet „Öffentliches Recht": *Müller/Christensen*, Juristische Methodik; *Rüthers/Fischer/Birk*: Rechtstheorie – mit Juristischer Methodenlehre.

307 Logik-Etymologie / Etymologie des Suffix (der Nachsilbe) „logie": Logos ist altgriechischer Ausdruck (griechisch λόγος lógos) mit einem Bedeutungsspielraum unter anderem wie folgt: Wort, Zeichen, Argument, Beweis, Rede, Lehrsatz, Lehre, Vernunft, Geist, Sinn, Bestimmung, Das Eine.

308 Denkstil und Darstellungsstil bzgl. eines Falls. Der Begriff „Stil" hat ein mögliches Bedeutungsfeld von: Art und Weise, Ausdruck, Ausführung, Besonderheit, Charakter, Erscheinungsform, Gestalt, Gepräge, Klasse, Kultur, Kunst, Methode, Qualität, Technik, Typik, Wesen.

309 Vgl. Folgerungen aus dem Rechtsstaatsprinzip wie Rechtssicherheit, Vertrauensschutz, Gesetzmäßigkeit, Bestimmtheit, Objektivität, Dokumentationspflicht, Einsehbarkeit und vgl. Gütekriterien und Mindestanforderungen an Wissenschaftlichkeit; zu „Rechtsstaat und Methode" siehe auch: *Basten*, Recht der Polizei – Maßnahmen, Methoden, Mechanismen.

## Fallbearbeitungsmethodik – mit Methoden:

### Fallbearbeitung

- einschließlich Bearbeitung von:
  - Voraussetzungen
  - Definition
  - Subsumtion
  - Ergebnissen

- mit
  - Auslegung (von Sachverhalt sowie Rechtsquellen und Rechtserkenntnisquellen)
  - Aussagen mit Zitierung (von Sachverhalt sowie Rechtsquellen und Rechtserkenntnisquellen)
  - Schematik (zu Sachverhalt und Recht).

PB Pascal Basten

**Fallbearbeitungsstruktur** ist Aufbau, Anordnung und Abfolge der Fallbearbeitung und für das diesbezügliche Denken und Darstellen.

**Fallbearbeitungsstil** ist Denkstil und Darstellungsstil bezüglich eines Falls.

**Entscheidung** ist allgemein verhaltensorientierte[310] Ergebnisfindung.

**Entscheidungsstil** ist Fallbearbeitungsstil in je adäquat-effizienter Anordnung/Abfolge von Voraussetzung, Definition, Subsumtion, Ergebnis[311] – mit allen möglichen, lageangemessenen Formulierungen.[312]

**Gutachtenstil** ist Fallbearbeitungsstil, der jede Voraussetzung ausdrücklich hinterfragt – insbesondere mit Formulierungen dazu, was „fraglich", zu „prüfen", „zweifelhaft" ist und was sein „dürfte", „könnte", „müsste", „würde".

---

310 Verhaltensorientierung ist Bearbeitung der Frage: „Was soll ich tun?" (vgl. auch die 4 kantischen Fragen). Gegen bei Einzelnen mitunter auch unbewusst verbreitete Psychologie: auch das Ergebnis, nichts tun zu sollen, ist ein Ergebnis; auch die Entscheidung, nichts zu tun, ist eine Entscheidung; auch das Unwissen über ein Ergebnis ist ein Ergebnis; auch eine unbewusste Entscheidung ist entscheidend.

311 **Fallbearbeitungsmarker**: VOR/DEF/SUB/ERG.

312 Zum polizeilich und rechtspraktisch wesentlich Entscheidenden von Entscheidung und Entscheidungsstil vgl. Anwendungsbezug (auch i.S.d. § 3 Abs. 1 FHGöD NRW), Polizeiberuf, sonstige Rechtspraxis aller Rechtsanwender wie Behörden, die alle einschließlich endgültiger Ausbildung eben nicht ausschließlich-puristisch im Gutachtenstil, sondern im – gutachtlich-systematischen – Entscheidungsstil bzw. einem Mischstil mit Entscheidung endgültige, eben entscheidende Vollendung finden bzw. finden müssen – zwecks Realitätsbezug aller Rechtsauslegung und Rechtsanwendung. Vgl. auch mit **Gutachten- und -Gutachtenstil-Unterscheidung** OVG NRW, Urteil des 14. Senats vom 27.08.2009 – 14 A 313/09, Ls.: „Im Gutachten müssen eindeutige Fragen und Nebensächlichkeiten nicht im Gutachtenstil abgehandelt werden.", Rn. 51: „Der Gutachtenstil darf nicht zum Selbstzweck werden. Nebensächlichkeiten müssen daher nicht im Gutachtenstil abgehandelt werden […].".

**Gutachten / Gutachtlichkeit** / gutacht(er)liche Fallbearbeitung / gutacht(er)liche Prüfung ist vollständige folgerichtige Fallbearbeitung – stilunabhängig, also in einem weiteren Sinne als etwa ein formulierungsmäßiger Gutachtenstil.

**Hilfsgutachten / Hilfsgutachtlichkeit / hilfsgutacht(er)liche Fallbearbeitung** ist Gutachten / Gutachtlichkeit / gutacht(er)liche Fallbearbeitung / gutacht(er)liche Prüfung trotz Rechtswidrigkeitsergebnis an einem entscheidungserheblichen Fallbearbeitungspunkt über diesen Fallbearbeitungspunkt hinaus, so als ob dieser Punkt rechtmäßig wäre.

**Modus**[313] **der Fallbearbeitung / Fallbearbeitungsmodus** ist die Aussageweise in der Fallbearbeitung, also insbesondere Indikativ, teilweise auch Konjunktiv.[314]

**Tempus**[315] **der Fallbearbeitung / Fallbearbeitungstempus** ist die Zeit(form) nach Fallbearbeitenden-Situation (Deixis) und nach Fallsituation mit Aufgabe/Frage (Aspekt), also insbesondere mit Verbflexionen (Wortbeugungen) nach den Hauptzeiten Vergangenheit, Gegenwart, Zukunft, in Formen wie Präsens (auch möglich bei anderen Hauptzeiten als der Gegenwart), Präteritum (Imperfekt), Perfekt, Plusquamperfekt, Futur I, Futur II.

**Obersatz** ist je nach Fallbearbeitungsstil die Form des Voraussetzungsinhalts oder des Ergebnisinhalts. **Hypothese** ist eine mögliche Art an Aussage bei einer Voraussetzungsstelle oder bei einer Subsumtionsstelle – in der Regel in Obersatzform.

---

313 **Modus**-Etymologie: Vom Lateinischen modus (Plural: Modi), zu Deutsch: Maß, Art und Weise, in der Grammatik: Aussageweise.

314 **Indikativ** ist insbesondere Modus (Aussageweise) des Tatsächlichen; **Konjunktiv I** ist insbesondere Modus (Aussageweise) indirekter Rede, **Konjunktiv II** ist insbesondere Modus (Aussageweise) der Irrealität. Vgl. auch die jeweilige Entscheidungs-Realität mit tatsächlichen Voraussetzungen und die jeweiligen entscheidenden Rechtsnormen, wonach die Polizei die notwendigen Maßnahmen treffen kann, wenn Gefahr ist oder wonach die Polizei zum Einschreiten verpflichtet ist, wenn Verdacht besteht. In den entscheidenden Rechtsnormen steht nicht etwa: „Die Polizei könnte die notwendigen Maßnahmen treffen, wenn eine Gefahr gegeben wäre" oder „Die Polizei könnte einschreiten, wenn Verdacht bestünde.". Zu den Fallbearbeitungs-**Modi** (Aussageweisen) auch: Basten, Recht der Polizei, S. 40 f., mit weiteren Nachweisen.

315 **Tempus**-Etymologie: Vom Lateinischen tempus (Plural: tempora), zu Deutsch: Zeit.

## Fallbearbeitungsstruktur – für Denken und Darstellung

**Anordnung / Bescheid / Beschluss / Urteil:** und/oder **Feststellung:** und/oder **Gutachten:** und/oder **Mischung:**

**Anordnung / Bescheid / Beschluss / Urteil:**

- **Ergebnis(se)**
- **Voraussetzung(en)**
- **Subsumtion(en)**
- **Definition(en)**

**Feststellung:**

- **Ergebnis(se)**

**Gutachten:**

- **Voraussetzung(en)**
- **Definition(en)**
- **Subsumtion(en)**
- **Ergebnis(se)**

**Mischung:**

- **Ergebnis(se)**

**plus mindestens 1 weiteres:**

- **ggf. Voraussetzung(en)**
- **ggf. Definition(en)**
- **ggf. Subsumtion(en)**

### Entscheidung

**in je adäquat-effizienter Anordnung/Abfolge:**
**VOR/DEF und SUB/ERG.**

mit Auslegung wechselseitig von Sachverhalt + Rechtsnormen und mit möglichst präziser Zitierung von Sachquellen und Rechtsquellen

PB Pascal Basten

**Tempus** (Zeit[form]) der Fallbearbeitung (insb. Präsens) geht nach Fallbearbeitenden-Situation (Deixis) und Fallsituation (Aspekt)
**Modus** (Aussageweise) der Fallbearbeitung ist i.d.R. Indikativ (oder Konjunktiv I, II)

## Fallbearbeitungs-Stile (Denkstile, Darstellungsstile bzgl. Fall) – Einleitungs-Formulierungen als angebliche Stilindikatoren

**Anordnung / Bescheid / Beschluss / Urteil:** und/oder **Feststellung:** und/oder **Gutachten:** und/oder **Mischung:**

**Anordnung / Bescheid / Beschluss / Urteil:**

- Da
- denn
- weil
- weshalb

**Feststellung:**

- Es ist/wäre/war
- Es besteht/bestünde/bestand

**Gutachten:**

- Es kann/könnte/konnte...
- Dazu muss/müsste/musste...
- Erforderlich ist/wäre/war.../ Nötig ist/wäre/war...
- Fraglich ist/wäre/war...
- Problematisch ist/wäre/war...
- Zu prüfen ist/wäre/war...
- Ausweislich/ Hier/Laut In casu/Im Fall/ Im konkreten Fall/ Im vorliegenden Fall/Vorliegend
- Also/Daher/Damit/Deshalb/ Folglich/Mithin/Somit...
- Im vorliegenden Fall ist/wäre/war...
- Damit ist/wäre/war...

**Mischung:**

- Dementsprechend
- ergo
- sodass
- weshalb

### Entscheidungsstil

**In je adäquat-effizienter Anordnung/Abfolge mit allen möglichen, lageangemessenen Formulierungen:**
**VOR/DEF und SUB/ERG.**

PB Pascal Basten

**Tempus** (Zeit[form]) der Fallbearbeitung (insb. Präsens) geht nach Fallbearbeitenden-Situation (Deixis) und Fallsituation (Aspekt)
**Modus** (Aussageweise) der Fallbearbeitung ist i.d.R. Indikativ (oder Konjunktiv I, II)

## *Titel 2: Sprache und Aussagen*

**Sprache** ist Zeichensystem zur Kommunikation, also zum Austausch aller Arten von Information. **Menschliche Sprache** kennzeichnet im Vergleich zur bekannten Tiersprache besonders die Potentiale abstrahierender Begriffsbildung, die Möglichkeitsausdruckspotentiale und die Möglichkeit grundsätzlich unbegrenzter Verknüpfung von allen möglichen Sprachinhalten[316]; ihre hohe Bedeutung ergibt sich im Allgemeinen unter anderem aus der allmählichen Gedankenverfertigung beim Sprechen[317]; aus der Anschauungsblindheit ohne Begriffe[318], positiv gewendet aus der Anschauungskraft mit Begriffen; aus der Begrenztheit der eigenen Welt je nach Begrenztheit eigener Sprache[319], positiv gewendet aus der Weite der eigenen Welt je nach Weite der eigenen Sprache.

**Wort** (Plural: „Wörter" für einzelne Wortzeichen; „Worte" für Wortzeichen in einer zusammenhängenden Äußerung, zum Beispiel einer Aussage) ist Sprachzeichen, mit dem ein Objekt in der Welt durch Benennung bezeichnet werden kann und über den durch Begriffsbestimmung ein Begriff, eine Bedeutung, ein Vorstellungsinhalt beigegeben, vermittelt werden kann.[320]

[316] Z.B.: „Wenn x1 [und y und z usw.] so oder so [war/gewesen wäre/ist/wäre/sein wird/sein kann/darf/soll/muss], dann [war/ist/wäre/wird/kann] x2 so oder so; das [kann/darf/soll/muss] aber auch nicht".

[317] *Kleist*, Über die allmähliche Verfertigung der Gedanken beim Reden.

[318] *Kant*, Kritik der reinen Vernunft, S. 75.

[319] *Wittgenstein*, Tractatus logico-philosophicus (Logisch-philosophische Abhandlung), Nr. 5.6.

[320] Vgl. zur Bedeutung des Wortes an sich seit alters: Die Bibel, Johannes, 1,1-1,5 (aus dem sogenannten Logos-Hymnus).

**Begriff**[321] ist Vorstellung zu einem Objekt in der Welt.[322] **Definition**[323] ist (Prozess und Produkt einer) Begriffsbestimmung (von Sachverhaltsvoraussetzungen und

---

[321] **Begriff**-Etymologie: Vom Griechischen ὅρος – horos, und vom Lateinischen terminus.

[322] Beispiele für Worte mit Begriffsdifferenzierungspotentialen auch im Recht:

- ähnlich/gleich/gleichgeartet/identisch;
- Anzahl/Menge/Masse/Mehrheit;
- Antrag/Anzeige/Äußerung/Bericht/Notiz/Schreiben/Vermerk;
- anscheinend/scheinbar/erscheinend;
- analog/entsprechend;
- Äußerung/Ausdruck/Aussage;
- aufgrund / auf der Grundlage / vor dem Hintergrund;
- (ab-)wägen/(ab-)wiegen/(ab-)wiegeln (Imperfekt: wägte/wiegte/wog);
- Befugnis/Ermächtigung/Befugnisnorm/Ermächtigungsgrundlage;
- beziehungsweise / und / oder / sowie;
- darstellen/sein, stellt dar/ist, gilt/ist;
- das gleiche/dasselbe;
- dieser, diese, dieses/jener, jene, jenes;
- Dürfen/dürfen/Können/können/Müssen/müssen/Sollen/sollen;
- einzelner Fall/Einzelfall;
- eines/des Delikts schuldig/wegen eines Delikts strafbar;
- ergibt Sinn/hat Sinn/macht Sinn;
- Fähigkeit/Befähigung;
- Gebot/Verbot/Regel/Prinzip/Grundsatz;
- generell/grundsätzlich/in der Regel/regelmäßig/ständig;
- gemäß dem/gegenüber dem/demgegenüber;
- groß/lang/breit/weit;
- herrschende Meinung / herrschende Lehre / herrschende Rechtsprechung;
- jeder/alle/mehrere/einige;
- Legitimität/Legalität/Legalisierung/Legalisation (vgl. Artikel 2 des Haager Übereinkommens zur Befreiung ausländischer Urkunden von der Legalisation vom 5. Oktober 1961, BGBl. 1965 II S. 875, 876; § 13 KonsG)/Legalismus (vgl. 1933-1945);
- Möglichkeit/Wahrscheinlichkeit/Kontingenz/Überzeugung/Sicherheit/Gewissheit;
- Prozent/Prozentpunkt/Promille;
- regelmäßig/in der Regel;
- schwer/schwierig;
- sobald/solange/soweit/sofern/inwieweit/inwiefern;
- sonst/ansonsten/im Übrigen/übrigens;
- sofern/insofern;
- Strafbarmachung gemäß bestimmter Rechtsnorm/Strafbarkeit gemäß bestimmter Rechtsnorm/Strafbarmachung wegen bestimmter Rechtsnorm/Strafbarkeit wegen bestimmter Rechtsnorm/eines bestimmten Delikts schuldig sein;
- subjektives Sicherheitsgefühl/subjektive Sicherheit/Sicherheitsgefühl;

Rechtsnormvoraussetzungen). **Definiendum** ist das zu Definierende. **Definiens** ist das Definierende. **Legaldefinition** ist Begriffsbestimmung durch das Gesetz, durch eine oder mehrere Rechtsnormen.[324] Begriffsbestimmung mit Bestimmung von Begriffsinhalt (Vorstellungsinbegriff / Intension) und Begriffsumfang (Vorstellungsumfang / Extension) ist Bedingung für folgerichtiges Denken und intersubjektiv bessere Nachvollziehbarkeit.

**Semiotik**[325] ist die Wissenschaft von den Zeichen. **Semantik**[326] ist die Wissenschaft von der Bedeutung der Zeichen und auch die Zeichenbedeutung selbst; bei Befassung mit Zeichen aller Art als Teil der Semiotik (semiotische Semantik), bei Befassung mit Sprachzeichen als Teil der Linguistik (linguistische Semantik). **Syntax**[327] ist die Wissenschaft von den Regeln der Systeme der Zeichen und auch die Zeichensystematik selbst; bei Befassung mit Regeln von Systemen von Zeichen aller Art als Teil der Semiotik (semiotische Syntax), bei Befassung mit Sprachzeichensystemregeln als Teil der Semantik (semantische Syntax). Das **semiotische Dreieck** verdeutlicht die Unterschiedlichkeit von Symbolen wie einem Wort, von Objekten in der Welt und von den Begriffen von den Objekten, vgl. auch z.B.: „Begreifen", „Inbegriff", „sich einen Begriff machen, auf den Begriff bringen"; „Begriffsverständnis".

---

- tragisch/dramatisch/unglücklich;
- Unikum / Unikat;
- umsonst/grundlos/vergeblich;
- Untersuchung / (Sachverhalts-)Untersuchung / (molekulargenetische) Untersuchung / (ärztliche) Untersuchung / Inquisition;
- vergleichbar/gleichsetzbar/gleichzusetzen/gleichwertig;
- Verstehen/Verständnis/Nachvollziehen/Nachvollzug/Einverständnis/Verständigung;
- verschieden/unterschiedlich;
- Verhalten/Handeln/Tun/Dulden/Unterlassen;
- vollständig/vollzählig;
- von Verfassung wegen / von Gesetzes wegen;
- vorläufig/vorbeugend;
- wegen fehlender Belehrung/wegen Fehlens der Belehrung;
- Ziffer/Zahl/Nummer.

323 **Definition**-Etymologie: Vom Lateinischen definitio, zu Deutsch etwa: Abgrenzung, vom Lateinischen: de, zu Deutsch etwa: „von etwas weg", und vom Lateinischen: finis, zu Deutsch: Grenze. Weitere Definitionen zu Definitionen sind enthalten in den Normen des Deutschen Instituts für Normung (DIN), nämlich in folgenden DIN-Normen: DIN 2330:2013-07 (Begriffe und Benennungen – Allgemeine Grundsätze); DIN 2342:2011-08 (Begriffe der Terminologielehre), nämlich unter anderem zu: Begriffsabgrenzung; Begriffsbestimmung; Begriffsbeziehung; Begriffsbildung; Begriffsfeld; Begriffsinhalt; Begriffsnorm; Begriffsplan; Begriffssystem; Begriffsumfang; Begriffsverknüpfung; Oberbegriff; Unterbegriff; Übergeordneter Begriff; Untergeordneter Begriff; Verbandsbegriff; Teilbegriff; Repräsentationsebene; Begriffsebene; Gegenstandsebene.

324 Legaldefinition-Beispiele: siehe Buch 1, Abschnitt 1, Unterabschnitt 3, Titel 2, Untertitel 3.

325 **Semiotik**-Etymologie: Vom Altgriechischen: σημεῖον sēmeĩon, zu Deutsch etwa: Signal, Zeichen.

326 **Semantik**-Etymologie: Vom Griechischen σημαίνειν sēmaínein, zu Deutsch etwa: bezeichnen, zum Zeichen gehörig.

327 **Syntax**-Etymologie: Vom Altgriechischen σύνταξις syntaxis, zu Deutsch etwa: Zusammenordnung.

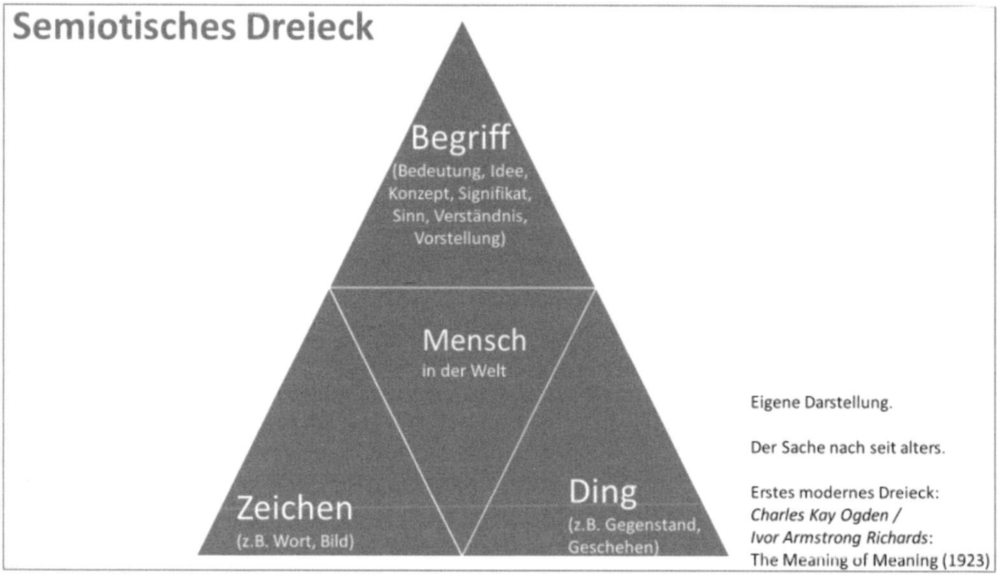


**Sprache im Recht** ist Medium und Materie, Werkstoff und Wirkstoff, Objekt und Mittel, Explikandum und Explikans (des Rechts).[328] **Terminus** (Plural: **Termini**) ist der Fachausdruck in einer Fachsprache eines Fachgebiets (zum Beispiel in dem Fachgebiet der Rechtswissenschaften). **Terminologie** ist die Lehre von den Termini in einem bestimmten Fachgebiet und die Menge aller Termini eines Fachgebiets.

**Aussage** ist durch Sprachzeichen (z.B. Worte in Sätzen) in vielfältigen Formen[329], insbesondere in der Form eines Satzes vermittelter Inhalt mit sogenanntem Wahrheitswertpotential, oder Falsifizierbarkeitspotential, oder Verifizierbarkeitspotential, oder zumindest Plausibilisierungspotential oder Stimmigkeitspotential (z.B. Stimmigkeit mit anderen Voraussetzungen, Bedingungen, Umständen). **Äußerung** ist jedes Verhalten, dass Aussagewert haben kann, aber nicht muss.

[328] (Vom) Recht sprechen und (vom) Recht schreiben als (gute oder schlechte) Rechtsanwendung, vgl. zum Beispiel OVG NRW, Urteil vom 23.01.1995 - 22 A 1834/90: „Zur Rechtsanwendung gehört auch die Fähigkeit, sich bei Fallösungen wie überhaupt bei Rechtsausführungen grammatikalisch korrekt, in verständlicher Sprache und in einem sachangemessenen Sprachstil in Wort und Schrift auszudrücken.".

[329] Vgl. z.B. auch: §§ 126 bis 127 BGB, § 37 Abs. 2-6 VwVfG / VwVfG NRW.

**Aussagearten und weitere mögliche Äußerungen**

| Satzinhaltsart | Typisches Satzzeichen |
|---|---|
| Aussage (Assertion; Deklaration; Konstativ): | |
| • Beschreibungs**aussage** (Deskription) | Punkt (.) |
| • Bewertungs**aussage** (Evaluation; ggü. Deskription: Präskription) | Punkt (.) |
| • Vorschrifts**aussage** (Präskription) | Punkt (.) oder Ausrufezeichen (!) |
| Weitere mögliche Äußerungen: | |
| • Aufforderung (Imperativ) | Ausrufezeichen (!) |
| • Ausrufen (Exklamation) | Ausrufezeichen (!) |
| • Ausrufe-Frage (Deklaration-Interrogation) | Punkt (.) oder Ausrufezeichen (!) |
| • Frage (Interrogation) | Fragezeichen (?) |
| • Befehl / Möglichkeiten / Wunsch (präskriptiver / potentialer / kupitiver Optativ; vgl. auch Desiderativ) | Ausrufe-/ Fragezeichen (!) / (?) / (!?) / (?!) |

PB Pascal Basten

**Modus**[330] **der Fallbearbeitung / Fallbearbeitungsmodus** ist die Aussageweise in der Fallbearbeitung, also insbesondere Indikativ, teilweise auch Konjunktiv.[331]

**Tempus**[332] **der Fallbearbeitung / Fallbearbeitungstempus** ist die Zeit(form) nach Fallbearbeitenden-Situation (Deixis) und nach Fallsituation mit Aufgabe/Frage (Aspekt), also insbesondere mit Verbflexionen (Wortbeugungen) nach den Hauptzeiten Vergangenheit, Gegenwart, Zukunft, in Formen wie Präsens (auch möglich bei anderen Hauptzeiten als der Gegenwart), Präteritum (Imperfekt), Perfekt, Plusquamperfekt, Futur I, Futur II.

**Zitierung** ist die Angabe (Nennung) einer Aussagenstelle (insbesondere von Textstellen-Wortlaut) und/oder Angabe (Benennung) einer Aussagenquelle (insbesondere von Art./§/Abs./S. an sich); sie kann kann zugleich Beleg als auch Argumentationstechnik oder Subsumtionstechnik sein (Argumentation oder Subsumtion durch präzise Zitierung)[333]. **Zitierungs-**

---

330 **Modus**-Etymologie: Vom Lateinischen modus (Plural: Modi), zu Deutsch: Maß, Art und Weise, in der Grammatik: Aussageweise.

331 **Indikativ** ist insbesondere Modus (Aussageweise) des Tatsächlichen; **Konjunktiv I** ist insbesondere Modus (Aussageweise) indirekter Rede, **Konjunktiv II** ist insbesondere Modus (Aussageweise) der Irrealität. Vgl. auch die jeweilige Entscheidungs-Realität mit tatsächlichen Voraussetzungen und die jeweiligen entscheidenden Rechtsnormen, wonach die Polizei die notwendigen Maßnahmen treffen kann, wenn Gefahr ist oder wonach die Polizei zum Einschreiten verpflichtet ist, wenn Verdacht besteht. In den entscheidenden Rechtsnormen steht nicht etwa: „Die Polizei könnte die notwendigen Maßnahmen treffen, wenn eine Gefahr gegeben wäre“ oder „Die Polizei könnte einschreiten, wenn Verdacht bestünde.“. Zu den Fallbearbeitungs-**Modi** (Aussageweisen) auch: Basten, Recht der Polizei, S. 40 f., mit weiteren Nachweisen.

332 **Tempus**-Etymologie: Vom Lateinischen tempus (Plural: tempora), zu Deutsch: Zeit.

333 Rechtsauslegung und Rechtsbeleg sowie Rechtsentscheidung mit: „**Argumentation durch Rechtsnormzitierung**“ bzw. „**Subsumtion durch Rechtsnormzitierung**“. Grundsätzlich gilt: Je dargelegter der tatsächliche Lebenssachverhalt und je präziser die Rechtsnormzitierung insbesondere im Rechtsbereich binärer Entscheidungsmöglichkeiten (Ja oder Nein/gegeben oder nicht gegeben), desto kürzer kann

**Kontrollfragen/Zitierungs-Leitfragen** möglichst zu jeder rechtlichen Aussage sollen sein: „Wo (genau) steht das?“ (ausdrücklich) oder „Woraus (genau) ergibt sich das (wie)?“ (zumindest schlüssig oder durch weitere Auslegung). **Zitierrichtigkeit** geht grundsätzlich nach Inhaltsrichtigkeit, Präzision, Vollständigkeit („Zitieren trainieren und optimieren: Je richtiger, präziser, vollständiger, desto besser.“).[334]

**Rechtsquellen-Zitierungs-Arten – Wo (genau) steht das? / Woraus (genau) ergibt sich das?**

| Arabisch | Römisch |
|---|---|
| • Art. 1 bis 19 GG / Artt. 1 bis 19 GG / Art. 1-19 GG / Artt. 1-19 GG | • Art. 1-19 GG / Artt. 1-19 GG |
| • Art. 2 Abs. 1 Hs. 2/a.E./, letzter Hs. GG | • Art. 2 I Hs. 2/a.E./, letzter Hs. GG |
| • Art. 2 Abs. 1 i.V.m. Art. 1 Abs. 1 GG | • Art. 2 I i.V.m. Art. 1 I GG |
| • Art. 2 Abs. 2 S. 1 Alt. 1 und 2 GG / Art. 2 Abs. 2 S. 1 Alt. 1, 2 GG | • Art. 2 II 1 Alt. 1, 2 GG |
| • § 1 Abs. 1 S. 1, 2 Fall 1/Var. 1 PolG NRW [nicht: „Alt.“ – wegen 3] | • § 1 I 1 Fall 1/Var. 1 PolG NRW [nicht: „Alt.“ – wegen 3] |
| • §§ 9 bis 46 PolG NRW / §§ 9-46 PolG NRW | • §§ 9-46 PolG NRW |
| • §§ 50 f. [„folgender“] PolG NRW (=§§ 50, 51 PolG NRW) | • §§ 50 f. [„folgender“] PolG NRW (=§§ 50, 51 PolG NRW) |
| • §§ 50 ff. [„folgende“] PolG NRW (=§§ 50 bis 56 PolG NRW oder bis Gesetzesende) | • §§ 50 ff. [„folgende“] PolG NRW (=§§ 50 bis 56 PolG NRW oder bis Gesetzesende) |
| • § 80 Abs. 2 S. 1 Nr. 2 VwGO | • § 80 II 1 Nr. 2 VwGO |
| • §§ 133, 157 BGB analog | • §§ 133, 157 BGB analog |

Pascal Basten

/ = gleichbedeutende Variationen

**Rechtsnormbezug** erfolgt durch Zitierung der Art./§§/S. und Ausrichtung am Rechtsnormwortlaut. **Sachverhaltsbezug** erfolgt durch Zitierung von Sachverhaltsstellen und Ausrichtung am Sachverhaltswortlaut. **Abkürzung** / **Abbreviatur** / **Abbreviation** ist Verkürzung eines Wortes oder einer Aussage (von Wörtern).[335] **Akronym** ist eine aus Anfangsbuchstaben oder Anfangssilben mehrerer Wörter gebildetes Wort.[336]

---

sonstiges Verbales zum Rechtlichen in der Fallbearbeitung ausfallen, vgl. z.B. die Zuständigkeit, wo etwa sachliche, instanzielle, örtliche, funktionelle Zuständigkeit ohne weitere materielle Rechtmäßigkeitsgehalte in bestimmtem Bereich entweder nach bestimmten, zitierbaren Rechtsnormen gegeben ist oder nicht (vgl. auch die Zuständigkeiten bei den einzelnen Maßnahmendarstellungen in diesem Werk).

[334] Für fachliche Zitierung sind insbesondere zu nutzen: Gesetzesmaterialien und fachspezifische Zitierregel-Standardwerke, z.B.: *Byrd/Lehmann*, Zitierfibel für Juristen.

[335] Für fachliche Abkürzung sind insbesondere zu nutzen: Gesetzesmaterialien und fachspezifische Abkürzungs-Regel-Standardwerke, z.B.: *Kirchner*, Abkürzungsverzeichnis der Rechtssprache.

[336] Beispiele für mögliche Akronyme und sonstige Abkürzungen (auch zwecks Ermöglichung schnellerer Erinnerung oder schnellerer Fachkommunikation auch bei ansonsten sperrigeren Worten):

- AAA(A)[Z] für Anordnungszuständigkeit, Ausführungszuständigkeit, Antragszuständigkeit (, Anregungszuständigkeit) bei der funktionellen Zuständigkeit;
- ADIMZ für die möglichen Abgrenzungskriterien zwecks Unterscheidung von Freiheitsentziehung und sonstiger Freiheitsbeschränkung, zwecks Unterscheidung von Festhalten und Anhalten: Art, Dauer, Intensität, Mittel, Zweck;
- AO für Anordnung; AF für Ausführung;

Zu den Formulierungen „steht in/ergibt sich aus“ (**Drinstehen/Sichergeben einer Aussage**): Eine Aussage steht (ausdrücklich) in einem Rechtssatz (z.B. Gesetz/Paragraphen/Absatz/Satz) oder in mehreren davon, wenn dessen oder deren Wortlaut auch ohne weiteres deutlich die Aussage anzeigt. Eine Aussage ergibt sich aus einem Rechtssatz (z.B.: Paragraphen/Absatz/Satz/Gesetz) oder mehreren davon, wenn der Wortlaut ohne weiteres nicht deutlich die Aussage anzeigt, sondern etwa erst durch Auslegung die Aussage belegt oder konkretisiert werden muss. **Ausdrücklichkeit** ist das Stehen einer Aussage im Wortlaut (**expressis verbis**: mit ausgedrückten Worten), also das deutliche Anzeigen der Aussage im Wortlaut ohne weiteres. **Eindeutigkeit** ist gegeben bei Deutlichkeit einer Aussage aus dem Wortlaut ohne weiteres (insbesondere ohne weitere Auslegung). **Wortlaut-Eindeutigkeit** kann selbst nur Ergebnis vollständiger Auslegung unter Berücksichtigung aller Auslegungsansätze (Grammatik, Systematik, Historie, Teleologie) sein.

Beispiele für **Formulierungen** bezüglich des Begriffes des Rechtssatzes als Rechtsform und des Begriffes der Rechtsnorm als Rechtsinhalt:

- „In der Vorschrift/In dem Gesetz/Paragraphen/Absatz/Satz (Rechtssatz als Rechtsform) steht, dass es so sein soll/dass es so Gesetz ist (Rechtsnorm als Rechtsinhalt).“
- „Aus der Vorschrift/Aus dem Gesetz/Paragraphen/Absatz/Satz/Halbsatz/der Nummer (Rechtssatz als Rechtsform) ergibt sich, dass es so sein soll/dass es so Gesetz ist (Rechtsnorm als Rechtsinhalt).“
- „In der Vorschrift/In dem Gesetz/Paragraphen/Absatz/Satz/Halbsatz/in der Nummer (Rechtssatz als Rechtsform) ist normiert, dass dies so sein soll/ist (Rechtsnorm als Rechtsinhalt).“
- „§ 8 Abs. 1 PolG NRW enthält die Befugnisrechtsnorm.“: Formulierung mit deutlicher Unterscheidung des Paragraphen als Rechtsform und der Befugnisrechtsnorm als Rechtsinhalt.

---

- EAG(E) für Entschließungsermessen, Auswahlermessen, Gestaltungsermessen;
- GiV für Gefahr im Verzug; GdU für Gefährdung des Untersuchungserfolgs;
- Igw für Ingewahrsamnahme; Evn für Ersatzvornahme; PD für Personendurchsuchung; SD für Sachendurchsuchung; WD für Wohnungsdurchsuchung; PV für Platzverweisung; Uzw für Unmittelbaren Zwang;
- NILS / ILNS für die EFTA-Staaten Königreich Norwegen, Island, Fürstentum Liechtenstein, Schweizerische Eidgenossenschaft bzw. Island, Fürstentum Liechtenstein, Königreich Norwegen, Schweizerische Eidgenossenschaft;
- OAFIMOZ für Versammlungsspezifika von Ob, Art, Form, Inhalt, Mittel, Ort, Zeit zwecks Bestimmung des sachlichen Grundrechtsschutzbereichs der Versammlungsfreiheit; öffVersufH für öffentliche Versammlung unter freiem Himmel; öffVersigO für öffentliche Versammlung in geschlossenem Raum;
- SAUZE(G) für Beweismittel (vgl. auch § 244 StPO): Sachverständigen(gutachten) (§§ 72-86 StPO), Augenschein (§§ 86-93 StPO), Urkunde (§§ 249-256 StPO), Zeuge (§§ 48-71 StPO, vgl. auch § 163 Abs. 3 StPO), (geständige) Einlassung (‚Geständnis) (vgl. § 163a StPO);
- SIÖF(Z) für sachliche, instanzielle, örtliche, funktionelle (Zuständigkeit);
- aT für annahmerechtfertigende Tatsachen; tA für tatsächliche Anhaltspunkte; TV für Tatverdacht/Tatverdächtiger; ztA für zureichende tatsächliche Anhaltspunkte;
- WWW für Wer, Was, Wie bezüglich Zuständigkeit (Wer), Verfahren (Was), Form (Wie) bei der formellen Rechtmäßigkeit.

- „§ 8 Abs. 1 PolG NRW ist die Befugnisrechtsnorm.“: Formulierung mit Nennung/Benennung des Paragraphen als Setzung von zugleich Rechtsform und Rechtsinhalt, vgl. auch die Formulierung: „Das ist Gesetz.“
- „Gemäß § 8 Abs. 1 PolG NRW ist die Befugnis gegeben.“ Oder: „Gemäß § 8 Abs. 1 PolG NRW besteht die Befugnis zur Maßnahme.“ Oder: „Gemäß § 8 Abs. 1 PolG NRW ist die Polizei zur Maßnahme befugt.“ Oder: „Die Polizei ist aus der Generalbefugnisrechtsnorm zur Maßnahme befugt, § 8 Abs. 1 PolG NRW“. Formulierung mit hauptsächlichem Bezug zu gegebener Befugnis als Rechtsinhalt in der Rechtsform des Paragraphen.
- „§ 8 Abs. 1 PolG NRW normiert die Befugnis.“: Formulierung mit hauptsächlichem Bezug zur Normierung als Setzung des Rechtsinhaltes durch die Rechtsform.
- „Befugnis ist § 8 Abs. 1 PolG NRW.“: Unzulässige Formulierung, denn die Befugnis ergibt sich aus der Rechtsnorm/dem Rechtssatz/der Rechtsnorm des Rechtssatzes des § 8 Abs. 1 PolG NRW (und noch weiteren Rechtsnormen etwa zur Zuständigkeit, zum Verfahren, zur Form, zum Adressaten); die Befugnis ist also eben nicht § 8 Abs. 1 PolG NRW, weder als Rechtssatz noch als Rechtsnorm.
- „Die Verhaltensanordnung ist als Maßnahme gemäß § 8 Abs. 1 PolG NRW rechtmäßig.“: Formulierung eines Ergebnissatzes einer Maßnahmenprüfung bei einer Fallbearbeitung mit Zuordnung von Realfolge aus dem Lebenssachverhalt und Rechtsfolge aus § 8 Abs. 1 PolG NRW.

# *Titel 3: Voraussetzung, Definition, Subsumtion, Ergebnis*

**Voraussetzung**, **Definition**, **Subsumtion**, **Ergebnis** sind die grunsätzlichen Meilensteine der Fallbearbeitung; deren **Fallbearbeitungsmarker** sind: **VOR/DEF/SUB/ERG**.

**Voraussetzung** ist Bedingung (aus dem Fall, also aus Sachverhalt und Rechtsnormen; also auch im Sinne von Beziehungen, Faktoren, Funktionen, Gegebenheiten, Umständen, Umweltbedingungen, Variablen, Verhältnissen, Weltbedingungen).

**Definition**[337] ist (Prozess und Produkt einer) Begriffsbestimmung (von Sachverhaltsvoraussetzungen und Rechtsnormvoraussetzungen). **Definiendum** ist das zu Definierende. **Definiens** ist das Definierende. **Legaldefinition** ist Begriffsbestimmung durch das Gesetz, durch eine oder mehrere Rechtsnormen.[338]

**Subsumtion**[339] ist (Prozess und Produkt einer) Zugrundelegung, Zuordnung, Vergleich (der Sachlage zur Rechtslage, des Lebenssachverhalts zur Rechtsnorm).

**Ergebnis** ist endgültige Bestimmung, Entscheidung, Feststellung (bzgl. Sachlage und Rechtslage).

**Syllogismus**[340] heißt ein spezielles (deduktives)[341] logisches Schlussverfahren (**Argument**[342]), darin enthalten:

- mindestens eine erste Voraussetzung/Oberaussage/Prämisse[343] mit einem Oberbegriff[344] und einem Mittelbegriff[345]in einem Obersatz/Vordersatz[346];

---

[337]**Definition**-Etymologie: Vom Lateinischen definitio, zu Deutsch etwa: Abgrenzung, vom Lateinischen: de, zu Deutsch etwa: „von etwas weg", und vom Lateinischen: finis, zu Deutsch: Grenze. Weitere Definitionen zu Definitionen sind enthalten in den Normen des Deutschen Instituts für Normung (DIN), nämlich in folgenden DIN-Normen: DIN 2330:2013-07 (Begriffe und Benennungen – Allgemeine Grundsätze); DIN 2342:2011-08 (Begriffe der Terminologielehre), nämlich unter anderem zu: Begriffsabgrenzung; Begriffsbestimmung; Begriffsbeziehung; Begriffsbildung; Begriffsfeld; Begriffsinhalt; Begriffsnorm; Begriffsplan; Begriffssystem; Begriffsumfang; Begriffsverknüpfung; Oberbegriff; Unterbegriff; Übergeordneter Begriff; Untergeordneter Begriff; Verbandsbegriff; Teilbegriff; Repräsentationsebene; Begriffsebene; Gegenstandsebene.

[338] Legaldefinition-Beispiele: siehe Buch 1, Abschnitt 1, Unterabschnitt 3, Titel 2, Untertitel 3.

[339] **Subsumtion**-Etymologie: Vom Lateinischen subsumere, subsum (esse), zu Deutsch: unterlegen, darunter sein; aber auch metaphorisch und damit auf das Auslegungs-Element in der Subsumtion bereits etymologisch hinweisend: dahinter sein, -stecken, versteckt sein, verborgen sein, nahe sein, in der Nähe sein, bevorstehen, vorhanden sein, siehe: *Stowasser/Petschenig/Skutsch*, Stowasser, S. 490; vgl. auch die Bedeutungsnähe zur Auslegung.

[340] **Syllogismus**-Tradition ausgehend insbesondere von *Aristoteles*, in Topik I 1, 100a25-27.

[341] **Deduktion**-Etymologie: Vom Lateinischen deductio, zu Deutsch: Abführung, Ableitung, Fortführung.

[342] **Argument**-Etymologie: Vom Griechischen: συλλογισμός – syllogismos; vom Lateinischen arguere, zu Deutsch: behaupten, beweisen, verdeutlichen, zeigen.

[343] **Prämisse**-Etymologie: Vom Griechischen πρότασις – protasis, und vom Lateinischen: praemissa, zu Deutsch: Vorausgeschicktes, Vorausgesetztes.

[344] **Oberbegriff**-Etymologie: Vom Griechischen πρώτος ὅρος – prôtos horos, und vom Lateinischen terminus maior.

[345] **Mittelbegriff**-Etymologie: Vom Griechischen μέσος ὅρος – mesos horos, und vom Lateinischen terminus medius.

[346] **Oberaussage / Obersatz**: Vom Lateinischen propositio maior.

- mindestens eine zweite Voraussetzung/Unteraussage/Prämisse mit einem Unterbegriff[347] und einem Mittelbegriff in einem Untersatz[348];
- mindestens ein Ergebnis mit Konklusion in einem Schluss(folgerungs)satz[349], in dem in logischer Terminologie (≠ Grammatik) der Unterbegriff das Subjekt und der Oberbegriff das Prädikat bildet.

**Klassisches idealtypisches Syllogismus-Beispiel** (mit logisch gültigem, „wahren" Schluss)

**Fall-Sachverhalt(sfrage):** Sterblichkeit aller Griechen (auch Sokrates).
**Fall-Quelle(naussage):** Menschen sind sterblich.

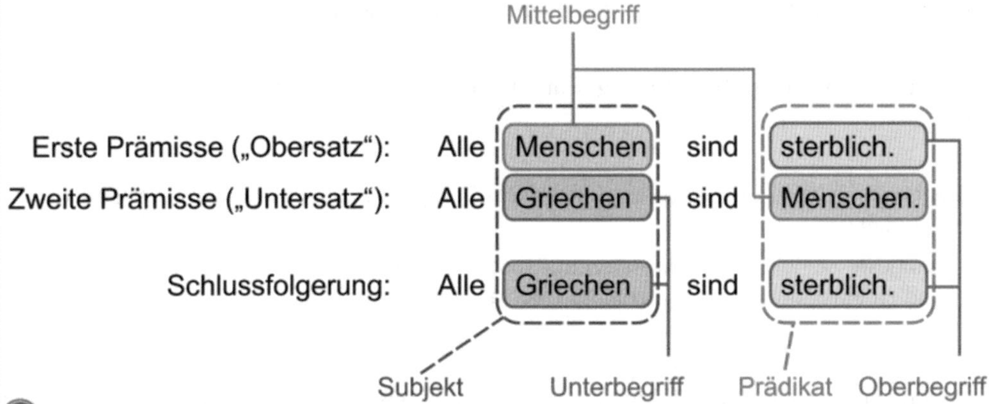


Pascal Basten Syllogismus-Graphik: René Schwarz, in: Wikipedia; CC BY-SA 3.0, File:Syllogismus-Beispiel.svg Erstellt: 23. August 2010 (Zugriff: 16.08.2020)

**Juristischer Syllogismus** wird das logische Schlussverfahren in der **Logik des Rechts** / **Rechtslogik** genannt, wobei die Sätze idealtypisch wie folgt zusammengeschlossen werden:

- erste Voraussetzung(saussage) mit Oberbegriff und Mittelbegriff aus dem Satz einer Rechtsnorm;
- zweite Voraussetzung(saussage) mit Unterbegriff und Mittelbegriff aus dem Satz zu einem Lebenssachverhalt;
- Ergebnis aus Unterlegung (Subsumtion) des Lebenssachverhalts zur Rechtsnorm über die Identität oder Ähnlichkeit (oder Nichtidentität/Nichtähnlichkeit) des jeweiligen Mittelbegriffs von Rechtsnorm und Lebenssachverhalt.

---

347 **Unterbegriff**-Etymologie: Vom Griechischen εσχατος ὅρος – eschatos horos, und vom Lateinischen terminus minor.

348 **Unteraussage** / Untersatz: Vom Lateinischen propositio minor.

349 **Konklusion** / **Schlussfolgerung**: Vom Lateinischen conclusio.

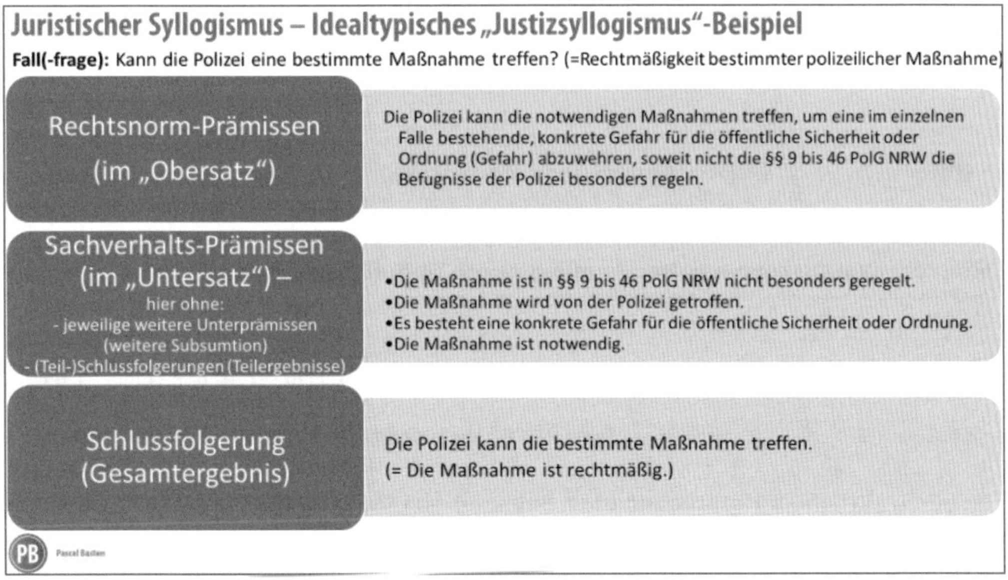


Logisch-technische Bewirkung des Syllogismus und damit auch des Justizsyllogismus mit Definition und Subsumtion ist ein „Auf-den-(Mittel-)Begriff-Bringen"; kognitiv-psychologische Bewirkung ist Denken überhaupt; erkenntnistheoretische Bewirkung ist ein „Begreifen", jedenfalls von Gültigkeit oder Ungültigkeit des Schlusses wegen richtiger oder unrichtiger Schlussmethode, nicht unbedingt von letztgültig gegebener materieller Wahrheit, denn der Syllogismus ist eine Schlussmethode mit – durchaus kreativem – Transport (vor-)gegebener Prämissengehalte in die Konklusion, nicht eine Methode zur Erkenntnis aller wahren oder unwahren Prämissen, sodass sogar die Gültigkeit oder Ungültigkeit, die Richtigkeit oder Unrichtigkeit der Schlussmethode unabhängig ist von der Wahrheit oder Unwahrheit der Prämissen, und damit der Konklusionsinhalt materiell wahr sein kann trotz logisch falscher Schlussmethode oder der Konklusionsinhalt materiell unwahr sein kann trotz logisch richtiger Schlussmethode. Juristische Bewirkung des Justizsyllogismus mit Definition und Subsumtion ist ein Gesamtergebnis durch Vergleich aller für das Gesamtergebnis notwendigen Mittelbegriffe.[350]

[350] *Treder*, Methoden und Techniken der Rechtsanwendung, S. 20-35, mit weiteren Beispielen auch mit Illustrationen.

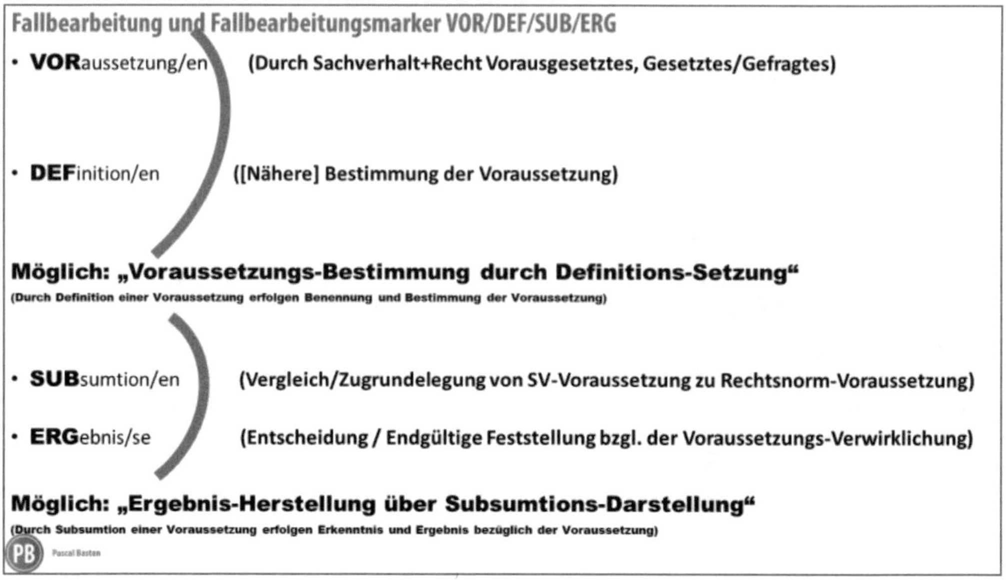

Verbindung der Fallbearbeitungselemente „Voraussetzung und Definition“ sowie „Subsumtion und Ergebnis“ ist in der Regel wie folgt gegeben:

- „Voraussetzungs-Bestimmung durch Definitions-Setzung“ (Durch Definition einer Voraussetzung erfolgen Benennung und Bestimmung der Voraussetzung – i.d.R. ohne Notwendigkeit zusätzlicher Gutachtenstileinleitungsredundanzen wie „Fraglich ist“, vgl. dazu auch die jeweilige, bereits bestehende Aufgabe/Fallfrage die Frage, ob alles fraglich ist).

- „Ergebnis-Herstellung über Subsumtions-Darstellung“ (Durch Subsumtion einer Voraussetzung erfolgen Erkenntnis und Ergebnis bezüglich der Voraussetzung – i.d.R. ohne Notwendigkeit zusätzlicher Gutachtenstildarstellungsredundanzen).

## *Titel 4: Auslegung*

**Auslegung**[351] ist (Prozess, Produkt, Part der) Inhaltsermittlung von Gesetz, Rechtsnorm, Vertrag, Willenserklärung, sonstigem Verhalten oder sonstigen Dingen durch **Auslegungsansätze** wie **Grammatik**, **Systematik**, **Historie**, **Teleologie** – mit unter Umständen weiteren **Techniken**[352] wie der **Argumentation**[353] (Prozess und Produkt der Abfolge von zusammenhängenden Aussagen), wie der **Dialektik**[354], der **Logik**[355], der **Rhetorik**[356], der **Topik**[357], wie überhaupt der Gesetze des Denkens und der Erfahrung (Denkgesetze und Erfahrungsgesetze)[358].

---

[351] Vgl. Lateinisches: Interpretatio, zu Deutsch: Auslegung, Erklärung, Übersetzung; vgl. auch die Bedeutungsnähe zu Subsumtion, q.v.; unterscheide **Abwägung**: Erkenntnisprozess zum wechselseitigen Verhältnis von Rechten, Rechtsgütern und rechtlich geschützten Interessen.

[352] **Technik**-Etymologie: Vom Griechischen τεχνικός – technikós, abgeleitet vom Griechischen τέχνη – téchne, zu Deutsch etwa: Fertigkeit, Handwerk, Kunst.

[353] **Argumentation**-Etymologie: Vom Lateinischen argumentum, zu Deutsch etwa: Darlegung, Gehalt, Beweismittel, Beweisgrund, und vom Lateinischen arguere, zu Deutsch etwa: behaupten, beweisen, veranschaulichen, verdeutlichen, zeigen.

[354] **Dialektik**-Etymologie: Vom Griechischen dialektiké (téchne), zu Deutsch etwa: Unterredungstechnik (vgl. Worthistorie [Etymologie] des Wortes Technik); vom Lateinischen (ars) dialectica, zu Deutsch etwa: Gesprächstechnik (vgl. Worthistorie [Etymologie] des Wortes Technik) – in der Regel mit These, Antithese, Synthese.

[355] **Logik**-Etymologie: Vom Altgriechischen λογικὴ τέχνη logikè téchnē, zu Deutsch etwa: Denktechnik (vgl. Worthistorie [Etymologie] des Wortes „Technik"), vgl. auch vom Altgriechischen συλλογισμός syllogismós, zu Deutsch etwa: Zusammenrechnen, (logisches) Schlussfolgern, klassisch mit **Prämissen** (Obersatz [praemissa maior aus Rechtsnorm] und Untersatz [praemissa minor aus Lebenssachverhalt]) und **Konklusion** (Schlussfolgerung [conclusio]), vgl. auch „**Justizsyllogismus**". Meilensteine der Logik im Allgemeinen insbesondere: *Aristoteles*, Organon; *Frege*, Begriffsschrift. Zum weiten Feld der Umsetzung der Logik im öffentlichen Rechtsbereich etwa: *Joerden*, Logik im Recht; *Schnapp*, Logik für Juristen.

[356] **Rhetorik**-Etymologie: Vom Altgriechischen ῥητορική (τέχνη) – rhētorikḗ (téchnē), zu Deutsch etwa: Redetechnik (vgl. Worthistorie [Etymologie] des Wortes Technik).

[357] **Topik**-Etymologie: Vom Altgriechischen τά τοπικά ta topiká, abgeleitet vom Altgriechischen τόπος tópos, zu Deutsch etwa: Ort, Platz, Stelle, ursprünglich geprägt im Zusammenhang mit Rhetorik(-Regeln), Argumentationsmustern, Aussagenkategorien, Gemeinplätze, nämlich **Topoi**, zu Deutsch auch: Topen, lateinisch: loci communes, vgl. „Allgemeinplätze", vgl. *Aristoteles*, Topik, fünftes und vorletztes Buch des Organon (vielleicht ab 1. Jahrhundert vor Christus entstandene Sammlung von vermutlich zwischen 367 und 344 vor Christus entstandenen Texten des Aristoteles. Aristoteles definiert wahrscheinliche Sätze als diejenigen, die allen oder den meisten oder den Weisen wahr scheinen und auch von den Weisen wieder entweder allen oder den meisten oder den Bekanntesten und Angesehensten (Topik I 1, 100b18), vgl. dazu „**herrschende Meinung**" (= herrschende Lehre und herrschende Rechtsprechung). Zum weiten Feld der Topik im Rechtsbereich mit vielen Beispielen: *Struck*, Topische Jurisprudenz.

[358] Zu der Anforderung einer Ausrichtung der Fallbearbeitung an den Gesetzen des Denkens und der Erfahrung etwa: BGHSt 10, 208 (Beweiswürdigung). Für die Gesetze des Denkens und der Erfahrung bei der Feststellung von Tatsachen: BGHSt 6, 70, 72 (Blutgruppengutachten); für die Gesetze des Denkens und der Erfahrung bei der Beweiswürdigung: BVerfG, Beschluss vom 27.06.1994 – 2 BvR 1269/94 (Feststellung der absoluten Fahruntüchtigkeit bei 1,1 Promille Blutalkoholgehalt) = BVerfG, NJW 1995, 125 f.

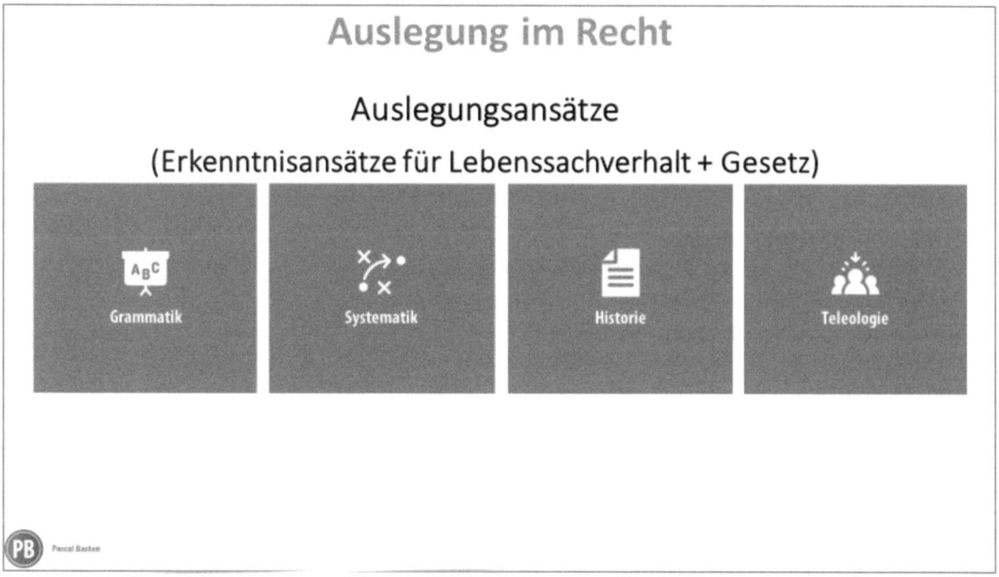


**Auslegungsansätze** der **Auslegung** sind:

- **Grammatik** (Buchstabenauslegung / grammatikalische Auslegung / philologische Auslegung / Wortlautauslegung):
  - Objekte: Zeichenbedeutung, Wortinhalt, Wortsinn, Wortgebrauch, Wortkontext (vgl. Systematik).
  - Mittel/Quellen: Alltagsgebrauch, juristischer Gebrauch, Begriffsbestimmungen/Legaldefinitionen, Lexika.

**Wortlaut-Eindeutigkeit** kann selbst nur Ergebnis vollständiger Auslegung unter Berücksichtigung aller Auslegungsansätze sein.

- **Systematik** (systematische Auslegung / logische Auslegung):
  - Objekte: Verhältnis, Vergleich von Rechtsnormen und Rechtsnorm-Elementen im Gesamtzusammenhang (vgl. auch Fallbearbeitungs-Schema).
  - Mittel/Quellen: (Grund-)Sätze, Absätze, Abschnitte, Rechtsgebiete, Regel-/Ausnahme-/Spezial-Verhältnisse („lex specialis“[359]), **Relationsrechtsnormen** (Rechtsnormen, die das Verhältnis von Rechtsnormen oder anderen Rechtsakten normieren[360]), Argumentationen wie: argumentum a fortiore (fortiori) – „vom Stärkeren her“

[359] **Rechtsnormspezialitätsregel** (verkürzende lateinische Zitierung: „lex specialis derogat legi generali“) gemäß Art. 20 Abs. 3 GG und gemäß Auslegungsansätzen (insbesondere Auslegungsansatz der Systematik); vgl. z.B. BGH, Beschluss vom 11.06.2020 – 5 StR 157/20 (Tateinheit von Widerstand gegen Vollstreckungsbeamte, tätlicher Angriff auf Vollstreckungsbeamte, versuchte Körperverletzung), Rn. 20: „**Spezialität** liegt vor, wenn ein Strafgesetz [oder eine andere Rechtsnorm, P. B.] alle Merkmale einer anderen Strafvorschrift [oder einer anderen Rechtsnorm, P. B.] aufweist und sich nur dadurch von dieser unterscheidet, dass es wenigstens noch ein weiteres Merkmal enthält, das den in Frage kommenden Sachverhalt unter einem genaueren (spezielleren) Gesichtspunkt erfasst.“.

[360] Relationsrechtsnorm-Beispiele (Regeln zur Rechtsordnung: Rechtsnormanwendungsregeln und deren jeweiliger Umkehrschluss [argumentum e contrario]):

- Rechtsnormspezialitätsregel („lex specialis derogat legi generali“), vgl. z.B. §§ 4 Abs. 4, 5 Abs. 4, 6 Abs. 3, 8 Abs. 1, Abs. 2 S. 2, § 9 Abs. 1 S. 1 Nr. 1 PolG NRW – vgl. auch Digesten 50.17.80

(Erst-recht-Schluss), einschließlich: argumentum a minore (ad maius) – vom Kleineren auf das Größere, und einschließlich argumentum a maiore (ad minus) – vom Größeren auf das Kleinere; Einheit der Rechtsordnung; Verfassungskonformität; Widerspruchsfreiheit.

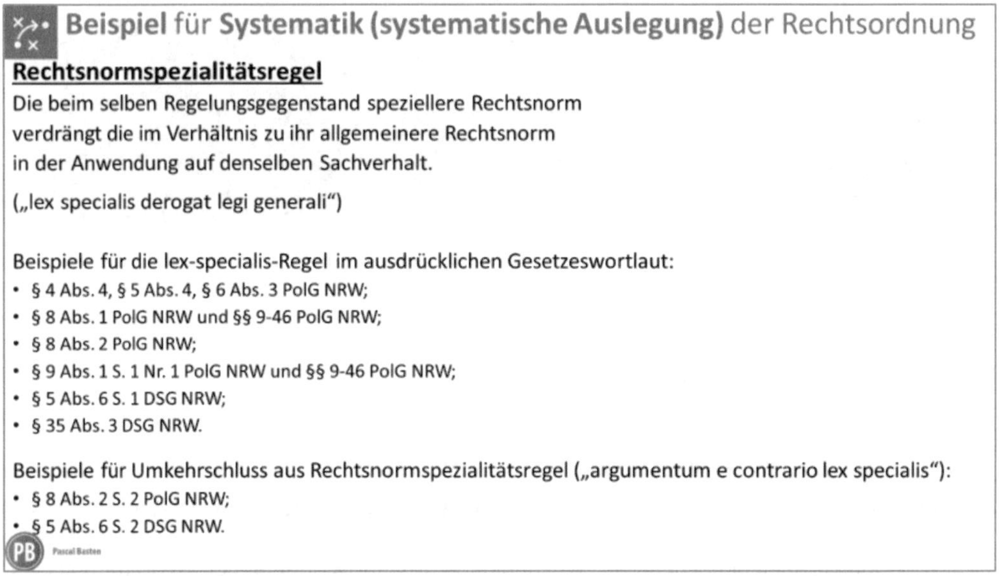


- **Historie** (Geschichtsauslegung / historisch-genetische Auslegung):
  - Objekte: Grund, Interessen, Situation, Wille, Zweck bei Entstehung und Entwicklung der Rechtsnorm bzw. des Gesetzes.
  - Mittel/Quellen: Beratungsprotokolle, Gesetzesbegründungen, Bild, Schrift, Ton, Zeugenaussagen; Argumentationen wie: Argumentum ex silentio (z.B. „Schweigen des Gesetzes" als Beweis für Nichtregelungswille des Gesetzgebers bei Nichtübersehen des zu entscheidenden Falls). Eine weitere mögliche eingeschränkte rechtliche Relevanz der historisch-genetischen Auslegung gitb es auch bei Verwaltungsvorschriften wie z.B. VVPolG NRW, nämlich bezüglich der Vorstellungen und des Willens der am Rechtssetzungsverfahren mit Verwaltungsvorschriften Beteiligten, etwa mit VV als Ausdruck des „Willens des Gesetzgebers" wegen Provenienz von VV aus gesetzesvorbereitender Verwaltung, z.B. Rechtsreferat eines Ministeriums.
- **Teleologie** (teleologische Auslegung / Auslegung nach Sinn und Zweck):
  - Objekte: Regelungsgrund, Regelungszweck, Rechtsnormzweck („ratio legis"), Zweckbestimmungen, Folgenabschätzung ([Abwägungs-]Entscheidung je nach unmittelbaren und mittelbaren sowie kurzzeitigen und langzeitigen Ergebniswirkungen), Gerechtigkeit.

---

Papinianus libro 33 quaestionum: „In toto iure generi per speciem derogatur et illud potissimum habetur, quod ad speciem derectum est.";

- Rechtsnormhierarchieregel („lex superior derogat legi inferiori"), vgl. z.B. Art. 31, 142 GG;
- Rechtsnormzeitenregel („lex posterior derogat legi priori"), vgl. z.B. Art. 72 Abs. 3 S. 3 GG.

- Mittel/Quellen: Argumente wie: argumentum ad absurdum; argumentum ad consequentiam; argumentum a simile (simili) – Analogie (Extension) oder Reduktion; jeweiliger Zweck im Recht[361].

**Zweck im Recht** kann nach den Lehren vom „**zureichenden Grund**“ (alles ohne **causa sui**, ohne ausschließlich von selbst zu sein) wie folgt gegeben sein:

- Ursache / Zweckgrund (causa efficiens) – zum Beispiel die polizeiliche Lage im Sinne der PDV 100;
- Zweck / Zweckziel (causa finalis) – zum Beispiel polizeiliche Leitlinien und taktische Ziele im Sinne der PDV 100.[362]

**Beispiele für (extreme) Teleologie (teleologische Auslegung)**

**Analogie (teleologische Extension):**
Anwendung der Rechtsnorm
über den reinen Rechtsnormwortlaut hinaus
(von Tatbestandsvoraussetzungen oder Rechtsfolgevoraussetzungen, bei beiden: Doppelanalogie)
auf einen ähnlichen,
von Rechtsnormvoraussetzungen nicht erfassten Tatbestand.

**Einzelanalogie/Gesetzesanalogie**: Analogie aus einer Rechtsnorm.
**Gesamtanalogie/Rechtsanalogie**: Analogie aus mehreren Rechtsnormen.

**Voraussetzungen für Analogie:**

- Planwidrige Unvollständigkeit des Gesetzes (Lücke) in Bezug auf den vom Wortlaut nichtumfassten Fall (aufgrund konkreter Umstände positiv festzustellen, weil sonst jedes Schweigen des Gesetzgebers zur Annahme einer Lücke führte,
  BGH, Beschl. v. 30.03.2017 – V ZB 84/16 zu §§ 1234, 1193 Abs. 1 S. 2 BGB;
  Analogieverbot in: Art. 103 Abs. 2 GG, § 1 StGB, § 3 OWiG;
- Gleichzusetzende Sachlage/Interessenlage zwischen dem vom Wortlaut umfassten und dem vorliegenden, nichtumfassten Fall.

**Beispiel:**
§ 81d StPO analog für Personendurchsuchungen bei Fehlen von Regelung.

PB Pascal Basten

**Teleologische Reduktion:**
Nichtanwendung der Rechtsnorm
auf einen Sachverhalt
trotz Vorliegens der Rechtsnormvoraussetzungen
im reinen Rechtsnormwortlaut.

**Beispiele:**

- § 212 StGB, ggf. i.V.m. §§ 12 Abs. 1, 22, 23 StGB, der qua Wortlaut die Tötung jedes, nämlich (irgend-)„eines Menschen“ umfasst, wird um den Suizid teleologisch reduziert auf einen „anderen“ (als den todesverursachenden) Menschen.
- § 12 Abs. 3 Nr. 3 StVO, der qua Wortlaut jedes Parken in Bezug auf Grundstücksein- und -ausfahrten umfasst, wird um das nicht weiter behindernde Parken von vorrangig Grundstücksein- und -ausfahrts-Berechtigten teleologisch reduziert.

**Auslegungsmaßstäbe / Auslegungsansätzeverhältnis**: „Maßgebend für die Auslegung einer Gesetzesvorschrift ist der in dieser zum Ausdruck kommende objektivierte Wille des Gesetzgebers, so wie er sich aus dem Wortlaut der Gesetzesbestimmung und dem Sinnzusammenhang

---

361 Vgl.. *von Jhering*, Der **Zweck im Recht**. Beispiele für Zwecke im Recht: Zweck je nach Rechtsgebiet (Gefahrenabwehr oder Strafrechtspflege); Zweck je nach (Befugnis-)Rechtsnorm (z.B.: Abwehr konkreter Gefahr für Leib, Leben oder Freiheit); „legitimer Zweck“ als erster Unterpunkt der Verhältnismäßigkeit; gesetzlicher Zweck in Definitionen wie in der Gefahr-im-Verzug-Definition; Zweck (unter mehreren möglichen Kriterien) zur Unterscheidung von Freiheitsentziehung und sonstiger Freiheitsbeschränkung; unterschiedliche Suchzwecke zur Unterscheidung von Personendurchsuchung und Personenuntersuchung (Zweck von Personenuntersuchung: Körperbeschaffenheitsermittlung); Durchsuchungszweck zur Auswahl von möglicher Befugnisrechtsnorm (vgl. z.B. § 12 PolG NRW und § 39 PolG NRW sowie § 163b StPO und §§ 102, 103 StPO); unterschiedliche Freiheitsentziehungszwecke zur Rechtsfolgen-Unterscheidung (vgl. z.B. § 12 PolG NRW und § 35 PolG NRW sowie § 127 StPO und §§ 163b, c StPO; vgl. auch „Haftgrund“ und Haftzweck); unterschiedliche Sicherstellungszwecke und Beschlagnahmezwecke zur Rechtsfolgen-Unterscheidung (vgl. § 43 PolG NRW sowie § 94 Abs. 1 StPO, § 94 Abs. 2 StPO, § 94 Abs. 3 StPO, §§ 99, 100 StPO, § 108 StPO, § 110 StPO, § 132 StPO).

362 *von Jhering*, Der Zweck im Recht.

ergibt, in den diese hineingestellt ist. Nicht entscheidend ist dagegen die subjektive Vorstellung der am Gesetzgebungsverfahren beteiligten Organe oder einzelner ihrer Mitglieder über die Bedeutung der Bestimmung. Der Entstehungsgeschichte einer Vorschrift kommt für deren Auslegung nur insofern Bedeutung zu, als sie die Richtigkeit einer nach den angegebenen Grundsätzen ermittelten Auslegung bestätigt oder Zweifel behebt, die auf dem angegebenen Weg allein nicht ausgeräumt werden können.“[363]

Zur Auslegung nach §§ 133, 157 BGB analog (**Empfängerhorizont / objektivierter Empfängerhorizont**): „Die bundesrechtlichen Auslegungsregeln der §§ 133, 157 BGB sind auf öffentlich-rechtliche Erklärungen entsprechend anzuwenden. Bei Verwaltungsakten kommt es wie bei empfangsbedürftigen Willenserklärungen nicht auf den wirklichen Willen des Erklärenden (natürliche Auslegung), sondern auf den objektiven Erklärungsinhalt an. Maßgeblich ist, wie der Empfänger die Erklärung nach Treu und Glauben unter Berücksichtigung der für ihn erkennbaren Umstände verstehen musste. Dabei ist vom Wortlaut der Erklärung auszugehen und deren objektiver Gehalt unter Berücksichtigung des Empfängerhorizonts zu ermitteln.“[364] „Dass die bundesrechtlichen Auslegungsregeln der §§ 133, 157 BGB auf öffentlich-rechtliche Erklärungen, d.h. u.a. auf Verwaltungsakte, entsprechend anzuwenden sind, ist in der Rechtsprechung des Bundesverwaltungsgerichts bereits geklärt.“[365]

**Anwendbarkeit des objektivierten Empfängerhorizonts** ist gegeben bei jeder Maßnahme mit Erklärungsgehalt, jeder Äußerung (nicht nur bei einer Erklärungsaussage), zum Beispiel bei den Fallbearbeitungspunkten:

- Grundrechte: Grundrechtseingriffswirkung und Grundrechtsverzicht/Einwilligung (beim Empfänger des potentiellen Eingriffs);
- Rechtsgebiet: Rechtsgebietseinordnung, insbesondere Gefahrenabwehr oder Strafrechtspflege;
- Mögliche Befugnisrechtsnorm: Rechtsfolgeneinordnung (z.B. bezüglich des
  - Vorliegens oder Fehlens einer Verfügung/eines Verwaltungsakts, vgl. auch § 35 VwVfG NRW oder § 23 Abs. 1 S. 1 EGGVG, etwa einer Androhung, an den Empfänger;
  - Zwecks einer Maßnahme (vgl. etwa: Durchsuchung zwecks Identitätsfeststellung oder zu anderen Zwecken, § 12 PolG NRW oder §§ 39, 40 PolG NRW bzw. § 163b StPO oder §§ 102, 103 StPO);
- Bestimmtheit: Maßnahmenerkennbarkeit bzw. Maßnahmenverstehbarkeit (eben beim Empfänger der Maßnahme).

---

[363] BVerfGE 1, 299, Ls. 2 und 312 (Wohnungsbauförderung) = BVerfG, Urteil des Zweiten Senats vom 21.05.1952 – 2 BvH 2/52, C. III. 4.

[364] BVerwG, Urteil vom 20.06.2013 - BVerwG 8 C 46.12, Rn. 27 = BVerwGE 147, 81, m.w.N.: „stRspr, vgl. Urteile vom 2. September 1999 - BVerwG 2 C 22.98 - BVerwGE 109, 283 <286> = Buchholz 237.7 § 72 NWLBG Nr. 4 und vom 27. Juni 2012 - BVerwG 9 C 7.11 - BVerwGE 143, 222 <Rn. 18> = Buchholz 11 Art. 20 GG Nr. 206; BGH, Urteile vom 24. Februar 1988 - VIII ZR 145/87 - BGHZ 103, 275 <280>, vom 27. Januar 2010 - VIII ZR 58/09 - BGHZ 184, 128 <137 Rn. 33> und vom 1. März 2011 - II ZR 16/10 - NJW 2011, 1666 <1667 Rn. 11> je m.w.N.).“.

[365] BVerwG, Beschluss vom 06.08.2018 – BVerwG 7 B 4.18, Rn. 10, mit Zitierung wie folgt: „BVerwG, Urteil vom 20. Juni 2013 - 8 C 46.12 - BVerwGE 147, 81 Rn. 27 m.w.N.“.

# *Titel 5: Schematik*

**Schematik** ist Bearbeitung mit Schema[366], eine Technik als Unterart der Methode der Systematik[367]; im Eingriffsrecht ist es eine systematische Fallbearbeitungstechnik.

**Schema** ist Erkenntnis(hilfs)mittel zum Zweck von Ergebnissen (Entscheidungen) aufgrund jeweils vorliegenden Erkenntnismaterials an Voraussetzungen (Bedingungen, Umständen, Umweltbedingungen) aus Rechtsnormen und sonstiger Realität – nicht: Selbstzweck; Schema ist Rechtserkenntnisquelle, nicht das Recht selbst, was Konsequenzen haben sollte:

- Grundsätzliche Bearbeitbarkeit nur von Entscheidungserheblichem nur an entscheidungserheblicher Stelle. Grundsätzlich soll Fallbearbeitung nur erfolgen zu fallbezogenen, entscheidungserheblichen Voraussetzungen aus fallbezogenen, entscheidungserheblichen Rechtsnormen („Das Richtige der Reihe nach an der richtigen Stelle“);
- Adäquatheit bzw. Ähnlichkeit von Schemainhalten und Rechtsinhalten, ohne ausnahmslose Identität von Schema und Recht;
- Vorhandensein von Richtigem und Falschem, mitunter auch von Richtigerem einerseits und andererseits bloß Nichtfalschem;
- Variabilität des Fallbearbeitungsstils, insbesondere des Darstellungsstils mit Variabilität von Punkteaufbauvarianten und Punkteinhaltsvarianten – ohne Beliebigkeit und ohne Unabhängigkeit vom Fall oder von von Sachverhalt und Gesetz (Beibehaltung von Sachverhaltsbezug und Rechtsnormbezug).

**Schema-Funktionen** sollten insbesondere sein:

- Anfang und Initiation: jederzeitige Fähigkeit zum Anfangen der Fallbearbeitung überhaupt, zum richtigen Start, zum bestmöglichen „ersten Aufschlag“;
- Checkliste und Wissensnetz: Auffangen/Erinnerung/Kontrolle/Nichtvergessen aller entscheidenden Punkte (Schema als Instrument für Wissensorganisation);
- Disziplinierung Systematisierung: Systematisches Vorgehen „immer schön der Reihe nach“; Beachtung von rechtlicher Relevanz / Entscheidungserheblichkeit für **Urteilskraft** (**Judiz**[368]);
- Erkenntnismodell und mentales Modell: Hilfe, Rechtserkenntnisquelle für **Urteilskraft** (**Judiz**) und Rechtsstaatlichkeit (Schema als Instrument für Wissenskonstruktion);
- Elastizität und Flexibilität: Ermöglichung und Erhalt von Geistesfreiheit, Offenheit, Veränderungsbereitschaft auf möglichst viele und neue Fälle; Vermeidung von Dogmatismus, Engstirnigkeit, Selbstzweckhaftigkeit;

---

[366] Plural: **Schemata**. **Schema**-Etymologie: Vom Griechischen σχῆμα, zu Deutsch etwa: Gestalt, Haltung, Figur, und vom Griechischen ἔχειν, zu Deutsch etwa: Besitzen, Haben, Halten.

[367] Vgl. wiederum den Auslegungsansatz der Systematik gemäß Buch 1, Abschnitt 3, Unterabschnitt 2, Titel 4. Unterscheide: Schablonenhaftigkeit im Sinne von zum Beispiel „Schema F“; „Vorgehen wie immer (schon)“; „Bauchgefühl“ oder „gesunder Menschenverstand“ oder „Zeitgeist“, vgl. dazu unterschiedliche Zeiten mit unterschiedlichem „gesunden Menschenverstand“ (common sense; „Volksgeist“; „Volksempfinden“).

[368] Vgl. *Kant*, Kritik der Urteilskraft, Einleitung, IV., S. 179: „**Urteilskraft** überhaupt ist das Vermögen, das Besondere als enthalten unter dem Allgemeinen zu denken. Ist das Allgemeine (die Regel, das Prinzip, das Gesetz) gegeben, so ist die Urteilskraft, welche das Besondere darunter subsumiert (auch, wenn sie, als transzendentale Urteilskraft, a priori die Bedingungen angibt, welchen gemäß allein unter jenem Allgemeinen subsumiert werden kann) bestimmend. Ist aber nur das Besondere gegeben, wozu sie das Allgemeine finden soll, so ist die Urteilskraft bloß reflektierend.“.

- Filter und Raster: klarer Blick für Wesentliches und Entscheidendes in Sachlage und Rechtsquellen (Rechtsnormraster für Rechtsnormrasterung) sowie Rechtserkenntnisquellen und Fähigkeit zur fundierten und stringenten Zuordnung von Sachmerkmalen und Rechtsmerkmalen (Schema als Instrument für Wissenssteuerung);
- Formgebung und Inhaltsgebung: Notwendiger Rahmen für richtigen Inhalt und Gestalt für Darstellung der Inhalte sowie dazu Stichwortgeber;
- Gliederung und Überblick: Beruhigung sowie Beherrschen und Im-Griff-Haben des Fallbearbeiters/Rechtsanwenders selbst und damit jeden Sachverhalts;
- Leitplanke und roter Faden: Sicherstellung von Halt „in der Erscheinungen Flucht" und Vermeidung von Verwirrung, z.B. durch unlogisch oder unchronologisch reingegebene Einzelheiten oder Meinungen oder Unwesentlichkeiten;
- Ordnung und Struktur: Gewährleistung von Effektivität und Effizienz der Fallbearbeitung.

**Schema-Gütekriterien** sind – letztlich allgemein auf Gütekriterien für **Wissenschaftlichkeit**[369] und deren Methodik zurückzuführende – Kriterien für Intra-Schema-Vergleiche und Inter-Schemata-Vergleiche; ihre Beachtung führt auch zu einer Vertiefung des Rechtsverständnisses und Maximierung der Wahrscheinlichkeit jederzeit flexibler, rechtssicherer Fallbearbeitung.

**Schema-Gütekriterien** können zum Beispiel sein:

- Allerfassung und Verarbeitungskapazität: alle Oberpunkte/Voraussetzungen „auf einen (ersten) Blick" mit Ableitbarkeit aller möglichen Unterpunkte/Voraussetzungen – ohne Verfehlen, Vermissen, Verstecken, Verschieben von Punkten/Voraussetzungen;
- Allzwecktauglichkeit: Verfügbarkeit eines einzigen (Grund-)Schemas für alle möglichen Fälle und Maßnahmen (z.B. für Grundmaßnahmen und Zwangsmaßnahmen) – im Gegensatz zum Angewiesensein auf mehrere, verschiedene Schemata;
- Ausrichtung aller Punkte auf Relevanz und rechtslogische Richtigkeit, also insbesondere Stellung an der logisch entscheidungserheblichen, rechtlich richtigen Stelle, und in stimmiger Reihenfolge, auch im Verhältnis zu Punkten untereinander, vgl. z.B.:
  - vollständige, entscheidungsreife Zuständigkeit mit allen Punkten;
  - spezielle Verfahrensrechtsnormen vor allgemeineren gemäß der Rechtsnormspezialitätsregel („lex specialis derogat legi generali");
- Erkennbarmachung der Rechtsgehalte von Rechtsnormmerkmalen und der Rechtswirklichkeit auf einen Blick, wie zum Beispiel:
  - Zuständigkeit: Rolle (Funktion) des einzelnen Amtswalters im Rechtsstaatssystem;
  - Verfahren: Bedeutung von „Grundrechtsschutz durch Verfahren" und dessen formellrechtliche Standards zwecks besserer Rechtsschutzmöglichkeiten, etwa gerichtlicher Nachvollziehbarkeit;
  - Tatbestandsvoraussetzungen/Verhältnismäßigkeit: Mangel an Tatbestandsvoraussetzungen oder Verhältnismäßigkeitsmerkmale, die vom Gesetzgeber ausdrücklich in den Rechtsnormtatbestand geschrieben sind;
- Gesetzmäßigkeit und Rechtmäßigkeit bezüglich der Begriffe und Bezeichnungen (Rechtsnormbezug, Rechtsnormnähe, Gesetzesgebundenheit; Verwendung der Gesetzessprache, nicht von nichtgesetzlichen Begrifflichkeiten)[370];

---

[369] Q.v.: Buch 1, Abschnitt 3, Unterabschnitt 1.

[370] Vgl. auch Art. 20 Abs. 3 GG und den Zusammenhang von Form, Inhalt, Rechtsstaat und Wissenschaftlichkeit, Methodik, siehe dazu die entsprechenden Stellen zu den Begriffen in diesem Buch.

- Gesetzmäßigkeit und Rechtmäßigkeit bezüglich Rechtsprinzipien, Rechtsgrundsätzen, Rechtsregeln[371];
- Fachspezifische und formale Gliederungsrichtigkeit sowie Gliederungsvollständigkeit (vgl. z.B. die hergebrachte alphanumerische Gliederung auch in Anwendung durch das BVerfG)[372].

[371] Rechtsregeln wie die **Rechtsnormspezialitätsregel** („lex specialis derogat legi generali"). Vgl. auch Art. 20 Abs. 3 GG und den Zusammenhang von Form, Inhalt, Rechtsstaat und Wissenschaftlichkeit, Methodik, siehe dazu die entsprechenden Stellen zu den Begriffen in diesem Buch.

[372] Vgl. am positiven Beispiel: BVerfGE 144, 20, Inhaltsverzeichnis und die dortige alphanumerische Gliederung.

# Unterabschnitt 3: Das Fallbearbeitungs-schema – Punkte, Inhalte, Varianten

Das eine einzige, ein und dasselbe **Schema** für alle Maßnahmen ist im Sinne der Schema-Gütekriterien wie folgt (in Darstellungsvariationen[373], Schema-Abbildungen):

**Schema-Betreff (Überschrift / Schema-Gegenstand / Thema / Fallbearbeitungsgegenstand / Maßnahmenteil-Überschrift)**

**0. Einleitung (z.B. Rechtmäßigkeit – bestimmter – polizeilicher Maßnahme)**

**A. Rechtsgrundlage**

I. Grundrechte
II. Rechtsgebiet
III. Mögliche Befugnisrechtsnorm

**B. Formelle Rechtmäßigkeit**

I. Zuständigkeit
II. Verfahren
III. Form

**C. Materielle Rechtmäßigkeit**

I. Tatbestand
II. Inanspruchnahme
III. Rechtsfolge
1. Tatsächliche und rechtliche Möglichkeit
2. Bestimmtheit
3. Ermessen
4. Verhältnismäßigkeit

Pascal Basten

**D. Gesamtergebnis**

[373] Die letzte der Schema-Darstellungsvariationen verdeutlicht die intensive integrative Interdisziplinarität der rechtswissenschaftlichen Disziplin des polizeilichen Eingriffsrechts – mit entscheidungsstilistisch disziplinierender Integration diverser Fächer.

**Schema-Betreff (Überschrift / Schema-Gegenstand / Thema / Fallbearbeitungsgegenstand / Maßnahmenteil-Überschrift)**

**0. Einleitung (z.B.: Rechtmäßigkeit – bestimmter – polizeilicher Maßnahme)**

**A. Rechtsgrundlage**

- I. Grundrechte (1. Persönlicher und sachlicher GR-Schutzbereich 2. GR-Eingriff [Nichteingriff, Einwilligung/Grundrechtsverzicht] 3. GR-Beschränkbarkeit)
- II. Rechtsgebiet (Gefahrenabwehr oder Strafrechtspflege [Straftatenerforschung oder Ordnungswidrigkeitenerforschung])
- III. Mögliche Befugnisrechtsnorm

**B. Formelle Rechtmäßigkeit**

- I. Zuständigkeit
  1. Sachliche Zuständigkeit der Polizei
  2. Instanzielle Zuständigkeit der Polizeibehörde
  3. Örtliche Zuständigkeit der Polizeibehörde
  4. Funktionelle Zuständigkeit des Polizeiamtswalters (Anordnungszuständigkeit und Ausführungszuständigkeit [ggf. Antragszuständigkeit])
- II. Verfahren
- III. Form

**C. Materielle Rechtmäßigkeit**

- I. Tatbestand
- II. Inanspruchnahme
- III. Rechtsfolge
  1. Tatsächliche und rechtliche Möglichkeit
  2. Bestimmtheit
  3. Ermessen (ggf.: a) Entschließungsermessen; b) Auswahlermessen; c) Gestaltungsermessen)
  4. Verhältnismäßigkeit
     - a) Legitimer Zweck
     - b) Geeignetheit
     - c) Erforderlichkeit
     - d) Angemessenheit

Pascal Basten

**D. Gesamtergebnis:** Rechtmäßigkeit einer Realfolge als Rechtsfolge gemäß einer (hauptsächlichen) Rechtsnorm – oder Rechtswidrigkeit wegen einer Rechtsnorm.

---

**Schema-Betreff (Benennung von Schema-Gegenstand) / Maßnahmenteil-Überschrift (Maßnahme laut Sachverhalt = Realfolge, ggf. bereits wie Rechtsfolge)**

**0. Einleitung (z.B.: Rechtmäßigkeit – bestimmter – polizeilicher Maßnahme (Maßnahme ist Verhalten eines Hoheitsträgers mit Realfolge und Rechtsfolge)**

**A. Rechtsgrundlage**

- I. Grundrechte (Grundlegende Rechte, Art. 1-19 GG i.V.m. Art. 20 Abs. 3 GG, vgl. RSP mit Vorbehalt und Vorrang des Gesetzes: 1. Persönlicher und sachlicher GR-Schutzbereich 2. GR-Eingriff [oder Nichteingriff, Einwilligung/Grundrechtsverzicht] 3. GR-Beschränkbarkeit)
- II. Rechtsgebiet (Rechtsordnungsteil nach allen Umständen – wie schwerpunktmäßige Äußerungen, Rechtsnormen, Zwecke, auch i.V.m. §§ 133, 157 BGB analog: Gefahrenabwehr oder Strafrechtspflege [Straftatenerforschung oder Ordnungswidrigkeitenerforschung])
- III. Mögliche Befugnisrechtsnorm (Rechtmäßige hauptsächliche materiell-rechtliche Rechtsgrundlage mit realfolgenentsprechender Rechtsfolge)

**B. Formelle Rechtmäßigkeit**

- I. Zuständigkeit (Aufgabenwahrnehmungserlaubnis des Rechtsfolgesetzers)
  1. Sachliche Zuständigkeit der Polizei (Aufgaben-Sachinhalt)
  2. Instanzielle Zuständigkeit der Polizeibehörde (Aufgaben-Behördeninstanz)
  3. Örtliche Zuständigkeit der Polizeibehörde (Aufgaben-Behördenort)
  4. Funktionelle Zuständigkeit des Polizeiamtswalters (Aufgaben-Amtswalter- und Verhaltensfunktion – mit AO-Zuständigkeit und AF-Zuständigkeit [ggf. Antragszuständigkeit])
- II. Verfahren (Speziell und allgemeiner normiertes Verhalten des Rechtsfolgezuständigen außer, bei, i.Z.m. der Rechtsfolge)
- III. Form (Normiertes Wie der Rechtsfolgesetzung: schriftlich, elektronisch, mündlich, in anderer Weise)

**C. Materielle Rechtmäßigkeit**

- I. Tatbestand (Tb / Tbv: Materiell-rechtliche Rechtsfolgesetzungsbedingungen)
- II. Inanspruchnahme (Adressierung und sonstiges Betroffenmachen)
- III. Rechtsfolge (Rf / Rfv: Materiell-rechtliche Rechtsfolgegestaltungsbedingungen)
  1. Tatsächliche und rechtliche Möglichkeit (Fehlen von kognitiver, körperlicher, normativer, technischer Unmöglichkeit bzw. Unvermögen, vgl. § 44 Abs. 2 Nr. 4-6 VwVfG NRW)
  2. Bestimmtheit (Maßnahmenerkennbarkeit und Maßnahmenverstehbarkeit)
  3. Ermessen (Entscheidungsspielraum, ggf. als a) Entschließungsermessen=Einschreitentscheidung [Ob]; b) Auswahlermessen=Inanspruchnahmeauswahl [Wer]); c) Gestaltungsermessen=Mittelauswahl [Wie]).
  4. Verhältnismäßigkeit
     - a) Legitimer Zweck (Verfassungsgemäßer Zweck)
     - b) Geeignetheit (Zweckförderungstauglichkeit)
     - c) Erforderlichkeit (Nichtverfügbarkeit eines milderen [Übermaßverbot], gleich geeigneten [Untermaßverbot] Mittels zur Zweckförderung)
     - d) Angemessenheit (Angemessenes Maß zwischen Wirkungen für legitimen Zweck [Erhaltungsrechte] und Eingriffsrechte)

Pascal Basten

**D. Gesamtergebnis:** Rechtmäßigkeit einer Realfolge als Rechtsfolge gemäß einer (hauptsächlichen) Rechtsnorm – oder Rechtswidrigkeit wegen einer Rechtsnorm.

**Schema-Betreff (Überschrift / Gegenstand / Thema / Fallbearbeitungsobjekt / Maßnahmen-Überschrift)**

**0. Einleitung (z.B.: Rechtmäßigkeit polizeilicher Maßnahme (Verhalten eines Hoheitsträgers):** Formell-materielle Rechtsfehlerfreiheit aufgrund rm. RGL zur maßgeblichen Zeit.

**A. Rechtsgrundlage (RGL)**

I. Grundrechte (GR: Grundlegende Rechte, Art. 1-19 GG i.V.m. Art. 20 Abs. 3 GG, vgl. RSP mit Vorbehalt und Vorrang des Gesetzes):
1. Persönlicher und sachlicher GR-Schutzbereich (GR-SB) 2. GR-Eingriff (GR-E) [oder Nichteingriff, Einwilligung/Grundrechtsverzicht] 3. GR-Beschränkbarkeit (GR-B).

II. Rechtsgebiet (RG: Rechtsordnungsteil nach allen Umständen – wie schwerpunktmäßige Äußerungen, Rechtsnormen, Zwecke, auch i.V.m. §§ 133, 157 BGB analog: Gefahrenabwehr [GefAbw] oder Strafrechtspflege [StrRpfl.: Straftatenerforschung oder Ordnungswidrigkeitenerforschung])

III. Mögliche Befugnisrechtsnorm (BRN: Rechtmäßige hauptsächliche materiell-rechtliche Rechtsgrundlage mit realfolgenentsprechender Rechtsfolge [Rf])

Realfolge ist die Maßnahme laut Sachverhalt (SV). Rechtsfolge ist die Maßnahme laut Rechtsnorm (Rn) – auf dem RG Gefahrenabwehr als Realakt oder [mit Begleit-]VA, §§ 35, 41, 43 VwVfG NRW; auf dem RG Strafrechtspflege als Justiz-VA, § 23 Abs. 1 S. 1 EGGVG. Rf an sich+„Regelung mit Außenwirkung" auch i.V.m. mit §§ 133, 157 BGB analog, vgl. z.B. „Androhung".

**B. Formelle Rechtmäßigkeit (FRm)**

I. Zuständigkeit (Z: Aufgabenwahrnehmungserlaubnis des Rechtsfolgesetzers)
1. Sachliche Zuständigkeit der Polizei (Aufgaben-Sachinhalt) – RG GefAbw.: § 1 PolG NRW oder spez. Rn. / RG StrRpfl.: § 163 Abs. 1 S. 1 StPO oder § 53 Abs. 1 S. 1 OWiG oder spez. Rn.
2. Instanzielle Zuständigkeit der Polizeibehörde (Aufgaben-Behördeninstanz) – RG GefAbw/StrRpfl: §§ 10-14 POG NRW (ggf. i.V.m. KPBVO NRW/LKA AufgVO NRW) oder speziellere Rn.
3. Örtliche Zuständigkeit der Polizeibehörde (Aufgaben-Behördenort) – RG GefAbw/StrRpfl: §§ 7-9 POG NRW (ggf. i.V.m. KHSt-VO NRW) oder speziellere Rechtsnorm/en
4. Funktionelle Zuständigkeit des Polizeiamtswalters (Aufgaben-Amtswalter- und Verhaltensfunktion – mit AO-Zuständigkeit und AF-Zuständigkeit [ggf. Antragszuständigkeit]) – RG GefAbw.: BRN oder Rn. wie § 37 Abs. 4 PolG NRW oder §§ 7-9 POG NRW; RG StrRpfl.: Befugnisnorm oder (i.V.m.) Rn. wie § 152 Abs. 2 GVG i.V.m. EPVO NRW.

II. Verfahren (V: Spezieller und allgemeiner normiertes Verhalten des Rechtsfolgezuständigen außer, bei, i.Z.m. der Rechtsfolge) – RG GefAbw.: ggf. spez. Vn. aus oder in Nähe von BRN wie §§ 56, 61 PolG NRW und bei VA und Nichtverdrängung: aus VwVfG NRW wie §§ 28, 39 VwVfG NRW, vgl. §§ 1, 2, 9, 10 VwVfG NRW; RG StrRpfl: ggf. spez. und allg. wie §§ 33 StPO analog, § 168b StPO. Verfahrensrechtmäßigkeit bei Einhaltung der Verfahrensnormen.

III. Form (F: Normiertes Wie der Rechtsfolgesetzung: schriftlich, elektronisch, mündlich, in anderer Weise) – RG GefAbw.: ggf. spez. Fn. wie § 56 Abs. 1, 6 PolG NRW oder allg. bei VA § 37 Abs. 2-6 VwVfG NRW; RG StrRpfl.: ggf. speziellere Formrechtsnormen. Formrechtmäßigkeit bei Einhaltung der Formrechtsnormen oder bei Fehlen spezieller Formrechtsnormen.

**C. Materielle Rechtmäßigkeit (MRm)**

I. Tatbestand (Tb / hier Tbv: Materiell-rechtliche Rechtsfolgesetzungsbedingungen; insbesondere aus BRN; z.B. nur hier und nur ggf.: Gefahr oder Tatverdacht i.S.v. § 152 Abs. 2 StPO).

II. Inanspruchnahme (In [/ hier Inv: Voraussetzungen für richtige]: Adressierung und sonstiges Betroffenmachen, vgl. § 43 Abs. 1 S. 1 VwVfG NRW) – RG GefAbw.: insb. BRN oder allg. Rn. wie §§ 4-6 PolG NRW / RG StrRpfl.: insb. BRN; bzgl. Verdächtiger/Nichtverdächtiger i.V.m. § 152 Abs. 2 StPO, bzgl. Beschuldigter/Betroffener i.V.m. § 397 Abs. 1 AO analog, §§ 133, 157 BGB analog.

III. Rechtsfolge (Rf / hier Rfv: Materiell-rechtliche Rechtsfolgegestaltungsbedingungen)
1. Tatsächliche und rechtliche Möglichkeit (Fehlen von kognitiver, körperlicher, normativer, technischer Unmöglichkeit bzw. Unvermögen, vgl. z.B. § 44 Abs. 2 Nr. 4-6 VwVfG NRW)
2. Bestimmtheit (Maßnahmenerkennbarkeit und Maßnahmenverstehbarkeit, Art. 20 Abs. 3 GG, bei VA auch § 37 Abs. 1 VwVfG NRW, ggf. auch i.V.m. §§ 133, 157 BGB analog)
3. Ermessen (Entscheidungsspielraum, möglich als a) Entschließungsermessen=Einschreitentscheidung [Ob]; b) Auswahlermessen=Inanspruchnahmeauswahl [Wer]); c) Gestaltungsermessen=Mittelauswahl [Wie]) – RG GefAbw: BRN, § 3 PolG NRW, bei VA auch § 40 VwVfG NRW; RG StrRpfl./StPO: a) § 163 Abs. 1 S. 1 i.V.m. § 152 Abs. 2 StPO; ausnahmsweise Opportunität z.B. bei § 111b Abs. 1 S. 1 und 2 StPO; §§ 153-154f StPO; § 374 StPO; b) Beschuldigte(r)/Betroffene(r), Verdächtige(r)/Nichtverdächtige(r), Dritte(r), andere Person(en); c) § 127a StPO; §§ 153-154f StPO; §§ 155a, b StPO; § 163a Abs. 4 StPO bzw. § 163 Abs. 3-7 StPO; RG StrRpfl. OWiG: §§ 47, 53 Abs. 1 S. 1 OWiG.
4. Verhältnismäßigkeit, Art. 20 Abs. 3 GG, jeweils betroffene GR; auf RG GefAbw. allgemein auch § 2 PolG NRW; auf allen RG ggf. auch i.V.m. BRN mit spez. VHM-Voraussetzungen.
   a) Legitimer Zweck (Verfassungsgemäßer Zweck)
   b) Geeignetheit (Zweckförderungstauglichkeit)
   c) Erforderlichkeit (Nichtverfügbarkeit eines milderen [Übermaßverbot], gleich geeigneten [Untermaßverbot] Mittels zur Zweckförderung)
   d) Angemessenheit (Angemessenes Maß zwischen Wirkungen für legitimen Zweck [Erhaltungsrechte] und Eingriffsrechte)

PB Pascal Basten

**D. Gesamtergebnis (GErg):** Rechtmäßigkeit einer Realfolge als Rechtsfolge gemäß einer (hauptsächlichen) Rechtsnorm – oder Rechtswidrigkeit wegen einer Rechtsnorm.

---

**Schema-Betreff (Benennung von Schema-Gegenstand, z.B. Maßnahmenteil-Überschrift)**

**0. Einleitung (z.B. Rechtmäßigkeit – bestimmter – polizeilicher Maßnahme)**

**A. Rechtsgrundlage (RGL)**

I. Grundrechte (GR – 1. GR-SB; 2. GR-E; 3. GR-B)

II. Rechtsgebiet (RG)

III. Mögliche Befugnisrechtsnorm (Mgl. Brn.)

**B. Formelle Rechtmäßigkeit (FRm)**

I. Zuständigkeit (Z / Zv – 1. sachliche Z.; 2. instanzielle Z.; 3. örtliche Z. 4. funktionelle Z.)

II. Verfahren (V / Vv)

III. Form (F / Fv)

**C. Materielle Rechtmäßigkeit (MRm)**

I. Tatbestand (Tb / Tbv)

II. Inanspruchnahme (In / Inv)

III. Rechtsfolge (Rf / Rfv)
1. Tatsächliche und rechtliche Möglichkeit (TurM)
2. Bestimmtheit (Bsh)
3. Ermessen (Erm) (ggf. als a) Entschließungsermessen; b) Auswahlermessen; c) Gestaltungsermessen)
4. Verhältnismäßigkeit (VHM)

PB Pascal Basten

**D. Gesamtergebnis (GErg)** (Abkürzung „v" = voraussetzungen)

**Schema-Betreff (Überschrift / Schema-Gegenstand / Fallbearbeitungsgegenstand / Maßnahmenteil-Überschrift)**

**0. Einl. (z.B.: RpM)**

**A. RGL**

I. GR (1. GR-SB; 2. GR-E; 3. GR-B)
II. RG
III. Mgl. Brn.

**B. FRm**

I. Z(v) (SlÖF: 1. sZ; 2. iZ; 3. öZ; 4. fZ)
II. V(v)
III. F(v)

**C. MRm**

I. Tb(v)
II. In(v)
III. Rf(v)
1. TurM
2. Bsh
3. Erm (ggf. EAG: a) EE; b) AE; c) GE)
4. Vhm (a) LegZw.; b) G. c) E. d) A.)

Pascal Basten **D. GErg**

---

**Schema-Betreff (Überschrift / Schema-Gegenstand / Fallbearbeitungsgegenstand / Maßnahmenteil-Überschrift)**

**0. Rechtmäßigkeit – bestimmter – polizeilicher Maßnahme**

**A. Rechtsgrundlage**

I. Grundrechte (auch „Staatsrecht“)
II. Rechtsgebiet (auch ggf. „Strafrecht“)
III. Mögliche Befugnisrechtsnorm

**B. Formelle Rechtmäßigkeit**

I. Zuständigkeit (auch ggf. „Einsatzlehre“)
II. Verfahren (auch ggf. „Führungslehre“)
III. Form (auch ggf. „Fremdsprache“)

**C. Materielle Rechtmäßigkeit**

I. Tatbestand (auch ggf. „Strafrecht“)
II. Inanspruchnahme (auch ggf. „Kriminalistik“)
III. Rechtsfolge
1. Tatsächliche und rechtliche Möglichkeit (auch ggf. „Fremdsprache“)
2. Bestimmtheit
3. Ermessen (auch ggf. „Einsatzlehre“)
4. Verhältnismäßigkeit (auch „Staatsrecht“)

Pascal Basten **D. Gesamtergebnis**

**Schema-Oberpunkte**/Obervoraussetzungen[374]/**Oberbegriffe**[375] können allgemein und grundsätzlich gegeben sein wie zuvor dargestellt und wie im Folgenden dargestellt.

**Schema-Punkte-Bezeichnung** sollte einheitlich bei allen Schema-Punkten von Gliederungspunkten B. und C. mit oder ohne „**voraussetzungen**" (bedingungen) enden.[376]

Oberste **Schema-Oberpunkte** sind wie folgt:

**Schema-Betreff**[377] ist die Überschrift mit dem hauptsächlichen Fallbearbeitungsgegenstand, dem Fallbearbeitungsobjekt, dem Fallbearbeitungsthema, dem **Schema-Thema** („Warum, wozu, worüber sprechen oder schreiben wir eigentlich?). Bei Maßnahmen beinhaltet der Schemabetreff die Maßnahmenbezeichnung, und zwar möglichst kurz und präzise so, wie sich die Maßnahme am Fallbearbeitungsanfang darstellt (=Maßnahme laut Sachverhalt=**Realfolge**, ggf. zufällig – jedoch noch nicht durch Fallbearbeitung – bereits mit dem Wortlaut der **Rechtsfolge**=Maßnahme laut Rechtsnorm). Hauptsächlicher Fallbearbeitungsgegenstand ist in der Regel eine Maßnahme, also jedenfalls eine Realfolge, solange und soweit die Rechtsfolge noch nicht bestimmt ist, was logisch relevant wird beim Fallbearbeitungspunkt (A. III.) Mögliche Befugnisrechtsnorm (mit realfolgenentsprechender Rechtsfolge).[378]

**0. Fallbearbeitungseinleitung / Vorbemerkung / Vorprüfung** (z.B. bzgl. Rechtmäßigkeit – bestimmter – polizeilicher Maßnahme) ist die gedankliche bzw. darstellende Einleitung des eingriffsrechtlichen Fallbearbeitungszwecks, i.d.R. bzgl. der Beurteilung von Maßnahmenrechtmäßigkeit.

**A. Rechtsgrundlage** ist erster Schema-Oberpunkt bzgl. Erfordernis und Ausreichen einer möglichen Rechtsgrundlage.

**B. Formelle**[379] **Rechtmäßigkeit** ist zweiter Schema-Oberpunkt und ist gegeben bei Einhaltung aller ihrer Unterpunkte.

---

[374] Zu Voraussetzungen siehe auch Buch 1, Abschnitt 3, Unterabschnitt 2, Titel 3.

[375] Zu Begriffen siehe auch Buch 1, Abschnitt 3, Unterabschnitt 2, Titel 2.

[376] **Schema-Punkte** beinhalten alle Voraussetzungen in gewissem Sinn, siehe dazu auch Buch 1, Abschnitt 3, Unterabschnitt 2, Titel 3. Wenn die Schemapunktebezeichnungen ohne „voraussetzungen" enden, sollte klar bleiben, dass es etwa beim Punkt Rechtsfolge nicht um die Rechtsfolge an sich geht (wie noch beim Punkt Mögliche Befugnisrechtsnorm [mit realfolgenentsprechender Rechtsfolge], sondern eben um Rechtsfolgevoraussetzungen, also Rechtsfolgegestaltungsbedingungen für die bereits feststehende Rechtsfolge.

[377] Vgl. Betreffzeile in Schreiben, das **offiziell** (amtlich, dienstlich, förmlich, feierlich) oder **offiziös** (halboffiziell) ist.

[378] Der **Schema-Betreff** mit **Schema-Thema**-Benennung von einem bestimmtem Gegenstand unterstützt von Anbeginn die präzise, letztlich rechtsfolgenspezifische Ausrichtung der Fallbearbeitung im Denken und in der Darstellung durch Ausrichtung aller Punkte an dem bestimmt benannten Gegenstand. Die Benennung eines bestimmten Gegenstandes nach Art einer Betreffzeile zwingt noch mehr zur präzisen Ausrichtung des Schemas im Denken und Darstellen als alleine das ausführlichere Umschreiben mit ganzen Sätzen statt einer Überschrift.

[379] **Form** und **Materie**: **Form** (vom Lateinischen forma und vom Griechischen morphḗ) ist allgemein Äußeres, Gestalt, Prägendes, Standard, Rahmen, Umgebendes für oder von etwas, das Stoff oder Materie ist, und in Beziehung zur Form ihr Inhalt. **Materie** (vom Lateinischen: materia, zu Deutsch: Stoff, Thema, Ursache; ursprünglich vom Lateinischen: materies, zu Deutsch: Holz, Stämme, Bauholz; verwandt mit dem lateinischen mater, zu Deutsch: Mutter, und mit dem lateinischen matrix, zu Deutsch: Gebärmutter, Muttertier; griechisch hylē) ist jedenfalls in Beziehung zur (standardmäßigen) Form inhaltliche (wandelbare) Substanz. Vgl. auch die Worthistorie (Etymologie) und Ideenhistorie von Form (vom Lateinischen forma und griechisch morphḗ) im Gegensatz zu Materie/Substanz (vom Lateinischen materia und

**C. Materielle**[380] **Rechtmäßigkeit** ist dritter Schema-Oberpunkt und ist gegeben bei Erfüllung aller ihrer Unterpunkte.

**D. Gesamtergebnis** ist abschließender, letzter Schema-Punkt mit dem sich aus allen vorigen Oberpunkten ergebenden Ergebnis zum Schema-Thema (z.B. Maßnahmenrechtmäßigkeit oder Maßnahmenrechtswidrigkeit).

Durch die im Prüfungsfeld A. Rechtsgrundlage erst endgültig beim Fallbearbeitungspunkt A. III. Mögliche Befugnisrechtsnorm bestimmte Befugnisrechtsnorm mit realfolgenentsprechender Rechtsfolge sind erst dann endgültig als vorgegeben erkannt:

- das Gegebensein oder Nichtgegebensein von Rechtmäßigkeitsvoraussetzungen im engeren Sinne überhaupt;
- gegebenenfalls die konkrete Art und Weise von Rechtmäßigkeitsvoraussetzungen zur weiteren konkreten Subsumtion in den Prüfungsfeldern B. Formelle Rechtmäßigkeit und C. Materielle Rechtmäßigkeit.

Recht und Sachverhalt sind gegeben; Voraussetzungen werden verwirklicht, Voraussetzungen der formellen Rechtmäßigkeit werden eingehalten oder nicht eingehalten, Voraussetzungen der materiellen Rechtmäßigkeit werden erfüllt oder nicht erfüllt.

---

Griechischen hylē). Form ist eher etwas ohne weitere Wertung Erkennbares bzgl. des Vorhandenseins/der Einhaltung; Materie/Substanz ist eher etwas nicht ohne weitere Wertung Erkennbares bzgl. des Vorhandenseins/der Erfüllung.

380 **Form und Materie: Form** (vom Lateinischen forma und griechisch morphḗ) ist allgemein Äußeres, Gestalt, Prägendes, Standard, Rahmen, Umgebendes für oder von etwas, das Stoff oder Materie ist, und in Beziehung zur Form ihr Inhalt. **Materie** (vom Lateinischen: materia, zu Deutsch: Stoff, Thema, Ursache; ursprünglich vom Lateinischen: materies, zu Deutsch: Holz, Stämme, Bauholz; verwandt mit dem lateinischen mater, zu Deutsch: Mutter, und mit dem lateinischen matrix, zu Deutsch: Gebärmutter, Muttertier; griechisch hylē) ist jedenfalls in Beziehung zur (standardmäßigen) Form inhaltliche (wandelbare) Substanz. Vgl. auch die Worthistorie (Etymologie) und Ideenhistorie von Form (vom Lateinischen forma und griechisch morphḗ) im Gegensatz zu Materie/Substanz (vom Lateinischen materia und Griechischen hylē). Form ist eher etwas ohne weitere Wertung Erkennbares bzgl. des Vorhandenseins/der Einhaltung; Materie/Substanz ist eher etwas nicht ohne weitere Wertung Erkennbares bzgl. des Vorhandenseins/der Erfüllung.

# *Titel 1: Schemabetreff*

**Schema-Betreff**[381] ist die Überschrift mit dem hauptsächlichen Fallbearbeitungsgegenstand, dem Fallbearbeitungsobjekt, dem Fallbearbeitungsthema, dem **Schema-Thema** („Warum, wozu, worüber sprechen oder schreiben wir eigentlich?). Bei Maßnahmen beinhaltet der Schemabetreff die Maßnahmenbezeichnung, und zwar möglichst kurz und präzise so, wie sich die Maßnahme am Fallbearbeitungsanfang darstellt (=Maßnahme laut Sachverhalt=**Realfolge**, ggf. zufällig – jedoch noch nicht durch Fallbearbeitung – bereits mit dem Wortlaut der **Rechtsfolge**=Maßnahme laut Rechtsnorm). Hauptsächlicher Fallbearbeitungsgegenstand ist in der Regel eine Maßnahme, also jedenfalls eine Realfolge, solange und soweit die Rechtsfolge noch nicht bestimmt ist, was logisch relevant wird beim Fallbearbeitungspunkt (A. III.) Mögliche Befugnisrechtsnorm (mit realfolgenentsprechender Rechtsfolge).[382]

---

[381] Vgl. Betreffzeile in Schreiben, das **offiziell** (amtlich, dienstlich, förmlich, feierlich) oder **offiziös** (halboffiziell) ist.

[382] Der **Schema-Betreff** mit **Schema-Thema**-Benennung von einem bestimmtem Gegenstand unterstüzt von Anbeginn die präzise, letztlich rechtsfolgenspezifische Ausrichtung der Fallbearbeitung im Denken und in der Darstellung durch Ausrichtung aller Punkte an dem bestimmt benannten Gegenstand. Die Benennung eines bestimmten Gegenstandes nach Art einer Betreffzeile zwingt noch mehr zur präzisen Ausrichtung des Schemas im Denken und Darstellen als alleine das ausführlichere Umschreiben mit ganzen Sätzen statt einer Überschrift.

## *Titel 2: Fallbearbeitungseinleitung – insbesondere: Rechtmäßigkeit einer bestimmten polizeilichen Maßnahme*

**0. Fallbearbeitungseinleitung / Vorbemerkung / Vorprüfung** (z.B. bzgl. Rechtmäßigkeit – bestimmter – polizeilicher Maßnahme) ist die gedankliche bzw. darstellende Einleitung des eingriffsrechtlichen Fallbearbeitungszwecks, i.d.R. bzgl. der Beurteilung von Maßnahmenrechtmäßigkeit.

**Maßnahmenrechtmäßigkeit** ist formelle und materielle Rechtsfehlerfreiheit der bestimmten Maßnahme aufgrund rechtmäßiger Rechtsgrundlage zur maßgeblichen Zeit. / **Rechtmäßigkeit einer bestimmten polizeilichen Maßnahme** ist gegeben, wenn die bestimmte Maßnahme zur maßgeblichen Zeit formell und materiell rechtsfehlerfrei aufgrund rechtmäßiger Rechtsgrundlage ist.[383]

---

[383] Eine allgemeine Einleitung zur Maßnahmenrechtmäßigkeit kann auch angesichts komplexer Fälle als Besinnung dienen auf die immerwährende grundlegende Fallfrage in verschiedenen Arten und Formen, nämlich eben die nach der Rechtmäßigkeit einer bestimmten Maßnahme (und etwa nicht eines „Einsatzes" – mit i.d.R. mehreren Maßnahmen). Unterscheide von der eingriffsrechtlichen Rechtmäßigkeit die **strafrechtliche Rechtmäßigkeit** i.S.d. §§ 113-115 StGB, vgl. dazu: BVerfGK 11, 102 = BVerfG, Beschluss der 1. Kammer des Ersten Senats vom 30.04.2007 – 1 BvR 1090/06, Rn. 36: „Verfassungsrechtlich ist es jedenfalls nicht zu beanstanden, wenn solche Rechtsfehler der handelnden Hoheitsträger bei der Festsetzung einer Sanktion nach § 113 StGB außer Acht bleiben, die den Besonderheiten der Situation der konkreten Diensthandlungen, etwa einer erheblichen Unübersichtlichkeit oder einer spannungsreichen Lage, geschuldet sind (vgl. dazu auch BVerfGE 92, 191 <200>) und in der Folge in einer fehlerhaften Beurteilung der Tatsachenlage und darauf aufbauend in einer Fehleinschätzung etwa der Verhältnismäßigkeit der getroffenen Maßnahme bestehen. Andernfalls wäre der vom Gesetzgeber in verfassungsrechtlich unbedenklicher Weise durch § 113 StGB beabsichtigte Schutz der Amtsträger deutlich abgeschwächt." Rn. 37: „Andererseits können bestimmte Rechtsfehler der handelnden Amtsträger, wie in der Rechtsprechung und Literatur trotz eines anhaltenden Meinungsstreits über einzelne der Voraussetzungen anerkannt ist, dazu führen, dass eine Verurteilung nach § 113 Abs. 1 StGB ausscheidet (dazu vgl. Tröndle/Fischer, Strafgesetzbuch, 54. Aufl. 2007, Rn. 11 zu § 113 m.w.N.; Eser in: Schönke/Schröder, Strafgesetzbuch, 27. Aufl. 2006, Rn. 23 ff. zu § 113). So hängt die Rechtmäßigkeit jedenfalls von der sachlichen und örtlichen Zuständigkeit des Beamten zum Eingreifen sowie von den zum Schutz des Betroffenen wesentlichen Förmlichkeiten ab, soweit solche vorgeschrieben sind. Als wesentliche Förmlichkeiten werden in Rechtsprechung und Literatur beispielsweise angesehen: das Vorliegen eines vollstreckbaren Titels bei der Zwangsvollstreckung, die Eröffnung des zur Last gelegten Fehlverhaltens bei Identifizierungsmaßnahmen, das Eröffnen des Vorführungsbefehls nach § 134 StPO oder die Zuziehung von Zeugen zur Zwangsvollstreckung oder zur Durchsuchung (vgl. Tröndle/Fischer, a.a.O., Rn. 17, Eser, a.a.O., Rn. 26 jeweils m.w.N). Ferner wird in der Rechtsprechung eine pflichtgemäße Prüfung der sachlichen Eingriffsvoraussetzungen verlangt. Entscheidend ist, ob der Beamte im Bewusstsein seiner Verantwortung und unter bestmöglicher pflichtgemäßer Abwägung aller ihm erkennbaren Umstände die Handlung für nötig und sachlich gerechtfertigt halten durfte (vgl. BGHSt 21, 334 <363>; BGH, Urteil vom 23. Februar 1962 – 4 StR 511/61 -, NJW 1962, S. 1020 <1021 l. Sp.>; KG, Urteil vom 11. Mai 2005 - <5> 1 Ss 61/05 <12/05> -, NStZ 2006, S. 414 <414 f.>; vgl. auch die Formulierung, die Amtshandlung müsse sich 'objektiv im Rahmen des Vertretbaren' gehalten haben: OLG Köln, Urteil vom 17. Dezember 1985 – 1 Ss 318/85 -, NStZ 1986, 234 <235>).".

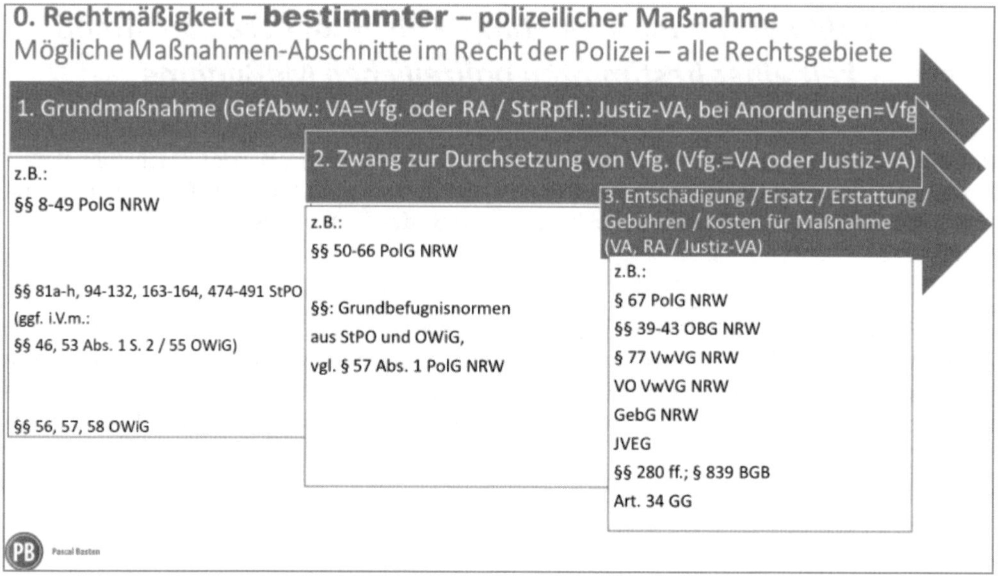


**Maßnahme** ist Verhalten eines Hoheitsträgers als Realfolge und als Rechtsfolge mit oder ohne Grundrechtseingriff.

**Bestimmte Maßnahme / spezifische Maßnahme** ist eine am Fallbearbeitungsanfang durch Bestimmung als hauptsächlicher Fallbearbeitungsgegenstand (Ausgangspunkt und Endpunkt) festgelegte Maßnahme – ohne Bestimmungsänderung während der gesamten Fallbearbeitung; insbesondere zwecks rechtsfolgespezifischer Fallbearbeitung und sicherer Unterscheidung von anderen möglichen Maßnahmen mit Möglichkeit anderer Ergebnisse. Endgültige Bezeichnung der von Anbeginn (im Schema-Betreff zumindest als Realfolge) bestimmten Maßnahme erfolgt bei Subsumtion zur Rechtsfolge (insbesondere beim Punkt Rechtsgrundlage/Mögliche Befugnisrechtsnorm).

**Polizeiliche Maßnahme** ist die Maßnahme eines Amtswalters/Hoheitsträgers[384] der Polizei.[385]

**Realfolge** ist die Maßnahme laut Sachverhalt.

**Rechtsfolge** ist die Maßnahme laut Rechtsnorm („laut Gesetz").

Realfolge und Rechtsfolge können bei rechtlicher Entsprechung und bei rechtlicher Nichtentsprechung gleichlauten oder verschiedenlauten. Die Entsprechung von Realfolge und Rechtsfolge ist nicht alleine abhängig von der Äußerung oder dem Willen des Maßnahmetreffenden, sondern bestimmt sich nach allen Umständen des einzelnen Falles.[386]

---

[384] Zum Amtswalterbegriff in der hoheitlichen Staatsgewalt Exekutive siehe auch: Buch 1, Abschnitt 2, Unterabschnitt 4, Titel 1 und 2.

[385] Zum Polizeibegriff siehe auch: Buch 1, Abschnitt 2, Unterabschnitt 4, Titel 3.

[386] Beispiel für weitgehendes Gleichlauten von Realfolge und Rechtsfolge (aus § 35 PolG NRW oder aus §§ 62-62b AufenthG): „Ich nehme Sie in Gewahrsam!". Beispiel für ein mögliches Ungleichlauten von Realfolge und Rechtsfolge (aus § 35 PolG NRW oder §§ 62-62b AufenthG): „Sie kommen jetzt mit in die Zelle!".

**Maßgebliche Zeit** ist der rechtmäßigkeitsrelevante Zeitpunkt, in der Regel der Zeitpunkt der Maßnahme[387].[388]

**Ex ante** („aus vorher“ / im Vorhinein) bedeutet: vor oder während des entscheidungserheblichen Zeitpunkts, in der Regel der Maßnahme.

**Ex post** („aus danach“ / im Nachinein) bedeutet: nach dem entscheidungserheblichen Zeitpunkt, in der Regel der Maßnahme.

---

[387] Zur Bedeutung der maßgeblichen Zeit u.a.:

- vgl. nichtgesetzliche Begrifflichkeiten wie „**Anscheinsgefahr**“ oder „**Scheingefahr**“ (**Putativgefahr**) oder die Begrifflichkeit „**Gefahrenverdacht**“ (vgl. auch § 9 BBodSchG), die unter Berücksichtigung des maßgeblichen Zeitpunkts („**ex ante**“ / „**ex post**“) obsolet sind bei Subsumtion zu gesetzlichen Begriffen wie insbesondere „Gefahr“ (mit Wahrscheinlichkeit zur maßgeblichen Zeit) oder „Tatsachen“, oder „Tatsachen, die die Annahme rechtfertigen“ oder „tatsächliche Anhaltspunkte“. Vgl. auch Nr. 8.11 VVPolG NRW: „Zur konkreten Gefahr gehört auch die **Anscheinsgefahr**, also eine Sachlage, die bei verständiger Würdigung eines objektiven Betrachters den Anschein einer konkreten Gefahr erweckt.“.
- vgl. Rechtsnormen wie § 15a Abs. 2 PolG NRW, § 15b S. 3, 4 PolG NRW, § 15c Abs. 4 PolG NRW, § 81a Abs. 3 StPO, § 81g Abs. 5 StPO, § 163c Abs. 3 StPO, die sich nicht auf die chronologisch erste Maßnahme beziehen, sondern auf nachherige Speicherung oder Löschung, welche i.d.R. wiederum nicht rechtmäßigkeitsentscheidend für die vorherige Maßnahme sein können.
- vgl. 4 Fallgruppen „zur Bestimmung des Zeitpunkts, in dem Verwaltungszwang angewendet werden darf“ sub specie der allgemeinen tatbestandlichen Vollstreckungsvoraussetzung der **Vollstreckbarkeit** – mit mehreren Zeitstrahl-Illustrationen in: *Brühl*, Verwaltungsrecht für die Fallbearbeitung, Rn. 373-379.

[388] BVerwG, Urteil vom 29.05.2019 – 6 C 8/18 (Beschränkung des Geltungsbereichs eines Passes), Rn. 16: „Nach der gesicherten Rechtsprechung des Bundesverwaltungsgerichts richtet sich der **maßgebliche Zeitpunkt**, auf den im Rahmen der verwaltungsgerichtlichen Rechtmäßigkeitsprüfung eines Verwaltungsakts für die Beurteilung der Sach- und Rechtslage abzustellen ist, in erster Linie nach dem jeweils einschlägigen materiellen Recht (BVerwG, Urteile vom 3. November 1987 - 9 C 254.86 - BVerwGE 78, 243 <244> und vom 15. November 2007 - 1 C 45.06 - BVerwGE 130, 20 Rn. 13). Für die hier streitige (befristete) Passbeschränkung ergibt sich nichts Abweichendes daraus, dass eine derartige Maßnahme nach der insoweit zutreffenden Ansicht des Oberverwaltungsgerichts zur Gruppe der sog. Dauerverwaltungsakte gehört. Denn auch für **Dauerverwaltungsakte** beantwortet sich die Frage nach der maßgeblichen Sach- und Rechtslage vorrangig nach dem materiellen Fachrecht (BVerwG, Urteil vom 2. Februar 1982 - 1 C 146.80 - BVerwGE 65, 1 <3>; Beschluss vom 23. November 1990 - 1 B 155.90 - Buchholz 451.20 § 35 GewO Nr. 47 S. 7; Rennert, DVBl 2019, 593 <598>).“, Ls. 1: „Die Beschränkung des Geltungsbereichs eines Passes nach § 8 i.V.m. § 7 Abs. 1 Nr. 1 Alt. 3 und Abs. 2 Satz 1 PassG ist ein Dauerverwaltungsakt, für dessen Rechtmäßigkeit es auf die Sach- und Rechtslage zum Zeitpunkt der letzten Verwaltungsentscheidung ankommt.“. BGHSt 53, 64 („Zur Verwertbarkeit von Zufallsfunden aus der Überwachung der Telekommunikation, wenn sich zwischen der Durchführung der Maßnahme und der Verwendung der gewonnenen Erkenntnisse die Anordnungsvoraussetzungen geändert haben.“) = BGH, Urteil vom 27.11.2008 – 3 StR 342/08 –, Rn. 13: „Ändern sich im Verlauf eines anhängigen Strafverfahrens strafprozessuale Vorschriften, so ist für das weitere Verfahren grundsätzlich die neue Rechtslage maßgeblich (vgl. BGHSt 22, 321, 325; 26, 288, 289; 46, 310, 317 ff.; [Schrifttumsquellenangaben]; für Änderungen des Verfahrensrechts im Zeitpunkt zwischen dem tatrichterlichen Urteil und der Entscheidung des Revisionsgerichts vgl. § 354a StPO [Schrifttumsquellenangabe].“.

## *Titel 3: A. Rechtsgrundlage*

**A. Rechtsgrundlage** ist relevante Rechtsnorm als Grundlage für eine Maßnahme. Rechtsgrundlage ist tauglicher Oberbegriff für alle Rechtsnormarten.[389]

### Rechtsnorm-Arten

(mit grundsätzlichen Funktionen für Eingriffsrecht; vgl. Rechtsnorm-Funktionen z.B. im Straf-/Owi-Recht)

- **Rechtsgrundlage**: relevante Rechtsnorm als Grundlage für ein Verhalten wie eine Maßnahme.

Beispiel: Art. 1 Abs. 1 S. 1, 2 GG, vgl. auch § 22b Abs. 1 S. 2 PolG NRW

- **Zuständigkeitsrechtsnorm**: Hauptsächliche Rechtsgrundlage für eine Aufgabe(nzuweisung)

Beispiel: § 1 Abs. 1 S. 1, 2 PolG NRW / § 163 Abs. 1 S. 1 StPO

- **Befugnisrechtsnorm**: Hauptsächliche Rechtsgrundlage für eine Befugnis(zuweisung)

Beispiel: § 8 Abs. 1 PolG NRW / § 163 Abs. 1 S. 2 StPO

(vgl. zu **Ermächtigungs(rechts)grundlage** z.B.: Art. 71, 80 GG, § 152 Abs. 2 GVG)

- **Gebotsrechtsnorm**: Hauptsächliche Rechtsgrundlage für ein Gebot / im Eingriffsrecht auch mögliche Voraussetzungsrechtsnorm

Beispiel für ausdrückliche Gebotsrechtsnorm mit implizitem Verbot (e contrario): § 1 Abs. 2 StVO

- **Verbotsrechtsnorm:** Hauptsächliche Rechtsgrundlage für ein Verbot / im Eingriffsrecht auch mögliche Voraussetzungsrechtsnorm

Beispiel für ausdrückliche Verbotsrechtsnorm mit implizitem Gebot (e contrario): § 3 Abs. 2 StVO

- **Sanktionsrechtsnorm**: Hauptsächliche Rechtsgrundlage für eine Sanktion / im Eingriffsrecht auch mögliche Voraussetzungsrechtsnorm

Beispiel für ausdrückliche Sanktionsrechtsnorm mit implizitem Verbot (e contrario): § 212 StGB

- **Gestaltungsrechtsnorm**: Hauptsächliche Rechtsgrundlage für Aufhebung, Einführung, Einstellung, Entlassung, Ernennung, Feststellung, Freistellung, Gestattung. / im Eingriffsrecht auch mögliche Voraussetzungsrechtsnorm

Beispiele für ausdrückliche Gestaltungsrechtsnorm: §§ 4, 50 AufenthG; § 8 BeamtStG; § 46 FEV; §§ 14, 16 LBG NRW.

PB Pascal Basten

[389] Zu Rechtsnormarten wie Rechtsgrundlage, Befugnisrechtsnorm, Ermächtigungs(rechts)grundlage siehe auch: Buch 1, Abschnitt 1, Unterabschnitt 3, Titel 2, Untertitel 2.

Die logische Reihenfolge von Fallbearbeitungspunkten (Unterpunkten) im Fallbearbeitungsfeld (Oberpunkt) der Rechtsgrundlage ist wie folgt:

- **Grundrechte-Entscheidung** zur Maßnahme als Grundrechtseingriff oder **schlicht-hoheitliches Verhalten (Nichteingriff)** ist Voraussetzung für Entscheidungen zu Erfordernis und Ausreichen (Ob und Wie) einer Rechtsgrundlage, bei Grundrechtseingriff in der Regel einer Befugnisrechtsnorm;[390]
- **Rechtsgebiets-Entscheidung** zum Rechtsgebiet der Maßnahme ist wegen jedenfalls teilweiser Gesetzesverschiedenheit auf den unterschiedlichen Rechtsgebieten Voraussetzung zur Ermittlung der richtigen Gesetze und infolgedessen der richtigen Rechtsnormen als Rechtsgrundlage;
- **Mögliche-Befugnisrechtsnorm-Entscheidung** (mit realfolgenentsprechender Rechtsfolge) ist Voraussetzung für die weitere Bearbeitung der formellen Rechtmäßigkeit und der materiellen Rechtmäßigkeit mit den richtigen Zuständigkeits-, Verfahrens-, Form-, Tatbestands-, Rechtsfolge-Voraussetzungen – gegebenenfalls unter anderem aus der Befugnisrechtsnorm. **Rechtsfolgen-Entscheidung** (bezüglich der Rechtsfolge an sich ohne Rechtsfolgenvoraussetzungen) ist Voraussetzung für die vollständige Mögliche-Befugnisrechtsnorm-Entscheidung, denn eine Rechtsnorm kann nicht als mögliche Befugnisrechtsnorm angenommen werden, wenn sich deren Rechtsfolge und die Realfolge aus dem Sachverhalt nicht entsprechen.

**Rechtsgrundlagen- und Befugnisrechtsnorm-Unterscheidung** ist insbesondere relevant:

- wegen des logischen Gehalts des gesamten Fallbearbeitungsfeldes (Oberpunktes) A. mit unter anderem dem **Rechtsgebietsergebnis**, um alle richtigen Rechtsgrundlagen aus dem richtigen Rechtsgebiet für die Maßnahmenentscheidung vorauszusetzen, denn: Befugnisrechtsnorm ist nur eine von mehreren Rechtsnormen mit Rechtmäßigkeitsvoraussetzungen – gegebenenfalls unter weiteren anderen Rechtmäßigkeitsvoraussetzungen aus anderen Rechtsnormen (wie zum Beispiel: Zuständigkeitsnormen, Verfahrensnormen, Formnormen);
- wegen des Rechtsstaatsprinzips, daraus des sogenannten Vorbehalts des Gesetzes[391] und des sogenannten Vorrangs des Gesetzes[392], denn selbst bei Nichtgrundrechtseingriffs-Maßnahme und nach herrschender Meinung dann Nichtgeltung/Nichtanwendbarkeit des (Teil-)Vorbehalts des Gesetzes besteht weiterhin Anwendbarkeit des Vorrangs des Gesetzes, was bedeutet, dass zwar eben keine spezifische Befugnisrechtsnorm erforderlich ist, aber eben weiterhin ein Verstoß gegen geltendes, anwendbares Recht nicht erlaubt ist, womit jedenfalls fallspezifische Rechtsnormen und allgemeine Rechtmäßigkeitsvoraussetzungen Rechtsgrundlage in diesem grundlegenden Sinne sind und bleiben.

---

[390] Zu möglichen Ausnahmen von dem Vorbehalt-des-Gesetzes-Grundsatz vgl. z.B.: BVerfGE 105, 279 (Osho) = Beschluss des Ersten Senats vom 26.06.2002 – 1 BvR 670/91, Ls. 2, 3: LS. 2: „Die Bundesregierung ist aufgrund ihrer Aufgabe der **Staatsleitung** überall dort zur Informationsarbeit berechtigt, wo ihr eine gesamtstaatliche Verantwortung zukommt, die mit Hilfe von Informationen wahrgenommen werden kann.", Ls. 3: „Für das **Informationshandeln** der Bundesregierung im Rahmen der Staatsleitung bedarf es über die Zuweisung der **Aufgabe der Staatsleitung** hinaus auch dann keiner besonderen gesetzlichen Ermächtigung, wenn es zu mittelbar-faktischen Grundrechtsbeeinträchtigungen führt.".

[391] Ausdrücklicher **Vorbehalt des Gesetzes** in: § 1 Abs. 5 S. 1 PolG NRW.

[392] Zum Rechtsstaatsprinzip und wesentlichen polizeirelevanten Folgerungen daraus wie „Vorbehalt und Vorrang des Gesetzes" siehe auch Buch 1, Abschnitt 2, Unterabschnitt 4.

## Untertitel 1: A. I. Grundrechte

**Grundrechte** sind grundlegende Rechte, Art. 1-19 GG[393] i.V.m. Art. 20 Abs. 3 GG.[394]

**Grundrechte**[395] ist der Oberbegriff für alle möglichen Grundrechtsbearbeitungsteile. Grundrechtsbearbeitungsteile können sein:

- Grundrechtsschutzbereich (persönlicher Grundrechtsschutzbereich und sachlicher Grundrechtsschutzbereich). Beim Fallbearbeitungspunkt Grundrechtsschutzbereich geht es um das Gegebensein oder Nichtgegebensein von Grundrechtsschutzbereichsbetroffenheit (synonym: Grundrechtsschutzbereichseröffnung. Grundrechtsschutzbereichsbetroffenheit / Grundrechtsschutzbereichseröffnung ist zu trennen, also nicht zu verwechseln und nicht zu vermengen, mit: Grundrechtseingriff);
- Grundrechtseingriff;
- Grundrechtsbeschränkbarkeit.

Der Oberbegriff Grundrechte als Oberpunkt statt nur eines Unterbegriffs (z.B. „Grundrechtseingriff") gibt insbesondere folgende Fallbearbeitungsvorteile:

- vollständiger Begriff bei den Fallbearbeitenden zur von den Fallbearbeitenden fallabhängig bewusst entscheidbaren Möglichkeit einer Fallbearbeitung bezüglich einer Maßnahme mit oder ohne Grundrechtseingriff;
- vollständiger Begriff bei den Fallbearbeitenden zur von den Fallbearbeitenden fallabhängig bewusst entscheidbaren Möglichkeit einer Fallbearbeitung aller Punkte Grundrechtsschutzbereich, Grundrechtseingriff, Grundrechtsbeschränkbarkeit;
- vollständiger Begriff bei den Fallbearbeitenden zur fallabhängig bewusst entscheidbaren Möglichkeit einer Fallbearbeitung nach Staatsrecht im Sinne von Grundrechtsschutzbereich, Grundrechtseingriff, verfassungsrechtliche Rechtfertigung.

**Grundrechte-Bearbeitungsunterpunkte** und ihre Gehalte können für jedes einzelne Grundrecht in Kurzform wie folgt sein:

1. Grundrechtsschutzbereich (GR-SB):

a) persönlicher GR-SB: gemäß GG-Wortlaut;

b) sachlicher GR-SB: nach ausdrücklichem oder sich aus dem GG ergebendem Leitbegriff;

2. Grundrechtseingriff (GR-E): Bestimmte Wirkung einer bestimmten Maßnahme auf den GR-SB;

3. Grundrechtsbeschränkbarkeit (GR-B): Beschränkbarkeit des GR durch ausdrückliche oder GG-systematische / verfassungsimmanente Vorbehalte.

---

[393] Zu Grundrechten siehe auch Buch 1, Abschnitt 2, Unterabschnitt 3.

[394] Grundrechte sind buchstäblich die Grundlagen im Recht des deutschen Grundgesetzes. Die Disziplin des Eingriffsrechts trägt das **Grundrechtebewusstsein** im Namen. Für jede Fallbearbeitung gilt: Grundrechte sind als grundlegende Rechte nicht bloß eingriffsrechtliches Präludium, sondern können zum mitvorentscheidenden Punkt werden – mit Präjudizwirkung insbesondere für die Punkte der Inanspruchnahme oder des Auswahlermessens (mit Entscheidungen zu adressierten oder sonst in Anspruch genommenen Grundrechtsträgern) und der Angemessenheit (mit Entscheidungen zu Abwägungen zwischen Eingriffsrechten und Erhaltungsrechten).

[395] Zur Pluralität und Multipolarität von Grundrechten auch bei einer einzelnen Maßnahme siehe auch Buch 1, Abschnitt 2, Unterabschnitt 3.

**Grundrechtsschutzbereich** ist der persönliche und sachliche Grundrechtstatbestand.[396]

**Grundrechtsschutzbereichseröffnung / Grundrechtsschutzbereichsbetroffenheit** ist das Vorliegen der persönlichen Voraussetzungen des durch Rechtssubjektbegriffe[397] bestimmten Grundrechtstatbestandes und das Vorliegen der sachlichen Voraussetzungen des durch mindestens einen Lebensbereichsbegriff / Leitbegriff / Schlüsselbegriff[398] bestimmten Grundrechtstatbestandes. / **Grundrechtsschutzbereichseröffnung / Grundrechtsschutzbereichsbetroffenheit** ist Verwirklichung der persönlichen und sachlichen Grundrechtsvoraussetzungen.[399]

---

[396] Bei Fällen mit lediglich Potential von Berechtigung oder Nichtberechtigung (vgl. z.B. Art. 14 Abs. 1 S. 1 GG oder Art. 16a GG) kann grundsätzlich in dubio pro libertate zunächst zugunsten des Grundrechtsfähigen größtmöglicher Grundrechtsschutzbereich vermutet werden. Vgl. auch BVerfGE 6, 55, 72 (Steuersplitting); BVerfGE 32, 54, 71 (Betriebsbetretungsrecht); BVerfGE 39, 1, 38 (Schwangerschaftsabbruch I); BVerfGE 51, 97, 110 (Zwangsvollstreckung I); BVerfGE 151, 67 (Richtervorbehalt, Bereitschaftsdienst, Nachtzeit/Tageszeit i.S.v. § 104 Abs. 3 StPO) = BVerfG, Beschluss des Zweiten Senats vom 12.03.2019 – 2 BvR 675/14 –, Rn. 55, wonach in Zweifelsfällen diejenige Auslegung zu wählen ist/derjenigen Auslegung der Vorzug zu geben ist, welche die (juristische) „Wirkungskraft der Grundrechtsnorm am stärksten entfaltet.".

[397] Zu „**persönlicher Grundrechtsschutzbereich**" vgl.: „Menschen" in Art. 1 Abs. 1 S. 1 GG, Art. 3 Abs. 1 GG; „Männer und Frauen" in Art. 3 Abs. 2 GG; „Männer" in Art. 12a Abs. 1 GG; „Niemand" in Art. 3 Abs. 3 GG, Art. 4 Abs. 3 GG, Art. 12 Abs. 2 GG; „Jeder" in Art. 2 Abs. 1 GG, Art. 2 Abs. 2 S. 1 GG, Art. 5 Abs. 1 S. 1 GG; „Jedermann" in Art. 9 Abs. 3 GG (Vereinigungsbildungsfreiheit zur Wahrung und Förderung der Arbeits- und Wirtschaftsbedingungen), Art. 17 GG (schriftliche Bitten oder Beschwerden / **Petitionsrecht**); „Ehe und Familie", „Mutter", „Kinder" in Art. 6 GG; „Eltern" in Art. 6 Abs. 2; Art. 7 Abs. 4 GG; „Erziehungsberechtigten" in Art. 6 Abs. 3 GG, Art. 7 Abs. 2, Abs. 5 GG; „Lehrer" in Art. 7 Abs. 3 S. 3 GG; „Politisch Verfolgte" in Art. 16a GG; „Politisch Verfolgte" in Art. 16a GG; „Angehörige der Streitkräfte und des Ersatzdienstes" in Art 17a GG; subjektunabhängige Wortlaute in Art. 4 Abs. 1, 2 GG, Art. 5 Abs. 1 S. 2, Abs. 3 GG, Art. 7 Abs. 1 GG, Art. 10 GG, Art. 13 GG, Art. 14 GG; „inländische juristische Personen" (siehe dazu auch Buch 1, Abschnitt 2, Unterabschnitt 2) in Art. 19 Abs. 3 GG.

[398] Zu „**sachlicher Grundrechtsschutzbereich**" siehe Beispiele für **Grundrechts-Leitbegriff / Grundrechts-Schlüsselbegriff**: Art. 2 Abs. 1 GG: „(freie) Persönlichkeitsentfaltung" als (allgemeine) **Verhaltensfreiheit** (= Freiheit zu grundsätzlich jedem Handeln, Dulden, Unterlassen); Art. 2 Abs. 1 i.V.m. Art. 1 Abs. 1 GG (APR/RiS): „(freie) Persönlichkeitsentfaltung" als **Datenfreiheit** (= Selbstbestimmungsbefugnis bezüglich eigener Daten, zum **Datum**: § 46 Nr. 1 BDSG / § 36 Nr. 1 DSG NRW); Art. 2 Abs. 2 S. 1 Alt. 1 GG: Leben; Art. 2 Abs. 2 S. 1 Alt. 2 GG: Körperliche Unversehrtheit; Art. 2 Abs. 2 S. 2 GG: (körperliche Bewegungs-)Freiheit; Art. 3 Abs. 1 GG: Gleichheit; Art. 4 Abs. 1, 2 GG: Glaube/Gewissen/Religionsgemeinschaft/Weltanschauung; Art. 5 Abs. 1 GG: Meinung / Presse / Rundfunk / allgemeine Informationsquelle; Art. 5 Abs. 3 GG: Kunst / Wissenschaft (Forschung / Lehre); Art. 6 GG: Ehe und Familie; Art. 7 GG: Schule; Art. 8 Abs. 1 GG: Versammlung / Sichversammeln; Art. 9 Abs. 1 GG: Vereinigung; Art. 10 GG: Brief, Post, Fernmeldung/Telekommunikation (vgl. § 3 TKG); Art. 11 Abs. 1 GG: Freizügigkeit; Art. 12 GG: Beruf(swahl/ausübung); Art. 13 GG: Wohnung; Art. 14 Abs. 1 S. 1 Alt. 1 GG: Eigentum; Art. 16 GG: Staatsangehörigkeit / Deutscher; Art. 16a GG: politische Verfolgung; Art. 17 GG: schriftliche Bitten oder Beschwerden (Petitionen).

[399] Der Grundrechtsschutzbereich prädeterminiert die Grundrechtseingriffspotentiale: Erst nach umfassendem Überblick über den Grundrechtsschutzbereich kann der klare Ausblick auf Grundrechtseingriff und Grundrechtsbeschränkbarkeit beginnen. Denn ohne Wissen vom Schutzbereich kein Bewusstsein vom Eingriff (Eingriffsbewusstsein) und von entsprechenden Einschränkungsmöglichkeiten, und je lückenhafter die Sicht auf den Schutzbereich ausfällt, desto mehr existieren blinde Flecken für Eingriffsmaßnahmen.

**Grundrechtseingriff** ist eindeutig[400] jeder Akt[401] mit unmittelbarer[402], finaler[403], imperativer[404] Grundrechtsschutzbereichsverkürzung ohne Grundrechtsverzicht oder[405] jede wertungsmäßig (insbesondere alternativ nach funktionaler Äquivalenz, Direktheitsgrad bzw. Mittelbarkeitsgrad, Intensität, Intention, Vorhersehbarkeit) dem eindeutigen Eingriff gleichzusetzende Folge.[406] / **Grundrechtseingriff** ist Erschwerung (oder Unmöglichmachung) der Ausübung eines Freiheits- oder Gleichheitsgrundrechts.[407]

**Grundrechtsverzicht**[408] **/ Einwilligung** ist Grundrechtsdisposition in Ausübung der negativen Grundrechtsfreiheit, meist in der Abwehrdimension[409], durch eindeutigen – ausdrücklichen oder konkludenten – freiverantwortlichen Verzicht auf Abwehr bestimmten staatlichen Eingriffsverhaltens durch die betroffene, bezüglich des jeweiligen Grundrechts dispositionsbefugte Person; und zwar nur wirksam, wenn frei von Überrumpelung, Täuschung, Zwang und sonstigen grundrechtsbezogenen Willensmängeln im Bewusstsein von Bedeutung und Tragweite des Verzichts, also im Zweifel auch ohne jegliche (verbale, mimische, gestische, situative) hoheitliche Veranlassung; allein aus der Tatsache, dass eine Anordnung befolgt oder eine Durchführung geduldet wird, kann nicht ohne weiteres auf einen Grundrechtsverzicht geschlossen werden[410], vgl. auch Legaldefinitionen der Einwilligung wie in § 46 Nr. 17 BDSG, § 36 Nr. 19 DSG

---

[400] Halbsatz 1 der Grundrechtseingriffsdefinition mit **Grundrechtseingriffs-Eindeutigkeit** im Sinne von: „enger/klassischer **Eingriff(sbegriff)**“ als Abgrenzung zu: „weiter/erweiterter/moderner **Eingriff(sbegriff)**“, zu diesem siehe Halbsatz 2 der Definition (ab „oder“).

[401] **Akt**: Maßnahme, Verhalten = Handeln, Dulden, Unterlassen = Realfolge.

[402] **Unmittelbarkeit**: Fehlen von relevanten Zwischenursachen.

[403] **Finalität**: Zielgerichtetheit / Intention / Intension.

[404] **Imperativität**: zwangsweise Durchsetzbarkeit (von Gebot oder Verbot).

[405] Halbsatz 2 der Definition (ab „oder“): sog. „weiter/erweiterter/moderner **Eingriff(sbegriff)**“.

[406] Vgl. BVerfG, Beschluss der 2. Kammer des Zweiten Senats vom 15.03.2018 – 2 BvR 1371/13 –, Rn. 29 (Stationierung US-amerikanischer Atomwaffen auf dem Fliegerhorst Büchel – Nichtannahme der Verfassungsbeschwerde zur Entscheidung mangels substantiierter Darlegung eines Grundrechtseingriffs bzw einer Grundrechtsverletzung); BVerfGE 105, 279, 299-301 (Osho) = Beschluss des Ersten Senats vom 26.06.2002 – 1 BvR 670/91 –, unter anderem mit Aussage bei BVerfGE 105, 279, 300: „Das Grundgesetz hat den Schutz vor Grundrechtsbeeinträchtigungen nicht an den Begriff des Eingriffs gebunden oder diesen inhaltlich vorgegeben.“.

[407] Vgl. BVerfG, Beschluss der 2. Kammer des Zweiten Senats vom 15.03.2018 – 2 BvR 1371/13 –, Rn. 29 (Stationierung US-amerikanischer Atomwaffen auf dem Fliegerhorst Büchel – Nichtannahme der Verfassungsbeschwerde zur Entscheidung mangels substantiierter Darlegung eines Grundrechtseingriffs bzw einer Grundrechtsverletzung); BVerfGE 105, 279, 299-301 (Osho) = Beschluss des Ersten Senats vom 26.06.2002 - 1 BvR 670/91 - unter anderem mit Aussage bei BVerfGE 105, 279, 300: „Das Grundgesetz hat den Schutz vor Grundrechtsbeeinträchtigungen nicht an den Begriff des Eingriffs gebunden oder diesen inhaltlich vorgegeben.“.

[408] Der allgemein sogenannte und vom Gesetz meist unter „**Einwilligung**“ gefasste Grundrechtsverzicht heißt stimmiger **Grundrechtsabwehrverzicht**, denn bei dem Grundrechtsverzicht wird auf ein Grundrecht gerade nicht verzichtet; sondern es wird ein Grundrecht spezifisch ausgeübt, nämlich aus dem status negativus funktional in der Abwehrdimension mit Abwehraufhebungswirkung.

[409] Zu den Grundrechtsstatus / Grundrechtsdimensionen / Grundrechtsfunktionen / Grundrechtwirkungen siehe auch Buch 1, Abschnitt 2, Unterabschnitt 3.

[410] Vgl. zur **Einwilligung** in eine Grundrechtsschutzbereichsverkürzung auch Rechtsnormen wie § 46 Nr. 17 BDSG, § 51 BDSG und § 36 Nr. 19 DSG NRW, § 38 DSG NRW.

NRW[411], in der Regel mit folgenden Wirkungen bei wirksamem Grundrechtsverzicht / wirksamer Einwilligung:

- grundrechtseingriffsloses Verhalten / Nichteingriff[412];
- Nichtanwendung einer Befugnisrechtsnorm sowie Nichterforderlichkeit von Befugnisrechtsnormvoraussetzungen, vgl. (Teil-)Vorbehalt von Gesetz und Recht („Vorbehalt des Gesetzes"[413]);
- (Bestehenbleiben der) Anwendbarkeit allgemeiner Rechtmäßigkeitsvoraussetzungen außerhalb einer Befugnisrechtsnorm, vgl. Vorrang von Gesetz und Recht („Vorrang des Gesetzes");
- Rechtmäßigkeit der Maßnahme[414], gegebenenfalls unter Verwirklichung allgemeiner Rechtmäßigkeitsvoraussetzungen; Rechtswidrigkeit der Maßnahme nur bei Nichtverwirklichung allgemeiner Rechtmäßigkeitsvoraussetzungen.

**Grundrechtsbeschränkbarkeit** ist ausdrücklich[415] im GG genannte Einschränkungsmöglichkeit[416] oder GG-immanente (systematische) Einschränkungsmöglichkeit durch Grundrechte anderer oder durch sonstige Verfassungswerte.

**Gleichheitsgrundrechtseröffnung** im Sinne des Art. 3 GG[417] ist grundsätzlich immer dann durch eine **Ungleichbehandlung** gegeben, wenn mindestens zwei unter einen gemeinsamen

---

411 Vgl. zu Pro und Contra der Möglichkeit wirksamer Einwilligung: Die Bibel, Genesis, 31, 31 f..

412 Weitere Beispiele für **Grundrechtsnichteingriff** bzw. eingriffsloses (schlicht-hoheitliches) Verhalten auch ohne Einwilligung / Grundrechtsverzicht:

- Streifenfahrt / Streifengang / Streifenstand ohne weitere Auswirkungen;
- Übersichtsartiges Umgucken ohne zeiterhebliche zielgerichtete bewusste Fokussierung von Grundrechtsträgern und ohne weitere erhebliche Auswirkungen;
- Alltagsgespräch ohne Bezug zu polizeilichen Aufgaben bezüglich des Gesprächspartners als Betroffenen (z.B. als Auskunftsperson, Verdächtiger, Zeuge oder Zeugnis- oder Aussageverweigerungsberechtigter).

413 Ausdrücklicher **Vorbehalt des Gesetzes** in: § 1 Abs. 5 S. 1 PolG NRW.

414 Vgl. Digesten 47. 10. 1. 5. „nulla iniuria est, quae in volentem fiat".

415 Zur Ausdrücklichkeit siehe auch: Buch 1, Abschnitt 3, Unterabschnitt 2, Titel 2.

416 Beispiele für (eindeutig direkte) ausdrückliche GR-**Einschränkungsmöglichkeiten** gemäß GG (sog. **Gesetzesvorbehalte** [ungleich: „Vorbehalt des Gesetzes"]: Art. 2 Abs. 2 S. 3 GG; Art. 5 Abs. 2 GG; Art. 6 Abs. 3 GG; Art. 8 Abs. 2 GG; Art. 10 Abs. 2 GG; Art. 11 Abs. 2 GG; Art. 13 Abs. 2-7 GG. Beispiele für ausdrückliche Einschränkungsmöglichkeiten im weiteren Sinne: Art. 2 Abs. 1 Hs. 2/a.E./letzter Hs. GG; Art. 4 Abs. 3 S. 2 GG; Art. 6 Abs. 1, Abs. 2 S. 2, Abs. 5 GG; Art. 7 Abs. 1, Abs. 4 GG; Beispiele für GR-**Schutzbereichsbegrenzungen** als GG-immanente Einschränkungsmöglichkeiten und Anzeige von GR-Beschränkbarkeit/weiterer Einschränkungsmöglichkeit: Art. 8 Abs. 1 GG („friedlich und ohne Waffen"); Art. 9 Abs. 2 GG („sind verboten"). Weitere GG-immanente Einschränkungsmöglichkeiten ergeben sich grundsätzlich potentiell aus allen anderen Rechten, Rechtsgütern, Werten des GG, siehe dazu auch Buch 1, Abschnitt 2, Unterabschnitt 3.

417 Vgl. auch Art. 142 GG i.V.m. Art. 4 Abs. 1 Verfassung NRW; Art. 9 S. 1 EUV („Die Union achtet in ihrem gesamten Handeln den **Grundsatz der Gleichheit ihrer Bürgerinnen und Bürger**, denen ein gleiches Maß an Aufmerksamkeit seitens der Organe, Einrichtungen und sonstigen Stellen der Union zuteil wird."); Titel III (Art. 20-26) EU-GR-Charta („**Gleichheit**"), insbesondere auch: Art. 20, 21, 23, 25, 26, 34, 35 EU-GR-Charta; Art. 21 EU-GR-Charta (allgemeines **EU-Diskriminierungsverbot**); Art. 18 AEUV i.V.m. Art. 21 EU-GR-Charta (**EU-Staatsangehörigkeits-Diskriminierungsverbot**: Verbot der Diskriminierung aus Gründen der Staatsangehörigkeit im Anwendungsbereich der EU-Verträge unbeschadet besonderer Bestimmungen); Art. 14 EMRK (**allgemeines Diskriminierungsverbot**); Art. 5 Protokoll Nr. 7 EMRK (**Ehegattengleichberechtigung**), Protokoll Nr. 12 EMRK („über das

Oberbegriff/Vergleichspunkt[418] fallende, vergleichbare, wesentlich gleiche Sachverhalte (Sachverhaltsgleichsetzbarkeit) im Zuständigkeitsbereich desselben Hoheitsträgers (Zuständigkeitsgleichheit) durch Ungleichbehandlung betroffen sind – zunächst unabhängig von Rechtfertigung oder Nichtrechtfertigung der Ungleichbehandlung.[419] **Gerechtfertigte Ungleichbehandlung** im Sinne des Art. 3 GG ist gegeben entweder bei (irgendeinem) sachlichen Ungleichbehandlungsgrund ohne Willkür („**Willkürformel**")[420] oder insbesondere im Fall personenbezogener Ungleichbehandlungen bei Fehlen von nach Art und Gewicht (im Sinne von Verhältnismäßigkeit) ausreichenden Ungleichbehandlungsgründen („**Neue Formel**")[421].[422]

---

Diskriminierungsverbot"); Art. 2 Abs. 1 IPbpR (UN-Zivilpaktrechtediskriminierungsverbot), Art. 4 Abs. 1 IPbpR (**Notstandsdiskriminierungsverbot**), Art. 14 Abs. 1 S. 1 IPbpR (**Gleichheit vor Gericht**), Art. 20 Abs. 2 IPbpR (**Diskriminierungsaufstachelungsverbot**), Art. 24 Abs. 1 IPbpR (**Kinderdiskriminierungsverbot**), Art. 25 IPbpR (**Staatsbürgerdiskriminierungsverbot**), Art. 26 IPbpR (**allgemeines Diskriminierungsverbot**); Art. 2 Abs. 2 IPwskR (UN-Sozialpaktrechtediskriminierungsverbot); Art. 10 Nr. 3 IPwskR (**Kinder- und Jugendlichendiskriminierungsverbot**). Digesten 50.17.32 – Ulpianus libro 43 ad Sabinum: „[…] omnes homines aequales sunt.".

[418] Vgl. zum Oberbegriff/Vergleichspunkt im Sinne des Art. 3 GG das Lateinische „Tertium comparationis", zu Deutsch: „Drittes des Vergleichs".

[419] BVerfGE 138, 136, 180 (Erbschaftssteuer) = BVerfG, Urteil des Ersten Senats vom 17.12.2014 – 1 BvL 21/12 –, B. III. 1. a), Rn. 121: „Art. 3 Abs. 1 GG gebietet, alle Menschen vor dem Gesetz gleich zu behandeln. Das hieraus folgende Gebot, wesentlich Gleiches gleich und wesentlich Ungleiches ungleich zu behandeln, gilt für ungleiche Belastungen und ungleiche Begünstigungen (vgl. BVerfGE 121, 108 [119]; 121, 317 [370]; 126, 400 [416]). Verboten ist daher auch ein **gleichheitswidriger Begünstigungsausschluss**, bei dem eine Begünstigung einem Personenkreis gewährt, einem anderen Personenkreis aber vorenthalten wird (vgl. BVerfGE 116, 164 [180]; 121, 108 [119]; 121, 317 [370]; 126, 400 [416]). Dabei verwehrt Art. 3 Abs. 1 GG dem Gesetzgeber nicht jede Differenzierung. Differenzierungen bedürfen jedoch stets der Rechtfertigung durch Sachgründe, die dem Ziel und dem Ausmaß der Ungleichbehandlung angemessen sind. Dabei gilt ein stufenloser am Grundsatz der Verhältnismäßigkeit orientierter verfassungsrechtlicher Prüfungsmaßstab, dessen Inhalt und Grenzen sich nicht abstrakt, sondern nur nach den jeweils betroffenen unterschiedlichen Sach- und Regelungsbereichen bestimmen lassen (vgl. BVerfGE 75, 108 [157]; 93, 319 [348 f.]; 107, 27 [46]; 126, 400 [416]; 129, 49 [69]; 132, 179 [188 Rn. 30]).".

[420] **Willkürformel**: BVerfGE 1, 14 52 (Südweststaat) = BVerfGE, Urteil des Zweiten Senats vom 23.10.1951 – 2 BvG 1/51, E. 10a), Rn. 136: „Der Gleichheitssatz ist verletzt, wenn sich ein vernünftiger, sich aus der Natur der Sache ergebender oder sonstwie sachlich einleuchtender Grund für die gesetzliche Differenzierung oder Gleichbehandlung nicht finden läßt, kurzum, wenn die Bestimmung als willkürlich bezeichnet werden muß.".

[421] „**Neue Formel**" gegenüber der „Willkürformel": BVerfGE 55, 72, 88 (Präklusion I) = BVerfGE, Beschluss des Ersten Senats vom 07.10.1980 – 1 BvL 50, 89/79, 1 BvR 240/79, B. II. 1., Rn. 61: „Demgemäß ist dieses Grundrecht vor allem dann verletzt, wenn eine Gruppe von Normadressaten im Vergleich zu anderen Normadressaten anders behandelt wird, obwohl zwischen beiden Gruppen keine Unterschiede von solcher Art und solchem Gewicht bestehen, daß sie die ungleiche Behandlung rechtfertigen könnten (vgl. BVerfGE 22, 387 [415]; 52, 277 [280]).".

[422] BVerfGE 138, 136, 180 f. (Erbschaftssteuer) = BVerfG, Urteil des Ersten Senats vom 17.12.2014 – 1 BvL 21/12 –, B. III. 1. a), Rn. 122: „Hinsichtlich der verfassungsrechtlichen Anforderungen an den die Ungleichbehandlung tragenden Sachgrund ergeben sich aus dem allgemeinen Gleichheitssatz je nach Regelungsgegenstand und Differenzierungsmerkmalen unterschiedliche Grenzen für den Gesetzgeber, die von gelockerten auf das Willkürverbot beschränkten Bindungen bis hin zu strengen Verhältnismäßigkeitserfordernissen reichen können (vgl. BVerfGE 117, 1 [30]; 122, 1 [23]; 126, 400 [416]; 129, 49 [68]). Eine strengere Bindung des Gesetzgebers kann sich aus den jeweils betroffenen Freiheitsrechten ergeben (vgl. BVerfGE 88, 87 [96]; 111, 176 [184]; 129, 49 [69]). Zudem verschärfen sich die verfassungsrechtlichen Anforderungen, je weniger die Merkmale, an die die gesetzliche Differenzierung anknüpft, für den Einzelnen verfügbar sind (vgl. BVerfGE 88, 87 [96]; 129, 49 [69]) oder je mehr sie sich denen des Art. 3 Abs.

**Gleichheitsgrundrechtsbetroffenheit** im Sinne des Art. 3 GG ist – unabhängig von der **Maßnahmenrichtung** (etwa in Bezug auf Persönlichkeit, Leben, Körper, Bewegung, Glauben, Meinung, Medien, Kunst, Wissenschaft, Ehe und Familie, Schule, Versammlung, Vereinigung, Brief, Post, Fernmeldung, Freizügigkeit, Beruf, Wohnung, Eigentum, Staatsangehörigkeit, Asyl, Petition, Rechtsweg) – im Rahmen von Sachverhaltsgleichsetzbarkeit und Zuständigkeitsgleichheit potentiell regelmäßig gegeben bei erkennbaren, erheblichen Beziehungen derselben Maßnahme zwischen einem Grundrechtsträger und mindestens einem weiteren Grundrechtsträger. **Ungleichbehandlungsbearbeitung** kann außerhalb von Grundrechten außerdem i.d.R. grundsätzlich auch als Ermessensfrage i.V.m. den Grundrechten oder als Verhältnismäßigkeitsfrage bearbeitet werden; ein Gleichbehandlungsgebotsverstoß gegen Art. 3 GG – etwa gegen das grundsätzliche **Differenzierungsverbot / Diskriminierungsverbot** des Art. 3 Abs. 3 GG[423] – kann i.d.R. grundsätzlich auch als Ermessensfehlgebrauch bearbeitet werden, vgl. § 40 VwVfG NRW („Grenzen“).[424]

---

3 GG annähern (vgl. BVerfGE 88, 87 [96]; 124, 199 [220]; 129, 49 [69]; 130, 240 [254]; 132, 179 [188 f. Rn. 31]).“.

[423] Ausdrückliches grundsätzliches **Ungleichbehandlungsverbot / Differenzierungsverbot / Ungleichbehandlungskriterienverbot / Ungleichbehandlungsmerkmalverbot / Differenzierungskriterienverbot / Differenzierungsmerkmalverbot** des Art. 3 Abs. 3 GG: „Niemand darf wegen seines Geschlechtes, seiner Abstammung, seiner Rasse, seiner Sprache, seiner Heimat und Herkunft, seines Glaubens, seiner religiösen oder politischen Anschauungen benachteiligt oder bevorzugt werden. Niemand darf wegen seiner Behinderung benachteiligt werden.“ Zu „**Rasse**“ als Merkmal i.S.d. Art. 3 Abs. 3 S. 1 GG vgl. § 3b Abs. 1 Nr. 1, 4 AsylG; zu „**Heimat und Herkunft**“ als Merkmal i.S.d. Art. 3 Abs. 3 S. 1 GG vgl. § 3b Abs. 1 Nr. 3, 4 AsylG; zu „**Glauben** [und] **religiösen** […] **Anschauungen**“ als Merkmal i.S.d. Art. 3 Abs. 3 S. 1 GG vgl. § 3b Abs. 1 Nr. 2 AsylG; zu „**politischen Anschauungen**“ als Merkmal i.S.d. Art. 3 Abs. 3 S. 1 GG vgl. § 3b Abs. 1 Nr. 5 AsylG; zu „**Behinderung**“ als Merkmal i.S.d. Art. 3 Abs. 3 S. 2 GG vgl. § 2 SGB IX.

[424] So z.B. OVG NRW, Urteil des 5. Senats vom 07.08.2018 – 5 A 294/16 (**Diskriminierungsverbot**, „**Racial Profiling**“, **Darlegungslast**), Ls. 3-6: „3. Eine nach Art. 3 Abs. 3 Satz 1 GG grundsätzlich verbotene Differenzierung liegt auch dann vor, wenn eine Maßnahme an ein dort genanntes Merkmal kausal, als (mit-)tragendes Kriterium (‚wegen‘) neben anderen Gründen in einem Motivbündel, anknüpft. 4. Insoweit besteht eine Rechtfertigungsmöglichkeit zum Schutz kollidierenden Verfassungsrechts. Dabei ist zu berücksichtigen, dass der Anknüpfung an die Merkmale des Art. 3 Abs. 3 Satz 1 GG stigmatisierende Wirkung zukommen kann, weshalb erhöhte Anforderungen an die Rechtfertigung eines entsprechenden Grundrechtseingriff [sic, P. B.] bestehen. 5. Die an ein solches Merkmal anknüpfende Behörde trifft eine erhöhte Darlegungslast, weshalb diese Berücksichtigung zum Schutz des kollidierenden Verfassungsguts erforderlich ist. 6. Eine ausschließliche Anknüpfung an die Hautfarbe ist bei den hier in Rede stehen polizeilichen Standardmaßnahmen grundsätzlich nicht rechtfertigungsfähig.“.

Vgl. auch BVerfGE 144, 20, 207 f. (NPD-Parteiverbotsverfahren II 2013-2017 [NPD-Verbotsverfahren I 2001-2003: BVerfGE 107, 339 = BVerfG, Beschluss des Zweiten Senats vom 18.03.2003 - 2 BvB 1, 2, 3/01]) = BVerfG, Urteil des Zweiten Senats vom 17.01.2017 - 2 BvB 1/13 –, C. II. 1. c) bb), Rn. 541: „**Menschenwürde** ist egalitär; sie gründet ausschließlich in der Zugehörigkeit zur menschlichen Gattung, unabhängig von Merkmalen wie Herkunft, Rasse, Lebensalter oder Geschlecht (vgl. Isensee, in: Merten/Papier, HGRe, Bd. IV, 2011, § 87 Rn. 168). Dem Achtungsanspruch des Einzelnen als Person ist die Anerkennung als gleichberechtigtes Mitglied in der rechtlich verfassten Gemeinschaft immanent [Quellenangabe]. Mit der Menschenwürde sind daher ein rechtlich abgewerteter Status oder demütigende **Ungleichbehandlungen** nicht vereinbar [Quellenangabe]. Dies gilt insbesondere, wenn derartige Ungleichbehandlungen gegen die **Diskriminierungsverbote** des Art. 3 Abs. 3 GG verstoßen, die sich – ungeachtet der grundsätzlichen Frage nach dem **Menschenwürdegehalt der Grundrechte** (vgl. hierzu BVerfGE 107, 275 <284>) – jedenfalls als Konkretisierung der Menschenwürde darstellen.“.

## Untertitel 2: A. II. Rechtsgebiet

**Rechtsgebiet**[425] ist Rechtsordnungsteil[426] nach allen Umständen[427] – wie schwerpunktmäßige Äußerungen[428], Rechtsnormen[429], Zwecke[430], auch i.V.m. §§ 133, 157 BGB analog[431].[432]

---

[425] Zu Rechtsgebiet siehe auch Buch 1, Abschnitt 1, Unterabschnitt 2.

[426] Zu Rechtsordnungsteil siehe auch Buch 1, Abschnitt 1, Unterabschnitt 2.

[427] Umstände im weiten Sinn, etwa als Bedingungen, Beziehungen, Faktoren, Folgen, Funktionen, Gegebenheiten, Umweltbedingungen, Variablen, Verhältnissen, Voraussetzungen, Weltbedingungen. Zu Umständen siehe auch Buch 1, Abschnitt 3, Unterabschnitt 2, Titel 3.

[428] Äußerungen im weiten Sinn, etwa als alle Verhaltensäußerungen (einschließlich Aussagen). Zu Äußerungen siehe auch Buch 1, Abschnitt 3, Unterabschnitt 2, Titel 2.

[429] Rechtsnormen im weiten Sinn, etwa solche, die die Umstände oder das Verhalten regieren (sollen). Zu Rechtsgebiet und Rechtsnormen siehe auch Buch 1, Abschnitt 1, Unterabschnitt 2 und Unterabschnitt 3, Titel 2.

[430] Zwecke im weiten Sinn, etwa als sich aus einer Lage ergebende, objektiv zu verfolgende Ziele. Zum Zweck im Recht siehe auch Buch 1, Abschnitt 3, Unterabschnitt 2, Titel 4.

[431] Sog. **objektivierter Empfängerhorizont**, vgl. BVerwGE 147, 81 = BVerwG, Urteil vom 20.06.2013 – BVerwG 8 C 46.12, Rn. 27: „Die bundesrechtlichen Auslegungsregeln der §§ 133, 157 BGB sind auf öffentlich-rechtliche Erklärungen entsprechend anzuwenden. Bei Verwaltungsakten kommt es wie bei empfangsbedürftigen Willenserklärungen nicht auf den wirklichen Willen des Erklärenden (natürliche Auslegung), sondern auf den objektiven Erklärungsinhalt an. Maßgeblich ist, wie der Empfänger die Erklärung nach Treu und Glauben unter Berücksichtigung der für ihn erkennbaren Umstände verstehen musste. Dabei ist vom Wortlaut der Erklärung auszugehen und deren objektiver Gehalt unter Berücksichtigung des Empfängerhorizonts zu ermitteln (stRspr, vgl. Urteile vom 2. September 1999 - BVerwG 2 C 22.98 - BVerwGE 109, 283 <286> = Buchholz 237.7 § 72 NWLBG Nr. 4 und vom 27. Juni 2012 - BVerwG 9 C 7.11 - BVerwGE 143, 222 <Rn. 18> = Buchholz 11 Art. 20 GG Nr. 206; BGH, Urteile vom 24. Februar 1988 - VIII ZR 145/87 - BGHZ 103, 275 <280>, vom 27. Januar 2010 - VIII ZR 58/09 - BGHZ 184, 128 <137 Rn. 33> und vom 1. März 2011 - II ZR 16/10 - NJW 2011, 1666 <1667 Rn. 11> je m.w.N.).“; BVerwG, Beschluss vom 06.08.2018 – BVerwG 7 B 4.18, Rn. 10: „Dass die bundesrechtlichen Auslegungsregeln der §§ 133, 157 BGB auf öffentlich-rechtliche Erklärungen, d.h. u.a. auf Verwaltungsakte, entsprechend anzuwenden sind, ist in der Rechtsprechung des Bundesverwaltungsgerichts bereits geklärt (BVerwG, Urteil vom 20. Juni 2013 - 8 C 46.12 - BVerwGE 147, 81 Rn. 27 m.w.N.).“. Zur Auslegung nach §§ 133, 157 BGB analog siehe auch Buch 1, Abschnitt 3, Unterabschnitt 2, Titel 4.

[432] BVerwG 47, 255, 264 = BVerwG, Urteil vom 03.12.1974 – BVerwG I C 11.73: „Obwohl sich für die Polizei im Einzelfall bei einem einheitlichen Lebenssachverhalt gleichzeitig und unmittelbar Aufgaben der Strafverfolgung und der Gefahrenabwehr ergeben können, ist der im Schrifttum vertretenen Auffassung nicht zu folgen, daß aus Gründen der Rechtssicherheit oder wegen der schwierigen Durchschaubarkeit für den Bürger jede Art polizeilichen Handelns der verwaltungsgerichtlichen Kontrolle unterliegen müsse. In aller Regel ist es für den Betroffenen nicht schwer, zu erkennen, ob die Polizei im konkreten Fall eine - begangene - Straftat erforschen (**Strafverfolgung**) oder den Eintritt eines Schadens, etwa die - zukünftige - Begehung einer strafbaren Handlung, verhindern oder eine bereits eingetretene Störung der öffentlichen Sicherheit oder Ordnung beseitigen (**Gefahrenabwehr**) will. Außerdem wird man davon ausgehen dürfen, daß die Polizei dem Betroffenen - wie im vorliegenden Fall - den Grund ihres Einschreitens von sich aus oder auf Verlangen angibt. Im übrigen kommt es darauf an, wie sich der konkrete Lebenssachverhalt einem verständigen Bürger in der Lage des Betroffenen bei natürlicher Betrachtungsweise darstellt. Dieser Sachverhalt muß im allgemeinen einheitlich betrachtet werden, es sei denn, daß einzelne Teile des Geschehensablaufs objektiv abtrennbar sind. Hat die Polizei die Ermittlungen an die StA oder das Amtsgericht weitergeleitet (§ 163 II StPO) oder auf Weisung der StA gehandelt, so kann an der strafprozessualen Natur ihres Einschreitens kein vernünftiger Zweifel bestehen. Eine Maßnahme, die nach dem Gesamteindruck darauf gerichtet ist, eine strafbare Handlung zu erforschen oder sonst zu verfolgen, ist

Rechtsgebiet ist rechtlich-gesetzlicher Oberbegriff, vgl.: Art. 72 Abs. 2, 3 GG, Art. 74 Abs. 1 GG, Art. 91a Abs. 1 GG, Art. 91e Abs. 1 GG, Art. 95 Abs. 1 GG, § 23 Abs. 1 S. 1 EGGVG; § 35 S. 1 VwVfG / § 35 S. 1 VwVfG NRW; § 40 Abs. 1 S. 2 VwGO.[433]

**Zweckrichtung** oder **Zielrichtung** können Unterbegriffe sein von subjektiven Rechtsgebiets-Kriterien neben anderen, die objektiv-rechtlicher Kontrolle unterliegen, vgl. z.B. Art. 19 Abs. 4 GG[434]; Zwecksetzung oder Zielrichtung sind ein – subjektives, fehleranfälliges, objektiv-rechtlicher und richterlicher Rechtskontrolle unterliegendes[435] – Rechtsgebietskriterium neben anderen möglichen. Zum Beispiel: Polizeibehörden und Polizeibeamte werden im Rechtsweg auch bei Beharren auf gefahrenabwehrrechtlicher Zielrichtung nicht durchdringen, wenn das Gericht auch im letzten Instanzenzug das Rechtsgebiet der Strafrechtspflege annimmt und damit (ein) anderes (Rechtsgebiet) für objektives Recht erkennt.

**Prävention**[436] und **Repression**[437] werden als Begrifflichkeiten bezüglich der Gehalte von Gefahrenabwehr und Strafrechtspflege teilweise verwendet und weisen Ähnlichkeiten oder Überschneidungen oder Wechselwirkungen auf,

- vgl. zu „Prävention“ Rechtsnormen wie § 81b Alt. 2 StPO, § 81g StPO, § 112a StPO, § 126a StPO, § 141a StPO, § 163 Abs. 1 S. 1 letztes Wort StPO; § 53 Abs. 1 S. 1 letztes Wort OWiG; § 164 StPO, letztlich alle Festnahmebefugnisrechtsnormen und deren Grund bzw. Zweck; § 22 Abs. 2 Nr. 2 OWiG; §§ 66-66b StGB, § 68 StGB, §§ 69-69b StGB, § 74b StGB;

---

der Kontrolle der ordentlichen Gerichte nach §§ 23 ff. EGGVG nicht etwa deshalb entzogen, weil durch die polizeilichen Ermittlungen möglicherweise zugleich auch künftigen Verletzungen der öffentlichen Sicherheit vorgebeugt würde.“.

[433] „**Rechtsgebiet**“ kann auch bedeuten und ist deshalb die Rechtsordnung(en) umso erfassender: Territorium mit bestimmtem geltendem objektivem Recht (z.B. Deutschland, Land Nordrhein-Westfalen), vgl. auch Redewendungen wie die vom „Herrschaftsgebiet“, „Machtbereich“, „Regelungsbereich“, vom „Stehen auf dem Boden des Grundgesetzes“, „Stehen auf dem Boden des Gesetzes“, oder wie die vom „Bereich des Gesetzes“. Vgl. auch die Rechts- und Gesetzessprache wie folgt: „**Hoheitsgebiet**“; „**Raum der Freiheit, der Sicherheit und des Rechts**“ (Schengen-Raum); „**Währungsgebiet**“; „**Zollgebiet**“.

[434] Objektiv-rechtliche **Rechtsgebietskontrolle/Rechtsgebietsprüfung** im Recht der Polizei ist klassischer Prüfungsgegenstand für Gerichte und Richter bei deren Prüfung der „Zulässigkeit des beschrittenen Rechtswegs“ i.S.v. §§ 17-17c GVG, etwa im Rahmen von Rechtsschutzverfahren gegen polizeliche Maßnahmen nach § 40 VwGO („Gebiet“), § 23 EGGVG („Gebiete“), § 98 Abs. 2 S. 2 StPO analog (analoge Anwendung für Rechtsschutz gegen polizeiliche/staatsanwaltschaftliche Maßnahmen im Ermittlungsverfahren), § 304 StPO.

[435] Vgl. auch BVerwG, Urteil vom 23.11.2005 – BVerwG 6 C 2.05 (Bindung an den Rechtsweg nach § 17a GVG trotz „nahegelegter Zuständigkeit der ordentlichen Gerichte“ [Rn. 14] – hier anlässlich einer Maßnahme nach § 81b Alt. 2 StPO), Rn. 13: „Bei Maßnahmen der Polizei kann es zwar im Einzelfall streitig sein, ob diese die Gefahrenabwehr (oder sonstige Polizeiaufgaben) betreffen und somit auf dem Verwaltungsrechtsweg überprüft werden können oder ob es sich ebenso wie bei den Strafverfolgungsmaßnahmen der Staatsanwaltschaft um Maßnahmen von Justizbehörden auf dem Gebiet der Strafrechtspflege handelt, gegen die Rechtsschutz nach § 23 EGGVG auf dem ordentlichen Rechtsweg gewährt wird (s. Urteil vom 3. Dezember 1974 - BVerwG 1 C 11.73 - BVerwGE 47, 255 <258 ff.>).“, Rn. 16: „Die Behörde hat aber keine Deutungshoheit darüber, auf welchem Rechtsgebiet sie tätig wird.“.

[436] Vom Lateinischen preavenire, zu Deutsch: zuvorkommen.

[437] Vom Lateinischen reprimere, zu Deutsch: zurückdrängen.

- vgl. zu „Repression“ Rechtsnormen wie § 12a Überschrift PolG NRW; § 34c PolG NRW im Vergleich mit § 68b Abs. 1 Nr. 12 StGB, § 34d PolG NRW[438], § 35 PolG NRW, § 10 Abs. 3 PolG NRW, § 37a PolG NRW, §§ 47-49 PolG NRW, §§ 50-66 PolG NRW;
- vgl. auch „Generalprävention“ und „Spezialprävention“.[439]

**(Ober-)Rechtsgebiete im Eingriffsrecht der Polizei** sind hauptsächlich Gefahrenabwehr und Strafrecht/Strafrechtspflege.

Oberbegriff zu den Unterrechtsgebieten[440] mit Gesetzen wie StPO und OWiG können alternativ sein:

- (formelles) Strafrecht[441]
- Strafrechtspflege[442].

---

[438] **Strafrecht im PolG NRW / Repression im PolG NRW** am Beispiel des § 34d PolG NRW vgl. auch *Klein*: Strafbarkeit in den Polizeigesetzen der Länder – Die Rückkehr interlokalen Rechts, in: GSZ 2020, S. 168-171.

[439] Vgl. z.B. auch BVerfGE 110, 1, Ls. 1 (Erweiterter Verfall [a. F., ≙ erweiterte Tatertragseinziehung, P. B.]) = BVerfG, Beschluss des Zweiten Senats vom 14.01.2004 – 2 BvR 564/95 –, Ls. 1: „Der erweiterte Verfall (§ 73d StGB) [a. F., ≙ erweiterte Tatertragseinziehung, § 73a StGB, P. B.] verfolgt nicht repressiv-vergeltende, sondern präventiv-ordnende Ziele und ist daher keine dem Schuldgrundsatz unterliegende strafähnliche Maßnahme.“. Vgl. z.B. auch BVerfGE 113, 348, 370 (Vorbeugende Telekommunikationsüberwachung) = BVerfG, Urteil des Ersten Senats vom 27.07.2005 – 1 BvR 668/04 –, C. II. 2. b) cc) (2), Rn. 100: „Die **Verfolgungsvorsorge** erfolgt in zeitlicher Hinsicht präventiv, betrifft aber gegenständlich das repressiv ausgerichtete Strafverfahren.“.

[440] Zu Rechtsgebieten und deren Ausrichtung am objektiven Recht der Gesetze siehe auch Buch 1, Abschnitt 1, Unterabschnitt 2 und Buch 1, Abschnitt 3, Unterabschnitt 1.

[441] BVerfGE 27, 18, Ls., 32 f. (Ordnungswidrigkeiten) = BVerfGE, Beschluss des Zweiten Senats vom 16.07.1969 – 2 BvL 2/69: „Die Gesetzgebungskompetenz **Strafrecht** (Art. 74 Nr. 1 GG) umfaßt heute nicht nur das Strafrecht im herkömmlichen Sinn, sondern auch das Ordnungswidrigkeitenrecht.“, vgl. des weiteren § 23 Abs. 1 S. 1 EGGVG: „Strafrechtspflege“; vgl. auch Überschrift, 3 (Rechtspflege), 312 (Strafverfahren), 312-2 (StPO), 4 (Zivilrecht und Strafrecht), 45 (Strafrecht), 454-1 (OWiG, wegen Art. 74 Abs. 1 Var. 1 GG, BVerfGE 27, 18, C. II. 1. a), Rn. 45, 46) FNA; vgl. auch FNA (Fundstellennachweis A Bundesrecht ohne völkerrechtliche Vereinbarungen) in: BGBl., Teil I abgeschlossen jeweils zum: 31.12. eines jeden Jahres S. VI: „Sachgebietliche Gliederung“.

[442] Vgl. § 23 Abs. 1 S. 1 EGGVG („Gebiet […] der Strafrechtspflege“) mit **Polizei** als **„Justizbehörde“** im funktionellen Sinn des § 23 Abs. 1 S. 1 EGGVG; vgl. auch Überschrift, 3 (Rechtspflege), 312 (Strafverfahren), 312-2 (StPO), 4 (Zivilrecht und Strafrecht), 45 (Strafrecht), 454-1 (OWiG, wegen Art. 74 Abs. 1 Var. 1 GG, BVerfGE 27, 18, C. II. 1. a), Rn. 45, 46) FNA; vgl. auch FNA (Fundstellennachweis A Bundesrecht ohne völkerrechtliche Vereinbarungen) in: BGBl., Teil I abgeschlossen jeweils zum: 31.12. eines jeden Jahres S. VI: „Sachgebietliche Gliederung“.zur „Strafrechtspflege“ in der BRD und in und mit Europa: BVerfGE 123, 267 (Lissabon) = BVerfG, Urteil des Zweiten Senats vom 30.06.2009 – 2 BvE 2/08. Vgl. auch BVerfGK 15, 71 (Kreditkartenabfrage bei Kinderpornographieverdacht) = BVerfG, Beschluss der 2. Kammer des Zweiten Senats vom 17.02.2009 – 2 BvR 1372/07 –, B. 2. b) dd), Rn. 32: „Die Sicherung des Rechtsfriedens durch **Strafrecht** ist seit jeher eine wichtige Aufgabe staatlicher Gewalt. Die Aufklärung von Straftaten, die Ermittlung des Täters, die Feststellung seiner Schuld und seine Bestrafung wie auch der Freispruch des Unschuldigen sind die wesentlichen Aufgaben der **Strafrechtspflege**, die zum Schutz der Bürger den staatlichen Strafanspruch in einem justizförmigen und auf die Ermittlung der Wahrheit ausgerichteten Verfahren in gleichförmiger Weise durchsetzen soll. Strafnormen und deren Anwendung in einem rechtsstaatlichen Verfahren sind Verfassungsaufgaben (vgl. BVerfGE 107, 104 <118 f.>; 115, 166 <192>). Der Verhinderung und Aufklärung von Straftaten kommt daher nach dem Grundgesetz eine hohe Bedeutung zu (vgl. BVerfGE 100, 313 <388>; 115, 166 <192>).“.

Für die Unterrechtsgebiete mit Gesetzen wie StPO und OWiG kann es jeweils insbesondere folgende Bezeichnungen geben:

- Strafrechtspflege mit StPO;
- Strafrechtspflege mit OWiG;
- StPO: Straftatenerforschung[443];
- OWiG: Ordnungswidrigkeitenerforschung (Owi-Erforschung)[444];
- StPO: Straftatverdachtserforschung[445];
- OWiG: Ordnungswidrigkeitentatverdachtserforschung (Owi-Tatverdachtserforschung)[446];
- StPO: Straftatverdachtsaufklärung[447];
- OWiG: Ordnungswidrigkeitentatverdachtsaufklärung (Owi-Tatverdachtsaufklärung)[448];
- StPO: Strafverfolgung / Straftatverdachtsverfolgung[449];
- OWiG: Ordnungswidrigkeitenverfolgung (Owi-Verfolgung) / Ordnungswidrigkeitentatverdachtsverfolgung (Owi-Tatverdachtsverfolgung)[450].

**Rechtsgebiet-Auslegung** auch i.V.m. §§ 133, 157 BGB analog[451] erfolgt insbesondere über:

---

443 Vgl. zum „Erforschen“: § 163 Abs. 1 S. 1 StPO.

444 Vgl. zum „Erforschen“: § 53 Abs. 1 S. 1 OWiG.

445 Vgl. zum „Erforschen“: § 163 Abs. 1 S. 1 StPO.

446 Vgl. zum „Erforschen“: § 53 Abs. 1 S. 1 OWiG.

447 Vgl. zur Sachverdunkelungsverhütung § 163 Abs. 1 S. 1 StPO; vgl. zur „Sachverhaltsaufklärung“ § 160 Überschrift StPO und § 160 Abs. 2 StPO mit Ermittlung aller „zur Belastung“ und „zur Entlastung dienenden Umstände“.

448 Vgl. zur Sachverdunkelungsverhütung § 53 Abs. 1 S. 1 OWiG; vgl. zur „Sachverhaltsaufklärung“ §§ 46 Abs. 1, 2 und 53 Abs. 1 S. 2 OWiG i.V.m. § 160 Überschrift StPO und § 160 Abs. 2 StPO mit Ermittlung aller „zur Belastung“ und „zur Entlastung dienenden Umstände“.

449 Zur „Verfolgung“ jedenfalls ohne „Verdachtsverfolgung“:

- o vgl. § 152 Abs. 2 StPO mit Andeutung der „verfolgbaren“ Straftaten, allerdings mit Bezug insbesondere zu Rechtsvorschriften wie § 19 StGB, nicht im Rechtsgebiets- und Zuständigkeitszusammenhang;
- o vgl. die §§ 152 Abs. 2, 160, 163 StPO mit Bezug insbesondere zur Sachaufklärung und Verdachtsaufklärung mit „Ermittlung“ aller zur Belastung und zur Entlastung dienenden Umstände;
- o vgl. Art. 20 Abs. 3 GG (i.V.m. Art. 2 Abs. 1 GG), Art. 48 Abs. 1 EU-GR-Charta, Art. 6 EMRK (**Recht auf ein faires Verfahren** und **Unschuldsvermutung**).

450 Zur „Verfolgung“ jedenfalls ohne „Verdachtsverfolgung“:

- o vgl. § 46 Abs. 2 OWiG mit Andeutung über die „Verfolgungsbehörde“ und vgl. §§ 46 Abs. 1, 2 und 53 OWiG i.V.m. 152 Abs. 2 StPO mit Andeutung der „verfolgbaren“ Straftaten, allerdings mit Bezug insbesondere zu Rechtsvorschriften wie § 19 StGB, nicht im Rechtsgebiets- und Zuständigkeitszusammenhang;
- o vgl. die §§ 152 Abs. 2, 160, 163 StPO mit Bezug insbesondere zur Sachaufklärung und Verdachtsaufklärung mit „Ermittlung“ aller zur Belastung und zur Entlastung dienenden Umstände;
- o vgl. Art. 20 Abs. 3 GG (i.V.m. Art. 2 Abs. 1 GG), Art. 48 Abs. 1 EU-GR-Charta, Art. 6 EMRK (**Recht auf ein faires Verfahren** und **Unschuldsvermutung**).

451 Sog. **objektivierter Empfängerhorizont**, vgl. BVerwGE 147, 81 = BVerwG, Urteil vom 20.06.2013 – BVerwG 8 C 46.12, Rn. 27: „Die bundesrechtlichen Auslegungsregeln der §§ 133, 157 BGB sind auf öffentlich-rechtliche Erklärungen entsprechend anzuwenden. Bei Verwaltungsakten kommt es wie bei empfangsbedürftigen Willenserklärungen nicht auf den wirklichen Willen des Erklärenden (natürliche Auslegung), sondern auf den objektiven Erklärungsinhalt an. Maßgeblich ist, wie der Empfänger die

- Objektive Sachlagen (Gefahrenabwehr / Situationsverhinderung / Situationsunterbindung; Sachverhaltserforschung / Straftatenerforschung / Ordnungswidrigkeitenerforschung / Gefahr / Gefährlichkeit / Vergangenheit, Gegenwart, Zukunft eines Geschehens / faktischer Verdacht oder anerkanntes Urteil zu Taten);
- (schwerpunktmäßige) Zwecke laut Sachverhalt (z.B.: Gefahrenabwehr / Situationsverhinderung / Situationsunterbindung / Sachverhaltserforschung / Straftatenerforschung / Ordnungswidrigkeitenerforschung / „Aufklärung" kann sowohl „Gefahrerforschungseingriff" als auch „Sachverhaltsaufklärung" i.S.d. §§ 160, 163 Abs. 1 S. 1 StPO; § 53 Abs. 1 S. 1 OWiG sein);
- (Verhaltens-)Äußerungen;
- Subjektive geäußerte Zielrichtungen (z.B. bei mündlichen Angaben vor, während, nach der Maßnahme oder in Vorgangsdateien wie Anzeigen, Berichte, Protokolle wie Sicherstellungs- oder Beschlagnahmeprotokolle, Schreiben, Vermerke);
- (Ausdrückliche/geäußerte/als Zweckaussage oder Zielaussage angegebene/zitierte) Anwendung von bestimmten Rechtsquellen, Rechtsnormen oder bestimmten Rechtsnorminhalten oder auch von bestimmten Rechtserkenntnisquellen (zu einem bestimmten Rechtsgebiet).

Rechtsgebiets-Begründung kann erfolgen ohne Gefahr- oder -Tatverdachts-Subsumtion, also ohne Subsumtion zu materiell-rechtlichen Voraussetzungen wie „Gefahr" oder „Tatverdacht", eher mit anhand tatsächlicher Umstände beschriebener „gefährlicher" Lage oder erforschungswürdiger Verdachtslage („aufgrund": Ursache/Zweckgrund/causa efficiens) und daraus folgernd eine Begründung mit Entschluss („zur": Zweck/Zweckziel/causa finalis).

Zum **Gefahrenabwehr- und -Strafrechtspflegeverhältnis** bzw. **Strafrechtspflege- und -Gefahrenabwehrverhältnis**: „Es gibt weder einen allgemeinen Vorrang der Strafprozessordnung gegenüber dem Gefahrenabwehrrecht noch umgekehrt. Die Polizei kann auch während eines bereits laufenden Ermittlungsverfahrens [und bei Tatverdacht, P. B.] aufgrund präventiver Ermächtigungsgrundlagen [oder anderer Rechtsgrundlagen, P. B.] zum Zwecke der Gefahrenabwehr tätig werden."[452]

Rechtsgebietsbeschreibung erfolgt nach jeweiligen schwerpunktmäßigen Eigenarten, Wesenszügen.[453]

---

Erklärung nach Treu und Glauben unter Berücksichtigung der für ihn erkennbaren Umstände verstehen musste. Dabei ist vom Wortlaut der Erklärung auszugehen und deren objektiver Gehalt unter Berücksichtigung des Empfängerhorizonts zu ermitteln (stRspr, vgl. Urteile vom 2. September 1999 - BVerwG 2 C 22.98 - BVerwGE 109, 283 <286> = Buchholz 237.7 § 72 NWLBG Nr. 4 und vom 27. Juni 2012 - BVerwG 9 C 7.11 - BVerwGE 143, 222 <Rn. 18> = Buchholz 11 Art. 20 GG Nr. 206; BGH, Urteile vom 24. Februar 1988 - VIII ZR 145/87 - BGHZ 103, 275 <280>, vom 27. Januar 2010 - VIII ZR 58/09 - BGHZ 184, 128 <137 Rn. 33> und vom 1. März 2011 - II ZR 16/10 - NJW 2011, 1666 <1667 Rn. 11> je m.w.N.)."; BVerwG, Beschluss vom 06.08.2018 – BVerwG 7 B 4.18, Rn. 10: „Dass die bundesrechtlichen Auslegungsregeln der §§ 133, 157 BGB auf öffentlich-rechtliche Erklärungen, d.h. u.a. auf Verwaltungsakte, entsprechend anzuwenden sind, ist in der Rechtsprechung des Bundesverwaltungsgerichts bereits geklärt (BVerwG, Urteil vom 20. Juni 2013 - 8 C 46.12 - BVerwGE 147, 81 Rn. 27 m.w.N.).". Zur Auslegung nach §§ 133, 157 BGB analog siehe auch Buch 1, Abschnitt 3, Unterabschnitt 2, Titel 4.

[452] BGHSt 62, 123 (**Legendierte Kontrollen**), Ls. 2 = BGH 2 StR 247/16 – Urteil vom 26.04.2017 (LG Limburg).

[453] Vgl. z.B. BVerfGE 141, 220, 268-286 (BKAG – „Zusammenführung" der Rechtsprechung zum „**Sicherheitsrecht**" seit 11.09.2001) = BVerfG, Urteil des Ersten Senats vom 20.04.2016 – 1 BvR 966/09 (BKAG – „Zusammenführung" der Rechtsprechung zum „Sicherheitsrecht" seit 11.09.2001), Rn. 103-144; BVerfGE 150, 244 (Kfz-Kennzeichenkontrollen 2) = BVerfG, Beschluss des Ersten Senats vom

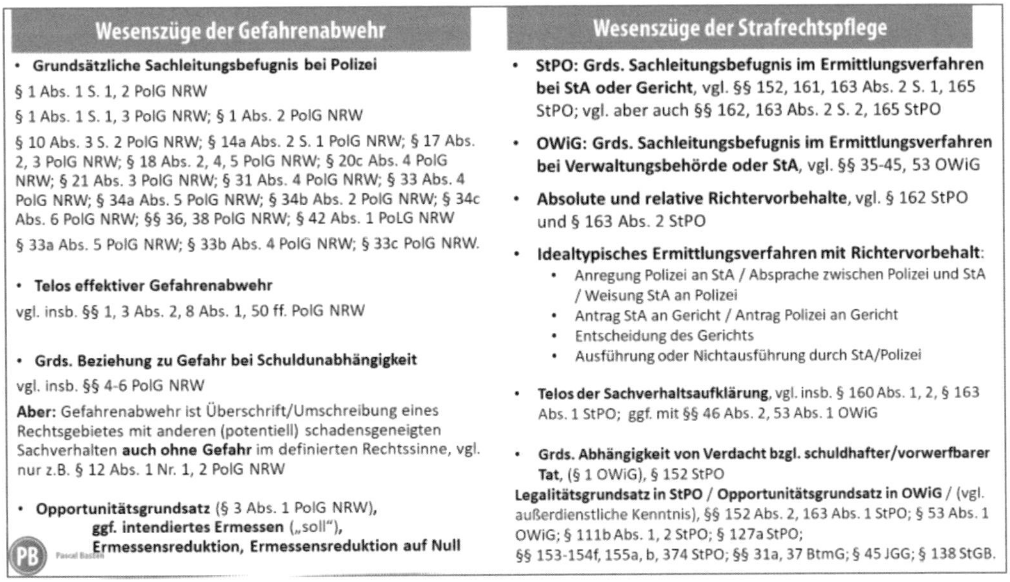


18.12.2018 – 1 BvR 142/15 Ls., Rn. 66-74 und speziell zum **Strafprozess**: BVerfGE 133, 168, 199 (Verständigungsgesetz) = BVerfG, Urteil des Zweiten Senats vom 19.03.2013 – 2 BvR 2628, 2883/10, 2155/11 –, B. I. 2., Rn. 56: „Aufgabe des Strafprozesses ist es, den Strafanspruch des Staates um des Schutzes der Rechtsgüter Einzelner und der Allgemeinheit willen in einem justizförmigen Verfahren durchzusetzen und dem mit Strafe Bedrohten eine wirksame Sicherung seiner Grundrechte zu gewährleisten. Der Strafprozess hat das aus der Würde des Menschen als eigenverantwortlich handelnder Person und dem Rechtsstaatsprinzip abgeleitete Prinzip, dass keine Strafe ohne Schuld verhängt werden darf (vgl. BVerfGE 80, 244 [255]; 95, 96 [140]), zu sichern und entsprechende verfahrensrechtliche Vorkehrungen bereitzustellen. Zentrales Anliegen des Strafprozesses ist die Ermittlung des wahren Sachverhalts, ohne den sich das materielle Schuldprinzip nicht verwirklichen lässt (vgl. BVerfGE 57, 250 [275]; 118, 212 [231]; 122, 248 [270]; 130, 1 [26]). Dem Täter müssen Tat und Schuld prozessordnungsgemäß nachgewiesen werden (vgl. BVerfGE 9, 167 [169]; 74, 358 [371]). Bis zum Nachweis der Schuld wird seine Unschuld vermutet (vgl. BVerfGE 35, 311 [320]; 74, 358 [371]).".

## Verwaltungsverfahren nach VwVfG (auf dem Rechtsgebiet der Gefahrenabwehr)

**§ 22 VwVfG – Beginn des Verfahrens**

- § 1 VwVfG: Anwendungsbereich; Begriff der Behörde
- § 2 VwVfG: Ausnahmen v Anwendungsbereich
- § 9 VwVfG: Begriff des Verwaltungsverfahrens; Ausgerichtetsein des Verwaltungsverfahrens auf Erlass eines Verwaltungsakts (VA) oder eines öffentlich-rechtlichen Vertrags
- § 10 VwVfG – Grundsatz der Nichtförmlichkeit (Ausnahmen: §§ 63 ff. VwVfG)
- § 13 VwVfG – Beteiligte
- § 24 VwVfG – Untersuchungsgrundsatz
- § 26 VwVfG – Beweismittel

**§ 41 VwVfG – Bekanntgabe des Verwaltungsakts**

- Nach Anhörung, § 28 VwVfG;
- ggf. mit Begründung, § 39 VwVfG;
- Wirksamkeit des VA: § 43 VwVfG;
- Nichtigkeit des VA: § 44 VwVfG

**§§ 48, 49, 50, 51 VwVfG –** Rücknahme rechtswidriger VA; Widerruf rechtmäßiger VA; Wiederaufgreifen des Verfahrens

**§ 68 VwGO – Vorverfahren (Widerspruchsverfahren)**
mit Widerspruch, § 70 VwGO (Ausnahmen: § 110 JustizG NRW; § 54 BeamtStG)

**§ 72 VwGO – Abhilfe**

oder

**§ 73 VwGO – Widerspruchsbescheid** (Stattgabe oder Zurückweisung)

**§ 123 VwGO – vorläufiger, ggf. vorbeugender Rechtsschutz** (Antrag an Gericht auf Erlass einstweiliger Anordnung vor Erhebung der Klage)

**§§ 81-106 VwGO – Verfahren im 1. Rechtszug** (Gericht: VG)

- **Anfechtungsklage** (gegen erlassenen VA), § 42 VwGO
- **Verpflichtungsklage** (auf VA-Erlass), § 42 VwGO
- **Leistungsklage** (auf Erlass oder Unterlassung von Realakten), §§ 43 Abs. 2, 111 VwGO
- **(Fortsetzungs-)Feststellungsklage** (u.a. auf Bestehen oder Nichtbestehen eines Rechtsverhältnisses, auch Rechtmäßigkeit oder Rechtswidrigkeit, § 43 VwGO; oder bei erledigtem VA bzgl. dessen Rechtmäßigkeit oder Rechtswidrigkeit als FFK, § 113 Abs. 1 S. 4 VwGO; bei vor Klageerhebung erledigtem VA § 113 Abs. 1 S. 4 VwGO analog)

**§ 124 VwGO: Berufung oder Beschwerde (Gericht: OVG)**

**§ 133 VwGO: Revision (Gericht: BVerwG)**

§ 80 VwGO – Wirkung von Widerspruch und Anfechtungsklage, vgl. insbesondere § 80 Abs. 2 S. 1 Nr. 2 VwGO

PB Pascal Basten

## Strafverfahren nach StPO

**Amtliche Überschriften in der StPO**
gemäß Art. 1 Nr. 13 i.V.m. Anlage 1 Gesetz zur Stärkung des Rechts des Angeklagten auf Vertretung in der Berufungsverhandlung und über die Anerkennung von Abwesenheitsentscheidungen in der Rechtshilfe vom 17.07.2015, BGBl. Teil I Nr. 31 S. 1332 f., 1338-1345, ausgegeben 24.07.2015

**Strafverfahren / „Strafprozess":**

- §§ 160-177: Erkenntnisverfahren im Vor-/Ermittlungsverfahren

**Erkenntnisverfahrensanlass:** Zureichende tatsächliche Anhaltspunkte einer verfolgbaren Straftat (Straftatverdacht), § 152 Abs. 2 StPO aufgrund „Anzeige" (§ 158 StPO) oder „auf anderem Wege", § 160 Abs. 1 S. 1 StPO.

**Erkenntnisverfahrensanfang:** Sachverhaltserforschung aufgrund zureichender tatsächlicher Anhaltspunkte einer verfolgbaren Straftat (Straftatverdacht), § 152 Abs. 2 StPO i.V.m. §§ 160, 161 Abs. 1, 163 Abs. 1, 2 StPO; Verdachtsgrade nach jeweiligem Erkenntnis- und Verfahrensstand: § 152 Abs. 2 StPO, § 112 Abs. 1 StPO, § 170 StPO, § 203 StPO bzgl. sog. prozessualer Tat (§ 264 StPO).

**Vorverfahrens-/Ermittlungsverfahrensende:** Mit Abschluss der Ermittlungen, § 169a StPO und StA-Beurteilung bzgl. Vorliegen hinreichenden Tatverdachts, § 170 StPO; auf StA-Verdachts-Beurteilung: Erhebung öffentlicher Klage durch Einreichung von Anklageschrift bei Gericht, § 170 Abs. 1 StPO oder Verfahrenseinstellung, § 170 Abs. 2 StPO, vgl. auch §§ 153-154f StPO.

**Rechtsbehelfe**: Gegenvorstellung; Dienst- oder Fachaufsichtsbeschwerde; Beschwerde/Widerspruch gemäß § 98 Abs. 2 S. 2 StPO analog; §§ 171-176 StPO

- §§ 199-211: Erkenntnisverfahren im Zwischenverfahren
- §§ 213-295: Erkenntnisverfahren im Hauptverfahren (Strafprozess im engeren Sinn)
- §§ 296-358: Erkenntnisverfahren im Rechtsmittelverfahren
- §§ 359-373a: Erkenntnisverfahren im Wiederaufnahmeverfahren
- §§ 449-473a: Vollstreckungsverfahren

**Polizeiliche Befugnisse: §§ 81a-h, 94-132, 163-164, 474-491**
**Vgl. aber auch z.B.: §§ 33, 52-55, 136, 417-420 StPO**

**Erstes Buch Allgemeine Vorschriften (§§ 1-150)**
- Siebter Abschnitt Sachverständige und Augenschein (§§ 72-93)
- Achter Abschnitt Beschlagnahme, Überwachung des Fernmeldeverkehrs, Rasterfahndung, Einsatz technischer Mittel, Einsatz Verdeckter Ermittler und Durchsuchung (§§ 94-111q)
- Neunter Abschnitt Verhaftung und vorläufige Festnahme (§§ 112-130)
- Abschnitt 9a Weitere Maßnahmen zur Sicherstellung der Strafverfolgung und Strafvollstreckung (§§ 131-132)
- Zehnter Abschnitt Vernehmung des Beschuldigten (§§ 133-136a)
- Elfter Abschnitt Verteidigung (§§ 137-150)

**Zweites Buch Verfahren im ersten Rechtszug (§§ 151-295)**
- Erster Abschnitt Öffentliche Klage (§§ 151-157)
- Zweiter Abschnitt Vorbereitung der öffentlichen Klage (§§ 158-177)

**Drittes Buch Rechtsmittel (§§ 296-358)**

**Viertes Buch Wiederaufnahme eines durch rechtskräftiges Urteil abgeschlossenen Verfahrens (§§ 359-373a)**

**Fünftes Buch Beteiligung des Verletzten am Verfahren (§§ 374-406l)**
- Erster Abschnitt Privatklage (§§ 374-394)
- Zweiter Abschnitt Nebenklage (§§ 395-402)
- Dritter Abschnitt Entschädigung des Verletzten (§§ 403-406c)
- Vierter Abschnitt Sonstige Befugnisse des Verletzten (§§ 406d-406l)

**Sechstes Buch Besondere Arten des Verfahrens (§§ 407-444)**
- Erster Abschnitt Verfahren bei Strafbefehlen (§§ 407-412)
- Zweiter Abschnitt Sicherungsverfahren (§§ 413-416)
- Abschnitt 2a Beschleunigtes Verfahren (§§ 417-420)
- Dritter Abschnitt Verfahren bei Einziehung und Vermögensbeschlagnahme (§§ 421-443)
- Vierter Abschnitt Verfahren bei Festsetzung von Geldbuße gegen juristische Personen und Personenvereinigungen (§ 444)

**Siebtes Buch Strafvollstreckung und Kosten des Verfahrens (§§ 449-473a)**
- Erster Abschnitt Strafvollstreckung (§§ 449-463d)
- Zweiter Abschnitt Kosten des Verfahrens (§§ 464-473a)

**Achtes Buch Schutz und Verwendung von Daten**

PB Pascal Basten

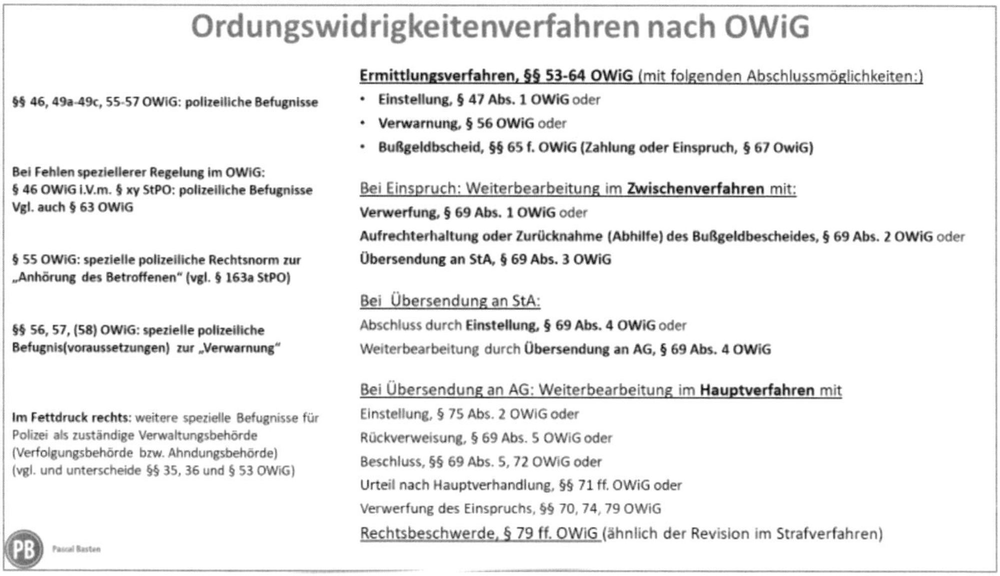


Gefahr- und (Tat-)Verdachts-Aufbauvarianten gibt es in der Fallbearbeitungspraxis wie folgt:

- teilweise bei Rechtsgebiet;
- teilweise bei Zuständigkeit;
- herrschend bei Tatbestandsvoraussetzungen.[454]

Gründe für die herrschende Fallbearbeitung bezüglich der Merkmale von Gefahr und Verdacht bei Tatbestandsvoraussetzungen:

- Rechtsgehalt der Fallbearbeitungspunkte bzw. Entscheidungserheblichkeit oder Entscheidungsunerheblichkeit:
    - Bei den Punkten Rechtsgebiet und Zuständigkeit stehen das Erfordernis (Ob) und die Art und Weise (Wie) einer materiell-rechtlichen Tatbestandsvoraussetzung der Gefahr und jedenfalls die Art und Weise (Wie) eines (Tat-)Verdachts nicht fest;
    - Das rechtsfaktische Vorliegen von (einer bestimmten) Gefahr und/oder (einem bestimmten) (Tat-)Verdacht einerseits und andererseits deren Entscheidungserheblichkeit können auseinanderfallen. Beispiele:
        - Maßnahme erfolgt auf dem Rechtsgebiet der Gefahrenabwehr bei Vorliegen eines Tatverdachts oder umgekehrt (vgl. z.B. Gemengelage mit doppelfunktionalen Maßnahmen und Aufgabenkonkurrenz[455]), denn: **Tatverdacht**

---

[454] Zur Fallbearbeitung von Merkmalen wie Gefahr in der materiellen Rechtmäßigkeit und Bearbeitung des Wortlauts „Gefahren" beim Rechtsgebiet oder bei der Zuständigkeit etwa mit bloßer Feststellung eines vorliegenden und der summarisch betrachteten Gesamtlage nach nicht völlig verfehlten Gefahrenabwehrzwecks des Maßnahmetreffenden/Rechtsfolgesetzers vgl. auch *Basten*, Recht der Polizei, S. 216, Rn. 552, mit weiteren Nachweisen.

[455] **Gemengelage**: **Lage** (PDV 100, Anlage 20) mit Aufgaben aus mehreren Rechtsgebieten; **Doppelfunktionale Maßnahme** (4 Bedeutungen): 1.: Maßnahme, die auf beiden Rechtsgebieten von Gefahrenabwehr und Strafrechtspflege möglich ist 2.: Maßnahme, die Wesenszüge beider Rechtsgebiete aufweist (vgl. BVerfGE 113, 348, 370 = BVerfG, Urteil des Ersten Senats vom 27.07.2005 – 1 BvR 668/04 –, C. II. 2. b) cc) (2), Rn. 100: „Die **Verfolgungsvorsorge** erfolgt in zeitlicher Hinsicht präventiv, betrifft aber gegenständlich das repressiv ausgerichtete Strafverfahren.") 3.: Maßnahme „mit jeweils selbständiger

(zureichende tatsächliche Anhaltspunkte einer verfolgbaren Tat, § 152 Abs. 2 StPO) ist zwar **notwendige Bedingung (condicio sine qua non)** für die Anwendung einer Ermittlungsmaßnahme auf dem Rechtsgebiet der Strafrechtspflege, aber Tatverdacht, selbst Verdacht frischer Tat ist keine **hinreichende Bedingung (condicio per quam)** für die Anwendung des Rechtsgebiets der Strafrechtspflege. Rechtmäßigkeit einer Ermittlungsmaßnahme aus StPO/OWiG ist nie ohne zureichende tatsächliche Anhaltspunkte einer verfolgbaren Tat (Tatverdacht) gegeben; aber bei Tatverdacht ist nicht immer eine Maßnahme aus StPO/OWiG gegeben.[456]

  - Maßnahme erfolgt auf Rechtsgrundlagen ohne rechtliche Voraussetzung von Gefahr und/oder Verdacht bei rechtsfaktischem Vorliegen von Gefahr und/oder Verdacht.

- **Rechtsgebiets- und Zuständigkeits-Unterscheidung** sowie **Zuständigkeits- und Befugnis-Unterscheidung**, Art. 20 Abs. 3 GG (Rechtsstaatsprinzip)[457]: **Rechtsgebiet** ist Rechtsordnungsteil – als Gesetzes- und Rechtsnormenzusammenfassung möglicher Rechtsgrundlagen – nach allen Umständen wie schwerpunktmäßigen Äußerungen, Rechtsnormen, Zwecken, wobei insbesondere letztere zweckhaft umschrieben werden können (zwecks Geschehensunterbindung / Geschehensaufklärung), sich auch aus objektiv-faktischen Sachlagen (z.B. Gefährlichkeit; vergangenes Geschehen) ergeben können. **Zuständigkeit** ist Aufgabenwahrnehmungserlaubnis – ohne weitere materiell-rechtliche Voraussetzungen. „Gefahrenabwehr" und „Strafrechtspflege" sind nur Überschriften/Zweck-Umschreibungen des Rechtsgebiets/der Aufgabenwahrnehmung mit deren vielen Möglichkeiten.[458] **Befugnis** ist Mittel-/Maßnahmen-/Rechtsfolgesetzungserlaubnis für die Aufgabenwahrnehmung; **Tatbestandsvoraussetzungen** sind materiell-rechtliche Rechtsfolgesetzungsbedingungen – so auch Gefahr oder Verdacht, und dies nur dann, wenn durch eine anwendbare materiell-rechtliche Befugnisrechtsnorm vorausgesetzt.
- Fallbearbeitungsfolgenabwägung: Konsequenz einer Bearbeitung von Merkmalen wie Gefahr und (Tat-)Verdacht jedenfalls bei gutachtlicher Fallbearbeitung mit vollständigem Schema könnte sein – mit allen Folgekonsequenzen für Art, Form, Inhalt, Mittel, Zeit der Fallbearbeitung –:

---

präventiver und repressiver Zielsetzung" der Polizei (BGHSt 62, 123 [Legendierte Kontrollen] = BGH, Urteil vom 26.04.2017 – BGH 2 StR 247/16: „echte doppelfunktionale Maßnahme") 4.: Maßnahme, „die nur deswegen auch präventiven Charakter" hat, „weil durch die Strafverfolgung ein entsprechender unselbständiger Nebeneffekt erzielt wird, etwa dass der Betroffene durch Festnahme an der Fortsetzung seiner strafbaren Handlung faktisch gehindert wird. In einem solchen Fall der ‚Prävention durch Repression' ist das polizeiliche Vorgehen schon nach seiner alleinigen Zwecksetzung ausschließlich strafprozessualer Natur." (BGHSt 62, 123 [Legendierte Kontrollen] = BGH, Urteil vom 26.04.2017 – BGH 2 StR 247/16); **Aufgabenkonkurrenz**: **Lage** (PDV 100, Anlage 20) mit Entscheidungsnotwendigkeit über Reihenfolge der Aufgabenwahrnehmung auf mehreren Rechtsgebieten.

456 Vgl. auch sogenannte „**Vorermittlungen**" nach StPO oder OWiG: Möglichkeit der Rechtmäßigkeit von sog. Vorermittlungen bei eben zureichenden tatsächlichen Anhaltspunkten und Rechtswidrigkeit bei Fehlen von zureichenden tatsächlichen Anhaltspunkten.

457 Vgl. auch die PolG-NRW-Gesetzessystematik mit Trennung von „Erster Abschnitt – Aufgaben und allgemeine Vorschriften" und „Zweiter Abschnitt – Befugnisse der Polizei".

458 Vgl. nur: § 1 Abs. 1 S. 1 PolG NRW (Plural: „Gefahren"), sodann die nähere Konkretisierung der originären Zuständigkeit „im Rahmen dieser Aufgabe" in § 1 Abs. 1 S. 2 PolG NRW – weitestgehend ohne (aktuelle) „Gefahr", sodann den PolG-NRW-Befugnisrechtsnormteil mit vielen Befugnisrechtsnormen ohne Gefahrvoraussetzung oder mit Voraussetzung ganz bestimmter Gefahr.

- dass die Fallbearbeitenden zu Beginn der Fallbearbeitung eine bestimmte Gefahr oder einen bestimmten (Tat-)Verdacht annehmen,
- deren weitere Folgen und Voraussetzungen weithin bearbeiten,

und

- das bei dem Umstand der Nichterforderlichkeit einer Gefahrbearbeitung oder (Tat-)Verdachtsbearbeitung

oder

- das bei dem Umstand, dass die Fallbearbeitenden mitten in der Fallbearbeitung oder gegen Ende der Fallbearbeitung die Voraussetzungen einer anderen Gefahr oder eines anderen (Tat-)Verdachts bestimmen müssten, die sich aus einer materiell-rechtlichen Rechtsnorm ergeben.

Fallbearbeitung von Sachverhalten, in denen das Rechtsgebiet der Gefahrenabwehr oder der Strafrechtspflege oder eine Zuständigkeit der Gefahrenabwehr oder der Strafrechtspflege im Sinne einer Möglichkeitstheorie nach jeder Betrachtungsweise ausgeschlossen erscheint, können bereits bei den Fallbearbeitungspunkten Rechtsgebiet oder Zuständigkeit ohne Gefahren- oder Verdachtssubsumtion unter eine bestimmte Gefahr oder einen bestimmten Verdacht erfolgen, und zwar in dem Sinne der Unmöglichkeit einer Verwirklichung des Zwecks mangels Anhaltspunkt im Tatsächlichen.

## Untertitel 3: A. III. Mögliche Befugnisrechtsnorm

**Mögliche Befugnisrechtsnorm** ist: eine rechtmäßige hauptsächliche materiell-rechtliche Rechtsgrundlage mit realfolgenentsprechender Rechtsfolge.

**Befugnisrechtsnorm** ist die rechtmäßige hauptsächliche materiell-rechtliche Rechtsgrundlage mit realfolgenentsprechender Rechtsfolge.

**Möglichkeit der Befugnisrechtsnorm** bezeichnet die Realisierbarkeit ihrer Funktion als hauptsächliche materiell-rechtliche Rechtsgrundlage im konkreten Fall und verdeutlicht die gutachtliche Befugnisnorm-Hypothese im Zeitpunkt der erstmaligen Nennung der Befugnisnorm während der Fallbearbeitung – im Gegensatz zum Fall-Gesamtergebnis nach Prüfung aller Befugnisnormvoraussetzungen; somit kann also der Oberpunkt jedenfalls bis zum Endergebnis/Gesamtergebnis heißen: Mögliche Befugnisrechtsnorm – und nicht nur Befugnisrechtsnorm.[459]

Befugnisrechtsnorm ist tauglicher Unterbegriff der Rechtsgrundlage als tauglicher Oberbegriff für alle Rechtsnormarten.[460]

**Rechtsgrundlagen- und Befugnisrechtsnorm-Unterscheidung** ist relevant insbesondere wegen des Rechtsstaatsprinzips, daraus des sogenannten Vorbehalts des Gesetzes und des sogenannten Vorrangs des Gesetzes[461], denn selbst wenn es keine Grundrechtseingriffs-Maßnahme gibt und dann nach herrschender Meinung der Vorbehalt des Gesetzes[462] nicht gilt, gilt weiterhin der Vorrang des Gesetzes, was bedeutet, dass zwar eben keine spezifische Befugnisrechtsnorm erforderlich ist, aber eben weiterhin ein Verstoß gegen geltendes Recht nicht erlaubt ist, womit jedenfalls fallspezifische Rechtsnormen und allgemeine Rechtmäßigkeitsvoraussetzungen Rechtsgrundlage in diesem grundlegenden Sinne sind.

Weitere Rechtsnormarten-Bezeichnungen sind: Rechtsgrundlage, Ermächtigungsgrundlage[463].

**Rechtsnorminhalt- und -form-Unterscheidung**[464]: Recht oder Befugnis oder Ermächtigung ist das sich aus einer Rechtsgrundlage oder einer Befugnisrechtsnorm oder einer Ermächtigungsgrundlage ergebende Recht, nicht die Rechtsgrundlage oder Befugnisrechtsnorm oder Ermächtigungsgrundlage selbst.

---

[459] Zur Möglichkeit der Rechtsgrundlage / RechtsgrundlagenMöglichkeit bereits: *Basten*, Recht der Polizei, S. 150: „Lediglich möglich und nicht einfach schon RGL ist die RGL, weil die Prüfung der Erfüllung sämtlicher ihrer Merkmale erst im weiteren Fortgang der Fallbearbeitung erfolgen und abgeschlossen werden kann, und erst nach Abschluss sämtlicher Subsumtion ihre Suffizienz als reale RGL feststeht."; Zur fachlichen Methode der Hypothesenbildung siehe auch: Buch 1, Abschnitt 3, Unterabschnitt 1 und Unterabschnitt 2 Titel 3. Übernahme des Begriffs „Mögliche" auch bei *Nimtz/Thiel* (seit 1. Auflage 2017): Eingriffsrecht Nordrhein-Westfalen, Rn. 241, sonst noch wechselnd schreibend von insbesondere: „Rechtsgrundlage", „Ermächtigungsgrundlage", „Befugnisnorm" (Gleichsetzung von „Befugnisnorm" und „Ermächtigungsgrundlage" etwa bei befugnisrechtsnormbezüglicher Rn. 214), „normiert[en] Befugnisse[n]", „Ermächtigungsnorm" „gesetzliche[r] Ermächtigung".

[460] Zu Rechtsnormarten wie Rechtsgrundlage, Befugnisrechtsnorm, Ermächtigungs(rechts)grundlage siehe auch Buch 1, Abschnitt 1, Unterabschnitt 3, Titel 2, Untertitel 2.

[461] Zum Rechtsstaatsprinzip und wesentlichen polizeirelevanten Folgerungen daraus wie „Vorbehalt und Vorrang des Gesetzes" siehe auch Buch 1, Abschnitt 2, Unterabschnitt 4, Titel 1.

[462] Ausdrücklicher Vorbehalt des Gesetzes in: § 1 Abs. 5 S. 1 PolG NRW.

[463] Zur terminologischen, befugnisrechtsnormverschiedenen Besetzung des Begriffs „Ermächtigungsgrundlage" siehe Buch 1, Abschnitt 1, Unterabschnitt 3, Titel 2, Untertitel 2.

[464] Zu Rechtsform und Rechtsinhalt allgemein siehe auch Buch 1, Abschnitt 1, Unterabschnitt 3, Titel 3.

**Befugnisrechtsnorm-Rechtmäßigkeit** ist Voraussetzung für konkrete Möglichkeit einer Befugnisrechtsnorm als reale Rechtsgrundlage, und die Rechtmäßigkeit einer Befugnisrechtsnorm ist Voraussetzung für die Rechtmäßigkeit der einzelnen Maßnahme und ist gegeben, wenn die mögliche Befugnisrechtsnorm formell (ordnungsgemäßes **Gesetzgebungsverfahren**, vgl. Art. 70-82 GG[465] / Art. 65 ff. Verfassung NRW) und materiell (kein Verstoß gegen höherrangiges

---

[465] Zu **Gesetzgebungszuständigkeiten / Gesetzgebungskompetenzen** (Zuständigkeit zum Geben von Gesetzen / zum Erlass von Gesetzen, vgl. Art. 70-82 GG / Art. 65 Verfassung NRW)**:** BVerfG, Urteil des Ersten Senats vom 19.05.2020 – 1 BvR 2835/17 – (Ausland-Ausland-Fernmeldeaufklärung nach BNDG), Ls. 4: „Die Regelung der **Auslandsaufklärung** fällt unter die auswärtigen Angelegenheiten im Sinne von Art. 73 Abs. 1 Nr. 1 GG. Dem **Bundesnachrichtendienst** kann auf dieser Kompetenzgrundlage über die Aufgabe einer **außen- und sicherheitspolitischen Unterrichtung der Bundesregierung** hinaus als eigene, nicht operativ wahrzunehmende Aufgabe die **Früherkennung von aus dem Ausland drohenden Gefahren** von internationaler Dimension übertragen werden. Es muss sich um Gefahren handeln, die sich ihrer Art und ihrem Gewicht nach auf die Stellung der Bundesrepublik in der Staatengemeinschaft auswirken können und gerade in diesem Sinne von **außen- und sicherheitspolitischer Bedeutung** sind.“; BVerfG, Urteil des Ersten Senats vom 19.05.2020 – 1 BvR 2835/17 – (Ausland-Ausland-Fernmeldeaufklärung nach BNDG), D. I. 1. a) aa) bb), Rn. 123-128: „Maßgebliche Kompetenzgrundlage ist Art. 73 Abs. 1 Nr. 1 GG, der eine Gesetzgebungskompetenz des Bundes über die **auswärtigen Angelegenheiten** sowie die **Verteidigung** begründet. Die Einrichtung einer Stelle zur umfassenden **Auslandsaufklärung** fällt unstreitig unter die **auswärtigen Angelegenheiten** im Sinne von Art. 73 Abs. 1 Nr. 1 GG (vgl. BVerfGE 100, 313 <369>). Dazu zählt auch die Ausstattung mit aufgaben-adäquaten Befugnissen. Allerdings sind die Aufgaben, die der Gesetzgeber einer solchen Stelle übertragen kann, begrenzt. Der Begriff der **auswärtigen Angelegenheiten** in Art. 73 Abs. 1 Nr. 1 GG kann nicht ohne Rücksicht auf die Verteilung der Gesetzgebungskompetenzen im Übrigen bestimmt werden. Zum einen darf er nicht in einer Weise ausgelegt werden, dass die **Kompetenzverteilung zwischen Bund und Ländern** unterlaufen wird. Zum anderen muss er sich in die verschiedenen Kompetenzzuweisungen an den Bund einfügen. Unter beiden Gesichtspunkten verbietet sich ein Verständnis des Begriffs, nach dem alle Tatbestände mit Auslandsbezug zu den **auswärtigen Angelegenheiten** zählen. Darunter sind diejenigen Fragen zu verstehen, die für das Verhältnis der Bundesrepublik Deutschland zu anderen Staaten oder zwischenstaatlichen Einrichtungen, insbesondere für die Gestaltung der Außenpolitik, Bedeutung haben (vgl. BVerfGE 100, 313 <368 f.>; vgl. auch BVerfGE 133, 277 <319 Rn. 101>). Abzugrenzen ist die Gesetzgebungskompetenz nach Art. 73 Abs. 1 Nr. 1 GG insbesondere von der Gesetzgebungskompetenz nach Art. 73 Abs. 1 Nr. 9a GG, der dem Bund für die **Abwehr von Gefahren des internationalen Terrorismus** eine Gesetzgebungskompetenz allein in Bezug auf das **Bundeskriminalpolizeiamt** einräumt. Im Grenzbereich zur Verbrechensbekämpfung ist weiter von Belang, dass Art. 73 Abs. 1 Nr. 10 GG dem Bund bestimmte und zugleich begrenzte Gesetzgebungskompetenzen für die Zusammenarbeit zwischen Bund und Ländern im Bereich der **Kriminalpolizei**, für die Einrichtung eines **Bundeskriminalpolizeiamtes** sowie für die **internationale Verbrechensbekämpfung** zuweist. Darunter ist nicht die Bekämpfung internationaler Verbrechen zu verstehen, sondern die **internationale Bekämpfung von Verbrechen**, also etwa die Zusammenarbeit deutscher mit ausländischen Stellen in kriminalpolizeilichen Fragen. Im Übrigen fällt das **Polizeirecht als Gefahrenabwehrrecht** in die **Zuständigkeit der Länder** (vgl. BVerfGE 100, 313 <369>). Hieraus ergibt sich, dass der Bund den **Bundesnachrichtendienst** mit der **Auslandsaufklärung** nicht allgemein zum Zweck der Gewährleistung der **inneren Sicherheit** betrauen kann. Art. 73 Abs. 1 Nr. 1 GG berechtigt den Bundesgesetzgeber nicht dazu, Befugnisse einzuräumen, die auf die **Verhütung, Verhinderung oder Verfolgung von Straftaten** als solche gerichtet sind (vgl. BVerfGE 100, 313 <370>; 133, 277 <319 Rn. 101>). Dem **Bundesnachrichtendienst** können insoweit nur Aufgaben und Befugnisse übertragen werden, die eine **außen- und sicherheitspolitische Bedeutung** haben und damit eine internationale Dimension aufweisen. Dies beschränkt den Bundesgesetzgeber umgekehrt allerdings nicht darauf, den **Bundesnachrichtendienst** allein mit der Aufgabe zu betrauen, die Bundesregierung mit **Entscheidungsgrundlagen zur Sicherung ihrer außen- oder verteidigungspolitischen Handlungsfähigkeit** zu versorgen (vgl. BVerfGE 100, 313 <368 ff.>). Zwar liegt hierin die primäre Aufgabe der **Auslandsaufklärung**, von der das Gesamtprofil des auf Art. 73 Abs. 1 Nr. 1 GG gestützten Dienstes auch geprägt bleiben muss. Jedoch kann dem **Bundesnachrichtendienst** als eigene Aufgabe auch die

**Früherkennung von aus dem Ausland drohenden Gefahren** anvertraut werden, wenn diese eine hinreichend internationale Dimension aufweisen. Maßgeblich ist, dass es sich um Gefahren handelt, die sich ihrer Art und ihrem Gewicht nach auf die Stellung der Bundesrepublik in der Staatengemeinschaft auswirken können und gerade in diesem Sinne von **außen- und sicherheitspolitischer Bedeutung** sind. Zu denken ist hier etwa an Gefahren durch staatenübergreifend machtvoll agierende Netzwerke der organisierten Kriminalität, durch von außen gesteuerte Cyberangriffe auf wichtige Infrastruktur oder durch Terrorakte, die sich als Ausdruck international verflochtener Konfliktlagen darstellen. Demgegenüber umfasst die Kompetenz nicht die Schaffung von Regelungen zur **Aufklärung einzelner, auch bedeutsamer Straftaten im Inland**, allein weil sich hierfür Tatbeiträge oder Erkenntnisquellen im Ausland befinden. Auch könnte die Zuständigkeit des Bundesnachrichtendienstes etwa nicht generell auf die **Aufklärung von Auslandsstraftaten** nach § 6 StGB erstreckt werden. Dass hier die Tatbegehung im Ausland unter Strafe gestellt wird und solche Normen in internationale Vereinbarungen einbezogen sind, begründet für sich noch nicht, dass ihrer Aufklärung in jedem Fall eine außen- und sicherheitspolitische Bedeutung zukommt, die alleine dem Bund eine Gesetzgebungskompetenz nach Art. 73 Abs. 1 Nr. 1 GG eröffnet.".

BVerfGE 141, 220, 263 f. (BKAG – „Zusammenführung" der Rechtsprechung zum „Sicherheitsrecht" seit 11.09.2001) = BVerfG, Urteil des Ersten Senats vom 20.04.2016 – 1 BvR 966/09 (BKAG – „Zusammenführung" der Rechtsprechung zum „Sicherheitsrecht" seit 11.09.2001), C. I. 1., 2., Rn. 88 f.: „[Eine] Gesetzgebungskompetenz des Bundes ergibt sich aus Art. 73 Abs. 1 Nr. 9a GG. [...] Dass dabei auch die **Straftatenverhütung** erfasst wird, ist durch Art. 73 Abs. 1 Nr. 9a GG nicht ausgeschlossen. Grenzen einer Vorverlagerung von Maßnahmen in das **Vorfeld konkreter Gefahren** ergeben sich aus rechtsstaatlichen, insbesondere grundrechtlichen Anforderungen, nicht aber aus dem Kompetenztitel des Art. 73 Abs. 1 Nr. 9a GG. Der Begriff der **Gefahrenabwehr** schließt kompetenzrechtlich die **Straftatenverhütung** ein. Unbedenklich ist auch, dass die angegriffenen Vorschriften Handlungsbefugnisse begründen, die sich teilweise mit denen der Landespolizeibehörden überschneiden. Der verfassungsändernde Gesetzgeber hat dies bewusst in Kauf genommen. [...] Ungeachtet der Frage, wie das Verhältnis des Art. 87 Abs. 1 Satz 2 GG zu Art. 73 Abs. 1 Nr. 9a und 10 GG genauer zu bestimmen ist, zielte die Einführung des Art. 73 Abs. 1 Nr. 9a GG im Jahre 2006 von vornherein darauf, die neu zu schaffenden Regelungen in die Hände des Bundeskriminalamts zu legen. Nach dem Wortlaut des neuen Kompetenztitels soll ausdrücklich die Abwehr von Gefahren des internationalen Terrorismus „durch das **Bundeskriminalpolizeiamt**" geregelt werden. Deshalb lässt sich die Verwaltungskompetenz des Bundeskriminalamts als Bundesbehörde jedenfalls auf eine Zusammenschau von Art. 73 Abs. 1 Nr. 9a GG und Art. 87 Abs. 1 Satz 2 GG stützen.".

Zu **Verwaltungszuständigkeiten / Verwaltungskompetenzen (Gesetzesausführungszuständigkeit / Zuständigkeit zur Ausführung von Gesetzen**, vgl. z.B. Art. 30, 83-91 GG): BVerfGE 139, 321, 352 f. (Zeugen Jehovas Bremen) = BVerfG, Beschluss des Zweiten Senats vom 30.06.2015 – 2 BvR 1282/11 –, C. III. 1. a) aa), bb), Rn. 97-101: „Die **Länder** sind als Glieder des Bundes Staaten mit eigener – wenn auch gegenständlich beschränkter – Hoheitsmacht (stRspr seit BVerfGE 1, 14 [34]). [...] Nach dem für die **bundesstaatliche Ordnung** grundlegenden Verfassungsrechtssatz des Art. 30 GG ist die **Ausübung der staatlichen Befugnisse und die Erfüllung der staatlichen Aufgaben** Sache der Länder, soweit das Grundgesetz keine andere Regelung trifft oder zulässt (vgl. BVerfGE 12, 205 <244>; 108, 169 <179>). Ein Land ist bei Ausübung seiner **Verwaltungshoheit** grundsätzlich auf sein eigenes Staatsgebiet beschränkt (vgl. BVerfGE 11, 6 <19>; BVerwGE 115, 373 <384>; Isensee, in: Isensee/P. Kirchhof, Handbuch des Staatsrechts, Band VI, 3. Aufl. 2008, § 126 Rn. 35). Für den **Vollzug von Landesgesetzen** gilt eine Einschränkung dieses Grundsatzes dann, wenn er - etwa durch Staatsvertrag - abbedungen oder die Ausübung der Verwaltungshoheit die Hoheitsgewalt anderer Länder nicht beeinträchtigt (vgl. BVerwGE 79, 339 <341 f.>). Soweit Bundesgesetze im Sinne des Art. 83 GG vollzogen werden [**Bundesgesetzvollziehungen**, P. B.], werden diese von den Ländern als **eigene Angelegenheit** ausgeführt; in diesem Bereich spricht eine **Vermutung für die Landeszuständigkeit** (vgl. BVerfGE 11, 6 <15>; 108, 169 <179>). Die Länder sind deshalb grundsätzlich berechtigt und verpflichtet, zur Ausführung von Bundesgesetzen in eigener Verantwortung verwaltend tätig zu werden (vgl. BVerfGE 37, 363 <384 f.>; 55, 274 <318 f.>; 108, 169 <179>). Der im Vollzug eines Bundesgesetzes ergangene Verwaltungsakt eines Landes beansprucht grundsätzlich im ganzen Bundesgebiet Geltung (vgl. BVerfGE 11, 6 <19>). Unabhängig davon, ob die Länder Landes- oder Bundesrecht vollziehen, unterliegen sie der aus dem **Bundesstaatsprinzip** des Art. 20 Abs. 1 GG folgenden **Pflicht zu bundesfreundlichem Verhalten** (vgl. BVerfGE 12, 205

<255>; 13, 54 <75>; 21, 312 <326>; 42, 103 <117>; 81, 310 <337>). Diese Pflicht verlangt, dass sowohl der Bund als auch die Länder bei der Wahrnehmung ihrer Kompetenzen die gebotene und ihnen zumutbare Rücksicht auf das Gesamtinteresse des Bundesstaates und auf die Belange der Länder nehmen (vgl. BVerfGE 32, 199 <218>; 43, 291 <348>; 81, 310 <337>; 104, 249 <269 f.>).“.

Recht, vgl. Art. 1-19 GG, speziell Art. 19 Abs. 1 S. 1[466], 2[467], Abs. 2[468] GG, Art. 20 Abs. 3 GG[469]) verfassungsgemäß ist.

---

[466] Art. 19 Abs. 1 S. 1 GG: **Einzelfallgesetzverbot**. Vgl. auch BVerfGE 10, 234 (Platow-Amnestie) = BVerfG, Beschluss des Ersten Senats vom 15.12.1959 – 1 BvL 10/55, dort in BVerfGE 10, 234, 244 zum Begriff „getarntes **Individualgesetz**": „Von einem solchen kann nur dann gesprochen werden, wenn der Gesetzgeber ausschließlich einen bestimmten Einzelfall oder eine bestimmte Gruppe von Einzelfällen regeln will und zur Verdeckung dieser Absicht generell formulierte Tatbestandsmerkmale dergestalt in einer Norm zusammenfaßt, daß diese nur auf jene konkreten Sachverhalte Anwendung finden kann, die dem Gesetzgeber vorschwebten und auf die die Norm zugeschnitten ist. Es muß also zunächst die Feststellung gerechtfertigt sein, daß der Sache nach ein Individualgesetz vorliegt; erst dann ist für die weitere Prüfung Raum, ob der Gesetzgeber einer Norm absichtlich eine Formulierung gegeben hat, die deren Individualcharakter verbergen soll."; BVerfGE 25, 371 (lex Rheinstahl) = BVerfG, Urteil des Zweiten Senats vom 07.05.1969 – 2 BvL 15/67, Ls. 1: „Der Begriff des Maßnahmegesetzes ist verfassungsrechtlich irrelevant."; BVerfGE 95, 1 (Südumfahrung Stendhal) = BVerfG, Beschluss des Zweiten Senats vom 17.07.1996 – 2 BvF 2/93 –.

[467] Art. 19 Abs. 1 S. 2 GG: **Zitiergebot**. Das Zitiergebot gilt in Zusammenfassung ständiger Rechtsprechung insbesondere nur wie folgt: bis auf deutliche Eingriffsweiterungen einmalig allgemein für irgendeine Stelle im einschränkenden nachkonstitutionellen Gesetz bei („gezielten und gewollten") Eingriffen i.S.d. engen, klassischen Eingriffsbegriffs in folgende Grundrechte: Art. 2 Abs. 2 S. 1 Alt. 1, 2 GG; Art. 2 Abs. 2 S. 2 GG, Art. 8 GG, Art. 10 GG, Art. 11 GG, Art. 13 GG. Vgl. auch BVerfGE 21, 92, 93 (§ 9 Grundstückverkehrsgesetz – GrdstVG) = BVerfG, Beschluss des Ersten Senats vom 12.01.1967 – 1 BvR 168/64: [Das Zitiergebot] „findet nur Anwendung auf Grundrechte, die aufgrund ausdrücklicher Ermächtigung vom Gesetzgeber eingeschränkt werden dürfen."; BVerfGE 24, 367, 396 (Hamburgisches Deichordnungsgesetz) = BVerfG, Urteil des Ersten Senats vom 18.12.1968 – 1 BvR 638, 673/64 und 200, 238, 249/65, E. III. 1 a), Rn. 114: „Art. 19 Abs. 1 GG dient der Sicherung derjenigen Grundrechte, die auf Grund eines speziellen im Grundgesetz enthaltenen Vorbehalts durch Gesetz oder auf Grund eines Gesetzes eingeschränkt werden können."; BVerfGE 28, 36 (Zitiergebot) = BVerfG, Beschluss des Zweiten Senats vom 18.02.1970 – 2 BvR 531/68 –, Ls. 1: „Art. 19 Abs. 1 S. 2 GG gilt nur für die Gesetze, die darauf abzielen, ein Grundrecht über die in ihm selbst angelegten Grenzen hinaus einzuschränken."; BVerfGE 28, 36, 46 (Zitiergebot) = BVerfG, Beschluss vom 18.02.1970 – 2 BvR 531/68 –, B. I. 2. a), Rn. 45: „Das Zitiergebot von Art. 19 Abs. 1 Satz 2 GG wendet sich an den nachkonstitutionellen Gesetzgeber [vgl. z.B. StPO, P. B.], der neue Grundrechtseinschränkungen vornimmt (BVerfGE 2, 121 [122 f.]; 5, 13 [16]; 15, 288 [293]). Es soll ihn veranlassen, solche Eingriffe im Gesetzeswortlaut auszuweisen. Als Formvorschrift bedarf die Norm enger Auslegung, wenn sie nicht zu einer leeren Förmlichkeit erstarren und den die verfassungsmäßige Ordnung konkretisierenden Gesetzgeber in seiner Arbeit unnötig behindern soll."; BVerfGE 129, 208, 237 (Gesetzes zur Neuregelung der Telekommunikationsüberwachung vom 21.12.2007) = BVerfG, Beschluss des Zweiten Senats vom 12.10.2011 – 2 BvR 236, 237, 422/08 –, Rn. 179: „Die Warn- und Besinnungsfunktion betrifft nicht nur eine erstmalige Grundrechtseinschränkung, sondern wird bei jeder erheblichen Veränderung der Eingriffsvoraussetzungen bedeutsam, die zu neuen Grundrechtseinschränkungen führt. Wird die Eingriffsgrundlage deutlich erweitert, greift das Zitiergebot (vgl. BVerfGE 113, 348 [366 f.] [Quellenangabe]. Bei Gesetzen, die lediglich bereits geltende Grundrechtseinschränkungen unverändert oder mit geringen Abweichungen wiederholen, findet das Zitiergebot hingegen keine Anwendung (vgl. BVerfGE 5, 13 [16]; 16, 194 [199 f.]; 35, 185 [188 f.]; 61, 82 [113])."; Zum „gezielten und gewollten Eingriff i.S.d. engen, klassischen Eingriffsbegriffs vgl. BVerfG, Beschluss der 1. Kammer des Ersten Senats vom 11.08.1999 – 1 BvR 2181/98 –, Rn. 56 f. (§ 8 TPG); Speziell zum **Zitiergebot bei Verordnungen** i.S.d. Art. 80 GG, Art. 70 Verfassung NRW: BVerfGE 101, 1, Ls. 1 a), b) und 42 (Hennenhaltungsverordnung) = BVerfG, Urteil des Zweiten Senats vom 06.071999 – 2 BvF 3/90 –, D. I. 1.-3., Rn. 154-157: „Das Zitiergebot des Art. 80 Abs. 1 Satz 3 GG soll nicht nur die gesetzliche Ermächtigungsgrundlage kenntlich und damit auffindbar machen. Es soll auch die Feststellung ermöglichen, ob der Verordnunggeber beim Erlaß der Regelungen von einer gesetzlichen Ermächtigung überhaupt Gebrauch machen wollte (vgl. Nierhaus in: Bonner Kommentar [Lfg. Nov. 1998], Art. 80 Rn. 322). Die Exekutive muß durch Angabe ihrer Ermächtigungsgrundlage sich selbst des ihr aufgegebenen Normsetzungsprogramms

vergewissern und hat sich auf dieses zu beschränken. Es kommt daher nicht nur darauf an, ob sie sich überhaupt im Rahmen der delegierten Rechtssetzungsgewalt bewegt, vielmehr muß sich die in Anspruch genommene Rechtssetzungsbefugnis gerade aus den von ihr selbst angeführten Vorschriften ergeben (vgl. BVerwG, NJW 1983, S. 1922). Außerdem dient Art. 80 Abs. 1 Satz 3 GG der Offenlegung des Ermächtigungsrahmens gegenüber dem Adressaten der Verordnung. Das soll ihm die Kontrolle ermöglichen, ob die Verordnung mit dem ermächtigenden Gesetz übereinstimmt. Art. 80 Abs. 1 Satz 3 GG statuiert insoweit ein rechtsstaatliches Formerfordernis, das die Prüfung erleichtern soll, ob sich der Verordnunggeber beim Erlaß der Verordnung im Rahmen der ihm erteilten Ermächtigung gehalten hat (vgl. BVerfGE 24, 184 [196]). Hiervon ausgehend muß eine Verordnung, die auf mehreren Ermächtigungsgrundlagen beruht, diese vollständig zitieren und bei inhaltlicher Überschneidung mehrerer Ermächtigungsgrundlagen diese gemeinsam angeben. Allerdings muß nicht zu jeder Bestimmung der Verordnung im einzelnen angegeben werden, auf welcher der Ermächtigungen sie beruht (vgl. BVerfGE 20, 283 [292]). Das Zitiergebot erfordert vor allem, daß die einzelne Vorschrift des Gesetzes genannt wird, in welcher die Ermächtigung enthalten ist. Nur auf diese Weise kann sichergestellt werden, daß die Adressaten einer Verordnung deren Rechtsgrundlagen erkennen und ihre Einhaltung durch den Verordnunggeber nachprüfen können (vgl. BVerfGE 24, 184 [196]).“; BVerfG, Beschluss des Ersten Senats vom 18.06.2019 – 1 BvR 587/17 (Subdelegierte Verordnung), Ls. 1: „Das Zitiergebot des Art. 80 Abs. 1 Satz 3 GG gilt auch im Fall der Subdelegation nach Art. 80 Abs. 1 Satz 4 GG [vgl. Art. 70 Abs. 1 S. 3 Verfassung NRW, P. B.]. Die subdelegierte Verordnung muss ihre unmittelbare Ermächtigungsgrundlage angeben, die sie in der subdelegierenden Verordnung findet. In der subdelegierenden Verordnung sind die gesetzliche Verordnungsermächtigung und die gesetzliche Ermächtigung zur Subdelegation zu nennen.“.

468 **Wesensgehaltsgarantie**: BVerfG, Beschluss des Ersten Senats vom 06.11.2019 – 1 BvR 276/17 –, Rn. 97 [bzgl. Wesensgehalt unter Bezug auf ständige Rechtsprechung zum Verhältnis von GG-Grundrechten und Unionsrecht]: „Maßgeblich ist insoweit eine auf das jeweilige Grundrecht des Grundgesetzes bezogene generelle Betrachtung.“ [vgl. auch Art. 2 Abs. 2 S. 1 Alt. 1 GG und konkret-individuell mögliche Tötungen, etwa: § 63 Abs. 2 S. 2 PolG NRW]; BVerfGE 61, 82, 113 (Sasbach) = BVerfG, Beschluss des Zweiten Senats vom 08.07.1982 – 2 BvR 1187/80 –, B. II. 2. b), Rn. 97: „Zwar kann der Wesensgehalt eines Grundrechts, etwa des Art. 2 Abs. 2, Art. 12 oder Art. 14 Abs. 1 Satz 1 GG, betroffen sein, wenn jeglicher Störungsabwehranspruch, den die Rechtsordnung zum Schutze eines Grundrechts einräumt, materiellrechtlich beseitigt oder wenn verfahrensrechtlich verwehrt wird, ihn wirkungsvoll geltend zu machen, mag er oder das Grundrecht, zu dessen Schutz er gewährt ist, auch - unbewehrt in bezug auf ein bestimmtes Vorhaben - materiellrechtlich bestehen bleiben. Ob eine derartige Auswirkung vorliegt, muß indes anhand des gesamten Wirkungsgefüges bemessen werden, in das die einschränkende Norm gestellt ist.“.

469 Zum **Rechtsstaatsprinzip** und wesentlichen polizeirelevanten Folgerungen daraus wie „Vorbehalt und Vorrang des Gesetzes“ siehe auch Buch 1, Abschnitt 2, Unterabschnitt 4, Titel 1, zum Beispiel mit **Bestimmtheitsgebot** (Gebot der Maßnahmenerkennbarkeit und Maßnahmenverstehbarkeit einschließlich Gebot der Normenklarheit). Zum **Bestimmtheitsgebot** (einschließlich **Normenklarheitsgebot**): BVerfGE 149, 293 (5 Punkt Fixierung/7-Punkt-Fixierung) – BVerfG, Urteil des Zweiten Senats vom 24.07.2018 – 2 BvR 309/15 –, D. II. 2. a), Rn. 77 f.: „Schon nach dem allgemeinen, im Rechtsstaatsprinzip (Art. 20 Abs. 3 GG) gründenden **Gebot hinreichender Bestimmtheit** der Gesetze ist der Gesetzgeber gehalten, Vorschriften so bestimmt zu fassen, wie dies nach der Eigenart der zu ordnenden Lebenssachverhalte mit Rücksicht auf den Normzweck möglich ist (vgl. BVerfGE 49, 168 <181>; 59, 104 <114>; 78, 205 <212>; 103, 332 <384>; 134, 141 <184 Rn. 126>; 143, 38 <60 f. Rn. 55 ff.>). Die Betroffenen müssen die Rechtslage erkennen und ihr Verhalten danach ausrichten können (vgl. BVerfGE 103, 332 <384>; 113, 348 <375 f.>; 131, 88 <123>). Die Anforderungen an die **Bestimmtheit und Klarheit** der Norm dienen ferner dazu, die Verwaltung zu binden und ihr Verhalten nach Inhalt, Zweck und Ausmaß zu begrenzen sowie die Gerichte in die Lage zu versetzen, die Verwaltung anhand rechtlicher Maßstäbe zu kontrollieren (BVerfGE 113, 348 <376 f.> m.w.N.). Dies setzt voraus, dass hinreichend klare Maßstäbe bereitgestellt werden. Die Entscheidung über die Grenzen der Freiheit des Bürgers darf nicht einseitig in das Ermessen der Verwaltung oder gar Privater gestellt sein (vgl. BVerfGE 113, 348 <376>). Dabei sind die Anforderungen an den Grad der **Klarheit und Bestimmtheit** umso strenger, je intensiver der Grundrechtseingriff ist, den eine Norm rechtfertigen soll (vgl. BVerfGE 59, 104 <114>; 75, 329 <342>; 83, 130

**Realfolge** ist die Maßnahme laut Sachverhalt.

---

<145>; 86, 288 <311>; 93, 213 <238>; 109, 133 <188>; 128, 282 <318>; 134, 33 <81 Rn. 111>). Für die näheren Anforderungen kann, nicht zuletzt in der Frage, inwieweit Maßgaben, die sich aus dem Grundgesetz ableiten lassen, ausdrücklicher und konkretisierender Festlegung im einfachen Gesetz bedürfen, auch der jeweilige Kreis der Normanwender und Normbetroffenen von Bedeutung sein (vgl. BVerfGE 110, 33 <64>; 126, 170 <196>; 128, 282 <318>). Grundsätzlich fehlt es an der notwendigen Bestimmtheit nicht schon deshalb, weil eine Norm auslegungsbedürftig ist (vgl. BVerfGE 45, 400 <420>; 117, 71 <111>; 128, 282 <317>; stRspr). Das **Bestimmtheitsgebot** schließt die Verwendung wertausfüllungsbedürftiger Begriffe bis hin zu Generalklauseln nicht aus (vgl. BVerfGE 11, 234 <237>; 28, 175 <183>; 48, 48 <56>; 92, 1 <12>; 126, 170 <196>). Der Gesetzgeber muss in der Lage bleiben, der Vielgestaltigkeit des Lebens Herr zu werden (vgl. BVerfGE 28, 175 <183>; 47, 109 <120 f.>; 126, 170 <195>). Dabei lässt sich der Grad der für eine Norm jeweils erforderlichen Bestimmtheit nicht abstrakt festlegen, sondern hängt von den Besonderheiten des jeweiligen Tatbestands einschließlich der Umstände ab, die zur gesetzlichen Regelung geführt haben (vgl. BVerfGE 28, 175 <183>; 86, 288 <311>; 126, 170 <196>). Gegen die Verwendung unbestimmter Rechtsbegriffe bestehen keine Bedenken, wenn sich mit Hilfe der üblichen Auslegungsmethoden, insbesondere durch Heranziehung anderer Vorschriften desselben Gesetzes, durch Berücksichtigung des Normzusammenhangs oder aufgrund einer gefestigten Rechtsprechung eine zuverlässige Grundlage für die Auslegung und Anwendung der Norm gewinnen lässt (vgl. BVerfGE 45, 363 <371 f.>; 86, 288 <311>). Die Rechtsprechung ist zudem gehalten, verbleibende Unklarheiten über den Anwendungsbereich einer Norm durch Präzisierung und Konkretisierung im Wege der Auslegung nach Möglichkeit auszuräumen (vgl. BVerfGE 126, 170 <198>; 131, 268 <307>; 134, 33 <81 f. Rn. 112>).“ BVerfGE 133, 277, 336 f. (Antiterrordateigesetz – ATDG) = BVerfG, Urteil des Ersten Senats vom 24.04.2013 – 1 BvR 1215/07, Rn. 140: „Das **Bestimmtheitsgebot** soll sicherstellen, dass Regierung und Verwaltung im Gesetz steuernde und begrenzende Handlungsmaßstäbe vorfinden und dass die Gerichte eine wirksame Rechtskontrolle durchführen können. Ferner erlauben die **Bestimmtheit und Klarheit** der Norm, dass die betroffenen Bürgerinnen und Bürger sich auf mögliche belastende Maßnahmen einstellen können (vgl. BVerfGE 110, 33 [52ff.]; 113, 348 [375ff.]; 120, 378 [407f.]). Der Gesetzgeber kann dabei, soweit er Anlass, Zweck und Ausmaß selbst festlegt, die genauere Bestimmung dieser Maßstäbe unter Umständen gemäß Art. 80 Abs. 1 GG an die Verwaltung delegieren, die diese dann durch Rechtsverordnung festzulegen hat. Auch hierbei handelt es sich jedoch um gesetzliche Grundlagen im materiellen Sinne, die nicht nur verwaltungsintern für die Behörden, sondern als Außenrecht auch für den Bürger und gegebenenfalls die Gerichte verbindlich sind. Das **Bestimmtheitsgebot** steht damit in enger Beziehung zu den grundrechtlichen Gesetzesvorbehalten, nach denen Eingriffe in die Grundrechte nur durch Gesetz und gegebenenfalls aufgrund eines Gesetzes eingeschränkt werden können. Hierdurch wird gewährleistet, dass der Umfang von Grundrechtseingriffen in den wesentlichen Aspekten im parlamentarischen Verfahren öffentlich unter Mitwirkung auch der nicht die Regierung tragenden Abgeordneten diskutiert, deren weitere generell-abstrakte Präzisierung durch die Verwaltung gemäß Art. 80 Abs. 1 GG erkennbar als Konkretisierung dieser parlamentarischen Entscheidung ausgewiesen und die insoweit letztlich maßgeblichen Normen für alle verbindlich und durch Ausfertigung und Verkündung erkennbar bekanntgemacht werden. Die demokratische und rechtsstaatliche Funktion des Gesetzesvorbehalts greifen hierbei ineinander. Welche Anforderungen an die **Bestimmtheit** gesetzlicher Regelung zu stellen sind, richtet sich dabei nach der Intensität der durch die Regelung oder aufgrund der Regelung erfolgenden Grundrechtseingriffe.“ BVerfGE 133, 277, 355 f. (Antiterrordateigesetz – ATDG) = BVerfG, Urteil des Ersten Senats vom 24.04.2013 – 1 BvR 1215/07, Rn. 181: „Das **Bestimmtheitsgebot** verbietet nicht von vornherein die Verwendung unbestimmter Rechtsbegriffe (BVerfGE 118, 168 [188]). Der Gesetzgeber ist jedoch gehalten, seine Vorschriften so bestimmt zu fassen, wie dies nach der Eigenart der zu ordnenden Lebenssachverhalte mit Rücksicht auf den Normzweck möglich ist (BVerfGE 78, 205 [212]; vgl. auch BVerfGE 110, 370 [396]; 117, 71 [111]). Erforderlich ist, dass sich unbestimmte Rechtsbegriffe durch eine Auslegung der betreffenden Normen nach den Regeln der juristischen Methodenlehre hinreichend konkretisieren lassen und verbleibende Ungewissheiten nicht so weit gehen, dass die Vorhersehbarkeit und Justiziabilität des Handelns der durch die Normen ermächtigten staatlichen Stellen gefährdet sind (vgl. BVerfGE 21, 73 [79f.]; 118, 168 [188]; 120, 274 [316]; stRspr).“.

**Rechtsfolge** ist die Maßnahme laut Rechtsnorm („laut Gesetz“).

Realfolge und Rechtsfolge können bei rechtlicher Entsprechung und bei rechtlicher Nichtentsprechung gleichlauten oder verschiedenlauten. Die Entsprechung von Realfolge und Rechtsfolge ist nicht alleine abhängig von der Äußerung oder dem Willen des Maßnahmetreffenden, sondern bestimmt sich nach allen Umständen des einzelnen Falles.[470]

Realfolgen gibt es nach menschlicher Erkenntnis unendlich viele. Wegen dieser Unendlichkeit der Realfolgen gilt: „Jeder Fall kann anders als ein anderer sein. Deshalb kann jeder einzelne Fall ein Einzelfall sein.“).

Rechtsfolgen aus Befugnisrechtsnormen gibt es zum Beispiel wie folgt:

- § 8 Abs. 1 PolG NRW: Maßnahme (Befugnis), die nicht besonders in den §§ 9 bis 46 PolG NRW geregelt ist (eigentlich nach Rechtsnormspezialitätsregel: §§ 9-66 PolG NRW);
- § 163 Abs. 1 S. 2 StPO:
    - Behördenauskunfts-Ersuchen;
    - Behördenauskunfts-Verlangen;
    - Ermittlung jeder Art;
- § 9 Abs. 1 PolG NRW: Erhebung personenbezogener Daten, die nicht besonders in den §§ 9 bis 46 PolG NRW besonders geregelt ist;
- § 10 PolG NRW: Vorladung;
- § 11 PolG NRW: Erhebung von Personaldaten zur Vorbereitung für die Hilfeleistung und das Handeln in Gefahrenfällen;
- § 16a Abs. 1, 2 PolG NRW: Erhebung personenbezogener Daten durch längerfristige Observation (Beobachtung, die durchgehend länger als 24 Stunden oder an mehr als an zwei Tagen vorgesehen oder tatsächlich durchgeführt und planmäßig angelegt ist);
- § 16a Abs. 3 PolG NRW: Erhebung personenbezogener Daten durch kurzfristige Observation (Beobachtung, die nicht die in § 16a Absatz 1 PolG NRW genannten Voraussetzungen erfüllt);
- § 163f StPO: planmäßig angelegte Beobachtung (des Beschuldigten), die durchgehend länger als 24 Stunden dauern oder an mehr als zwei Tagen stattfinden soll (längerfristige Observation);
- § 15b PolG NRW: Datenerhebung und Datenspeicherung durch Bildaufnahmen und -aufzeichnungen durch den Einsatz optisch-technischer Mittel in Fahrzeugen der Polizei;
- § 15c PolG NRW: Datenerhebung und Datenspeicherung durch offene Bild- und Tonaufzeichnungen durch den Einsatz körpernah getragener Aufnahmegeräte;
- § 100h StPO:
    - Herstellung von Bildaufnahmen;
    - Verwendung sonstiger für Observationszwecke bestimmter technischer Mittel;
- § 12 PolG NRW: Identitätsfeststellungsmaßnahme / Maßnahme zwecks Identitätsfeststellung; ausdrücklich-speziell in § 12 Abs. 2 PolG NRW:
    - Anhalten (zwecks IDF);
    - Befragung (zwecks IDF);
    - Verlangen von Angaben zur Feststellung der Identität (zwecks IDF);

---

470 Beispiel für weitgehendes Gleichlauten von Realfolge und Rechtsfolge (aus § 35 PolG NRW oder aus §§ 62-62b AufenthG): „Ich nehme Sie in Gewahrsam!“. Beispiel für ein mögliches Ungleichlauten von Realfolge und Rechtsfolge (aus § 35 PolG NRW oder §§ 62-62b AufenthG): „Sie kommen jetzt mit in die Zelle!“.

- Verlangen des Aushändigens mitgeführter Ausweispapiere zur Prüfung (zwecks IDF);
  - Festhalten, Durchsuchung der Person (zwecks IDF);
  - Durchsuchung mitgeführter Sachen (zwecks IDF);
- § 163b Abs. 1 StPO: Identitätsfeststellungsmaßnahme (beim Verdächtigen) / Maßnahme zweck Identitätsfeststellung (beim Verdächtigen); ausdrücklich-speziell in § 163b Abs. 1 StPO:
  - Festhalten (zwecks IDF);
  - Durchsuchung der Person (zwecks IDF);
  - Durchsuchung mitgeführter Sachen (zwecks IDF);
  - Durchführung erkennungsdienstlicher Maßnahmen (zwecks IDF);
- § 163b Abs. 2 StPO: Identitätsfeststellungsmaßnahme (beim Nichtverdächtigen) / Maßnahme zweck Identitätsfeststellung (beim Nichtverdächtigen); ausdrücklich-speziell in § 163b Abs. 2 StPO:
  - Maßnahmen der in § 163b Absatz 1 Satz 2 StPO bezeichneten Art (zwecks IDF);
  - Maßnahmen der in § 163b Absatz 1 Satz 3 StPO bezeichneten Art (zwecks IDF);
- § 12a PolG NRW (Polizeiliche Anhalte- und Sichtkontrolle – strategische Fahndung):
  - Anhalten;
  - Befragung;
  - Identitätsfeststellungsmaßnahmen nach § 12 Abs. 2 PolG NRW;
  - Inaugenscheinnahme von mitgeführten Fahrzeugen;
  - Inaugenscheinnahme von mitgeführten Sachen;
  - Verlangen, dass mitgeführte Sachen sowie Fahrzeuge einschließlich an und in ihnen befindlicher Räume und Behältnisse geöffnet werden;
- § 111 StPO (Errichtung von Kontrollstellen an öffentlich zugänglichen Orten):
  - Identitätsfeststellungsmaßnahmen;
  - Durchsuchung der Person;
  - Durchsuchung mitgeführter Sachen;
- § 13 PolG NRW: Verlangen des Aushändigens eines Berechtigungsscheins zur Prüfung;
- § 14 Abs. 1 Nr. 1 PolG NRW: Erkennungsdienstliche Maßnahme zur Identitätsfeststellung;
- § 9 Abs. 2 S. 1 PolG NRW: Befragung;
- § 9 Abs. 2 S. 2 PolG NRW: Anhalten (für die [Dauer der] Befragung);
- § 163a StPO: Vernehmung des Beschuldigten;
- § 163 Abs. 3 StPO: Vernehmung des Zeugen;
- § 55 OWiG: „Anhörung des Betroffenen“ (Betroffener entspricht im Ordnungswidrigkeitenverfahren dem Beschuldigten im Strafverfahren);
- § 39 PolG NRW: Durchsuchung von Personen (außer in den Fällen des § 12 Abs. 2 S. 4 PolG NRW);
- § 40 PolG NRW: Durchsuchung von Sachen (außer in den Fällen des § 12 Abs. 2 S. 4 PolG NRW);
- § 41 PolG NRW:
  - Betreten von Wohnungen;
  - Durchsuchung von Wohnungen;
- § 102 StPO: Durchsuchung bei Beschuldigten;
- § 103 StPO: Durchsuchung bei anderen Personen;
- § 43 PolG NRW: Sicherstellung;

- § 94 StPO[471]:
  - Sicherstellung von Gegenständen zu Beweiszwecken;
  - Beschlagnahme von Gegenständen zu Beweiszwecken;
- § 132 StPO („Sicherheitsleistung"):
  - Anordnung zur Sicherheitsleistung (beim Beschuldigten);
  - Beschlagnahme von Beförderungsmitteln und anderen, vom Beschuldigten mitgeführten, ihm gehörenden Sachen;
- § 34 PolG NRW (Platzverweisung):
  - § 34 Abs. 1 S. 1 Alt. 1 PolG NRW vorübergehende Ortsverweisung (mit Voraussetzungen entweder aus § 34 Abs. 1 S. 1 PolG NRW oder § 34 Abs. 1 S. 2 PolG NRW);
  - § 34 Abs. 1 S. 1 Alt. 1 PolG NRW vorübergehendes Ortsbetretungsverbot (mit Voraussetzungen entweder aus § 34 Abs. 1 S. 1 PolG NRW oder § 34 Abs. 1 S. 2 PolG NRW);
  - § 34 Abs. 2 PolG NRW: Verbot für bestimmte Zeit von nicht nur vorübergehender Dauer bis zu drei Monaten, einen örtlichen Bereich i.S.d. § 34 Abs. 2 S. 2 PolG NRW zu betreten (Bereichsbetretungsverbot/Ortsbetretungsverbot für bestimmte Zeit);
  - § 34 Abs. 2 PolG NRW: Verbot für bestimmte Zeit von nicht nur vorübergehender Dauer bis zu drei Monaten, sich an einem örtlichen Bereich i.S.d. § 34 Abs. 2 S. 2 PolG NRW aufzuhalten (Bereichsaufenthaltsverbot/Ortsaufenthaltsverbot für bestimmte Zeit);
- § 34b PolG NRW:
  - Aufenthaltsvorgabe;
  - Kontaktverbot;
- § 35 PolG NRW: Ingewahrsamnahme;
- § 127 Abs. 1 S. 1 Alt. 1 StPO: vorläufige Festnahme (bei Betreffen oder Verfolgen auf frischer Tat und Fluchtverdacht ohne weiteren Haft- oder Unterbringungsgrund);
- § 127 Abs. 2 i.V.m. § 112 StPO: vorläufige Festnahme (mit Haftgrund aus § 112 StPO);
- § 127 Abs. 2 i.V.m. § 112a StPO: vorläufige Festnahme (mit Haftgrund aus § 112a StPO);
- § 127 Abs. 2 i.V.m. § 126a StPO: vorläufige Festnahme (mit Unterbringungsgrund aus § 126a StPO);
- § 127b StPO: vorläufige Festnahme (bei beschleunigtem Verfahren);
- § 164 StPO: vorläufige Festnahme (von Störern einer Amtshandlung);

---

[471] Vgl. zur vollständigeren Sicherstellungs- und Beschlagnahme-Systematik insbesondere:
- § 94 Abs. 1 StPO (Sicherstellung von Gegenständen zu Beweiszwecken);
- § 94 Abs. 1, 2 StPO (Beschlagnahme von Gegenständen zu Beweiszwecken), § 98 (Verfahren bei Beschlagnahme);
- § 94 Abs. 3 StPO (i.V.m. § 111a StPO i.V.m. §§ 69a, b StGB) Sicherstellung oder Beschlagnahme von Führerscheinen, die der Einziehung unterliegen);
- §§ 99, 100 StPO (Postbeschlagnahme);
- § 108 StPO (Beschlagnahme anderer Gegenstände „Zufallsfunde");
- § 111b StPO (Beschlagnahme zur Sicherung der Einziehung oder Unbrauchbarmachung);
- § 132 Abs. 3 StPO (Beschlagnahme bei Nichtbefolgung der Anordnung zur Sicherheitsleistung und Bevollmächtigung zum Zustellungsempfang);
- § 110 StPO (Sichtungsverfahren mit: § 110 Abs. 2 S. 2 [Umschlagverschließung, Ablieferung an StA], § 110 Abs. 3 S. 2 StPO [Datensicherung]).

- § 34a PolG NRW:
  - Wohnungsverweisung zum Schutz vor häsulicher Gewalt;
  - Rückkehrverbot zum Schutz vor häuslicher Gewalt;
- § 34c PolG NRW (elektronische Aufenthaltsüberwachung):
  - Verpflichtung einer, ein technisches Mittel, mit dem der Aufenthaltsort der Person elektronisch überwacht werden kann, ständig im betriebsbereiten Zustand am Körper zu tragen;
  - Verpflichtung, die Anlegung und Wartung des technischen Mittels zu dulden;
  - Verpflichtung, die Funktionsfähigkeit des technischen Mittels nicht zu beeinträchtigen;
- § 111b StPO (Beschlagnahme zur Sicherung der Vollstreckung):
  - Beschlagnahme zur Sicherung der Einziehung;
  - Beschlagnahme zur Sicherung der Unbrauchbarmachung;
- § 50 PolG NRW: Zwang (Verwaltungszwang):
  - § 50 Abs. 1 PolG NRW: Zwang zur Durchsetzung eines Handlungs-, Duldungs- oder Unterlassungs-Verwaltungsakts;
  - § 50 Abs. 2 PolG NRW: Zwang ohne vorausgehenden Verwaltungsakt;
- § 81b StPO (Erkennungsdienstliche Maßnahmen beim Beschuldigten):
  - § 81b Alt. 1 StPO: für die Zwecke der Durchführung des Strafverfahrens;
  - § 81b Alt. 2 StPO: für die Zwecke des Erkennungsdienstes;
- § 14 PolG NRW: Erkennungsdienstliche Maßnahmen (insbesondere solche nach § 14 Abs. 4 PolG NRW);
- § 81a StPO (Körperliche Untersuchung des Beschuldigten):
  - Körperliche Untersuchung;
  - Körperlicher Eingriff;
  - Blutprobenentnahme;
- § 81c StPO (Untersuchung anderer Personen):
  - Körperliche Untersuchung;
  - Abstammungsuntersuchung;
  - Blutprobenentnahme;
- § 81e StPO (Molekulargenetische Untersuchung – an bestimmtem erlangtem Material):
  - Feststellung von DNA-Identifizierungsmuster, Abstammung und Geschlecht der Person;
  - Feststellungen über die Augen-, Haar- und Hautfarbe sowie das Alter der Person
  - Abgleich der Feststellungen mit Vergleichsmaterial;
- § 81g StPO (DNA-Identitätsfeststellung beim Beschuldigten):
  - Entnahme von Körperzellen;
  - molekulargenetische Untersuchung der entnommenen Körperzellen zur Feststellung des DNA-Identifizierungsmusters sowie des Geschlechts;
- § 14a PolG NRW (Molekulargenetische Untersuchung zur Identitätsfeststellung):
  - Abgleich von DNA-Identifizierungsmuster einer Leiche oder einer hilflosen Person mit denjenigen einer vermissten Person und zu diesem Zweck:
    - Entnahme von Körperzellen von hilfloser Person oder Leiche;
    - Probennahme von Gegenständen mit Spurenmaterial der vermissten Person;
    - molekulargenetische Untersuchung der genommenen Proben;

- § 81h StPO (DNA-Reihenuntersuchung – bei Personen, die bestimmte, auf den Täter vermutlich zutreffende Prüfungsmerkmale erfüllen):
  - Entnahme von Körperzellen;
  - molekulargenetische Untersuchung der entnommenen Körperzellen zur Feststellung des DNA-Identifizierungsmusters und des Geschlechts;
  - automatisierter Abgleich des festgestellten DNA-Identifizierungsmusters mit den DNA-Identifizierungsmustern von Spurenmaterial.

**Akt-Rechtsnatur / Maßnahmen-Rechtsnatur / Rechtsnatur des Aktes / Rechtsnatur der Maßnahme** ist Rechtsfolgenbestandteil und

- ist auf dem Rechtsgebiet der Gefahrenabwehr generell alternativ
  - Verwaltungsakt im Sinne von § 35 VwVfG / § 35 VwVfG NRW;
  - Realakt bei Fehlen einer Voraussetzung aus § 35 VwVfG / § 35 VwVfG NRW[472];
- ist auf dem Rechtsgebiet der Strafrechtspflege Justizverwaltungsakt im Sinne von § 23 Abs. 1 S. 1 EGGVG.

Die Akt-Rechtsnatur

- ist auf beiden Rechtsgebieten von Gefahrenabwehr und Strafrechtspflege Bestandteil der Maßnahmen-Rechtsfolge (unterscheide: Maßnahmen-Rechtsfolge an sich und Rechtsfolgevoraussetzungen) und als solche relevant beim Punkt der möglichen Befugnisrechtsnorm, die nur möglich sein kann bei Entsprechung von Maßnahmen-Realfolge und Maßnahmen-Rechtsfolge[473];
- kann auf dem Rechtsgebiet der Gefahrenabwehr bestimmenden Einfluss haben auf die Anwendbarkeit von Zuständigkeits-(vgl. § 44 Abs. 2 Nr. 3 VwVfG), Verfahrens-(§§ 28, 39 VwVfG NRW) und Formrechtsnormen (§ 37 Abs. 2 VwVfG NRW), vgl. § 9 VwVfG (NRW);
- kann speziell betreffen die sogenannte **Verwaltungsaktbefugnis**: Befugnis zu staatlichem Verhalten in Verwaltungsaktform.[474]

---

[472] **Verwaltungsakt- und -Realakt-Unterscheidung / Realakt- und -Verwaltungsakt-Unterscheidung** ist historisch herrschend gewachsen insbesondere im Verhältnis zum Rechtsschutz mit VwGO seit 1960 und zur polizeirechtlichen Zwangsdogmatik; sie ist eigentlich nicht zwingend und ihr Wegfall hin zur Einordnung aller Akte als Verwaltungsakte wie auf dem Rechtsgebiet der Strafrechtspflege würde systematische Einheitlichkeit erbringen im Rahmen von VwVfG (vgl. nur §§ 28, 39 VwVfG NRW) und VwGO.

[473] Vgl. z.B. auch § 17a Abs. 4 S. 1 VersG, der mögliche Befugnisrechtsnorm qua Wortlaut sein kann: nur für Anordnungen, mithin Verwaltungsakte als Rechtsfolge.

[474] BVerwGE 141, 243 (Auskunftsbescheidseinforderung durch Eisenbahnaufsichtsbehörde) – Urteil vom 07.12.2011 – BVerwG 6 C 39.10, Rn. 14 f.: „In der Rechtsprechung des Bundesverwaltungsgerichts [diverse BVerwGE-Angaben] ist anerkannt, dass die Befugnis der Verwaltung, sich zur Erfüllung ihrer Aufgaben des Mittels des Verwaltungsakts zu bedienen (sog. **Verwaltungsaktbefugnis**), nicht ausdrücklich in der gesetzlichen Grundlage erwähnt sein muss, die in materieller Hinsicht zu einem Eingriff ermächtigt. Denn als **Handlungsform**, in der die Verwaltung Privatpersonen in der Regel gegenübertritt, ist der Verwaltungsakt allseits bekannt. Es reicht deshalb aus, wenn sich die Verwaltungsaktbefugnis dem Gesetz im Wege der Auslegung entnehmen lässt. Dieses Verständnis steht nicht in Widerspruch zu dem rechtsstaatlichen Gebot der Gesetzesbestimmtheit, das den Grundsatz des Vorbehalts des Gesetzes ergänzt und konkretisiert (vgl. Urteil vom 3. Juli 2002 - BVerwG 6 CN 8.01 - BVerwGE 116, 347 <349> = Buchholz 402.41 Allgemeines Polizeirecht Nr. 71 S. 25). Diesem Gebot ist Genüge getan, wenn die Rechtsunterworfenen in zumutbarer Weise den Regelungsinhalt einer Rechtsnorm erkennen können. Auch hierfür ist hinreichend, dass sich der Norminhalt im Wege der Auslegung mit Hilfe der anerkannten Auslegungsregeln feststellen lässt (BVerfG, Beschluss vom 22. Juni 1977 - 1 BvR 799/76 - BVerfGE 45, 400 <420>;

Mögliche **Rechtsfolgeninhalte** zum Beispiel bei §§ 8-46 PolG NRW oder StPO-Befugnisnormen, ggf. i.V.m. mit **Transmissionsnormen**, vgl. §§ 46, 53 Abs. 1 S. 2, Abs. 2 OWiG) können sein:

- **Ausführungsbefugnis** (Befugnis zur Ausführung, also Befugnis zu tatsächlichem Nichtregelungsverhalten – Realakt);
- **Anordnungsbefugnis** (Befugnis zur – ggf. konkludenten – [internen/externen] Anordnung/Verfügung oder zu Begleitverfügung, also Befugnis zu Regelung – bei Regelung mit Außenwirkung i.S.d. der Verwaltungsakt-Legaldefinitionen: Verwaltungsakt oder Justizverwaltungsakt);
- **Ausführungsduldungsbefehlsbefugnis** (Befugnis zum Befehl [= Verpflichtung / Verfügung] der Duldung der Ausführung, also Befugnis zu Regelung – bei Regelung mit Außenwirkung i.S.d. der Verwaltungsakt-Legaldefinitionen: Verwaltungsakt oder Justizverwaltungsakt); i.d.R. ist die Annahme einer Ausführungsduldungsbefehlsbefugnis eine historisch überkommene, heute meist redundante Verwaltungsakt-Konstruktion zu Zeiten ohne ausdrücklichen Verwaltungsgerichtsrechtsweg vor VwGO-Erlass 1960; heutzutage ist diese zusätzliche Annahme meist überflüssig wegen Ausführungsbefugnis und Rechtsschutz auch für Realakte; und heutzutage ist eine Ausführungsduldungsbefehlsbefugnis nur manchmal ausdrücklich gesetzlich geregelt[475]);
- (in der Strafrechtspflege inklusive[476], im Gefahrenabwehrrecht exklusive[477] der) **Vollstreckungsbefugnis / Zwangsbefugnis** (Befugnis zur Ausübung von **Zwang** = Androhung oder Anwendung eines Zwangsmittels[478]).

---

BVerwG, Urteil vom 22. Oktober 2003 a.a.O. S. 128 bzw. S. 4 f.).; BVerwGE 158, 364 (Rückforderung der Ausbildungskosten eines ehemaligen Sanitätsoffiziers auf Zeit) = BVerwG, Urteil vom 12.04.2017 – BVerwG 2 C 16.16, Rn. 15: „Der Verwaltungsakt ist die typische Handlungsform der Verwaltung gegenüber dem Bürger. Die Befugnis, durch Verwaltungsakt zu handeln, muss deswegen nicht ausdrücklich in der gesetzlichen Grundlage erwähnt sein. Es genügt, wenn sich die Verwaltungsaktbefugnis dem Gesetz im Wege der Auslegung entnehmen lässt (BVerwG, Urteil vom 10. Dezember 2014 - 1 C 11.14 - BVerwGE 151, 102 Rn. 13). Dies ist hier der Fall. Die Behörde ist insbesondere dann zum Erlass eines Leistungsbescheids ermächtigt, wenn sie und der Bürger gerade mit Blick auf den von ihr geltend gemachten Anspruch in einem öffentlich-rechtlichen Über- und Unterordnungsverhältnis stehen (BVerwG, Urteil vom 11. Oktober 2012 - 5 C 20.11 - BVerwGE 144, 306 Rn. 11).“; OVG NRW, Beschluss des 18. Senats vom 26.02.2013 – 18 B 572/12: „Lässt das Gesetz [eine Maßnahme wie die Zurückschiebung i.S.d. § 57 AufenthG, P. B.] als Maßnahme unmittelbaren Zwangs sogar ohne die allgemeinen Vollstreckungsvoraussetzungen zu, so ist es der Verwaltung erst Recht nicht verwehrt, die Zurückschiebung im Vorfeld ihrer tatsächlichen Durchführung gegenüber dem Betroffenen in der Form des Verwaltungsakts zu verfügen. Sinnvoll dürfte dies aber nur sein zur Klärung von für die Zurückschiebung relevanten und zwischen den Beteiligten streitigen Rechts- oder Tatsachenfragen.“.

[475] Ausführungsduldungsbefehlsbefugnis-Beispiel: § 34c Abs. 1 PolG NRW: „[…] Anlegung und Wartung des technischen Mittels zu dulden […]“.

[476] Vgl. Befugnisrechtsnormsystematik auf dem Rechtsgebiet der Strafrechtspflege mit sehr fragmentarischer ausdrücklicher Regelung von „Zwang“ und weitgehendem Fehlen ausdrücklicher Regelung von polizeilichem „Zwang“ auf dem Rechtsgebiet der Strafrechtspflege – mit ausdrücklichen Ausnahmen wie z.B. § 81c Abs. 6 StPO. Vgl. Zwang auf dem Rechtsgebiet der Gefahrenabwehr, dort bezüglich polizeilichen Zwangs insbesondere im PolG NRW: § 10 Abs. 3 PolG NRW, § 37a PolG NRW, §§ 47-49 PolG NRW, §§ 50-66 PolG NRW.

[477] Vgl. §§ 8-46 PolG NRW, **Zwangsbefugnis** ergibt sich insbesondere aus: § 10 Abs. 3 PolG NRW, § 37a PolG NRW, §§ 47-49 PolG NRW, §§ 50-66 PolG NRW.

[478] Vgl. §§ 50, 51 PolG NRW.

**Begleitverfügung** (Begleit-VA oder Begleit-Justiz-VA) ist jede Verfügung zwecks Begleitung, Ermöglichung, Förderung, Unterstützung einer Maßnahme und als solche der gleichen Rechtsfolge subsumierbar wie diese begleitete Maßnahme.[479]

§ 35 S. 1 VwVfG NRW (vgl. § 23 Abs. 1 S. 1 EGGVG) lautet: **Verwaltungsakt** ist jede Verfügung[480], Entscheidung oder andere hoheitliche Maßnahme, die eine Behörde zur Regelung eines Einzelfalles auf dem Gebiet des öffentlichen Rechts trifft und die auf unmittelbare Rechtswirkung nach außen gerichtet ist. § 35 S. 2 VwvfG NRW lautet: **Allgemeinverfügung** ist ein Verwaltungsakt, der sich an einen nach allgemeinen Merkmalen bestimmten oder bestimmbaren Personenkreis richtet[481] oder die öffentlich-rechtliche Eigenschaft einer Sache[482] oder ihre Benutzung durch die Allgemeinheit[483] betrifft.

**Verwaltungsakt-Begriffsgehalte** sind wie folgt abbildbar:

[479] Beispiele für **Begleitverfügungen** (im Fall folgenden Durchsuchungsrealakts „Suchen/Hineingreifen in Tasche einer von Person angezogenen und getragenen Hose“): Gebot, mitgeführte Sachen abzustellen („Bitte legen Sie den Rucksack ab!“); Gebot, sich an ein Fahrzeug/eine Häuserwand zu stellen; Gebot, Arme und Beine zu spreizen („Adler“ zu „machen“); Gebot, „ruhig“ zu bleiben/zu stehen; Verbot, sich zu bewegen („Nicht bewegen!“; „Bewegen Sie sich nicht!“).

[480] **Verfügung** ist ein Gebot oder ein Verbot.

[481] § 35 S. 2 Var.1 VwVfG NRW – Beispiel: Verfügung an Bewohner eines bestimmten Bezirks oder einer bestimmten „Szene“ bezüglich eines Verhaltens bei einem zukünftigen Ereignis als potentielle Ereignisteilnehmende (zum Beispiel bezüglich des Aufenthalts oder Nichtaufenthalts oder des Aufenthalts in bestimmter Weise bei einer Veranstaltung oder Versammlung).

[482] § 35 S. 2 Var. 2 VwVfG NRW – Beispiel: Straßenbenennungen.

[483] § 35 S. 2 Var. 3 VwVfG NRW – Beispiel: Gebotsverkehrszeichen und Verbotsverkehrszeichen. Gebots- und Verbots-Verkehrszeichen (VZ) sind VA i.S.d. § 35 S. 2 Var. 3 VwVfG NRW (Ständige Rechtsprechung seit spätestens: BVerwGE 27, 181, 182 [Verkehrsregelung, Parkverbot, Abgrenzung Allgemeinverfügung – Rechtsnorm] = BVerwG, Urteil vom 09.06.1967 – VII C 18.66). Verkehrszeichen-Bekanntgabe eines Gebots-VZ-VA oder eines Verbots-VZ-VA im Sinne des § 35 S. 2 Var. 3 VwVfG NRW erfolgt gemäß §§ 39 Abs. 1, 45 Abs. 4 StVO gegenüber dem vom VZ betroffenem Verkehrsteilnehmer (VT) bei genereller VZ-Wahrnehmbarkeit unabhängig von tatsächlicher VZ-Wahrnehmung jedenfalls bei 3 vollen Tagen Fahrzeug-Abstellzeit (BVerwGE 154, 365 [Sichtbarkeit von Halteverbot] = BVerwG, Urteil vom 06.04.2016 – 3 C 10.15).

**Verwaltungsakt (VA) „in 6 Akten" – Definitionen und Negativ-Abgrenzungen**

| ist materiell | inhaltsmäßig | formeller VA: VA schon alleine durch äußere Gestaltung (z.B. Bezeichnung, Rechtsbehelfsbelehrung) |
|---|---|---|
| **1. eine hoheitliche Maßnahme** | ein der Behörde zurechenbares einseitig amtlich-hoheitliches Verhalten mit Erklärungsgehalt | privatrechtliches Verhalten/Gleichordnungs-Erklärung: Willenserklärung, geschäftsähnlicher Handlung, Realakt; öffentlich-rechtlicher Vertrag |
| **2. einer Behörde** | jede Stelle, die Aufgaben der öffentlichen Verwaltung wahrnimmt, § 1 Abs. 2 VwVfG NRW / § 1 Abs. 4 VwVfG | Stelle ohne konkrete Legislativ- oder Judikativaufgabenwahrnehmung oder Privatrechtssubjekte ohne konkrete Exekutivaufgabenwahrnehmung |
| **3. auf dem Gebiet des öffentlichen Rechts** | kraft öffentlichen Verwaltungsrechts | Rechtsgebiet Strafrechtspflege mit Justizverwaltungsakt, § 23 EGGVG, vgl. auch § 2 Abs. 2 Nr. 2 VwVfG (NRW); Privatrecht [etwa fiskalisches Verhalten und Verwaltungsprivatrecht] und ggf.: nichtverwaltungsrechtliche Regierungsakte |
| **4. zur Regelung** | Zweck der Setzung einer einseitigen unmittelbaren verbindlichen Rechtsfolge (ggf. vorgeschaltet vor Realakt oder konkludent in Realakt) | Realakt auf dem Rechtsgebiet der Gefahrenabwehr: kein Zweck von Setzung unmittelbarer verbindlicher Rechtsfolge = keine Regelung. (Gegenstück zum Realakt des Rechtsgebiets Gefahrenabwehr ist auf dem Rechtsgebiet Strafrechtspflege: Justiz-VA, § 23 EGGVG; teilweise: „Prozesshandlung") |
| **5. eines einzelnen Falles** | („Einzel"-)Fall-/Adressatenkonstellationen:<br>• konkret-individuell (§ 35 S. 1 VwVfG [NRW])<br>• konkret-generell (§ 35 S. 2 VwVfG [NRW])<br>• abstrakt-individuell (§ 35 S. 1 VwVfG [NRW]) | Gesetz: abstrakt-generelle Rechtsnorm, vgl. z.B. §§ 25-27 OBG NRW; auch Rechtsverordnung, Satzung, auch qua äußerlicher Gestaltung [ähnlich formeller VA]) |
| **6. gerichtet auf unmittelbare Rechtswirkung nach außen** | Zweck des Eintritts von Rechtsfolgen gegenüber außerhalb der Verwaltung stehender Person | Verwaltungsinternum jedenfalls im Betriebsverhältnis zum Amtswalter (unterscheide: Grundverhältnis), i.d.R. sind auch VV bloßes Verwaltungsinternum ohne Außenrechtswirkungscharakter |

Pascal Basten

**Dauerverwaltungsakt** ist ein Verwaltungsakt, bei dem die Verwirklichung des ihm zugrunde liegenden Sachverhalts nicht nur zu einem bestimmten Zeitpunkt in Form eines einmaligen Gebotes oder Verbotes eintritt, sondern dessen tatbestandliche Voraussetzungen während des gesamten Regelungszeitraumes vorliegen müssen[484], und dessen Wirkung nicht zu einem bestimmten Zeitpunkt, sondern während eines bestimmten Zeitraums eintritt.

**Verwaltungsakt-Bekanntgabe/Bekanntgabe eines VA** i.S.v. §§ 41, 43 VwVfG NRW ist VA-Wirksamkeitsvoraussetzung, nicht Verfahrensvoraussetzung. **Verwaltungsakt-Bekanntgabe/Bekanntgabe eines VA** i.S.v. §§ 41, 43 VwVfG NRW oder speziellerer Vorschriften ist grundsätzlich die ordnungsgemäße VA-Entäußerung an den Betroffenen mit Wissen und Wollen der Behörde und mit dem Ziel des Zugangs sowie dem Ergebnis der (faktischen oder fiktiven[485]) Verwaltungsaktkenntniserlangung.[486] **Zugang** i.S. der §§ 130-132 BGB ist gegeben,

---

[484] BayVGH, Urteil vom 17.01.2020 – 11 B 19.1274 (Untersagung des Führens fahrerlaubnisfreier Fahrzeuge nach Anordnung medizinisch-psychologischen Gutachtens, §§ 3 Abs. 1, 11-14 FeV, § 29 StVG); BVerwG, Beschluss vom 05.01.2012 – BVerwG 8 B 62.11, Rn. 13: „Der sog. **Verwaltungsakt mit Dauerwirkung** weist die Besonderheit auf, dass seine Wirkung nicht zu einem bestimmten Zeitpunkt, sondern während eines bestimmten Zeitraums eintritt (vgl. Urteil vom 29. November 1979 - BVerwG 3 C 103.79 - BVerwGE 59, 148 <160>)", Rn. 14: „Ein Dauerverwaltungsakt wird sich häufig bei fortschreitender Zeit für die jeweils vergangenen Zeiträume - gewissermaßen fortlaufend - erledigen, auch wenn für die Annahme seiner Erledigung der bloße Zeitablauf nicht genügt, vielmehr erforderlich ist, dass von ihm auch für diese Vergangenheit keine dem Kläger nachteiligen Rechtswirkungen mehr ausgehen.".

[485] Vgl. insbesondere § 41 Abs. 2, Abs. 2a S. 3, Abs. 4, 5 VwVfG NRW.

[486] BVerwGE 147, 170 = BVerwG, Urteil vom 11.07.2013 – BVerwG 5 C 24.12, Rn. 14: „Nach § 39 Abs. 1 Satz 1 SGB X [≙ § 43 Abs. 1 S. 1 VwVfG NRW] wird ein Verwaltungsakt gegenüber demjenigen, für den er bestimmt ist oder der von ihm betroffen wird, in dem Zeitpunkt wirksam, in dem er ihm bekanntgegeben wird. Hierfür reicht es aus, dass die Behörde - willentlich - dem Adressaten von dem Inhalt des Verwaltungsaktes Kenntnis verschafft (vgl. Beschluss vom 11. Februar 1994 - BVerwG 2 B 173.93 - Buchholz 310 § 86 Abs. 1 VwGO Nr. 258 S. 1 <S. 2>). Dies kann, soweit - wie hier - nichts anders vorgeschrieben ist, auch mündlich geschehen."; vgl. auch OVG NRW, Beschluss des 5. Senats vom 24.08.2009 – 5 E 967/09 (Wohnungsverweisung und Rückkehrverbot an alkoholisierten Adressaten):

wenn die Erklärung derart in den Machtbereich des Betroffenen gelangt ist, dass dieser bei gewöhnlichem Verlauf und unter normalen Umständen die Möglichkeit der Kenntnisnahme hat.[487] **Zustellung** ist die Bekanntgabe eines Dokuments in der in einer Rechtsnorm bestimmten Form, § 166 Abs. 1 ZPO und §§ 166-195 ZPO sowie § 2 Abs. 1 LZG NRW und das gesamte LZG NRW (mit Verweisen auf die ZPO-Zustellungsvorschriften), für Behörden insbesondere § 5 LZG NRW; relevant zum Beispiel bei einer schriftlichen Zwangsmittelandrohung wegen § 56 Abs. 6 PolG NRW.

**Rechtsfolgen-Entscheidung** (bezüglich der Rechtsfolge an sich ohne Rechtsfolgenvoraussetzungen) ist Voraussetzung für die vollständige Mögliche-Befugnisrechtsnorm-Entscheidung[488], denn eine Rechtsnorm kann nicht als mögliche Befugnisrechtsnorm angenommen werden, wenn sich deren Rechtsfolge und die Realfolge aus dem Sachverhalt nicht entsprechen. **Rechtsfolgen-Entsprechung (mit der Realfolge) / Rechtsfolgen-Richtigkeit / Rechtsfolgen-Zulässigkeit** / beim Zwang auch: **Zwangsmittel-Inbetrachtkommen / Zwangsmittel-Richtigkeit / Zwangsmittel-Zulässigkeit** ist teilweise beim Oberpunkt Materielle Rechtmäßigkeit, dort beim Unterpunkt Rechtsfolge aufgebauter Unterpunkt, der jedoch bereits die beim Punkt Befugnisrechtsnorm zur Ermittlung dieser Befugnisrechtsnorm relevante Rechtsfolge selbst betrifft und nicht die beim Unterpunkt Rechtsfolge relevanten Rechtsfolgevoraussetzungen. Konsequenz einer Teilung der Entscheidung zur Rechtsfolge (an sich ohne Rechtsfolgevoraussetzungen) jedenfalls bei gutachtlicher Fallbearbeitung mit vollständigem Schema unter Beibehaltung eines eigenen Rechtsfolgeentsprechungspunktes bei materieller Rechtmäßigkeit/Rechtsfolge könnte sein – mit allen Folgekonsequenzen für Art, Form, Inhalt, Mittel, Zeit der Fallbearbeitung –:

- dass die Fallbearbeitenden zu Beginn der Fallbearbeitung eine Befugnisrechtsnorm als mögliche ohne präzise Rechtsfolgenbestimmung annehmen,
- die Voraussetzungen der angenommenen Befugnisrechtsnorm weithin bearbeiten,
- und gegen Ende der Fallbearbeitung das Ergebnis einer nichtentsprechenden Rechtsfolge erhalten,
- oder den Punkt komplett vergessen oder verdoppeln.

---

„Selbst wenn der im Bekanntgabezeitpunkt alkoholisierte Kläger die Anordnung nicht vollständig erfasst haben sollte, bestehen keine Zweifel am Wirksamwerden der Grundverfügung ihm gegenüber gemäß § 43 Abs. 1 VwVfG NRW. Nach höchstrichterlicher Rechtsprechung reicht es zur Bekanntgabe eines Verwaltungsakts [**Verwaltungsakt-Bekanntgabe**] aus, dass die Behörde seinen Inhalt willentlich dem Adressaten zur Kenntnis bringt. Zur Kenntniserlangung [**Verwaltungsakt-Kenntniserlangung**] bedarf es lediglich der **Handlungsfähigkeit** des Empfängers gemäß § 12 VwVfG NRW, die mit seiner Geschäftsfähigkeit nach bürgerlichem Recht [oder mit spezielleren Vorschriften zur Handlungsfähigkeit, vgl. z.B. § 80 AufenthG, § 12 AsylG; P. B.] einhergeht."

[487] Vgl. zum Erklärungs-Zugang die ständige Rechtsprechung zu diversen einzelnen Fällen und Einzelfallen, die letztlich der hier gegebenen allgemeinen Zugangsdefinition subsumiert.

[488] Vgl. auch einen etwaigen Fallbearbeitungspunkt 0 gemäß Fallbearbeitungsaufgabe – wie etwa „Rechtmäßigkeit einer – bestimmten – polizeilichen Maßnahme". Vgl. auch die systematisch nach dem Grundrechtseingriff angelegte Darstellung der Rechtsfolge an sich bei: *Schütte*, *Matthias* / *Braun*, *Frank* / *Keller*, *Christoph*: Eingriffsrecht Nordrhein-Westfalen – Grundriss für die Aus- und Fortbildung.

**Eingriffsgewicht**[489] / **Eingriffsintensität**[490] / **Eingriffsschwere** ist nicht relevant für die Bestimmung der Rechtsfolge an sich, sondern relevant als (negative) Rechtmäßigkeitsvoraussetzung insbesondere bei der Voraussetzung der Verhältnismäßigkeit[491]; die Rechtsfolge als solche ist neutral gegenüber der Eingriffsintensität und es gilt und erfolgt insofern eine **Trennung von Rechtsfolge und Eingriffsintensität**, insoweit besteht **Rechtsfolgeneutralität**.

**Offenheit** polizeilicher Maßnahme / **Maßnahmenoffenheit**[492] ist gegebenenfalls Rechtsfolgenbestandteil polizeilicher Maßnahme und gegeben bei Erkennbarkeit einer polizeilichen Maßnahme als solcher.[493]

**Verdecktheit** polizeilicher Maßnahme / **Maßnahmenverdecktheit**[494] ist gegebenenfalls Rechtsfolgenbestandteil polizeilicher Maßnahme und gegeben bei (Gerichtetsein auf) Nichterkennbarkeit einer polizeilichen Maßnahme als solcher.[495]

**Heimlichkeit** einer geheimdienstlichen Maßnahme / **Maßnahmenheimlichkeit**[496] bei Maßnahme von einem Geheimdienst[497] ist gegebenenfalls Rechtsfolgenbestandteil

---

[489] BVerfG, Beschluss des Ersten Senats vom 27.05.2020 – 1 BvR 1873/13 – (Bestandsdatenauskunft II), Rn. 129: „Das **Eingriffsgewicht** wird vor allem durch Art, Umfang und denkbare Verwendung der Daten sowie die Gefahr ihres Missbrauchs bestimmt (vgl. BVerfGE 65, 1 <45 f.>). Dabei ist bedeutsam, welche und wie viele Grundrechtsträger wie intensiven Beeinträchtigungen ausgesetzt sind und unter welchen Voraussetzungen dies geschieht, insbesondere, ob diese Personen hierfür einen Anlass gegeben haben. Maßgebliche Kriterien sind also die Zahl der Betroffenen und die Intensität der Beeinträchtigungen (vgl. BVerfGE 100, 313 <376>), die sich vor allem nach der Aussagekraft und den Verwendungsmöglichkeiten der Daten bestimmt. Auch die Heimlichkeit einer staatlichen Eingriffsmaßnahme führt zur Erhöhung des Eingriffsgewichts (vgl. BVerfGE 115, 320 <353>; 141, 220 <265 Rn. 94>; vgl. auch EuGH, Urteil vom 21. Dezember 2016, Tele2 Sverige und Watson u.a., C-203/15 u.a., EU:C:2016:970, Rn. 100).“.

[490] BVerfGK 15, 71 (Kreditkartenabfrage bei Kinderpornographieverdacht) = BVerfG, Beschluss der 2. Kammer des Zweiten Senats vom 17.02.2009 – 2 BvR 1372/07 –, B. 2. b) bb), Rn. 29: „Grundrechtseingriffe weisen dann eine hohe **Eingriffsintensität** auf, wenn sie sowohl durch Verdachtlosigkeit als auch durch eine große Streubreite gekennzeichnet sind, wenn also zahlreiche Personen in den Wirkungskreis einer Maßnahme einbezogen werden, die in keiner Beziehung zu einem konkreten Fehlverhalten stehen und den Eingriff durch ihr Verhalten nicht veranlasst haben (vgl. BVerfGE 100, 313 <376, 392>; 107, 299 <320 f.>; 109, 279 <353>; 113, 29 <53>; 113, 348 <383>).“.

[491] BVerfG, Beschluss des Ersten Senats vom 27.05.2020 – 1 BvR 1873/13 – [Bestandsdatenauskunft II], Rn. 127 f.

[492] Zur Maßnahmen-Offenheit vgl. zum Beispiel: § 9 Abs. 5 PolG NRW, § 15c PolG NRW, § 100h StPO.

[493] Vgl. PDV 100, Anlage 20.

[494] Zur Maßnahmen-Verdecktheit vgl. zum Beispiel: § 9 Abs. 5 PolG NRW, § 100h StPO, § 20 PolG NRW, § 110a StPO.

[495] Vgl. PDV 100, Anlage 20. BVerfGK 15, 71 (Kreditkartenabfrage bei Kinderpornographieverdacht) = BVerfG, Beschluss der 2. Kammer des Zweiten Senats vom 17.02.2009 – 2 BvR 1372/07 –, B. 2. b) bb), Rn. 28: „Die Ermittlungsmaßnahme war nicht deswegen unzulässig, weil sie von den Kreditkarteninhabern unbemerkt erfolgte. Die Heimlichkeit eines polizeilichen Vorgehens ist kein Umstand, der nach der Strafprozessordnung für sich allein schon die Unzulässigkeit der ergriffenen Maßnahmen begründet (vgl. BGHSt 39, 335 <346>; 42, 139 <150>). Es gilt der Grundsatz der freien Gestaltung des Ermittlungsverfahrens, der auch das verdeckte Führen von Ermittlungen erlaubt [Schrifttumsquellenangaben]. Ermittlungen in Heimlichkeit sind eine unabdingbare Voraussetzung des Erfolgs einer Reihe von Maßnahmen der Strafverfolgung, die nicht allein deshalb rechtsstaatswidrig sind (vgl. BVerfGE 109, 279 <325>).“.

[496] Vgl. BVerfSchG, VSG NRW, MADG, BNDG.

[497] **Geheimdienste in der BRD**: Verfassungsschutz (Inlandsgeheimdienst), Militärischer Abschirmdienst (Militärgeheimdienst), Bundesnachrichtendienst (Auslandsgeheimdienst).

geheimdienstlicher Maßnahme und gegeben bei (Gerichtetsein auf) Nichterkennbarkeit geheimdienstlicher Maßnahme als solcher.

Unterscheidung von **Verdächtiger / Nichtverdächtiger / Beschuldigter / Zeuge / andere Person / Jedermann** kann Rechtsfolgenbestandteil sein je nach Relevanz für alternative mögliche Befugnisrechtsnormen, vgl. z.B.:

- § 81a StPO oder § 81c StPO;
- § 102 StPO oder § 103 StPO;
- § 163a StPO oder § 163 Abs. 3-7 StPO;
- § 163b Abs. 1 oder § 163b Abs. 2 StPO oder § 111 StPO;
- § 81b StPO oder § 14 Abs. 1 Nr. 2 PolG NRW.

# *Titel 4: B. Formelle Rechtmäßigkeit*

**B. Formelle**[498] **Rechtmäßigkeit** ist Einhaltung von Zuständigkeits-, Verfahrens-, Formvoraussetzungen.

Die Formelle Rechtmäßigkeit betrifft alle normativen Standards, die bereits äußerlich eingehalten sind oder nicht: Zuständigkeit, Verfahren, Form – unabhängig von materiell-rechtlichen Voraussetzungen, die je nach einzelnem Fall und dessen Auslegung substantiell erfüllt sind oder nicht.

---

[498] **Form** und **Materie**: **Form** (vom Lateinischen forma und griechisch morphḗ) ist allgemein Äußeres, Gestalt, Prägendes, Standard, Rahmen, Umgebendes für oder von etwas, das Stoff oder Materie ist, und in Beziehung zur Form ihr Inhalt. **Materie** (vom Lateinischen: materia, zu Deutsch: Stoff, Thema, Ursache; ursprünglich vom Lateinischen: materies, zu Deutsch: Holz, Stämme, Bauholz; verwandt mit dem lateinischen mater, zu Deutsch: Mutter, und mit dem lateinischen matrix, zu Deutsch: Gebärmutter, Muttertier; griechisch hylē) ist jedenfalls in Beziehung zur (standardmäßigen) Form inhaltliche (wandelbare) Substanz. Vgl. auch die Worthistorie (Etymologie) und Ideenhistorie von Form (vom Lateinischen forma und griechisch morphḗ) im Gegensatz zu Materie/Substanz (vom Lateinischen materia und Griechischen hylē). Form ist eher etwas ohne weitere Wertung Erkennbares bzgl. des Vorhandenseins/der Einhaltung; Materie/Substanz ist eher etwas nicht ohne weitere Wertung Erkennbares bzgl. des Vorhandenseins/der Erfüllung.

## Untertitel 1: B. I. Zuständigkeit

**Zuständigkeit**[499] ist Aufgabenwahrnehmungserlaubnis (für den Rechtsfolgesetzer)[500].[501]

Zuständigkeit (Z) ist logisch in toto eine echte Teilmenge der Formellen Rechtmäßigkeit (FR).[502]

Zuständigkeit[503] ist adäquat zum Grundgesetz[504] und den übrigen Gesetzen als echte Teilmenge der Formellen[505] Rechtmäßigkeit daselbst vollständig begrifflich zu erfassen, da das

---

[499] Zu „Zuständigkeit" oder „**Kompetenz**" vgl. die Termini von GG, PolG NRW, POG NRW, StPO, OWiG, Zuständigkeitsverordnungen für das Eingriffsrecht der Polizei: Zuständigkeit (+); Kompetenz (-).

[500] Zur hiesigen Oberdefinition der Zuständigkeit auch wieder im Wortlaut adäquat: § 37 Abs. 4 S. 1 PolG NRW seit dessen Einfügung in das PolG NRW durch Artikel 1 des Gesetzes „zur Stärkung der Rechte von im Polizeigewahrsam festgehaltenen Personen" vom 19.12.2019 (GV. NRW. S. 995), in Kraft getreten am 31.12.2019.

[501] Zur Bedeutung und Rechtmäßigkeitsrelevanz der Zuständigkeit vgl. auch *Basten*, Recht der Polizei, S. 218, Rn. 556. BGH, Urteil vom 17.12.2019 – 1 StR 364/18, Rn. 21: „Unzutreffende Auskünfte unzuständiger Behörden können nur dann zur Unvermeidbarkeit des Irrtums [nach § 17 S. 1 StGB, P. B.] führen, wenn sich für den Täter die fehlende Zuständigkeit und Beurteilungskompetenz nicht aufdrängt (Senat, Beschluss vom 2. Februar 2000 – 1 StR 597/99, juris Rn. 27 ff).".

[502] $Z \subsetneq FR$.

[503] Zu „Zuständigkeit" oder „Kompetenz" vgl. den Sprachgebrauch von GG, PolG NRW, POG NRW, StPO, OWiG, Zuständigkeitsverordnungen für das Eingriffsrecht der Polizei: Zuständigkeit (+); Kompetenz (-).

[504] Zuständigkeit nicht als Förmelei-Petitesse, sondern als Verwirklichung insbesondere von demokratischer (in allem vom Volk ausgehender), rechtsstaatlicher **Staatsgewaltteilung**, Art. 20 Abs. 2 GG nach Art des rechtsstaatlichen Bestimmtheitsgebots, Art. 20 Abs. 3 GG im Rechtsstaat (mit bestimmter horizontaler und vertikaler **Staatsformierung**), auch quasi als „**Grundrechtsschutz durch Organisation**": „Wer (in Institution, Funktion, Person) macht was (Sachangelegenheit und Inhalt)?". Vgl. Buch 1, Abschnitt 2, Unterabschnitt 4, Titel 1, 2. Entsprechung von Zuständigkeit und Staatsformierung/Staatsgewaltteilung ist wie folgt am ehesten gegeben:

- Sachliche Zuständigkeit ≙ Angelegenheit und Sachinhalt (zuerst vertikale Staatsgewaltteilung in mehrgliedrigen Verbänden wie EU, BRD auf einen Rechtsträger wie EU, Bund, Land [**Verbandszuständigkeit**], sodann horizontale Staatsgewaltteilung beim verbandszuständigen Rechtsträger);
- Instanzielle Zuständigkeit ≙ Institution und Instanz (vertikale Staatsgewaltteilung zwischen mehreren Behörden unterschiedlicher Hierarchieebenen im Staatsformierungsaufbau);
- Örtliche Zuständigkeit ≙ Institution und Instanz (horizontale Staatsgewaltteilung zwischen mehreren Behörden gleicher Hierarchieebene im Staatsformierungsaufbau);
- Funktionelle Zuständigkeit ≙ Funktion (Amtswalter- und Verhaltensfunktion): vertikale Staatsgewaltteilung zwischen mehreren Amtswaltern unterschiedlicher behördeninternen Hierarchieebenen und horizontale Staatsgewaltteilung zwischen mehreren Amtswaltern einer behördeninternen Hierarchieebene.

[505] Vgl. auch die Worthistorie (Etymologie) und Ideenhistorie von (äußerlicher, standardmäßiger, eher ohne weiteres erkennbaren) „Form" (vom Lateinischen forma und griechisch morphē) im Gegensatz zur (inhaltlichen, wandelbaren, nicht ohne weiteres erkennbaren) Materie/Substanz (vom Lateinischen materia und griechisch hylē).

Zuständigkeitsergebnis erst vollständig ist mit Ergebnissen[506] zu allen **Zuständigkeitsunterpunkten**, die alle einander und einer aus dem anderen folgen:

1. sachliche Zuständigkeit *der Polizei*[507] (Aufgaben-Sachinhalt);
2. instanzielle Zuständigkeit *der Polizeibehörde* (Aufgaben-Behördeninstanz[508]);
3. örtliche Zuständigkeit *der Polizeibehörde* (Aufgaben-Behördenort[509]);

---

[506] Zum wesentlichen Element des Ergebnisses bei jedem Fallbearbeitungsstil siehe auch Buch 1, Abschnitt 3, Unterabschnitt 2, Titel 3.

[507] I.d.R. wird bzgl. der „sachlichen Zuständigkeit" der „Polizei" (im Sinne des jeweiligen Polizeibegriffs, siehe dazu auch: Buch 1, Abschnitt 2, Unterabschnitt 4, Titel 3) – ohne weitere ausdrückliche Thematisierung – mit der sachlichen Zuständigkeit innerhalb des Rechtsträgers (i.d.R.: Landesrechts-Zuständigkeitsnorm wie § 1 PolG NRW oder bundeseinheitlicher § 163 Abs. 1 S. 1 StPO oder §§ 35, 36 OWiG oder § 53 Abs. 1 S. 1 OWiG) folgendes vorausgesetzt (werden können):

- Erster Teil sachliche Zuständigkeit: (vertikale) **Verbandszuständigkeit** (Rechtsträgerzuständigkeit) von entweder Bund oder Land im zweigliedrigen Bundesstaat der BRD auf beiden Rechtsgebieten von Gefahrenabwehr und Strafrechtspflege aus Art. 30, 72 Abs. 1, 73 Abs. 1, 74 Abs. 1, 83, 86, 87 GG, bzw. (mit den Mitgliedstaaten geteilte) vertikale Verbandszuständigkeit der EU aus Art. 5 EUV, Art. 88 AEUV („Europol"), Art. 30, 72 Abs. 1, 73 Abs. 1, 74 Abs. 1, 83, 86, 87 GG;
- Zweiter Teil sachliche Zuständigkeit: (horizontale) (Ver-)Teilung (als Ganzes – weg von „Nichtpolizei") der Rechtsträger-Sache/„Angelegenheit" (vgl. § 1 POG NRW) „Polizei" (im Sinne des jeweiligen Polizeibegriffs, hier letztgültig im formellen Sinne) im Verhältnis zu anderen Landesangelegenheiten (insbesondere im [strikten] Trennungssystem wie in NRW andere Ordnungsbehördenangelegenheiten nach Ordnungsbehördengesetzen [z.B. OBG NRW]).

§ 1 PolG NRW ist eigentlich mit o.g. Voraussetzungen auch wie folgt lesbar/verstehbar: „Die Polizei (als Inbegriff verfassungsmäßig anerkannter Angelegenheit des verbandszuständigen Landes NRW) hat die Aufgabe, Gefahren für die öffentliche Sicherheit oder Ordnung abzuwehren." § 163 Abs. 1 S. 1 StPO und § 53 Abs. 1 S. 1 OWiG sind eigentlich mit o.g. Voraussetzungen wie folgt lesbar/verstehbar: „Die Behörden und Beamten des Polizeidienstes (als Inbegriff verfassungsmäßig anerkannter Angelegenheit des verbandszuständigen Landes NRW [vgl. insb. Art. 83 GG]/verbandszuständigen Bundes [vgl. insb. Art. 86, 87 GG]) haben [...].".

[508] Vertikale **Zuständigkeitsteilung**, hier im zweigliedrigen Bundesstaat der BRD auf Landesebene zwischen den Ebenen (Instanzen) der Behörden (Institutionen) der vollziehenden Gewalt „Polizei" (Angelegenheit / Inhalt) – mit dem häufigsten Ergebnis der „Kreispolizeibehörde", vgl. § 11 POG NRW i.V.m. Verordnung über die Kreispolizeibehörden des Landes Nordrhein-Westfalen (nichtamtliche Abkürzung: KPBVO NRW). Örtliche Zuständigkeit bezieht sich immer auf Institutionen/Organe, nicht auf einzelne Amtswalter (jedenfalls ohne Organeigenschaft) der Institutionen/Organe, auch bei Amtswalterverhalten außerhalb deren Stammbehörde (**Amtswalterauswärtsverhalten**), vgl. z.B. §§ 8, 9 POG NRW, da der funktionellen Amtswalterzuständigkeit eine Sachzuständigkeit vorausgesetzt ist (z.B. „im Rahmen zwischenstaatlicher Vereinbarungen oder nach Maßgabe von Rechtsakten") bzw. eine Behördenzuständigkeit vorausgesetzt ist (z.B.: „Die Polizeibehörden können durch ihre Polizeivollzugsbeamtinnen und ihre Polizeivollzugsbeamten"). Vgl. auch **Dienstaufsicht** (i.d.R. bei der Stammbehörde) und **Fachaufsicht** (i.d.R. bei der Auswärtsbehörde) bei **Amtswalterauswärtsverhalten**; zu Dienstaufsicht, Fachaufsicht (mit **Rechtsaufsicht**) siehe auch Buch 1, Abschnitt 2, Unterabschnitt 4, Titel 2.

[509] Horizontale **Zuständigkeitsteilung**, hier auf einer Instanzenebene.

4. funktionelle Zuständigkeit *des Polizeiamtswalters* (Aufgaben-Amtswalter- und Verhaltensfunktion)[510].

Zuständigkeit ist in der Regel wie folgt gegeben:

1. sachliche Zuständigkeit der Polizei:

- auf dem Rechtsgebiet der Gefahrenabwehr gemäß bestimmter Rechtsnormen aus § 1 PolG NRW oder aus speziellerer Rechtsnorm[511];
- auf dem Rechtsgebiet der Strafrechtspflege gemäß § 163 Abs. 1 S. 1 StPO oder gemäß § 53 Abs. 1 S. 1 OWiG oder aus speziellerer Rechtsnorm;

2. instanzielle Zuständigkeit der Polizeibehörde: auf dem Rechtsgebiet der Gefahrenabwehr und auf dem Rechtsgebiet der Strafrechtspflege gemäß bestimmter Rechtsnormen aus §§ 10-14 POG NRW, gegebenenfalls i.V.m. KPBVO NRW/LKA AufgVO NRW oder aus speziellerer Rechtsnorm;

3. örtliche Zuständigkeit der Polizeibehörde: auf dem Rechtsgebiet der Gefahrenabwehr und auf dem Rechtsgebiet der Strafrechtspflege gemäß bestimmter Rechtsnormen aus §§ 7-9 POG NRW, gegebenenfalls i.V.m. KHSt-VO NRW oder aus speziellerer Rechtsnorm;

4. funktionelle Zuständigkeit des Polizeiamtswalters:

- auf dem Rechtsgebiet der Gefahrenabwehr gemäß der Befugnisrechtsnorm oder gemäß einer Rechtsnorm wie § 37 Abs. 4 PolG NRW oder §§ 7-9 POG NRW;
- auf dem Rechtsgebiet der Strafrechtspflege gemäß der Befugnisrechtsnorm oder (i.V.m.) Rechtsnormen wie § 152 Abs. 2 GVG i.V.m. EPVO NRW.

**Funktionelle**[512] **Zuständigkeit** impliziert **Amtswalterfunktion** und **Verhaltensfunktion**[513], da Zuständigkeit eines bestimmten Rechtssubjekts (einer Person) immer besteht für etwas (sachlich für eine Aufgabe, verhaltensfunktionell für eine bestimmte Aufgabenwahrnehmung[514] durch bestimmte Rechtsfolgesetzung).

---

[510] *Maurer/Waldhoff*, Allgemeines Verwaltungsrecht, § 21, Rn. 50 f.; *Graulich*, in: *Lisken/Denninger/Bäcker/Graulich* (Hrsg.), Handbuch des Polizeirechts, E, Rn. 9; *Roggenkamp/König*, Eingriffsrecht für Polizeibeamte in Niedersachsen, Rn. 736; zum Standard „funktionelle Zuständigkeit" ausdrücklich bei unmittelbarem Zwang: *Brühl*, Verwaltungsrecht für die Fallbearbeitung, Rn. 348.

[511] Zu spezielleren Zuständigkeitsrechtsnormen im Verhältnis zu Rechtsnormen von PolG NRW und POG NRW siehe insbesondere Buch 4 und Buch 5.

[512] **Funktion** allgemein u.a. nach *Duden*: Tätigkeit; das Arbeiten; Amt oder Stellung, die jemand in einem größeren Ganzen hat; [klar umrissene] Tätigkeit, Aufgabe innerhalb eines größeren Zusammenhanges; Rolle; **Funktionell** allgemein u.a. nach *Duden*: die Funktion erfüllend, im Sinne der Funktion wirksam; das Funktionieren, die Funktionen betreffend, eine bestimmte Funktion habend.

[513] Vgl. zu Amtswalterfunktion und Verhaltensfunktion auch den sog. **Funktionsvorbehalt** des Art. 33 Abs. 4 GG und die sog. **funktionelle Privatisierung** (Fälle wie **Beleihung**, **Verwaltungshelfertum**), siehe zu allem auch: Buch 1, Abschnitt 2, Unterabschnitt 4, Titel 2), siehe zu beidem auch: *Domgörgen*, in: *Hömig/Wolff* (Hrsg.), Grundgesetz für die Bundesrepublik Deutschland, Art. 33 GG, Rn. 10-16.

[514] Zur abschließenden **Zuständigkeitsvollständigkeit** mit den Teilmengen von sachlicher, instanzieller, örtlicher, funktioneller Zuständigkeit: In Adäquatheit zur Oberdefinition der **Zuständigkeit** (Aufgabenwahrnehmungserlaubnis für den Rechtsfolgesetzer) schließt sich mit der funktionellen Zuständigkeit einschließlich Amtswalterfunktion und Verhaltensfunktion der Kreis von **Rechtssubjekt** und Angelegenheit/Inhalt/Sache im Staat, also die **Staatsgewaltlegitimationskette** vom Volk zu den Staatsorganen; siehe

**Amtswalterfunktion** der funktionellen Zuständigkeit ist der durch oder aufgrund Rechtsnorm bestimmte (persönliche) Rechtssubjektsstatus[515] des Amtswalters in der **Staatsformierung** (Staatsaufbau/Staatsorganisation) und kann gegeben sein insbesondere wie folgt:

- Ermittlungspersonen der Staatsanwaltschaft[516];
- Polizeibeamte;
- Polizeivollzugsbeamtinnen und/oder Polizeivollzugsbeamte;
- Beamte;
- Angestellte;
- Beschäftigte,
- „Bedienstete der Polizei, die nicht Polizeivollzugsbeamtinnen oder Polizeivollzugsbeamte sind"[517];
- (über Zugehörigkeit oder sonstige Zurechnung zu:) „Polizei"[518];
- (über Zugehörigkeit oder sonstige zu:) „Polizeibehörde";
- sonstige Behördenfunktion, Dienstgrad, **Funktionszuordnung** (z.B. Behördenleiterin oder Behördenleiter; Behördenleitung oder deren Vertretung; Behördenleiterin oder den Behördenleiter oder eine von ihnen beauftragte Leitungsperson des höheren Polizeivollzugsdienstes).

Ausschließliche **funktionelle Zuständigkeit / Funktionelle „Nur"-Zuständigkeit** bedeutet Ausschließlichkeit einer bestimmten Amtswalterfunktion (Amtswaltereigenschaft) für eine Verhaltensfunktion (Rechtsfolge), ohne Alternative für die Amtswalterfunktion.[519]

**Alternative funktionelle Zuständigkeit / Funktionelle „Auch"-Zuständigkeit** bedeutet Alternativität von mehreren Amtswalterfunktionen (Amtswaltereigenschaften) für eine Verhaltensfunktion (Rechtsfolge), ohne Ausschließlichkeit einer Amtswalterfunktion.[520]

**Verhaltensfunktion** ist die durch oder aufgrund Rechtsnorm bestimmte Rechtsfolgesetzung[521] und kann bezüglich einer bestimmten Maßnahme gegeben sein insbesondere wie folgt:

- Anordnungszuständigkeit;
- Ausführungszuständigkeit;

---

zum Rechtssubjekt auch Buch 1, Abschnitt 2, Unterabschnitt 2; siehe zur Staatsgewaltlegitimationskette auch Buch 1, Abschnitt 2, Unterabschnitt 4, Titel 1 und 2.

515 **Verhaltensfunktion** als [sachlicher] „Umfang der [den bestimmten Amtswaltern] **zustehenden** polizeilichen Befugnisse […]", vgl. z.B. § 37 Abs. 4 S. 2 PolG NRW. **Amtswalterfunktion** als personaler Umfang der Aufgabenwahrnehmung, vgl. z.B. § 37 Abs. 4 S. 1 PolG NRW: „Aufgaben […] können […] auch durch [bestimmte Amtswalter] wahrgenommen werden.".

516 Amtswalterfunktion der **Ermittlungspersonen der Staatsanwaltschaft** (StA-EP) sind auf dem Rechtsgebiet der Strafrechtspflege i.d.R. ausdrücklich wie folgt normiert: Jeweilige Befugnisrechtsnorm oder Verfahrensrechtsnorm (vgl. z.B. § 81a Abs. 2 StPO oder § 105 Abs. 1 S. 1 StPO) mit Zitierung von „(§ 152 Gerichtsverfassungsgesetz)" (GVG) i.V.m. (der nordrhein-westfälischen) „Verordnung über die Ermittlungspersonen der Staatsanwaltschaft" (nichtamtliche Abkürzung: EPVO NRW).

517 § 37 Abs. 4 S. 1 PolG NRW.

518 Vgl. nur z.B. § 8 Abs. 1 Wort 2 PolG NRW.

519 Beispiel für funktionelle Nur-Zuständigkeit: § 12a Abs. 2 S. 1 PolG NRW.

520 Beispiel für funktionelle Auch-Zuständigkeit: § 12a Abs. 2 S. 2 PolG NRW.

521 **Verhaltensfunktion** als [sachlicher] „Umfang der [den bestimmten Amtswaltern] **zustehenden** polizeilichen Befugnisse […]", vgl. z.B. § 37 Abs. 4 S. 2 PolG NRW. **Amtswalterfunktion** als personaler Umfang der Aufgabenwahrnehmung, vgl. z.B. § 37 Abs. 4 S. 1 PolG NRW: „Aufgaben […] können […] auch durch [bestimmte Amtswalter, P.B.] wahrgenommen werden." –

- Antragszuständigkeit[522];
- Anregungszuständigkeit.[523]

**Anordnung** ist (interne oder externe) Entscheidung oder Verfügung; **Verfügung** ist Gebot oder Verbot.

**Ausführung** ist faktisches Verhalten unabhängig vom Vorliegen oder Fehlen einer Anordnung.

**Vornahme** ist ein teilweise gesetzliches Wort für Ausführung.[524]

---

[522] Beispiele für ausdrücklich normierte Antragszuständigkeit: § 34b Abs. 2 PolG NRW; § 34c Abs. 6 PolG NRW.

[523] Vgl. das idealtypische **Verhältnis von Polizei, Staatsanwaltschaft, Gericht** im **Ermittlungsverfahren**, ersichtlich insbesondere aus §§ 152, 159, 161, 162, 163 Abs. 2 S. 1, 2, 165 StPO:

- Anregung Polizei an StA / Absprache zwischen Polizei und StA / Weisung StA an Polizei;
- Antrag StA an Gericht oder Richter / Antrag Polizei an Gericht oder Richter;
- Entscheidung des Gerichts oder des Richters;
- Ausführung oder Nichtausführung durch StA/Polizei.

Zur **Staatsanwaltschaft** vgl. auch §§ 141 152 GVG (Staatsanwaltschaft). Vgl. auch BVerfGE 103, 142, 156 (Wohnungsdurchsuchung und Gefahr im Verzug) = BVerfG, Urteil des Zweiten Senats vom 20.02.2001 – 2 BvR 1444/00 – C. II. 1. a), Rn. 42: „Das gilt auch für Anordnungen der Staatsanwaltschaft, die trotz ihrer Eingliederung in die Justiz (BVerfGE 9, 223 [228]) zur Exekutive gehört [Schrifttumsquellenangabe, P. B.].“; vgl. auch BGH, Beschluss vom 27.05.2009 – 1 StR 99/09, Rn. 13: „Die Staatsanwaltschaft leitet das Ermittlungsverfahren [**StA-Leitung**] und trägt die Gesamtverantwortung [**StA-Gesamtverantwortung**] für eine rechtsstaatliche, faire und ordnungsgemäße Durchführung des Verfahrens, auch soweit es durch die Polizei geführt wird (vgl. Nr. 1 RiStBV [weitere Quellenangaben]. Aufgrund dieser umfassenden Verantwortung steht der Staatsanwaltschaft gegenüber ihren Ermittlungspersonen ein uneingeschränktes Weisungsrecht [**StA-Weisungsrecht**] in Bezug auf ihre auf die Sachverhaltserforschung gerichtete strafverfolgende Tätigkeit zu, vgl. § 161 Abs. 1 Satz 2 StPO, § 152 Abs. 1 GVG [Quellenangaben]. Dabei kann sie konkrete Einzelweisungen zu Art und Durchführung einzelner Ermittlungshandlungen erteilen, Nr. 3 Abs. 2, Nr. 11 RiStBV, oder ihre Leitungsbefugnis im Rahmen der Aufklärung von Straftaten unabhängig vom Einzelfall durch allgemeine Weisungen im Voraus in Anspruch nehmen [Quellenangaben].“, Rn. 14: „Bereits mit Blick auf mögliche **Beweisverwertungsverbote** wegen fehlender oder nicht rechtzeitiger Belehrung als Beschuldigter nach § 136 Abs. 1 Satz 2, § 163a Abs. 4 StPO (vgl. dazu BGHSt 51, 367 ff.) oder mangels „qualifizierter“ Belehrung [**qualifizierte Belehrung**] nach zunächst zu Unrecht erfolgter Vernehmung als Zeuge (vgl. dazu BGH NStZ 2009, 281 f. [= BGHSt 53, 112 = BGH, Urteil vom 18.12.2008 – 4 StR 455/08]) erfordert die der Staatsanwaltschaft zugewiesene Verantwortlichkeit, dass sie die ihr zustehenden Leitungs- und Kontrollbefugnisse auch effektiv ausübt. Dazu genügt es nicht, wenn sie lediglich Richtung und Umfang der von der Polizei vorzunehmenden Ermittlungen ganz allgemein vorgibt [Quellenangaben].“, Rn. 15: „Jedenfalls in Fällen der vorliegenden Art, bei denen es um die Aufklärung und Verfolgung von Tötungsdelikten geht, hat daher die Staatsanwaltschaft, der derartige Fälle sofort anzuzeigen sind (vgl. § 159 Abs. 1 StPO), insbesondere den **Status des zu Vernehmenden als Zeuge oder Beschuldigter** klarzustellen und durch allgemeine Weisungen im Voraus oder durch konkrete Einzelweisungen eine ordnungsgemäße, rechtzeitige Beschuldigtenbelehrung gemäß § 136 Abs. 1 Satz 2, § 163a Abs. 4 StPO sicherzustellen. Wird ein Tatverdächtiger dennoch zu Unrecht als Zeuge vernommen, so hat sie wegen des Belehrungsverstoßes darauf hin zu wirken, dass dieser bei Beginn der nachfolgenden Vernehmung als Beschuldigter auf die Nichtverwertbarkeit der früheren Angaben hingewiesen wird („qualifizierte Belehrung“ - vgl. dazu BGH NStZ 2009, 281 f. [= BGHSt 53, 112 = BGH, Urteil vom 18.12.2008 – 4 StR 455/08]).“.

[524] Vgl. z.B. § 81a StPO; § 81b StPO; § 81c StPO; 81d StPO (Überschrift und Text); § 87 StPO; § 93 StPO; § 100a StPO; § 102 StPO (hier einschließlich Begleitverfügungen); § 131a StPO; § 14 PolG NRW; § 50 PolG NRW; § 52 PolG NRW (Vornahme und Ausführung); § 56 Abs. 4 PolG NRW („Wird Ersatzvornahme angedroht […]“).

**Vollziehung** ist teilweise gesetzliches Wort für Ausführung.[525]

**Durchführung** kann sein: Anordnung und Ausführung/Vornahme/Vollziehung, mit Tendenz zu Ausführung.[526]

**Antrag** ist förmliche Bitte um ein bestimmtes Verhalten.

**Anregung** ist Bitte um Prüfung bestimmten Verhaltens.

**Rechtsfolgenbezeichnung** ohne weitere Spezifizierung der Verhaltensfunktion[527] ist alle Verhaltensfunktion wie Anordnung, Ausführung, Antrag, Anregung, Vornahme, Vollziehung, Durchführung.

**Originäre Zuständigkeit / Originarität von Zuständigkeit** ist (ein nichtgesetzlicher Begriff für) erstrangige (sachliche) Zuständigkeit (, deren Gegebensein oder Nichtgegebensein sowie im Falle des Gegebenseins deren konkrete Ausprägung sich aus einer Zuständigkeitsrechtsnorm ergibt).[528]

**Parallele originäre Zuständigkeit / Parallele Originarität von Zuständigkeit** ist (ein nichtgesetzlicher Begriff für) gleichrangige (sachliche) Zuständigkeit im Verhältnis zu anderen für dieselbe Aufgabe originär (sachlich) zuständigen Behörden(, deren Gegebensein oder Nichtgegebensein sowie im Falle des Gegebenseins deren konkrete Ausprägung sich aus einer Zuständigkeitsrechtsnorm ergibt).[529]

**Subsididäre[530] Zuständigkeit / Subsidiarität von Zuständigkeit** ist (ein nichtgesetzlicher Begriff für) nachrangige (sachliche) Zuständigkeit(, deren Gegebensein oder Nichtgegebensein sowie im Falle des Gegebenseins deren konkrete Ausprägung sich aus einer Zuständigkeitsrechtsnorm ergibt).[531]

Zuständigkeitsvoraussetzungen / Zuständigkeitsvoraussetzungs-Arten sind:

- positive Zuständigkeitsvoraussetzungen;
- negative Zuständigkeitsvoraussetzungen.

---

[525] Vgl. z.B. §§ 111c, d, f, g, h, k StPO; vgl. auch § 80 Abs. 2 S. 1 Nr. 4 VwGO („sofortige Vollziehung“); unterscheide dazu den sogenannten Sofortvollzug im Sinne des § 50 Abs. 2 PolG NRW (Zwang ohne vorausgehenden Verwaltungsakt).

[526] Vgl. z.B. § 81d StPO (Überschrift und Text); § 81e StPO; § 81h StPO; § 10 PolG NRW; § 14a PolG NRW; § 15c PolG NRW; § 25 PolG NRW; § 33 PolG NRW; § 33b PolG NRW; § 39 PolG NRW; § 47 PolG NRW; § 62 PolG NRW.

[527] Z.B. „Maßnahme(n)“; Anhalten; Befragen; Betreten; Durchsuchen; Erheben; Festhalten; Sicherstellen; Verarbeiten; „Zwang“.

[528] Beispiel für **originäre (sachliche) Zuständigkeit**: § 1 Abs. 1 S. 1, 2 PolG NRW. Beispiel für parallele (gleichrangige) originäre Zuständigkeit: § 71 Abs. 4 AufenthG (gleichrangige Aufzählung mehrerer Behörden und „auch“) und § 71 Abs. 5 AufenthG („auch die Polizeien der Länder“).

[529] Beispiel für **parallele originäre (sachliche) Zuständigkeit**: § 71 Abs. 4 AufenthG (gleichrangige Aufzählung mehrerer Behörden und „auch“) und § 71 Abs. 5 AufenthG („auch die Polizeien der Länder“).

[530] **Subsidiarität**-Etymologie: Vom Lateinischen subsidium, zu Deutsch: Hilfe, Reserve. Zum **Subsidiaritätsprinzip** vgl. Art. 5 Abs. 1 S. 2, Abs. 3 EUV; Artt. 30, 70 Abs. 1, 72 Abs. 2, 83 GG; § 90 Abs. 2 BVerfGG; vgl. auch Art. 28 GG mit **Selbstverwaltung(sgarantie)** gemäß § 28 Abs. 2 S. 1 GG als **vertikale Gewaltenteilung**. Zur **Gewaltenteilung** siehe auch Buch 1, Abschnitt 2, Unterabschnitt 2.

[531] Beispiel für **subsidiäre Zuständigkeit**: § 1 Abs. 1 S. 1, 3 PolG NRW (subsidiäre Zuständigkeit bei **Zuständigkeits-Ausfall / Zuständigkeits-Notfall**: „soweit ein Handeln der anderen Behörden nicht [...] möglich erscheint“ und subsidiäre Zuständigkeit bei **Zuständigkeits-Eilfall**: „soweit ein Handeln der anderen Behörden [...] nicht rechtzeitig möglich erscheint“.

**Positive Zuständigkeitsvoraussetzungen** sind positiv formulierte oder anders zuständigkeitseröffnende oder zuständigkeitserweiternde Zuständigkeitsvoraussetzungen.[532]

**Negative Zuständigkeitsvoraussetzungen** sind negativ formulierte oder anders zuständigkeitsverneinende oder zuständigkeitsbegrenzende Zuständigkeitsvoraussetzungen.[533]

Negative Zuständigkeitsvoraussetzung in der Art eines Zuständigkeitseingriffsverbots bezüglich des Eingriffs durch einen Hoheitsträger (z.B. der Polizei) in den Aufgabenbereich eines anderen Hoheitsträgers (z.B. des Schulwesens) ist nur bei gesetzlicher Normierung eines solchen Zuständigkeitseingriffsverbots gegeben, also nicht „mit einem vermeintlich dem Gesetz voraus liegenden Grundsatz", woraus sich ergibt: Formell-rechtliche Anordnungs- und Ausführungs-Zuständigkeit von Behörden und Amtswaltern gegenüber materiell pflichtigen anderen Behörden und Amtswaltern ist grundsätzlich genauso gegeben wie bei anderen nichtstaatlichen Personen und nur nicht gegeben bei einem im Fachrecht stehenden oder sich aus diesem ergebenden Verbot behördlicher Eingriffe in den Aufgabenbereich anderer selbstständiger Hoheitsträger.[534]

**Zuständigkeits- und Verfahrensunterschied** ist insbesondere wie folgt gegeben:

- Zuständigkeit ist die Aufgabenwahrnehmungserlaubnis des Maßnahmentreffenden / Rechtsfolgesetzers.
- Verfahren ist normiertes Verhalten insbesondere für den Rechtsfolgezuständigen außer, bei, i.Z.m. der Rechtsfolge, insbesondere:
  - o Beteiligung *anderer als dem* Rechtsfolgezuständigen *durch den* Rechtsfolgezuständigen, zum Beispiel:
    - Beteiligung von Richter / Gericht (zum Beispiel durch Einholung von Anordnung, Genehmigung, Zustimmung oder sonstiger Entscheidung);
    - Beteiligung von Staatsanwalt / Staatsanwaltschaft (zum Beispiel durch Einholung von Anordnung, Genehmigung, Zustimmung oder sonstiger Entscheidung);
    - Beteiligung von anderen Stellen (z.B. Beauftragte; Landesoberbehörde);
    - Beteiligung von Maßnahmenadressaten oder sonstigem Maßnahmenbetroffenen.
  - o Maßnahmen *bei* anderen oder auch *für andere als dem* Rechtsfolgezuständigen *durch den* Rechtsfolgezuständigen, zum Beispiel: Anhörung, Aufklärung, Aushändigung, Begründung, Belehrung, Dokumentation, Information, Löschung, Mitteilung, Protokollierung, Prüfung, Unterrichtung.

Zuständigkeits-Aufbauvarianten für die funktionelle Zuständigkeit gibt es in der Fallbearbeitungspraxis wie folgt:

- als Zuständigkeits-Unterpunkt (funktionelle Zuständigkeit). Gründe: Logischer Rechtsgehalt in Unterscheidung zu anderen Punkten unabhängig von ausdrücklich-abschließender Normierung in einer formell-rechtlichen oder materiell-rechtlichen Rechtsnorm;
- als Verfahrensvoraussetzung. Mögliche Gründe:

[532] Beispiele für positive Zuständigkeitsvoraussetzungen: § 1 Abs. 1 S. 1, 2 PolG NRW.

[533] Beispiele für negative Zuständigkeitsvoraussetzungen: § 1 Abs. 2 PolG NRW.

[534] BVerwG, Urteil vom 25.09.2008 – BVerwG 7 A 4.07, Rn. 18; BVerwGE 117, 1.

- o Darstellungszusammenhang zum Verfahren, zur Beteiligung anderer;
- o Darstellungserfordernisse je nach Darstellungsadessat;

- als Tatbestandsvoraussetzung. Mögliche Gründe:
  - o Darstellungserfordernisse je nach Darstellungsadressat;
  - o (ausdrücklich-abschließende) Normierung im Tatbestand einer materiell-rechtlichen Befugnisrechtsvorschrift (Unterscheide aber die in der Befugnisrechtsvorschrift enthaltene Rechtsnorm als Rechtsinhalt, als logisch echte Teilmenge der Formellen Rechtmäßigkeit. Und beachte die tatsächlichen genetisch-historischen und systematischen Gründe der Normierung spezieller funktioneller Zuständigkeiten bei den Befugnisrechtsvorschriften, nämlich insbesondere den Grund flexibler rechtsfolgenspezifischer Zuständigkeitsnormierung je nach Maßnahme, die deshalb mitunter erst in der speziellen Befugnisrechtsvorschrift, nicht in allgemeineren Zuständigkeitsrechtsvorschriften enthalten ist.).

Gefahr- und (Tat-)Verdachts-Aufbauvarianten gibt es in der Fallbearbeitungspraxis wie folgt:

- teilweise bei Rechtsgebiet;
- teilweise bei Zuständigkeit;
- herrschend bei Tatbestandsvoraussetzungen.[535]

Gründe für die herrschende Fallbearbeitung bezüglich der Merkmale von Gefahr und Verdacht bei Tatbestandsvoraussetzungen:

[535] Zur Fallbearbeitung von Merkmalen wie Gefahr in der materiellen Rechtmäßigkeit und Bearbeitung des Wortlauts „Gefahren“ beim Rechtsgebiet oder bei der Zuständigkeit etwa mit bloßer Feststellung eines vorliegenden und der summarisch betrachteten Gesamtlage nach nicht völlig verfehlten Gefahrenabwehrzwecks des Maßnahmetreffenden/Rechtsfolgesetzers vgl. auch *Basten*, Recht der Polizei, S. 216, Rn. 552, mit weiteren Nachweisen.

- Rechtsgehalt der Fallbearbeitungspunkte bzw. Entscheidungserheblichkeit oder Entscheidungsunerheblichkeit:
  - Bei den Punkten Rechtsgebiet und Zuständigkeit stehen das Erfordernis (Ob) und die Art und Weise (Wie) einer materiell-rechtlichen Tatbestandsvoraussetzung der Gefahr und jedenfalls die Art und Weise (Wie) eines (Tat-)Verdachts nicht fest;
  - Das rechtsfaktische Vorliegen von (einer bestimmten) Gefahr und/oder (einem bestimmten) (Tat-)Verdacht einerseits und andererseits deren Entscheidungserheblichkeit können auseinanderfallen. Beispiele:
    - Maßnahme erfolgt auf dem Rechtsgebiet der Gefahrenabwehr bei Vorliegen eines Tatverdachts oder umgekehrt (vgl. z.B. Gemengelage mit doppelfunktionalen Maßnahmen und Aufgabenkonkurrenz[536]), denn: **Tatverdacht** (zureichende tatsächliche Anhaltspunkte einer verfolgbaren Tat, § 152 Abs. 2 StPO) ist zwar **notwendige Bedingung** (**condicio sine qua non**) für die Anwendung einer Ermittlungsmaßnahme auf dem Rechtsgebiet der Strafrechtspflege, aber Tatverdacht, selbst Verdacht frischer Tat ist keine **hinreichende Bedingung** (**condicio per quam**) für die Anwendung des Rechtsgebiets der Strafrechtspflege. Rechtmäßigkeit einer Ermittlungsmaßnahme aus StPO/OWiG ist nie ohne zureichende tatsächliche Anhaltspunkte einer verfolgbaren Tat (Tatverdacht) gegeben; aber bei Tatverdacht ist nicht immer eine Maßnahme aus StPO/OWiG gegeben.[537]
    - Maßnahme erfolgt auf Rechtsgrundlagen ohne rechtliche Voraussetzung von Gefahr und/oder Verdacht bei rechtsfaktischem Vorliegen von Gefahr und/oder Verdacht.
- **Rechtsgebiets- und Zuständigkeits-Unterscheidung** sowie **Zuständigkeits- und Befugnis-Unterscheidung**, Art. 20 Abs. 3 GG (Rechtsstaatsprinzip)[538]: **Rechtsgebiet** ist Rechtsordnungsteil – als Gesetzes- und Rechtsnormenzusammenfassung möglicher Rechtsgrundlagen – nach allen Umständen wie schwerpunktmäßigen Äußerungen, Rechtsnormen, Zwecken, wobei insbesondere letztere zweckhaft umschrieben werden können (zwecks Geschehensunterbindung / Geschehensaufklärung), sich auch aus objektiv-faktischen

---

[536] **Gemengelage**: **Lage** (PDV 100, Anlage 20) mit Aufgaben aus mehreren Rechtsgebieten; **Doppelfunktionale Maßnahme** (4 Bedeutungen): 1.: Maßnahme, die auf beiden Rechtsgebieten von Gefahrenabwehr und Strafrechtspflege möglich ist 2.: Maßnahme, die Wesenszüge beider Rechtsgebiete aufweist (vgl. BVerfGE 113, 348, 370 = BVerfG, Urteil des Ersten Senats vom 27.07.2005 – 1 BvR 668/04 –, C. II. 2. b) cc) (2), Rn. 100: „Die **Verfolgungsvorsorge** erfolgt in zeitlicher Hinsicht präventiv, betrifft aber gegenständlich das repressiv ausgerichtete Strafverfahren.") 3.: Maßnahme „mit jeweils selbständiger präventiver und repressiver Zielsetzung" der Polizei (BGHSt 62, 123 [Legendierte Kontrollen] = BGH, Urteil vom 26.04.2017 – BGH 2 StR 247/16: „echte doppelfunktionale Maßnahme") 4.: Maßnahme, „die nur deswegen auch präventiven Charakter" hat, „weil durch die Strafverfolgung ein entsprechender unselbständiger Nebeneffekt erzielt wird, etwa dass der Betroffene durch Festnahme an der Fortsetzung seiner strafbaren Handlung faktisch gehindert wird. In einem solchen Fall der ‚Prävention durch Repression' ist das polizeiliche Vorgehen schon nach seiner alleinigen Zwecksetzung ausschließlich strafprozessualer Natur." (BGHSt 62, 123 [Legendierte Kontrollen] = BGH, Urteil vom 26.04.2017 – BGH 2 StR 247/16); **Aufgabenkonkurrenz**: **Lage** (PDV 100, Anlage 20) mit Entscheidungsnotwendigkeit über Reihenfolge der Aufgabenwahrnehmung auf mehreren Rechtsgebieten.

[537] Vgl. auch sogenannte „**Vorermittlungen**" nach StPO oder OWiG: Möglichkeit der Rechtmäßigkeit von sog. Vorermittlungen bei eben zureichenden tatsächlichen Anhaltspunkten und Rechtswidrigkeit bei Fehlen von zureichenden tatsächlichen Anhaltspunkten.

[538] Vgl. auch die PolG-NRW-Gesetzessystematik mit Trennung von „Erster Abschnitt – Aufgaben und allgemeine Vorschriften" und „Zweiter Abschnitt – Befugnisse der Polizei".

Sachlagen (z.B. Gefährlichkeit; vergangenes Geschehen) ergeben können. **Zuständigkeit** ist Aufgabenwahrnehmungserlaubnis – ohne weitere materiell-rechtliche Voraussetzungen. „Gefahrenabwehr" und „Strafrechtspflege" sind nur Überschriften/Zweck-Umschreibungen des Rechtsgebiets/der Aufgabenwahrnehmung mit deren vielen Möglichkeiten.[539] **Befugnis** ist Mittel-/Maßnahmen-/Rechtsfolgesetzungserlaubnis für die Aufgabenwahrnehmung; **Tatbestandsvoraussetzungen** sind materiell-rechtliche Rechtsfolgesetzungsbedingungen – so auch Gefahr oder Verdacht, und dies nur dann, wenn durch eine anwendbare materiell-rechtliche Befugnisrechtsnorm vorausgesetzt.

- Fallbearbeitungsfolgenabwägung: Konsequenz einer Bearbeitung von Merkmalen wie Gefahr und (Tat-)Verdacht jedenfalls bei gutachtlicher Fallbearbeitung mit vollständigem Schema könnte sein – mit allen Folgekonsequenzen für Art, Form, Inhalt, Mittel, Zeit der Fallbearbeitung –:
  - dass die Fallbearbeitenden zu Beginn der Fallbearbeitung eine bestimmte Gefahr oder einen bestimmten (Tat-)Verdacht annehmen,
  - deren weitere Folgen und Voraussetzungen weithin bearbeiten,

und

  - das bei dem Umstand der Nichterforderlichkeit einer Gefahrbearbeitung oder (Tat-)Verdachtsbearbeitung

oder

  - das bei dem Umstand, dass die Fallbearbeitenden mitten in der Fallbearbeitung oder gegen Ende der Fallbearbeitung die Voraussetzungen einer anderen Gefahr oder eines anderen (Tat-)Verdachts bestimmen müssten, die sich aus einer materiell-rechtlichen Rechtsnorm ergeben.

Fallbearbeitung von Sachverhalten, in denen das Rechtsgebiet der Gefahrenabwehr oder der Strafrechtspflege oder eine Zuständigkeit der Gefahrenabwehr oder der Strafrechtspflege im Sinne einer Möglichkeitstheorie nach jeder Betrachtungsweise ausgeschlossen erscheint, können bereits bei den Fallbearbeitungspunkten Rechtsgebiet oder Zuständigkeit ohne Gefahren- oder Verdachtssubsumtion unter eine bestimmte Gefahr oder einen bestimmten Verdacht erfolgen, und zwar in dem Sinne der Unmöglichkeit einer Verwirklichung des Zwecks mangels Anhaltspunkt im Tatsächlichen.

---

[539] Vgl. nur: § 1 Abs. 1 S. 1 PolG NRW (Plural: „Gefahren"), sodann die nähere Konkretisierung der originären Zuständigkeit „im Rahmen dieser Aufgabe" in § 1 Abs. 1 S. 2 PolG NRW – weitestgehend ohne (aktuelle) „Gefahr", sodann den PolG-NRW-Befugnisrechtsnormteil mit vielen Befugnisrechtsnormen ohne Gefahrvoraussetzung oder mit Voraussetzung ganz bestimmter Gefahr.

## Untertitel 2: B. II. Verfahren

**Verfahren** ist normiertes Verhalten insbesondere für den Rechtsfolgezuständigen außer, bei, i.Z.m. der Rechtsfolge.[540]

**Verfahren** (V) ist logisch in toto eine echte Teilmenge der Formellen[541] Rechtmäßigkeit (FR).[542]

**Zuständigkeits- und Verfahrensunterschied** ist insbesondere wie folgt gegeben:

- Zuständigkeit ist die Aufgabenwahrnehmungserlaubnis des Maßnahmentreffenden / Rechtsfolgesetzers.
- Verfahren ist normiertes Verhalten insbesondere für den Rechtsfolgezuständigen außer, bei, i.Z.m. der Rechtsfolge, insbesondere:
  - Beteiligung *anderer als dem* Rechtsfolgezuständigen *durch den* Rechtsfolgezuständigen, zum Beispiel:
    - Beteiligung von **Richter / Gericht**[543] (zum Beispiel durch Einholung von Anordnung, Genehmigung, Zustimmung oder sonstiger Entscheidung);

---

[540] Verfahren ist formell-rechtlicher, äußerlicher Standard des Was außer, bei, i.Z.m. der Rechtsfolge – insbesondere zwecks Beeinflussbarkeit und Nachvollziehbarkeit des Entscheidungsprozesses auch in seinen tatsächlichen Abläufen und rechtlichen Folgen, u.a. für Rechtsschutzmöglichkeiten vor während, nach der Maßnahme/Rechtsfolgesetzung (z.B. durch [ggf. nachträgliche] Anhörung, Belehrung, StA-Beteiligung, Verteidigerbeteiligung, Gerichtsbeteiligung oder Richterbeteiligung), quasi als „**Grundrechtsschutz durch Verfahren**“. Laienhaftes Verständnis von „Verfahren“ ist Verstehen des Verfahrens im Sinne umfassenden Verhaltens, des Treffens von allen möglichen Maßnahmen und ist zu unterscheiden vom Verfahren im eingriffsrechtlichen Sinne (vgl. das Laienhafte: „Wie verfahren wir?“, „Was ist das für ein Verfahren?“).

[541] **Form** und **Materie**: **Form** (vom Lateinischen forma und griechisch morphḗ) ist allgemein Äußeres, Gestalt, Prägendes, Standard, Rahmen, Umgebendes für oder von etwas, das Stoff oder Materie ist, und in Beziehung zur Form ihr Inhalt. **Materie** (vom Lateinischen: materia, zu Deutsch: Stoff, Thema, Ursache; ursprünglich vom Lateinischen: materies, zu Deutsch: Holz, Stämme, Bauholz; verwandt mit dem lateinischen mater, zu Deutsch: Mutter, und mit dem lateinischen matrix, zu Deutsch: Gebärmutter, Muttertier; griechisch hylē) ist jedenfalls in Beziehung zur (standardmäßigen) Form inhaltliche (wandelbare) Substanz. Vgl. auch die Worthistorie (Etymologie) und Ideenhistorie von Form (vom Lateinischen forma und griechisch morphḗ) im Gegensatz zu Materie/Substanz (vom Lateinischen materia und Griechischen hylē). Form ist eher etwas ohne weitere Wertung Erkennbares bzgl. des Vorhandenseins/der Einhaltung; Materie/Substanz ist eher etwas nicht ohne weitere Wertung Erkennbares bzgl. des Vorhandenseins/der Erfüllung.

[542] $V \subsetneq FR$.

[543] Zum sog. **Richtervorbehalt** etwa BVerfGE 105, 239 (Richtervorbehalt bei Freiheitsentziehung) = BVerfG, Beschluss des Zweiten Senats vom 15.05.2002 – 2 BvR 2292/00 –; BVerfGE 149, 293 (5-Punkt-Fixierung/7-Punkt-Fixierung) = BVerfG, Urteil des Zweiten Senats vom 24.07.2018 – 2 BvR 309/15 –, D. III. 2., Rn. 96 („Der Richtervorbehalt dient der verstärkten Sicherung des Grundrechts [...]. Er zielt auf eine vorbeugende Kontrolle der Maßnahme durch eine unabhängige und neutrale Instanz ab (vgl. zu Art. 13 Abs. 2 GG BVerfGE 57, 346 <355 f.>; 76, 83 <91>; 103, 142 <151>). Das Grundgesetz geht davon aus, dass Richter aufgrund ihrer persönlichen und sachlichen Unabhängigkeit und ihrer strikten Unterwerfung unter das Gesetz (Art. 97 GG) die Rechte der Betroffenen im Einzelfall am besten und sichersten wahren können (vgl. BVerfGE 77, 1 <51>). Alle staatlichen Organe sind verpflichtet, dafür Sorge zu tragen, dass der Richtervorbehalt als Grundrechtssicherung praktisch wirksam wird (vgl. BVerfGE 103, 142 <151 f.>; 105, 239 <248>). Für den Staat folgt daraus die verfassungsrechtliche Verpflichtung, die Erreichbarkeit eines zuständigen Richters – jedenfalls zur **Tageszeit** [laut BVerfG: „Zeitraum von 6:00 Uhr bis 21:00 Uhr“, P.B.] – zu gewährleisten und ihm auch insoweit eine sachangemessene Wahrnehmung

- Beteiligung von Staatsanwalt / Staatsanwaltschaft (zum Beispiel durch Einholung von Anordnung, Genehmigung, Zustimmung oder sonstiger Entscheidung);
- Beteiligung von anderen Stellen (z.B. Beauftragte; Landesoberbehörde; besondere Bedienstete[544] oder **bevorrechtigte Personen**[545], andere Beauftragte[546], Behörden[547]; Landesoberbehörden[548]);

---

seiner richterlichen Aufgaben zu ermöglichen (vgl. BVerfGE 103, 142 <156>; 105, 239 <248>; 139, 245 <267 f. Rn. 62 ff.> […]. Zu dem Begriff ‚**Entscheidung**' gehört, dass der Richter in vollem Umfang die Verantwortung für die Maßnahme übernimmt (vgl. BVerfGE 10, 302 <310>; 22, 311 <317 f.>). Er muss diese eigenverantwortlich prüfen und dafür Sorge tragen, dass die sich aus der Verfassung und dem einfachen Recht ergebenden Voraussetzungen der Freiheitsentziehung genau beachtet werden (vgl. in Bezug auf die richterliche Entscheidung über die Wohnungsdurchsuchung BVerfGE 9, 89 <97>; 57, 346 <355 f.>; 103, 142 <151>; 139, 245 <266 f. Rn. 61>). Als neutrale Kontrollinstanz hat er die Pflicht, im Rahmen des Möglichen und Zumutbaren sicherzustellen, dass der Eingriff in die Grundrechte etwa hinsichtlich der Dauer und Intensität messbar und kontrollierbar bleibt (vgl. BVerfGE 103, 142 <151>).".

[544] Vgl. z.B. § 54 StPO (**Aussagegenehmigung für Angehörige des öffentlichen Dienstes**), und dazu Nr. 66 RiStBV: „(1) Soll ein Richter, ein Beamter oder eine andere Person des öffentlichen Dienstes als Zeuge vernommen werden und erstreckt sich die Vernehmung auf Umstände, die der Amtsverschwiegenheit unterliegen, so holt die Stelle, die den Zeugen vernehmen will, die Aussagegenehmigung von Amts wegen ein. Bestehen Zweifel, ob sich die Vernehmung auf Umstände, die der Amtsverschwiegenheit unterliegen, erstrecken kann, so ist dies vor der Vernehmung durch eine Anfrage bei dem Dienstvorgesetzten zu klären. (2) Um die Genehmigung ist der Dienstvorgesetzte zu ersuchen, dem der Zeuge im Zeitpunkt der Vernehmung untersteht oder dem er im Falle des § 54 Abs. 4 StPO zuletzt unterstanden hat. (3) Der Antrag auf Erteilung einer Aussagegenehmigung muss die Vorgänge, über die der Zeuge vernommen werden soll, kurz, aber erschöpfend angeben, damit der Dienstvorgesetzte beurteilen kann, ob Versagungsgründe vorliegen. Der Antrag ist so rechtzeitig zu stellen, dass der Dienstvorgesetzte ihn prüfen und seine Entscheidung noch vor dem Termin mitteilen kann. In eiligen Sachen wird deshalb die Aussagegenehmigung schon vor der Anberaumung des Termins einzuholen sein.".

[545] Vgl. z.B. Art. 46 GG (Abs. 1: **Abgeordnetenindemnität**; Abs. 2-4: **Abgeordnetenimmunität** – mit **Bundestagsgenehmigungsvorbehalt**); Art. 47 Verfassung NRW (**Abgeordnetenindemnität**), Art. 48 Verfassung NRW (**Abgeordnetenimmunität** – mit **Landtagsgenehmigungsvorbehalt**); Art. 60 Abs. 4 GG (**Bundespräsidentenimmunität**); Art. 40 Abs. 2 S. 1 GG (**Bundestagspräsidentengenehmigungsvorbehalt** für Durchsuchung oder Beschlagnahme in Bundestagsräumen); Art. 49 Abs. 2 Verfassung NRW (**Landtagspräsidentengenehmigungsvorbehalt** für Durchsuchung oder Beschlagnahme in Landtagsräumen); zum Abgeordneten vgl. auch: Art. 47 GG, Art. 49 Abs. 1 Verfassung NRW (**Abgeordneten-Zeugnisverweigerungsrecht** und zeugnisverweigerungsrechtentsprechendes **Abgeordneten-Schriftstückebeschlagnahmeverbot**). Vgl. auch §§ 18, 21 GVG i.V.m. DiplBezÜbkG i.V.m. WÜD (**Diplomatenmissionsmitgliederimmunität** – einschließlich Familienmitglieder und private Hausangestellte); §§ 19, 21 GVG i.V.m. KonsÜbkG i.V.m. WÜK (**Konsularvertretungsmitgliederimmunität** – einschließlich Wahlkonsularbeamte); §§ 20, 21 GVG (**Staatsrepräsentantenimmunität** – einschließlich Begleitung).

[546] Vgl. Art. 77a Verfassung NRW (**Landesbeauftragter für den Datenschutz** – im GG ohne ausdrückliche Entsprechung); §§ 33a-33c PolG NRW (**Landesbeauftragter für Datenschutz und Informationsfreiheit**).

[547] Vgl. z.B. § 403 AO (**Beteiligung der Finanzbehörde / Finanzbehörden-Beteiligung**) als Verfahrensnorm für die Staatsanwaltschaft oder die Polizei bzgl. der Finanzbehördenbteiligung bei Steuerstraftaten mit Fragenrecht der Finanzbehörde gegenüber Beschuldigten, Zeugen, Sachverständigen sowie als Befugnisnorm (Pflichtrecht) zur Datenübermittlung von Staatsanwaltschaft oder Polizei an Finanzbehörde.

[548] Vgl. z.B.: § 96 StPO (**Sperrerklärung**); § 110b Abs. 3 S. 3 StPO (**Verdeckter-Ermittler-Identität-Geheimhaltung**), vgl. auch BGHSt 30, 34 (**Vertrauensperson-Identität-Auskunft**) = BGH, Beschluss vom 17.02.1981 – 5 StR 21/81: „Das LG hat die vermeintliche Unerreichbarkeit des Zeugen allein mit der eingeschränkten Aussagegenehmigung der vernommenen Polizeibeamten begründet. Daran brauchte die

        - Beteiligung von Maßnahmenadressaten oder sonstigem Maßnahmenbetroffenen, zum Beispiel durch Anhörung: auf dem Rechtsgebiet der Gefahrenabwehr vor Erlass eines Verwaltungsaktes, „der in Rechte eines Beteiligten eingreift“, gegenüber diesem grundsätzlich gemäß § 28 VwVfG NRW; auf dem Rechtsgebiet der Strafrechtspflege bei einer Entscheidung grundsätzlich gemäß § 33 StPO analog[549].
    - Maßnahmen *bei anderen* oder auch *für andere als dem* Rechtsfolgezuständigen *durch den* Rechtsfolgezuständigen, zum Beispiel:
        - Aufklärung[550];
        - Aushändigung[551];
        - Begründung[552];
        - Belehrung[553];
        - Hinweisen[554];

---

Ermittlung des Gewährsmannes aber nicht zu scheitern. Das Gericht kann ebenso wie die StA von allen öffentlichen Behörden die Auskünfte verlangen, die es zur Erforschung der Wahrheit für erforderlich hält (§§ 161, 202, 244 II StPO). Dazu gehören auch Auskünfte über Namen und Anschrift von polizeilichen Gewährsmännern. Eine besondere gesetzliche Regelung, welche die Auskunftspflicht insoweit einschränkt, besteht nicht. Die Auskunft darf daher in entsprechender Anwendung des § 96 StPO nur verweigert werden, wenn die oberste Dienstbehörde erklärt, daß das Bekanntwerden des Inhalts dem Wohl des Bundes oder eines deutschen Landes Nachteile bereiten würde [Schrifttumsquellenangaben].“, und BGHSt 32, 115 (**Vertrauensperson-Vernehmung**) = BGH, Beschluss vom 17.10.1983 – GSSt 1/83: „Wenn die Verwaltungsbehörde einen Zeugen für die Vernehmung in der Hauptverhandlung aus Gründen des § 96 StPO oder des § 54 StPO i. Verb. m. § 39 Abs. 3 BRRG [a. F. ≙ § 37 Abs. 4 BeamtStG; § 37 BeamtStG ≙ §§ 67-69 BBG ≙ §§ 46, 71 DRiG, P. B.] endgültig gesperrt hat, so ist der Zeuge ein Beweismittel, das unerreichbar im Sinne von § 244 Abs. 3 StPO ist [Schrifttumsquellenangaben]. Seinem Erscheinen in der Hauptverhandlung stehen damit ‚andere nicht zu beseitigende Hindernisse‘ entgegen (§ 223 Abs. 1 StPO), die es zulässig machen, den Zeugen durch einen beauftragten oder ersuchten Richter vernehmen zu lassen und dann das Vernehmungsprotokoll gemäß § 251 Abs. 1 StPO in der Hauptverhandlung zu verlesen (vgl. BGHSt 29, 390, 391; BGH NStZ 1982, 40). Das Gebot, zwingende verfahrensrechtliche Bestimmungen zu beachten, gilt jedoch auch hier: Die kommissarische Vernehmung des Zeugen ist daher nicht gegen den Willen des Verteidigers in dessen Abwesenheit zulässig, weil die Verwaltungsbehörde nur unter dieser Voraussetzung einer kommissarischen Zeugenvernehmung zugestimmt hat. Es ist auch nicht zulässig, dem Zeugen bei dieser Vernehmung die Nichtangabe seiner Personalien zu gestatten.“.

549 Für das tradierte „Menschenrecht“ der Anhörung (vgl. auch Art. 20 Abs. 3 GG, Art. 103 Abs. 1 GG, Art 41 EU-GR-Charta, Art. 6 Abs. 1 EMRK) gibt es in der StPO bei polizeilichen Maßnahmen keine direkte für die Polizei ausdrücklich anwendbare Rechtsnorm (systematische Regelungslücke), weshalb – bei Vorliegen der allgemeinen **Analogievoraussetzungen**, nämlich gleichzusetzende Interessenlage und Lücke im einzelnen Fall – § 33 StPO mit seinen Rechtsgedanken als die noch für die Polizei bestmögliche Anhörungs-Rechtsgrundlage eben analog angewendet werden kann.

550 Aufklärungs-Beispiel: § 9 Abs. 6 PolG NRW.

551 Aushändigungs-Beispiele: § 40 Abs. 2 S. 3 PolG NRW, § 42 Abs. 4 S. 5 PolG NRW, § 107 StPO.

552 Begründungs-Beispiele: § 40 Abs. 2 S. 3 PolG NRW; § 42 Abs. 3, Abs. 4 S. 2 PolG NRW; § 39 VwVfG NRW.

553 Belehrungs-Beispiele: § 81c Abs. 3 S. 2 i.V.m. § 52 Abs. 3 S. 1 StPO; § 81f Abs. 1 S. 2 StPO; § 81g Abs. 3 S. 3 StPO; § 98 Abs. 2 S. 5 StPO; § 163a Abs. 4 S. 2 i.V.m. § 136 Abs. 1 S. 2-6 StPO.

554 Hinweis-Beispiele: § 34a Abs. 4 PolG NRW; § 81d Abs. 2 S. 4 StPO.

- **Dokumentation**[555] bzw. Protokollierung[556];
- Anwesenheit bzw. Hinzuziehung[557];
- Löschung[558];
- Kennzeichnung[559];
- Durchsicht bzw. Kontrolle bzw. Prüfung[560];

---

555 Zu **Dokumentationspflicht** und **Dokumentationszweck** etwa BVerfGE 149, 293 (5-Punkt-Fixierung/7-Punkt-Fixierung) = BVerfG, Urteil des Zweiten Senats vom 24.07.2018 – 2 BvR 309/15 –, D. II. 4. c), Rn. 84: „(vgl. zu grundrechtlich begründeten Dokumentationspflichten in anderen Zusammenhängen BVerfGE 65, 1 <70>; 103, 142 <160>; 128, 282 <313 f.> m.w.N.). Die Dokumentation dient zum einen der Effektivität des **Rechtsschutzes**, den der Betroffene gegebenenfalls erst später, etwa im Zusammenhang mit Schadensersatzansprüchen, sucht. Zum anderen dient sie auch der Sicherung der **Verhältnismäßigkeit** des Eingriffs. Nur auf Grundlage einer detaillierten Dokumentation bleibt fachgerechtes und verhältnismäßiges Handeln auch unter der für Kliniken typischen Bedingung sichergestellt, dass die zuständigen Akteure wechseln (vgl. BVerfGE 128, 282 <314>). Erst recht gilt dies für Maßnahmen, die sich über einen längeren Zeitraum erstrecken und dabei den Grundsatz der Verhältnismäßigkeit nur unter der Voraussetzung wahren, dass deren Auswirkungen im Zeitverlauf beobachtet und aus den Ergebnissen dieser Beobachtung die notwendigen Konsequenzen gezogen werden. Hinzu kommt schließlich, dass die Dokumentation auch ein unentbehrliches Mittel der systematischen verbesserungsorientierten **Qualitätskontrolle** und **Evaluation** ist (vgl. BVerfGE 128, 282 <314>; BVerfG, Beschluss des Zweiten Senats vom 19. Juli 2017 - 2 BvR 2003/14 -, juris, Rn. 33 m.w.N.).“ Zu **Dokumentationsumfang** und **Dokumentationsverantwortung**: BVerfGE 139, 245 (Eilkompetenz der Ermittlungsbehörden) = BVerfG, Beschluss des Zweiten Senats vom 16.06.2015 – 2 BvR 2718/10 –: „Die verfassungsrechtlich gebotene gerichtliche Kontrolle der Annahme von Gefahr im Verzug ist nur möglich, wenn nicht nur das **Ergebnis**, sondern auch die **Grundlagen der Entscheidung der Behörde und ihr Zustandekommen** zuverlässig erkennbar werden. Aus Art. 19 Abs. 4 GG ergeben sich daher bei Inanspruchnahme der Eilkompetenz für die Strafverfolgungsbehörden **Dokumentations- und Begründungspflichten**, die den wirksamen gerichtlichen Rechtsschutz erst möglich machen (vgl. BVerfGE 103, 142 <159 f.>). Eine wirksame gerichtliche Nachprüfung einer nichtrichterlichen Durchsuchungsanordnung wegen Gefahr im Verzug setzt voraus, dass die **handelnden Beamten, möglichst der - vorrangig verantwortliche - Staatsanwalt** (vgl. BVerfGK 2, 176 <177>; 5, 74 <78>; 7, 392 <395>), vor oder jedenfalls unmittelbar nach der Durchsuchung ihre für den Eingriff bedeutsamen Erkenntnisse und Annahmen in den Ermittlungsakten dokumentieren.“; BVerfGK 2, 176 = BVerfG, Beschluss der 3. Kammer des Zweiten Senats vom 10.12.2003 – 2 BvR 1481/02 –, Rn. 12: „Amtsgericht und Landgericht haben die Eilanordnung der Staatsanwaltschaft aufgrund hinreichender Dokumentation der Eingriffssituation kontrolliert (vgl. zur Dokumentationspflicht der Strafverfolgungsbehörden BVerfGE 103, 142 <160>). Zwar ist zu bemängeln, dass nicht der - primär verantwortliche - Staatsanwalt, sondern der beteiligte Polizeibeamte die Umstände des Eingriffs in der Akte vermerkt hat. Vorliegend reichte der zeitnahe polizeiliche Vermerk jedoch wegen der Evidenz des Falles zur Information des Gerichts aus. Der Vermerk ließ den Tatverdacht (Besitz mehr als geringfügiger Mengen Cannabis) sowie die Zielrichtung der Durchsuchung deutlich erkennen. Klar wurden auch die tatsächlichen Anhaltspunkte des Durchsuchungsverdachts (einschlägige Vordelinquenz) sowie die Umstände, die Gefahr im Verzug begründeten (Nachtzeit, Ergreifen des Beschwerdeführers auf frischer Tat).“.

556 Protokollierungs-Beispiele: § 33b PolG NRW; § 33c PolG NRW; § 168b StPO.

557 Anwesenheits-Beispiele bzw. Hinzuziehungs-Beispiele: § 40 Abs. 2 S. 1, 2 PolG NRW; § 42 Abs. 2 PolG NRW; § 81d Abs. 1 S. 3 StPO; § 106 StPO.

558 Löschungs-Beispiele: § 15c Abs. 5 S. 3 PolG NRW; § 16 Abs. 4 S. 2 PolG NRW; § 32 PolG NRW; § 100d Abs. 2 S. 2 StPO; § 101 Abs. 8 StPO.

559 Kennzeichnungs-Beispiele: § 22b PolG NRW; § 101 Abs. 3 StPO.

560 Durchsicht-Beispiel bzw. Kontroll-Beispiel bzw. Prüfungs-Beispiel: § 16 Abs. 3 PolG NRW; § 100d Abs. 3 S. 2 StPO.

- Information[561];
- Mitteilung[562];
- Benachrichtigung bzw. Unterrichtung[563].

Beispiele für spezielle Verfahrensrechtsnormen auf dem Rechtsgebiet der Gefahrenabwehr (**alternativ** – je nach Maßnahme=Befugnisnorm-Rechtsfolge):

- bei Datenerhebung durch Befragung: § 9 Abs. 6 PolG NRW;
- bei Personendurchsuchung zwecks IDF nach § 12 PolG NRW: § 39 Abs. 3 PolG NRW analog;
- bei Sachendurchsuchung zwecks IDF nach § 12 PolG NRW: § 40 PolG NRW analog;
- bei Maßnahmen zwecks IDF i.S.v. § 12 Abs. 1 Nr. 4, Abs. 2 PolG NRW: § 12 Abs. 1 Nr. 4 S. 2 PolG NRW (vgl. dazu auch Nr. 12 VV PolG NRW);
- bei Maßnahmen „strategischer Fahndung“, vgl. § 12a Überschrift PolG NRW, nach § 12a PolG NRW: § 12a Abs. 2 PolG NRW;
- bei „Datenerhebung zur Eigensicherung“ i.S.d. § 15b PolG NRW: § 15b S. 2 PolG NRW;
- bei „Datenerhebung durch den Einsatz körpernah getragener Aufnahmegeräte“ i.S.d. § 15c PolG NRW: § 15c Abs. 3 S. 1, 2, 4, Abs. 8 PolG NRW;
- bei Aufenthaltsvorgabe oder Kontaktverbot nach § 34b Abs. 1 PolG NRW: § 34b Abs. 2, 3, 4 PolG NRW;
- bei Ingewahrsamnahme i.S.d. § 35 PolG NRW: §§ 36, 37 PolG NRW;
- bei Personendurchsuchung i.S.d. § 39 PolG NRW: § 39 Abs. 3 PolG NRW;
- bei Sachendurchsuchung i.S.d. § 40 PolG NRW: § 40 Abs. 2 PolG NRW;
- bei Wohnungsdurchsuchung i.S.d. § 41 PolG NRW: § 42 PolG NRW;
- bei Sicherstellung i.S.d. § 43 PolG NRW: § 44 Abs. 2, 4 PolG NRW;
- bei Wohnungsverweisung und Rückkehrverbot: § 34a Abs. 1 S. 2 PolG NRW, § 34a Abs. 2 PolG NRW, § 34a Abs. 4 PolG NRW, § 34a Abs. 6 S. 2 PolG NRW;
- bei elektronischer Aufenthaltsüberwachung nach § 34c PolG NRW: § 34c Abs. 3, 5, 6, 7 PolG NRW;
- bei Zwang nach § 50 Abs. 1 PolG NRW (je nach Zwangsmittel, vgl. § 51 PolG NRW, alternativ aus): § 55 Abs. 3 PolG NRW, § 59 Abs. 3 PolG NRW, § 60 PolG NRW, § 61 PolG NRW (bei unmittelbarem Zwang, § 58 PolG NRW), § 56 PolG NRW;
- bei Zwang nach § 50 Abs. 2 PolG NRW (je nach Zwangsmittel, vgl. § 51 PolG NRW, alternativ aus): § 55 Abs. 3 PolG NRW, § 59 Abs. 3 PolG NRW, § 60 PolG NRW, § 61 Abs. 1 PolG NRW (bei unmittelbarem Zwang, § 58 PolG NRW), § 56 Abs. 1 S. 1, 3 PolG NRW;
- bei erkennungsdienstlicher Maßnahme, vgl. § 14 Abs. 4 PolG NRW, nach § 14 PolG NRW: § 14 Abs. 3 PolG NRW;
- bei molekulargenetischer Untersuchung nach § 14a Abs. 2 PolG NRW.

---

561 Informations-Beispiele: § 33a Abs. 3 S. 1 Nr. 3 PolG NRW; § 34 Abs. 4 PolG NRW.

562 Mitteilungs-Beispiele: § 15b S. 2 PolG NRW; § 15c Abs. 3 S. 1, 2 PolG NRW.

563 Benachrichtigungs-Beispiele bzw. Unterrichtungs-Beispiele: § 33 PolG NRW; § 101 Abs. 4-6 StPO.

Allgemeine Verfahrensrechtsnormen auf dem Rechtsgebiet der Gefahrenabwehr sind bei Verwaltungsakt i.S.d. § 35 VwVfG NRW insbesondere:

- § 28 VwVfG NRW;
- § 39 VwVfG NRW.

Beispiele für spezielle Verfahrensrechtsnormen auf dem Rechtsgebiet der Strafrechtspflege (**alternativ** – je nach Maßnahme=Befugnisnorm-Rechtsfolge):

- bei Maßnahme zwecks IDF beim Verdächtigen: § 163b Abs. 1 S. 1 Hs. 2 StPO i.V.m. § 163a Abs. 4 S. 1 StPO, § 81d StPO analog (bei Personendurchsuchung zwecks IDF);
- bei Maßnahme zwecks IDF beim Nichtverdächtigen: § 163b Abs. 2 S. 1 a.E. StPO i.V.m. § 69 Abs. 1 S. 2 StPO, § 81d StPO analog (bei Personendurchsuchung zwecks IDF);
- bei Freiheitsentziehung zwecks IDF (zusätzlich zu § 163b Abs. 1/2 StPO i.V.m. § 163a Abs. 4 S. 1/§ 69 Abs. 1 S. 2 StPO): § 163c Abs. 1 S. 2, 3 StPO;
- bei Maßnahmen an errichteten „Kontrollstellen an öffentlich zugänglichen Orten" nach § 111 StPO: § 111 Abs. 2, Abs. 3 StPO, § 81d StPO analog (bei Personendurchsuchung);
- bei Vernehmung des Beschuldigten: § 163a Abs. 4 S. 1 StPO; § 163a Abs. 4 S. 2 StPO; § 163a Abs. 4 S. 3 StPO; § 163a Abs. 4 StPO;
- bei Vernehmung des Zeugen: § 163 Abs. 3-7 StPO;
- bei Durchsuchung von Person/Sache/Wohnung nach §§ 102, 103 StPO: § 105 StPO, § 106 StPO, § 107 StPO, § 81d StPO analog (bei Personendurchsuchung);
- bei Sicherstellung: § 107 S. 2 StPO; § 109 StPO;
- bei Beschlagnahme (insbesondere nach § 94 Abs. 2 StPO): § 98 StPO; § 107 S. 2 StPO; § 109 StPO;
- bei Beschlagnahme nach § 108 StPO: § 107 S. 2 StPO; § 108 Abs. 1 S. 2 StPO; § 109 StPO;
- bei Sicherheitsleistung nach § 132 StPO: § 132 Abs. 2 StPO; ggf. § 132 Abs. 3 S. 2 StPO;
- bei vorläufiger Festnahme i.S.d. § 127 StPO: § 127 Abs. 4 StPO;
- bei vorläufiger Festnahme i.S.d. § 127b StPO: § 127b Abs. 1 S. 2 StPO;
- bei Beschlagnahme zur Vollstreckungssicherung nach § 111b StPO: § 111j Abs. 1 StPO, § 111b Abs. 2 StPO, § 98 Abs. 2 S. 5 StPO;
- bei körperlicher Untersuchung des Beschuldigten nach § 81a StPO: § 81a Abs. 2 StPO, § 81d StPO;
- bei erkennungsdienstlicher Maßnahme bei dem Beschuldigten nach § 81b StPO: § 81d StPO analog;
- bei Untersuchung anderer Person nach § 81c StPO: § 81c Abs. 3, 5 StPO;
- bei molekulargenetischer Untersuchung nach § 81e StPO: § 81f StPO;
- bei „DNA-Identitätsfeststellung" nach § 81g StPO: § 81g Abs. 3, 4 StPO;
- bei DNA-Reihenuntersuchung nach § 81h StPO: § 81h Abs. 2, 3, 4 StPO;
- bei (auf dem Rechtsgebiet der Strafrechtspflege für Polizei nur möglichem) unmittelbarem Zwang (§ 58 PolG NRW) nach jeweiliger StPO-Grundbefugnisrechtsnorm (vgl. auch § 57 Abs. 1 PolG NRW) im Sinne des § 50 Abs. 1 PolG NRW (mit vorausgegangener Verfügung): § 55 Abs. 3 PolG NRW, § 59 Abs. 3 PolG NRW, § 60 PolG NRW, § 56 PolG NRW, § 81c Abs. 6 StPO (bei unmittelbarem Zwang zwecks Durchsetzung einer Untersuchung anderer Person nach § 81c StPO);

- bei (auf dem Rechtsgebiet der Strafrechtspflege für Polizei nur möglichem) unmittelbarem Zwang (§ 58 PolG NRW) nach jeweiliger StPO-Grundbefugnisrechtsnorm (vgl. auch § 57 Abs. 1 PolG NRW) im Sinne des § 50 Abs. 2 PolG NRW (ohne vorausgegangeneVerfügung): § 55 Abs. 3 PolG NRW, § 59 Abs. 3 PolG NRW, § 60 PolG NRW, § 61 Abs. 1 PolG NRW, § 81c Abs. 6 StPO (bei unmittelbarem Zwang zwecks Durchsetzung einer Untersuchung anderer Person nach § 81c StPO).

Allgemeine Verfahrensrechtsnormen auf dem Rechtsgebiet der Strafrechtspflege sind insbesondere:

- § 33 StPO analog;
- § 168b StPO.

**VwVfG-NRW-Anwendbarkeit** gilt gemäß §§ 1, 2, 9, 35 VwVfG NRW insbesondere nur für Verwaltungsakte auf dem Rechtsgebiet der Gefahrenabwehr; **Verfahrensrechtsnormen allgemein auf dem Rechtsgebiet der Gefahrenabwehr bei Realakten** sind in einem allgemeinen Gesetz wie dem des VwVfG NRW nicht ausdrücklich geregelt, womit bei Realakten auf dem Rechtsgebiet der Gefahrenabwehr Verfahrensrechtsnormen grundsätzlich nur als Voraussetzung zu subsumieren sind bei ausdrücklicher Normierung in einem Gesetz wie dem des PolG NRW[564] oder fallbezogen aus besonderem Anlass als Voraussetzung auszulegen sind aus etwa Art. 1, 2, 20 GG, Art. 41 EU-GR-Charta.

**Verfahrensrechtswidrigkeitszusammenhang** ist der Zusammenhang zwischen Verfahrensrechtswidrigkeit und Maßnahmenrechtswidrigkeit. **Verfahrensrechtwidrigkeitszusammenhanglosigkeit** ist nicht gegeben bei teleologisch-zeitlogischer Zusammenhanglosigkeit, also bei Irrelevanz eines Verstoßes geben ein Gebot, das nach Zeit und Zweck keine Voraussetzung für die Rechtmäßigkeit der Maßnahme sein soll.[565] **Verfahrensverstoßfolge** ist im Eingriffsrecht in der Regel Verfahrensrechtswidrigkeit; **Verfahrensrechtswidrigkeitsfolge** bewirkt in der Regel Maßnahmenrechtswidrigkeit als Gesamtergebnis[566]; zu Einzelheiten vgl. etwa folgende Fälle:

---

564 Beispiele für ausdrückliche Verfahrensrechtsnormierung im PolG NRW bei Maßnahmen, die auch als Realakt möglich sind: § 9 Abs. 6 PolG NRW, § 42 PolG NRW.

565 Maßnahmen-Zusammenhanglosigkeits-Beispiele: Beispiel auf dem Rechtsgebiet der Gefahrenabwehr: § 15c Abs. 1, 2 PolG NRW einerseits und andererseits § 15c Abs. 4 PolG NRW, wo die Maßnahme der Löschung zeitlich nach der Maßnahme der „Datenerhebung durch den Einsatz körpernah getragener Aufnahmegeräte" erfolgt und wo die Löschung(svoraussetzungen) den Zweck der Vermeidung vertiefter Grundrechtseingriffe durch weitere Speicherung hat und damit § 15c Abs. 4 PolG NRW Antwortrechtsnorm ist für die Frage nach der Rechtmäßigkeit der weiteren Speicherung, nicht für die Frage nach der Rechtmäßigkeit der Datenerhebung oder erstmaliger Datenspeicherung. Beispiel für das Rechtsgebiet der Strafrechtspflege: § 81c Abs. 1, 2 StPO einerseits und andererseits § 81c Abs. 3 StPO.

566 Vgl. zur **Maßnahmenrechtmäßigkeit-/Maßnahmenrechtswidrigkeit**-Irrelevanz der bzgl. Beweisverwertungsverboten teilweise gebildeten Begrifflichkeit „**Ordnungsvorschrift**" auch BGHSt 51, 211 = BGH StB 18/06 - Beschluss vom 31.01.2007 (Ermittlungsrichter des BGH (Online-Durchsuchung): „Der Gegenauffassung, es handle sich [bei §§ 105 Abs. 2, 106 Abs. 1 StPO, P. B.] nicht um **zwingendes Recht** [ius cogens, Gegenbegriff: **abdingbares Recht/disponibles Recht/nachgiebiges Recht** – ius dispositivum, P. B.], sondern um bloße **Ordnungsvorschriften** (so Hofmann aaO 121, 124), kann nicht gefolgt werden. Dass § 105 Abs. 2 StPO und § 106 Abs. 1 StPO lediglich die Art und Weise der Durchführung [hier = Verfahren, P. B.] einer Durchsuchung und nicht ihre Anordnung [= Rechtsfolgesetzung, P. B.] selbst regeln, ändert nichts daran, dass sie aus den dargelegten Gründen von den Ermittlungsorganen zwingend einzuhalten sind (vgl. Nack aaO § 105 Rdn. 21, § 106 Rdn. 1; Schäfer aaO § 107 Rdn. 6; Rudolphi aaO § 105 Rdn. 30, § 106 Rdn. 1). Zutreffend ist allerdings, dass in der Diskussion um die Frage, ob aus

- Verfahrens- oder Formvorschriften-Verletzung kann bei Vorhandensein von Spezialvorschriften bewirken (alternativ):
  - Verfahrens- oder Formfehler-Unbeachtlichkeit[567];
  - Akt-Nichtaufhebbarkeit[568];

---

der Verletzung dieser Vorschriften ein **Beweisverwertungsverbot** folgt, diese zuweilen als bloße Ordnungsvorschriften bezeichnet werden (vgl. Meyer-Goßner aaO § 106 Rdn. 1, § 107 Rdn. 1; siehe dazu aber auch die Entscheidung des Bundesverfassungsgerichts NJW 2005, 1917, 1923, nach der zumindest bei schwerwiegenden, bewussten oder willkürlichen Verfahrensverstößen ein Beweisverwertungsverbot als Folge einer fehlerhaften Durchsuchung und Beschlagnahme von Datenträgern und darauf vorhandenen Daten geboten ist). Es mag dahin gestellt bleiben, ob diese Begriffsbildung sinnvoll oder eher verwirrend ist. Jedenfalls aber darf sie sich nicht verselbständigen. Aus dem Umstand, dass nach überwiegender Meinung ein Verstoß gegen diese Regelungen kein Beweisverwertungsverbot zur Folge hat und sie zur Begründung dessen teilweise als Ordnungsvorschriften bezeichnet werden, kann nicht geschlossen werden, ihre Befolgung stünde zur Disposition der Ermittlungsbehörden. Dieser Schluss würde die Frage nach den Voraussetzungen für eine rechtmäßige Durchsuchung mit der nach den Rechtsfolgen einer rechtswidrig durchgeführten Maßnahme vermengen.“. Vgl. auch schon: BGHSt 25, 325, 329 = BGH, Beschluss vom 14.05.1974 – 1 StR 366/73 –: „Das Oberlandesgericht ist der Ansicht, die Beantwortung der von ihm als entscheidungserheblich angesehenen Rechtsfrage verlange eine Klassifizierung der Bestimmung des § 243 Abs. 4 Satz 1 StPO. Der Senat ist demgegenüber mit Hanack (JZ 1971, 168, 169) der Auffassung, daß es eine ‚methodisch veraltete Vorstellung‘ wäre, einen Verstoß gegen die Hinweispflicht allein mit der Erwägung, § 243 Abs. 4 Satz 1 StPO sei eine ‚bloße Ordnungsvorschrift‘, für irrelevant zu erklären [Quellenangaben]. Nicht auf diese Erwägung kommt es ausschlaggebend an, sondern auf den Verfahrenszweck des § 243 Abs. 4 Satz 1 StPO und auf die Auswirkung eines Verstoßes gegen diese Bestimmung auf die Rechtsstellung des Angeklagten [Quellenangaben].“.

567 Vgl. § 45 VwVfG NRW („**Heilung von Verfahrens- und Formfehlern**“), vgl. dazu: BVerwG, Urteil vom 06.02.2019 – BVerwG 1 A 3.18: „Eine entsprechende Heilung [hier im Fall einer Anhörung, P. B.] setzt voraus, dass die Anhörung nachträglich ordnungsgemäß durchgeführt und ihre Funktion für den Entscheidungsprozess der Behörde uneingeschränkt erreicht wird. Dies ist der Fall, wenn der Betroffene Gelegenheit hat, seine Einwendungen vorzubringen, und die Behörde diese nicht nur zur Kenntnis nimmt, sondern auch bei ihrer Entscheidung in Erwägung zieht. Von Letzterem ist auszugehen, wenn sich die Behörde nicht darauf beschränkt, die einmal getroffene Sachentscheidung zu verteidigen, sondern das Vorbringen des Betroffenen erkennbar zum Anlass nimmt, die Entscheidung kritisch zu überdenken (BVerwG, Urteil vom 17. Dezember 2015 - 7 C 5.14 - BVerwGE 153, 367 Rn. 17 m.w.N.).“.

568 Vgl. § 46 VwVfG NRW („**Folgen von Verfahrens- und Formfehlern**“), vgl. dazu BVerwG, Urteil vom 09.05.2019 – BVerwG 2 C 2.18 (Unterbliebene Beteiligung der Gleichstellungsbeauftragten bei LAFP NRW-Auswahlentscheidung), Rn. 70: „Ein Verstoß gegen eine Verfahrensvorschrift ist nur dann offensichtlich ohne Einfluss auf die Entscheidung in der Sache, wenn das Gericht zweifelsfrei und ohne jede Spekulation davon ausgehen kann, dass die Entscheidung ohne den Fehler genauso ausgefallen wäre. Ein Kausalzusammenhang ist dagegen zu bejahen, wenn nach den Umständen des jeweiligen Falles die konkrete Möglichkeit besteht, dass ohne den angenommenen Verfahrensmangel die Entscheidung anders ausgefallen wäre (stRspr, vgl. BVerwG, Urteile vom 30. Mai 1984 - 4 C 58.81 - BVerwGE 69, 256 <270> und vom 28. Juni 2018 - 2 C 14.17 - Buchholz 11 Art. 33 Abs. 5 GG Nr. 148 Rn. 32; Emmenegger, in: Mann/Sennekamp/Uechtritz, VwVfG, 2014, § 46 Rn. 91; Ramsauer, in: Kopp/Ramsauer, VwVfG, 20. Aufl. 2019, § 46 Rn. 36; Sachs, in: Stelkens/Bonk/Sachs, VwVfG, 9. Aufl. 2018, § 46 Rn. 80, 83).“, Rn. 69: „Dabei lässt der Senat offen, ob § 46 VwVfG NRW, der die Aufhebung eines Verwaltungsaktes ausschließt, also Anfechtungsklagen betrifft, auf die im Streitfall gegebene Konstellation einer Feststellungsklage nach erledigtem Neubescheidungsbegehren (evtl. entsprechend) anzuwenden ist. Dasselbe gilt für die Frage, ob der in von § 46 VwVfG NRW normierte Ausschluss des Aufhebungsanspruchs auch die hier gegebene andersgeartetete, besondere Fehlerfolge des § 18 Abs. 3 Satz 1 LGG NRW erfasst, wonach die verfahrensfehlerhaft zustande gekommene Auswahlentscheidung (nur) auszusetzen und die Beteiligung nachzuholen ist. Selbst wenn dies der Fall sein sollte, ist jedenfalls offensichtlich i.S.v. § 46 VwVfG NRW,

- **Dokumentationspflichtenverstoß**[569], also Unterlassung von Dokumentation oder Protokollierung[570] oder sonstiger Speicherung von Maßnahmen(-Begründung)[571] bewirkt in der Regel folgendes:
    - Annahme vom realen Fehlen der (Verfahrens-)Maßnahme[572];
    - Grundrechts- bzw. Rechtsschutzverletzungspotential[573];

  auch in Fällen, in denen die eventuell erst später mögliche endgültige Dokumentation an sich dem maßgeblichen Zeitpunkt eigentlich nachgelagert ist (jedenfalls ohne ihre Vorbereitung etwa durch erste interne Notizen)[574];

---

dass der in der Nichtbeteiligung der Gleichstellungsbeauftragten liegende Verfahrensfehler die Entscheidung in der Sache nicht beeinflusst hat.“.

569 Vgl. z.B. BVerfGE 103, 142 (Wohnungsdurchsuchung und Gefahr im Verzug) = BVerfG, Urteil des Zweiten Senats vom 20.02.2001 – 2 BvR 1444/00, Ls. 3b): „Eine wirksame gerichtliche Nachprüfung der Annahme von ‚Gefahr im Verzug‘ setzt voraus, dass sowohl das Ergebnis als auch die Grundlagen der Entscheidung in unmittelbarem zeitlichen Zusammenhang mit der Durchsuchungsmaßnahme in den Ermittlungsakten dargelegt werden.“.

570 Vgl. § 168b StPO.

571 Vgl. §§ 37 Abs. 2-6, 39 VwVfG NRW.

572 Vgl. z.B. OLG Hamm, Beschluss des 3. Strafsenats vom 10.05.2012 – III-3 RVs 33/12 –, Ls. 1 4: „1. Aus der von § 163b Abs. 1 Satz 1 Halbsatz 2 StPO angeordneten entsprechenden Anwendung des § 163a Abs. 4 Satz 1 StPO folgt, dass dem Verdächtigen bei Beginn der ersten Maßnahme, die nach § 163b Abs. 1 Satz 1 Halbsatz 1 oder Satz 2 StPO der Identitätsfeststellung dient, zu eröffnen ist, welcher Straftat (oder Ordnungswidrigkeit) er verdächtig ist. 2. Diese **Belehrungspflicht** stellt eine wesentliche Förmlichkeit der Diensthandlung dar, deren Nichtbeachtung die Diensthandlung im Sinne des sogenannten ‚strafrechtlichen Rechtmäßigkeitsbegriffes‘ (§ 113 Abs. 3 Satz 1 StGB) unrechtmäßig macht. 3. Von der Belehrung kann ausnahmsweise dann abgesehen werden, wenn der Grund für die Personalienfeststellung für den Betroffenen offensichtlich ist oder die Belehrung den Vollstreckungszweck gefährden würde. 4. Zur Frage, ob der Grund für die Personalienfeststellung für den Betroffenen im konkreten Einzelfall offensichtlich war.“ [Zu OLG Hamm, Beschluss des 3. Strafsenats vom 10.05.2012 – III-3 RVs 33/12 –, Ls. 4 im konkreten Fall: Fehlen von Grund-Offensichtlichkeit bei IDF nach polizeilicher Versammlungsauflösungsverfügung wegen Nichtfeststellbarkeit „in dubio pro reo“ der Versammlungsteilnahme des IDF-Adressaten bei polizeilicher Versammlungsauflösungsverfügung].

KG Berlin, Urteil vom 12.06.2002 – (5) 1 Ss 424/00 (6/01), Ls. 1 S. 2: „Die **Offensichtlichkeit** ist vom Standpunkt des betroffenen Bürgers aus zu beurteilen.“ [vgl. §§ 133, 157 BGB analog, P. B.].

AG Hamburg, Beschluss vom 28.05.2019 – 117i Gs 436/18 jug., nach dem bzgl. § 163b Abs. 1 S. 1 Hs. 1 StPO folgende Aussage im „Einsatzbericht“ nicht ausreichen soll: „unter Darlegung des Grundes angehalten und überprüft“, mit der Begründung: „Die Formulierung ‚unter Darlegung des Grundes‘ lässt allenfalls erkennen, dass die Zielrichtung der Maßnahme, nämlich das Fertigen von Fotos mitgeteilt wurde, nicht aber, dass es zu einer weitergehenden **Belehrung über die zur Last gelegten Straftaten** gekommen ist.“.

573 Vgl. z.B. BVerfGE 139, 245 (Eilkompetenz der Ermittlungsbehörden) = BVerfG, Beschluss des Zweiten Senats vom 16.05.2015 – 2 BvR 2718/10 -, Rn. 76: „Kommt die anordnende Stelle ihren Dokumentations- und Begründungspflichten nicht nach oder versagt das überprüfende Gericht den gebotenen Rechtsschutz, indem es das Vorliegen von Gefahr im Verzug nicht in vollem Umfang überprüft (vgl. insoweit BVerfGE 103, 142 <161>), kann dies Art. 19 Abs. 4 GG verletzen (vgl. BVerfGE 103, 142 <156 ff.>; BVerfGK 2, 310 <315 f.>; 10, 270 <273 f.>; 12, 374 <377 f.>).“.

574 Vgl. z.B. § 168b StPO (**Protokoll** über ermittlungsbehördliche Untersuchungshandlungen), vgl. auch § 107 S. 1 StPO: **Durchsuchungsbescheinigung** mit Durchsuchungsgrund nach §§ 102, 103 StPO und Straftatbezeichnung im Fall von § 102 StPO eben nach Durchsuchungs-Beendigung auf Verlangen des Betroffenen; § 107 S. 2 StPO (auch negatives) Beschlagnahme-Verzeichnis eben nach Durchsuchung auf Verlangen des Betroffenen; vgl. die obsolete Argumentation zu vermeintlichen Ordnungsvorschriften,

- **adressateninkonnexer Verfahrensverstoß** bewirkt in der Regel keine Rechtswidrigkeit, vgl. z.B.: § 34a Abs. 3, 4 PolG NRW: Telos ist der Schutz der inanspruchzunehmenden gefährdeten Person, nicht der Schutz der mit der Grundrechtseingriffsrechtsfolge des § 34a PolG NRW hauptsächlich zu adressierenden, gefährdenden, betroffenen Person;
- **strafrechtliche Verfahrensverstoßfolge** kann sein: Maßnahmenrechtswidrigkeit im Sinne von § 113 Abs. 3 StGB, § 114 Abs. 3 StGB, § 115 Abs. 1, 2 StGB[575]; wiederum mit möglichen Folgen für die Fallbearbeitung im Eingriffsrecht, nämlich insbesondere Fehlen der eingriffsrechtlichen Rechtmäßigkeitsvoraussetzung des Tatverdachts auf dem Rechtsgebiet der Strafrechtspflege bezüglich Rechtsnormen wie §§ 113, 114, 115 StGB.

Zuständigkeits-Aufbauvarianten für die funktionelle Zuständigkeit gibt es in der Fallbearbeitungspraxis wie folgt:

- als Zuständigkeits-Unterpunkt (funktionelle Zuständigkeit). Gründe: Logischer Rechtsgehalt in Unterscheidung zu anderen Punkten – unabhängig von ausdrücklich-abschließender Normierung in einer formell-rechtlichen oder materiell-rechtlichen Rechtsnorm;
- als Verfahrensvoraussetzung. Mögliche Gründe:
    - Darstellungszusammenhang zum Verfahren, zur Beteiligung anderer;
    - Darstellungserfordernisse je nach Darstellungsadessat;
- als Tatbestandsvoraussetzung. Mögliche Gründe:
    - Darstellungserfordernisse je nach Darstellungsadressat;
    - (ausdrücklich-abschließende) Normierung im Tatbestand einer materiell-rechtlichen Befugnisrechtsvorschrift (Unterscheide aber die in der Befugnisrechtsvorschrift enthaltene Rechtsnorm als Rechtsinhalt, als logisch echte Teilmenge der Formellen Rechtmäßigkeit. Und beachte die tatsächlichen genetisch-historischen und systematischen Gründe der Normierung spezieller funktioneller Zuständigkeiten bei den Befugnisrechtsvorschriften, nämlich insbesondere den Grund flexibler rechtsfolgenspezifischer Zuständigkeitsnormierung je nach Maßnahme, die deshalb mitunter erst in der speziellen Befugnisrechtsvorschrift, nicht in allgemeineren Zuständigkeitsrechtsvorschriften enthalten ist.).

Verfahrens-Aufbauvarianten bezüglich Verfahrensrechtsnormen in der Fallbearbeitungspraxis gibt es insbesondere wie folgt:

---

realiter oft rechtsstaatlich relevanten, sog. prozeduralen Rechtsvorschriften, vgl. dazu auch Rechtsprechungsentwicklung zum Beispiel wie folgt: zu § 106 StPO: BGH, NStZ 1983, 375: bloße Ordnungsvorschrift; BGH 51, 211, 213 f.: zwingendes Recht; vgl. anlässlich § 243 Abs. 4 S. 1 StPO durch BGHSt 25, 325: Wahlrecht zwischen Reden und Schweigen aus den Grundsätzen eines rechtsstaatlichen fairen Verfahrens/zum Charakter einer Ordnungsvorschrift als Relevanzkriterium „methodisch veraltete Vorstellung".

[575] Vgl. OLG Hamm, Beschluss vom 10.05.2012 – III-3 RVs 33/12, Ls. 2: „Diese Belehrungspflicht [nach § 163b Abs. 1 S. 1 Hs. 2 StPO] stellt eine wesentliche Förmlichkeit der Diensthandlung dar, deren Nichtbeachtung die Diensthandlung im Sinne des sogenannten ‚strafrechtlichen Rechtmäßigkeitsbegriffes' (§ 113 Abs. 3 Satz 1 StGB) unrechtmäßig macht."; OLG Celle, Beschluss vom 23.07.2012 – 31 Ss 27/12, wonach eine Diensthandlung rechtswidrig im Sinne von § 113 Abs. 3 S. 1 StGB ist, wenn Polizeibeamte einen Betroffenen falsch belehrt haben (konkret: Belehrung über eine allgemeine Verkehrskontrolle nach § 35 Abs. 5 StVO bei Vorliegen des Verdachts einer Trunkenheitsfahrt); vgl. auch Aufklärungsrechtsnormen wie § 9 Abs. 6 PolG NRW oder Darlegungsrechtsnormen wie § 163a Abs. 4 S. 1 StPO oder § 163b Abs. 1 S. 1 Hs. 2 StPO.

- alle (rechtsfolgenspezifischen) Verfahrensrechtsnormen beim Punkt Verfahren, speziellere (besondere auch aus einer Befugnisrechtsnorm) vor allgemeinen[576];
- allgemeine (rechtsfolgenspezifische) Verfahrensrechtsnormen beim Punkt Verfahren, speziellere (besondere insbesondere aus einer Befugnisrechtsnorm) beim Punkt Tatbestandsvoraussetzungen[577];
- bei Zwang teilweise zusätzlich: „Zwangsverfahren / Vollstreckungsverfahren" (oder so ähnlich) in der Materiellen Rechtmäßigkeit;
- bei Zwang teilweise zusätzlich: „Ordnungsgemäße Anwendung" (oder so ähnlich) in der Materiellen Rechtmäßigkeit teilweise mit Zwangsverfahrensrechtsnormen.

Gründe für einheitliche Verfahrensrechtsnormen-Fallbearbeitung von gegebenenfalls allen speziellen und allgemeineren beim Fallbearbeitunpunkt Verfahren:

- Grammatik/Wortlaut: „Verfahren" – ohne Einschränkung[578];
- Systematik: Rechtsnormspezialitätsregel („lex specialis derogat legi generali"), also auch spezielle vor allgemeineren Verfahrensrechtsnormen[579];
- Systematik: Logik des Verfahrens als echte Teilmenge der (ideen-)historisch und teleologisch als solcher bestimmten Formellen[580] Rechtmäßigkeit;
- Systematik: Gesetzliche Verfahrensrechtsnormen- und Befugnisrechtsnormen-Trennung (Gesetzliche Separation von Rechtsnorminhalt, von Rechtsnormen als Rechtsinhalt[581])[582];

---

[576] Alle Verfahrensrechtsnormen beim Fallbearbeitungspunkt Verfahren, auch solche wie §§ 56, 61 PolG NRW; siehe zu Rechtsnormen für das Vollstreckungsverfahren / Zwangsverfahren als Verfahrensrechtsnormen auch ausdrücklich: *Brühl*, Verwaltungsrecht für die Fallbearbeitung, Rn. 346, 403.

[577] Vgl. *Roggenkamp/König*, Eingriffsrecht für Polizeibeamte in Niedersachsen, Rn. 914, Fn. 552, bezüglich Materieller Rechtmäßigkeit: [...] „ist die Einordnung bestimmter Regelungen" etwa „als ‚ermächtigungsbegrenzende Bestimmungen' unter Rechtswissenschaftlern unüblich. Sie werden dort in der Regel den Form- und Verfahrensvorschriften ‚zugeschlagen'.".

[578] Zum schemapunktentsprechenden Wortlaut „Verfahren" vgl. auch z.B. Teil II VwVfG NRW („Verwaltungsverfahren"), § 42 PolG NRW („Verfahren bei der Durchsuchung von Wohnungen") – eigenständig neben der Befugnisrechtsnorm des § 41 PolG NRW.

[579] Vgl. zu möglichen Folgen von rechtsnormspezialitätsregelwidriger Verschiebung spezieller Verfahrensnormen hinter allgemeineren Verfahrensnormen z.B.: § 42 Abs. 3 PolG NRW und § 39 VwVfG NRW.

[580] **Form** und **Materie**: **Form** (vom Lateinischen forma und griechisch morphḗ) ist allgemein Äußeres, Gestalt, Prägendes, Standard, Rahmen, Umgebendes für oder von etwas, das Stoff oder Materie ist, und in Beziehung zur Form ihr Inhalt. **Materie** (vom Lateinischen: materia, zu Deutsch: Stoff, Thema, Ursache; ursprünglich vom Lateinischen: materies, zu Deutsch: Holz, Stämme, Bauholz; verwandt mit dem lateinischen mater, zu Deutsch: Mutter, und mit dem lateinischen matrix, zu Deutsch: Gebärmutter, Muttertier; griechisch hylē) ist jedenfalls in Beziehung zur (standardmäßigen) Form inhaltliche (wandelbare) Substanz. Vgl. auch die Worthistorie (Etymologie) und Ideenhistorie von Form (vom Lateinischen forma und griechisch morphḗ) im Gegensatz zu Materie/Substanz (vom Lateinischen materia und Griechischen hylē). Form ist eher etwas ohne weitere Wertung Erkennbares bzgl. des Vorhandenseins/der Einhaltung; Materie/Substanz ist eher etwas nicht ohne weitere Wertung Erkennbares bzgl. des Vorhandenseins/der Erfüllung.

[581] Zu Rechtsform und Rechtsinhalt siehe auch Buch 1, Abschnitt 1, Unterabschnitt 3, Titel 3.

[582] Vgl. z.B. § 9 Abs. 2 PolG NRW einerseits und andererseits § 9 Abs. 6 PolG NRW; § 34a Abs. 1 PolG NRW einerseits und andererseits § 34a Abs. 2, 3, 4, 6 PolG NRW; § 35 PolG NRW einerseits und andererseits § 36 PolG NRW; § 41 PolG NRW einerseits und andererseits § 42 PolG NRW; § 81a Abs. 1 StPO einerseits und andererseits § 81a Abs. 2 StPO; § 81e StPO einerseits und andererseits § 81f StPO; § 127 Abs. 2 i.V.m. § 112 Abs. 1, 2 Nr. 2 StPO einerseits und andererseits § 127 Abs. 4 i.V.m. §§ 114a-c StPO, etc. pp.

- Systematik: Sonderbehandlung speziellerer Verfahrensrechtsnormen außerhalb der formellen Rechtmäßigkeit wärfe weitere Fragen und Brüche auf, etwa die bezüglich einer Fallbearbeitung von „speziellen/besonderen Formrechtsnormen";
- Historie: Obsoletheit von verteilter Verfahrensnormbearbeitung wegen Obsoletheit von zweigliederigen Schemata: Wegen früher verwendeten zweigliedrigen Schemata nur mit den Fallbearbeitungsfeldern „Formelle Rechtmäßigkeit" und „Materielle Rechtmäßigkeit", bei denen die Rechtsgrundlage erst in der Materiellen Rechtmäßigkeit vorausgesetzt werden konnte und damit auch erst die in ihr enthaltenen Verfahrens- und Formrechtsnormen bearbeitet werden konnten, war man zur Verfahrensnormenverteilung gezwungen; dies ist mit dem heute herrschenden dreigliedrigen Schema obsolet;
- Teleologie: Fallbearbeitungeffizienz durch mehr Einheitlichkeit und damit Übersicht an einer Stelle statt zerteilter Prüfung von Verfahrensnormen an mehreren Stellen;
- Teleologie: Gerechte Verteilung von richtigen formellen und richtigen materiellen Rechtmäßigkeitsvoraussetzungen[583];
- Teleologie: Folgenabwägung mit besseren Folgen für die Fallbearbeitung:
  - Vermeidung des Umstands, dass von Fallbearbeitenden Verfahrensrechtsnormen vergessen oder verdoppelt werden;
  - Vermeidung der Umstands, dass die Fallbearbeitenden bezüglich der Frage der Anwendbarkeit von allgemeineren Verfahrensvorschriften wegen möglicher Rechtsnormkonkurrenz (vgl. z.B. § 42 Abs. 3 PolG NRW und § 39 VwVfG NRW) Verfahrensrechtsnormen vorausbedenken müssten, diese aber nach dem gedanklichen Bearbeiten nicht beim ersten entscheidungserheblichen Punkt verarbeiten (z.B. äußern, aussagen, aufschreiben), dürften, sondern sich diese quasi auf „Wiedervorlage" legen müssten;
  - Vermeidung, dass das Fallbearbeitungsfeld der formellen Rechtmäßigkeit, das eigentlich standardmäßig aus dem Dreiklang „Zuständigkeit, Verfahren, Form" besteht, jedenfalls bei reinen Realakten regelmäßig nur bei der Zuständigkeit rechtsnormativ ausgefüllt wäre (Kopfleere der Fallbearbeitung), was im Übrigen der hohen rechtsstaatlichen Bedeutung der Verfahrensvoraussetzungen nicht gerecht würde, unter anderem wegen Grundrechtsschutzes durch Verfahren und für gerichtlichen Rechtsschutz durch Nachvollziehbarkeit der Einhaltung oder Nichteinhaltung der Verfahrensstandards;
  - Vermeidung von Überausfüllung des Fallbearbeitungsfeldes Materielle Rechtmäßigkeit bzw. des Fallbearbeitungspunktes Tatbestandsvoraussetzungen („Bauchlastigkeit der Fallbearbeitung").
- Mögliche Gründe für verteilte Verfahrens-Fallbearbeitung beim Punkt Verfahren einerseits und andererseits beim Punkt Tatbestandsvoraussetzungen oder sonst bei materieller Rechtmäßigkeit:
  - Darstellungserfordernisse je nach Darstellungsadressat;
  - (ausdrücklich-abschließende) Normierung im Tatbestand einer materiell-rechtlichen Befugnisrechtsvorschrift (Unterscheide aber die in der Befugnisrechtsvorschrift enthaltene Rechtsnorm als Rechtsinhalt, als logisch echte Teilmenge der Formellen Rechtmäßigkeit. Und beachte die tatsächlichen genetisch-historischen und systematischen Gründe der Normierung von Verfahrensrechtsnormen bei den Befugnisrechtsvorschriften, nämlich insbesondere den Grund flexibler rechtsfolgenspezifischer

[583] Vgl. zu Eigenwert und Funktion des Verfahrens auch: *Gurlit/Fehling*, Eigenwert des Verfahrens im Verwaltungsrecht, in: VVDStRL 70, S. 227-277 und S. 278-337.

Verfahrensnormierung je nach Maßnahme, die deshalb mitunter erst in der speziellen Befugnisrechtsvorschrift, nicht in allgemeineren Verfahrensrechtsvorschriften enthalten ist.).

**VA-Bekanntgabe/Bekanntgabe eines VA** i.S.v. §§ 41, 43 VwVfG NRW ist VA-Wirksamkeitsvoraussetzung, nicht Verfahrensvoraussetzung. **VA-Bekanntgabe/Bekanntgabe eines VA** i.S.v. §§ 41, 43 VwVfG NRW oder speziellerer Vorschriften ist grundsätzlich die ordnungsgemäße VA-Entäußerung an den Betroffenen mit Wissen und Wollen der Behörde und mit dem Ziel des Zugangs sowie dem Ergebnis der (faktischen oder fiktiven[584]) Verwaltungsaktkenntniserlangung.[585] **Zugang** i.S. der §§ 130-132 BGB ist gegeben, wenn die Erklärung derart in den Machtbereich des Betroffenen gelangt ist, dass dieser bei gewöhnlichem Verlauf und unter normalen Umständen die Möglichkeit der Kenntnisnahme hat.[586]

584 Vgl. insbesondere § 41 Abs. 2, Abs. 2a S. 3, Abs. 4, 5 VwVfG NRW.

585 BVerwGE 147, 170 = BVerwG, Urteil vom 11.07.2013 – BVerwG 5 C 24.12, Rn. 14: „Nach § 39 Abs. 1 Satz 1 SGB X [≙ § 43 Abs. 1 S. 1 VwVfG NRW] wird ein Verwaltungsakt gegenüber demjenigen, für den er bestimmt ist oder der von ihm betroffen wird, in dem Zeitpunkt wirksam, in dem er ihm bekanntgegeben wird. Hierfür reicht es aus, dass die Behörde - willentlich - dem Adressaten von dem Inhalt des Verwaltungsaktes Kenntnis verschafft (vgl. Beschluss vom 11. Februar 1994 - BVerwG 2 B 173.93 - Buchholz 310 § 86 Abs. 1 VwGO Nr. 258 S. 1 <S. 2>). Dies kann, soweit - wie hier - nichts anders vorgeschrieben ist, auch mündlich geschehen.“; vgl. auch OVG NRW, Beschluss des 5. Senats vom 24.08.2009 – 5 E 967/09 (Wohnungsverweisung und Rückkehrverbot an alkoholisierten Adressaten): „Selbst wenn der im Bekanntgabezeitpunkt alkoholisierte Kläger die Anordnung nicht vollständig erfasst haben sollte, bestehen keine Zweifel am Wirksamwerden der Grundverfügung ihm gegenüber gemäß § 43 Abs. 1 VwVfG NRW. Nach höchstrichterlicher Rechtsprechung reicht es zur Bekanntgabe eines Verwaltungsakts [**Verwaltungsakt-Bekanntgabe**] aus, dass die Behörde seinen Inhalt willentlich dem Adressaten zur Kenntnis bringt. Zur Kenntniserlangung [**Verwaltungsakt-Kenntniserlangung**] bedarf es lediglich der **Handlungsfähigkeit** des Empfängers gemäß § 12 VwVfG NRW, die mit seiner Geschäftsfähigkeit nach bürgerlichem Recht [oder mit spezielleren Vorschriften zur Handlungsfähigkeit, vgl. z.B. § 80 AufenthG, § 12 AsylG; P. B.] einhergeht.“.

586 Vgl. zum Erklärungs-Zugang die ständige Rechtsprechung zu diversen einzelnen Fällen und Einzelfällen, die letztlich der hier gegebenen allgemeinen Zugangsdefinition subsumiert.

## Untertitel 3: B. III. Form

**Form** ist normiertes Wie der Rechtsfolgesetzung – schriftlich, elektronisch, mündlich oder in anderer Weise[587].[588]

**Form** (V) ist logisch in toto eine echte Teilmenge der Formellen[589] Rechtmäßigkeit (FR).[590]

**Schriftlichkeit** ist Form im Sinne von § 126 BGB.

**Elektronik** ist Form im Sinne von § 126a BGB, § 3a VwVfG NRW.

**Mündlichkeit** ist Form im Sinne von Akustisch-kommunikativem.

**Andere Weise** ist alle Form außer Schriftlichkeit, Elektronik, Mündlichkeit.[591]

**Textform** ist andere Form im Sinne von § 126b BGB.

**Bestimmtheit und Form einer Maßnahme** sind in ihrer Nichtidentität auch bei möglichen Wechselwirkungen zu trennen, vgl. auch § 37 Überschrift VwVfG NRW („Bestimmtheit und Form des Verwaltungsaktes") und § 37 Abs. 1 VwVfG NRW („inhaltlich", also materiell[592]) sowie davon gesetzlich separiert § 37 Abs. 2-6 VwVfG NRW.

---

[587] Vgl. § 37 Abs. 2 S. 1 VwVfG NRW.

[588] Laienhaftes Verständnis von „Form" ist Verstehen von Form als Art und Weise im Sinne umfassenden Verhaltens, des Gestaltens eines Verhaltens oder einer Situation und ist zu unterscheiden von Form im eingriffsrechtlichen Sinne – zwecks Vermeidung der Erschwerung des Rechtsverständnisses (vgl. das Laienhafte: „Verfahren in einer bestimmten Form.").

[589] **Form** und **Materie**: **Form** (vom Lateinischen forma und griechisch morphḗ) ist allgemein Äußeres, Gestalt, Prägendes, Standard, Rahmen, Umgebendes für oder von etwas, das Stoff oder Materie ist, und in Beziehung zur Form ihr Inhalt. **Materie** (vom Lateinischen: materia, zu Deutsch: Stoff, Thema, Ursache; ursprünglich vom Lateinischen: materies, zu Deutsch: Holz, Stämme, Bauholz; verwandt mit dem lateinischen mater, zu Deutsch: Mutter, und mit dem lateinischen matrix, zu Deutsch: Gebärmutter, Muttertier; griechisch hylē) ist jedenfalls in Beziehung zur (standardmäßigen) Form inhaltliche (wandelbare) Substanz. Vgl. auch die Worthistorie (Etymologie) und Ideenhistorie von Form (vom Lateinischen forma und griechisch morphḗ) im Gegensatz zu Materie/Substanz (vom Lateinischen materia und Griechischen hylē). Form ist eher etwas ohne weitere Wertung Erkennbares bzgl. des Vorhandenseins/der Einhaltung; Materie/Substanz ist eher etwas nicht ohne weitere Wertung Erkennbares bzgl. des Vorhandenseins/der Erfüllung.

[590] $F \subsetneq FR$.

[591] Beispiel für Verwaltungsakterlass „in anderer Weise": Fustkw-Anhaltesignalgebung „Stopp Polizei!".

[592] Zur Bestimmtheit letztendlich als Teilmenge der materiellen Rechtmäßigkeit vgl. auch: BVerwG, Urteil vom 26.10.2017 – BVerwG 8 C 14.16 (Bestätigung von Internetverbot für 2 Glücksspielarten), Rn. 12: „Im Einzelnen richten sich die Anforderungen an die notwendige Bestimmtheit eines Verwaltungsakts nach den Besonderheiten des jeweils anzuwendenden und mit dem Verwaltungsakt umzusetzenden materiellen Rechts (stRspr, vgl. BVerwG, Urteile vom 15. Februar 1990 - 4 C 41.87 - BVerwGE 84, 335 <338> und vom 16. Oktober 2013 - 8 C 21.12 - BVerwGE 148, 146 <149>)."; Zur Bestimmtheit als materielle Rechtmäßigkeitsvoraussetzung auch ausdrücklich *Brühl*, Verwaltungsrecht für die Fallbearbeitung, Rn. 198, 574; *Müller*, in: *Huck/Müller*, Verwaltungsverfahrensgesetz, § 37, Rn. 10: „Ein nicht hinreichend bestimmter VA ist (materiell) rechtswidrig und nicht vollstreckungsfähig [Quellenangabe]."; *Stelkens*, *U.*, in: *Stelkens/Bonk/Sachs*, Verwaltungsverfahrensgesetz, § 37, Rn. 40: „Ein unbestimmter VA ist i.d.R. (nur) materiell rechtswidrig und anfechtbar [Querverweise; „nur" bezieht sich auf den Unterschied von insoweit „Nur"-Rechtswidrigkeit, damit Anfechtbarkeit i.S.v. § 42 Abs. 1 Alt. 1, Abs. 2 VwGO einerseits und andererseits Nichtigkeit (Unwirksamkeit) i.S.v. § 44 VwVfG (NRW), P. B.]"; *Treder*, Methoden und Techniken der Rechtsanwendung, S. 205, 285 f.

**VwVfG-NRW-Anwendbarkeit** gilt gemäß §§ 1, 2, 9, 35 VwVfG NRW insbesondere nur für Verwaltungsakte auf dem Rechtsgebiet der Gefahrenabwehr; **Formrechtsnormen allgemein auf dem Rechtsgebiet der Gefahrenabwehr bei Realakten** sind in einem allgemeinen Gesetz wie dem des VwVfG NRW nicht ausdrücklich geregelt, womit bei Realakten auf dem Rechtsgebiet der Gefahrenabwehr Verfahrensrechtsnormen grundsätzlich nur als Voraussetzung zu subsumieren sind bei ausdrücklicher Normierung in einem Gesetz wie dem des PolG NRW[593] oder fallbezogen aus besonderem Anlass als Voraussetzung auszulegen sind aus etwa Art. 1, 2, 20 GG, Art. 41 EU-GR-Charta.

**Formfreiheit** bezeichnet den Grundsatz, dass die meisten polizeilichen Maßnahmen in der Regel in jeder generell möglichen Form (schriftlich, elektronisch, mündlich, in anderer Weise) und also zumindest zunächst mündlich erfolgen dürfen, solange und soweit sich dies aus dem eingriffsrechtlichen Gesamtnormenkomplex ergibt, vgl. insbesondere § 37 Abs. 2-6 VwVfG NRW und die Rechtsnormen aus PolG NRW und StPO oder OWiG, bei denen gegebenenfalls **Form als Verfahrensbestandteil** (Form bei einer Verfahrensmaßnahme[594]) normiert ist.

Verfahrens- oder Formvorschriften-Verletzung kann bei Vorhandensein von Spezialvorschriften bewirken (alternativ):

- Verfahrens- oder Formfehler-Unbeachtlichkeit[595];
- Akt-Nichtaufhebbarkeit[596].

---

593 Beispiel für ausdrückliche Formrechtsnormierung im PolG NRW bei Maßnahmen, die auch als Realakt möglich sind (hier: Befragung, IDF-Maßnahmen, Inaugenscheinnahme): § 12 Abs. 2 PolG NRW (bezüglich Form als integrativer Verfahrensbestandteil, nämlich als Form für das Verfahren der Beantragung und für die Anordnung durch die Behördenleitung oder deren Vertretung).

594 Beispiele für Form als integrativer Verfahrensbestandteil: § 40 Abs. 2 S. 3 PolG NRW; § 42 Abs. 4 PolG NRW; § 107 StPO; § 168b StPO.

595 Vgl. § 45 VwVfG NRW („**Heilung von Verfahrens- und Formfehlern**"), vgl. dazu: BVerwG, Urteil vom 06.02.2019 – BVerwG 1 A 3.18: „Eine entsprechende Heilung [hier im Fall einer Anhörung, P. B.] setzt voraus, dass die Anhörung nachträglich ordnungsgemäß durchgeführt und ihre Funktion für den Entscheidungsprozess der Behörde uneingeschränkt erreicht wird. Dies ist der Fall, wenn der Betroffene Gelegenheit hat, seine Einwendungen vorzubringen, und die Behörde diese nicht nur zur Kenntnis nimmt, sondern auch bei ihrer Entscheidung in Erwägung zieht. Von Letzterem ist auszugehen, wenn sich die Behörde nicht darauf beschränkt, die einmal getroffene Sachentscheidung zu verteidigen, sondern das Vorbringen des Betroffenen erkennbar zum Anlass nimmt, die Entscheidung kritisch zu überdenken (BVerwG, Urteil vom 17. Dezember 2015 - 7 C 5.14 - BVerwGE 153, 367 Rn. 17 m.w.N.).".

596 Vgl. § 46 VwVfG NRW („**Folgen von Verfahrens- und Formfehlern**"), vgl. dazu BVerwG, Urteil vom 09.05.2019 – BVerwG 2 C 2.18 (Unterbliebene Beteiligung der Gleichstellungsbeauftragten bei LAFP NRW-Auswahlentscheidung), Rn. 70: „Ein Verstoß gegen eine Verfahrensvorschrift ist nur dann offensichtlich ohne Einfluss auf die Entscheidung in der Sache, wenn das Gericht zweifelsfrei und ohne jede Spekulation davon ausgehen kann, dass die Entscheidung ohne den Fehler genauso ausgefallen wäre. Ein Kausalzusammenhang ist dagegen zu bejahen, wenn nach den Umständen des jeweiligen Falles die konkrete Möglichkeit besteht, dass ohne den angenommenen Verfahrensmangel die Entscheidung anders ausgefallen wäre (stRspr, vgl. BVerwG, Urteile vom 30. Mai 1984 - 4 C 58.81 - BVerwGE 69, 256 <270> und vom 28. Juni 2018 - 2 C 14.17 - Buchholz 11 Art. 33 Abs. 5 GG Nr. 148 Rn. 32; Emmenegger, in: Mann/Sennekamp/Uechtritz, VwVfG, 2014, § 46 Rn. 91, Ramsauer, in: Kopp/Ramsauer, VwVfG, 20. Aufl. 2019, § 46 Rn. 36; Sachs, in: Stelkens/Bonk/Sachs, VwVfG, 9. Aufl. 2018, § 46 Rn. 80, 83).", Rn. 69: „Dabei lässt der Senat offen, ob § 46 VwVfG NRW, der die Aufhebung eines Verwaltungsaktes ausschließt, also Anfechtungsklagen betrifft, auf die im Streitfall gegebene Konstellation einer Feststellungsklage nach erledigtem Neubescheidungsbegehren (evtl. entsprechend) anzuwenden ist. Dasselbe gilt für die Frage, ob der in von § 46 VwVfG NRW normierte Ausschluss des Aufhebungsanspruchs auch die hier gegebene andersgeartete, besondere Fehlerfolge des § 18 Abs. 3 Satz 1 LGG NRW erfasst, wonach die

Beispiele für spezielle Formrechtsnormen (ggf. als integrierter Verfahrensbestandteil) auf dem Rechtsgebiet der Gefahrenabwehr (**alternativ** – je nach Maßnahme=Befugnisnorm-Rechtsfolge):

- § 10 Abs. 1 PolG NRW;
- § 12a Abs. 2 S. 1 PolG NRW;
- § 15b S. 2 PolG NRW („mitzuteilen“);
- § 15c Abs. 3 S. 1PolG NRW („mitzuteilen“);
- § 20a Abs. 3 S. 2 PolG NRW.

Allgemeine Formrechtsnormen auf dem Rechtsgebiet der Gefahrenabwehr bei Verwaltungsakt i.S.d. § 35 VwVfG NRW stehen insbesondere in bzw. ergeben sich insbesondere aus: § 37 Abs. 2-6 VwVfG NRW, und dementsprechend für einen konkreten Fall:

- ist bei Fehlen von VA § 37 Abs. 2-6 VwVfG NRW unanwendbar;
- ist bei Fehlen von VA und Fehlen speziellerer Formrechtsnormen Formfreiheit gegeben;
- ist bei VA und Fehlen speziellerer Formrechtsnormen anwendbar: § 37 Abs. 2 bis 6 VwVfG NRW;
- kann gemäß § 37 Abs. 2 S. 1 VwVfG NRW der VA schriftlich, elektronisch, mündlich oder in anderer Weise erlassen werden;
- braucht gemäß § 37 Abs. 2 S. 2 VwVfG NRW der mündliche VA schriftlich oder elektronisch nicht bestätigt zu werden, wenn hieran kein berechtigtes Interesse besteht und der Betroffene dies nicht unverzüglich verlangt.

Beispiele für spezielle Formrechtsnormen (ggf. als integrierter Verfahrensbestandteil) auf dem Rechtsgebiet der Strafrechtspflege (**alternativ** – je nach Maßnahme=Befugnisnorm-Rechtsfolge):

- § 81f Abs. 1, 2 StPO;
- § 81g Abs. 3 StPO;
- § 81h Abs. 3, 4 StPO.

Allgemeine Formrechtsnormen auf dem Rechtsgebiet der Strafrechtspflege ergeben in der Regel Formfreiheit; in den meisten konkreten Fällen besteht bei Fehlen speziellerer Formrechtsnormen Formfreiheit für den Justiz-VA, sodass die Maßnahme in allen Formen formrechtmäßig erfolgt. § 168b StPO ist in der Regel bereits integrativer Verfahrensbestandteil (Protokollierung als Verfahren, als normiertes Verhalten – nur schriftlich, elektronisch oder in anderer Weise ausführbar).

---

verfahrensfehlerhaft zustande gekommene Auswahlentscheidung (nur) auszusetzen und die Beteiligung nachzuholen ist. Selbst wenn dies der Fall sein sollte, ist jedenfalls offensichtlich i.S.v. § 46 VwVfG NRW, dass der in der Nichtbeteiligung der Gleichstellungsbeauftragten liegende Verfahrensfehler die Entscheidung in der Sache nicht beeinflusst hat.“.

## *Titel 4: C. Materielle Rechtmäßigkeit*

**Materielle**[597] **Rechtmäßigkeit** ist Erfüllung von Tatbestands-, Inanspruchnahme-, Rechtsfolgevoraussetzungen.

[597] **Form** und **Materie**: **Form** (vom Lateinischen forma und griechisch morphḗ) ist allgemein Äußeres, Gestalt, Prägendes, Standard, Rahmen, Umgebendes für oder von etwas, das Stoff oder Materie ist, und in Beziehung zur Form ihr Inhalt. **Materie** (vom Lateinischen: materia, zu Deutsch: Stoff, Thema, Ursache; ursprünglich vom Lateinischen: materies, zu Deutsch: Holz, Stämme, Bauholz; verwandt mit dem lateinischen mater, zu Deutsch: Mutter, und mit dem lateinischen matrix, zu Deutsch: Gebärmutter, Muttertier; griechisch hylē) ist jedenfalls in Beziehung zur (standardmäßigen) Form inhaltliche (wandelbare) Substanz. Vgl. auch die Worthistorie (Etymologie) und Ideenhistorie von Form (vom Lateinischen forma und griechisch morphḗ) im Gegensatz zu Materie/Substanz (vom Lateinischen materia und Griechischen hylē). Form ist eher etwas ohne weitere Wertung Erkennbares bzgl. des Vorhandenseins/der Einhaltung; Materie/Substanz ist eher etwas nicht ohne weitere Wertung Erkennbares bzgl. des Vorhandenseins/der Erfüllung.

## Untertitel 1: C. I. Tatbestand

**Tatbestand**[598] ist das Gesamt der (materiell-rechtlichen) Rechtsfolge(setzungs)bedingungen. / **Tatbestandsvoraussetzungen** sind materiell-rechtliche Rechtsfolgesetzungsbedingungen.

**Allgemeine Vollstreckungsvoraussetzungen/Allgemeine Zwangsvoraussetzungen** sind allgemeine Tatbestandsvoraussetzungen für Vollstreckung/Zwang, vgl. § 50 PolG NRW.

**Besondere Vollstreckungsvoraussetzungen/Besondere Zwangsvoraussetzungen** sind besondere Tatbestandsvoraussetzungen für Vollstreckung/Zwang, vgl. §§ 62-66 PolG NRW.

Tatbestandsvoraussetzungen / Tatbestandsvoraussetzungs-Arten sind:

- positive Tatbestandsvoraussetzungen
- negative Tatbestandsvoraussetzungen / (teilweise sog.: **Ermächtigungsbegrenzungen**[599]).

**Positive Tatbestandsvoraussetzungen** sind positiv formulierte oder anders tatbestandseröffnende oder tatbestandserweiternde Tatbestandsvoraussetzungen.[600]

**Negative Tatbestandsvoraussetzungen** sind negativ formulierte oder anders tatbestandsverneinende oder tatbestandsbegrenzende Tatbestandsvoraussetzungen.[601]

**(Teil-)Rechtsgrundverweisung** ist die Verweisung einer Rechtsnorm mindestens auf die Rechtmäßigkeitsvoraussetzungen einer anderen Rechtsnorm mit der Maßgabe, dass diese im Anwendungsbereich der verweisenden Rechtsnorm ganz oder teilweise (partielle Rechtsgrundverweisung) gelten. **(Teil-)Rechtsfolgenverweisung** ist die Verweisung einer Rechtsnorm nur auf die Rechtsfolge einer anderen Rechtsnorm mit der Maßgabe, dass diese im Anwendungsbereich der verweisenden Rechtsnorm gilt.[602]

---

598 Unterscheide den „**Urteilstatbestand**", vgl. § 313 Abs. 1 Nr. 5 ZPO, § 117 Abs. 2 Nr. 4 VwGO.

599 Vgl. *Roggenkamp/König*, Eingriffsrecht für Polizeibeamte in Niedersachsen, Rn. 914, Fn. 552, bezüglich Materieller Rechtmäßigkeit: [...] „ist die Einordnung bestimmter Regelungen" etwa „als ‚ermächtigungsbegrenzende Bestimmungen' unter Rechtswissenschaftlern unüblich. Sie werden dort in der Regel den Form- und Verfahrensvorschriften ‚zugeschlagen'.".

600 Beispiele für grundsätzlich-regelhaft vorkommende positive Tatbestandsvoraussetzungen: § 8 Abs. 1 PolG NRW; § 163 Abs. 1 S. 2 StPO.

601 **Negative Tatbestandsvoraussetzungen** im Verhältnis zum klassischen einfachen positiven **Konditionalprogramm** (siehe dazu auch Buch 1, Abschnitt 1, Unterabschnitt 3, Titel 2, Untertitel 4) sind alle anders formulierten/programmierten (Tatbestands-)Voraussetzungen **umgekehrte Tatbestandsvoraussetzungen**. Vgl. auch die rhetorische Figur der Litotes. Beispiele für negative/umgekehrte Tatbestandsvoraussetzungen: Art. 46 GG (Abs. 1: **Abgeordnetenindemnität**; Abs. 2-4: **Abgeordnetenimmunität**); Art. 47 Verfassung NRW (**Abgeordnetenindemnität**), Art. 48 Verfassung NRW (**Abgeordnetenimmunität**); Art. 60 Abs. 4 GG (**Bundespräsidentenimmunität**); Art. 47 GG, Art. 49 Abs. 1 Verfassung NRW (**Abgeordneten-Zeugnisverweigerungsrecht** und zeugnisverweigerungsrechtentsprechendes **Abgeordneten-Schriftstückebeschlagnahmeverbot**); § 9 Abs. 7 PolG NRW; § 41 Abs. 2 PolG NRW; § 81a Abs. 1 S. 2 letzter Hs. StPO; § 81c Abs. 2 S. 1 Hs. 2 StPO; § 104 StPO. Vgl. auch §§ 18, 21 GVG i.V.m. DiplBezÜbkG i.V.m. Art. 22, 23, 24, 30 WÜD; §§ 19, 21 GVG i.V.m. KonsÜbkG i.V.m. Art. 27, 31, 33, 55, 59 WÜK.

602 Vgl. zur **Rechtsgrundverweisung- und -Rechtsfolgenverweisungs-Unterscheidung** zum Beispiel: § 39 Abs. 2 S. 2 PolG NRW und § 62 S. 2 PolG NRW. § 39 Abs. 2 S. 2 PolG NRW-Lesart bspw.: „Dasselbe [= Die Polizei kann eine Person nach Waffen, anderen gefährlichen Werkzeugen und Explosivmitteln durchsuchen, wenn das nach den Umständen zum Schutz des Polizeivollzugsbeamten oder eines Dritten gegen eine Gefahr für Leib oder Leben erforderlich ist] gilt, wenn eine Person nach anderen Rechtsvorschriften vorgeführt oder zur Durchführung einer Maßnahme an einen anderen Ort gebracht werden soll."; § 62 S. 2 PolG-NRW-Lesart bspw.: „Dasselbe [Eine Person kann gefesselt werden, wenn

Zentrale regelmäßige Voraussetzungen auf den Rechtsgebieten Gefahrenabwehr oder Strafrechtspflege sind (alternativ oder kumulativ) je nach Rechtsnorminhalt:

- Gefahr (in unterschiedlichen Ausprägungen) für ein bestimmtes Schutzgut[603];
- Verdacht (in unterschiedlichen Ausprägungen);
- Tatsachen / tatsächliche Anhaltspunkte (in unterschiedlichen Ausprägungen).

---

Tatsachen die Annahme rechtfertigen, dass sie 1.Polizeivollzugsbeamte oder Dritte angreifen, Widerstand leisten oder Sachen von nicht geringem Wert beschädigen wird, 2.fliehen wird oder befreit werden soll oder 3.sich töten oder verletzen wird.] gilt, wenn eine Person nach anderen Rechtsvorschriften vorgeführt oder zur Durchführung einer Maßnahme an einen anderen Ort gebracht wird.".

603 Z.B. je nach Rechtsnorm: **Öffentliche Sicherheit** (ausdrücklich alleine als „öffentliche Sicherheit": §§ 1 Abs. 1 S. 1; § 8 Abs. 1; § 45 Abs. 1 Nr. 3 PolG NRW) oder **öffentliche Ordnung** (ausdrücklich als öffentliche Ordnung alleine: §§ 1 Abs. 1; 8 Abs. 1 PolG NRW); **Bestand oder Sicherheit des Bundes oder eines Landes** (§§ 20c Abs. 1 Nr. 1; 26 Abs. 6 Nr. 1 [„**Sicherheitsinteressen des Bundes oder der Länder**"]; §§ 31 Abs. 1; 33 Abs. 2 [„**Bestandes des Staates**"]; § 34b Abs. 1 [des Bundes oder „des" Landes] PolG NRW); **Leib oder Leben einer Person** (§§ 15c Abs. 1; 15c Abs. 2; 20c Abs. 1 Nr.1; 35 Abs. 1 Nr. 1; 39 Abs. 2; 39 Abs. 3; 61 Abs. 2; 63 Abs. 3; 64 Abs. 1 Nr. 1 PolG NRW); **Leib, Leben oder Freiheit einer Person** (§§ 10 Abs. 3; 16a Abs. 1 Nr. 1; 17 Abs. 1 Nr. 1; 18 Abs. 1; 19 Abs. 1 Nr. 1; 20 Abs. 1 Nr. 1; 26 Abs. 6 Nr. 2; 31 Abs. 1; 33 Abs. 2; 34a Abs. 1; 34b Abs. 1; 34c Abs. 3;38 Abs. 2 Nr. 2; 41 Abs. 1 Nr. 4 PolG NRW; (ggf. spezifisch bestimmte) **Straftat** (diverse im PolG NRW); **terroristische Straftaten** (§§ 20c, 34b PolG NRW); **Straftaten von erheblicher Bedeutung** (§§ 12 Abs. 1 Nr. 2; 12a Abs. 1; 15 Abs. 1; 15a Abs. 1; 16a Abs. 1; 17 Abs. 1; 19 Abs. 1; 20 Abs. 1; 21 Abs. 1; 22 Abs. 5; 29 Abs. 1; 34c Abs. 3; 41 Abs. 3 PolG NRW); **Ordnungswidrigkeit von erheblicher Bedeutung für die Allgemeinheit** (§ 35 Abs. 1 Nr. 2 PolG NRW); **Ordnungswidrigkeiten** (§§ 15 Abs. 1; 15b; 15c Abs. 1, 15c Abs. 2, 15c Abs. 4 PolG NRW). Legaldefinitionen **Öffentliche Sicherheit**: § 2 Nr. 2 BremPolG, § 4 Nr. 1 SächsPVDG, § 3 Nr. 1 SOG LSA, § 54 Nr. 1 Thüringer OBG, Nr. 1.11 VVPolG NRW: „Die öffentliche Sicherheit bezieht sich auf die Unversehrtheit der gesamten materiellen Rechtsordnung, von Rechten und Rechtsgütern des Einzelnen und von Einrichtungen und Veranstaltungen des Staates."; Legaldefinitionen **Öffentliche Ordnung**: § 4 Nr. 1 SächsPVDG, § 3 Nr. 1 SOG LSA, § 54 Nr. 2 Thüringer OBG, Nr. 1.11 VVPolG NRW: „Unter öffentlicher Ordnung ist die Gesamtheit jener ungeschriebener Regeln für das Verhalten der Einzelnen in der Öffentlichkeit anzusehen, deren Beachtung nach den jeweils herrschenden Anschauungen als unerlässliche Voraussetzung eines geordneten staatsbürgerlichen Gemeinschaftslebens betrachtet wird. In Bezug auf die öffentliche Ordnung ist die Polizei legitimiert, im Einzelfall gegen belästigendes Verhalten in der Öffentlichkeit, das noch unter der Schwelle einer Ordnungswidrigkeit gemäß §§ 116 ff. OWiG bleibt, einzuschreiten. Sie kann - ebenso wie die Ordnungsbehörden - Verstöße gegen die öffentliche Ordnung, die geeignet sind das Sicherheitsgefühl der Bürgerinnen und Bürger in der Öffentlichkeit zu beeinträchtigen, unterbinden."; Legaldefinitionen **Straftat**: § 2 Nr. 4 BremPolG; § 2 Nr. 13 NPOG; Legaldefinitionen **Straftat von erheblicher Bedeutung**: § 8 Abs. 3 PolG NRW (vgl. auch Nr. 8.3 VVPolG NRW: „Hierzu können auch andere Straftaten zählen, soweit sie gewerbs- oder bandenmäßig oder in anderer Weise organisiert begangen werden und dementsprechend einen erheblichen materiellen oder immateriellen (Gesamt-)Schaden verursachen."); § 2 Nr. 5 BremPolG; § 2 Nr. 14 NPOG; § 4 Nr. 4 SächsPVDG; § 3 Nr. 4 SOG LSA; Legaldefinitionen **Terroristische Straftat**: § 8 Abs. 4 PolG NRW; § 2 Nr. 15 NPOG; § 4 Nr. 5 SächsPVDG; § 3 Nr. 5 SOG LSA; Legaldefinition **Schwere organisierte Gewalttat**: § 2 Nr. 16 NPOG. Legaldefinition **Ordnungswidrigkeit von erheblicher Bedeutung**: § 4 Nr. 6 SächsPVDG.

**Tatverdacht** ist das Gegebensein zureichender tatsächlicher Anhaltspunkte für eine verfolgbare Straftat[604] oder Ordnungswidrigkeit.[605] **Tatverdacht** ist immer allgemein Voraussetzung für (eben Tatverdachts-)Ermittlungsmaßnahmen.[606]

---

[604] Zu **Straftat**, **Straftatbestand**, **Strafrechtsfolge** (**Strafdrohung / Strafbarkeit**), **Straftatverfolgbarkeit** sowie **Gesetzesbestimmtheit** mit **Tatbestandsbestimmtheit** und **Rechtsfolgenbestimmtheit** vgl. für das Strafrecht: BVerfGE 25, 269, 284-287 (Verfolgungsverjährung) = Beschluss des Zweiten Senats vom 26.02.1969 – 2 BvL 15, 23/68 –, C. II. 1. und 2. und 3. a), Rn. 74-87: „Nach Art. 103 II GG kann eine Tat nur bestraft werden, wenn die Strafbarkeit gesetzlich bestimmt war, bevor die Tat begangen wurde. Wie schon der entsprechende Art. 116 der Weimarer Reichsverfassung verbietet Art. 103 II GG, jemanden auf Grund eines Gesetzes zu bestrafen, das zur Zeit der Tat noch nicht in Kraft getreten war, dem Täter also nicht bekannt sein konnte (BVerfGE 7, 111 [119]). Damit ist sowohl die rückwirkende Anwendung neu geschaffener Straftatbestände als auch die Strafbegründung im Wege der Analogie verfassungskräftig untersagt. Aus dem Gebot, daß die Strafbarkeit der Tat vor deren Begehung ‚gesetzlich bestimmt' sein muß, folgt ferner, daß nur auf Grund eines gültigen Strafgesetzes eine strafgerichtliche Verurteilung erfolgen kann (BVerfGE 14, 174 [185]). Die Bedeutung des Art. 103 II GG erschöpft sich jedoch nicht in dem Verbot der analogen, gewohnheitsrechtlichen und rückwirkenden Strafbegründung [**Strafbegründungsanalogieverbot** und **Strafbegründungsgewohnheitsrechtsverbot** und **Strafbegründungsrückwirkungsverbot**, P. B.]. Art. 103 II GG fordert darüber hinaus auch, daß die Strafbarkeit ‚gesetzlich bestimmt' ist. Der Einzelne soll nicht nur von vornherein wissen können, was strafrechtlich verboten ist, sondern auch, welche Strafe ihm für den Fall eines Verstoßes gegen jenes Verbot droht. Das in Art. 103 II GG enthaltene Gebot der **Gesetzesbestimmtheit** gilt einmal für den Straftatbestand (**Tatbestandsbestimmtheit - nullum crimen sine lege**). Die strafrechtlichen Normen müssen klar das Verbotene von dem Erlaubten abgrenzen. Die Tatbestandsmerkmale sind so konkret zu umschreiben, daß Tragweite und Anwendungsbereich der Straftatbestände zu erkennen sind und sich durch Auslegung ermitteln lassen. Das Gebot der **Gesetzesbestimmtheit** gilt ferner für die **Strafandrohung** (**nulla poena sine lege**). Art. 103 II GG geht von dem rechtsstaatlichen Grundsatz aus, daß **keine Strafe ohne Schuld** verwirkt wird (vgl. BVerfGE 20, 323 [331]; **nulla poena sine culpa**). Dieser Grundsatz wurzelt in der vom Grundgesetz vorausgesetzten und in Art. 1 I und Art. 2 I GG verfassungskräftig geschützten Würde und der Eigenverantwortlichkeit des Menschen, die von dem Gesetzgeber auch bei der Ausgestaltung des Strafrechts zu achten und zu respektieren sind. Das **strafrechtliche Delikt** ist schuldhafte Verletzung eines für alle gewährleisteten Rechtsgutes. Gemessen an der Idee der Gerechtigkeit müssen Tatbestand und Rechtsfolge sachgerecht aufeinander abgestimmt sein [**Tatbestand- und -Rechtsfolgen-Abgestimmtheit**, P. B.]. Beide sind wechselseitig aufeinander bezogen. Einerseits richtet sich die **Strafhöhe** nach dem normativ festgelegten Wert des verletzten Rechtsgutes und der Schuld des Täters. Andererseits läßt sich das Gewicht einer Straftat, der ihr in der verbindlichen Wertung des Gesetzgebers beigemessene **Unwertgehalt**, in aller Regel erst aus der Höhe der angedrohten Strafe entnehmen. Insofern ist auch die Strafandrohung für die Charakterisierung, Bewertung und Auslegung des Straftatbestandes von entscheidender Bedeutung. Von daher wird unmittelbar einsichtig, daß Art. 103 II GG sich sowohl auf den Unrechtstatbestand wie auf die Höhe der Strafandrohung bezieht. Art. 103 II GG bewahrt den Bürger nicht nur davor, daß ein bisher erlaubtes Verhalten rückwirkend für strafbar erklärt wird; er schützt ihn auch davor, daß der Unrechtsgehalt einer von ihm begangenen Zuwiderhandlung gegen das Strafgesetz bei seiner Verurteilung höher bewertet wird als zur Zeit der Tat. Art.103 II GG verbietet sowohl die rückwirkende Strafbegründung wie die rückwirkende Strafverschärfung [**Strafbegründungsrückwirkungsverbot** und **Strafverschärfungsrückwirkungsverbot**, P. B.]. Art. 103 II GG besagt dagegen nichts über die Dauer des Zeitraums, während dessen eine in verfassungsmäßiger Weise für strafbar erklärte Tat verfolgt und durch Verhängung der angedrohten Strafe geahndet werden darf. Er verhält sich nur über das ‚von wann an', nicht über das ‚wielange' der Strafverfolgung. Jede **Strafnorm** enthält ein mit staatlicher Autorität versehenes, sozialethisches Unwerturteil über die von ihr pönalisierte Handlungsweise. Der konkrete Inhalt dieses **Unwerturteils** ergibt sich aus Straftatbestand und Strafandrohung. Beide zusammen machen die **Strafbarkeit** im Sinne des Art. 103 II GG aus. Ist eine Verhaltensweise durch eine den Anforderungen des Art. 103 II GG genügende und auch im übrigen verfassungsmäßige gesetzliche Bestimmung mit Strafe bedroht, so wird sie dadurch zu einer ‚**strafbaren Handlung**'. Ihre Strafbarkeit ist gesetzlich bestimmt. Die **Strafbarkeit** einer Tat ist Voraussetzung für deren **Verfolgbarkeit**. Eine Handlung darf nur dann strafrechtlich

**Dringender Tatverdacht** ist das Gegebensein zureichender tatsächlicher Anhaltspunkte für große Wahrscheinlichkeit einer verfolgbaren Straftat oder Ordnungswidrigkeit.[607]

**Dringender Tatverdacht in StPO**:

- § 103 Abs. 1 S. 2 StPO;
- § 127 Abs. 2 i.V.m. § 112 StPO;
- § 127 Abs. 2 i.V.m. § 112a StPO;
- § 127b StPO.

**Dringende Gründe in StPO**: § 126a Abs. 1 StPO.

**Hinreichender Tatverdacht** im Sinne des § 203 StPO ist gegeben, wenn der Angeschuldigte im Sinne des § 157 StPO mit größerer Wahrscheinlichkeit als Unwahrscheinlichkeit in einer Hauptverhandlung verurteilt werden wird.

**Dringender Tatverdacht im PolG NRW / dringendes Verdächtigsein im PolG NRW:**

---

geahndet werden, wenn ihre Strafbarkeit bereits vor der Begehung gesetzlich bestimmt war. Mit der Strafbarkeit entfällt die Verfolgbarkeit, nicht dagegen mit der Verfolgbarkeit die Strafbarkeit. Eine einmal begangene strafbare Handlung verliert ihren Unrechtscharakter nicht dadurch, daß sie aus tatsächlichen oder rechtlichen Gründen nicht verfolgt wird oder nicht verfolgt werden kann. Art. 103 II GG bestimmt die Voraussetzungen, unter denen ein Verhalten für strafbar erklärt werden kann. **Verjährungsvorschriften** regeln, wie lange eine für strafbar erklärte Tat verfolgt werden soll. Da sie lediglich die Verfolgbarkeit betreffen, die Strafbarkeit hingegen unberührt lassen, fallen sie aus dem Geltungsbereich des Art. 103 II GG heraus; eine Verlängerung oder Aufhebung von Verjährungsfristen kann deshalb nicht gegen diesen Verfassungssatz verstoßen (ebenso schon BVerfGE 1, 418 [423]). Das bestätigt auch die Entstehungsgeschichte. Das **Ex-post-facto-Verbot** fand sich bereits als Art. 136 I in dem ‚Entwurf eines Grundgesetzes' des Herrenchiemseer Verfassungskonvents.".

605 „**Verdacht**" (nicht: „Anfangsverdacht") insbesondere in vielen Ermittlungsbefugnisrechtsnormen der StPO; „**Tatverdacht**" (und eben nicht nur „Verdacht") ist abgrenzungsgeeignet im Vergleich zur Begrifflichkeit „**Gefahrenverdacht**" (Gefahrverdachtsfälle, vgl. auch § 9 BBodSchG, sind bei Nichtverwendung durch Gesetz ohne Benutzung der Begrifflichkeit „Gefahrenverdacht" bearbeitbar mit den gesetzlichen Begriffen wie insbesondere „Gefahr", „Tatsachen", „Tatsachen, die die Annahme rechtfertigen", „tatsächliche Anhaltspunkte"). „**Zureichende tatsächliche Anhaltspunkte**": § 152 Abs. 2 StPO. **Straftat**: § 11 Abs. 1 Nr. 5 StGB. **Ordnungswidrigkeit**: § 1 OWiG. **Verfolgbarkeit** betrifft negativ Fälle wie insbesondere aus § 19 StGB (**Schuldunfähigkeit des Kindes**), § 12 Abs. 1 OWiG (**Nichtvorwerfbarkeit beim Kind** oder **Nichtvorwerfbarkeit beim Jugendlichen**), § 20 StGB (**Schuldunfähigkeit**), § 12 Abs. 2 OWiG (**Nichtvorwerfbarkeit**); §§ 77-77e StGB (**Strafantrag**, **Ermächtigung**, **Strafverlangen**; OWiG: „Antrag", „Verlangen"); §§ 78-78c StGB (**Verfolgungsverjährung**, vgl. **Vollstreckungsverjährung**: §§ 79-79b StGB); §§ 31-33 OWiG (**Verfolgungsverjährung**, vgl. **Vollstreckungsverjährung**: § 34 OWiG).

606 BVerfG, Beschluss der 3. Kammer des Zweiten Senats vom 11.01.2016 – 2 BvR 1361/13 –, Rn. 11: „Notwendiger und grundsätzlich auch hinreichender Anlass für Zwangsmaßnahmen im Strafverfahren [oder Ordnungswidrigkeitenverfahren, P. B.] ist der Verdacht einer Straftat [oder Ordnungswidrigkeit, P. B.]. Der Verdacht muss auf konkreten Tatsachen beruhen; vage Anhaltspunkte oder bloße Vermutungen reichen nicht aus (vgl. BVerfGE 44, 353 <381 f.>; 59, 95 <97 f.>; BVerfGK 1, 126 <131>).".

607 BVerfG, Beschluss der 1. Kammer des Zweiten Senats vom 09.03.2020 – 2 BvR 103/20 – (Frage konkreter Tatbeiträge und Haftgründe bei Totschlagsbeihilfeverdacht), Rn. 63: „Der für die Anordnung von Untersuchungshaft erforderliche dringende Tatverdacht (§ 112 Abs. 1 Satz 1 StPO) liegt deshalb nach allgemeiner Auffassung nur vor, wenn aufgrund bestimmter Tatsachen eine große Wahrscheinlichkeit dafür besteht, dass der Beschuldigte als Täter oder Teilnehmer eine Straftat begangen hat (vgl. BVerfG, Beschluss der 2. Kammer des Zweiten Senats vom 12. September 1995 - 2 BvR 2475/94, NJW 1996, S. 1049 <1050>).".

- § 64 Abs. 1 Nr. 3a, b PolG NRW;
- § 64 Abs. 1 Nr. 4a, b PolG NRW.

**Dringender Verdacht im AufenthG** ist hohe Wahrscheinlichkeit des Vorliegens der im AufenthG in Bezug genommenen – gefahrenabwehrrechtlich relevanten – Voraussetzungen:

- § 2 Abs. 14 AufenthG;
- § 62 Abs. 5 AufenthG;
- § 62b Abs. 4 AufenthG.

**Begründeter Verdacht im AufenthG** ist hinreichende Wahrscheinlichkeit des Vorliegens der im AufenthG in Bezug genommenen – gefahrenabwehrrechtlich relevanten – Voraussetzungen:

- § 2 Abs. 14 AufenthG;
- § 15 Abs. 2 AufenthG;
- § 49 Abs. 5 AufenthG;
- § 59 Abs. 1 AufenthG;
- § 62 Abs. 5 AufenthG;
- § 62b Abs. 4 AufenthG.

**Abstrakte Gefahr** ist eine Sachlage im einzelnen Fall, die bei ungehindertem Geschehensverlauf in absehbarer Zeit nach allgemeiner Lebenserfahrung oder den Erkenntnissen fachkundiger Stellen mit hinreichender Wahrscheinlichkeit typischerweise zu einem Schaden für ein Schutzgut führt.[608]

---

[608] Vgl. § 2 Nr. 6 NPOG („abstrakte Gefahr“); § 4 Nr. 3h SächsPVDG („abstrakte Gefahr“); § 4 Nr. 3i SächPVDG („Abwehr einer Gefahr“); § 3 Nr. 3f SOG LSA, § 54 Nr. 3e Thüringer OBG; vgl. auch Nr. 1.12 VVPolG NRW: „§ 1 Abs. 1 stellt auf die abstrakte Gefahr ab und umfasst damit auch alle Fälle, in denen bereits eine konkrete Gefahr vorliegt.“ BVerwGE 160, 157 (Fluglaternen) = BVerwG, Urteil vom 25.10.2017 – BVerwG 6 C 44.16 (Fluglaternen), Rn. 23: „Eine **abstrakte Gefahr** setzt herkömmlicherweise voraus, dass eine bestimmte Verhaltensweise oder ein bestimmter Zustand bei generell-abstrakter Betrachtung mit hinreichender Wahrscheinlichkeit Schäden für geschützte Rechtsgüter hervorrufen, wenn nicht eingeschritten wird. Während sich die Prognose des Schadenseintritts bei der konkreten Gefahr auf den Einzelfall, d.h. auf einen örtlich und zeitlich abgrenzbaren Sachverhalt, bezieht, ist Gegenstand der abstrakten Gefahrenprognose eine unbestimmte Anzahl von gleichgelagerten Sachverhalten, die eine bestimmte gefahrenspezifische Eigenart aufweisen. Die Prognose, dass derartige Sachverhalte generell gefährlich sind, muss auf aussagekräftige Erkenntnisse über das ihnen gemeinsame Gefahrenpotenzial und die voraussichtlichen Kausalverläufe bei dessen Entfaltung gestützt sein. Es kommt auf die voraussichtliche Häufigkeit von Schadensfällen und das Gewicht der Schadensfolgen an. An die tatsächlichen Erkenntnisse, die der generell-abstrakten Prognose zugrunde liegen, sind umso geringere Anforderungen zu stellen, je bedeutsamer das bedrohte Rechtsgut und je höher der drohende Schaden im Schadensfall voraussichtlich sind. Das sachverhaltstypische Risiko eines Schadenseintritts muss jedenfalls das allgemeine Lebensrisiko erheblich übersteigen. Rechtfertigen die tatsächlichen Erkenntnisse die Annahme, dass eine bestimmte Verhaltensweise oder ein bestimmter Zustand eine abstrakte Gefahr darstellen, können sie durch eine Polizeiverordnung generell verboten werden, wenn nicht der Grundsatz der Verhältnismäßigkeit den Einsatz einer milderen Maßnahme gebietet. Ein solches Verbot beansprucht unabhängig davon Geltung, ob im Einzelfall eine konkrete Gefahr besteht [Quellenangaben].“. BVerwG, Urteil vom 20.08.2003 – BVerwG 6 CN 5.02 (Hundehalterverordnung), II.: „Der **klassische Gefahrenbegriff** […] ist dadurch gekennzeichnet, dass ‚aus gewissen gegenwärtigen Zuständen nach dem Gesetz der Kausalität gewisse andere Schaden bringende Zustände und Ereignisse erwachsen werden‘ (vgl. Urteil des PrOVG vom 15. Oktober 1894, PrVBl 16, 125, 126). Schadensmöglichkeiten, die sich deshalb nicht ausschließen lassen, weil nach dem derzeitigen Wissensstand bestimmte Ursachenzusammenhänge weder bejaht noch verneint werden können, begründen keine Gefahr, sondern lediglich einen **Gefahrenverdacht** oder ein ‚**Besorgnispotenzial**‘ (vgl. Urteil vom 19. Dezember 1985 - BVerwG 7 C 65.82 - BVerwGE 72, 300, 315). Die **abstrakte Gefahr** unterscheidet sich von der konkreten Gefahr nicht durch den Grad der

**Abstrakte Gefahr im PolG NRW**:

- § 15b S. 1 PolG NRW: **„Gefahr im Sinne des § 1 Abs. 1“ PolG NRW** (alleine zitiert) ist jede mögliche Gefahr („Gefahren“), auch die abstrakte.[609]

**„Zum Zwecke der Gefahrenabwehr (§ 1 Abs. 1)**“ ist Zuständigkeitszweck und kann alle möglichen Gefahren umfassen, auch die abstrakte.[610]

**Zum Zwecke der Gefahrenabwehr im GG**: Art. 13 Abs. 5 GG.

**Zum Zwecke der Gefahrenabwehr (§ 1 Abs. 1 PolG NRW) im PolG NRW**:

- § 14a Abs. 2 S. 7 PolG NRW (ohne Verweis auf § 1 Abs. 1 PolG NRW);
- § 15c Abs. 6 S. 1 PolG NRW;
- § 16a Abs. 3 S. 2 PolG NRW;
- § 17 Abs. 3 S. 2 PolG NRW (ohne Verweis auf § 1 Abs. 1 PolG NRW);
- § 18 Abs. 5 S. 2 PolG NRW (ohne Verweis auf § 1 Abs. 1 PolG NRW;

---

Wahrscheinlichkeit des Schadenseintritts, sondern durch den Bezugspunkt der Gefahrenprognose oder, wie der 4. Senat des Bundesverwaltungsgerichts in seinem Urteil vom 26. Juni 1970 - BVerwG 4 C 99.67 - (DÖV 1970, 713, 715) gesagt hat, durch die Betrachtungsweise: Eine **konkrete Gefahr** liegt vor, wenn in dem zu beurteilenden konkreten Einzelfall in überschaubarer Zukunft mit dem Schadenseintritt hinreichend wahrscheinlich gerechnet werden kann; eine **abstrakte Gefahr** ist gegeben, wenn eine generell-abstrakte Betrachtung für bestimmte Arten von Verhaltensweisen oder Zuständen zu dem Ergebnis führt, dass mit hinreichender Wahrscheinlichkeit ein Schaden im Einzelfall einzutreten pflegt und daher Anlass besteht, diese Gefahr mit generell-abstrakten Mitteln, also einem Rechtssatz zu bekämpfen; das hat zur Folge, dass auf den Nachweis der Gefahr eines Schadenseintritts im Einzelfall verzichtet werden kann (vgl. auch Beschluss vom 24. Oktober 1997 - BVerwG 3 BN 1.97 - Buchholz 418.9 TierSchG Nr. 10). Auch die Feststellung einer **abstrakten Gefahr** verlangt mithin eine in tatsächlicher Hinsicht genügend abgesicherte Prognose: Es müssen - bei abstrakt-genereller Betrachtung - hinreichende Anhaltspunkte vorhanden sein, die den Schluss auf den drohenden Eintritt von Schäden rechtfertigen. Dabei liegt es im Wesen von Prognosen, dass die vorhergesagten Ereignisse wegen anderer als der erwarteten Geschehensabläufe ausbleiben können. Von dieser mit jeder Prognose verbundenen Unsicherheit ist die Ungewissheit zu unterscheiden, die bereits die tatsächlichen Grundlagen der Gefahrenprognose betrifft. Ist die Behörde mangels genügender Erkenntnisse über die Einzelheiten der zu regelnden Sachverhalte und/oder über die maßgeblichen Kausalverläufe zu der erforderlichen Gefahrenprognose nicht im Stande, so liegt keine Gefahr, sondern - allenfalls - eine mögliche Gefahr oder ein **Gefahrenverdacht** vor.“; BVerwG, Beschluss vom 31.07.2019 – BVerwG 6 B 37.19 (Haltung eines Hundes der Rasse „American Staffordshire Terrier“), Rn. 6: „Der Gesetzgeber kann unterhalb der Schwelle der abstrakten Gefahr unter Wahrung der Verhältnismäßigkeit daran anknüpfen, dass hinreichende Anhaltspunkte für eine Gefährlichkeit sprechen, Ungewissheiten über das Gefahrenpotential und mögliche Kausalverläufe sich aber nicht ausschließen lassen (**Gefahrenverdacht**).“. Abstrakte Gefahr Beispiele (ohne weitere Voraussetzungen, Umstände, Folgen und ohne Subsumtion zu Sanktionsrechtsnormen, deren Gegebensein bzw. deren Verwirklichung wiederum eine konkrete Gefahr für die **öffentliche Sicherheit** [Rechte und Rechtsgüter des Einzelnen, Rechtsordnung, Funktionsfähigkeit des Staates] begründen kann): Anhaltekontrolle (vgl. § 15b PolG NRW); Führen von Fahrzeug ohne rechtzeitige Prüfung (vgl. § 29 StVZO); Trunkenheitsfahrt (§ 316 StGB); Versammlung mit Gegenveranstaltung (vgl. Art. 8 Abs. 2 GG).

[609] Vgl. § 1 Abs. 1 S. 1 PolG NRW („Gefahrenabwehr“) i.V.m. § 1 Abs. 1 S. 2 PolG NRW („im Rahmen dieser Aufgabe“); vgl. auch Nr. 1.12 VVPolG NRW: „§ 1 Abs. 1 stellt auf die abstrakte Gefahr ab und umfasst damit auch alle Falle, in denen bereits eine konkrete Gefahr vorliegt.“.

[610] Vgl. § 1 Abs. 1 S. 1 PolG NRW („**Gefahrenabwehr**“) i.V.m. § 1 Abs. 1 S. 2 PolG NRW („im Rahmen dieser Aufgabe“); § 54 Nr. 5 Thüringer OBG („Gefahrenabwehr“); § 4 Nr. 3h SächsPVDG („abstrakte Gefahr“); § 4 Nr. 3i SächPVDG („Abwehr einer Gefahr“); vgl. auch Nr. 1.12 VVPolG NRW: „§ 1 Abs. 1 stellt auf die abstrakte Gefahr ab und umfasst damit auch alle Fälle, in denen bereits eine konkrete Gefahr vorliegt.“.

- § 23 Abs. 6 S. 1 PolG NRW („Zum Zwecke der Gefahrenabwehr im Sinne des § 1 Abs. 1“);
- § 41 Abs. 4 PolG NRW.

**Konkrete Gefahr** ist eine Sachlage im einzelnen Fall, die bei ungehindertem Geschehensverlauf in absehbarer Zeit mit hinreichender Wahrscheinlichkeit zu einem Schaden für ein rechtliches Schutzgut führt.[611]

**Sachlage im einzelnen Fall** ist ein tatsächlich bestimmtes Verhalten oder ein tatsächlich bestimmter Zustand.

**Ungehinderter Geschehensverlauf in absehbarer Zeit** ist ein Ereignis ohne entscheidende Veränderung oder Unterbrechung.[612]

**Hinreichende Wahrscheinlichkeit** ist gegeben bei entsprechendem Ergebnis einer Diagnose von Tatsachen und tatsächlicher Anhaltspunkte sowie einer Prognose von Art und Ausmaß potentieller Rechtseingriffe und -schäden.[613]

---

[611] BVerfGE 141, 220, 271 (BKAG) = BVerfG, Urteil des Ersten Senats vom 20.04.2016 – 1 BvR 966/09 –, Ls. 2 und C. IV. 1 b), Rn. 111: „Der traditionelle polizeirechtliche Begriff der ‚konkreten Gefahr' […]“; vgl. Legaldefinitionen (Konkrete) „Gefahr“: § 2 Nr. 3a BremPolG; § 2 Nr. 1 NPOG; § 4 Nr. 3a SächsPVDG; § 3 Nr. 3a SOG LSA; § 54 Nr. 3a Thüringer OBG („Konkrete Gefahr“). Vgl. auch Nr. 8.11 VVPolG NRW: „Zur konkreten Gefahr gehört auch die **Anscheinsgefahr**, also eine Sachlage, die bei verständiger Würdigung eines objektiven Betrachters den Anschein einer konkreten Gefahr erweckt.“ Vgl. auch **Maßnahmenrechtmäßigkeit** und deren **maßgeblicher Zeitpunkt** (Buch 2, Abschnitt 3, Unterabschnitt 3, Titel 1). Zur Bedeutung der maßgeblichen Zeit u.a.:

- vgl. nichtgesetzliche Begrifflichkeiten wie „**Anscheinsgefahr**“ oder „**Scheingefahr**“ (**Putativgefahr**) oder die Begrifflichkeit „**Gefahrenverdacht**“ (vgl. auch § 9 BBodSchG), die unter Berücksichtigung des maßgeblichen Zeitpunkts („**ex ante**“ / „**ex post**“) obsolet sind bei Subsumtion zu gesetzlichen Begriffen wie insbesondere „Gefahr“ (mit Wahrscheinlichkeit zur maßgeblichen Zeit) oder „Tatsachen“, oder „Tatsachen, die die Annahme rechtfertigen“ oder „tatsächliche Anhaltspunkte“;
- vgl. Rechtsnormen wie § 15a Abs. 2 PolG NRW, § 15b S. 3, 4 PolG NRW, § 15c Abs. 4 PolG NRW, § 81a Abs. 3 StPO, § 81g Abs. 5 StPO, § 163c Abs. 3 StPO, die in Relation zur Rechtmäßigkeit der Rechtsfolge der chronologisch ersten in den zitierten §§ normierten Maßnahmen sich nicht auf deren maßgebliche Zeit beziehen, sondern auf mögliche Rechtsfolgen nachheriger Speicherung oder Löschung, welche wiederum nicht rechtmäßigkeitsentscheidend für die vorherige Maßnahme sein können. Vgl. auch Nr. 8.11 VVPolG NRW: „Zur konkreten Gefahr gehört auch die **Anscheinsgefahr**, also eine Sachlage, die bei verständiger Würdigung eines objektiven Betrachters den Anschein einer konkreten Gefahr erweckt.“.

[612] Beispiele für den Gedanken ungehinderten Geschehensverlaufs: T holt gegen O zum Angriff aus. Das Ausholen des T gegen O ist ein einzelner Fall. Bei Nichteingreifen der Polizei und auch sonst ungehindertem Geschehensverlauf, wird es hinreichend wahrscheinlich und (zumindest bei körperlicher Nähe) in absehbarer Zeit mindestens zur Körperverletzung bei O kommen. Die Körperverletzung bedeutete einen Schaden für ein Rechtsgut des Einzelnen (O) und für die Rechtsordnung (z.B. § 223 StGB); beides (neben der Funktionsfähigkeit des Staates) Elemente der öffentlichen Sicherheit. Damit bedeutet das Ausholen des T gegen O eine Gefahr für die öffentliche Sicherheit.

[613] BVerwG, Urteil vom 20.08.2003 – BVerwG 6 CN 5.02 (Hundehalterverordnung), Gründe, II.: „Maßgebliches Kriterium zur Feststellung einer Gefahr ist die hinreichende Wahrscheinlichkeit des Schadenseintritts (vgl. Urteil vom 26. Februar 1974 - BVerwG 1 C 31.72 - BVerwGE 45, 51, 57).“; sog. „**differenzierender Wahrscheinlichkeitsmaßstab**“ („**Je-desto-Formel**“ / „**Variabilitätsformel**“: Je größeres Schadenspotential, desto geringeres Wahrscheinlichkeits-Hinreichen; je geringeres Schadenspotential, desto höheres Wahrscheinlichkeits-Hinreichen.), vgl. BVerwGE 116, 347, 356 (Gefahrtierverordnung) = BVerwG, Urteil vom 03.07.2002 – BVerwG 6 CN 8.01: „Richtig ist, dass der Grad der

**Schaden für ein rechtliches Schutzgut** ist jede nachteilige Beeinträchtigung eines bestimmten Schutzguts.

**Schutzgüter** sind bei nichtspeziellerer Normierung[614] die **öffentliche Sicherheit**, nämlich Rechte und Rechtsgüter des Einzelnen, die Rechtsordnung, die Funktionsfähigkeit des

---

Wahrscheinlichkeit des Schadenseintritts, der für die Annahme einer Gefahr erforderlich ist, von der Größe und dem Gewicht des drohenden Schadens abhängt: Die Wahrscheinlichkeit des Schadenseintritts muss umso größer sein, je geringer der möglicherweise eintretende Schaden ist, und sie darf umso kleiner sein, je schwerer der etwa eintretende Schaden wiegt (vgl. Urteil vom 2. Juli 1991 – BVerwG 1 C 4.90 – BVerwGE 88, 348, 351).“; BVerwG, Urteil vom 10.07.2012 – BVerwG 1 C 19.11, Rn. 16: […] „da jede sicherheitsrechtliche **Gefahrenprognose** nach den allgemeinen Grundsätzen des Gefahrenabwehrrechts eine Korrelation aus Eintrittswahrscheinlichkeit und (möglichem) Schadensausmaß ist. An die Wahrscheinlichkeit des Schadenseintritts sind umso geringere Anforderungen zu stellen, je größer und folgenschwerer der möglicherweise eintretende Schaden ist (Urteile vom 6. September 1974 - BVerwG 1 C 17.73 - BVerwGE 47, 31 <40>; vom 17. März 1981 - BVerwG 1 C 74.76 - BVerwGE 62, 36 <39> und vom 3. Juli 2002 - BVerwG 6 CN 8.01 - BVerwGE 116, 347 <356>).“; BVerwG, Urteil vom 15.01.2013 – BVerwG 1 C 10.12, Rn. 16: „Auch die […] auf der Grundlage aller Umstände des Einzelfalles vorzunehmende Beurteilung […] kann im Hinblick auf die erforderliche Wahrscheinlichkeit des Schadenseintritts den Rang des bedrohten Rechtsguts nicht außer Acht lassen, denn dieser bestimmt die mögliche Schadenshöhe. Das bedeutet aber nicht, dass bei hochrangigen Rechtsgütern […] bereits jede auch nur entfernte Möglichkeit eine Wiederholungsgefahr begründet.“; BVerfGE 115, 320, 360 (Rasterfahndung II) = BVerfG, Beschluss des Ersten Senats vom 04.04.2006 – 1 BvR 518/02 –, Rn. 136: „Im Hinblick auf den Verhältnismäßigkeitsgrundsatz im engeren Sinne hat der Gesetzgeber die Ausgewogenheit zwischen der Art und Intensität der Grundrechtsbeeinträchtigung einerseits und den zum Eingriff berechtigenden Tatbestandselementen andererseits, wie der Einschreitschwelle, der geforderten Tatsachenbasis und dem Gewicht der geschützten Rechtsgüter, zu wahren (vgl. BVerfGE 100, 313 <392 ff.>). Je gewichtiger die drohende oder erfolgte Rechtsgutbeeinträchtigung und je weniger gewichtig der Grundrechtseingriff ist, um den es sich handelt, desto geringer darf die Wahrscheinlichkeit sein, mit der auf eine drohende oder erfolgte Verletzung des Rechtsguts geschlossen werden kann, und desto weniger fundierend dürfen gegebenenfalls die Tatsachen sein, die dem Verdacht zugrunde liegen (vgl. BVerfGE 100, 313 <392>; 110, 33 <60>; 113, 348 <386>). Die Anforderungen an den Wahrscheinlichkeitsgrad und die Tatsachenbasis der Prognose dürfen allerdings nicht beliebig herabgesenkt werden, sondern müssen auch in angemessenem Verhältnis zur Art und Schwere der Grundrechtsbeeinträchtigung und zur Aussicht auf den Erfolg des beabsichtigten Rechtsgüterschutzes stehen. Selbst bei höchstem Gewicht der drohenden Rechtsgutbeeinträchtigung kann auf das Erfordernis einer hinreichenden Wahrscheinlichkeit nicht verzichtet werden. Auch muss als Voraussetzung eines schweren Grundrechtseingriffs gewährleistet bleiben, dass Annahmen und Schlussfolgerungen einen konkret umrissenen Ausgangspunkt im Tatsächlichen besitzen (vgl. BVerfGE 113, 348 <386>). Insbesondere lässt die Verfassung grundrechtseingreifende Ermittlungen ‚ins Blaue hinein' nicht zu (vgl. BVerfGE 112, 284 <297>; BVerfG, Beschluss der 1. Kammer des Ersten Senats vom 6. April 1989 - 1 BvR 33/87 -, NJW 1990, S. 701 <702>).“; BVerfG, Beschluss des Ersten Senats vom 27.05.2020 – 1 BvR 1873/13 (Bestandsdatenauskunft II), Rn. 147: „Je gewichtiger das gefährdete Rechtsgut ist und je weiterreichend es durch die jeweiligen Handlungen beeinträchtigt würde, desto geringere Anforderungen dürfen an den Grad der Wahrscheinlichkeit gestellt werden, mit der auf eine drohende Verletzung geschlossen werden kann, und desto weniger fundiert dürfen gegebenenfalls die Tatsachen sein, die auf die Gefährdung des Rechtsguts schließen lassen (vgl. BVerfGE 100, 313 <392>; siehe auch BVerfGE 110, 33 <55, 60>). Umgekehrt steigen bei einem geringen Gewicht des gefährdeten Rechtsguts die Anforderungen an die Prognosesicherheit sowohl hinsichtlich des Grads der Gefährdung als auch hinsichtlich ihrer Intensität (vgl. BVerfGE 113, 348 <386>).“.

614 Speziellere Schutzgut-Normierung zum Beispiel in: § 15c PolG NRW („Leib oder Leben“ von „Polizeivollzugsbeamtinnen und Polizeivollzugsbeamten oder Dritten“); § 16a Abs. 1 S. 1 Nr. 1 PolG NRW (Leib, Leben oder Freiheit einer Person); § 17 Abs. 1 S. 1 Nr. 1 PolG NRW (Leib, Leben oder Freiheit einer Person); § 18 Abs. 1 S. 1 PolG NRW (Leib, Leben oder Freiheit einer Person); § 19 Abs. 1 S. 1 Nr. 1 PolG NRW (Leib, Leben oder Freiheit einer Person); § 20 Abs. 1 Nr. 1 PolG NRW (Leib, Leben oder

Staates[615] oder die **öffentliche Ordnung**, nämlich die Gesamtheit jener ungeschriebenen Regeln für das Verhalten des Einzelnen in der Öffentlichkeit, deren Beachtung nach den jeweils herrschenden Anschauungen als unerlässliche Voraussetzung eines geordneten Gemeinschaftslebens betrachtet wird[616].

**Konkrete Gefahr im GG** (ohne Modifizierung der konkreten Gefahr etwa zu einer gegenwärtigen Gefahr oder einer dringenden Gefahr oder einer gemeinen Gefahr oder von deren Unterarten wie „Seuchengefahr“, „Lebensgefahr“): Art. 35 Abs. 3 GG.

**Konkrete Gefahr im PolG** (ohne Modifizierung der konkreten Gefahr etwa zu einer gegenwärtigen Gefahr oder einer dringenden Gefahr oder einer gemeinen Gefahr):

- § 4 Abs. 1, 3 PolG NRW (i.V.m. §§ 1, 8 Abs. 1 PolG NRW „für die öffentliche Sicherheit oder Ordnung“);
- § 5 Abs. 1, 3 PolG NRW (i.V.m. §§ 1, 8 Abs. 1 PolG NRW „für die öffentliche Sicherheit oder Ordnung“);
- § 8 Abs. 1 PolG NRW („für die öffentliche Sicherheit oder Ordnung“);
- § 12 Abs. 1 Nr. 1 PolG NRW (i.V.m. § 8 Abs. 1 PolG NRW: „für die öffentliche Sicherheit oder Ordnung“);
- § 15c Abs. 1 PolG NRW („für Leib oder Leben“);
- § 34 Abs. 1 S. 1 PolG NRW (i.V.m. § 8 Abs. 1 PolG NRW: „für die öffentliche Sicherheit oder Ordnung“);
- § 35 Abs. 1 Nr. 1 PolG NRW („für Leib oder Leben“);
- § 39 Abs. 3 PolG NRW („für Leib oder Leben“) – hier als Voraussetzung bei einem verfahrensrelevanten Punkt;
- § 45 Abs. 1 Nr. 3 PolG NRW („dass weitere Gefahren für die öffentliche Sicherheit ausgeschlossen“).

---

Freiheit einer Person); § 20a Abs. 1 S. 2 Nr. 1 PolG NRW (Leben, Gesundheit oder Freiheit einer Person); § 20a Abs. 1 S. 2 Nr. 2 PolG NRW (gemeine Gefahr = bedeutende Gefahr für die Allgemeinheit oder für eine Vielzahl von Personen oder Sachen); § 20c Abs. 1 S. 1 Nr. 1 PolG NRW (Bestand oder die Sicherheit des Bundes oder eines Landes oder Leib oder Leben einer Person); § 23 Abs. 1 S. 1 Nr. 2 PolG NRW („Schutz derselben Rechtsgüter oder sonstigen Rechte“ [= „derselben“ wie bei eigener Datenerhebung]); § 34a PolG NRW (Leib, Leben oder Freiheit einer anderen Person); § 31 Abs. 1 S. 1 PolG NRW (Bestand oder Sicherheit des Bundes oder eines Landes oder Leib, Leben oder Freiheit einer Person); § 34b Abs. 1 S. 3 PolG NRW (Leib, Leben oder Freiheit einer Person oder Bestand oder Sicherheit des Bundes oder des Landes); § 34c Abs. 2 S. 1 Nr. 1 PolG NRW (sexuelle Selbstbestimmung nach §§ 174 bis 178, 182 des Strafgesetzbuchs); § 35 Abs. 1 Nr. 1 PolG NRW (Leib oder Leben); § 41 Abs. 1 S. 1 Nr. 4 PolG NRW (Leib, Leben oder Freiheit einer Person oder Sachen von bedeutendem Wert).

615 Legaldefinitionen Öffentliche Sicherheit: § 2 Nr. 2 BremPolG, § 4 Nr. 1 SächsPVDG, § 3 Nr. 1 SOG LSA, § 54 Nr. 1 Thüringer OBG; vgl. auch Nr. 1.11 VVPolG NRW.

616 PrOVGE 91, 139 f.; BVerfGE 69, 315, 352 (Brokdorf) = BVerfG, Beschluss des Ersten Senats vom 14.05.1985 – 1 BvR 233, 341/81 –, C. II. 2. b), Rn. 78: „Unter ‚**öffentlicher Ordnung**‘ wird die Gesamtheit der ungeschriebenen Regeln verstanden, deren Befolgung nach den jeweils herrschenden sozialen und ethischen Anschauungen als unerläßliche Voraussetzung eines geordneten menschlichen Zusammenlebens innerhalb eines bestimmten Gebiets angesehen wird.“; Legaldefinitionen Öffentliche Ordnung: § 4 Nr. 1 SächsPVDG, § 3 Nr. 1 SOG LSA, § 54 Nr. 2 Thüringer OBG; § 4 Nr. 2 SächsPVDG; § 3 Nr. 2 SOG LSA; § 54 Nr. 2 ThürOBG; vgl. auch Nr. 1.11 VVPolG NRW.

**Gegenwärtige Gefahr** ist eine Sachlage im einzelnen Fall, die bei ungehindertem Geschehensverlauf in allernächster Zeit mit an Sicherheit grenzender Wahrscheinlichkeit zu einem Schaden für ein rechtliches Schutzgut führt.[617]

**Gegenwärtige Gefahr im PolG NRW**:

- § 6 Abs. 1 Nr. 1 PolG NRW („**erhebliche**" = für ein **bedeutendes Schutzgut**: Leib, Leben, Freiheit einer Person; Bestand des Staats); ähnlich § 20a Abs. 1 S. 2 Nr. 1 PolG NRW: „hohe Wahrscheinlichkeit eines Schadens für Leben, Gesundheit oder Freiheit einer Person".
- § 16a Abs. 1 Nr. 1 PolG NRW („für Leib, Leben oder Freiheit einer Person");
- § 17 Abs. 1 Nr. 1 PolG NRW („für Leib, Leben oder Freiheit einer Person");
- § 18 Abs. 1 PolG NRW („für Leib, Leben oder Freiheit einer Person");
- § 19 Abs. 1 Nr. 1 PolG NRW („für Leib, Leben oder Freiheit einer Person");
- § 20 Abs. 1 Nr. 1 PolG NRW („für Leib, Leben oder Freiheit einer Person");
- § 20c Abs. 1 Nr. 1 PolG NRW („für den Bestand oder die Sicherheit des Bundes oder eines Landes oder für Leib oder Leben einer Person");
- § 23 Abs. 1, 2 PolG NRW;
- § 34a Abs. 1 PolG NRW („für Leib, Leben oder Freiheit einer Person");
- § 34c Abs. 3 Nr. 1 PolG NRW („für Leib, Leben oder Freiheit einer Person");
- § 35 Abs. 1 Nr. 2 PolG NRW („unmittelbar bevorstehende [vgl. „allernächste Zeit"] Begehung oder Fortsetzung einer Straftat oder einer Ordnungswidrigkeit von erheblicher Bedeutung für die Allgemeinheit"), ähnlich die **Unmittelbare Gefährdung der öffentlichen Sicherheit oder Ordnung** nach § 15 Abs. 1 VersG;
- § 41 Abs. 1 S. 1 Nr. 4 PolG NRW („für Leib, Leben oder Freiheit einer Person oder für Sachen von bedeutendem Wert");
- § 43 Nr. 1 PolG NRW (i.V.m. § 8 Abs. 1 PolG NRW: „für die öffentliche Sicherheit oder Ordnung");
- § 50 Abs. 2 PolG NRW (i.V.m. § 8 Abs. 1 PolG NRW: „für die öffentliche Sicherheit oder Ordnung");
- § 56 Abs. 1 S. 3 PolG NRW (i.V.m. § 8 Abs. 1 PolG NRW: „für die öffentliche Sicherheit oder Ordnung") – als verfahrensrelevante Voraussetzung;
- § 61 Abs. 1 S. 2 PolG NRW (i.V.m. § 8 Abs. 1 PolG NRW: „für die öffentliche Sicherheit oder Ordnung") – als verfahrensrelevante Voraussetzung;
- § 61 Abs. 2 PolG NRW („für Leib oder Leben") – als verfahrensrelevante Voraussetzung;
- § 63 Abs. 2 S. 2 PolG NRW (als „Lebensgefahr oder […] einer schwerwiegenden Verletzung der körperlichen Unversehrtheit");
- § 63 Abs. 3 S. 2 PolG NRW („für Leib oder Leben");
- § 63 Abs. 4 S. 2 PolG NRW (als „Lebensgefahr");
- § 64 Abs. 1 Nr. 1 PolG NRW (für „Leib oder Leben").

**Erhebliche Gefahr** ist eine Sachlage im einzelnen Fall, die bei ungehindertem Geschehensverlauf in absehbarer Zeit mit hinreichender Wahrscheinlichkeit zu einem Schaden für ein bedeutendes Schutzgut führt.[618]

[617] Vgl. zu dem Begriff „gegenwärtige Gefahr": § 2 Nr. 3b BremPolG; § 2 Nr. 2 NPOG; § 4 Nr. 3b SächsPVDG; § 3 Nr. 3b SOG LSA; § 54 Nr. 3b Thüringer OBG.

[618] Vgl. § 2 Nr. 3c BremPolG; § 2 Nr. 3 NPOG; § 4 Nr. 3c SächsPVDG; § 3 Nr. 3c SOG LSA; § 54 Nr. 3c Thüringer OBG.

**Erhebliche Gefahr im PolG NRW**:

- § 6 Abs. 1 Nr. 1 PolG NRW;
- § 33a Abs. 1, 4, 5 PolG NRW (als „erhebliche Gefahr", also für ein bedeutendes Schutzgut) – als verfahrensrelevante Voraussetzung.

**Dringende Gefahr** ist eine Sachlage im einzelnen Fall, die bei ungehindertem Geschehensverlauf in allernächster Zeit mit hinreichender Wahrscheinlichkeit zu einem Schaden für ein bedeutendes Schutzgut führt.[619]

**Dringende Gefahr im GG**: Art. 13 Abs. 4, 7 GG.

**Dringende Gefahr im PolG NRW**:

- § 15c Abs. 2 S. 1 PolG NRW („für Leib oder Leben von Polizeivollzugsbeamtinnen und Polizeivollzugsbeamten oder Dritten");
- § 41 Abs. 3 PolG NRW (i.V.m. § 8 Abs. 1 PolG NRW: „für die öffentliche Sicherheit oder Ordnung" i.V.m. mit den Tatsachen aus § 41 Abs. 3 PolG NRW).

**Gemeine Gefahr** ist eine Sachlage im einzelnen Fall, die bei ungehindertem Verlauf des Geschehens in absehbarer Zeit mit hinreichender Wahrscheinlichkeit zu einem (bedeutenden) Schaden für die Allgemeinheit oder für eine Vielzahl von Personen oder Sachen führt.

**Gemeine Gefahr im GG**: Art. 13 Abs. 4, 7 GG.

**Gemeine Gefahr im PolG NRW**: § 20a Abs. 1 S. 2 Nr. 2 PolG NRW.

**Drohende Gefahr im GG**:

- Art. 11 Abs. 2 GG;
- Art. 87a Abs. 4 GG;
- Art. 91 Abs. 1, 2 GG;
- Art. 115c Abs. 3 GG („Abwehr eines gegenwärtigen oder unmittelbar drohenden Angriffs").

**Drohende Gefahr[620] im PolG NRW**: § 23 Abs. 2 S. 1 Nr. 2b PolG NRW.

---

[619] Vgl. § 2 Nr. 3d BremPolG; § 2 Nr. 4 NPOG; § 4 Nr. 3d SächsPVDG; § 3 Nr. 3d SOG LSA; vgl. auch Nr. 15c.22 VVPolG NRW: „Eine **dringende Gefahr** ist dann zu bejahen, wenn eine Gefahr für ein wichtiges Rechtsgut, mit hinreichender Wahrscheinlichkeit in allernächster Zukunft eintreten wird [Quellenangabe]. Auf Grund der häufig eingeschränkten Einschätzbarkeit der Gesamtumstände kommt dem zeitlichen Aspekt ein besonderes Gewicht zu."

[620] Vgl. zur neueren drohenden Gefahr in Polizeigesetzen: BVerfGE 141, 220, 272 f. (BKAG) = BVerfG, Urteil des Ersten Senats vom 20.04.2016 - 1 BvR 966/09, Ls. 2 und C. IV. 1 b), Rn. 112: „Der Gesetzgeber ist von Verfassungs wegen aber nicht von vornherein für jede Art der Aufgabenwahrnehmung auf die Schaffung von Eingriffstatbeständen beschränkt, die dem tradierten sicherheitsrechtlichen Modell der Abwehr konkreter, unmittelbar bevorstehender oder gegenwärtiger Gefahren entsprechen. Vielmehr kann er die Grenzen für bestimmte Bereiche mit dem Ziel schon der Straftatenverhütung auch weiter ziehen, indem er die Anforderungen an die Vorhersehbarkeit des Kausalverlaufs reduziert. Allerdings müssen die Eingriffsgrundlagen auch dann eine hinreichend konkretisierte Gefahr in dem Sinne verlangen, dass zumindest tatsächliche Anhaltspunkte für die Entstehung einer konkreten Gefahr für die Schutzgüter bestehen. Allgemeine Erfahrungssätze reichen insoweit allein nicht aus, um den Zugriff zu rechtfertigen. Vielmehr müssen bestimmte Tatsachen festgestellt sein, die im Einzelfall die Prognose eines Geschehens, das zu einer zurechenbaren Verletzung der hier relevanten Schutzgüter führt, tragen (vgl. BVerfGE 110, 33 <56 f., 61>; 113, 348 <377 f.>). Eine hinreichend konkretisierte Gefahr in diesem Sinne kann danach schon bestehen, wenn sich der zum Schaden führende Kausalverlauf noch nicht mit hinreichender Wahrscheinlichkeit vorhersehen lässt, sofern bereits bestimmte Tatsachen auf eine im Einzelfall drohende Gefahr für ein überragend wichtiges Rechtsgut hinweisen. Die Tatsachen müssen dafür zum einen den Schluss auf

**Drohende Gefahr in StPO**: § 112a Abs. 1 S. 1 StPO.

---

ein wenigstens seiner Art nach konkretisiertes und zeitlich absehbares Geschehen zulassen, zum anderen darauf, dass bestimmte Personen beteiligt sein werden, über deren Identität zumindest so viel bekannt ist, dass die Überwachungsmaßnahme gezielt gegen sie eingesetzt und weitgehend auf sie beschränkt werden kann (BVerfGE 120, 274 <328 f.>; 125, 260 <330 f.>). In Bezug auf **terroristische Straftaten**, die oft durch lang geplante Taten von bisher nicht straffällig gewordenen Einzelnen an nicht vorhersehbaren Orten und in ganz verschiedener Weise verübt werden, können Überwachungsmaßnahmen auch dann erlaubt werden, wenn zwar noch nicht ein seiner Art nach konkretisiertes und zeitlich absehbares Geschehen erkennbar ist, jedoch das individuelle Verhalten einer Person die konkrete Wahrscheinlichkeit begründet, dass sie solche Straftaten in überschaubarer Zukunft begehen wird. Denkbar ist das etwa, wenn eine Person aus einem Ausbildungslager für Terroristen im Ausland in die Bundesrepublik Deutschland einreist.“; BVerfG, Beschluss des Ersten Senats vom 27.05.2020 – 1 BvR 1873/13 – (Bestandsdatenauskunft II), Rn. 148: „Eingriffsgrundlagen müssen daher regelmäßig zumindest eine hinreichend **konkretisierte Gefahr** verlangen. Eine solche kann schon dann bestehen, wenn sich der zum Schaden führende Kausalverlauf noch nicht mit hinreichender Wahrscheinlichkeit vorhersehen lässt, sofern bereits bestimmte Tatsachen auf eine im Einzelfall **drohende Gefahr** hinweisen. Die Tatsachen müssen dafür zum einen den Schluss auf ein wenigstens seiner Art nach konkretisiertes und zeitlich absehbares Geschehen zulassen, zum anderen darauf, dass bestimmte Personen beteiligt sein werden, über deren Identität zumindest so viel bekannt ist, dass die Überwachungsmaßnahme gezielt gegen sie eingesetzt und weitgehend auf sie beschränkt werden kann (BVerfGE 141, 220 <272 Rn. 112> mit Verweis auf BVerfGE 120, 274 <328 f.> und 125, 260 <330 f.>). Eine solche Absenkung der Eingriffsschwellen ist aus Gründen der Verhältnismäßigkeit aber untrennbar verbunden mit erhöhten Anforderungen an die konkret geschützten Rechtsgüter (vgl. BVerfGE 141, 220 <272 Rn. 112>).“; Vgl. Art. 11 Abs. 3 PAG Bayern: „Die Polizei kann unbeschadet der Abs. 1 und 2 die notwendigen Maßnahmen treffen, um den Sachverhalt aufzuklären und die Entstehung einer Gefahr für ein bedeutendes Rechtsgut zu verhindern, wenn im Einzelfall 1. das individuelle Verhalten einer Person die konkrete Wahrscheinlichkeit begründet oder 2. Vorbereitungshandlungen für sich oder zusammen mit weiteren bestimmten Tatsachen den Schluss auf ein seiner Art nach konkretisiertes Geschehen zulassen, wonach in absehbarer Zeit Angriffe von erheblicher Intensität oder Auswirkung zu erwarten sind (**drohende Gefahr**), soweit nicht die Art. 12 bis 65 die Befugnisse der Polizei besonders regeln. Bedeutende Rechtsgüter sind: 1. der Bestand oder die Sicherheit des Bundes oder eines Landes, 2. Leben, Gesundheit oder Freiheit, 3. die sexuelle Selbstbestimmung, 4. erhebliche Eigentumspositionen oder 5. Sachen, deren Erhalt im besonderen öffentlichen Interesse liegt.“; vgl. auch § 4 Nr. 3i SächsPVDG („Abwehr einer Gefahr: auch die Beseitigung einer Störung, wenn der Eintritt weiteren Schadens für ein polizeiliches Schutzgut droht“).

BVerfG, Urteil des Ersten Senats vom 19.05.2020 – 1 BvR 2835/17 – (Ausland-Ausland-Fernmeldeaufklärung nach BNDG), E. III. 4., Rn. 222: „Was die Übermittlungsschwellen betrifft [jedenfalls nach BVerfGE bei Datenübermittlung von erhobenen Daten aus BND-Auslandsaufklärung, P. B.], bedarf es für die **Gefahrenabwehr** insoweit einer **hinreichend konkret absehbaren Gefahrenlage**. Zwar muss der Gesetzgeber Übermittlungen nicht nach dem **tradierten sicherheitsrechtlichen Modell von der Abwehr einer konkreten, unmittelbar bevorstehenden oder gegenwärtigen Gefahr** abhängig machen. Zu verlangen ist jedoch eine **hinreichend konkretisierte Gefahr** in dem Sinne, dass zumindest **tatsächliche Anhaltspunkte** für die Entstehung einer konkreten Gefahr für die Schutzgüter bestehen (vgl. hierzu näher BVerfGE 141, 220 <271 ff. Rn. 111 ff.>). Soweit Daten zur **Strafverfolgung** [oder – BVerfGE-unabhängig – **Ordnungswidrigkeitenverfolgung**, P. B.] übermittelt werden, bedarf es **genügend konkretisierter Tatsachen, die den Verdacht** einer [bei Datenübermittlung von erhobenen Daten aus BND-Auslandsaufklärung, P. B.] besonders schweren **Straftat** [oder – BVerfGE-unabhängig – **Ordnungswidrigkeit**, P. B.] begründen. Hierfür genügen [jedenfalls nach BVerfGE bei Datenübermittlung von erhobenen Daten aus BND-Auslandsaufklärung, P. B.] nicht bloße Anhaltspunkte, wie sie ausreichen, um erste allgemeine Ermittlungen einzuleiten (vgl. § 152 Abs. 2 StPO), sondern bedarf es bestimmter Tatsachen für den Verdacht solcher Straftaten (vgl. BVerfGE 125, 260 <328 f.>), wie sie etwa auch eine Wohnraumüberwachung nach § 100c StPO rechtfertigen könnten. Es müssen insoweit konkrete und in gewissem Umfang verdichtete Umstände als Tatsachenbasis für den Verdacht vorliegen (vgl. Bruns, in: Karlsruher Kommentar zur StPO, 8. Aufl. 2019, § 100c Rn. 10 m.w.N.).“.

**Drohende Gefahr im VwVG**: § 6 Abs. 2 VwVG (≙ gegenwärtige Gefahr, vgl. auch dazu § 50 Abs. 2 PolG NRW).

**Gefahr im Verzug** / (auf dem Rechtsgebiet der Strafrechtspflege auch: **Gefährdung des Untersuchungserfolgs**) ist eine Sachlage in einem einzelnen Fall, bei der unvorhergesehener (auch von der Polizei nicht selbst herbeigeführter) Handlungsbedarf besteht[621], und die Durchführung der eigentlich vorgesehenen Maßnahme den gesetzlichen Zweck vereiteln oder wesentlich erschweren würde. **Gefahr im Verzug im Gefahrenabwehrrecht** ist auch eine Sachlage, bei der ein Schaden eintreten würde, wenn nicht anstelle der zuständigen Behörde oder Person eine andere Behörde oder Person tätig wird.[622] **Gefahr im Verzug im Recht der Strafrechtspflege** ist (wie bei § 104 StPO und § 163 Abs. 1 S. 2 StPO) als materiell-rechtliche Voraussetzung auch eine Sachlage, bei der bei Nichtbefugnis/Maßnahmeunterlassen ein Schaden für den gesetzlichen Zweck eintreten würde.

**Gefahr im Verzug in GG, StPO, PolG NRW / Gefährdung des Untersuchungserfolgs in GG, StPO, PolG NRW**: Art. 13 Abs. 2, 3, 4, 5 GG[623]; Art. 119 Abs. 1 S. 3 GG; § 81a Abs. 2 StPO; § 81c Abs. 5 StPO; § 98 Abs. 1 StPO; § 100b StPO; § 100d StPO; § 100e Abs. 1, 2 StPO; § 105 Abs. 1 StPO; § 110b StPO; § 111 StPO; § 111e StPO; § 111n StPO; § 127 StPO; § 163f StPO; § 165 StPO; § 10 Abs. 3 S. 2 PolG NRW; § 12 Abs. 1 Nr. 4 PolG NRW; § 15 Abs. 2 S. 2, Abs. 3 S. 2 PolG NRW; § 15c Abs. 2, 3, 6 PolG NRW; § 17 Abs. 2, 3 PolG NRW; § 18 Abs.

---

621 Vgl. BVerfGE 103, 142, 155 (Wohnungsdurchsuchung und Gefahr im Verzug) = BVerfG, Urteil des Zweiten Senats vom 20.02.2001 – 2 BvR 1444/00 –, C. I. 2. b) bb), Rn. 40: „Gefahr im Verzug kann im Rechtssinne auch nicht dadurch entstehen, dass die Strafverfolgungsbehörden ihre tatsächlichen Voraussetzungen selbst herbeiführen. Sie dürfen nicht so lange mit dem Antrag an den Ermittlungsrichter zuwarten, bis die Gefahr eines Beweismittelverlusts tatsächlich eingetreten ist, und damit die von Verfassungs wegen vorgesehene Regelzuständigkeit des Richters unterlaufen. An dieser Stelle endet ihr Spielraum, das Ermittlungsverfahren nach kriminalistischen und taktischen Erwägungen frei zu gestalten [Schrifttumsquellenangabe].".

622 Vgl. § 2 Nr. 8 NPOG; § 3 Nr. 3c SOG LSA; § 54 Nr. 5 Thüringer OBG; vgl. auch Nr. 4.0 VVPolG NRW: „Wird eine Gefahr durch die hoheitliche Tätigkeit einer Behörde verursacht, hat die Polizei die Behörde oder deren Aufsichtsbehörde zu unterrichten. Führt dies nicht zum Ziel, kann die Polizei ihre Aufsichtsbehörde unterrichten mit der Bitte, auf eine einvernehmliche Lösung hinzuwirken. Eingriffsmaßnahmen gegen Behörden sind unzulässig; allerdings kann bei Gefahr im Verzug, wenn die Behörde nicht sofort erreichbar ist, die Polizei zur Abwehr einer gegenwärtigen erheblichen Gefahr vorläufige Maßnahmen treffen.".

623 Vgl. z.B. BVerfG 103, 142, Leitsätze (Wohnungsdurchsuchung und Gefahr im Verzug) = BVerfG, Urteil des Zweiten Senats vom 20.02.2001 - 2 BvR 1444/00 –, Ls.: „1. a) Der Begriff ‚Gefahr im Verzug' in Art. 13 Abs. 2 GG ist eng auszulegen; die richterliche Anordnung einer Durchsuchung ist die Regel, die nichtrichterliche die Ausnahme. 1. b) ‚Gefahr im Verzug' muss mit Tatsachen begründet werden, die auf den Einzelfall bezogen sind. Reine Spekulationen, hypothetische Erwägungen oder lediglich auf kriminalistische Alltagserfahrung gestützte, fallunabhängige Vermutungen reichen nicht aus. 2. Gerichte und Strafverfolgungsbehörden haben im Rahmen des Möglichen tatsächliche und rechtliche Vorkehrungen zu treffen, damit die in der Verfassung vorgesehene Regelzuständigkeit des Richters auch in der Masse der Alltagsfälle gewahrt bleibt. 3. a) Auslegung und Anwendung des Begriffs ‚Gefahr im Verzug' unterliegen einer unbeschränkten gerichtlichen Kontrolle. Die Gerichte sind allerdings gehalten, der besonderen Entscheidungssituation der nichtrichterlichen Organe mit ihren situationsbedingten Grenzen von Erkenntnismöglichkeiten Rechnung zu tragen. 3. b) Eine wirksame gerichtliche Nachprüfung der Annahme von ‚Gefahr im Verzug' setzt voraus, dass sowohl das Ergebnis als auch die Grundlagen der Entscheidung in unmittelbarem zeitlichen Zusammenhang mit der Durchsuchungsmaßnahme in den Ermittlungsakten dargelegt werden.".

2, 5 PolG NRW; § 20a Abs. 3 PolG NRW, § 34b Abs. 2 PolG NRW; § 34c Abs. 6 PolG NRW; § 42 Abs. 1 PolG NRW; § 28 Abs. 2 Nr. 1 VwVfG NRW / § 104 StPO; § 163 Abs. 1 S. 2 StPO.

**Tatsachen / tatsächliche Anhaltspunkte** sind alle wahrnehmbaren, dem Nachweis zugänglichen Dinge. **Anhaltspunkt im Tatsächlichen** oder „**Ausgangspunkt im Tatsächlichen**" ist notwendiger Bestandteil (condicio sine qua non) jeder Gefahrenprognose mit Gefahrendiagnose, auch jeder Maßnahme „zum Zwecke der Gefahrenabwehr (§ 1 Abs. 1 PolG NRW)"[624] sowie jeden (Tat-)Verdachts[625]. **Gefahrenabwehr-Mindestvoraussetzung**: Die Mindestvoraussetzung für „jede Art der Aufgabenwahrnehmung" der „Abwehr von Gefahren" ist ein – „konkret umrissener" – „Ausgangspunkt im Tatsächlichen" für „Annahmen und Schlussfolgerungen" der „zur Abwehr von Gefahren für die öffentliche Sicherheit und Ordnung zuständigen Behörden", selbst dann, wenn der Gesetzgeber „bei der Schaffung von Eingriffstatbeständen" die „Grenzen unter besonderen Voraussetzungen auch weiter ziehen" kann, „indem er die Anforderungen an die Vorhersehbarkeit des Kausalverlaufs reduziert" – mit differenziertem Wahrscheinlichkeitsmaßstab.[626] **Strafrechtspflege-Eingriffsmindestvoraussetzung** ist ein Verdacht, also das Gegebensein (zureichender) tatsächlicher Anhaltspunkte für eine Tat.[627]

Gefahr- und (Tat-)Verdachts-Aufbauvarianten gibt es in der Fallbearbeitungspraxis wie folgt:

- teilweise bei Rechtsgebiet;
- teilweise bei Zuständigkeit;

---

[624] Vgl. viele PolG-NRW-Rechtsnormen mit Voraussetzungen wie „wenn Tatsachen die Annahme rechtfertigen" oder einige PolG-NRW-Rechtsnormen wie „tatsächliche Anhaltspunkte"; ausdrückliche Koinzidenz in § 15c Abs. 1 S. 1 PolG NRW und § 15c Abs. 2 S. 1 PolG NRW, vgl. auch § 15c Abs. 5 PolG NRW.

[625] Vgl. (Ermittlungsbefugnis-)Rechtsnormen aus StPO und OWiG mit Formulierungen wie insbesondere von „Tatsachen", die den „Verdacht" „begründen".

[626] BVerfG, Beschluss des Ersten Senats vom 27.05.2020 – 1 BvR 1873/13 – (Bestandsdatenauskunft II), Rn. 147.

[627] BVerfG, Beschluss des Ersten Senats vom 27.05.2020 – 1 BvR 1873/13 – (Bestandsdatenauskunft II), Rn. 152 f.: „Demgegenüber kann im Bereich der Strafverfolgung eine in tatsächlicher Hinsicht unterhalb des Anfangsverdachts liegende Eingriffsschwelle zur Vornahme von grundrechtsrelevanten Eingriffen nicht genügen. Zwar können für Maßnahmen mit präventiver Zielsetzung die Grenzen für bestimmte Bereiche auch weiter gezogen werden, indem die Anforderungen an die Vorhersehbarkeit des Kausalverlaufs reduziert werden (oben Rn. 147). Voraussetzung ist aber stets eine tatsachenbezogene Grundlage. Auch die im Gefahrenabwehrrecht anerkannten Eingriffsschwellen der „**konkretisierten Gefahr**" und der „**drohenden Gefahr**", die in zeitlicher Hinsicht ins Vorfeld verlagert sind, setzen tatsächliche Anhaltspunkte für die Entstehung einer konkreten Gefahr voraus (vgl. BVerfGE 141, 220 <272 Rn. 112>). Nichts Anderes gilt für Maßnahmen der Strafverfolgung. Auch im Vorfeldbereich kommen sie nur bei Vorliegen tatsächlicher Anhaltspunkte in Betracht (vgl. BVerfGE 113, 348 <386>; 117, 244 <263>). Vage Anhaltspunkte oder Vermutungen reichen demgegenüber nicht aus (vgl. BVerfGE 115, 166 <197 f.>; 124, 43 <66 f.>). Danach reicht eine in tatsächlicher Hinsicht unterhalb des Anfangsverdachts angesiedelte Eingriffsschwelle im Bereich der Strafverfolgung nicht aus. Die Annahme eines **Anfangsverdachts** setzt lediglich das Vorliegen zureichender tatsächlicher Anhaltspunkte für eine Straftat voraus (vgl. BGH, Beschluss vom 12. Januar 2005 - 5 StR 191/04 -, Rn. 7). Solche **tatsächlichen Anhaltspunkte** liegen hinsichtlich ihrer Aussagekraft noch unter den für manche Ermittlungsmaßnahmen geforderten „bestimmten Tatsachen", weshalb der **Anfangsverdacht** bereits die Verdachtsstufe mit den geringsten in der Strafprozessordnung vorgesehenen tatsächlichen Voraussetzungen ist (vgl. BVerfGE 109, 279 <350>; 129, 208 <268>). Würden die Voraussetzungen noch weiter zurückgenommen, wären nur noch vage Anhaltspunkte gefordert.".

- herrschend bei Tatbestandsvoraussetzungen.[628]

Gründe für die herrschende Fallbearbeitung bezüglich der Merkmale von Gefahr und Verdacht bei Tatbestandsvoraussetzungen:

- Rechtsgehalt der Fallbearbeitungspunkte bzw. Entscheidungserheblichkeit oder Entscheidungsunerheblichkeit:
  - Bei den Punkten Rechtsgebiet und Zuständigkeit stehen das Erfordernis (Ob) und die Art und Weise (Wie) einer materiell-rechtlichen Tatbestandsvoraussetzung der Gefahr und jedenfalls die Art und Weise (Wie) eines (Tat-)Verdachts nicht fest;
  - Das rechtsfaktische Vorliegen von (einer bestimmten) Gefahr und/oder (einem bestimmten) (Tat-)Verdacht einerseits und andererseits deren Entscheidungserheblichkeit können auseinanderfallen. Beispiele:
    - Maßnahme erfolgt auf dem Rechtsgebiet der Gefahrenabwehr bei Vorliegen eines Tatverdachts oder umgekehrt (vgl. z.B. Gemengelage mit doppelfunktionalen Maßnahmen und Aufgabenkonkurrenz[629]), denn: **Tatverdacht** (zureichende tatsächliche Anhaltspunkte einer verfolgbaren Tat, § 152 Abs. 2 StPO) ist zwar **notwendige Bedingung (condicio sine qua non)** für die Anwendung einer Ermittlungsmaßnahme auf dem Rechtsgebiet der Strafrechtspflege, aber Tatverdacht, selbst Verdacht frischer Tat ist keine **hinreichende Bedingung (condicio per quam)** für die Anwendung des Rechtsgebiets der Strafrechtspflege. Rechtmäßigkeit einer Ermittlungsmaßnahme aus StPO/OWiG ist nie ohne zureichende tatsächliche Anhaltspunkte einer verfolgbaren Tat (Tatverdacht) gegeben; aber bei Tatverdacht ist nicht immer eine Maßnahme aus StPO/OWiG gegeben.[630]
    - Maßnahme erfolgt auf Rechtsgrundlagen ohne rechtliche Voraussetzung von Gefahr und/oder Verdacht bei rechtsfaktischem Vorliegen von Gefahr und/oder Verdacht.

---

[628] Zur Fallbearbeitung von Merkmalen wie Gefahr in der materiellen Rechtmäßigkeit und Bearbeitung des Wortlauts „Gefahren" beim Rechtsgebiet oder bei der Zuständigkeit etwa mit bloßer Feststellung eines vorliegenden und der summarisch betrachteten Gesamtlage nach nicht völlig verfehlten Gefahrenabwehrzwecks des Maßnahmetreffenden/Rechtsfolgesetzers vgl. auch *Basten*, Recht der Polizei, S. 216, Rn. 552, mit weiteren Nachweisen.

[629] **Gemengelage**: **Lage** (PDV 100, Anlage 20) mit Aufgaben aus mehreren Rechtsgebieten; **Doppelfunktionale Maßnahme** (4 Bedeutungen): 1.: Maßnahme, die auf beiden Rechtsgebieten von Gefahrenabwehr und Strafrechtspflege möglich ist 2.: Maßnahme, die Wesenszüge beider Rechtsgebiete aufweist (vgl. BVerfGE 113, 348, 370 = BVerfG, Urteil des Ersten Senats vom 27.07.2005 – 1 BvR 668/04 –, C. II. 2. b) cc) (2), Rn. 100: „Die **Verfolgungsvorsorge** erfolgt in zeitlicher Hinsicht präventiv, betrifft aber gegenständlich das repressiv ausgerichtete Strafverfahren.") 3.: Maßnahme „mit jeweils selbständiger präventiver und repressiver Zielsetzung" der Polizei (BGHSt 62, 123 [Legendierte Kontrollen] = BGH, Urteil vom 26.04.2017 – BGH 2 StR 247/16: „echte doppelfunktionale Maßnahme") 4.: Maßnahme, „die nur deswegen auch präventiven Charakter" hat, „weil durch die Strafverfolgung ein entsprechender unselbständiger Nebeneffekt erzielt wird, etwa dass der Betroffene durch Festnahme an der Fortsetzung seiner strafbaren Handlung faktisch gehindert wird. In einem solchen Fall der ‚Prävention durch Repression' ist das polizeiliche Vorgehen schon nach seiner alleinigen Zwecksetzung ausschließlich strafprozessualer Natur." (BGHSt 62, 123 [Legendierte Kontrollen] = BGH, Urteil vom 26.04.2017 – BGH 2 StR 247/16); **Aufgabenkonkurrenz**: **Lage** (PDV 100, Anlage 20) mit Entscheidungsnotwendigkeit über Reihenfolge der Aufgabenwahrnehmung auf mehreren Rechtsgebieten.

[630] Vgl. auch sogenannte „**Vorermittlungen**" nach StPO oder OWiG: Möglichkeit der Rechtmäßigkeit von sog. Vorermittlungen bei eben zureichenden tatsächlichen Anhaltspunkten und Rechtswidrigkeit bei Fehlen von zureichenden tatsächlichen Anhaltspunkten.

- **Rechtsgebiets- und Zuständigkeits-Unterscheidung** sowie **Zuständigkeits- und Befugnis-Unterscheidung**, Art. 20 Abs. 3 GG (Rechtsstaatsprinzip)[631]: **Rechtsgebiet** ist Rechtsordnungsteil – als Gesetzes- und Rechtsnormenzusammenfassung möglicher Rechtsgrundlagen – nach allen Umständen wie schwerpunktmäßigen Äußerungen, Rechtsnormen, Zwecken, wobei insbesondere letztere zweckhaft umschrieben werden können (zwecks Geschehensunterbindung / Geschehensaufklärung), sich auch aus objektiv-faktischen Sachlagen (z.B. Gefährlichkeit; vergangenes Geschehen) ergeben können. **Zuständigkeit** ist Aufgabenwahrnehmungserlaubnis – ohne weitere materiell-rechtliche Voraussetzungen. „Gefahrenabwehr" und „Strafrechtspflege" sind nur Überschriften/Zweck-Umschreibungen des Rechtsgebiets/der Aufgabenwahrnehmung mit deren vielen Möglichkeiten.[632] **Befugnis** ist Mittel-/Maßnahmen-/Rechtsfolgesetzungserlaubnis für die Aufgabenwahrnehmung; **Tatbestandsvoraussetzungen** sind materiell-rechtliche Rechtsfolgesetzungsbedingungen – so auch Gefahr oder Verdacht, und dies nur dann, wenn durch eine anwendbare materiell-rechtliche Befugnisrechtsnorm vorausgesetzt.
- Fallbearbeitungsfolgenabwägung: Konsequenz einer Bearbeitung von Merkmalen wie Gefahr und (Tat-)Verdacht jedenfalls bei gutachtlicher Fallbearbeitung mit vollständigem Schema könnte sein – mit allen Folgekonsequenzen für Art, Form, Inhalt, Mittel, Zeit der Fallbearbeitung –:
    - dass die Fallbearbeitenden zu Beginn der Fallbearbeitung eine bestimmte Gefahr oder einen bestimmten (Tat-)Verdacht annehmen,
    - deren weitere Folgen und Voraussetzungen weithin bearbeiten,

und

- das bei dem Umstand der Nichterforderlichkeit einer Gefahrbearbeitung oder (Tat-)Verdachtsbearbeitung

oder

- das bei dem Umstand, dass die Fallbearbeitenden mitten in der Fallbearbeitung oder gegen Ende der Fallbearbeitung die Voraussetzungen einer anderen Gefahr oder eines anderen (Tat-)Verdachts bestimmen müssten, die sich aus einer materiell-rechtlichen Rechtsnorm ergeben.

Fallbearbeitung von Sachverhalten, in denen das Rechtsgebiet der Gefahrenabwehr oder der Strafrechtspflege oder eine Zuständigkeit der Gefahrenabwehr oder der Strafrechtspflege im Sinne einer Möglichkeitstheorie nach jeder Betrachtungsweise ausgeschlossen erscheint, können bereits bei den Fallbearbeitungspunkten Rechtsgebiet oder Zuständigkeit ohne Gefahren- oder Verdachtssubsumtion unter eine bestimmte Gefahr oder einen bestimmten Verdacht erfolgen, und zwar in dem Sinne der Unmöglichkeit einer Verwirklichung des Zwecks mangels Anhaltspunkt im Tatsächlichen.

---

[631] Vgl. auch die PolG-NRW-Gesetzessystematik mit Trennung von „Erster Abschnitt – Aufgaben und allgemeine Vorschriften" und „Zweiter Abschnitt – Befugnisse der Polizei".

[632] Vgl. nur: § 1 Abs. 1 S. 1 PolG NRW (Plural: „Gefahren"), sodann die nähere Konkretisierung der originären Zuständigkeit „im Rahmen dieser Aufgabe" in § 1 Abs. 1 S. 2 PolG NRW – weitestgehend ohne (aktuelle) „Gefahr", sodann den PolG-NRW-Befugnisrechtsnormteil mit vielen Befugnisrechtsnormen ohne Gefahrvoraussetzung oder mit Voraussetzung ganz bestimmter Gefahr.

## Untertitel 2: C. II. Inanspruchnahme

**Inanspruchnahme** ist Adressierung und sonstiges Betroffenmachen. **Adressierung** ist direktes Bestimmen oder finales Richten einer Maßnahme an einen Grundrechtsträger, vgl. §§ 41 Abs. 1 S. 1, 43 Abs. 1 S. 1 VwVfG NRW; oder vgl. auch Rechtsnormen wie §§ 100b Abs. 3, 100c Abs. 2, 100h Abs. 3, 163 f Abs. 2 StPO.[633].

**Inanspruchnahmevoraussetzungen** sind materiell-rechtliche Bedingungen für richtige Inanspruchnahme. **Adressierung** ist direktes Bestimmen oder finales Richten einer Maßnahme an einen Grundrechtsträger.[634]

Inanspruchnahme kann hoheitliches, für ein Rechtssubjekt als (ggf. spezieller bezeichneter) materiell „Verantwortlicher"[635] bestimmtes oder nicht bestimmtes Verhalten sein, als auch hoheitliches, für ein Rechtssubjekt als (ggf. spezieller bezeichneter[636]) materiell „Nichtverantwortlicher" bestimmtes oder nicht bestimmtes Verhalten.

Grundsätzliches zu Inanspruchnahme auf dem Rechtsgebiet der Gefahrenabwehr:

Auf dem Rechtsgebiet der Gefahrenabwehr ist Inanspruchnahme grundsätzlich richtig gegen folgende Personen (in alternativer Anwendbarkeit je nach gegebener Rechtsnorm):

- in einer spezielleren Rechtsnorm als Adressat oder sonstiger Inanspruchnahmekandidat genannte Person[637];
- Verantwortlicher für Verhalten / Verhaltensverantwortlicher i.S.d. § 4 PolG NRW;
- Verantwortlicher für Zustand von Sachen / Sachenzustandsverantwortlicher i.S.d. § 5 PolG NRW;
- Nichtverantwortlicher i.S.d. § 6 PolG NRW (auch sog. polizeilicher Notstand).

---

633 § 43 Abs. 1 S. 1 VwVfG NRW: „Ein Verwaltungsakt wird gegenüber demjenigen, für den er bestimmt ist oder der von ihm betroffen wird, in dem Zeitpunkt wirksam, in dem er ihm bekannt gegeben wird.", daraus: „für den er [der VA – wie jede Maßnahme] bestimmt ist [**Adressat**] oder der [der Betroffene] von ihm [auch ohne Adressierung] betroffen wird". Beispiel zum Schicksal eines Inanspruchgenommenen als Adressat oder Betroffener: Polizei zielt auf Adressat A, trifft aber B, der damit betroffen ist.

634 Vgl. auf dem Rechtsgebiet der Gefahrenabwehr z.B.: vgl. §§ 41 Abs. 1 S. 1, 43 Abs. 1 S. 1 VwVfG NRW; §§ 4 bis 6 PolG NRW, dort insbesondere § 6 Überschrift PolG NRW („Inanspruchnahme") und viele weitere §§ des PolG NRW mit „betroffenen Personen"; vgl. des weiteren §§ 41 Abs. 1 S. 1, 43 Abs. 1 S. 1 VwVfG NRW (jeweils: „für den er bestimmt ist oder der von ihm betroffen wird"). Vgl. auf dem Rechtsgebiet der Strafrechtspflege z.B.: §§ 100b Abs. 3, 100c Abs. 2, 100h Abs. 3, 163f Abs. 2 StPO. Alleiniger Terminus der Adressierung verarbeitet nicht den Rechtsinhalt von Rechtsnormen wie §§ 41 Abs. 1, 43 Abs. 1 S. 1 VwVfG NRW; §§ 100b Abs. 3, 100c Abs. 2, 100h Abs. 3, 163f Abs. 2 StPO. Statt Adressat könnte es fallabhängig noch gesetzestreuer heißen: Bestimmter, vgl. §§ 41, 43 VwVfG NRW, oder Verantwortlicher, vgl. §§ 4, 5 PolG NRW, oder betroffene Person, vgl. in toto PolG NRW, nur z.B. § 34a PolG NRW mit Unterscheidung von betroffener und gefährdeter Person.

635 Beispiel für speziellere Bezeichnung von Verantwortlichem: § 34a PolG NRW [„Person, die die Gefahr verursacht und gegen die sich die polizeilichen Maßnahmen nach Absatz 1 richten (betroffene Person)]"; „Beschuldigter", „Betroffener".

636 Beispiel für speziellere Bezeichnung von Nichtverantwortlichem: § 34a Abs. 1 PolG NRW („gefährdete Person"); „Dritter", „unvermeidbar mitbetroffene Person"; § 163b Abs. 2 S. 1 StPO: „Person, […] die einer Straftat nicht verdächtig ist".

637 Beispiele für speziellere Formulierungen im PolG NRW: „**betroffene Person**"; [jede] „Person"; „Person, die" [sich in einer bestimmten Situation befindet / sich an einem bestimmten Ort aufhält / gegenüber bestimmten Maßnahmen steht / sich in bestimmter Weise verhält, also zum Beispiel: von der eine bestimmte Gefahr ausgeht oder die nach annahmerechtfertigenen Tatsachen bestimmte Sachen mitführt].

**Gefahrverursachung**[638] (i.S.v. §§ 4, 5 PolG NRW) ist entscheidender, relevanter Zurechnungszusammenhang zwischen Verhalten und Gefahr, orientiert an alternativen Wertungskriterien wie:

- zeitlich-örtlicher Zusammenhang (i.S.v. natürlicher Handlungseinheit zwischen Verhalten und Gefahr oder Schaden oder i.S.v. Verhalten als einziges oder erstes oder letztes Kausalkettenelement vor Gefahr oder Schaden – Setzung letzter Ursache, unmittelbare Gefahrengrenzenüberschreitung, „Schwelle zur Gefahr");
- Pflichtwidrigkeit (i.S.v. Rechtsnormwidrigkeit oder Sozialnormwidrigkeit des Verhaltens);
- Risikozurechung (i.S.v. Verhaltensmöglichkeiten oder Verantwortungssphären oder Sorgfaltsanforderungen);
- **Zweckveranlassung** (i.S.v. subjektiver Finalität [Absicht, Bezweckung eines Geschehens durch Verhalten] oder Typik [Vorhersehbarkeit eines Geschehens durch Verhalten, z.B. über Verhalten Dritter])[639] .

---

[638] BVerwG, Beschluss vom 12.04.2006 – BVerwG 7 B 30.06: „**Verursacher** ist nach allgemeinem Polizei- und Ordnungsrecht derjenige, dessen Verhalten die Gefahr ‚unmittelbar' herbeigeführt, also bei einer wertenden Zurechnung die polizeirechtliche Gefahrenschwelle überschritten hat. Personen, die entferntere, nur mittelbare Ursachen für den eingetretenen Erfolg gesetzt, also nur den Anlass für die unmittelbare Verursachung durch andere gegeben haben, sind in diesem Sinn keine Verursacher. Nach der gebotenen wertenden Betrachtungsweise kann allerdings auch ein als ‚**Veranlasser**'" auftretender Hintermann (mit)verantwortlich sein, wenn dessen Handlung zwar nicht die polizeirechtliche Gefahrenschwelle überschritten hat, aber mit der durch den Verursacher unmittelbar herbeigeführten Gefahr oder Störung eine natürliche Einheit bildet, die die Einbeziehung des Hintermanns in die Polizeipflicht rechtfertigt. Eine derartige natürliche Einheit besteht typischerweise beim ‚**Zweckveranlasser**' als demjenigen, der die durch den Verursacher bewirkte Polizeiwidrigkeit gezielt ausgelöst hat (vgl. Drews/Wacke, Gefahrenabwehr, 9. Aufl. 1986, S. 310 ff.).".

[639] Vgl. BVerwG, Urteil vom 29.03.2019 – BVerwG 9 C 4.18 (Gebührenpflicht eines Veranstalters für besonderen polizeilichen Aufwand bei Hochrisiko-Veranstaltung), Ls. 2: „Eine landesgesetzliche Regelung (hier § 4 Abs. 4 BremGebBeitrG), die dem Veranstalter einer gewinnorientierten Großveranstaltung, die wegen erfahrungsgemäß zu erwartender Gewalthandlungen den Einsatz zusätzlicher Polizeikräfte im räumlichen und zeitlichen Zusammenhang mit der Veranstaltung vorhersehbar erforderlich macht, zur Deckung des Mehraufwandes eine Gebühr auferlegt, steht mit dem Steuerstaatsprinzip (Art. 104a ff. GG) grundsätzlich in Einklang.", Ls. 3: „Eine solche Gebühr, die den Veranstalter nicht als Störer der öffentlichen Sicherheit, sondern ausschließlich als Nutznießer der verstärkten Polizeipräsenz in Anspruch nimmt, steht in keinem Wertungswiderspruch zum Polizeirecht. Zur Vermeidung einer unzulässigen Überdeckung müssen aber ‚Doppelabrechnungen' gegenüber dem Veranstalter und dem Störer vermieden werden.", Rn. 36: „Die Gebührenvorschrift des § 4 Abs. 4 BremGebBeitrG will den Veranstalter nicht als polizeirechtlichen Störer, etwa als Zweckveranlasser einer Störung, in Anspruch nehmen. Insbesondere die Entstehungsgeschichte spricht klar dagegen. Der Bremer Gesetzgeber hielt die Begründung der polizeirechtlichen Verantwortlichkeit von Großveranstaltern über die Theorie der Zweckveranlasserschaft für zu umstritten und wollte gerade deshalb eine Regelung nach allgemeinem Gebührenrecht unter dem Gesichtspunkt des Vorteilsprinzips schaffen (vgl. Mitteilung des Senats vom 22. Juli 2014, Finanzierung von Polizeieinsätzen bei gewinnorientierten Großveranstaltungen, Bürgersch.-Drs. 18/1501, S. 15 ff.).", Rn. 37: „Vor diesem Hintergrund können die umstrittenen Fragen im Zusammenhang mit der polizeirechtlichen Verantwortung des Veranstalters einer Risikoveranstaltung offen bleiben. So wird in Literatur und Rechtsprechung die Auffassung vertreten, dass eine Zweckveranlassung des Veranstalters dadurch ausscheidet, dass der polizeirechtliche Wirkungs- und Zurechnungszusammenhang durch das Hinzutreten des eigenverantwortlichen Handelns Dritter - Gewalthandlungen durch Störer - unterbrochen wird [Quellenangaben], während andere den Veranstalter einer Risikoveranstaltung sogar als Verhaltensverantwortlichen ansehen, weil er mit der ‚Eröffnung einer imponderablen Gefahrenquelle Raum für Störungen durch Dritte und eine Gefahr ganz eigener Art schaffe' [Quellenangaben]. Nach wiederum anderer Auffassung ist zwar

**Gegenwärtige**[640] **erhebliche**[641] **Gefahr**[642] i.S.v. § 6 PolG NRW ist eine Sachlage im einzelnen Fall, die bei ungehindertem Geschehensverlauf in allernächster Zeit mit an Sicherheit grenzender Wahrscheinlichkeit zu einem Schaden für ein bedeutendes rechtliches Schutzgut führt. **Schutzgüter** sind allgemein i.V.m. §§ 1 und 8 Abs. 1 PolG NRW die **öffentliche Sicherheit**, nämlich Rechte und Rechtsgüter des Einzelnen, die Rechtsordnung, die Funktionsfähigkeit des Staates[643] oder die **öffentliche Ordnung**, nämlich die Gesamtheit jener ungeschriebenen Regeln für das Verhalten des Einzelnen in der Öffentlichkeit, deren Beachtung nach den jeweils herrschenden Anschauungen als unerlässliche Voraussetzung eines geordneten Gemeinschaftslebens betrachtet wird[644]. **Erhebliche Schutzgüter** sind allgemein Leben, Gesundheit, Freiheit, wesentliche Vermögenswerte, Bestand des Staates.

Grundsätzliches zu Inanspruchnahme auf dem Rechtsgebiet der Strafrechtspflege:

Auf dem Rechtsgebiet der Strafrechtspflege ist Inanspruchnahme – je nach einschlägiger Rechtsnorm – grundsätzlich richtig gegen folgende Personen: Beschuldigter (OWiG: Betroffener), Tatverdächtiger, Nichttatverdächtiger, Zeuge, Dritter, andere Person.

Inanspruchnahme-Aufbau erfolgt in der Fallbearbeitungspraxis ganz herrschend als eigenständiger Fallbearbeitungspunkt zwischen den Fallbearbeitungspunkten Tatbestand und Rechtsfolge, womit dem Fallbearbeitungspunkt Inanspruchnahme quasi eine Zwitterstellung zukommt zwischen Tatbestand und Rechtsfolge als generell einzig möglichen Voraussetzungsfeldern des Voraussetzungsfeldes der Materiellen Rechtmäßigkeit.[645]

---

von einer Veranstalterverantwortlichkeit auszugehen; diese soll aber nicht automatisch zur Kostentragungspflicht führen [Quellenangaben].".

640 Vgl. Legaldefinitionen Gegenwärtige Gefahr: § 2 Nr. 3b BremPolG; § 2 Nr. 2 NPOG; § 4 Nr. 3b SächsPVDG; § 3 Nr. 3b SOG LSA; § 54 Nr. 3b Thüringer OBG.

641 Vgl. Legaldefinitionen Erhebliche Gefahr: § 2 Nr. 3c BremPolG; § 2 Nr. 3 NPOG; § 4 Nr. 3c SächsPVDG; § 3 Nr. 3c SOG LSA; § 54 Nr. 3c Thüringer OBG.

642 Vgl. Legaldefinitionen (Konkrete) „Gefahr": vgl. § 2 Nr. 3a BremPolG; § 2 Nr. 1 NPOG; § 4 Nr. 3a SächsPVDG; § 3 Nr. 3a SOG LSA; § 54 Nr. 3a Thüringer OBG („Konkrete Gefahr").

643 Legaldefinitionen Öffentliche Sicherheit: § 2 Nr. 2 BremPolG, § 4 Nr. 1 SächsPVDG, § 3 Nr. 1 SOG LSA, § 54 Nr. 1 Thüringer OBG; vgl. auch Nr. 1.11 VVPolG NRW.

644 PrOVGE 91, 139 f.; BVerfGE 69, 315, 352 (Brokdorf) = BVerfG, Beschluss des Ersten Senats vom 14.05.1985 – 1 BvR 233, 341/81 –, C. II. 2. b), Rn. 78: „Unter ‚**öffentlicher Ordnung**' wird die Gesamtheit der ungeschriebenen Regeln verstanden, deren Befolgung nach den jeweils herrschenden sozialen und ethischen Anschauungen als unerläßliche Voraussetzung eines geordneten menschlichen Zusammenlebens innerhalb eines bestimmten Gebiets angesehen wird."; Legaldefinitionen Öffentliche Ordnung: § 4 Nr. 1 SächsPVDG, § 3 Nr. 1 SOG LSA, § 54 Nr. 2 Thüringer OBG; § 4 Nr. 2 SächsPVDG; § 3 Nr. 2 SOG LSA; § 54 Nr. 2 ThürOBG; vgl. auch Nr. 1.11 VVPolG NRW.

645 Zu Auswahlentscheidungsaufbau / Auswahlentscheidungsdarstellung: auch anhand der Rechtsprechung (z.B. im Versammlungsrecht) ist erkennbar, wie Fragen der Fallbearbeitungspunkte Inanspruchnahme/Adressierung, (Auswahl-)Ermessen, Verhältnismäßigkeit (Erforderlichkeit/Angemessenheit) ineinander übergehen – ähnlich wie dies sein kann bei den Fallbearbeitungspunkten Gestaltungsermessen und Verhältnismäßigkeit (Erforderlichkeit). Adressierungsentscheidungen / Adressatenauswahlentscheidungen zwischen mehreren potentiellen Adressaten können – (nur) bei gegebenem Auswahlermessen (!) – alternativ zum Fallbearbeitungspunkt Inanspruchnahme/Adressierung beim Fallbearbeitungspunkt Auswahlermessen (end-)bearbeitet werden – unter Berücksichtigung von bestimmten Aspekten wie diesen: Beim Fallbearbeitungspunkt Inanspruchnahme sollten wenigstens alle grundsätzlichen Inanspruchnahmemöglichkeiten aufgeführt werden, wenn nicht der Punkt Inanspruchnahme/Adressat leer bleiben bzw. unbearbeitet erscheinen soll. Die Bearbeitung gegebenen Auswahlermessens exklusiv beim Fallbearbeitungspunkt des Auswahlermessens kann einerseits zur Darstellung größerer begrifflicher Präzision führen,

andererseits zu mehr aufgeteilter bzw. zu mehr zerteilter Darstellung. Danach sollte die bei gegebenem Auswahlermessen alternativ mögliche Bearbeitung entweder beim Fallbearbeitungspunkt Inanspruchnahme/Adressierung oder beim Fallbearbeitungspunkt Ermessen insbesondere erfolgen in Abwägung von Darstellungserfordernissen und thematischer Nähe bzw. Entscheidungsrelevanz beim jeweiligen Fallbearbeitungspunkt.

## Untertitel 3: C. III. Rechtsfolge

**Rechtsfolge** ist rechtliche Folge aus dem Tatbestand. / **Rechtsfolgevoraussetzungen** sind materiell-rechtliche Rechtsfolgegestaltungsbedingungen.

Die unter der Überschrift Rechtsfolge bearbeitbaren Rechtsfolgevoraussetzungen[646] sind logisch in toto echte Teilmengen der Materiellen Rechtmäßigkeit (MR), darin der Rechtsfolge(voraussetzungen – Rf[v])[647], und dementsprechend deren Unterpunkte, und zwar wie folgt:

- Tatsächliche und rechtliche Möglichkeit (TurM);
- Bestimmtheit (Bsh);
- Ermessen (Erm);
- Verhältnismäßigkeit (VHM).

Der Fallbearbeitungspunkt der Rechtsfolge in der materiellen Rechtmäßigkeit bearbeitet die Rechtsfolgevoraussetzungen, nicht die Rechtsfolge selbst an sich – so wie alle Fallbearbeitungspunkte aus formeller und materieller Rechtmäßigkeit (Zuständigkeit, Verfahren, Form, Tatbestand, Inanspruchnahme) die jeweiligen Voraussetzungen des jeweiligen Punktes bearbeiten. **Rechtsfolgen-Entscheidung** (bezüglich der Rechtsfolge an sich ohne Rechtsfolgenvoraussetzungen) ist Voraussetzung für die vollständige Mögliche-Befugnisrechtsnorm-Entscheidung, denn eine Rechtsnorm kann nicht als mögliche Befugnisrechtsnorm angenommen werden, wenn sich deren Rechtsfolge und die Realfolge aus dem Sachverhalt nicht entsprechen. **Rechtsfolgen-Entsprechung (mit der Realfolge) / Rechtsfolgen-Richtigkeit / Rechtsfolgen-Zulässigkeit** / beim Zwang auch: **Zwangsmittel-Inbetrachtkommen / Zwangsmittel-Richtigkeit / Zwangsmittel-Zulässigkeit** ist teilweise beim Oberpunkt Materielle Rechtmäßigkeit, dort beim Unterpunkt Rechtsfolge aufgebauter Unterpunkt, der jedoch bereits die beim Punkt Befugnisrechtsnorm zur Ermittlung dieser Befugnisrechtsnorm relevante Rechtsfolge selbst betrifft und nicht die beim Unterpunkt Rechtsfolge relevanten Rechtsfolgevoraussetzungen. Konsequenz einer Teilung bezüglich einer Entscheidung zur Rechtsfolge (an sich ohne Rechtsfolgevoraussetzungen) jedenfalls bei gutachtlicher Fallbearbeitung mit vollständigem Schema unter Beibehaltung eines eigenen Rechtsfolgeentsprechungspunktes bei materieller Rechtmäßigkeit/Rechtsfolge könnte sein – mit allen Folgekonsequenzen für Art, Form, Inhalt, Mittel, Zeit der Fallbearbeitung –:

- dass die Fallbearbeitenden zu Beginn der Fallbearbeitung eine bestimmte Befugnisrechtsnorm als mögliche annehmen,
- deren Voraussetzungen weithin bearbeiten,
- und gegen Ende der Fallbearbeitung das Ergebnis einer nichtentsprechenden Rechtsfolge erhalten
- oder den Punkt komplett vergessen oder verdoppeln.

---

646 (Be-)Merke den Unterschied: RfV = Rechtsfolgevoraussetzungen, nicht die Rechtsfolge selbst, vgl. A. III. Auch bei C. III. muss man sich – wie bei allen Punkten von B. und C. „-Voraussetzungen" dazu denken; ohne dies hinschreiben zu müssen.

647 TurM, Bsh, Erm, VHM $\subsetneq$ MR/Rf(v).

**Tatsächliche und rechtliche Möglichkeit** betrifft Fälle wie aus § 44 Abs. 2 Nr. 4-6 VwVfG NRW.

**Tatsächliche und rechtliche Möglichkeit** ist allgemeine Rechtmäßigkeitsvoraussetzung „aus der Rechtslogik und den Grenzen des Faktischen"[648] oder spezieller aus Rechtsvorschriften[649].

Tatsächlich-rechtliche Möglichkeit ist sowieso althergebrachtes Rechtsgebot, dass Unmögliches nicht Pflicht sein darf/nicht geschuldet ist/nicht geschuldet werden kann.[650]

**Tatsächlich-rechtliche Möglichkeit** ist gegeben allgemein bei Fehlen kognitiver, körperlicher, normativer, räumlicher, technischer Verhinderungen/Unmöglichkeiten/Unvermögen. **Unvermögen** ist subjektive Unmöglichkeit.

Tatsächliche-rechtliche Möglichkeit ist logisch in toto eine echte Teilmenge der Materiellen Rechtmäßigkeit (MR), darin der Rechtsfolge (Rf)[651], deren Rechtmäßigkeit eben zur Voraussetzung hat, dass die Rechtsfolge möglich sein muss.[652]

Konkrete Beispiele bezüglich tatsächlicher-rechtlicher Möglichkeit/Unmöglichkeit:

- Fälle aus § 44 Abs. 2 Nr. 4-6 VwVfG NRW;
- Unmöglichkeit bei § 60a Abs. 2 S. 1 Hs. 1 AufenthG: z.B. ID-Unklarheit, Passfehlen, Transportunfähigkeit, Übernahmeverweigerung;
- Unmöglichkeit bei körperlichen Behinderungen: Rein verbale Anordnungen oder Befragungen bei Taubheit und Unfähigkeit zum Lippenlesen; Weggehanordnung bei ein Weggehen ausschließender Gehbehinderung oder entsprechender Verletzung;
- Unmöglichkeit bei rechtlicher Unhaltbarkeit im tatsächlichen Kontext, also etwa im Fall der Verfügung an Personen, bei der rechtmäßigen Ausübung eigener Rechte die Rechte anderer nicht zu beeinträchtigen, zum Beispiel bei einer Verfügung an Versammlungsteilnehmer, den Straßenverkehr nicht zu beeinträchtigen;
- Unmöglichkeit bei technischen Vereitelungen: Anordnung auf Beleuchtung bei Fehlen von Strom oder anderer Lichtquelle;
- Unmöglichkeit bei Ressourcenunverfügbarkeit: Rohstoffbereitstellung bei Fehlen dieses Rohstoffs, etwa Wasserbereitstellung bei Fehlen von Wasser;
- Drittrechte: Verfügung an Hauseigentümer zur sofortigen Räumung einer vermieteten Wohnung; heilbar ggf. durch Duldungsverfügung an Mieter, i.d.R. ist jedoch direkte Inanspruchnahme des Mieters rechtmäßig;

---

648 *Maurer/Waldhoff*, Allgemeines Verwaltungsrecht, § 10, Rn. 19.

649 Vgl. z.B.: §§ 44-47 VwVfG / VwVfG NRW, § 27 OWiG, § 60a Abs. 2 S. 1 Hs. 1 AufenthG, § 15 Abs. 3 VwVG, § 65 Abs. 3 VwVG NRW; vgl. auch § 2 Abs. 1 PolG NRW sowie § 15 Abs. 1 OBG NRW („Von mehreren möglichen und geeigneten Maßnahmen").

650 Digesten 50, 17, 185: impossibilium nulla obligatio est. Vgl. z.B. auch §§ 275, 1673, 1674 BGB.

651 TurM $\subsetneq$ MR/Rf.

652 Tatsächliche und rechtliche Möglichkeit (oder Rechtliche und tatsächliche Möglichkeit) als eigene materielle Rechtmäßigkeitsvoraussetzung ausdrücklich beispielsweise auch bei: *Brühl*, Verwaltungsrecht für die Fallbearbeitung, Rn. 198, 575 f.; *Maurer/Waldhoff*, Allgemeines Verwaltungsrecht, § 10, Rn. 19; *Treder*, Methoden und Techniken der Rechtsanwendung, S. 205, 285 f.; *Wagner*, Bundespolizeirecht, S. 63; vgl. zur Eigenständigkeit der tatsächlichen und rechtlichen Möglichkeit neben anderen althergebrachten Voraussetzungen auch die ausdrücklichen gesetzlichen Unterscheidungen zu diesen.

- Wohnungsverweisung und Rückkehrverbot zum Schutz vor häuslicher Gewalt sind grundsätzlich auch möglich bei Einwand des Fehlens von anderweitiger Unterkunftsmöglichkeit, denn es kommen insbesondere folgende Möglichkeiten in Betracht: Unterkunftsmöglichkeiten bei Bekannten, Freunden, Verwandten; polizei- oder ordnungsbehördliche Unterbringungseinrichtungen; privatrechtliche Unterbringungseinrichtungen (z.B. Hotels) auf Freiwilligkeit des Unterbringenden, gegen eigene Bezahlung oder auf Unterbringungsverfügung; Schutzgewahrsam.

**Möglichkeits-, Bestimmtheits-, Geeignetheits-Wechselwirkungen** können bestehen, insbesondere wie folgt:

- was tatsächlich unmöglich ist, ist in der Regel auch rechtlich unmöglich (zu verlangen, vgl. § 44 Abs. 2 Nr. 4 und 5 VwVfG NRW; vgl. auch §§ 275, 1673, 1674 BGB);
- was tatsächlich unmöglich ist, kann entweder nicht hinreichend bestimmt sein oder ist hinreichend bestimmt mangels mehr möglicher Bestimmbarmachung[653];
- was tatsächlich unmöglich oder nicht hinreichend bestimmt ist, kann auch nicht geeignet sein zur (legitimen) Zweckerreichung.

---

653 BVerwG, Urteil vom 26.10.2017 – BVerwG 8 C 14.16 (Bestätigung von Internetverbot für 2 Glücksspielarten), Rn. 12: „Hinreichend bestimmt ist ein Verwaltungsakt dann, wenn der Adressat erkennen kann, was von ihm gefordert wird und wenn der Bescheid darüber hinaus geeignet ist, Grundlage für Maßnahmen zu seiner zwangsweisen Durchsetzung zu sein."; OVG NRW, Beschluss des 13. Senats vom 22.10.2019 – 13 B 600/19, Rn. 36 f. (Zurückerstattung von Zwangsgeld durch die Bundesnetzagentur): „Das Verwaltungsgericht hat jedoch unberücksichtigt gelassen, dass ein Mangel inhaltlicher Bestimmtheit eines im Wege der Verwaltungsvollstreckung durchzusetzenden Verwaltungsakts grundsätzlich in jeder Lage des Vollstreckungsverfahrens zu beachten ist, selbst wenn der Verwaltungsakt bereits bestandskräftig und dementsprechend nicht mehr auf seine Rechtmäßigkeit hin zu überprüfen ist. Denn die für Einleitung und Durchführung der Verwaltungsvollstreckung erforderliche konkrete Feststellung, dass der Pflichtige seine Verpflichtung aus dem Verwaltungsakt nicht erfüllt hat, ist nur bei einem inhaltlich hinreichend bestimmten Verwaltungsakt möglich. Ist ein Verwaltungsakt wegen inhaltlicher Unbestimmtheit nicht vollstreckungsfähig, schließt dieser Mangel Maßnahmen in der Verwaltungsvollstreckung auch bei Unanfechtbarkeit des Grundverwaltungsaktes aus, soweit die Unbestimmtheit reicht. Vgl. Nds. OVG, Beschluss vom 4. Juni 2019 – 8 ME 39/19 –, AuAS 2019, 171 = juris, Rn. 33 [Vollstreckungsuntauglichkeit einer nicht hinreichend bestimmten Passverfügung – mit vielen weiteren fallabhängigen Bestimmtheitsgradanforderungen auch „im rechtlichen und tatsächlichen Kontext"/„im Zusammenhang mit dem Umfang der Tatsachenkenntnis über den zu erreichenden Erfolg und die zur Verfügung stehenden Mittel" einschließlich Quellennachweisen für den konkreten Fall und viele andere Fälle, ebendort in Rn. 34-43, P. B.]; OVG Saarland, Urteil vom 20. Februar 2017 – 2 A 34/16 –, NVwZ-RR 2017, 514 = juris, Rn. 30; Hess. VGH, Urteil vom 29. November 2013 – 6 A 2210/12 –, juris, Rn. 27; VGH Baden-Württemberg, Urteil vom 10. Januar 2013 – 8 S 2919/11 –, NVwZ-RR 2013, 451 = juris, Rn. 22; OVG NRW, Beschluss vom 16. Januar 1998 – 10 B 3029/97 –, BRS 60 Nr. 171 = juris, Rn. 4."; vgl. aus den o.g. Quellen auch ESVGH 63, 163 = VGH Baden-Württemberg, Urteil vom 10.01.2013 – 8 S 2919/11, Ls. 2/Rn. 25: „Ist ein Verwaltungsakt wegen inhaltlicher Unbestimmtheit nicht vollstreckungsfähig, schließt dieser Mangel Maßnahmen in der Verwaltungsvollstreckung aus. Das gilt auch dann, wenn der Bestimmtheitsmangel ‚nur' zur Rechtswidrigkeit, nicht aber zur Unwirksamkeit des Verwaltungsakts infolge Nichtigkeit (§ 43 III LVwVfG i. V. mit § 44 I LVwVfG BadWürttVwVfG) führt.", Rn. 25: „Denn auch ein - bestandskräftiger oder sofort vollziehbarer - wirksamer, aber inhaltlich unbestimmter Verwaltungsakt ist nicht vollstreckungsfähig. Insoweit erfährt der tragende Grundsatz des Verwaltungsvollstreckungsrechts, dass es für die Beurteilung der Rechtmäßigkeit einer Vollstreckungsmaßnahme auf die Rechtmäßigkeit einer Grundverfügung nicht ankommt (BVerwG, Urteil vom 13.03.1984 - 4 C 31.81 - NJW 1984, 2591 <2592>; vgl. auch BVerfG, Kammerbeschluss des 1. Senats vom 07.12.1998 - 1 BvR 831/89 - NVwZ 1999, 290), eine Ausnahme. Die Unbestimmtheit der Grundverfügung ‚infiziert' eine zu ihrer Durchsetzung ergehende Vollstreckungsmaßnahme [Schrifttumquellenangabe].".

Tatsächliche-rechtliche-Möglichkeit-Aufbauvarianten gibt es in der Fallbearbeitungspraxis insbesondere – fall- und gesetzesabhängig – wie folgt (jeweils in regelmäßiger Darstellung, wenn auch nur kurz, oder in bedarfsweiser Darstellung):

- Bearbeitung als eigener Schema-Punkt der Rechtsfolgevoraussetzungen;
- Bearbeitung als (negative) Tatbestandsvoraussetzung, vgl. § 60a Abs. 2 S. 1 AufenthG;
- Bearbeitung bei der Bestimmtheit;
- Bearbeitung bei der Verhältnismäßigkeit, dort fallabhängig bei Geeignetheit oder Angemessenheit.

Gründe für regelmäßige Darstellung:

- Routine bezüglich Erfassung aller möglichen Fallbearbeitungspunkte;
- Minimierung der Vergessenswahrscheinlichkeit im Bedarfsfall.

Gründe für ausschließliche Bedarfsdarstellung:

- abweichende Darstellungsanforderungen;
- Platzersparnisse,
- Zeitersparnisse.

**Bestimmtheit**[654] ist Maßnahmenerkennbarkeit und Maßnahmenverstehbarkeit, bei VA Pflicht gemäß § 37 Abs. 1 VwVfG NRW, bei Realakten und Justizverwaltungsakten nach Art. 20 Abs. 3 GG.

---

[654] Zum **Rechtsstaatsprinzip** und wesentlichen polizeirelevanten Folgerungen daraus wie „Vorbehalt und Vorrang des Gesetzes“ siehe auch Buch 1, Abschnitt 2, Unterabschnitt 4, Titel 1, zum Beispiel mit **Bestimmtheitsgebot** (Gebot der Maßnahmenerkennbarkeit und Maßnahmenverstehbarkeit einschließlich Gebot der Normenklarheit). **Zum Bestimmtheitsgebot** (einschließlich **Normenklarheitsgebot**): BVerfGE 149, 293 (5-Punkt-Fixierung/7-Punkt-Fixierung) = BVerfG, Urteil des Zweiten Senats vom 24.07.2018 – 2 BvR 309/15 –, D. II. 2. a), Rn. 77 f.: „Schon nach dem allgemeinen, im Rechtsstaatsprinzip (Art. 20 Abs. 3 GG) gründenden **Gebot hinreichender Bestimmtheit** der Gesetze ist der Gesetzgeber gehalten, Vorschriften so bestimmt zu fassen, wie dies nach der Eigenart der zu ordnenden Lebenssachverhalte mit Rücksicht auf den Normzweck möglich ist (vgl. BVerfGE 49, 168 <181>; 59, 104 <114>; 78, 205 <212>; 103, 332 <384>; 134, 141 <184 Rn. 126>; 143, 38 <60 f. Rn. 55 ff.>). Die Betroffenen müssen die Rechtslage erkennen und ihr Verhalten danach ausrichten können (vgl. BVerfGE 103, 332 <384>; 113, 348 <375 f.>; 131, 88 <123>). Die Anforderungen an die **Bestimmtheit und Klarheit** der Norm dienen ferner dazu, die Verwaltung zu binden und ihr Verhalten nach Inhalt, Zweck und Ausmaß zu begrenzen sowie die Gerichte in die Lage zu versetzen, die Verwaltung anhand rechtlicher Maßstäbe zu kontrollieren (BVerfGE 113, 348 <376 f.> m.w.N.). Dies setzt voraus, dass hinreichend klare Maßstäbe bereitgestellt werden. Die Entscheidung über die Grenzen der Freiheit des Bürgers darf nicht einseitig in das Ermessen der Verwaltung oder gar Privater gestellt sein (vgl. BVerfGE 113, 348 <376>). Dabei sind die Anforderungen an den Grad der **Klarheit und Bestimmtheit** umso strenger, je intensiver der Grundrechtseingriff ist, den eine Norm rechtfertigen soll (vgl. BVerfGE 59, 104 <114>; 75, 329 <342>; 83, 130 <145>; 86, 288 <311>; 93, 213 <238>; 109, 133 <188>; 128, 282 <318>; 134, 33 <81 Rn. 111>). Für die näheren Anforderungen kann, nicht zuletzt in der Frage, inwieweit Maßgaben, die sich aus dem Grundgesetz ableiten lassen, ausdrücklicher und konkretisierender Festlegung im einfachen Gesetz bedürfen, auch der jeweilige Kreis der Normanwender und Normbetroffenen von Bedeutung sein (vgl. BVerfGE 110, 33 <64>; 126, 170 <196>; 128, 282 <318>). Grundsätzlich fehlt es an der notwendigen Bestimmtheit nicht schon deshalb, weil eine Norm auslegungsbedürftig ist (vgl. BVerfGE 45, 400 <420>; 117, 71 <111>; 128, 282 <317>; stRspr). Das **Bestimmtheitsgebot** schließt die Verwendung wertausfüllungsbedürftiger Begriffe bis hin zu Generalklauseln nicht aus (vgl. BVerfGE 11, 234 <237>; 28, 175 <183>; 48, 48 <56>; 92, 1 <12>; 126, 170 <196>). Der Gesetzgeber muss in der Lage bleiben, der Vielgestaltigkeit des Lebens Herr zu werden (vgl. BVerfGE 28, 175 <183>; 47, 109 <120 f.>; 126, 170 <195>). Dabei lässt sich der Grad der für eine Norm jeweils erforderlichen Bestimmtheit nicht abstrakt festlegen, sondern hängt von den Besonderheiten des jeweiligen Tatbestands einschließlich der Umstände ab, die zur gesetzlichen Regelung geführt haben (vgl. BVerfGE 28, 175 <183>; 86, 288 <311>; 126, 170 <196>). Gegen die Verwendung unbestimmter Rechtsbegriffe bestehen keine Bedenken, wenn sich mit Hilfe der üblichen Auslegungsmethoden, insbesondere durch Heranziehung anderer Vorschriften desselben Gesetzes, durch Berücksichtigung des Normzusammenhangs oder aufgrund einer gefestigten Rechtsprechung eine zuverlässige Grundlage für die Auslegung und Anwendung der Norm gewinnen lässt (vgl. BVerfGE 45, 363 <371 f.>; 86, 288 <311>). Die Rechtsprechung ist zudem gehalten, verbleibende Unklarheiten über den Anwendungsbereich einer Norm durch Präzisierung und Konkretisierung im Wege der Auslegung nach Möglichkeit auszuräumen (vgl. BVerfGE 126, 170 <198>; 131, 268 <307>; 134, 33 <81 f. Rn. 112>).“ BVerfGE 133, 277, 336 f. (Antiterrordateigesetz – ATDG) = BVerfG, Urteil des Ersten Senats vom 24.04.2013 – 1 BvR 1215/07, Rn. 140: „Das **Bestimmtheitsgebot** soll sicherstellen, dass Regierung und Verwaltung im Gesetz steuernde und begrenzende Handlungsmaßstäbe vorfinden und dass die Gerichte eine wirksame Rechtskontrolle durchführen können. Ferner erlauben die **Bestimmtheit und Klarheit der Norm**, dass die betroffenen Bürgerinnen und Bürger sich auf mögliche belastende Maßnahmen einstellen können (vgl. BVerfGE 110, 33 [52ff.]; 113, 348 [375ff.]; 120, 378 [407f.]). Der Gesetzgeber kann dabei, soweit er Anlass, Zweck und Ausmaß selbst festlegt, die genauere Bestimmung dieser Maßstäbe unter Umständen gemäß Art. 80 Abs. 1 GG an die Verwaltung delegieren, die diese dann durch

Inhaltlich hinreichende Bestimmtheit i.S.d. § 37 Abs. 1 VwVfG NRW/Art. 20 Abs. 3 GG ist allgemein gegeben, wenn nach Auslegung der Maßnahme der Erklärungsempfänger wie jeder vernünftige Dritte, §§ 133, 157 BGB analog, in der konkreten Situation dessen Inhalt hinreichend erkennen und verstehen kann[655], insbesondere wie folgt ganz allgemein:

- dass die Polizei ggü./mit dem Maßnahmenempfänger/Erklärungsempfänger (wer)
- aus Gefahrenabwehrgründen / Strafrechtspflegegründen (warum)
- zu einer spezifischen Zeit (wann)
- bezweckt, dass die Situation sicher verhindert/unterbunden werden soll / aufgeklärt werden soll (was)

---

Rechtsverordnung festzulegen hat. Auch hierbei handelt es sich jedoch um gesetzliche Grundlagen im materiellen Sinne, die nicht nur verwaltungsintern für die Behörden, sondern als Außenrecht auch für den Bürger und gegebenenfalls die Gerichte verbindlich sind. Das **Bestimmtheitsgebot** steht damit in enger Beziehung zu den grundrechtlichen Gesetzesvorbehalten, nach denen Eingriffe in die Grundrechte nur durch Gesetz und gegebenenfalls aufgrund eines Gesetzes eingeschränkt werden können. Hierdurch wird gewährleistet, dass der Umfang von Grundrechtseingriffen in den wesentlichen Aspekten im parlamentarischen Verfahren öffentlich unter Mitwirkung auch der nicht die Regierung tragenden Abgeordneten diskutiert, deren weitere generell-abstrakte Präzisierung durch die Verwaltung gemäß Art. 80 Abs. 1 GG erkennbar als Konkretisierung dieser parlamentarischen Entscheidung ausgewiesen und die insoweit letztlich maßgeblichen Normen für alle verbindlich und durch Ausfertigung und Verkündung erkennbar bekanntgemacht werden. Die demokratische und rechtsstaatliche Funktion des Gesetzesvorbehalts greifen hierbei ineinander. Welche Anforderungen an die **Bestimmtheit** gesetzlicher Regelung zu stellen sind, richtet sich dabei nach der Intensität der durch die Regelung oder aufgrund der Regelung erfolgenden Grundrechtseingriffe.“ BVerfGE 133, 277, 355 f. (Antiterrordateigesetz – ATDG) = BVerfG, Urteil des Ersten Senats vom 24.04.2013 – 1 BvR 1215/07, Rn. 181: „Das **Bestimmtheitsgebot** verbietet nicht von vornherein die Verwendung unbestimmter Rechtsbegriffe (BVerfGE 118, 168 [188]). Der Gesetzgeber ist jedoch gehalten, seine Vorschriften so bestimmt zu fassen, wie dies nach der Eigenart der zu ordnenden Lebenssachverhalte mit Rücksicht auf den Normzweck möglich ist (BVerfGE 78, 205 [212]; vgl. auch BVerfGE 110, 370 [396]; 117, 71 [111]). Erforderlich ist, dass sich unbestimmte Rechtsbegriffe durch eine Auslegung der betreffenden Normen nach den Regeln der juristischen Methodenlehre hinreichend konkretisieren lassen und verbleibende Ungewissheiten nicht so weit gehen, dass die Vorhersehbarkeit und Justiziabilität des Handelns der durch die Normen ermächtigten staatlichen Stellen gefährdet sind (vgl. BVerfGE 21, 73 [79f.]; 118, 168 [188]; 120, 274 [316]; stRspr).“.

655 BVerwG, Urteil vom 26.10.2017 – BVerwG 8 C 14.16 (Bestätigung von Internetverbot für 2 Glücksspielarten), Rn. 12 f.: „Nach § 37 Abs. 1 VwVfG BW [≙ § 37 Abs. 1 VwVfG NRW, P. B.] ist die hinreichende Bestimmtheit eines Verwaltungsakts Voraussetzung seiner Rechtmäßigkeit. Kann einem Verwaltungsakt durch Auslegung (vgl. BVerwG, Urteil vom 9. Juni 1975 - 6 C 163.73 - BVerwGE 48, 279 <281 f.>) kein eindeutiger Regelungsgehalt beigemessen werden, ist er nach § 37 Abs. 1 VwVfG rechtswidrig. Ob der Bescheid in solch einem Fall auch nichtig ist, regelt § 44 VwVfG. **Hinreichend bestimmt** ist ein Verwaltungsakt dann, wenn der Adressat erkennen kann, was von ihm gefordert wird und wenn der Bescheid darüber hinaus geeignet ist, Grundlage für Maßnahmen zu seiner zwangsweisen Durchsetzung zu sein. Im Einzelnen richten sich die Anforderungen an die notwendige **Bestimmtheit eines Verwaltungsakts** nach den Besonderheiten des jeweils anzuwendenden und mit dem Verwaltungsakt umzusetzenden materiellen Rechts (stRspr, vgl. BVerwG, Urteile vom 15. Februar 1990 - 4 C 41.87 - BVerwGE 84, 335 <338> und vom 16. Oktober 2013 - 8 C 21.12 - BVerwGE 148, 146 <149>). Der **Regelungsgehalt eines Verwaltungsakts** ist durch Auslegung nach Treu und Glauben unter Berücksichtigung des Empfängerhorizontes und der speziellen Sachkunde des adressierten Fachkreises in entsprechender Anwendung der §§ 133, 157 BGB zu ermitteln (stRspr, vgl. nur BVerwG, Urteil vom 20. Juni 2013 - 8 C 46.12 - BVerwGE 147, 81 <89> m.w.N.). **Hinreichende Bestimmtheit** liegt vor, wenn sich die Regelung aus dem gesamten Inhalt des Bescheides, insbesondere seiner Begründung, sowie den weiteren, den Beteiligten bekannten oder ohne Weiteres erkennbaren Umständen unzweifelhaft erkennen lässt (vgl. BVerwG, Urteil vom 3. Dezember 2003 - 6 C 20.02 - BVerwGE 119, 282 <284>).“.

- und zwar durch spezifische (angeordnete oder auszuführende) Verhaltensweisen (wie).

**Bestimmtheitsbedeutung** für jede Maßnahme: Bestimmtheit ist de iure von überragender rechtsstaatlicher Bedeutung und in praxi von überragender taktischer Bedeutung, vgl. z.B.:

- Maßnahmenerfolgswahrscheinlichkeitsmaximierung bei Befolgungsmöglichkeit durch einen verständigen Adressaten/Beachtungsmöglichkeit durch einen verständigen Inanspruchgenommenen;
- Eigensicherung;
- Grundrechtssicherung;
- Vollstreckbarkeit / Vollstreckungsfähigkeit / Vollstreckungstauglichkeit: Vollstreckbarkeitsmangel bei nicht hinreichender Bestimmtheit (Vollstreckbarkeitsmangel bei Bestimmtheitsmangel) , etwa mit der Folge von Zwangrechtswidrigkeit bei nicht hinreichender Bestimmtheit[656].

**Bestimmtheit und Form einer Maßnahme** sind in ihrer Nichtidentität auch bei möglichen Wechselwirkungen zu trennen, vgl. auch § 37 Überschrift VwVfG NRW („Bestimmtheit und

---

[656] BVerwG, Urteil vom 26.10.2017 – BVerwG 8 C 14.16 (Bestätigung von Internetverbot für 2 Glücksspielarten), Rn. 12: „Hinreichend bestimmt ist ein Verwaltungsakt dann, wenn der Adressat erkennen kann, was von ihm gefordert wird und wenn der Bescheid darüber hinaus geeignet ist, Grundlage für Maßnahmen zu seiner zwangsweisen Durchsetzung zu sein."; OVG NRW, Beschluss des 13. Senats vom 22.10.2019 – 13 B 600/19, Rn. 36 f. (Zurückerstattung von Zwangsgeld durch die Bundesnetzagentur): „Das Verwaltungsgericht hat jedoch unberücksichtigt gelassen, dass ein Mangel inhaltlicher Bestimmtheit eines im Wege der Verwaltungsvollstreckung durchzusetzenden Verwaltungsakts grundsätzlich in jeder Lage des Vollstreckungsverfahrens zu beachten ist, selbst wenn der Verwaltungsakt bereits bestandskräftig und dementsprechend nicht mehr auf seine Rechtmäßigkeit hin zu überprüfen ist. Denn die für Einleitung und Durchführung der Verwaltungsvollstreckung erforderliche konkrete Feststellung, dass der Pflichtige seine Verpflichtung aus dem Verwaltungsakt nicht erfüllt hat, ist nur bei einem inhaltlich hinreichend bestimmten Verwaltungsakt möglich. Ist ein Verwaltungsakt wegen inhaltlicher Unbestimmtheit nicht vollstreckungsfähig, schließt dieser Mangel Maßnahmen in der Verwaltungsvollstreckung auch bei Unanfechtbarkeit des Grundverwaltungsaktes aus, soweit die Unbestimmtheit reicht. Vgl. Nds. OVG, Beschluss vom 4. Juni 2019 – 8 ME 39/19 –, AuAS 2019, 171 = juris, Rn. 33 [Vollstreckungsuntauglichkeit einer nicht hinreichend bestimmten Passverfügung – mit vielen weiteren fallabhängigen Bestimmtheitsgradanforderungen auch „im rechtlichen und tatsächlichen Kontext"/„im Zusammenhang mit dem Umfang der Tatsachenkenntnis über den zu erreichenden Erfolg und die zur Verfügung stehenden Mittel" einschließlich Quellennachweisen für den konkreten Fall und viele andere Fälle, ebendort in Rn. 34-43, P. B.]; OVG Saarland, Urteil vom 20. Februar 2017 – 2 A 34/16 –, NVwZ-RR 2017, 514 = juris, Rn. 30; Hess. VGH, Urteil vom 29. November 2013 – 6 A 2210/12 –, juris, Rn. 27; VGH Baden-Württemberg, Urteil vom 10. Januar 2013 – 8 S 2919/11 –, NVwZ-RR 2013, 451 = juris, Rn. 22; OVG NRW, Beschluss vom 16. Januar 1998 – 10 B 3029/97 –, BRS 60 Nr. 171 = juris, Rn. 4."; vgl. aus den o.g. Quellen auch ESVGH 63, 163 = VGH Baden-Württemberg, Urteil vom 10.01.2013 – 8 S 2919/11, Ls. 2/Rn. 25: „Ist ein Verwaltungsakt wegen inhaltlicher Unbestimmtheit nicht vollstreckungsfähig, schließt dieser Mangel Maßnahmen in der Verwaltungsvollstreckung aus. Das gilt auch dann, wenn der Bestimmtheitsmangel ‚nur' zur Rechtswidrigkeit, nicht aber zur Unwirksamkeit des Verwaltungsakts infolge Nichtigkeit (§ 43 III LVwVfG i. V. mit § 44 I LVwVfG BadWürttVwVfG) führt.", Rn. 25: „Denn auch ein - bestandskräftiger oder sofort vollziehbarer - wirksamer, aber inhaltlich unbestimmter Verwaltungsakt ist nicht vollstreckungsfähig. Insoweit erfährt der tragende Grundsatz des Verwaltungsvollstreckungsrechts, dass es für die Beurteilung der Rechtmäßigkeit einer Vollstreckungsmaßnahme auf die Rechtmäßigkeit einer Grundverfügung nicht ankommt (BVerwG, Urteil vom 13.03.1984 - 4 C 31.81 - NJW 1984, 2591 <2592>; vgl. auch BVerfG, Kammerbeschluss des 1. Senats vom 07.12.1998 - 1 BvR 831/89 - NVwZ 1999, 290), eine Ausnahme. Die Unbestimmtheit der Grundverfügung ‚infiziert' eine zu ihrer Durchsetzung ergehende Vollstreckungsmaßnahme [Schrifttumquellenangabe]."

Form des Verwaltungsaktes“) und § 37 Abs. 1 VwVfG NRW („inhaltlich“, also materiell[657]) sowie davon gesetzlich separiert § 37 Abs. 2-6 VwVfG NRW.

**Möglichkeits-, Bestimmtheits-, Geeignetheits-Wechselwirkungen** können bestehen, insbesondere wie folgt:

- was tatsächlich unmöglich ist, ist in der Regel auch rechtlich unmöglich (zu verlangen, vgl. § 44 Abs. 2 Nr. 4 und 5 VwVfG NRW; vgl. auch §§ 275, 1673, 1674 BGB);
- was tatsächlich unmöglich ist, kann entweder nicht hinreichend bestimmt sein oder ist hinreichend bestimmt mangels mehr möglicher Bestimmbarmachung[658];

---

[657] Zur Bestimmtheit letztendlich als Teilmenge der materiellen Rechtmäßigkeit vgl. auch: BVerwG, Urteil vom 26.10.2017 – BVerwG 8 C 14.16 (Bestätigung von Internetverbot für 2 Glücksspielarten), Rn. 12: „Im Einzelnen richten sich die Anforderungen an die notwendige Bestimmtheit eines Verwaltungsakts nach den Besonderheiten des jeweils anzuwendenden und mit dem Verwaltungsakt umzusetzenden materiellen Rechts (stRspr, vgl. BVerwG, Urteile vom 15. Februar 1990 - 4 C 41.87 - BVerwGE 84, 335 <338> und vom 16. Oktober 2013 - 8 C 21.12 - BVerwGE 148, 146 <149>).“; Zur Bestimmtheit als materielle Rechtmäßigkeitsvoraussetzung auch ausdrücklich *Brühl*, Verwaltungsrecht für die Fallbearbeitung, Rn. 198, 574; *Müller*, in: *Huck/Müller*, Verwaltungsverfahrensgesetz, § 37, Rn. 10: „Ein nicht hinreichend bestimmter VA ist (materiell) rechtswidrig und nicht vollstreckungsfähig [Quellenangabe].“; *Stelkens, U.*, in: *Stelkens/Bonk/Sachs*, Verwaltungsverfahrensgesetz, § 37, Rn. 40: „Ein unbestimmter VA ist i.d.R. (nur) materiell rechtswidrig und anfechtbar [Querverweise; „nur“ bezieht sich auf den Unterschied von insoweit „Nur“-Rechtswidrigkeit, damit Anfechtbarkeit i.S.v. § 42 Abs. 1 Alt. 1, Abs. 2 VwGO einerseits und andererseits Nichtigkeit (Unwirksamkeit) i.S.v. § 44 VwVfG (NRW), P. B.]“; *Treder*, Methoden und Techniken der Rechtsanwendung, S. 205, 285 f.

[658] BVerwG, Urteil vom 26.10.2017 – BVerwG 8 C 14.16 (Bestätigung von Internetverbot für 2 Glücksspielarten), Rn. 12: „Hinreichend bestimmt ist ein Verwaltungsakt dann, wenn der Adressat erkennen kann, was von ihm gefordert wird und wenn der Bescheid darüber hinaus geeignet ist, Grundlage für Maßnahmen zu seiner zwangsweisen Durchsetzung zu sein.“; OVG NRW, Beschluss des 13. Senats vom 22.10.2019 – 13 B 600/19, Rn. 36 f. (Zurückerstattung von Zwangsgeld durch die Bundesnetzagentur): „Das Verwaltungsgericht hat jedoch unberücksichtigt gelassen, dass ein Mangel inhaltlicher Bestimmtheit eines im Wege der Verwaltungsvollstreckung durchzusetzenden Verwaltungsakts grundsätzlich in jeder Lage des Vollstreckungsverfahrens zu beachten ist, selbst wenn der Verwaltungsakt bereits bestandskräftig und dementsprechend nicht mehr auf seine Rechtmäßigkeit hin zu überprüfen ist. Denn die für Einleitung und Durchführung der Verwaltungsvollstreckung erforderliche konkrete Feststellung, dass der Pflichtige seine Verpflichtung aus dem Verwaltungsakt nicht erfüllt hat, ist nur bei einem inhaltlich hinreichend bestimmten Verwaltungsakt möglich. Ist ein Verwaltungsakt wegen inhaltlicher Unbestimmtheit nicht vollstreckungsfähig, schließt dieser Mangel Maßnahmen in der Verwaltungsvollstreckung auch bei Unanfechtbarkeit des Grundverwaltungsaktes aus, soweit die Unbestimmtheit reicht. Vgl. Nds. OVG, Beschluss vom 4. Juni 2019 – 8 ME 39/19 –, AuAS 2019, 171 = juris, Rn. 33 [Vollstreckungsuntauglichkeit einer nicht hinreichend bestimmten Passverfügung – mit vielen weiteren fallabhängigen Bestimmtheitsgradanforderungen auch „im rechtlichen und tatsächlichen Kontext“/„im Zusammenhang mit dem Umfang der Tatsachenkenntnis über den zu erreichenden Erfolg und die zur Verfügung stehenden Mittel“ einschließlich Quellennachweisen für den konkreten Fall und viele andere Fälle, ebendort in Rn. 34-43, P. B.]; OVG Saarland, Urteil vom 20. Februar 2017 – 2 A 34/16 –, NVwZ-RR 2017, 514 = juris, Rn. 30; Hess. VGH, Urteil vom 29. November 2013 – 6 A 2210/12 –, juris, Rn. 27; VGH Baden-Württemberg, Urteil vom 10. Januar 2013 – 8 S 2919/11 –, NVwZ-RR 2013, 451 = juris, Rn. 22; OVG NRW, Beschluss vom 16. Januar 1998 – 10 B 3029/97 –, BRS 60 Nr. 171 = juris, Rn. 4.“; vgl. aus den o.g. Quellen auch ESVGH 63, 163 = VGH Baden-Württemberg, Urteil vom 10.01.2013 – 8 S 2919/11, Ls. 2/Rn. 25: „Ist ein Verwaltungsakt wegen inhaltlicher Unbestimmtheit nicht vollstreckungsfähig, schließt dieser Mangel Maßnahmen in der Verwaltungsvollstreckung aus. Das gilt auch dann, wenn der Bestimmtheitsmangel ‚nur‘ zur Rechtswidrigkeit, nicht aber zur Unwirksamkeit des Verwaltungsakts infolge Nichtigkeit (§ 43 III LVwVfG i. V. mit § 44 I LVwVfG BadWürttVwVfG) führt.“, Rn. 25: „Denn auch ein - bestandskräftiger oder sofort vollziehbarer - wirksamer, aber inhaltlich unbestimmter Verwaltungsakt ist nicht

- was tatsächlich unmöglich oder nicht hinreichend bestimmt ist, kann auch nicht geeignet sein zur (legitimen) Zweckerreichung.

Bestimmtheits-Aufbauvarianten gibt es in der Fallbearbeitungspraxis insbesondere wie folgt:

- regelmäßige Darstellung, wenn auch nur kurz;
- Darstellung nur bei Bedarf, etwa in Beispielen wie oben geschildert.

Gründe für regelmäßige Darstellung;

- Bewusstmachung und Erfüllung überragender Bedeutung;
- Routine bezüglich Erfassung aller möglichen Fallbearbeitungspunkte;
- Minimierung der Vergessenswahrscheinlichkeit im Bedarfsfall.

Gründe für ausschließliche Bedarfsdarstellung:

- abweichende Darstellungsanforderungen;
- Platzersparnisse;
- Zeitersparnisse.

---

vollstreckungsfähig. Insoweit erfährt der tragende Grundsatz des Verwaltungsvollstreckungsrechts, dass es für die Beurteilung der Rechtmäßigkeit einer Vollstreckungsmaßnahme auf die Rechtmäßigkeit einer Grundverfügung nicht ankommt (BVerwG, Urteil vom 13.03.1984 - 4 C 31.81 - NJW 1984, 2591 <2592>; vgl. auch BVerfG, Kammerbeschluss des 1. Senats vom 07.12.1998 - 1 BvR 831/89 - NVwZ 1999, 290), eine Ausnahme. Die Unbestimmtheit der Grundverfügung ‚infiziert' eine zu ihrer Durchsetzung ergehende Vollstreckungsmaßnahme [Schrifttumquellenangabe].".

## *Kapitel 3: C. III. 3. Ermessen*

**Ermessen / Opportunität** ist Entscheidungsspielraum auf der Rechtsfolgenseite bzgl. rechtsfehlerfreier Ausübung von Einschreit-Entschließung (Ob), Adressaten-Auswahl (Wer), Maßnahmen-Gestaltung (Wie).[659]

Der Fallbearbeitungspunkt Ermessen kann so heißen (statt etwa „Legalität oder Opportunität"), weil Ermessen und dessen Bestehen, Art, Umfang sowie fehlerfreie Ausübung einer der Zielpunkte jeden Falles, also eine der rechtlichen Fragestellungen sind.

**Legalitätsgrundsatz** und **Opportunitätsgrundsatz** sind zwei aufeinander bezogene Enden von Entscheidungsspielraum auf der Rechtsfolgeseite, vgl. § 3 Abs. 1 PolG NRW, § 163 Abs. 1 S. 1 StPO, § 53 Abs. 1 S. 1 OWiG (Legalitäts-„Grundsatz" wegen Durchbrechungen wie §§ 153-154f StPO, §§ 155a, b, 374 StPO; §§ 31a, 37 BtMG; § 45 JGG; Opportunitäts-„Grundsatz" wegen Möglichkeit von intendiertem Ermessen, Ermessensreduktion, Ermessenreduktion auf Null).

Ermessen / Opportunität je Rechtsgebiet ist wie folgt gegeben:

---

[659] Unterscheide: **Beurteilungsspielraum**. Vgl. auch § 35a VwVfG / VwVfG NRW – Vollständig **automatisierter Erlass eines Verwaltungsaktes**: „Ein Verwaltungsakt kann vollständig durch automatische Einrichtungen erlassen werden, sofern dies durch Rechtsvorschrift zugelassen ist und weder ein Ermessen noch ein Beurteilungsspielraum besteht.".

BVerwG, Urteil vom 30.10.2019 – BVerwG 6 C 18.18 (Kein Beurteilungsspielraum für Zwölfer-Gremium der Bundesprüfstelle für jugendgefährdende Medien i.S.d. § 18 JuSchG, nur Verwertung nach den Regeln des Sachverständigenbeweises – Änderung der Rspr.), Rn. 13-15: „Demgegenüber sind **Beurteilungsspielräume** dadurch gekennzeichnet, dass sie die letztverbindliche Auslegung von Rechtsnormen und die darauf beruhende Rechtsanwendung der Verwaltung zuweisen. Ist eine Verwaltungsentscheidung auf die Wahrnehmung eines Beurteilungsspielraums gestützt, dürfen die Gerichte bei deren Nachprüfung ihr Normverständnis nicht an die Stelle desjenigen der Verwaltung setzen. Vielmehr sind sie darauf beschränkt nachzuprüfen, ob die Verwaltung bei ihrer Normauslegung von einem richtigen Verständnis des anzuwendenden Begriffs ausgegangen und nicht von gesetzlichen oder allgemein gültigen Wertungsmaßstäben wie dem Willkürverbot abgewichen ist. In tatsächlicher Hinsicht sind die Verwaltungsgerichte befugt zu prüfen, ob die Verwaltung den ihrer Rechtsanwendung zugrunde liegenden erheblichen Sachverhalt vollständig und zutreffend ermittelt und die verwaltungsverfahrensrechtlichen Vorgaben eingehalten hat (stRspr; vgl. BVerwG, Urteile vom 14. Oktober 2015 - 6 C 17.14 [ECLI:DE:BVerwG:2015:141015U6C17.14.0] - BVerwGE 153, 129 Rn. 33 und vom 17. August 2016 - 6 C 50.15 - BVerwGE 156, 75 Rn. 24). Dementsprechend beeinträchtigen Beurteilungsspielräume das in Art. 19 Abs. 4 Satz 1 GG verankerte Gebot, wirkungsvollen, d.h. in tatsächlicher und rechtlicher Hinsicht nicht eingeschränkten Rechtsschutz durch Gerichte zu gewähren. Dies kann nur hingenommen werden, wenn der jeweilige Beurteilungsspielraum im Gesetz angelegt ist, d.h. sich durch dessen Auslegung ermitteln lässt, die dadurch bewirkte gesetzliche Einschränkung des gerichtlichen Rechtsschutzes durch einen gewichtigen sachlichen Grund gerechtfertigt ist und den Gerichten die Möglichkeit einer substanziellen Kontrolle des Verwaltungshandelns verbleibt (stRspr; vgl. BVerfG, Beschlüsse vom 17. April 1991 - 1 BvR 419/81 und 213/83 - BVerfGE 84, 34 <49 f.> und vom 31. Mai 2011 - 1 BvR 857/07 - BVerfGE 129, 1 <22 ff.>; BVerwG, Urteil vom 17. August 2016 - 6 C 50.15 - BVerwGE 156, 75 Rn. 32). Die Annahme eines **Beurteilungsspielraums** ist vor allem dann berechtigt, wenn das gesetzlich vorgegebene Entscheidungsprogramm vage ist und sich seine fallbezogene Anwendung als besonders schwierig erweist, weil eine Vielzahl von Bewertungsfaktoren ermittelt, gewichtet und in ein Verhältnis zueinander gesetzt werden müssen, wofür zudem schwer kalkulierbare Prognosen angestellt werden müssen (stRspr; vgl. BVerfG, Beschlüsse vom 17. April 1991 - 1 BvR 419/81, 1 BvR 213/83 - BVerfGE 84, 34 <49 f.> und vom 31. Mai 2011 - 1 BvR 857/07 - BVerfGE 129, 1 <22 f.>).". Auch die Generalbefugnisrechtsnormen des Polizeirechts geben nach herrschender Meinung grundsätzlich keinen Beurteilungsspielraum im o.g. Rechtssinne, etwa bezüglich „Gefahr für die öffentliche Sicherheit oder Ordnung.".

- Rechtsgebiet Gefahrenabwehr: Ermessen ist grundsätzlich gegeben, vgl. z.B. § 3 PolG NRW, bei VA auch § 40 VwVfG NRW, und speziellere Rechtsnormen wie § 8 Abs. 1 W. 3 PolG NRW;
- Rechtsgebiet Strafrechtspflege mit OWiG: Ermessen ist grundsätzlich gegeben, vgl. z.B. § 53 Abs. 1 S. 1 W. 9, 10 OWiG (§ 47 OWiG);
- Rechtsgebiet Strafrechtspflege mit StPO:
  - Einschreitentschließungs-„Ermessen" ist grundsätzlich nicht gegeben, vgl. § 163 Abs. 1 S. 1 i.V.m. § 152 Abs. 2 StPO („[…] ist verpflichtet, […] einzuschreiten […]."[660]); ein Opportunitätsprinzip ist ausnahmsweise gegeben, z.B. bei § 111b Abs. 1 S. 1 und 2 StPO; §§ 153-154f StPO; § 374 StPO;
  - Adressatenauswahl-„Ermessen" ist grundsätzlich gegeben, insbesondere bzgl.:

---

[660] Zur Frage von Einschreitpflicht i.S.d. Legalitätsgrundsatzes oder Einschreitermessen i.S.d. Opportunitätsgrundsatzes bei **Tatverdacht eines Polizeiamtswalters außerhalb des Dienstes** vgl. § 138 StGB und vgl. z.B. BGHSt 5, 225 (Raubverdacht eines Kriminalbeamten außerhalb des Dienstes) = BGH, Urteil vom 15.12.1953 – 5 StR 294/93, Ls. 1: „Erfährt ein Kriminalpolizeibeamter außerdienstlich, daß bestimmte Personen an einem Raube teilgenommen haben, so hat er in der Regel auch dann, wenn er für die Bearbeitung der Angelegenheit innerdienstlich nicht zuständig ist, seiner Behörde Mitteilung zu machen. Ob Ausnahmen von diesem Grundsatz gerechtfertigt sein können, bleibt dahingestellt. Jedenfalls begünstigt der Beamte im Amt, wenn er eine Meldung an seine Behörde geldlicher Vorteile wegen unterläßt und zugleich außerdienstlich auf einen Zeugen einwirkt, um den Sachverhalt zu verdunkeln.", aus den Gründen: „Die Frage ist im Schrifttum und in der neueren Rspr. der OLGe streitig. Sie ist weder vom RG noch bisher vom BGH entschieden worden. Dem RG lag in RGSt. 70, 251 [252] ein Fall vor, in dem Polizeibeamte von einem kupplerischen Betrieb durch ein allgemeines Gerücht erfahren hatten, das in der Öffentlichkeit umging. Das RG hat hier mit Rücksicht auf die §§ 160, 163 StPO eine amtlich erlangte Kenntnis angenommen und es daher dahingestellt gelassen, ob nicht auch in anderen Fällen ‚zum mindesten dann eine Ausnahme zu machen ist, wenn die Straftat, von der der Beamte (außerdienstlich) erfahren hat, nach ihrer Art oder ihrem Umfange die Belange der Öffentlichkeit und der Volksgesamtheit in besonderem Maße berührt'. Unter Hinweis auf diese Entscheidung hat das RG auch in HRR 1941, 457 nur ausgesprochen, ein Strafverfolgungsbeamter sei nicht stets zur Anzeige verpflichtet, wenn er die Kenntnis von einem Jagdvergehen rein privat, außerhalb seines Pflichtenkreises erlangt habe. Der 4. StS des BGH hat in dem bei LM Nr. 1 zu § 346 StGB nicht mitveröffentlichten Teil seines Urt. v. 29. 11. 1951 - 4 StR 293/51 - beiläufig bemerkt, bei Verfehlungen, die öffentliche Belange in so hohem Maße berührten, wie es bei Abtreibung und Erpressung der Fall sei, dürfe der Leiter einer Polizeistation nicht einmal bei nur ‚privatem Wissen' davon absehen, ein Ermittlungsverfahren in Gang zu bringen. Auf diesem Ausspruch beruht die Entsch. jedoch nicht; denn auch dort waren die Straftaten nicht nur außerdienstlich zur Kenntnis des Angekl. gelangt. Er war vielmehr zunächst sogar amtlich tätig geworden. Der 1. StS hat in BGHSt. 4, 167 [169] dahingestellt gelassen, ob eine nur außerdienstliche Kenntnis die Pflicht zur Strafverfolgung begründet. Diese Frage läßt sich nicht allgemein für alle Fälle der außerdienstlichen Kenntnis von einer strafbaren Handlung entscheiden. Der gemeinschaftliche Raub H.s, K.s und H.s war ein schweres Verbrechen, das „die Belange der Öffentlichkeit und der Volksgesamtheit in besonderem Maße berührte" (vgl. RGSt. 70, 251 [252]). In einem solchen Falle ergibt sich aus der Aufgabe des Kriminalpolizeibeamten, strafbare Handlungen im Interesse der öffentlichen Ordnung zu verfolgen, jedenfalls in der Regel die Amtspflicht, auch eine nur außerdienstlich erhaltene Nachricht über bisher unbekannte Mittäter an seine Behörde weiterzugeben. Es braucht hier nicht entschieden zu werden, ob diese Verpflichtung ausnahmslos besteht. Es mag sich die Auffassung vertreten lassen, es heiße die Anforderungen an den Strafverfolgungsbeamten überspannen und die Bindungen von Mensch zu Mensch zu gering achten, wenn man in jedem Falle die dienstliche Weitergabe des ihm außerdienstlich aus persönlichen Gründen Anvertrauten unbedingt verlange und die Unterlassung stets mit der schweren Strafe des § 346 StGB ahnde. Auch der Strafverfolgungsbeamte kann in Zweifel kommen, ob er außerhalb seines Dienstes als Beamter handeln oder als Mensch Rücksicht üben und schweigen soll. Dann mag es die Achtung vor seiner Menschenwürde und seiner Persönlichkeit (vgl. Art. 1 Abs. 1 Art. 2 Abs. 1 GG) unter Umständen erfordern, ihm die Freiheit der sittlichen Entscheidung zu lassen.".

- Zweckförderliche Reihenfolge der Inanspruchnahme von Beschuldigten, Verdächtigen, Zeugen, anderen Personen, Dritten;
- Auswahl aus mehreren gleichgeeigneten nichtverdächtigen Zeugen oder Dritten;

o Maßnahmengestaltungs-„Ermessen" ist grundsätzlich gegeben, vgl. auch § 127a StPO; §§ 153-154f StPO; §§ 155a, b StPO; § 163a Abs. 4 StPO bzw. § 163 Abs. 3-7 StPO bzgl. der Belehrungsentscheidung.

Gegebenes **Ermessen** ist

- allgemein, vgl. § 3 PolG (NRW)/§§ 22, 40 VwVfG (NRW)/§§ 47, 53 Abs. 1 S. 1 OwiG
- oder per Rechtsnorm-Wortlaut („kann", „darf", „ist befugt", „soll")
- eingeräumter Entscheidungsspielraum auf der Rechtsfolgenseite
- als **Entschließungsermessen** = Einschreitentscheidung (Ob), **Auswahlermessen** = Inanspruchnahmeauswahl (Wer), **Gestaltungsermessen**=Mittelauswahl (Wie)
- bei Vorliegen der Tatbestandsvoraussetzungen,
- der ausgeschöpft werden muss ohne **Ermessensfehler** (= Fehlgebrauch, Überschreitung, Unterschreitung),
- soweit nicht gegeben ist:
  - o **intendiertes Ermessen** (= Regelmäßigkeit einer Maßnahme außer im Ausnahmefall oder in besonderen Einzelfällen, z.B. bei Gesetzeswortlaut „soll"),
  - o **Ermessensreduzierung** [gen Null] (= Reduzierung der Maßnahmemöglichkeiten)
  - o **Ermessensreduzierung auf Null** (= Reduktion auf nur noch eine Maßnahme)[661].

**Adressatenauswahlentscheidungen**[662] zwischen mehreren potentiellen Adressaten sind unter Abwägung aller Umstände des einzelnen Falls im Sinne eines größtmöglichen wechselseitigen

---

[661] BVerwG, Urteil vom 26.10.2017 (Bestätigung von Internetverbot für 2 Glücksspielarten) – BVerwG 8 C 14.16, Rn. 21 f.: „Bei einer **Ermessensreduzierung auf Null** hat die Behörde keine Handlungsalternativen mehr, zwischen denen sie nach Zweckmäßigkeitsgesichtspunkten auswählen kann. Sie muss vielmehr in allen Fällen, in denen eine Reduzierung des Entschließungsermessens eingetreten ist, einschreiten. Daher muss sie für ihr Einschreiten gegen einen Ordnungspflichtigen regelmäßig keinen - weiteren - Sachgrund anführen. Begründungsbedürftig ist vielmehr allenfalls ein vorübergehendes Absehen von einem Einschreiten. Sachgründe, die geeignet sind, ein vorübergehendes Absehen von einem an sich sofort gebotenen Einschreiten zu rechtfertigen, können mangelnde personelle Ressourcen, aber auch der Wunsch der Behörde sein, zunächst ein Musterverfahren durchzuführen, um ihre Rechtsansicht gerichtlich überprüfen zu lassen. Entscheidet eine Behörde sich, den Einsatz ihrer begrenzten Ressourcen, die kein gleichzeitiges Einschreiten gegen alle Störungen ermöglichen, an einem Plan auszurichten, muss sie sich, um Art. 3 Abs. 1 GG nicht zu verletzen, an ihn halten. Fehlt es an einem Plan, so genügt es, dass sich ein Einschreiten der Behörde nicht als willkürlich darstellt. Dafür reicht es beispielsweise aus, wenn die Behörde Anhaltspunkten für Gesetzesverstöße nachgeht und einschreitet, sobald sie im regulären Gang der Verwaltung die Überzeugung gewonnen hat, dass die Voraussetzungen für ein Einschreiten gegeben sind (vgl. zu Bauordnungsverfügungen: BVerwG, Beschluss vom 11. März 1991 - 4 B 26.91 - juris Rn. 5). Sie ist vor dem Gleichheitsgebot nicht gehalten, ein Handlungskonzept für die zeitliche Reihenfolge des Einschreitens gegen mehrere Störungen aufzustellen oder gar Störungen, für die ein Einschreiten in Betracht kommt, zu ermitteln, um dann gestuft nach der Schwere der Verstöße einzuschreiten.".

[662] Zu Auswahlentscheidungsaufbau / Auswahlentscheidungsdarstellung: auch anhand der Rechtsprechung (z.B. im Versammlungsrecht) ist erkennbar, wie Fragen der Fallbearbeitungspunkte Inanspruchnahme/Adressierung, (Auswahl-)Ermessen, Verhältnismäßigkeit (Erforderlichkeit/Angemessenheit) ineinander übergehen – ähnlich wie dies sein kann bei den Fallbearbeitungspunkten Gestaltungsermessen und Verhältnismäßigkeit (Erforderlichkeit). Adressierungsentscheidungen / Adressatenauswahlentscheidungen zwischen mehreren potentiellen Adressaten können – (nur) bei gegebenem Auswahlermessen (!) – alternativ zum Fallbearbeitungspunkt Inanspruchnahme/Adressierung beim Fallbearbeitungspunkt

Ausgleichs nach Art praktischer Konkordanz[663] zu treffen, wobei Umstände zu berücksichtigen sind wie insbesondere

- Gefahrenverursachung / Tatverdachtsverursachung[664];
- Gefahrengrad (wie etwa drohende Gefahr, konkrete Gefahr, gegenwärtige Gefahr, dringende Gefahr, unmittelbare Gefährdung) / Tatverdachtsgrad;

---

Auswahlermessen (end-)bearbeitet werden – unter Berücksichtigung von bestimmten Aspekten wie diesen: Beim Fallbearbeitungspunkt Inanspruchnahme sollten wenigstens alle grundsätzlichen Inanspruchnahmemöglichkeiten aufgeführt werden, wenn nicht der Punkt Inanspruchnahme/Adressat leer bleiben bzw. unbearbeitet erscheinen soll. Die Bearbeitung gegebenen Auswahlermessens exklusiv beim Fallbearbeitungspunkt des Auswahlermessens kann einerseits zur Darstellung größerer begrifflicher Präzision führen, andererseits zu mehr aufgeteilter bzw. zu mehr zerteilter Darstellung. Danach sollte die bei gegebenem Auswahlermessen alternativ mögliche Bearbeitung entweder beim Fallbearbeitungspunkt Inanspruchnahme/Adressierung oder beim Fallbearbeitungspunkt Ermessen insbesondere erfolgen in Abwägung von Darstellungserfordernissen und thematischer Nähe bzw. Entscheidungsrelevanz beim jeweiligen Fallbearbeitungspunkt.

[663] Zum Begriff „**Praktische Konkordanz**" (vom Lateinischen concordatio, zu Deutsch: Übereinstimmung, Versöhnung): BVerfGE 148, 296 (Verfassungsmäßigkeit des Beamtenstreikverbots) = BVerfG, Urteil des Zweiten Senats vom 12.06.2018 – 2 BvR 1738/12, Rn. 139, 157: Konkret-zuordnende ausdrückliche Entscheidung im Rahmen von dem „die Verfassungsinterpretation leitenden Prinzip der Einheit der Verfassung" [**Verfassungseinheit**, P. B.] durch „systematische" und „teleologische Auslegung": „kollidierendes Verfassungsrecht", auch „Strukturprinzipien" wie Art. 33 Abs. 5 GG, grundsätzlich in „**Verhältnismäßigkeitsprüfung**" – ohne „vorschnelle und nur abstrakte **Güterabwägung**": nämlich derart, dass „kollidierende Verfassungsrechtspositionen in ihrer Wechselwirkung zu erfassen und so in Ausgleich zu bringen sind, dass sie für alle Beteiligten möglichst weitgehend wirksam werden"; prägend bzgl. der Begrifflichkeit „**praktische Konkordanz**" im öffentlichen Recht: *Hesse*, Grundzüge des Verfassungsrechts der Bundesrepublik Deutschland, Rn. 72: „Rn. 72: „In engem Zusammenhang damit [Rn. 71: „Prinzip der Einheit der Verfassung" / **Verfassungseinheit**, P. B.] steht das Prinzip ***praktischer Konkordanz*** [Fußnote zu Quellen der Sache nach, P. B.]: verfassungsrechtlich geschützte Rechtsgüter müssen in der Problemlösung einander so zugeordnet werden, daß jedes von ihnen Wirklichkeit gewinnt. Wo Kollisionen entstehen, darf nicht in vorschneller ‚**Güterabwägung**' oder gar abstrakter ‚**Wertabwägung**' eines auf Kosten des anderen realisiert werden [Fußnote]. Vielmehr stellt das Prinzip der Einheit der Verfassung [**Verfassungseinheit**, P. B.] die Aufgabe einer Optimierung: *beiden* Gütern müssen Grenzen gezogen werden, damit beide zu optimaler Wirksamkeit gelangen können. Die Grenzziehungen müssen daher im jeweiligen konkreten Falle verhältnismäßig sein; sie dürfen nicht weiter gehen als es notwendig ist, um die Konkordanz beider Rechtsgüter herzustellen. ‚**Verhältnismäßigkeit**' bezeichnet in diesem Zusammenhang eine Relation zweier variabler Größen, und zwar diejenigen, die jener Optimierungsaufgabe am besten gerecht wird, nicht eine Relation zwischen einem konstanten ‚Zweck' und einem oder mehreren variablen ‚Mitteln'. Sie wird deutlich etwa an der (mißverständlich so bezeichneten) ‚**Wechselwirkung**' von Meinungsfreiheit und begrenztem allgemeinem Gesetz in Art. 5 GG [Fußnote]: es geht um **praktische Konkordanz** durch ‚verhältnismäßige' Zuordnung der Meinungsfreiheit einer-, der durch ‚allgemeine Gesetze' geschützten Rechtsgüter anderseits. Darüber, was im einzelnen Fall verhältnismäßig *ist*, sagt das Prinzip nichts; es weist jedoch als in der Verfassung enthaltene und darum verbindliche Direktive die **Richtung** und es bestimmt das **Verfahren**, in denen eine verfassungsmäßige Lösung allein gesucht werden darf. – ‚**Güterabwägung**' entbehrt für ihre Wertungen einer solchen Direktive; ihr fehlt nicht nur der stützende Halt, sondern sie gerät auch stets in die Gefahr, die Einheit der Verfassung preiszugeben. Gleiches gilt, wenn das Verhältnis von verfassungsrechtlichen Freiheitsgewährungen und -beschränkungen im Sinne einer *Ausgangsvermutung zugunsten der* ***Freiheit*** (in dubio pro libertate) bestimmt wird, weshalb es nicht möglich ist, in dieser Vermutung ein Prinzip der **Verfassungsinterpretation** zu erblicken [Fußnote].".

[664] Zur Verursachung siehe auch Buch 1, Abschnitt 3, Unterabschnitt 3, Titel 4, Untertitel 2.

- Gefahrenverursachungsart (einschließlich ihrer Vermeidbarkeit und Verhütbarkeit) / Tatverdachtsart (einschließlich des Tatverdachtsbezugs, also der mutmaßlichen Tat);
- Gefahrenverursachungsgrund / Tatverdachtsgrund (einschließlich Selbstveranlassung oder Fremdveranlassung/Zweckveranlassung);
- Gefahrenverursachungszweck (vgl. z.B. § 21 VersG) / Tatverdachtsermittlungszweck;
- **Prioritätsgrundsatz** (grundsätzlicher Berechtigungsvorrang der zuerst rechtmäßig agierenden Person oder Personenmehrheit in einer Personenrelation oder Personenmehrheitsrelation)[665];
- Folgewirkungen jeweiliger Adressierung (nach Art des teleologischen Auslegungsansatzes).

**(Auswahl-)Ermessensausübungs-Beispiel** mit möglichen Gründen am Beispiel eines von zwei Fahrzeugen zugeparkten dritten Fahrzeugs in einer Lage, in der das Entfernen eines der zwei zuparkenden Fahrzeuge zur Gefahrenabwehr ausreicht:

- Möglichkeiten des Entfernens (nach Abschleppmöglichkeit; Zugriffsmöglichkeit);
- Standort der jeweiligen Fahrzeuge/Intensität des jeweiligen Parkens (an sich erlaubtes Parken/nicht platzsparendes Parken/Parkverbot/Halteverbot/absolutes Halteverbot);
- Zeitpunkt und Dauer des Zuparkens der jeweiligen Fahrzeuge (Bekanntheit der Reihenfolge des Parkens der Fahrzeuge);
- aktuelle Interessen für das jeweilige Zuparken (Arztbesuch/Einkauf/Freundesbesuch/Lieferung/Reparatur);
- Leistungsfähigkeit der Fahrzeugführer/Fahrzeughalter (Anschein nach Lage der Dinge/Auto/Finanzen/Wohnort);
- Historie bezüglich der Fahrzeugführer/Fahrzeughalter (z.B.: Verlauf von Erreichbarkeitsversuchen; Verkehrsdelikte).

**Ermessensfehlerfreie Entscheidung** ist Entscheidung ohne **Ermessensfehler** / fehlerhafte Ermessenausübungen, die wie folgt möglich sind:

- **Ermessensfehlgebrauch**: Ausnutzen des Entscheidungsspielraums aus sachwidrigen Gründen (vgl. § 40 Fall 1 VwVfG, § 114 S. 1 Fall 2 VwGO: Ermessensausübung gegen den „Zweck der Ermächtigung").
  Beispiel: Der Tatbestandskatalog für Verkehrsordnungswidrigkeiten gibt norminterpretierend Regelsätze und verkehrsbezogene Kriterien für die Bemessung von Verwarnungs- und Bußgeldern im Regelfall vor. Der Amtswalter sieht bei einem Regelfall einer Rotlichtfahrt von Sanktionen ab und begründet dies damit, dass er einen guten Tag hat oder rein mit Fehlen von Sympathie (anders mag es liegen bei entsprechend ermessensgerechter Begründung zu Uneinsichtigkeit anzeigender Unfreundlichkeit oder Aggression des Verkehrsteilnehmers).
- **Ermessensüberschreitung**: Überschreiten des Entscheidungsspielraums (vgl. § 40 Fall 2 VwVfG, § 114 S. 1 Fall 1 VwGO: Nichteinhaltung der „gesetzlichen Grenzen des Ermessens"[666]).

---

[665] Vgl. *Eike von Repgow*, Sachsenspiegel (zwischen 1220 und 1235): „Die ok irst to der molen kumt, die sal erst malen" (mittelniederdeutsch zur Entstehungszeit, zu aktuellem Hochdeutsch: „Wer zuerst zur Mühle kommt, soll als erster mahlen" – „Wer zuerst kommt, mahlt zuerst.").

[666] **Verhältnismäßigkeit** ist – wie andere Rechtmäßigkeitsvoraussetzungen – eine rechtliche Grenze des Ermessens i.S.d. § 40 VwVfG NRW, aber nicht dieses selbst (vgl. BVerwGE 147, 81 = BVerfG, Urteil vom 20.06.2013 – BVerwG 8 C 46.12, Rn. 42: „Aus dem Verhältnismäßigkeitsgebot, das die Behörde als

Beispiel: Anordnung oder Durchführung einer nicht vom Gesetz vorgesehenen Rechtsfolge, etwa wie folgt: Gemäß § 53 Abs. 1 PolG NRW wird das Zwangsgeld auf mindestens fünf und höchstens zweitausendfünfhundert Euro schriftlich festgesetzt. Die Behörde setzt es auf 4 Euro oder auf 2501 Euro fest.

- **Ermessensunterschreitung** (einschließlich **Ermessensnichtgebrauch** = **Ermessensausfall**): Nichtausüben des Entscheidungsspielraums (z.B. wegen Nichterkennen des Ermessens oder Nichtwürdigung von Aspekten).
  Beispiel: Behörde sieht sich gezwungen, ohne Würdigung von Ermessenaspekten eine ganz bestimmte Rechtsfolge zu setzen, etwa, weil Amtswalter den Entscheidungsspielraum nicht erkennt. Darauf hindeuten können Begründungen wie: „Das gibt das Gesetz/der Tatbestandskatalog für alle diese Fälle zwingend so vor. / Da sind uns die Hände gebunden. / Da können wir nichts machen. Da brauchen wir gar nicht zu überlegen."

**Gleichheitsgrundrechteröffnung** im Sinne des Art. 3 GG[667] ist grundsätzlich immer dann durch eine **Ungleichbehandlung** gegeben, wenn mindestens zwei unter einen gemeinsamen Oberbegriff/Vergleichspunkt[668] fallende, vergleichbare, wesentlich gleiche Sachverhalte (Sachverhaltsgleichsetzbarkeit) im Zuständigkeitsbereich desselben Hoheitsträgers (Zuständigkeitsgleichheit) durch Ungleichbehandlung betroffen sind – zunächst unabhängig von Rechtfertigung oder Nichtrechtfertigung der Ungleichbehandlung.[669] **Gerechtfertigte**

---

rechtliche Grenze des Ermessens beachten muss, [...]"; vgl. auch die gesetzliche Trennung wie in §§ 2, 3 PolG NRW, §§ 15, 16 OBG NRW.

667 Vgl. auch Art. 142 GG i.V.m. Art. 4 Abs. 1 Verfassung NRW; Art. 9 S. 1 EUV („Die Union achtet in ihrem gesamten Handeln den **Grundsatz der Gleichheit ihrer Bürgerinnen und Bürger**, denen ein gleiches Maß an Aufmerksamkeit seitens der Organe, Einrichtungen und sonstigen Stellen der Union zuteil wird."); Titel III (Art. 20-26) EU-GR-Charta („**Gleichheit**"), insbesondere auch: Art. 20, 21, 23, 25, 26, 34, 35 EU-GR-Charta; Art. 21 EU-GR-Charta (**allgemeines EU-Diskriminierungsverbot**); Art. 18 AEUV i.V.m. Art. 21 EU-GR-Charta (**EU-Staatsangehörigkeits-Diskriminierungsverbot**: Verbot der Diskriminierung aus Gründen der Staatsangehörigkeit im Anwendungsbereich der EU-Verträge unbeschadet besonderer Bestimmungen); Art. 14 EMRK (**allgemeines Diskriminierungsverbot**); Art. 5 Protokoll Nr. 7 EMRK (**Ehegattengleichberechtigung**), Protokoll Nr. 12 EMRK („über das Diskriminierungsverbot"); Art. 2 Abs. 1 IPbpR (UN-Zivilpaktrechtediskriminierungsverbot), Art. 4 Abs. 1 IPbpR (**Notstandsdiskriminierungsverbot**), Art. 14 Abs. 1 S. 1 IPbpR (**Gleichheit vor Gericht**), Art. 20 Abs. 2 IPbpR (**Diskriminierungsaufstachelungsverbot**), Art. 24 Abs. 1 IPbpR (**Kinderdiskriminierungsverbot**), Art. 25 IPbpR (**Staatsbürgerdiskriminierungsverbot**), Art. 26 IPbpR (allgemeines Diskriminierungsverbot); Art. 2 Abs. 2 IPwskR (UN-Sozialpaktrechtediskriminierungsverbot); Art. 10 Nr. 3 IPwskR (**Kinder- und Jugendlichendiskriminierungsverbot**).

668 Vgl. zum Oberbegriff/Vergleichspunkt im Sinne des Art. 3 GG das Lateinische „Tertium comparationis", zu Deutsch: „Drittes des Vergleichs".

669 BVerfGE 138, 136, 180 (Erbschaftssteuer) = BVerfG, Urteil des Ersten Senats vom 17.12.2014 – 1 BvL 21/12 –, B. III. 1. a), Rn. 121: „Art. 3 Abs. 1 GG gebietet, alle Menschen vor dem Gesetz gleich zu behandeln. Das hieraus folgende Gebot, wesentlich Gleiches gleich und wesentlich Ungleiches ungleich zu behandeln, gilt für ungleiche Belastungen und ungleiche Begünstigungen (vgl. BVerfGE 121, 108 [119]; 121, 317 [370]; 126, 400 [416]). Verboten ist daher auch ein **gleichheitswidriger Begünstigungsausschluss**, bei dem eine Begünstigung einem Personenkreis gewährt, einem anderen Personenkreis aber vorenthalten wird (vgl. BVerfGE 116, 164 [180]; 121, 108 [119]; 121, 317 [370]; 126, 400 [416]). Dabei verwehrt Art. 3 Abs. 1 GG dem Gesetzgeber nicht jede Differenzierung. Differenzierungen bedürfen jedoch stets der Rechtfertigung durch Sachgründe, die dem Ziel und dem Ausmaß der Ungleichbehandlung angemessen sind. Dabei gilt ein stufenloser am Grundsatz der Verhältnismäßigkeit orientierter verfassungsrechtlicher Prüfungsmaßstab, dessen Inhalt und Grenzen sich nicht abstrakt, sondern nur nach den

**Ungleichbehandlung** im Sinne des Art. 3 GG ist gegeben entweder bei (irgendeinem) sachlichen Ungleichbehandlungsgrund ohne Willkür („**Willkürformel**")[670] oder insbesondere im Fall personenbezogener Ungleichbehandlungen bei Fehlen von nach Art und Gewicht (im Sinne von Verhältnismäßigkeit) ausreichenden Ungleichbehandlungsgründen („**Neue Formel**")[671].[672] **Gleichheitsgrundrechtsbetroffenheit** im Sinne des Art. 3 GG ist – unabhängig von der **Maßnahmenrichtung** (etwa in Bezug auf Persönlichkeit, Leben, Körper, Bewegung, Glauben, Meinung, Medien, Kunst, Wissenschaft, Ehe und Familie, Schule, Versammlung, Vereinigung, Brief, Post, Fernmeldung, Freizügigkeit, Beruf, Wohnung, Eigentum, Staatsangehörigkeit, Asyl, Petition, Rechtsweg) – im Rahmen von Sachverhaltsgleichsetzbarkeit und Zuständigkeitsgleichheit potentiell regelmäßig gegeben bei erkennbaren, erheblichen Beziehungen derselben Maßnahme zwischen einem Grundrechtsträger und mindestens einem weiteren Grundrechtsträger. **Ungleichbehandlungsbearbeitung** kann außerhalb von Grundrechten außerdem i.d.R. grundsätzlich auch als Ermessensfrage i.V.m. den Grundrechten oder als Verhältnismäßigkeitsfrage bearbeitet werden; ein Gleichbehandlungsgebotsverstoß gegen Art. 3 GG – etwa gegen das grundsätzliche **Differenzierungsverbot / Diskriminierungsverbot** des Art. 3

---

jeweils betroffenen unterschiedlichen Sach- und Regelungsbereichen bestimmen lassen (vgl. BVerfGE 75, 108 [157]; 93, 319 [348 f.]; 107, 27 [46]; 126, 400 [416]; 129, 49 [69]; 132, 179 [188 Rn. 30]).".

670 **Willkürformel**: BVerfGE 1, 14 52 (Südweststaat) = BVerfGE, Urteil des Zweiten Senats vom 23.10.1951 – 2 BvG 1/51 –, E. 10a), Rn. 136: „Der Gleichheitssatz ist verletzt, wenn sich ein vernünftiger, sich aus der Natur der Sache ergebender oder sonstwie sachlich einleuchtender Grund für die gesetzliche Differenzierung oder Gleichbehandlung nicht finden läßt, kurzum, wenn die Bestimmung als willkürlich bezeichnet werden muß.".

671 „**Neue Formel**" gegenüber der „Willkürformel": BVerfGE 55, 72, 88 (Präklusion I) = BVerfGE, Beschluss des Ersten Senats vom 07.10.1980 – 1 BvL 50, 89/79, 1 BvR 240/79, B. II. 1., Rn. 61: „Demgemäß ist dieses Grundrecht vor allem dann verletzt, wenn eine Gruppe von Normadressaten im Vergleich zu anderen Normadressaten anders behandelt wird, obwohl zwischen beiden Gruppen keine Unterschiede von solcher Art und solchem Gewicht bestehen, daß sie die ungleiche Behandlung rechtfertigen könnten (vgl. BVerfGE 22, 387 [415]; 52, 277 [280]).".

672 BVerfGE 138, 136, 180 f. (Erbschaftssteuer) = BVerfG, Urteil des Ersten Senats vom 17.12.2014 – 1 BvL 21/12 –, B. III. 1. a), Rn. 122: „Hinsichtlich der verfassungsrechtlichen Anforderungen an den die Ungleichbehandlung tragenden Sachgrund ergeben sich aus dem allgemeinen Gleichheitssatz je nach Regelungsgegenstand und Differenzierungsmerkmalen unterschiedliche Grenzen für den Gesetzgeber, die von gelockerten auf das Willkürverbot beschränkten Bindungen bis hin zu strengen Verhältnismäßigkeitserfordernissen reichen können (vgl. BVerfGE 117, 1 [30]; 122, 1 [23]; 126, 400 [416]; 129, 49 [68]). Eine strengere Bindung des Gesetzgebers kann sich aus den jeweils betroffenen Freiheitsrechten ergeben (vgl BVerfGE 88, 87 [96]; 111, 176 [184]; 129, 49 [69]). Zudem verschärfen sich die verfassungsrechtlichen Anforderungen, je weniger die Merkmale, an die die gesetzliche Differenzierung anknüpft, für den Einzelnen verfügbar sind (vgl. BVerfGE 88, 87 [96]; 129, 49 [69]) oder je mehr sie sich denen des Art. 3 Abs. 3 GG annähern (vgl. BVerfGE 88, 87 [96]; 124, 199 [220]; 129, 49 [69]; 130, 240 [254]; 132, 179 [188 f. Rn. 31]).".

Abs. 3 GG[673] – kann i.d.R. grundsätzlich auch als Ermessensfehlgebrauch bearbeitet werden, vgl. § 40 VwVfG NRW („Grenzen").[674]

**Merkmal-Maßnahmenmotiv** – subjektiv geäußert oder objektiv erkennbar – kann Relevanz haben für das Auswahlermessen insbesondere wie folgt[675]:

---

[673] Ausdrückliches grundsätzliches **Ungleichbehandlungsverbot / Differenzierungsverbot / Ungleichbehandlungskriterienverbot / Ungleichbehandlungsmerkmalverbot / Differenzierungskriterienverbot / Differenzierungsmerkmalverbot** des Art. 3 Abs. 3 GG: „Niemand darf wegen seines Geschlechtes, seiner Abstammung, seiner Rasse, seiner Sprache, seiner Heimat und Herkunft, seines Glaubens, seiner religiösen oder politischen Anschauungen benachteiligt oder bevorzugt werden. Niemand darf wegen seiner Behinderung benachteiligt werden." Zu „**Rasse**" als Merkmal i.S.d. Art. 3 Abs. 3 S. 1 GG vgl. § 3b Abs. 1 Nr. 1, 4 AsylG; zu „**Heimat und Herkunft**" als Merkmal i.S.d. Art. 3 Abs. 3 S. 1 GG vgl. § 3b Abs. 1 Nr. 3, 4 AsylG; zu „**Glauben** [und] **religiösen** […] **Anschauungen**" als Merkmal i.S.d. Art. 3 Abs. 3 S. 1 GG vgl. § 3b Abs. 1 Nr. 2 AsylG; zu „**politischen Anschauungen**" als Merkmal i.S.d. Art. 3 Abs. 3 S. 1 GG vgl. § 3b Abs. 1 Nr. 5 AsylG; zu „**Behinderung**" als Merkmal i.S.d. Art. 3 Abs. 3 S. 2 GG vgl. § 2 SGB IX.

[674] So z.B. OVG NRW, Urteil des 5. Senats vom 07.08.2018 – 5 A 294/16 (**Diskriminierungsverbot, „Racial Profiling", Darlegungslast**), Ls. 3-6: „3. Eine nach Art. 3 Abs. 3 Satz 1 GG grundsätzlich verbotene Differenzierung liegt auch dann vor, wenn eine Maßnahme an ein dort genanntes Merkmal kausal, als (mit-)tragendes Kriterium (‚wegen') neben anderen Gründen in einem Motivbündel, anknüpft. 4. Insoweit besteht eine Rechtfertigungsmöglichkeit zum Schutz kollidierenden Verfassungsrechts. Dabei ist zu berücksichtigen, dass der Anknüpfung an die Merkmale des Art. 3 Abs. 3 Satz 1 GG stigmatisierende Wirkung zukommen kann, weshalb erhöhte Anforderungen an die Rechtfertigung eines entsprechenden Grundrechtseingriff [sic, P. B.] bestehen. 5. Die an ein solches Merkmal anknüpfende Behörde trifft eine erhöhte Darlegungslast, weshalb diese Berücksichtigung zum Schutz des kollidierenden Verfassungsguts erforderlich ist [Rn. 68-70, 74, P. B.]. 6. Eine ausschließliche Anknüpfung an die Hautfarbe ist bei den hier in Rede stehen polizeilichen Standardmaßnahmen grundsätzlich nicht rechtfertigungsfähig.".

Vgl. auch BVerfGE 144, 20, 207 f. (NPD-Parteiverbotsverfahren II 2013-2017 [NPD-Verbotsverfahren I 2001-2003: BVerfGE 107, 339 = BVerfG, Beschluss des Zweiten Senats vom 18.03.2003 - 2 BvB 1, 2, 3/01]) = BVerfG, Urteil des Zweiten Senats vom 17.01.2017 - 2 BvB 1/13 –, C. II. 1. c) bb), Rn. 541: „**Menschenwürde** ist egalitär; sie gründet ausschließlich in der Zugehörigkeit zur menschlichen Gattung, unabhängig von Merkmalen wie Herkunft, Rasse, Lebensalter oder Geschlecht (vgl. Isensee, in: Merten/Papier, HGRe, Bd. IV, 2011, § 87 Rn. 168). Dem Achtungsanspruch des Einzelnen als Person ist die Anerkennung als gleichberechtigtes Mitglied in der rechtlich verfassten Gemeinschaft immanent [Quellenangabe]. Mit der Menschenwürde sind daher ein rechtlich abgewerteter Status oder demütigende **Ungleichbehandlungen** nicht vereinbar [Quellenangabe]. Dies gilt insbesondere, wenn derartige Ungleichbehandlungen gegen die **Diskriminierungsverbote** des Art. 3 Abs. 3 GG verstoßen, die sich – ungeachtet der grundsätzlichen Frage nach dem **Menschenwürdegehalt der Grundrechte** (vgl. hierzu BVerfGE 107, 275 <284>) – jedenfalls als Konkretisierung der Menschenwürde darstellen.".

[675] Das Folgende einschließlich Voraussetzungen ausnahmsweiser Ungleichbehandlungsrechtfertigung nach: OVG NRW, Urteil des 5. Senats vom 07.08.2018 – 5 A 294/16 (**Diskriminierungsverbot, „Racial Profiling", Darlegungslast**), Ls. 3-6: „3. Eine nach Art. 3 Abs. 3 Satz 1 GG grundsätzlich verbotene Differenzierung liegt auch dann vor, wenn eine Maßnahme an ein dort genanntes Merkmal kausal, als (mit-)tragendes Kriterium (‚wegen') neben anderen Gründen in einem Motivbündel, anknüpft. 4. Insoweit besteht eine Rechtfertigungsmöglichkeit zum Schutz kollidierenden Verfassungsrechts. Dabei ist zu berücksichtigen, dass der Anknüpfung an die Merkmale des Art. 3 Abs. 3 Satz 1 GG stigmatisierende Wirkung zukommen kann, weshalb erhöhte Anforderungen an die Rechtfertigung eines entsprechenden Grundrechtseingriff [sic, P. B.] bestehen. 5. Die an ein solches Merkmal anknüpfende Behörde trifft eine erhöhte Darlegungslast, weshalb diese Berücksichtigung zum Schutz des kollidierenden Verfassungsguts erforderlich ist [Rn. 68-70, 74, P. B.]. 6. Eine ausschließliche Anknüpfung an die Hautfarbe ist bei den hier in Rede stehen polizeilichen Standardmaßnahmen grundsätzlich nicht rechtfertigungsfähig.".

Bei einer Verbindung von Maßnahme und Merkmal i.S.d. Art. 3 Abs. 3 S. 1 GG ist möglicher Auswahlermessensfehler: Ermessensfehlgebrauch.

Beim Merkmal-Maßnahmemotiv ist gegeben: Eine Differenzierung nach Art. 3 Abs. 3 S. 1 GG bei kausaler Maßnahme-Merkmal-Verbindung i.S. Art. 3 Abs. 3 S. 1 GG („wegen“); auch bei einer Maßnahmen-Merkmal-Verbindung als (mit-)tragendes Kriterium („wegen“) in Motivbündel.

Eine Differenzierung i.S.d. Art. 3 Abs. 3 S. 1 GG ist nicht gegeben

- bei Feststellbarkeit offensichtlicher Motiv-Irrelevanz eines Merkmals oder aller Merkmale i.S.d. Art. 3 GG;
- bei Nichtfeststellbarkeit eines Maßnahmen-Motivs i.S.d. Art. 3 Abs. 3 S. 1 GG, wenn – nach OVG NRW – „mit anderen Worten die Entscheidung auch ohne [jenes Merkmal] zwingend identisch ausfallen musste“.

Es kann nicht geben gemäß allgemeinen Ermessensgrundsätzen: Ermessenfehlerfreiheit wegen hypothetischen Ersatzeingriffs.

Es kann ausnahmsweise geben: Rechtfertigungsmöglichkeit bei einem Merkmal-Maßnahmemotiv i.S.d. Art. 3 GG durch: andere Verfassungswerte oder verfassungsimmanente Rechte sowie Rechtsgüter.

Es kann grundsätzlich nicht geben: Rechtfertigungsfähigkeit ausschließlicher Hautfarbe-Anknüpfung bei polizeilichen Maßnahmen.

Es kann grundsätzlich geben: Rechtfertigungsmöglichkeit, wenn die Anknüpfung an die Hautfarbe nur ein Motiv in einem Motivbündel ist.

(Die) Voraussetzungen der ausnahmsweisen **Ungleichbehandlungsrechtfertigung / Differenzierungsrechtfertigung** u.a. „wegen“ eines Merkmals i.S.d. Art. 3 GG (sind gegeben wie folgt):

- Vorliegen belastbarer Anhaltspunkte für eine bestimmte Merkmal-Relevanz- und -Erforderlichkeit, etwa eine „bestimmte äußerlich erkennbare Tätergruppe“;
- erhöhte **Darlegungslast** bzgl. Erforderlichkeit gerade der Maßnahmen-Merkmal-Verbindung zur effektiven Aufgabenwahrnehmung, etwa durch „konkret geschilderte Erkenntnisse“ anhand nachvollziehbarer „Erkenntnismittel“, etwa durch Lagebilder zu Ort, Situation, Delinquenz bestimmter Zielgruppen; nicht unbedingt durch „Statistiken“, die im Fall ihrer Vorlage zur Voraussetzung haben, dass schon bei ihrer Erstellung „Vorurteile reproduzierende Verzerrungseffekte ausgeschlossen werden.“ Zu Lasten der Behörde geht ihr Vortrag zu einem klageerhebungsmöglichen Zeitraum, es sei nicht mehr nachvollziehbar, ob zum Maßnahmenzeitpunkt schriftliche Lagebilder oder sonstige schriftliche Lageerkenntnisse vorlagen.

**Ermessensentscheidung mit mehreren Ermessenerwägungen / Gründen** als Begründungsstütze ist grundsätzlich allgemein dann rechtmäßig, wenn – neben Einhaltung aller weiteren Rechtmäßigkeitsvoraussetzungen – nur einer der herangezogenen Gründe sie trägt, es sei denn, dass nach dem Ermessen der Behörde nur alle Gründe zusammen die Entscheidung rechtfertigen sollen.[676]

[676] OVG NRW, Urteil des Ersten Senats vom 07.04.2017 – 11 A 2068/14 (Sondernutzungserlaubnis nach § 18 Abs. 2 StrWG), Rn. 62, unter Vgl.-Verweis auf „etwa“ BVerwG, Urteil vom 19. Mai 1981 - 1 C 169.79 -, BVerwGE 62, 215 (222) = juris, Rn. 22, m. w. N. (Ausweisung Asylbewerber).

**Ermessensentscheidung mit Nachschieben von Ermessenserwägungen / Gründen** ist grundsätzlich allgemein rechtmäßig, wenn diese Gründe schon bei VA-Erlass vorlagen, der VA nicht durch ein Kerngründe-Auswechseln in seinem Wesen verändert und der Betroffene nicht in seiner Rechtsverteidigung beeinträchtigt wird.[677]

---

[677] BVerwGE 147, 81 = BVerwG, Urteil vom 20.06.2013 – BVerwG 8 C 46.12, Ls. 1: „Die Behörde muss eine **geplante Rechtsänderung** bei der Ermessensausübung nur berücksichtigen, wenn diese mit hinreichender Sicherheit zu einem bestimmten, absehbaren Zeitpunkt zu erwarten ist. Bei Gesetzesänderungen setzt dies regelmäßig einen Gesetzesbeschluss des Parlaments voraus.“, Ls. 2: „Ob ein **Nachschieben von Ermessenserwägungen** zulässig ist, bestimmt sich nach dem materiellen Recht und dem Verwaltungsverfahrensrecht. § 114 Satz 2 VwGO regelt lediglich, unter welchen Voraussetzungen derart veränderte Ermessenserwägungen im Prozess zu berücksichtigen sind (im Anschluss an das Urteil vom 13. Dezember 2011 - BVerwG 1 C 14.10 - BVerwGE 141, 253 ).“, Ls. 3: „**Verwaltungsakte mit Dauerwirkung** [**Dauerverwaltungsakte**] dürfen für die Zukunft auf neue Ermessenserwägungen gestützt werden.“; Rn. 32: „**Neue Gründe für einen Verwaltungsakt** dürfen nach dem allgemeinen Verwaltungsverfahrensrecht nur nachgeschoben werden, wenn sie schon bei Erlass des Verwaltungsakts vorlagen, dieser nicht in seinem Wesen verändert und der Betroffene nicht in seiner Rechtsverteidigung beeinträchtigt wird (stRspr, Urteile vom 14. Oktober 1965 - BVerwG 2 C 3.63 - BVerwGE 22, 215 <218> = Buchholz 232 § 32 BBG Nr. 14, vom 16. Juni 1997 - BVerwG 3 C 22.96 - BVerwGE 105, 55 <59> = Buchholz 316 § 39 VwVfG Nr. 25 und vom 29. Januar 2001 - BVerwG 11 C 3.00 - Buchholz 401.64 § 6 AbwAG Nr. 3). Diese Grundsätze gelten auch bei Verwaltungsakten mit Dauerwirkung wie der glücksspielrechtlichen Untersagungsverfügung, wenn deren Begründung für einen bereits abgelaufenen Zeitraum geändert werden soll. Dabei kann offenbleiben, ob eine solche rückwirkende Änderung ausscheidet, nachdem sich der Dauerverwaltungsakt endgültig erledigt hat [**Verwaltungsakterledigung**], also seinen Regelungsgegenstand für die Zukunft verloren hat und auch für die Vergangenheit keinerlei fortwirkende Folgen mehr aufweist. Jedenfalls kann auch ein Verwaltungsakt mit Dauerwirkung in Ansehung eines bereits abgelaufenen Zeitraums nicht mehr mit Ermessenserwägungen begründet werden, durch welche die ursprüngliche Ermessensentscheidung im Kern ausgewechselt wird [**Auswechseln von Ermessenserwägungen**] (vgl. Rennert, in: Eyermann, VwGO-Kommentar, 13. Auflage 2010, § 114 Rn. 89).“, Rn. 33: „Der Austausch wesentlicher Ermessenserwägungen [**Austausch von Ermessenserwägungen**] kann jedoch zulässig sein, soweit die Begründung der glücksspielrechtlichen Untersagung (nur) für die Zukunft geändert wird. Als Verwaltungsakt mit Dauerwirkung muss eine solche Untersagung einer Änderung der Sach- und Rechtslage Rechnung tragen. Sie ist deshalb auf eine Anpassung an jeweils neue Umstände angelegt und wird dadurch nicht zwangsläufig in ihrem Wesen verändert [**Verwaltungsaktwesensveränderung**]. So wie die Behörde die Untersagung mit neuer Begründung neu erlassen könnte, kann sie das Verbot auch mit geänderter Begründung für die Zukunft aufrechterhalten. Die Rechtsverteidigung des Betroffenen wird durch eine Änderung (nur) für die Zukunft nicht beeinträchtigt. Da für die rechtliche Beurteilung von Dauerverwaltungsakten grundsätzlich die jeweils aktuelle Sach- und Rechtslage maßgeblich ist, muss das Prozessverhalten des Betroffenen sich ohnehin auf zukunftsbezogene Veränderungen einstellen. Führt (erst) die Änderung der Begründung der Untersagung mit Wirkung für die Zukunft dazu, dass die bisherigen Erfolgsaussichten einer Klage entfallen, steht es dem Betroffenen frei, den Rechtsstreit durch Erledigungserklärung ohne eigene Kostenbelastung zu beenden (vgl. § 161 Abs. 2 VwGO), sofern er die Untersagung nicht - etwa als Rechtsgrundlage noch rückgängig zu machender Vollzugsmaßnahmen - für die Vergangenheit (gegebenenfalls: weiterhin) anfechten oder wegen eines berechtigten Feststellungsinteresses im Sinne des § 113 Abs. 1 Satz 4 VwGO zu einem Fortsetzungsfeststellungsantrag übergehen kann und will.“, Rn. 34: „Aus § 114 Satz 2 VwGO ergeben sich keine weitergehenden Anforderungen. Diese Vorschrift regelt nicht die Voraussetzungen für die materiell-rechtliche und verwaltungsverfahrensrechtliche Zulässigkeit des Nachschiebens von Ermessenserwägungen, sondern betrifft nur deren Geltendmachung im Prozess. Ihr Zweck ist es, klarzustellen, dass ein materiell- und verwaltungsverfahrensrechtlich zulässiges **Nachholen von Ermessenserwägungen** nicht an prozessualen Hindernissen scheitert (Urteile vom 5. Mai 1998 - BVerwG 1 C 17.97 - BVerwGE 106, 351 <364> = Buchholz 402.240 § 45 AuslG 1990 Nr. 13 und vom 13. Dezember 2011 a.a.O. <Rn. 11>).“, Rn. 35: „Kommt ein **Nachschieben von Ermessenserwägungen** nach dem Vorstehenden in Betracht, so muss dies allerdings genügend bestimmt geschehen. Das Erfordernis hinreichender **Bestimmtheit** ergibt sich aus § 37 Abs. 1 VwVfG und gilt als Ausprägung des Rechtsstaatsgebots (Art.

**Anspruch auf ermessensfehlerfreie Entscheidung** hat der Einzelne bei einem subjektivrechtlichen Anspruch auf ermessensfehlerfreie Entscheidung[678], in der Regel aus einer Rechtsnorm mit Anspruchsqualität.

**Anspruchsqualität von Rechtsnormen** (zum **Anspruch** vgl. § 194 Abs. 1 Hs. 1 BGB) ist für den Einzelnen grundsätzlich nur gegeben, wenn sie ein entsprechendes subjektives Recht enthalten, was bei öffentlich-rechtlichen Rechtsnormen gegeben ist, wenn sie zumindest auch dem Schutz der Rechte des Einzelnen zu dienen bestimmt sind, was für Rechtsnormen gilt, die das geschützte Recht sowie einen bestimmten und abgrenzbaren Kreis der hierdurch Berechtigten (nach Auslegung) erkennen lassen („**Drittschutz**"), nicht dagegen, wenn die Rechtsnorm ausschließlich Allgemeininteressen/öffentliche Interessen bezweckt (**Schutznormtheorie**[679]).

Beispiel für eine drittschützende Rechtsnorm mit grundsätzlicher Anspruchsqualität: § 8 Abs. 1 PolG NRW, vermittelt über das unter anderem Individualrechte und Individualrechtsgüter umfassende Merkmal „öffentliche Sicherheit".

**Ermessensfehlerfreie Entscheidung** ist eine Entscheidung ohne die möglichen Ermessensfehler Ermessensunterschreitung, Ermessensüberschreitung, Ermessensfehlgebrauch und kann zum Ergebnis haben:

- Nichtstun;
- Treffen irgendeiner Maßnahme (unabhängig von Beanspruchung einer bestimmten Maßnahme). Anspruch auf irgendeine Maßnahme kann der Einzelne haben bei Reduktion des Entschließungsermessens gegen oder auf Null;
- Treffen einer bestimmten (beanspruchten) Maßnahme. Anspruch auf eine bestimmte Maßnahme kann der Einzelne haben bei Reduktion des Gestaltungsermessens auf Null;
- Treffen irgendeiner oder einer bestimmten Maßnahme gegen einen bestimmten Adressaten/Betroffenen. Anspruch auf eine Maßnahme gegen einen bestimmten Adressaten/Betroffenen kann der Einzelne haben bei Reduktion des Auswahlermessens gegen oder auf Null.

**Gerichtliche Nachprüfung einer behördlichen Ermessensentscheidung** (vgl. § 114 VwGO) bezieht sich auf den Zeitpunkt der Ausübung des Ermessens, wenn sich aus dem materiellen Recht nichts Abweichendes ergibt.[680]

20 Abs. 3 GG) auch für die Änderung eines Verwaltungsakts einschließlich seiner Begründung. Wird die Änderung erst in einem laufenden Verwaltungsprozess erklärt, so muss die Behörde unmissverständlich deutlich machen, dass es sich nicht nur um prozessuales Verteidigungsvorbringen handelt, sondern um eine Änderung des Verwaltungsakts selbst. Außerdem muss deutlich werden, welche der bisherigen Erwägungen weiterhin aufrechterhalten und welche durch die neuen Erwägungen gegenstandslos werden. Andernfalls wäre dem Betroffenen keine sachgemäße Rechtsverteidigung möglich (Urteil vom 13. Dezember 2011 a.a.O. Rn. 18). Das wäre mit der Gewährleistung effektiven Rechtsschutzes nach Art. 19 Abs. 4 GG nicht zu vereinbaren.".

[678] BVerwGE 153, 246 (Auswahlentscheidung über amtergleiche Stellenbesetzung [Umsetzungskonkurrenz]) = BVerwG, Urteil vom 19.11.2015 – 2 A 6.13.

[679] Grundlegend: *Bühler*, Die subjektiven öffentlichen Rechte und ihr Schutz in der deutschen Verwaltungsrechtsprechung; ständige Rechtsprechung, zum Beispiel: BVerwGE 156, 180 (Einstellungshöchstaltersgrenze für Beamte in NRW) = BVerwG, Urteil vom 11.10.2016 – 2 C 11.15 - Rn. 27.

[680] BVerwG, Urteil vom 27.03.2019 – 6 C 2.18 (Videoüberwachung und Datenschutzrecht), Rn. 10: „vgl. zu einer solchen Ausnahme: BVerwG, Urteil vom 15. November 2007 - 1 C 45.06 – BVerwGE 130, 20 Rn. 14 ff.").

**Anspruch auf Strafverfolgung Dritter** lässt sich dem Grundgesetz grundsätzlich nicht entnehmen, noch weniger auf einzelne bestimmte einklagbare Maßnahmen, außer ausnahmsweise fallabhängig bei

- erheblichen **Straftaten gegen das Leben, die körperliche Unversehrtheit, die sexuelle Selbstbestimmung und die Freiheit der Person** der Fall sein, wenn der Einzelne nicht in der Lage ist, diese Straftaten abzuwehren und ein Verzicht auf die effektive Verfolgung solcher Taten zu einer Erschütterung des Vertrauens in das Gewaltmonopol des Staates und einem allgemeinen Klima der Rechtsunsicherheit und Gewalt führen kann;
- bei **Amtsträgerdelikten**, insbesondere wegen Möglichkeit der Erschütterung des Vertrauens in die Integrität staatlichen Handelns und Vermeidung des Anscheins, dass gegen Amtswalter des Staates weniger effektiv ermittelt wird oder dass insoweit erhöhte Anforderungen an eine Anklageerhebung gestellt werden;
- bei **Straftaten, bei denen sich die Opfer in einem „besonderen Obhutsverhältnis" der öffentlichen Hand befinden**, denn in dergestalt strukturell asymmetrischen Rechtsverhältnissen, die den Verletzten nur eingeschränkte Möglichkeiten lassen, sich gegen strafrechtlich relevante Übergriffe in ihre Rechtsgüter aus Art. 2 Abs. 2 GG zu wehren (z.B. im Maßregel- oder Strafvollzug), obliegt den Strafverfolgungsbehörden eine besondere Sorgfaltspflicht bei der Durchführung von Ermittlungen und der Bewertung der gefundenen Ergebnisse.[681]

Inanspruchnahme-, Ermessens-, Verhältnismäßigkeits-Aufbauvarianten gibt es in der Fallbearbeitungspraxis insbesondere wie folgt:

- vollständig getrennte Fallbearbeitung von Inanspruchnahme, Ermessen, Verhältnismäßigkeit, also auch ohne Bezüge, Verweise, Zusammenhänge;
- gemischte Fallbearbeitung von Inanspruchnahme, Ermessen, Verhältnismäßigkeit;
- teils getrennt, teils gemischte Fallbearbeitung von Ermessen und Verhältnismäßigkeit.

Gründe für jedenfalls teilweise getrennte Fallbearbeitung von Inanspruchnahme, Ermessen, Verhältnismäßigkeit:

- Systematik: separate Rechtsnormierung, vgl. zum Beispiel §§ 2, 3 PolG NRW und §§ 4-6 PolG NRW;
- Historie: unterschiedliche und separate historische Entwicklung in Rechtsgebieten, Gesetz und Rechtsprechung;
- Teleologie: Unschädlichkeit von jedenfalls teilweise getrennter Fallbearbeitung und Mehrwert aus freierem Ermessen bei Unterscheidung der Rechtsinhalte.

Jedenfalls teilweise getrennte, teilweise gemischte Fallbearbeitung bezüglich Inanspruchnahme, Ermessen, Verhältnismäßigkeit kann grundsätzlich ohne erhebliche andere Schwerpunkte wie folgt strukturiert sein:

Der gegebene Entscheidungsspielraum wird bei Fehlen entgegenstehender Anhaltspunkte ohne Ermessensfehler ausgeübt / mit Ermessensfehlern ausgeübt bzgl. folgender Ermessensarten:

- Entschließungsermessen:

Das Entschließungsermessen kann sogar gegen Null oder auf Null reduziert sein, insbesondere wegen:

  - Einschreitmöglichkeit;
  - Erheblichkeitsgrad von Gefahr oder Tatverdachten;

[681] BVerfG, Beschluss der 3. Kammer des Zweiten Senats vom 06.10.2014 - 2 BvR 1568/12 (Gorch Fock).

- Auswahlermessen:

siehe C. II.: Auswahlermessen wird abschließend beurteilt i.V.m. Fallbearbeitungspunkt C. II. (Inanspruchnahme);

- Gestaltungsermessen:

siehe C. III. 4.: Gestaltungsermessen wird abschließend beurteilt i.V.m. Fallbearbeitungspunkt C. III. 4. (Verhältnismäßigkeit)[682].

---

682 **Verhältnismäßigkeit** ist – wie andere Rechtmäßigkeitsvoraussetzungen – eine rechtliche Grenze des Ermessens i.S.d. § 40 VwVfG NRW, aber nicht dieses selbst (vgl. BVerwGE 147, 81 = BVerfG, Urteil vom 20.06.2013 – BVerwG 8 C 46.12, Rn. 42: „Aus dem Verhältnismäßigkeitsgebot, das die Behörde als rechtliche Grenze des Ermessens beachten muss, […]"; vgl. auch die gesetzliche Trennung wie in §§ 2, 3 PolG NRW, §§ 15, 16 OBG NRW.

**Verhältnismäßigkeit** ist Geeignetheit (= Eignung), Erforderlichkeit (≙ Gebotenheit / Notwendigkeit / Unerlässlichkeit / Aussichtslosigkeit oder wesentliche Erschwerung auf andere Weise / Aussichtslosigkeit oder weniger Erfolgsversprechung anderer Weise), Angemessenheit (= Verhältnismäßigkeit im engeren Sinne) der Maßnahme zu einem legitimen Zweck (= legitimes Ziel).[683]

**Legitimer Zweck** ist verfassungsgemäßer Zweck.

**Geeignetheit** ist Zweckförderungstauglichkeit.

**Möglichkeits-, Bestimmtheits-, Geeignetheits-Wechselwirkungen** können bestehen, insbesondere wie folgt:

- was tatsächlich unmöglich ist, ist in der Regel auch rechtlich unmöglich (zu verlangen, vgl. § 44 Abs. 2 Nr. 4 und 5 VwVfG NRW; vgl. auch §§ 275, 1673, 1674 BGB);

---

[683] Zum **Verhältnismäßigkeitsgrundsatz** (bei polizeilichen Maßnahmen: Verhältnismäßigkeitsgebot oder Verhältnismäßigkeitsregel) mit **Legitimer Zweck (Legitimes Ziel), Geeignetheit (Eignung), Erforderlichkeit (Gebotenheit / Notwendigkeit / Unerlässlichkeit), Angemessenheit (Verhältnismäßigkeit im engeren Sinn)** allgemein:

BVerfGE 19, 342, 348 f. (Wencker) = Beschluss des Ersten Senats vom 15.12.1965 – 1 BvR 513/65 –, Gründe III. 2., Rn. 17: „In der Bundesrepublik Deutschland hat der Grundsatz der Verhältnismäßigkeit verfassungsrechtlichen Rang. Er ergibt sich aus dem Rechtsstaatsprinzip, im Grunde bereits aus dem Wesen der Grundrechte selbst, die als Ausdruck des allgemeinen Freiheitsanspruchs des Bürgers gegenüber dem Staat von der öffentlichen Gewalt jeweils nur so weit beschränkt werden dürfen, als es zum Schutz öffentlicher Interessen unerläßlich [erforderlich / geboten / notwendig, P. B.] ist.“.

BVerfGK 19, 460 (Entscheidung über Strafrestaussetzung auch bei negativer Legalprognose) = BVerfG, Beschluss der 2. Kammer des Zweiten Senats vom 22.06.2012 – 2 BvR 22/12 –, Gründe IV. 1. a) aa), Rn. 15: „Kollidiert der Freiheitsanspruch der Person mit der Durchsetzung des staatlichen Strafanspruchs oder dem Erfordernis, die Allgemeinheit vor zu erwartenden Rechtsgutverletzungen zu schützen, sind beide Belange gegeneinander abzuwägen (vgl. BVerfGE 90, 145 <172>; 109, 133 <157>; 128, 326 <372 f.>). Dabei gebietet der Grundsatz der Verhältnismäßigkeit, dass die Freiheit der Person nur beschränkt werden darf, soweit dies im öffentlichen Interesse unerlässlich ist. Die verfassungsrechtlich gerechtfertigten Eingriffstatbestände haben insoweit auch eine freiheitsgewährleistende Funktion, da sie nicht nur den Eingriff in ein grundrechtlich geschütztes Interesse erlauben, sondern zugleich die äußersten Grenzen zulässiger Grundrechtseinschränkungen bestimmen (vgl. BVerfGE 70, 297 <307>; 75, 329 <341>; 126, 170 <195>).“.

BVerfGE 149, 160 (Vereinigungsverbot / „Internationale Humanitäre Hilfsorganisation e.V.“ / mittelbare Unterstützung der „Hamas“) = BVerfG, Beschluss des Ersten Senats vom 13.07.2018 – 1 BvR 1474/12 –, Rn. 102: Danach „gilt wie für jeden anderen Eingriff in Grundrechte […] der im Rechtsstaatsprinzip verankerte Grundsatz der Verhältnismäßigkeit, der hoheitliches Handeln zugunsten grundrechtlich geschützter Freiheit beschränkt.“.

BVerfG, Urteil des Ersten Senats vom 19.05.2020 – 1 BvR 2835/17 – (Ausland-Ausland-Fernmeldeaufklärung nach BNDG), E. II. 1. a), Rn. 141: Danach müssen Eingriffe/Ermächtigungen zu Eingriffen „einen legitimen Zweck [legitimes Ziel, P. B.] verfolgen, zur Erreichung des Zwecks geeignet, erforderlich und verhältnismäßig im engeren Sinne [angemessen, P. B.] sein (vgl. BVerfGE 67, 157 <173>; 120, 378 <427>; 141, 220 <265 Rn. 93>; stRspr).“.

Grundsätzliche gesetzliche Verhältnismäßigkeitsumschreibungen auch in Rechtsnormemn wie: § 2 PolG NRW, § 15 OBG NRW.

- was tatsächlich unmöglich ist, kann entweder nicht hinreichend bestimmt sein oder ist hinreichend bestimmt mangels mehr möglicher Bestimmbarmachung[684];
- was tatsächlich unmöglich oder nicht hinreichend bestimmt ist, kann auch nicht geeignet sein zur (legitimen) Zweckerreichung.

**Erforderlichkeit** (≙ Gebotenheit / Notwendigkeit / Unerlässlichkeit / Aussichtslosigkeit oder wesentliche Erschwerung auf andere Weise / Aussichtslosigkeit oder weniger Erfolgsversprechung anderer Weise) ist Nichtverfügbarkeit eines milderen (**Übermaßverbot**), gleich geeigneten (**Untermaßverbot**) Mittels (**Mittel**: Maßnahme und anderes **Verhalten**, also Handeln, Dulden, Unterlassen) zur Zweckförderung.

**Angemessenheit** (= Verhältnismäßigkeit im engeren Sinne) ist angemessenes Maß oder Verhältnis zwischen Zweck und Mitteln (zwischen Erhaltungsrechten und Eingriffsrechten).[685]

---

[684] BVerwG, Urteil vom 26.10.2017 – BVerwG 8 C 14.16 (Bestätigung von Internetverbot für 2 Glücksspielarten), Rn. 12: „Hinreichend bestimmt ist ein Verwaltungsakt dann, wenn der Adressat erkennen kann, was von ihm gefordert wird und wenn der Bescheid darüber hinaus geeignet ist, Grundlage für Maßnahmen zu seiner zwangsweisen Durchsetzung zu sein.“; OVG NRW, Beschluss des 13. Senats vom 22.10.2019 – 13 B 600/19, Rn. 36 f. (Zurückerstattung von Zwangsgeld durch die Bundesnetzagentur): „Das Verwaltungsgericht hat jedoch unberücksichtigt gelassen, dass ein Mangel inhaltlicher Bestimmtheit eines im Wege der Verwaltungsvollstreckung durchzusetzenden Verwaltungsakts grundsätzlich in jeder Lage des Vollstreckungsverfahrens zu beachten ist, selbst wenn der Verwaltungsakt bereits bestandskräftig und dementsprechend nicht mehr auf seine Rechtmäßigkeit hin zu überprüfen ist. Denn die für Einleitung und Durchführung der Verwaltungsvollstreckung erforderliche konkrete Feststellung, dass der Pflichtige seine Verpflichtung aus dem Verwaltungsakt nicht erfüllt hat, ist nur bei einem inhaltlich hinreichend bestimmten Verwaltungsakt möglich. Ist ein Verwaltungsakt wegen inhaltlicher Unbestimmtheit nicht vollstreckungsfähig, schließt dieser Mangel Maßnahmen in der Verwaltungsvollstreckung auch bei Unanfechtbarkeit des Grundverwaltungsaktes aus, soweit die Unbestimmtheit reicht. Vgl. Nds. OVG, Beschluss vom 4. Juni 2019 – 8 ME 39/19 –, AuAS 2019, 171 = juris, Rn. 33 [Vollstreckungsuntauglichkeit einer nicht hinreichend bestimmten Passverfügung – mit vielen weiteren fallabhängigen Bestimmtheitsgradanforderungen auch „im rechtlichen und tatsächlichen Kontext“/„im Zusammenhang mit dem Umfang der Tatsachenkenntnis über den zu erreichenden Erfolg und die zur Verfügung stehenden Mittel“ einschließlich Quellennachweisen für den konkreten Fall und viele andere Fälle, ebendort in Rn. 34-43, P. B.]; OVG Saarland, Urteil vom 20. Februar 2017 – 2 A 34/16 –, NVwZ-RR 2017, 514 = juris, Rn. 30; Hess. VGH, Urteil vom 29. November 2013 – 6 A 2210/12 –, juris, Rn. 27; VGH Baden-Württemberg, Urteil vom 10. Januar 2013 – 8 S 2919/11 –, NVwZ-RR 2013, 451 = juris, Rn. 22; OVG NRW, Beschluss vom 16. Januar 1998 – 10 B 3029/97 –, BRS 60 Nr. 171 = juris, Rn. 4.“; vgl. aus den o.g. Quellen auch ESVGH 63, 163 = VGH Baden Württemberg, Urteil vom 10.01.2013 – 8 S 2919/11, Ls. 2/Rn. 25: „Ist ein Verwaltungsakt wegen inhaltlicher Unbestimmtheit nicht vollstreckungsfähig, schließt dieser Mangel Maßnahmen in der Verwaltungsvollstreckung aus. Das gilt auch dann, wenn der Bestimmtheitsmangel ‚nur' zur Rechtswidrigkeit, nicht aber zur Unwirksamkeit des Verwaltungsakts infolge Nichtigkeit (§ 43 III LVwVfG i. V. mit § 44 I LVwVfG BadWürttVwVfG) führt.“, Rn. 25: „Denn auch ein - bestandskräftiger oder sofort vollziehbarer - wirksamer, aber inhaltlich unbestimmter Verwaltungsakt ist nicht vollstreckungsfähig. Insoweit erfährt der tragende Grundsatz des Verwaltungsvollstreckungsrechts, dass es für die Beurteilung der Rechtmäßigkeit einer Vollstreckungsmaßnahme auf die Rechtmäßigkeit einer Grundverfügung nicht ankommt (BVerwG, Urteil vom 13.03.1984 - 4 C 31.81 - NJW 1984, 2591 <2592>; vgl. auch BVerfG, Kammerbeschluss des 1. Senats vom 07.12.1998 - 1 BvR 831/89 - NVwZ 1999, 290), eine Ausnahme. Die Unbestimmtheit der Grundverfügung ‚infiziert' eine zu ihrer Durchsetzung ergehende Vollstreckungsmaßnahme [Schrifttumquellenangabe].“.

[685] Vgl. z.B. BVerfG, Beschluss des Ersten Senats vom 27.05.2020 – 1 BvR 1873/13 – (Bestandsdatenauskunft II), Rn. 128: „Dem Verhältnismäßigkeitsgebot im engeren Sinne genügen die Übermittlungsregelungen, wenn der mit ihnen verfolgte Zweck und die zu erwartende Zweckerreichung nicht außer

Allgemeine **Verhältnismäßigkeitsherleitung** erfolgt aus Art. 20 Abs. 3 GG (Rechtsstaatsprinzip) sowie aus den jeweils betroffenen Grundrechten.

Grundgesetzliche allgemeine **Verhältnismäßigkeitsfunktion** ist Beschränkung der Grundrechtsbeschränkbarkeiten / Einschränkung der Grundrechtseinschränkungsmöglichkeiten (sogenannte „**Schranken-Schranke**").

**Verhältnismäßigkeits-Aufbauvarianten** gibt es in der Fallbearbeitungspraxis bezüglich ausdrücklich in einer Rechtsvorschrift als Rechtssatz stehenden Verhältnismäßigkeitsmerkmalen (wie z.B. Erforderlichkeit[686]) als Rechtsinhalt insbesondere wie folgt:

- Bearbeitung dieses ausdrücklichen Verhältnismäßigkeitsmerkmals beim Schemapunkt Tatbestand/Tatbestandsvoraussetzungen einschließlich aller logisch vorgängigen Verhältnismäßigkeitsmerkmale (z.B. bei ausdrücklicher Erforderlichkeit: Legitimer Zweck, Geeignetheit, Erforderlichkeit); im Übrigen Bearbeitung von nach dem Verhältnismäßigkeitsmerkmal noch offenen Verhältnismäßigkeitsmerkmalen beim Schemapunkt Verhältnismäßigkeit (z.B. bei Erforderlichkeit: Angemessenheit);
- Bearbeitung dieses ausdrücklichen Verhältnismäßigkeitsmerkmals mit allen weiteren Verhältnismäßigkeitsmerkmalen beim Schemapunkt der Verhältnismäßigkeit.

Gründe für Bearbeitung beim Schemapunkt Tatbestand/Tatbestandsvoraussetzungen:

- Darstellungszusammenhang;
- Erhebung in den Tatbestand der Rechtsnorm durch den Gesetzgeber;

Gründe für Bearbeitung beim Schemapunkt Verhältnismäßigkeit:

- Einheitlichkeit und Übersicht;
- Verhältnismäßigkeitsroutine;
- Verortung des Rechtsgehalts als Verhältnismäßigkeitsinhalt eben beim Schemapunkt der Verhältnismäßigkeit;
- Darstellungszusammenhang.

---

Verhältnis zu der Schwere des Eingriffs stehen (vgl. BVerfGE 141, 220 <267 Rn. 98>; 148, 40 <57 f. Rn. 49>).".

686 Zum Beispiel statt vieler: § 8 Abs. 1 Wort 5 PolG NRW („notwendigen").

# *Titel 5: D. Gesamtergebnis*

**D. Gesamtergebnis** (unterscheide: Teilergebnis zum Beispiel entsprechend zu jedem Schemapunkt) ist ein rechtlicher Zustand, insbesondere alternativ als

- Rechtmäßigkeit;
- Rechtswidrigkeit;
- Unklarheit oder Nichterweislichkeit, sog. „non liquet"[687].

Das Gesamtergebnis betrifft im Eingriffsrecht in der Regel die Rechtmäßigkeit einer Realfolge als Rechtsfolge gemäß einer Rechtsnorm – oder Rechtswidrigkeit wegen einer Rechtsnorm.

**Ergebnissatzstruktur** ist die Form des Ergebnissatzes.

Eine fallabhängig gewählte Ergebnissatz-Form verschafft Möglichkeit von eigener Denkkontrolle und von Darstellungsroutine am Fallbearbeitungsende.

Beispiel für (ausführliche) Ergebnissatzstruktur - am Beispiel von Rechtmäßigkeit einer Maßnahme (in Klammern: interne, nicht darzustellende Bearbeitungsvermerke):

- „Die selbständige/n Verfügung/en (Benennung von Realfolge=Rechtsfolge)
  - oder bei zunächst unterschiedlicher Realfolgen- und Rechtsfolgenbezeichnung: Die Maßnahme (laut Sachverhalt) ist als selbständige Verfügung (Benennung von Realfolge als Rechtsfolge)
- gegen/gegenüber den Adressaten/dem Betroffenen (Adressat/Betroffener, vgl. mehrere Maßnahmen gegen mehrere Adressaten / mit mehreren Betroffenen)
- ist/sind gemäß/entgegen § 8 PolG NRW / § 163 Abs. 1 S. 2 StPO (genaue RGL-Zitierung)
  - (oder:) ist/sind wegen § 2 PolG NRW / Art. 20 Abs. 3 GG (genaue Rechtswidrigkeitsnorm-Zitierung)
- rechtmäßig/rechtswidrig (Ergebnis im engeren Sinne)."

Ergebnissatz-Beispiele aus der Ergebnissatzstruktur:

- Die Maßnahme ist als selbständige Verfügung gegenüber dem A gemäß § 8 Abs. 1 PolG NRW / § 163 Abs. 1 S. 2 StPO rechtmäßig;
- Die Maßnahme ist als selbständige Verfügung gegenüber dem B wegen § 2 PolG NRW / Art. 20 Abs. 3 GG rechtswidrig.

---

[687] BVerwGE 131, 171 (Verfassungsschutzbericht) = BVerwG, Urteil vom 21. 5. 2008 – 6 C 13.07, Rn. 44.

# SACHWORTREGISTER

## A

B

C

F

H

L



M

S

T

U



V

W

Z

# QUELLENVERZEICHNIS

*Alexy, Robert*: Begriff und Geltung des Rechts, Freiburg und München 1992.

*Alexy, Robert*: Theorie der Grundrechte, 2. Auflage, Frankfurt am Main 1994.

*Anschütz, Gerhard*: Die Verfassung des Deutschen Reichs vom 11. August 1919 – Ein Kommentar für Wissenschaft und Praxis, 14. Auflage, Berlin 1933.

*Aristoteles*: Organon, circa zwischen 367-344 vor Christus; Zusammenstellung von Einzelschriften zum „Organon" mit 6 Büchern (Kategorien, Hermeneutik, Erste Analytik, Zweite Analytik, Topik, Sophistische Widerlegungen): mutmaßlich *Andronikos von Rhodos,* circa 1. Jahrhundert vor Christus, hier in der Übersetzung durch: *von Kirchmann, Julius*, Leipzig und Heidelberg 1876-1883, hier im Neusatz herausgegeben durch: *Holzinger, Michael*, 4. Auflage, Berlin 2016.

*Basten, Pascal*: Für die Einheit von Polizei-Taktik und Recht: Notwehr und Irrtum im Strafrecht im Fall einer Polizistentötung, in: Die Polizei 06/2012, S. 149-155.

*Basten, Pascal*: Privatrecht in der polizeilichen Praxis, Stuttgart 2014.

*Basten, Pascal*: Die Menschenwürde des Grundgesetzes auf dem Prüfstand – Rechtlich-ethische Entscheidungen für Fallkonstellationen der polizeilichen Praxis, Berlin 2016.

*Basten, Pascal*: Recht der Polizei – Maßnahmen, Methoden, Mechanismen, Baden-Baden 2016.

*Basten*, *Pascal*: Eingriffsrecht der Polizei in Nordrhein-Westfalen – Fälle, Frankfurt am Main 2020.

*Basten*, *Pascal / Klein, Martin:* Eingriffsrecht der Polizei in Nordrhein-Westfalen – Gesetze, Frankfurt am Main 2020.

*Bischöfe Deutschlands, Österreichs, der Schweiz* u.a. (Hrsg.): Die Bibel – Einheitsübersetzung, Stuttgart 2016.

*Borowski, Martin*: Grundrechte als Prinzipien, 3. Auflage, Baden-Baden 2018.

*Brühl, Raimund*: Verwaltungsrecht für die Fallbearbeitung, 9. Auflage, Stuttgart 2018.

*Bühler, Ottmar*: Die subjektiven öffentlichen Rechte und ihr Schutz in der deutschen Verwaltungsrechtsprechung, Stuttgart 1914.

*Byrd, Sharon B. / Lehmann, Matthias*: Zitierfibel für Juristen, 2. Auflage, München 2016.

*Dietlein, Johannes*: Die Lehre von den grundrechtlichen Schutzpflichten, 2. Auflage, Berlin 1992.

*Engisch, Karl*: Logische Studien zur Gesetzesanwendung, 3. Auflage, Heidelberg 1963 (1. Auflage 1943).

*Frege, Gottlob*: Begriffsschrift, Eine der arithmetischen nachgebildete Formelsprache des reinen Denkens, Halle 1879.

*Gurlit, Elke / Fehling, Michael*: Eigenwert des Verfahrens im Verwaltungsrecht, in: VVDStRL 70, S. 227-277 (Gurlit) und S. 278-337 (Fehling), Berlin 2011 (Tagung vom 29.09.-02.10.2010).

*Hesse, Konrad*: Grundzüge des Verfassungsrechts der Bundesrepublik Deutschland, Neudruck der 20. Auflage, Heidelberg 1999.

*Hoyningen-Huene, Paul:* Systematicity: The Nature of Science, Oxford (University Press)/New York 2013.

*Hoyningen-Huene, Paul*: Repliken, in: Zeitschrift für philosophische Forschung, Heft 2 (69), S. 243-246, Frankfurt am Main 2015.

*Hömig, Dieter / Wolff, Heinrich Amadeus* (Hrsg.) / *Domgörgen, Ulf* (Bearbeiter): Grundgesetz für die Bundesrepublik Deutschland, 12. Auflage, Baden-Baden 2018.

*Huck, Winfried / Müller, Martin*: Verwaltungsverfahrensgesetz, 3. Auflage, München 2020.

*Isensee, Josef*: Das Grundrecht auf Sicherheit – Zu den Schutzpflichten des freiheitlichen Verfassungsstaates. Vortrag gehalten vor der Berliner Juristischen Gesellschaft am 24. November 1982 – erweiterte Fassung, Berlin 1983.

*Jellinek, Georg*: System der subjektiven öffentlichen Rechte, Freiburg im Breisgau 1892.

*Jellinek, Georg*: Allgemeine Staatslehre, 3. Auflage, Berlin 1914.

*Joerden, Jan C.*: Logik im Recht. Grundlagen und Anwendungsbeispiele, 3. Auflage, Berlin 2018.

*von Jhering, Rudolf*: Der Zweck im Recht, Leipzig 1877.

*von Kirchmann, Julius*: Die Werthlosigkeit der Jurisprudenz als Wissenschaft. Ein Vortrag, gehalten in der juristischen Gesellschaft zu Berlin, Berlin 1848.

*Kant, Immanuel*: Kritik der reinen Vernunft, 1. Auflage 1781, 2. Auflage 1787 Akademieausgabe, Band III (mit 2. Auflage der Kritik der reinen Vernunft), Berlin 1900 ff. (Band III: 1904, 1911).

*Kant, Immanuel*: Kritik der Urteilskraft, in: Königlich Preußische Akademie der Wissenschaften (Hrsg.), Akademieausgabe, Erste Abteilung: Kants Werke, Fünfter Band (Kritik der praktischen Vernunft, Kritik der Urteilskraft), Berlin (Druck und Verlag: Georg Reimer) 1913 (Ersterscheinung: 1790).

*Kant, Immanuel*: Über den Gemeinspruch: Das mag in der Theorie richtig sein, taugt aber nicht für die Praxis, in: Berlinische Monatsschrift, Band 2, S. 201-284, Berlin 1793.

*Kant, Immanuel*: Die Metaphysik der Sitten. Erster Teil. Metaphysische Anfangsgründe der Rechtslehre, 1797, Akademieausgabe, Band VI, Berlin 1900 ff. (Band VI: 1907, 1914).

*Kirchner, Hildebert*: Abkürzungsverzeichnis der Rechtssprache, 9. Auflage, Berlin 2018.

*Klein, Martin*: Demokratisches Denken bei Gustav Radbruch, Berlin 2007.

*Klein, Martin*: „Vorübergehende“ Platzverweisung – Anpassungsbedarf der zulässigen Dauer aufgrund der Änderung des PolG NRW, in: Die Polizei 2020 (Nr. 7), S. 259-262, Köln 2020.

*Klein, Martin*: Strafbarkeit in den Polizeigesetzen der Länder – Die Rückkehr interlokalen Rechts, in: GSZ 2020, S. 168-171.

*Kleist, Heinrich von*: Über die allmähliche Verfertigung der Gedanken beim Reden, in: Lindau, Paul (Hrsg.): Nord und Süd, 1878, Band 4, S. 3-7.

*Kniesel, Michael / Braun, Frank / Keller, Christoph*: Besonderes Polizei- und Ordnungsrecht, Stuttgart 2018.

*Larenz, Karl*: Über die Unentbehrlichkeit der Jurisprudenz als Wissenschaft, Berlin 1966.

*Lisken, Hans / Denninger, Erhard / Bäcker, Matthias / Graulich, Kurt* (Hrsg.): Handbuch des Polizeirechts, 6. Auflage, München 2018.

*Maurer, Hartmut/Waldhoff, Christian*: Allgemeines Verwaltungsrecht, 20. Auflage, München 2020.

*Mayer, Otto*: Deutsches Verwaltungsrecht, I. Band, 1. Auflage, Leipzig 1895.

*Mayer, Otto*: Deutsches Verwaltungsrecht, II. Band, 3. Auflage, Leipzig 1924.

*Müller, Friedrich / Christensen, Ralph*: Juristische Methodik, Band I – Grundlegung für die Arbeitsmethoden der Rechtspraxis, 11. Auflage, Berlin 2013.

*Nimtz, Holger / Thiel, Markus*: Eingriffsrecht Nordrhein-Westfalen, 2. Auflage, Hilden 2020.

*Radbruch, Gustav:* Gesetzliches Unrecht und übergesetzliches Recht, in: SJZ 1946, S. 105-108.

*Reichel, Hans*: Gesetz und Richterspruch – zur Orientierung über Rechtsquellen- und Rechtsanwendungslehre der Gegenwart, Zürich 1915.

*Roggan, Fredrik / Kutscha, Martin* (Hrsg.): Handbuch zum Recht der Inneren Sicherheit, 2. Auflage, Berlin 2006.

*Roggenkamp, Jan Dirk / König, Kai*: Eingriffsrecht für Polizeibeamte in Niedersachsen, 2. Auflage, Stuttgart 2020.

*Rüthers, Bernd / Fischer, Christian / Birk, Axel*: Rechtstheorie – mit Juristischer Methodenlehre, 11. Auflage, München 2020.

*Schmitt, Carl*: Freiheitsrechte und institutionelle Garantien in der Reichsverfassung, Berlin 1931.

*Schnapp, Friedrich E.*: Logik für Juristen. Die Grundlagen der Denklehre und der Rechtsanwendung, 7. Auflage, München 2017.

*Schütte, Matthias / Braun, Frank / Keller, Christoph*: Eingriffsrecht Nordrhein-Westfalen – Grundriss für die Aus- und Fortbildung, Stuttgart 2016.

*Sieyès, Emmanuel Joseph*: Qu'est-ce que le tiers état?, Paris 1789.

*Stelkens, Paul (*Begründer) / *Bonk, Heinz Joachim* (Begründer und Bearbeiter) / *Sachs, Michael* (Herausgeber und Bearbeiter) / *Schmitz, Heribert* (nicht namensgebender Herausgeber und Bearbeiter) / *Stelkens, Ulrich* (Bearbeiter): Verwaltungsverfahrensgesetz, 9. Auflage, München 2018.

*Stowasser, Josep Maria / Petschenig, Michael / Skutsch, Franz*: Stowasser – Lateinisch-deutsches Wörterbuch, München 1994.

*Struck, Gerhard*: Topische Jurisprudenz. Argument und Gemeinplatz in der juristischen Arbeit, Frankfurt am Main 1971.

*Treder, Lutz*: Methoden und Techniken der Rechtsanwendung, 1. Auflage, Heidelberg 1998 (Folgeauflagen mittlerweile nicht mehr vom Ursprungsautor und erheblich gekürzt).

*Wagner, Marc*: Bundespolizeirecht, 4. Auflage, Hilden 2018.

*Wesel, Uwe*: Geschichte des Rechts – Von den Frühformen bis zur Gegenwart, 4. Auflage, München 2014.

*Wittgenstein, Ludwig*: Tractatus logico-philosophicus (Logisch-philosophische Abhandlung), 1. korrigierte Auflage, London 1922 (Erstveröffentlichung 1921).

*Wolff, Hans Julius*: Organschaft und juristische Person. Untersuchungen zur Rechtstheorie und zum öffentlichen Recht. 2 Bände. Band 1: Juristische Person und Staatsperson (Kritik, Theorie und Konstruktion), Berlin 1933. Band 2: Theorie der Vertretung. (Stellvertretung, Organschaft und Repräsentation als soziale und juristische Vertretungsformen), Berlin 1934.

*Wolff, Hans Julius*: Der Unterschied zwischen öffentlichem und privatem Recht, in: AöR 76 (1950), S. 205–217.

# ABKÜRZUNGSVERZEICHNIS

| | |
|---|---|
| a. a. O. | am angegebenen Ort (im Sinne von zuletzt zitierter Quelle) |
| ADR | Europäisches Übereinkommen über die internationale Beförderung gefährlicher Güter auf der Straße (Abkürzung ADR auch amtliche deutsche Abkürzung, von: Accord européen relatif au transport international des marchandises Dangereuses par Route) |
| AdöR | Anstalt des öffentlichen Rechts |
| AE | Aufenthaltserlaubnis |
| AEMR | Allgemeine Erklärung der Menschenrechte (Resolution 217 der UN-Generalversammlung) |
| AEUV | Vertrag über die Arbeitsweise der Europäischen Union |
| a.F. | alte/r Fassung |
| AF | Ausführung |
| AG | Amtsgericht(e) / Aktiengesellschaft(en) |
| AktG | Aktiengesetz |
| Alt. | Alternative(n) |
| Andr | Androhung |
| Anw | Anwendung |
| AO | Anordnung |
| AöR | Archiv für öffentliches Recht |
| APR | Allgemeines Persönlichkeits(grund)recht |
| APR/RiS | Allgemeines Persönlichkeits(grund)recht / in der Ausprägung des Rechts auf informationelle Selbstbestimmung |
| AR | Aufenthaltsrecht |
| ArbGG | Arbeitsgerichtsgesetz |
| ARD | Arbeitsgemeinschaft der öffentlich-rechtlichen Rundfunkanstalten der Bundesrepublik Deutschland |
| Art. | Artikel(s/n) |
| AsylG | Asylgesetz |
| AT | Allgemeiner Teil / Aufenthaltstitel |
| AtG | Gesetz über die friedliche Verwendung der Kernenergie und den Schutz gegen ihre Gefahren (Atomgesetz) |

| | |
|---|---|
| AufenthG | Gesetz über den Aufenthalt, die Erwerbstätigkeit und die Integration von Ausländern im Bundesgebiet (Aufenthaltsgesetz) |
| AufenthV | Aufenthaltsverordnung |
| AVF (auch: AHF) | Allgemeine Verhaltensfreiheit (auch: Allgemeine Handlungsfreiheit) |
| AVV | Allgemeine Verwaltungsvorschrift(en) |
| AWG | Außenwirtschaftsgesetz |
| AZRG | Gesetz über das Ausländerzentralregister (Ausländerzentralregistergesetz /AZR-Gesetz) |
| B | Beschränkbarkeit |
| BA | Bundesagentur für Arbeit |
| BAMF | Bundesamt für Migration und Flüchtlinge |
| BÄO | Bundesärzteordnung |
| BASt | Bundesanstalt für Straßenwesen |
| BauGB | Baugesetzbuch |
| BauNVO | Baunutzungsverordnung |
| BayVersG | Bayerisches Versammlungsgesetz |
| BayVGH | Bayerischer Verwaltungsgerichtshof |
| BBG | Bundesbeamtengesetz |
| BBodSchG | Gesetz zum Schutz vor schädlichen Bodenveränderungen und zur Sanierung von Altlasten (Bundes-Bodenschutzgesetz) |
| BDSG | Bundesdatenschutzgesetz |
| BeamtStG | Gesetz zur Regelung des Statusrechts der Beamtinnen und Beamten in den Ländern (Beamtenstatusgesetz) |
| BeschG | Gesetz über die Prüfung und Zulassung von Feuerwaffen, Böllern, Geräten, bei denen zum Antrieb Munition verwendet wird, sowie von Munition und sonstigen Waffen (Beschussgesetz) |
| BeschV | Verordnung über die Beschäftigung von Ausländerinnen und Ausländern (Beschäftigungsverordnung) |
| BeschussV | Allgemeine Verordnung zum Beschussgesetz |
| BGB | Bürgerliches Gesetzbuch |
| BGBl. | Bundesgesetzblatt |
| BGH | Bundesgerichtshof |

| | |
|---|---|
| BGHSt | Entscheidungen des Bundesgerichtshofs in Strafsachen |
| BHO | Bundeshaushaltsordnung |
| BJagdG | Bundesjagdgesetz |
| BKA | Bundeskriminalamt |
| BKAG | Gesetz über das Bundeskriminalamt und die Zusammenarbeit des Bundes und der Länder in kriminalpolizeilichen Angelegenheiten (Bundeskriminalamtgesetz) |
| BLBG NRW | Gesetz zur Errichtung eines Sondervermögens "Bau- und Liegenschaftsbetrieb des Landes Nordrhein-Westfalen/Bau- und Liegenschaftsbetrieb NRW" (Bau- und Liegenschaftsbetriebsgesetz NRW) |
| BMG | Bundesmeldegesetz |
| BMI | Bundesministerium des Innern, für Bau und Heimat |
| BMV | Bundesministerium der Verteidigung |
| BNatSchG | Gesetz über Naturschutz und Landschaftspflege – Bundesnaturschutzgesetz |
| BND | Bundesnachrichtendienst |
| BNDG | Gesetz über den Bundesnachrichtendienst (BND-Gesetz) |
| BORA | Berufsordnung für Rechtsanwälte (erlassen von der Satzungsversammlung der Bundesrechtsanwaltskammer) |
| Bpb | Bundeszentrale für politische Bildung |
| BPol | Bundespolizei |
| BPolG | Gesetz über die Bundespolizei (Bundespolizeigesetz) |
| BR | Bundesrat / Bezirksregierung(en) |
| BRAO | Berufsrechtsanwaltsordnung |
| BRD | Bundesrepublik Deutschland |
| BremGebBeitrG | Bremisches Gebühren- und Beitragsgesetz |
| BremPolG | Bremisches Polizeigesetz (Polizeigesetz Bremen) |
| BRRG | Rahmengesetz zur Vereinheitlichung des Beamtenrechts (Beamtenrechtsrahmengesetz) |
| BSI | Bundesamt für Sicherheit in der Informationstechnik |

| | |
|---|---|
| BSIG | Gesetz über das Bundesamt für Sicherheit in der Informationstechnik (BSI-Gesetz) |
| Bsp. | Beispiel(e) |
| BT | Bundestag |
| BtMG | Gesetz über den Verkehr mit Betäubungsmitteln (Betäubungsmittelgesetz) |
| BvB | BVerfG-Registerzeichen für Verfahren zur Feststellung der Verfassungswidrigkeit von Parteien nach Art. 21 Abs. 2 GG |
| BVerfG | Bundesverfassungsgericht |
| BVerfGE | Entscheidungen des Bundesverfassungsgerichts (Bundesverfassungsgerichtsentscheidung[en]) |
| BVerfGG | Gesetz über das Bundesverfassungsgericht (Bundesverfassungsgerichtsgesetz) |
| BVerfSch | Bundesamt für Verfassungsschutz / Bundesverfassungsschutz |
| BVerfSchG | Gesetz über die Zusammenarbeit des Bundes und der Länder in Angelegenheiten des Verfassungsschutzes und über das Bundesamt für Verfassungsschutz (Bundesverfassungsschutzgesetz) |
| BVerwG | Bundesverwaltungsgericht |
| BvF | BVerfG-Registerzeichen für Normenkontrollverfahren nach Art. 93 Abs. 1 Nr. 2 GG auf Antrag von Verfassungsorganen (sogenannte abstrakte Normenkontrolle) |
| BVFG | Gesetz über die Angelegenheiten der Vertriebenen und Flüchtlinge (Bundesvertriebenengesetz) |
| BvL | BVerfG-Registerzeichen für Normenkontrollverfahren nach Art. 100 Abs. 1 GG auf Vorlage eines Gerichts (sogenannte konkrete Normenkontrolle) |
| BvR | BVerfG-Registerzeichen für Beschwerden im Sinne des Art. 93a Abs. 1 Nr. 4a GG und im Sinne des Art. 93 Abs. 1 Nr. 4b GG |
| BVV | Beweisverwertungsverbot(s/e/n) |
| BwachV | Verordnung über das Bewachungsgewerbe (Bewachungsgewerbeverordnung) |
| BWahlG | Bundeswahlgesetz |
| BWaldG | Gesetz zur Erhaltung des Waldes und zur Förderung der Forstwirtschaft – Bundeswaldgesetz |

| | |
|---|---|
| bzgl. | bezüglich |
| BZRG | Gesetz über das Zentralregister und das Erziehungsregister (Bundeszentralregistergesetz) |
| bzw. | beziehungsweise |
| CoronaSchVO (NRW) | Verordnung zum Schutz vor Neuinfizierungen mit dem Coronavirus SARS-CoV-2 (Coronaschutzverordnung) [NRW] |
| D. | Digesten |
| DBT | Deutscher Bundestag |
| D.C. | District of Columbia |
| DEF | Definition(en) |
| DIN | Deutsche Industrie Normung |
| DiplBezÜbkG | Gesetz zu dem Wiener Übereinkommen vom 18. April 1961 über diplomatische Beziehungen |
| DNA | Deoxyribonucleic acid / zu Deutsch: Desoxyribonukleinsäure (DNS) |
| döR | des öffentlichen Rechts |
| DRiG | Deutsches Richtergesetz |
| DSG NRW | Datenschutzgesetz Nordrhein-Westfalen |
| E | Eingriff |
| EAÜ | Elektronische Aufenthaltsüberwachung |
| EBO | Eisenbahn-Bau- und Betriebsordnung |
| ED | Erkennungsdienst / „Erkennungsdienstliche Behandlung/Maßnahme“ |
| EFTA | European Free Trade Association / Europäische Freihandelsassoziation |
| EG | Europäische Gemeinschaft(en) |
| EGBGB / BGBEG | Einführungsgesetz zum Bürgerlichen Gesetzbuche |
| EGGVG | Einführungsgesetz zum Gerichtsverfassungsgesetz |
| EGMR | Europäischer Gerichtshof für Menschenrechte (des Europarats) |
| eIDKG | Gesetz über eine Karte für Unionsbürger und Angehörige des Europäischen Wirtschaftsraums mit Funktion zum elektronischen Identitätsnachweis (eID-Karte-Gesetz) |
| EinhV | Ausführungsverordnung zum Gesetz über die Einheiten im Messwesen und die Zeitbestimmung |

| | |
|---|---|
| EinhZeitG | Gesetz über die Einheiten im Messwesen und die Zeitbestimmung |
| EMA | Einwohnermeldeamt |
| EMRK | Konvention zum Schutze der Menschenrechte und Grundfreiheiten (Convention for the Protection of Human Rights and Fundamental Freedoms / Europäische Menschenrechtskonvention) |
| EP | Ermittlungsperson(en) |
| EPVO NRW | Verordnung über die Ermittlungspersonen der Staatsanwaltschaft (NRW) [Ermittlungspersonenverordnung Nordrhein-Westfalen] |
| ERG | Ergebnis(se) |
| ESVGH | Entscheidungssammlung des Hessischen Verwaltungsgerichtshofs und des Verwaltungsgerichtshofs Baden-Württemberg mit Entscheidungen des Staatsgerichtshofs des Landes Hessen und des Verfassungsgerichtshofs für das Land Baden-Württemberg |
| EU | Europäische Union |
| EUBLG | Gesetz über die Zusammenarbeit von Bund und Ländern in Angelegenheiten der Europäischen Union |
| EuGH | Gerichtshof der Europäischen Union |
| EU-GR-Charta / EUGRCh / GR-Charta | Charta der Grundrechte der Europäischen Union |
| EuropolG | Gesetz zur Anwendung der Verordnung (EU) 2016/794 des Europäischen Parlaments und des Rates vom 11. Mai 2016 über die Agentur der Europäischen Union für die Zusammenarbeit auf dem Gebiet der Strafverfolgung (Europol) und zur Ersetzung und Aufhebung der Beschlüsse 2009/371/JI, 2009/934/JI, 2009/935/JI, 2009/936/JI und 2009/968/JI des Rates (Europolgesetz) |
| Eurostat | Statistisches Amt der Europäischen Union |
| EUV | Vertrag über die Europäische Union (EU-Vertrag) |
| EUVisumVO | Verordnung (EU) 2018/1806 des Europäischen Parlaments und des Rates vom 14. November 2018 zur Aufstellung der Liste der Drittländer, deren Staatsangehörige beim Überschreiten der Außengrenzen im Besitz eines Visums sein müssen, sowie der Liste der Drittländer, deren Staatsangehörige von dieser Visumpflicht befreit sind |

| | |
|---|---|
| EUZBBG | Gesetz über die Zusammenarbeit von Bundesregierung und Deutschem Bundestag in Angelegenheiten der Europäischen Union |
| EUZBLG | Gesetz über die Zusammenarbeit von Bund und Ländern in Angelegenheiten der Europäischen Union |
| Evn | Ersatzvornahme |
| EWG | Europäische Wirtschaftsgemeinschaft |
| EWR | Europäischer Wirtschaftsraum |
| EZB | Europäische Zentralbank |
| f. | folgender |
| FahrlG | Gesetz über das Fahrlehrerwesen (Fahrlehrergesetz) |
| FamFG | Gesetz über das Verfahren in Familiensachen und in den Angelegenheiten der freiwilligen Gerichtsbarkeit |
| fdGO | freiheitliche demokratische Grundordnung |
| FeV | Verordnung über die Zulassung von Personen zum Straßenverkehr (Fahrerlaubnis-Verordnung) |
| ff. | folgende |
| FGO | Finanzgerichtsordnung |
| FHGöD (NRW) | Gesetz über die Fachhochschulen für den öffentlichen Dienst im Lande Nordrhein-Westfalen (Fachhochschulgesetz öffentlicher Dienst [Nordrhein-Westfalen]) |
| FischG NRW / LFischG | Fischereigesetz für das Land NRW |
| FreizügG/EU | Gesetz über die allgemeine Freizügigkeit von Unionsbürgern (Freizügigkeitsgesetz EU) |
| Fustkw | Funkstreifenkraftwagen |
| FZV | Verordnung über die Zulassung von Fahrzeugen zum Straßenverkehr (Fahrzeugzulassungsverordnung) |
| G 10 | Gesetz zur Beschränkung des Brief-, Post- und Fernmeldegeheimnisses (Artikel 10-Gesetz - G 10) |
| GastG | Gaststättengesetz |
| GÄR | Gebiete äußerster Randlage (i.S.v. Art. 349, 355 AEUV) |
| GbR | Gesellschaft bürgerlichen Rechts |
| GdU | Gefährdung des Untersuchungserfolgs |

| | |
|---|---|
| GebG NRW | Gebührengesetz für das Land Nordrhein-Westfalen (GebG NRW) |
| Gef | Gefahr |
| GefAbw | Gefahrenabwehr |
| GenG | Gesetz betreffend die Erwerbs- und Wirtschaftsgenossenschaften (Genossenschaftsgesetz) |
| GewO | Gewerbeordnung |
| GewRV (NRW) | Verordnung zur Übertragung von Ermächtigungen, zur Regelung von Zuständigkeiten und Festlegungen auf dem Gebiet des Gewerberechts (Gewerberechtsverordnung [NRW]) |
| GewSchG | Gesetz zum zivilrechtlichen Schutz vor Gewalttaten und Nachstellungen (Gewaltschutzgesetz) |
| GFK | Genfer Flüchtlingskonvention (eigentlich: Abkommen [vom 28. Juli 1951] über die Rechtsstellung der Flüchtlinge) |
| GG | Grundgesetz |
| ggf. | gegebenenfalls |
| GGO NRW | Gemeinsame Geschäftsordnung für die Ministerien des Landes Nordrhein-Westfalen |
| ggü. | gegenüber |
| ggw. | gegenwärtige |
| GiV | Gefahr im Verzug |
| GmbH | Gesellschaft mit beschränkter Haftung |
| GmbHG | Gesetz betreffend die Gesellschaften mit beschränkter Haftung (GmbH-Gesetz) |
| GO BT | Geschäftsordnung des Bundestags |
| GO BR | Geschäftsordnung des Bundesrats |
| GO LR NRW | Geschäftsordnung der Landesregierung Nordrhein-Westfalen |
| GO LT NRW | Geschäftsordnung des Landtags Nordrhein-Westfalen |
| GO NRW | Gemeindeordnung für das Land Nordrhein-Westfalen (Gemeindeordnung NRW) |
| GR | Grundrecht(e/s/en) |
| GräbVersammlG | Gesetz über Versammlungen und Aufzüge an und auf Gräberstätten (Gräberstätten-Versammlungsgesetz) [des Landes Brandenburg] |

| | |
|---|---|
| GR-B | Grundrechtsbeschränkbarkeit |
| GR-E | Grundrechtseingriff |
| GR-SB | Grundrechtsschutzbereich |
| GSZ | Zeitschrift für das Gesamte Sicherheitsrecht |
| GüKG | Güterkraftverkehrsgesetz |
| GV. NW. | Gesetz- und Verordnungsblatt Nordrhein-Westfalen |
| GVG | Gerichtsverfassungsgesetz |
| HGB | Handelsgesetzbuch |
| HeilBerG NRW | Heilberufsgesetz Nordrhein-Westfalen |
| HessMVollzG | Gesetz über den Vollzug von Maßregeln der Besserung und Sicherung in einem psychiatrischen Krankenhaus und in einer Entziehungsanstalt (Hessisches Maßregelvollzugsgesetz) |
| HG | Häusliche Gewalt |
| HG NRW | Gesetz über die Hochschulen des Landes Nordrhein-Westfalen |
| HGB | Handelsgesetzbuch |
| Hrsg. | Herausgeber |
| HSPV NRW | Hochschule für Polizei und öffentliche Verwaltung Nordrhein-Westfalen |
| i.d.R. | in der Regel |
| IfSG | Gesetz zur Verhütung und Bekämpfung von Infektionskrankheiten beim Menschen (Infektionsschutzgesetz) |
| Igw / IGW | Ingewahrsamnahme |
| IHK | Industrie- und Handelskammer(n) |
| IM / MI | Innenministerium / Ministerium des Innern |
| insb. | insbesondere |
| inst. | Institutionum |
| IntV | Verordnung über die Durchführung von Integrationskursen für Ausländer und Spätaussiedler (Integrationskursverordnung) |
| IntVG | Gesetz über die Wahrnehmung der Integrationsverantwortung des Bundestages und des Bundesrates in Angelegenheiten der Europäischen Union (Integrationsverantwortungsgesetz) |

| | |
|---|---|
| IPbpR / BürgPoRPakt | Internationaler Pakt über bürgerliche und politische Rechte (UN-Zivilpakt / International Covenant on Civil and Political Rights – ICCPR); vgl. auch: BürgPoRPaktGG: Gesetz zu dem Internationalen Pakt vom 19. Dezember 1966 über bürgerliche und politische Rechte vom 15. November 1973 (BGBl. 1973 II S. 1533) |
| IPwskR | Internationaler Pakt über wirtschaftliche, soziale und kulturelle Rechte (UN-Sozialpakt / International Covenant on Economic, Social and Cultural Rights – ICESCR); vgl. auch Gesetz zu dem Internationalen Pakt vom 19. Dezember 1966 über wirtschaftliche, soziale und kulturelle Rechte vom 23.11.1973 (BGBl. 1973 II S. 1569) |
| IRG | Gesetz über die internationale Rechtshilfe in Strafsachen |
| i.S.d. | im Sinne des/der |
| ISO | International Organization for Standardization |
| i.S.v. | im Sinne von |
| i.V.m. | in Verbindung mit |
| JArbSchG | Gesetz zum Schutze der arbeitenden Jugend (Jugendarbeitsschutzgesetz) |
| JGG | Jugendgerichtsgesetz |
| JI | Justiz und Inneres |
| JMStV | Staatsvertrag über den Schutz der Menschenwürde und den Jugendschutz in Rundfunk und Telemedien (Jugendmedienschutz-Staatsvertrag) |
| JuSchG | Jugendschutzgesetz |
| JVA | Justizvollzugsanstalt(en) |
| JVEG | Gesetz über die Vergütung von Sachverständigen, Dolmetscherinnen, Dolmetschern, Übersetzerinnen und Übersetzern sowie die Entschädigung von ehrenamtlichen Richterinnen, ehrenamtlichen Richtern, Zeuginnen, Zeugen und Dritten (Justizvergütungs- und -entschädigungsgesetz) |
| KdöR | Körperschaft(en) des öffentlichen Rechts |
| KG | Kammergericht |
| KG | Kommanditgesellschaft |
| KHStVO NRW / KHSt-VO | Verordnung über die Bestimmung von Polizeipräsidien zu Kriminalhauptstellen (Nordrhein-Westfalen) |

| | |
|---|---|
| | [Kriminalhauptstellenverordnung Nordrhein-Westfalen] |
| KOB | Kreisordnungsbehörde / Kreisordnungsbehörden |
| KonsÜbkG | Gesetz zu dem Wiener Übereinkommen vom 24. April 1963 über konsularische Beziehungen |
| KPB | Kreispolizeibehörde / Kreispolizeibehörden |
| KPBGO NRW | Geschäftsordnung für die Kreispolizeibehörden des Landes Nordrhein-Westfalen (Kreispolizeibehörden-Geschäftsordnung NRW – Runderlass) |
| KPBVO NRW | Verordnung über die Kreispolizeibehörden des Landes Nordrhein-Westfalen (Kreispolizeibehördenverordnung Nordrhein-Westfalen) |
| KpL | Kernbereich privater Lebensgestaltung |
| KöStG NRW | Gesetz zur Regelung der Verleihung und des Entzugs der Rechte einer Körperschaft des öffentlichen Rechts an Religions- und Weltanschauungsgemeinschaften in Nordrhein-Westfalen (Körperschaftsstatusgesetz NRW) |
| KrO NRW | Kreisordnung für das Land Nordrhein-Westfalen (Kreisordnung Nordrhein-Westfalen) |
| KrWaffKontrG | Ausführungsgesetz zu Artikel 26 Abs. 2 des Grundgesetzes (Gesetz über die Kontrolle von Kriegswaffen) |
| KrWaffUnbrUmgV | Verordnung über die Unbrauchbarmachung von Kriegswaffen und über den Umgang mit unbrauchbar gemachten Kriegswaffen |
| LAFP (NRW) | Landesamt für Ausbildung, Fortbildung und Personalangelegenheiten (der Polizei NRW) |
| LBG | Landesbeamtengesetz/e/n/es |
| LBG NRW | Gesetz über die Beamtinnen und Beamten des Landes Nordrhein-Westfalen (Landesbeamtengesetz Nordrhein-Westfalen) |
| LDG NRW | Disziplinargesetz für das Land Nordrhein-Westfalen (Landesdisziplinargesetz [NRW]) |
| LFGB | Lebensmittel-, Bedarfsgegenstände- und Futtermittelgesetzbuch (Lebensmittel- und Futtermittelgesetzbuch) |
| LG | Landgericht(e/s/n) |
| LHO | Landeshaushaltsordnung |
| LHO NRW | Landeshaushaltsordnung Nordrhein-Westfalen |

| | |
|---|---|
| LImSchG (NRW) | Gesetz zum Schutz vor Luftverunreinigungen, Geräuschen und ähnlichen Umwelteinwirkungen (Landes-Immissionsschutzgesetz [Nordrhein-Westfalen]) |
| LJG NRW | Landesjagdgesetz Nordrhein-Westfalen |
| LKA (NRW) | Landeskriminalamt (der Polizei Nordrhein-Westfalen) |
| LKAAufgVO NRW | Verordnung über weitere polizeiliche Aufgaben des Landeskriminalamts bei der Gefahrenabwehr sowie der Erforschung und Verfolgung von Straftaten (Aufgabenverordnung LKA [LKA-Aufgabenverordnung Nordrhein-Westfalen]) |
| LKWÜberlStVAusnV | Verordnung über Ausnahmen von straßenverkehrsrechtlichen Vorschriften für Fahrzeuge und Fahrzeugkombinationen mit Überlänge |
| LOG | Landesorganisationsgesetz/e/s/n |
| LOG M-V | Organisationsgesetz für das Land Mecklenburg-Vorpommern (Landesorganisationsgesetz Mecklenburg-Vorpommern) |
| LOG NRW | Gesetz über die Organisation der Landesverwaltung Nordrhein-Westfalen (Landesorganisationsgesetz Nordrhein-Westfalen) |
| LPartG | Lebenspartnerschaftsgesetz |
| LR | Landrat(s) / Landräte(n) / Landratsbehörde(n) Landesregierung(en) |
| Ls. | Leitsatz / Leitsätze / Leitsätzen |
| LSA | Land Sachsen-Anhalt |
| LuftSiG | Luftsicherheitsgesetz |
| LVerbO NRW | Landschaftsverbandsordnung für das Land Nordrhein-Westfalen (Landschaftsverbandsordnung NRW) |
| LVOPol (NRW) | Verordnung über die Laufbahn der Polizeivollzugsbeamtinnen und Polizeivollzugsbeamten des Landes Nordrhein-Westfalen (Laufbahnverordnung der Polizei) |
| LVR | Landschaftsverband Rheinland |
| LZPD (NRW) | Landesamt für Zentrale Polizeiliche Dienste (der Polizei Nordrhein-Westfalen) |
| MAD | Militärischer Abschirmdienst |
| MADG | Gesetz über den militärischen Abschirmdienst (MAD-Gesetz) |

| | |
|---|---|
| MG NRW | Meldegesetz Nordrhein-Westfalen |
| MI / IM | Ministerium des Innern / Innenministerium |
| MiStra | Anordnung über Mitteilungen in Strafsachen (Mitteilungen-in-Strafsachen-Anordnung) |
| MMR | Multimedia und Recht (Fachzeitschrift) |
| MRVG (NRW) | Maßregelvollzugsgesetz (Nordrhein-Westfalen) |
| m.w.N. | mit weiterem Nachweis / mit weiteren Nachweisen |
| M-V | Mecklenburg-Vorpommern |
| NCAZ | Nationales Cyber-Abwehrzentrum |
| n. F. | neue/r/n Fassung |
| NJW | Neue Juristische Wochenschrift |
| NoeP | Nicht offen ermittelnder Polizeibeamter |
| NPD | Nationaldemokratische Partei Deutschlands |
| Nds.SOG | Niedersächsisches Gesetz über die öffentliche Sicherheit und Ordnung (Gesetzestitel vor und nach „NGefAG" und vor „NPOG") |
| NGefAG | Niedersächsisches Gefahrenabwehrgesetz (Gesetzestitel nach und vor „Nds.SOG" und vor „NPOG") |
| NPOG | Niedersächsisches Polizei- und Ordnungsbehördengesetz |
| NpSG | Neue-psychoaktive-Stoffe-Gesetz |
| Nr. | Nummer (als Ordnungszeichen; unterscheide: Ziffer als bloßes Zahlzeichen, vgl. z.B. VVPolG NRW, „Hinweise zur Darstellung": „Hauptnummern") |
| NRW | Nordrhein-Westfalen |
| NVersG | Niedersächsisches Versammlungsgesetz |
| NVwZ | Neue Zeitschrift für Verwaltungsrecht |
| OB | Ordnungsbehörde / Ordnungsbehörden |
| OBG NRW | Gesetz über Aufbau und Befugnisse der Ordnungsbehörden Nordrhein-Westfalen (Ordnungsbehördengesetz Nordrhein-Westfalen) |
| ÖffVereinsRZVO (NRW) | Verordnung über die Regelungen von Zuständigkeiten nach dem öffentlichen Vereinsrecht (in NRW) |
| öffVersufH | öffentliche Versammlung/en unter freiem Himmel |
| öffVersigR | öffentliche Versammlung/en in geschlossenen Räumen / im geschlossenen Raum |

| | |
|---|---|
| o.g. | oben genannt/e/n/m/r |
| OHG | Offene Handelsgesellschaft |
| OLG | Oberlandesgericht(e) |
| ö.r. | öffentlich-rechtlich(e/n/r/s/) |
| OVG | Oberverwaltungsgericht(e/s/n) |
| Owi | Ordnungswidrigkeit |
| OWiG | Gesetz über Ordnungswidrigkeiten (Ordnungswidrigkeitengesetz) |
| OWiGZVO NRW | Verordnung zur Bestimmung der für die Verfolgung und Ahndung von Ordnungswidrigkeiten nach dem Dritten Teil des Gesetzes über Ordnungswidrigkeiten und nach dem Vierten Strafrechtsänderungsgesetz zuständigen Verwaltungsbehörden |
| PartG | Partnerschaftsgesellschaft |
| PartGG | Gesetz über Partnerschaftsgesellschaften Angehöriger Freier Berufe |
| PaßG | Paßgesetz |
| PAuswG | Gesetz über Personalausweise und über den elektronischen Identitätsnachweis (Personalausweisgesetz) |
| P.B. | Pascal Basten |
| PB | Polizeibehörde / Polizeibehörden |
| PBefG | Personenbeförderungsgesetz |
| PDV | Polizeidienstvorschrift(en) |
| POG NRW | Gesetz über die Organisation und die Zuständigkeit der Polizei im Lande Nordrhein-Westfalen (Polizeiorganisationsgesetz Nordrhein-Westfalen) |
| PolG NRW | Polizeigesetz des Landes Nordrhein-Westfalen (Polizeigesetz Nordrhein-Westfalen) |
| PostG | Postgesetz |
| PP | Polizeipräsident(en) / Polizeipräsidium / Polizeipräsidien |
| pr. | Principium / principium |
| PresseG NRW | Pressegesetz für das Land Nordrhein-Westfalen (Landespressegesetz NRW) |
| ProdHaftG | Gesetz über die Haftung für fehlerhafte Produkte – Produkthaftungsgesetz |

| | |
|---|---|
| ProstSchG | Gesetz zum Schutz von in der Prostitution tätigen Personen – Prostituiertenschutzgesetz |
| PStG | Personenstandsgesetz |
| PsychKG (NRW) | Gesetz über Hilfen und Schutzmaßnahmen bei psychischen Krankheiten (PsychKG) |
| PTB | Physikalisch-Technische Bundesanstalt |
| PVB | Polizeivollzugsbeamte/n / Polizeivollzugsbeamtin / Polizeivollzugsbeamter |
| q.v. | quod vide / quod videas (siehe dieses / siehe diesen [Begriff]) |
| RdErl | Runderlass |
| RDG | Gesetz über außergerichtliche Rechtsdienstleistungen – Rechtsdienstleistungsgesetz |
| RdNr. | Randnummer |
| reg. | Regularum / regularum |
| RG | Rechtsgebiet |
| RiS | (Grund-)Recht auf informationelle Selbstbestimmung |
| RiStBV | Richtlinien für das Strafverfahren und das Bußgeldverfahren (Straf- und Bußgeldverfahrenrichtlinien) |
| RiVASt | Richtlinien für den Verkehr mit dem Ausland in Strafsachen (Auslandsverkehrstrafrechtsrichtlinien) |
| Rn. | Randnummer |
| RSP | Rechtsstaatsprinzip |
| RVG | Gesetz über die Vergütung der Rechtsanwältinnen und Rechtsanwälte (Rechtsanwaltsvergütungsgesetz) |
| S. | Seite(n) |
| SächsPVDG | Sächsisches Polizeivollzugsdienstgesetz |
| Sächsisches VersG | Sächsisches Versammlungsgesetz |
| SB | Schutzbereich |
| SchwarzArbG | Gesetz zur Bekämpfung der Schwarzarbeit und illegalen Beschäftigung (Schwarzarbeitsbekämpfungsgesetz) |
| SDÜ | Übereinkommen vom 19. Juni 1990 zur Durchführung des Übereinkommens vom 14. Juni 1985 betreffend den schrittweisen Abbau der Kontrollen an |

| | |
|---|---|
| | den gemeinsamen Grenzen (Schengener Durchführungsübereinkommen) |
| SGB | Sozialgesetzbuch |
| SGG | Sozialgerichtsgesetz |
| SGV. NRW. | Sammlungen geltender Gesetze und Verordnungen Nordrhein-Westfalen |
| SISIIG | Gesetz zum Schengener Informationssystem der zweiten Generation |
| SJZ | Süddeutsche Juristenzeitung |
| sog. | sogenannte/r/n/m |
| SOG | Sicherheits- und Ordnungsgesetz |
| SOG LSA | Gesetz über die öffentliche Sicherheit und Ordnung des Landes Sachsen-Anhalt (Sicherheits- und Ordnungsgesetz Sachsen-Anhalt) |
| SOG M-V | Gesetz über die öffentliche Sicherheit und Ordnung in Mecklenburg-Vorpommern (Sicherheits- und Ordnungsgesetz Mecklenburg-Vorpommern) |
| SoZV | Verordnung über die Einführung der mitteleuropäischen Sommerzeit ab dem Jahr 2002 (Sommerzeitverordnung) |
| SprengG | Gesetz über explosionsgefährliche Stoffe (Sprengstoffgesetz) |
| SprengV | Verordnung zum Sprengstoffgesetz (1. / 2. / 3.; z.B.: 1. SprengV = Erste Verordnung zum Sprengstoffgesetz) |
| SRP | Sozialistische Reichspartei |
| StA | Staatsanwaltschaft / Staatsanwaltschaften |
| StA-EP | Staatsanwaltschafts-Ermittlungspersonen |
| StAG | Staatsangehörigkeitsgesetz |
| StGB | Strafgesetzbuch |
| StPO | Strafprozessordnung |
| StRpfl / StrafRpfl | Strafrechtspflege |
| St. Rspr. | Ständige Rechtsprechung |
| StVG | Straßenverkehrsgesetz |
| StVGüterBefZVO NRW | Verordnung über Zuständigkeiten im Bereich Straßenverkehr und Güterbeförderung (NRW) |
| StVO | Straßenverkehrs-Ordnung (Straßenverkehrsordnung) |

| | |
|---|---|
| StVollzG | Gesetz über den Vollzug der Freiheitsstrafe und der freiheitsentziehenden Maßregeln der Besserung und Sicherung / Strafvollzugsgesetz |
| StVollzG NRW | Gesetz zur Regelung des Vollzuges der Freiheitsstrafe in Nordrhein-Westfalen (Strafvollzugsgesetz Nordrhein-Westfalen) |
| SÜ | Übereinkommen von Schengen vom 14. Juni 1985 betreffend den schrittweisen Abbau der Kontrollen an den gemeinsamen Grenzen (Schengener Übereinkommen) |
| SUB | Subsumtion(en) |
| SV | Sachverhalt |
| TA | Technische Anleitung(en) |
| ThürOBG / Thüringer OBG | Thüringer Gesetz über die Aufgaben und Befugnisse der Ordnungsbehörden (Thüringer Ordnungsbehördengesetz/OBG Thüringen) |
| THW | Technisches Hilfswerk |
| THWG | Gesetz über das Technische Hilfswerk (THW-Gesetz) |
| TierSchG | Tierschutzgesetz |
| TK | Telekommunikation |
| TKG | Telekommunikationsgesetz |
| TKÜ | Telekommunikationsüberwachung |
| TPG | Gesetz über die Spende, Entnahme und Übertragung von Organen und Geweben (Transplantationsgesetz) |
| TÜV | Technischer Überwachungsverein |
| TV-L | Tarifvertrag für den öffentlichen Dienst der Länder |
| TVöD | Tarifvertrag für den öffentlichen Dienst |
| u.a. | unter anderem / unter anderen |
| UAbs. | Unterabsatz |
| ÜLG | (assozierte/zu assoziierende) außereuropäische/überseeische Länder und Hoheitsgebiete (i.S.v. Art. 198-204, 355 i.V.m. Anhang II AEUV) |
| UN | United Nations (Englisch, zu Deutsch: Vereinte Nationen) |
| UN-Charta | Charter of the United Nations (englisch, zu Deutsch: Charta der Vereinten Nationen) |

| | |
|---|---|
| UNO | United Nations Organization (englisch, zu Deutsch: Organisation der Vereinten Nationen/Vereinte-Nationen-Organisation) |
| USA | United States of America (englisch, zu Deutsch: Vereinigte Staaten von Amerika) |
| UTC | Koordinierte Weltzeit (englisch: Coordinated Universal Time; französisch: Temps universel coordonné) |
| u.U. | unter Umständen |
| UZw | Unmittelbarer Zwang |
| v | logisches Zeichen für: oder |
| Var. | Variante(n) |
| VE | Verdeckter Ermittler |
| VereinsGDV | Verordnung zur Durchführung des Gesetzes zur Regelung des öffentlichen Vereinsrechts (Vereinsgesetz) [Vereinsgesetzdurchführungsverordnung] |
| Verf NRW | Verfassung für das Land Nordrhein-Westfalen (Verfassung Nordrhein-Westfalen) |
| VerkehrsOwiZVO NRW | Verordnung zur Bestimmung der für die Verfolgung und Ahndung von Verkehrsordnungswidrigkeiten zuständigen Verwaltungsbehörden (NRW) |
| VersFG SH | Versammlungsfreiheitsgesetz für das Land Schleswig-Holstein |
| VersG / VersammlG | Gesetz über Versammlungen und Aufzüge (Versammlungsgesetz) |
| VersGZVO NRW | Verordnung über Zuständigkeiten nach dem Versammlungsgesetz (NRW) |
| VGH | Verwaltungsgerichtshof |
| VGHG NW | Gesetz über den Verfassungsgerichtshof für das Land Nordrhein-Westfalen (Verfassungsgerichtshofgesetz) |
| VGH NRW / VerfGH NRW | Verfassungsgerichtshof für das Land Nordrhein-Westfalen |
| Vgl. / vgl. | Vergleich(e) / vergleich(e) |
| VHM | Verhältnismäßigkeit(s) |
| VN | Vereinte Nationen |
| VN-Charta | Charta der Vereinten Nationen |
| VO | Verordnung |

| | |
|---|---|
| VOB/B | Vergabe- und Vertragsordnung für Bauleistungen, Teil B: Allgemeine Vertragsbedingungen für die Ausführung von Bauleistungen |
| VO VwVG NRW | Verordnung zur Ausführung des Verwaltungsvollstreckungsgesetzes (Ausführungsverordnung VwVG) [VwVG-NRW-Ausführungsverordnung] |
| VOR | Voraussetzung(en) |
| VP | Vertrauensperson |
| VSG NRW | Gesetz über den Verfassungsschutz in Nordrhein-Westfalen (Verfassungsschutzgesetz Nordrhein-Westfalen) |
| VStGB | Völkerstrafgesetzbuch |
| VV | Verwaltungsvorschrift(en) |
| VVDStRL | Veröffentlichungen der Vereinigung der Deutschen Staatsrechtslehrer |
| VVPolG NRW | Verwaltungsvorschrift zum Polizeigesetz des Landes Nordrhein-Westfalen |
| VwGO | Verwaltungsgerichtsordnung |
| VwVG NRW | Verwaltungsvollstreckungsgesetz für das Land Nordrhein-Westfalen (Verwaltungsvollstreckungsgesetz NRW) |
| VwVfG | Verwaltungsverfahrensgesetz (Bundes-Verwaltungsverfahrensgesetz) |
| VwVfG NRW | Verwaltungsverfahrensgesetz für das Land Nordrhein-Westfalen (Verwaltungsverfahrensgesetz Nordrhein-Westfalen) |
| VwV-StVO | Allgemeine Verwaltungsvorschrift zur Straßenverkehrs-Ordnung |
| W. | Wort |
| WaffG | Waffengesetz |
| WaffGDVO NRW | Verordnung zur Durchführung des Waffengesetzes (NRW) |
| WaffRG | Waffenregistergesetz |
| WaffVwV | Allgemeine Verwaltungsvorschrift zum Waffengesetz |
| WEG | Wohnungseigentumsgesellschaft |
| WPflG | Wehrpflichtgesetz |
| WRV | Weimarer Reichsverfassung |

| | |
|---|---|
| WÜK | Wiener Übereinkommen über konsularische Beziehungen |
| Z | Ziffer (als bloßes Zahlzeichen; unterscheide: Nr. [Nummer] als Ordnungszeichen; vgl. z.B. VVPolG NRW, „Hinweise zur Darstellung“: „Hauptnummern“) |
| z.B. | zum Beispiel |
| ZDF | Zweites Deutsches Fernsehen / Zweiten Deutschen Fernsehens |
| ZDG | Gesetz über den Zivildienst der Kriegsdienstverweigerer (Zivildienstgesetz) |
| ZFdG | Gesetz über das Zollkriminalamt und die Zollfahndungsämter (Zollfahndungsdienstgesetz) |
| ZSKG | Gesetz über den Zivilschutz und die Katastrophenhilfe des Bundes (Zivilschutz- und Katastrophenhilfegesetz) |
| ZPO | Zivilprozessordnung |
| ZuVO JuWo (NRW) | Verordnung über Zuständigkeiten im Bereich der Jugendwohlfahrt nach dem Jugendschutzgesetz, dem Sozialgesetzbuch VIII - Kinder- und Jugendhilfe - und dem Jugendfreiwilligendienstegesetz (Jugendwohlfahrtszuständigkeitsverordnung [NRW]) |
| Zw | Zwang |
| ZwG | Zwangsgeld |
| ZwM | Zwangsmittel |

Notizen

Notizen

Notizen

Notizen

Notizen

Notizen

Notizen

Notizen